Aspekte der Literatur

Literarisches Arbeitsbuch für die Oberstufe

Von Bolko Bullerdiek, Dietrich Homberger, Rainer Madsen und Friedhelm Wippich

Herausgegeben von
Dietrich Homberger und Rainer Madsen

Verlag Moritz Diesterweg
Frankfurt am Main · Berlin · München

ISBN 3-425-01071-9

Umschlagentwurf: Lothar Steyer, Mainz, nach einer Idee von Rainer Madsen
Satz und Druck: Zechnersche Buchdruckerei, Speyer
Bindung: C. Fikentscher, Darmstadt

Inhalt

Der Text zwischen Leser, Autor und Wirklichkeit – Methoden im Umgang mit Texten

Die gesellschaftliche und geschichtliche Bedingtheit der Literatur – Geschichtlichkeit und Wertung

Vorwort

Aspekte der Literatur – das sind in diesem Arbeitsbuch, das Sie durch die gesamte Oberstufe begleiten soll, **grundlegende Möglichkeiten zum Erschließen und Verstehen dichterischer Texte**:
- Bedingungszusammenhänge zwischen dem Autor, dem Leser und der Wirklichkeit, auf die sich der literarische Text bezieht (Kapitel 1–3)
- Gattungsspezifische Strukturen und Funktionen epischer, lyrischer und dramatischer Texte (Kapitel 4–6)
- Gesellschaftliche und geschichtliche Bedingtheit der Literatur sowie Fragen der literarischen Wertung (Kapitel 7–8).

Die Aspekte, die in den einzelnen Kapiteln noch weiter ausdifferenziert werden, sind jeweils mit problemorientierten Ansätzen verbunden, die es Ihnen ermöglichen, auch Inhalte aus Ihrem gesellschaftlichen Umfeld aufzuarbeiten (z. B. „Verantwortung des Wissenschaftlers" in Kapitel 3, „Menschliche Beziehungen" in Kapitel 4 und 5, „Liebe" und „Natur" in Kapitel 6). Außerdem können Sie systematische Verfahren und Methoden der Textanalyse einüben, die zu einer wissenschaftspropädeutischen Ausbildung gehören (z. B. die Wiedergabe von Textinhalten, Deutung und kritische Auseinandersetzung mit Texten in den Kapiteln 1–3, Interpretationsmethoden in Kapitel 8).
Diese Orientierung an sogenannten kategorialen Aspekten entspricht den aus der neueren lernpsychologischen und fachdidaktischen Diskussion erwachsenden Forderungen nach **Kontinuität und Sequentialität des Lernens**: Sie gewährleistet eine schlüssige Abfolge von Lerneinheiten, Unterrichtsreihen und Kursen auf der Oberstufe.
Je nachdem, welcher Schwerpunkt gewählt wird – sei es die Orientierung an Kommunikations- und Verstehensprozessen, an Gattungen oder historischen Zusammenhängen, sei es an Problemen, Verfahren und Methoden –, kann dieses Arbeitsbuch auch quer zur Abfolge der Kapitel als Text- und Informationsgrundlage dienen. Diese offene Konzeption ermöglicht es, die Reihenfolge der Kapitel je nach Interessenlage zu verändern. Der Zusammenhang ist besonders durch die Informationsteile (E) sichergestellt, die jedem Kapitel beigefügt sind.
Aspekte der Literatur bildet somit die Ausgangsbasis für die Erreichung aller relevanten Lernziele im Umgang mit fiktionalen Texten auf der Oberstufe. Aufgrund seines großen Angebots an dichterischen und anderen fachspezifischen Texten verschiedener Anspruchsebenen, Gattungen und literarischer Epochen kann dieses Arbeitsbuch über weite Strecken auch die Funktion eines Lesebuchs übernehmen.
Damit Sie sich verstärkt an der Planung des Unterrichts – an der Auswahl der Texte, Themen und Methoden – beteiligen können, stellen wir Ihnen den Aufbau der Kapitel hier vor.
Am Anfang eines jeden Kapitels werden Sie kurz in den neuen thematischen Zusammenhang eingeführt. Die Teile A und B vermitteln Ihnen die für den Literaturunterricht entscheidenden Kenntnisse, Fähigkeiten und Fertigkeiten; oft sind sie – nach Möglichkeit im Sinne eines höheren Schwierigkeitsgrades – in Einzelabschnitte

gegliedert (z. B. A I, A II, A III). Die den einzelnen Abschnitten beigegebenen Aufgaben sollen Sie zu zielstrebiger, intensiver Beschäftigung mit den Texten anregen; sie helfen Ihnen vor allem bei der häuslichen Vorbereitung. Selbstverständlich ist nicht daran gedacht, daß alle Aufgaben bearbeitet werden müssen; in Absprache mit Ihrem Fachlehrer können Sie selbst Schwerpunkte setzen und die Akzente verändern. Der Teil C bietet jeweils theoretische Texte mit Aufgaben; sie befassen sich literaturkritisch und literaturwissenschaftlich mit Primärtexten oder mit an Primärtexte angeschlossenen Fragestellungen und sollen helfen, das zuvor Erarbeitete theoretisch zu sichern. Der Teil D enthält ein erweitertes Textangebot, das in seiner Anlage die Abfolge des Hauptteils (A, B) widerspiegelt. Es bietet Gelegenheit, die Textbasis je nach Zeit und Interesse zu vertiefen, das im Hauptteil Erlernte in der Auseinandersetzung mit strukturähnlichen Texten zu reorganisieren und auf andere literarische Gegenstände zu übertragen. Deshalb sollten Sie mit den in diesem Abschnitt zusammengestellten Materialien möglichst selbständig in Einzel-, Partner- oder Gruppenarbeit umgehen. Sie werden jedoch auch hier nicht allein gelassen: Zu jedem Text haben wir Arbeitsvorschläge formuliert. Darüber hinaus werden Ihnen zahlreiche weiterführende Arbeitsanregungen – z. T. mit Literaturhinweisen – gegeben, die Sie als freies Angebot zu selbständiger Weiterarbeit, zu kreativer Gestaltung, für Referate und Facharbeiten, auch zur Mitplanung an weiteren Unterrichtsreihen nutzen können. Im Informationsteil E sind jeweils literarische Grundbegriffe und Methoden zusammengestellt und erläutert. Hier finden Sie auch Beispiele für Verfahren und Methoden (z. B. für die Textdeutung in Kapitel 2). Diese Informationen sollten Sie öfter nachschlagen und sich einprägen, um jederzeit über sie verfügen zu können – nicht nur in Klausuren und Prüfungen, sondern auch bei der selbstbestimmten Beschäftigung mit Literatur; denn „in der Anwendung von Kriterien" liegt nach Brecht „ein Hauptteil des Genusses".

Aspekte der Literatur – das sind in diesem Arbeitsbuch auch Möglichkeiten zu ästhetischem Vergnügen und zur Sinnfindung in der Auseinandersetzung mit Literatur.

Die Herausgeber

Die mit einem * gekennzeichneten Überschriften sind keine Original-Titel.

Text und Leser

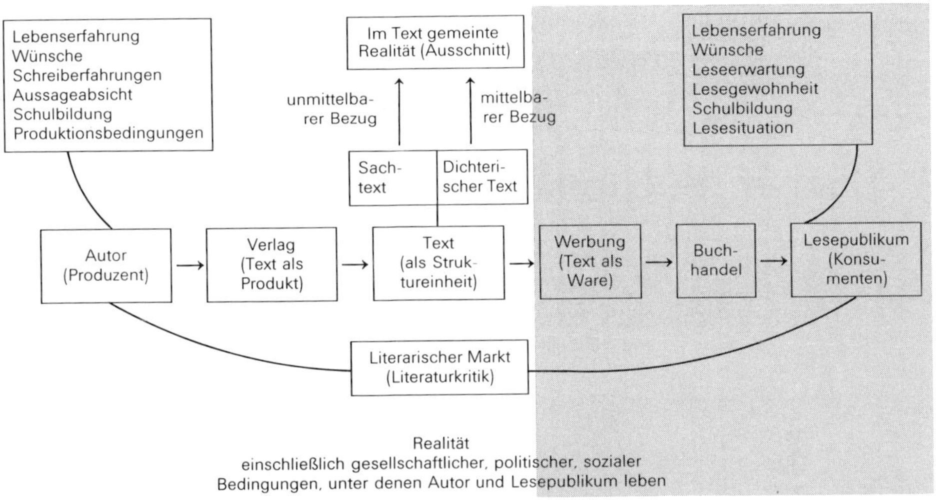

Die meisten Menschen sehen fern, hören Rundfunk, lesen Zeitung. Und dennoch: Jedes Jahr werden auf der Buchmesse über 80 000 neue Bücher – auch Romane, Erzählungen, Gedichtbände – vorgestellt. Wer liest diese dichterischen Texte? Und wozu?

Jean Paul Sartre sagt: „Lesen ist gelenktes Schaffen"! Wer liest, ist nicht nur passiver Konsument. Der Leser macht aus einem gedruckten Text Bilder, Ereignisse, bewegte Vorgänge; er formt im eigenen Bewußtsein **seinen** Text, angeregt durch das Buch, aber auch beeinflußt von persönlichen Erfahrungen, Sehnsüchten, Stimmungen. Wer liest, gibt seiner Phantasie Nahrung.

Dieter Wellershoff, ein zeitgenössischer Schriftsteller, meint, daß die Literatur in unserem alltäglichen Leben einen „Simulationsraum" schaffe, einen Raum, in dem sich neue und ungewohnte Lebensbedingungen erproben (simulieren) lassen: Wir nehmen als Leser teil am Leben anderer, vollziehen deren Erlebnisse, Gefühle, Gedanken nach und haben so einen Zugewinn an Erfahrung; dies gilt auch für die Literatur vergangener Zeiten. Wer sich aufs Lesen einläßt, kann seine Meinungen und Werturteile immer wieder überprüfen, vielleicht auch ändern, und das heißt: Er wird sich entwickeln.

Teil A dieses Kapitels regt dazu an, darüber nachzudenken, was und wozu der heutige Leser liest und wie er die für ihn wichtigen Bücher findet. Teil B I ermöglicht die Annäherung an einen schwierigen dichterischen Text,

während Teil B II die Aufnahme und die Verarbeitung von Literatur zum Thema hat. In Teil C finden sich hierauf bezogene theoretische Texte.
Lesen kann schwierig sein, denn anspruchsvolle Literatur setzt dem Leser Widerstände entgegen; Widerstände zu überwinden kann wiederum Freude bereiten: Freude am Lesen.

A Bücher, Buchmarkt, Buchbenutzer

I Warum wir (nicht) lesen
Unterschiedliche Ansichten zum Lesen

1

Das FUNK UHR-Parlament diesmal über die Frage:

Einen Rekord meldete die diesjährige Frankfurter Buchmesse: 86 000 Neuerscheinungen! Eine wahre Bücherflut, die da über den Verbraucher hereinbricht. Doch jeder fünfte Bundesbürger liest nur einmal im Jahr ein Buch, jeder dritte gar keine Bücher – Zahlen, die zu denken geben. Wo eigentlich sind die Ursachen dafür zu suchen?

Ein gutes Buch – haben Sie noch Zeit dafür?

Michael Schubert, 20 Jahre

Mir fehlt einfach die Geduld dafür

Nein, Bücher sind nicht das richtige für mich. Dazu fehlt mir einfach die Geduld. Und auch das Interesse. Oft fühle ich mich zu müde. Ich habe nun mal keine Lust, mich erst in einen Stoff reinzulesen. Es reicht höchstens mal zu einem Kapitel. Zu mehr komme ich nicht. Deshalb ziehe ich die Lektüre von Zeitschriften vor – und das Fernsehprogramm.

Andrea Theisen, 19 Jahre

Lesen – das ist eines meiner Hobbys

Eigentlich bin ich eine fleißige Buchleserin, Lesen möchte ich sogar als eines meiner Hobbys bezeichnen. Ich bevorzuge moderne Autoren. Doch gerade jetzt habe ich ziemlich wenig Zeit dafür, da ich neben meiner beruflichen Ausbildung noch Abendkurse besuche. Ich bedaure das sehr, hoffe aber, bald wieder mehr Zeit zum Lesen zu haben.

Wilhelm Oelschläger, 36 Jahre

Da verzichte ich lieber aufs Fernsehen

Fürs Bücherlesen nehme ich mir sehr viel Zeit. Das brauche ich abends – zur Entspannung. Wenn mich ein Buch so richtig gepackt hat – ja, dann verzichte ich sogar lieber aufs Fernsehprogramm. Meistens höre ich nicht eher auf zu lesen, bis ich die letzte Zeile geschafft habe. Und im Urlaub, da hab' ich immer zwei, drei Bücher dabei, die ich dann auch auslese.

2

3

Tomaschoff

Aufgaben zu A I

1. Vergleichen Sie die drei Meinungen zum Bücherlesen (1):
   - Welche Gründe werden für oder gegen das Lesen vorgebracht?
   - Wie stehen Sie zu diesen Begründungen?
2. Die Karikaturen (2 und 3) stellen das Thema „Lesen" auf ihre Art dar:
   - Erläutern Sie die beabsichtigte Wirkung der Karikaturen.
   - Versuchen Sie einen möglichst treffenden oder witzigen Kurztext zu der Karikatur (3) zu schreiben.
3. Machen Sie in Ihrem Kurs eine Umfrage zum Thema „Lesen". Benutzen Sie als Fragenraster etwa folgendes:

   a) Liest du gerne?
   Oder: Siehst du lieber fern?
   Hörst du lieber Radio?
   b) Schreibe die Titel von Büchern auf, die du gelesen hast und an die du dich gut erinnerst.
   c) Sortiere die Bücher nach dem Zweck, zu dem du sie gelesen hast:
   Reine Unterhaltung (Freizeitlektüre):
   Information (Sachbücher):
   Weiterbildung/Lernen (Lehrbücher):
   Oder: ...
   d) Welches Buch der Freizeitlektüre hat dir besonders gefallen? Gib die Gründe dafür an.

   Werten Sie die Umfrage aus, indem Sie über die Ergebnisse sprechen.

II Bücher werden vorgestellt
Werbetexte für literarische Neuerscheinungen

4

Jetzt das *große* Willy-Breinholst-Buch

Was unsereins plagt . . .
der „Weltmeister des Humors" beschaut es sich mit großem und vergnüglichem Augenzwinkern.

208 Seiten,
illustriert,
Leinen, 19,80 DM
Scherz Verlag

buch aktuell 5
Werbemagazin Frühjahr '83

„Die Menschen sollten ein wenig mehr denken"

„Bitte laßt die Blumen leben" heißt der neue Bestseller von Johannes Mario Simmel – Liebesroman und Politthriller in einem, zugleich aber Mischung aus Erfindung und Tatsachen über die 80er Jahre in dem Lande, das da Deutschland heißt. Der Titel ist, so Simmel, eine Metapher: Die Blumen sind die Menschenleben unter der drohenden atomaren Apokalypse. „Eigentlich", räumt der Autor ein, „könne mein Buch auch heißen: Bitte laßt die Menschen leben."

Es war", urteilt Johannes Mario Simmel im nachhinein über seinen neuen, in 200 000 Exemplaren Startauflage erschienenen Bestseller „Bitte laßt die Blumen leben", „das schwerst zu schreibende Buch, das ich je verfaßt habe. Denn ich wollte in unserer schlimmen, rücksichtslosen Zeit, in der alle Menschen Angst haben, eine wundervolle Liebesgeschichte schreiben." Er hat sie geschrieben – und noch mehr.

Als dramatis personae agieren:

▷ Charles Duhamel (49), Pariser Staranwalt, unglücklich mit seinem auf Skandalerfolgen aufgebauten Leben und nicht weniger glücklich mit seiner schönen, aber bösen Frau. Ihm gelingt es, nach einer Flugzeugkatastro-

phe auf dem Wiener Airport Schwechat als Peter Kent mit gefälschten Papieren und einem Schweizer Nummernkonto im Rücken ein zweites Leben zu beginnen

▷ Yvonne Duhamel (39), seine hysterische Frau. Eine Puppenschönheit, die nicht glauben will, daß er tot sein soll, und die alles daransetzt, den geheimnisvoll Untergetauchten aufzustöbern

▷ Andrea Rosner (29), Hamburger Buchhändlerin und Liebling der Kinder, klug und tapfer. Ihr begegnet Charles Duhamel (alias Peter Kent), und sie wird seine Lebens- und Kampfgefährtin in einer durch Raketenbedrohung, Arbeitslosigkeit, Umweltvernichtung, Ausländerfeindlichkeit und Neonazismus geprägten Gegenwart

▷ Jean Balmoral (47), Pariser Patentanwalt, der – ein vermeintlicher Freund – als einziger von dem neuen Leben des „Aussteigers" weiß und ihn schließlich brutal erpreßt.

„Es ist eine schlechte Zeit für Liebende", erkennt der Held in Simmels neuem Roman nur allzu schnell. Die hoch industrielle Bundesrepublik erscheint ihm als „ein Land von Arbeitskräften, aber nicht ein Land von Menschen". Bei seiner Suche nach neuen Zielen wird er, der Aussteiger, allemal von der schlechten Wirklichkeit wieder eingeholt.

Aber Simmel wäre nicht der „demokratische Gebrauchsschriftsteller", wie ihn mal einer nannte, wenn er nicht das „Prinzip Hoffnung" in einem Seite um Seite explosiv spannenden und facettenreichen Handlungsgeschehen wachhalten würde. Sein Elixier heißt Lebenswärme, und von ihm ist jede Zeile temperiert.

Duhamel-Kent, der Mann auf der Flucht vor privater und politischer Bedrängnis, erlebt die Friedensbewegung in West und Ost, die „Freeze"-Bewegungen in den USA, nachdenkliche jugendliche Kriegsdienstverweigerer, den Friedensaufbruch des Hamburger Evangelischen Kirchentages, grüne Umweltschützer, Dritte-Welt-Gruppen gegen den Hunger, Sozialarbeiter, die sich für Behinderte engagieren, Antifaschisten, nicht angepaßte Katholiken und sensible Demokraten, die sich der Neonazi-Parole „Türken raus!" entgegenstemmen – jenen machtvollen Minoritäten, die das Recht auf Leben einklagen und mit ihrer produktiven Unruhe provozieren.

Der Held in Simmels Roman wird Mensch im menschlichen Mikrokosmos jenes Kinderbuchladens, den er mit Andrea in einem Hamburger Kleine-Leute-Viertel begründet. Er „bringt sich ein", wie man heute sagt: in die Fürsorge für die verkrüppelte Marili, die hinkende Patty, den Türkenjungen Ali. Betäubt von den abendlichen Fernsehhorrormeldungen über El Salvador und Falklandkonflikt, Reagans Rüstungsparolen, den polnischen Ausnahmezustand und den Libanonkrieg notiert er den Satz: „Wenn jeder Mensch auf der Welt nur einen einzigen anderen Menschen glücklich machen würde, würde die ganze Welt glücklich."

Wie kaum einem anderen zeitgenössischen Romancier gelingt es Simmel, die „Lage der Nation" atmosphärisch zu verdichten. Aber Simmel wäre nicht Simmel, wenn sein Buch nicht auch geprägt wäre von Unterhaltungslaune, Erfindungsreichtum, Sinnlichkeit und jenen feinnervig beschriebenen Personen wie etwa dem schicksalsträchtigen Antifaschisten Hernin, dem Wiener Gentleman-Gangster Eisenbeiß oder dem windig-liebenswürdigen Gigolo Paul Perrier, dem Tiroler Linkskatholiken Langenau (der den Oktoberfest-Attentätern auf der Spur ist und von fanatischen Neonazis ermordet wird), dem „Azubi" Robert und seiner schwarzhaarigen Krankenschwester Bernadette oder dem hintergründig unorthodoxen Meisterkommissar Roland [...]

dramatis personae: Personen, die in einem Drama auftreten; hier: Handlungsträger
unorthodox: nicht alle Vorschriften beachtend

6

Der neue Engelmann: Wie wir die Nazizeit erlebten

Fünfzig Jahre nach der Machtergreifung durch Nationalsozialisten beschäftigt uns mehr denn je die Frage: Wie konnte das alles geschehen? Bernt Engelmanns Chronik „Bis alles in Scherben fällt. Wie wir die Nazizeit erlebten 1939 bis 1945" führt uns ein genaues Bild des Alltags unter dem Faschismus vor.

Der renommierte Autor einer mehrbändigen deutschen Geschichte „von unten" zeichnet die braunen Jahre anhand von Gesprächen nach, die er mit Zeugen dieser Zeit geführt hat.

Bernt Engelmann:
Bis alles in Scherben fällt
456 Seiten, zahlreiche Abb., gebunden, 36,– DM;
Kiepenheuer & Witsch

7

Gibt es eine Alternative zur Ehe?

Helga Frisch ist Pastorin. In ihrem Buch „Ehe?" plädiert sie für neue Formen der Partnerschaft. Denn die „herkömmliche" Ehe scheint heute in die Krise geraten zu sein: Auf drei Eheschließungen kommen fast zwei Ehescheidungen. Helga Frisch hält die bürgerliche, standesamtliche Ehe für entbehrlich, weil sie die Liebe eher behindert als fördert. Ihr Modell: Christliche Partnerschaft, die der Liebe zwischen Mann und Frau neue Räume des Lebens und der Entfaltung eröffnet.

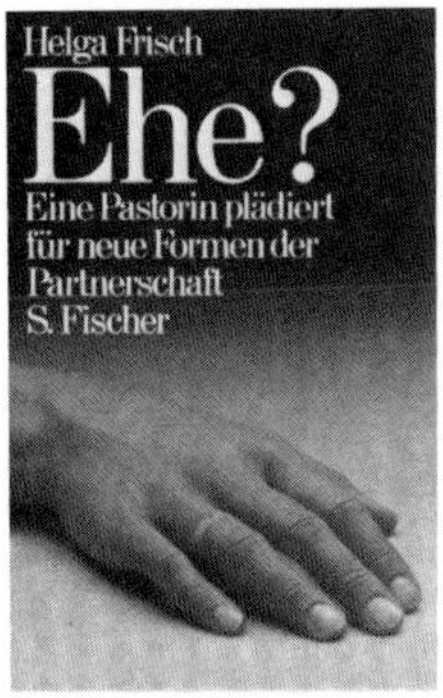

Helga Frisch:
Ehe?
205 Seiten, Broschur, 25,– DM;
S. Fischer

8

Die Botschaft des Lebens: Janina Davids Erinnerungen

Der Leser wird erschüttert Zeuge der dreifachen Passion eines Warschauer Ghetto-Kindes: Als Kind, als Jüdin, als Frau. Nach den beiden – vom Fernsehen verfilmten – Büchern „Ein Stück Himmel" und „Ein Stück Erde" schildert die Schriftstellerin im abschließenden Band „Ein Stück Fremde" die traumatische und doch tröstliche Geschichte ihrer Rückkehr ins Leben.

Biermann und die Folgen 9

Die Ereignisse um die Ausbürgerung Wolf Biermanns im Jahr 1977 lenken auch den Lebensweg des DDR-Schriftstellers Karl-Heinz Jakobs in neue Bahnen: Er protestiert zusammen mit 110 weiteren Petenten öffentlich und wird deswegen aus der SED ausgeschlossen. In seinem Bericht „Das endlose Jahr. Begegnungen mit Mäd" legt er das Protokoll einer Verstörung vor.

Jakobs Bericht und Reflexion spielen sich auf zwei Ebenen ab. Bevor sich die Ereignisse überschlagen, lernt er die 80jährige Altgenossin Mäd kennen, die ihm ihre Lebensgeschichte erzählt: 1933 vor den Nazis in die UdSSR emigriert wird sie 1937 wegen „konterrevolutionärer trotzkistischer Tätigkeit" zu zehnjähriger Zwangsarbeit im ostsibirischen Kolyma verurteilt. Nach Chruschtschows Geheimrede rehabilitiert, kehrt sie in die Deutsche Demokratische Republik zurück – und stößt auf kollektives Desinteresse: die Unfähigkeit zu trauern über das Trauma des Stalinismus.

Das Unvermögen im Umgang mit der Kritik, die Unfähigkeit eigene Fehler einzugestehen registriert Jakobs auch während der dramatischen Auseinandersetzung um die Ausbürgerung Biermanns. Vergeblich mahnt die große alte Schriftstellerin Anna Seghers die Parteispitzen.

Vergeblich mühen sich Stefan Hermlin, Christa und Gerhard Wolf und andere, die DDR-Staatsführung um ein Einlenken. Es bleibt bei Ausbürgerung und Bestrafung der Appellanten.

Nach Bochum als freier Schriftsteller übergewechselt, versteht sich Jakobs nicht etwa als „Überläufer". Am Ende seines Reports setzt er auf eine gegenseitige Durchdringung der jeweils besten „sozialistischen Strukturen der Gegenwart mit denen der bürgerlichen Demokratie".

10

Geschichten werfen lange Schatten

„Sie erteilt uns eine sprachgewaltige Lektion der Stille", urteilte FAZ-Kulturkritiker Marcel Reich-Ranicki. Und der Schriftsteller Horst Krüger schrieb: „Marie Luise Kaschnitz hat poetische Texte hinterlassen, die zum schönsten gehören, was über Deutschland geschrieben wurde."

Marie Luise Kaschnitz: *Eines Mittags, Mitte Juni;* 320 Seiten, gebunden, 24,80 DM; claassen

Als Meisterin der kleinen literarischen Form präsentiert der claassen-Verlag die 1974 in Rom verstorbene Marie Luise Kaschnitz mit dem Sammelband „Eines Mittags, Mitte Juni. Erzählungen".

Da sind kühne Geschichten wie „Lange Schatten", die jähe Konfrontation einer deutschen Schülerin mit dem Eros während eines Italienurlaubs, „Der Strohhalm", die sanfte Kastastrophe einer Ehe, „Die späten Abenteuer", der gesellschaftliche Ausbruch und Tod eines reichen alten Mannes, und „Ich liebe Herrn X", die Geschichte einer nicht vollzogenen Liebe.

Von beklemmender Dichte sind antimilitaristische Prosastücke wie „Der Deserteur" oder die Fliegergeschichte „Das fremde Land", eine Hommage für Saint Exupéry.

Meistererzählungen des literarischen Antifaschismus wühlen uns auf: „Märzwind", die Hinrichtung eines politischen Zwangsarbeiters wegen „Blutschande" mit einer deutschen Kleinbürgerin, „Laternen", das Leben und Sterben des Träumers „Hellmuth Kanonenfutter", „Das rote Netz", Protokoll eines mißlungenen Versuchs, ein gefährdetes jüdisches Kind über den Bodensee in die Schweiz zu bringen.

In der Tradition von Droste-Hülshoffs „Judenbuche" rückt die große Erzählerin den Einbruch des Rätselhaften in die bedrohte Existenz des Individuums.

11

Christa Wolf
Kassandra
Erzählung
Luchterhand

Gebunden DM 22,–
Kassandra, die Prophetin des Untergangs, ist in dieser Darstellung die erste Frau, die sich aus den Bindungen der Vatergesellschaft löst und, aller Ächtung zum Trotz, ihre eigene Wahrheit behauptet – ohne noch gehört zu werden.

12

Broschiert DM 14,80
Liebesgedichte und Gedichte, die die Zerstörung anklagen, einfache Erinnerungsgedichte und Gedichte in rätselvollem Ton.

13

Überlebenstraining im Urwald Brasiliens

„Yanonámi": unter diesem Titel sind die Aufzeichnungen von Rüdiger Nehberg erschienen. Er berichtet aus dem Nordwesten Brasiliens, wo er drei Monate mit den Yanonámi-Indianern lebte. Was für ihn allerdings nur ein Härtetest war, hat für die Indianer eine tragische Dimension: Sie kämpfen jeden Tag aufs neue ums Überleben.

Rüdiger Nehberg:
Yanonámi. Überleben im Urwald
240 Seiten mit 20 Farbabb. und div. SW-Abb., gebunden, 29,80 DM; Ernst Kabel

Aufgaben zu A II

1. Untersuchen Sie, wie „buch aktuell" (5) seine Leser über einen neuen Bestseller informiert:
   - Unterscheiden Sie einzelne Teile in der Aufmachung und im Text der Buchbesprechung (Gliederung).
   - Benennen Sie die Teile mit einer kennzeichnenden Überschrift (Randglosse).
   - Welche Informationen erhält der Leser über den Roman?
   - Wie wird das Interesse des Lesers am Inhalt wachgerufen? Zeigen Sie das auch an sprachlichen Wendungen.
   - Wie wirbt der Artikel mit dem Namen des Bestseller-Autors Simmel?
   - Fassen Sie Ihre Ergebnisse in einem mündlichen Bericht zusammen.
   - Übrigens: In Kapitel 8 finden Sie Auszüge aus diesem Roman und weitere Informationen.
2. Untersuchen Sie das übrige Material (4, 6–13) in arbeitsteiliger Gruppenarbeit, und stellen Sie die Informationen, die der Leser in den Buchanzeigen erhält, systematisch zusammen: Titel, Autorin/Autor, Verlag, Erscheinungsjahr, Preis, Thema des Buches. Was wird besonders hervorgehoben? Mit welchen (auch sprachlichen) Mitteln wird der Leser umworben/interessiert?
3. Suchen Sie aus den Buchanzeigen (4–13) ein Buch heraus, das Sie gerne lesen würden. Geben Sie dabei an, warum sie es lesen möchten (**Lesemotivation**). Sie können sich für diese Aufgabe auch aktuelle Werbeschriften aus dem Buchhandel besorgen.

III Bücher warten auf Benutzer
Hinweise zur Bibliotheksbenutzung

14 Wie das Schreiben der Autoren unterliegt auch die Lektüre des Lesers bestimmten Bedingungen. Einige Bedingungen sind kurzfristig kaum zu verändern: des Lesers Lebenssituation, seine Lesefähigkeiten und literarischen Kenntnisse. Andere Bedingungen sind variabler: seine Sehnsüchte, Probleme, Stimmungen, Leseziele (Motive).
Diese verschiedenen Bedingungen bestimmen die Erwartungen eines Lesers, steuern die Lesehaltung und den Verstehensprozeß; sie konstituieren die Leserrolle.
Wer lesen möchte, muß Bücher haben, aber er muß sie nicht unbedingt kaufen: Er hat sie schon! Fast überall gibt es Bücherhallen, Stadtbibliotheken oder Gemeindebüchereien, in manchen Orten auch Fahrbibliotheken.
Um eine öffentliche Bibliothek kennenzulernen, sollte man sie aufsuchen, in ihr stöbern, sich einen Überblick verschaffen. Sie werden bald die grundlegende Einteilung in *Schöne Literatur* (z. B. Romane, Erzählungen, Gedichte) und *Sachliteratur* erken-

nen. Die Bücher sind alphabetisch nach Verfassern geordnet; die Sachliteratur ist im allgemeinen zusätzlich systematisch geordnet, z. B. von A: Allgemeines bis Z: Sport/Spiel. Weitere Buchstaben geben Untergruppen an, also:

Z = Sport/Spiel
Zd = Mannschaftsspiele
Zde = Volleyball

$\frac{\text{Zde}}{47}$ =

Zde
47

Huhle, Henner

Volleyball
Technik, Taktik, Regeln

Falken-Verlag 2./1975

Diese Kombination aus Buchstaben und Zahlen heißt **Signatur**. Sie ist auf dem Buch und auf jeder Katalogkarte des Buches angegeben. Hat man die Signatur, so kann man mit Hilfe eines Übersichtsplanes oder der Hinweisschilder den Regalplatz des Buches finden.

Nehmen wir an, jemand hätte uns begeistert erzählt von: *John R. R. Tolkien: Der Herr der Ringe. Stuttgart: Klett/Cotta 1980.* Hat man den Verfassernamen behalten, findet man das Buch leicht im **Alphabetischen Katalog** (Verfasserkatalog), also unter „Tolkien, John R. R.". Bücher ohne Verfasserangaben werden nach dem Titel eingeordnet. Kennt man nur den Titel, dann hilft der **Titelkatalog.** Dort sind alle Buchtitel alphabetisch aufgeführt. (Bestimmte und unbestimmte Artikel werden nicht berücksichtigt.)
Erinnert man sich nur noch daran, daß das gesuchte Buch von einem Mythos berichtet, dann kann man im **Themenkatalog** (Stoffkreisführer) nachschlagen. Dort sind Romane und Erzählungen nach Themenkreisen geordnet wie *Abenteuerromane, Kriminalromane, Science fiction.* Wir können nachsehen, ob es in der Gruppe *Märchen/ Mythen* dieses Buch gibt.
Wenn Sie als Literaturangabe einen Zeitschriftenartikel (aktuelle Diskussion!) zu bibliographieren haben, müssen Sie im alphabetischen Katalog unter dem Titel der Zeitschrift nachsehen.
Sachbücher findet man ebenfalls im Verfasserkatalog. Daneben haben viele Bibliotheken einen **Schlagwortkatalog** und einen **systematischen Katalog.** Ein Schlagwort hebt den hauptsächlichen Aspekt eines Buches hervor. Schlagwörter sind alphabetisch geordnet. Der systematische Katalog erfaßt die Sachbücher nach einer Fachsystematik. Die Signatur des Buches von *Peter Scholl-Latour „Allah ist mit den Standhaften"* könnten wir also im

- Verfasserkatalog (unter *Scholl-Latour, Peter*)
- Schlagwortkatalog (unter *Islam*)
- Systematischen Katalog (unter *Religionen,* dort *Monotheistische Religionen,* dort *Islam*) finden.

Nicht alle Bibliotheken haben jeden Katalog. **Ein** Informationssystem funktioniert bei (fast) allen: die Rückfrage bei den Bibliothekarinnen und Bibliothekaren.

Aufgabe zu A III

Machen Sie sich die wichtigsten Schritte zur Benutzung einer Bibliothek klar (14). Praktizieren Sie Ihre Kenntnisse „vor Ort":

- wenn Sie für die Bearbeitung von Aufgaben oder für Referate Literatur benötigen
- wenn Sie sich über Wolfdietrich Schnurre (s. B I) informieren wollen
- wenn Sie Genaueres über das Thema „Leserrolle" wissen möchten.

B Begegnung mit literarischen Texten

I Ein nicht leicht zugänglicher Text

WOLFDIETRICH SCHNURRE

15

Das Los unserer Stadt

Ingenieure haben bei Befestigungsarbeiten am Rande der Stadt eine furchtbare Entdeckung gemacht. Sie sprengten eben einen die Zufahrtsstraße bedrohenden Felsen vom Berg, als sich unterhalb der Gesteinswunde ein ungeheueres Auge auftat. Zugleich wurden in allen Teilen der Stadt machtvolle Erdstöße verspürt, und seit Stunden schon hallt aus den Rissen im Pflaster ein pumpendes Pochen herauf, als sei im Erdschoß eine Höllenmaschine verborgen. Inzwischen ist die schlimmste aller Befürchtungen Wahrheit geworden: Unsere Stadt wurde auf der Brust eines schlafenden Riesen erbaut; nun haben die Ingenieure ihm eine Braue gesprengt, und er beginnt zu erwachen.
Es sind bereits zahlreiche Kommissionen ernannt worden, die den Auftrag erhielten, das Ohr des Riesen zu finden, um ihm den Wunsch vorzutragen, er möge die Gewogenheit haben, doch noch einige Zeit liegenzubleiben; und die Ingenieure haben vor seinem Auge ein großes Schild angebracht, auf dem sie sich dafür entschuldigen, daß er verletzt worden sei. Er scheint jedoch nicht unsere Sprache zu sprechen; sein Auge blickt starr durch die Inschrift des Schildes hindurch; und auch sein Ohr hat bisher noch keine der Kommissionen entdeckt. So wird nun die Stadt wohl in Kürze vergehen und als bröckelnder Sandstaub an den Gliedern des Riesen herabwehen.

(1959)

Aufgaben zu B I

1. Wie gefällt Ihnen der Text (15)? Wovon handelt er? Möchten Sie das Buch lesen, dem dieser Text entnommen ist? Begründen Sie Ihre Meinung und machen Sie sich Notizen.
2. Vergleichen Sie Ihre Meinungen zu dem Text (15). Kennzeichnen Sie Übereinstimmungen und Abweichungen in Ihren Meinungen.
3. Lesen und besprechen Sie auch die Meinungsäußerungen von vier Lesern des Schnurre-Textes (15):

Schüler A:
Der Text könnte die Gefahren des Eingriffs in die Natur durch den Menschen verdeutlichen wollen. Der erwachende Riese könnte ein Bild dafür sein, daß die Natur sich für die Eingriffe rächt und die Schäden, die der Mensch in der Natur anrichtet, nicht mehr zu reparieren sind.

Schüler B:
Ich glaube, hier hat ein wahnsinniger Autor eine völlig irrationale Horrorvision aufzubauen versucht. Aber, so meine ich, dieses macht den Reiz der Geschichte aus. Diese für uns eigentlich unfaßbare Vision des Schreckens läßt uns betroffen werden. Die Vergänglichkeit alles Irdischen, alles von Menschenhand Erbauten wird uns nachdrücklich ins Gedächtnis gerufen.

Ingenieur H. S.:
Ja, was soll ich dazu sagen?! Immer die Ingenieure, die sollen an allem schuld sein. Wenn ich richtig lese, dann war da doch eine Bedrohung der Zufahrtstraße, d. h. die Straße war schon vorher da. Der Ruf nach den Ingenieuren, das Bedrohende zu beseitigen ... aber dann diese Verletzung und dieses Gejammer ... Also schuld sind wieder mal die Ingenieure.

Lehrer W., 46 Jahre:
Ich habe beim ersten Lesen den Text als ein Gleichnis für die Gefährdung der Bundesbürger aufgefaßt, die nach dem Zweiten Weltkrieg den rastlosen und besinnungslosen Wiederaufbau ganz gegenwartsorientiert ohne Auseinandersetzung mit den schrecklichen Ereignissen zur Zeit des Naziregimes betrieben haben. Das Versäumte der Aufarbeitung der Vergangenheit und das Verdrängen der Schuld führen zu einer Bedrohung der Stadt durch die ständige Gefahr des Neuaufbrechens des Unrechts in der Gegenwart.

4. Was läßt sich tun, wenn mehrere Leser eines Textes unterschiedliche Meinungen über den Text und seine Aussageabsicht haben? Diskutieren Sie das Problem.
5. Eine Möglichkeit, sich über einen schwer zugänglichen Text zu verständigen, besteht in einer genaueren Auseinandersetzung mit diesem Text. Diese „Auseinandersetzung" kann man auch mit sich selbst führen. Sie beginnt damit, daß man sich über den Inhalt des Textes Klarheit verschafft:
   - Klären Sie schwer verständliche Textstellen.
   - Gliedern Sie den Text nach Sinnabschnitten.
   - Geben Sie jetzt den Inhalt des Textes mit eigenen Worten wieder (zur Form vgl. E).
6. „Das Los unserer Stadt" ist eine **Parabel** (s. Kapitel 4, E), bei der wir eine Bildhälfte (das, was erzählt wird) und eine Sachhälfte (das, was gemeint ist) unterscheiden. Die Sachhälfte muß vom Leser durch **Deuten** des Geschriebenen (der Bildhälfte) erschlossen werden.
   Formulieren Sie, wie Sie den Text deuten.
7. Was antworten Sie einem Leser, der meint: „Mir fehlt die Geduld, einen Text wie ‚Das Los unserer Stadt' zu lesen."?

II Ein Klassiker wird entdeckt und zeigt Wirkungen ... Zu Edgar Wibeaus „Werther"-Rezeption

16

ULRICH PLENZDORF

Die neuen Leiden des jungen W.

Er schmeißt die Lehre, rennt von zu Hause fort und versteckt sich in einer Wohnlaube. Hier fühlt er sich frei, keine Sauberkeit, Ordnung, Pünktlichkeit, ohne Mutter, die das Briefgeheimnis bricht. Hier macht er Musik, »nicht irgendeinen Händelsohn Bacholdy, sondern echte Musik«, singt und spielt ein Lied auf Blue Jeans. Schläft, malt und tanzt mit sich allein. Auf dem Nachbargrundstück lernt er Charlie kennen, die zwanzigjährige Kindergärtnerin.

17

ULRICH PLENZDORF

Die neuen Leiden des jungen W.

[In der Gartenlaube]
Was ich also meine, ist: ich hatte keinen Lesestoff. Oder denkt einer, ich hätte vielleicht Bücher mitgeschleppt? Nicht mal meine Lieblingsbücher. Ich dachte, ich wollte nicht Sachen von früher mit rumschleppen. Außerdem kannte ich die zwei Bücher so gut wie auswendig. Meine Meinung zu Büchern war: Alle Bücher kann kein Mensch lesen, nicht mal alle sehr guten. Folglich konzentrierte ich mich auf zwei. Sowieso sind meiner Meinung nach in jedem Buch fast *alle* Bücher. Ich weiß nicht, ob mich einer versteht. Ich meine, um ein Buch zu schreiben, muß einer ein paar tausend Stück andere gelesen haben. Ich kann's mir jedenfalls nicht anders vor-

stellen. Sagen wir: dreitausend. Und jedes davon hat einer verfaßt, der selber dreitausend gelesen hat. Kein Mensch weiß, wieviel Bücher es gibt. Aber bei dieser einfachen Rechnung kommen schon ...zig Milliarden und das mal zwei raus. Ich fand, das reicht. Meine zwei Lieblingsbücher waren: Robinson Crusoe. Jetzt wird vielleicht einer grinsen. Ich hätte das nie im Leben zugegeben. Das andere war von diesem Salinger. Ich hatte es durch puren Zufall in die Klauen gekriegt. Kein Mensch kannte das. Ich meine: kein Mensch hatte es mir empfohlen oder so. Bloß gut. Ich hätte es dann nie angefaßt. Meine Erfahrungen mit empfohlenen Büchern waren hervorragend mies. Ich Idiot war so verrückt, daß ich ein empfohlenes Buch blöd fand, selbst wenn es gut war. Trotzdem werd ich jetzt noch blaß, wenn ich denke, ich hätte dieses Buch vielleicht nie in die Finger gekriegt. Dieser Salinger ist ein edler Kerl. Wie er da in diesem nassen New York rumkraucht und nicht nach Hause kann, weil er von dieser Schule abgehauen ist, wo sie ihn sowieso exen wollten, das ging mir immer ungeheuer an die Nieren. Wenn ich seine Adresse gewußt hätte, hätte ich ihm geschrieben, er soll zu uns rüberkommen. Er muß genau in meinem Alter gewesen sein. Mittenberg war natürlich ein Nest gegen New York, aber erholt hätte er sich hervorragend bei uns. Vor allem hätten wir seine blöden sexuellen Probleme beseitigt. Das ist vielleicht das einzige, was ich an Salinger nie verstanden habe. Das sagt sich vielleicht leicht für einen, der nie sexuelle Probleme hatte. Ich kann nur jedem sagen, der diese Schwierigkeiten hat, er soll sich eine Freundin anschaffen. Das ist der einzige Weg. Ich meine jetzt nicht, irgendeine. Das nie. Aber wenn man zum Beispiel merkt, eine lacht über dieselben Sachen wie man selbst. Das ist schon immer ein sicheres Zeichen, Leute. Ich hätte Salinger sofort wenigstens zwei in Mittenberg sagen können, die über dieselben Sachen gelacht hätten wie er. Und wenn nicht, dann hätten wir sie dazu gebracht.

Wenn ich gewollt hätte, hätte ich mich hinhauen können und das ganze Buch trokken lesen können oder auch den Crusoe. Ich meine: ich konnte sie im Kopf lesen. Das war meine Methode zu Hause, wenn ich einer gewissen Frau Wibeau mal wieder keinen Ärger machen wollte. Aber darauf war ich schließlich nicht mehr angewiesen. Ich fing an, Willis Laube nach was Lesbarem durchzukramen. Du Scheiße! Seine Alten mußten plötzlich zu Wohlstand gekommen sein. Das gesamte alte Möblement einer Vierzimmerwohnung hatten sie hier gestapelt, mit allem Drum und Dran. Aber kein lumpiges Buch, nicht mal ein Stück Zeitung. Überhaupt kein Papier. Auch nicht in dem Loch von Küche. Eine komplette Einrichtung, aber kein Buch. Willis alte Leute mußten ungeheuer an ihren Büchern gehangen haben. In dem Moment fühlte ich mich unwohl. Der Garten war dunkel wie ein Loch. Ich rannte mir fast überhaupt nicht meine olle Birne an der Pumpe und an den Bäumen da ein, bis ich das Plumpsklo fand. An sich wollte ich mich bloß verflüssigen, aber wie immer breitete sich das Gerücht davon in meinen gesamten Därmen aus. Das war ein echtes Leiden von mir. Zeitlebens konnte ich die beiden Geschichten nicht auseinanderhalten. Wenn ich mich verflüssigen mußte, mußte ich auch immer ein Ei legen, da half nichts. Und kein Papier, Leute. Ich fummelte wie ein Irrer in dem ganzen Klo rum. Und dabei kriegte ich dann dieses berühmte Buch oder Heft in die Klauen. Um irgendwas zu erkennen, war es zu dunkel. Ich opferte also zunächst die Deckel, dann die Titelseite und dann die letzten Seiten, wo erfahrungsgemäß das Nachwort steht, das sowieso kein Aas liest. Bei Licht stellte ich fest, daß ich tatsächlich völlig exakt gearbeitet hatte. Vorher legte ich aber noch eine Gedenkminute ein. Immerhin war ich soeben den letzten Rest von Mittenberg losgeworden. Nach zwei Seiten schoß ich den Vogel in die Ecke. Leute, das konnte wirklich kein Schwein lesen. Beim besten Willen nicht. Fünf Minuten später hatte ich den Vogel wieder in der Hand. Entweder ich wollte bis früh lesen oder nicht. Das war meine Art. Drei Stunden später hatte ich es hinter mir.

Ich war fast gar nicht sauer! Der Kerl in dem Buch, dieser Werther, wie er hieß, macht am Schluß Selbstmord. Gibt einfach den Löffel ab. Schießt sich ein Loch in seine olle Birne, weil er die Frau nicht kriegen kann, die er haben will, und tut sich ungeheuer leid dabei. Wenn er nicht völlig verblödet war, mußte er doch sehen, daß sie nur darauf wartete, daß er was *machte,* diese Charlotte. Ich meine, wenn ich mit einer Frau allein im Zimmer bin und wenn ich weiß, vor einer halben Stunde oder so kommt keiner da rein, Leute, dann versuch ich doch *alles.* Kann sein, ich handle mir ein paar Schellen ein, na und? Immer noch besser als eine verpaßte Gelegenheit. Außerdem gibt es höchstens in zwei von zehn Fällen Schellen. Das ist Tatsache. Und dieser Werther war ...zigmal mit ihr allein. Schon in diesem Park. Und was macht er? Er sieht ruhig zu, wie sie heiratet. Und dann murkst er sich ab. Dem war nicht zu helfen.

Wirklich leid tat mir bloß die Frau. Jetzt saß sie mit ihrem Mann da, diesem Kissenpuper. Wenigstens daran hätte Werther denken müssen. Und dann: Nehmen wir mal an, an die Frau wäre wirklich kein Rankommen gewesen. Das war noch lange kein Grund, sich zu durchlöchern. Er hatte doch ein Pferd! Da wär ich doch wie nichts in die Wälder. Davon gab's doch damals noch genug. Und Kumpels hätte er eins zu tausend massenweise gefunden. Zum Beispiel Thomas Müntzer oder wen. Das war nichts Reelles. Reiner Mist. Außerdem dieser Stil. Das wimmelte nur so von Herz und Seele und Glück und Tränen. Ich kann mir nicht vorstellen, daß welche so geredet haben sollen, auch nicht vor drei Jahrhunderten. Der ganze Apparat bestand aus lauter Briefen, von diesem unmöglichen Werther an seinen Kumpel zu Hause. Das sollte wahrscheinlich ungeheuer originell wirken oder unausgedacht. Der das geschrieben hat, soll sich mal meinen Salinger durchlesen. *Das* ist echt, Leute!

Ich kann euch nur raten, ihn zu lesen, wenn ihr ihn irgendwo aufreißen könnt. Reißt euch das Ding unter den Nagel, wenn ihr es bei irgendwem stehen seht, und gebt es nicht wieder her!

(1972)

ULRICH PLENZDORF

18

Die neuen Leiden des jungen W.

[Edgar arbeitet in einer Anstreicher-Kolonne, verhält sich aber oft unangepaßt. Addi, der Brigade-Leiter, ist wütend, daß seine Entwicklung, die neue Farbspritze, nicht funktioniert; Edgar provoziert ihn mit lockeren Sprüchen.]

Sofort ging Addi los: Hör mal zu, mein Freund. Alles schön und gut. Ich weiß nicht, was du fürn Spleen hast, aber irgendeinen hast du. Einwandfrei. Interessiert mich nicht. Aber wir sind hier eine Truppe und keine ganz schlechte, und du gehörst nun mal dazu, und es wird dir auf die Dauer nicht viel übrigbleiben, als dich einzufügen und mitzuziehen. Und glaub nicht, du wärst unser erster Fall. Wir haben schon ganz andere hingebogen. Frag Jonas. – Jedenfalls, der muß erst noch kommen, der uns auf den Durchschnitt zieht.

Das war's mal wieder. Er machte auf den Hacken kehrt und zog ab, die anderen ihm nach. Ich verstand bloß die Hälfte. Der Spruch mit der Maschine war schließlich ziemlich harmlos. Ich hatte noch ganz andere Sachen auf der Pfanne. Old Werther zum Beispiel. Ich analysierte kurz die Lage und stellte fest, daß ich Addis schwächsten Punkt erwischt hatte mit der Spritze.

Zaremba sagte denn auch: Mußt ihn verstehen, no. Ist sein Einfall, die Spritze. Jesus, nicht dran rühren. Entweder es wird der Knüller oder *der* Reinfall, no? – Sein erster!

Und ich:

Er ist der pünktlichste Narr, den es nur geben kann; Schritt vor Schritt und umständlich wie eine Base, ein Mensch, der nie mit sich selbst zufrieden ist und dem es daher niemand zu Danke machen kann.

Das war endlich mal wieder Old Werther. Zaremba riß seine Schweinsritzen auf und knurrte: No! Das sag du nicht!

Er war der erste, den dieses Althochdeutsch nicht aus dem Sattel warf. Es hätte mir auch leid getan. Ich gebe allerdings zu, ich hatte für ihn eine ziemlich

Johann Wolfgang Goethe

Die Leiden des jungen Werthers

Am 24. Dezember 1771.

Der Gesandte macht mir viel Verdruß, ich habe es vorausgesehn. Er ist der pünktlichste Narr, den es nur geben kann; Schritt vor Schritt und umständlich wie eine Base; ein Mensch, der nie mit sich selbst zufrieden ist, und dem es daher niemand zu Danke machen kann. Ich arbeite gern leicht weg, und wie es steht, so steht es; da ist er imstande, mir einen Aufsatz zurückzugeben und zu sagen: „Er ist gut, aber sehen Sie ihn durch, man findet immer ein besseres Wort, eine reinere Partikel." – Da möchte ich des Teufels werden. Kein Und, kein Bindewörtchen darf außenbleiben, und von allen Inversionen, die mir manchmal entfahren, ist er ein Todfeind; wenn man seinen Period nicht nach der hergebrachten Melodie herabgeorgelt, so versteht er gar nichts drin. Das ist ein Leiden, mit so einem Menschen zu tun zu haben.

Das Vertrauen des Grafen von C... ist noch das einzige, was mich schadlos normale Stelle ausgesucht. Ich weiß nicht, ob das einer versteht, Leute. Ein paar Tage später kam es dann zum Treffen. Addi und die Truppe baute die Spritze auf dem Hof von einem dieser ollen Häuser auf und schloß sie an. Zwei Experten waren aus irgendeiner Spezialbude gekommen mit einem ganzen Kasten voller Düsen, jede anders. Die sollten nun durchprobiert werden. Große Show. Alles mögliche Volk robbte an. Die ganzen Töpfer und Maurer und was sonst noch in den Häusern rumkroch. Es klappte mit keiner Düse. Entweder es kam ein armdicker Strahl raus, oder es nebelte wie ein Rasensprenger. Die Experten waren von vornherein nicht besonders optimistisch, rückten aber jede Düse raus. Addi ließ einfach nicht locker. Er war ein Steher. Bis er dann zum kleinsten Kaliber griff, und dafür war dann einfach der Druck zu groß. Der olle Schlauch platzte, und wer im Umkreis von zehn Metern stand, war gelb wie ein Chinese oder was. Vor allem Addi. Der Heiterkeitserfolg war einmalig bei dem ganzen Volk.

Die Experten meinten: Laßt man. Uns ist das nicht besser gegangen, und wir haben alles! Nichts zu machen! Technisch nicht lösbar, jedenfalls heute noch nicht. Das liegt nicht an den Düsen.

Und dann kam ich und zückte meine Werther-Pistole:

Es ist ein einförmiges Ding um das Menschengeschlecht. Die meisten verarbeiten den größten Teil der Zeit, um zu leben, und das bißchen, das ihnen von Freiheit übrigbleibt, ängstigt sie so, daß sie alle Mittel aufsuchen, um es loszuwerden.

Die Experten dachten wohl, ich war der Clown der Truppe. Sie grinsten jedenfalls. Aber die Truppe selbst kam langsam auf mich zu, vorneweg Addi. Sie wischten sich immer noch die gelbe

hält. Er sagte mir letzthin ganz aufrichtig, wie unzufrieden er mit der Langsamkeit und Bedenklichkeit meines Gesandten sei. „Die Leute erschweren es sich und andern. Doch“, sagte er, „man muß sich darein resignieren wie ein Reisender, der über einen Berg muß. Freilich, wäre der Berg nicht da, so wär der Weg viel bequemer und kürzer; er ist nun aber da, und man soll hinüber!“ – [...]

Den 17. Mai.

Ich habe allerlei Bekanntschaft gemacht, Gesellschaft habe ich noch keine gefunden. Ich weiß nicht, was ich Anzügliches für die Menschen haben muß; es mögen mich ihrer so viele und hängen sich an mich, und da tut mir's weh, wenn unser Weg nur eine kleine Strecke miteinander geht. Wenn du fragst, wie die Leute hier sind, muß ich dir sagen: wie überall! Es ist ein einförmiges Ding um das Menschengeschlecht. Die meisten verarbeiten den größten Teil der Zeit, um zu

Soße aus den Gesichtern. Ich nahm die Fäuste hoch, im Fall der Fälle, aber es kam doch zu nichts. Addi fauchte bloß kalt: Hau ab! Hau bloß ab, sonst garantier ich für nichts.
Ich konnte sein Gesicht nicht richtig erkennen. Ich hatte selbst noch das Farbzeug in den Augen. Aber es hörte sich ganz so an, als wenn er kurz vorm Heulen war. Addi war über zwanzig. Ich wußte nicht, wann ich das letztemal geheult hatte. Es war jedenfalls eine Weile her. Vielleicht haute ich deswegen tatsächlich sofort ab. Kann sein, ich hatte den Bogen überspannt oder was. Ich hoffe, es hält mich deswegen keiner für feige, Leute. Als Boxer darf man sich ja sowieso nicht richtig wehren. Trifft man dumm, heißt es gleich: Sperre. Außerdem war da Zaremba, und der gab mir zu verstehen: Mach dich weg. Es ist das beste im Moment! Das war das vorläufige Ende meines Gastspiels als Anstreicher bei Addi und Genossen.
Es war übrigens ein Sauwetter an dem Tag. Ich hechtete mich auf meine Kolchose. Als erstes diktierte ich für Old Willi auf das neue Band:

Deraisonnement: frz. déraison, Unvernunft

leben, und das bißchen, das ihnen von Freiheit übrig bleibt, ängstigt sie so, daß sie alle Mittel aufsuchen, um es los zu werden. O Bestimmung des Menschen! [...]

Am 24. Dezember 1771.

[...] Mein Alter spürt auch wohl den Vorzug, den mir der Graf vor ihm gibt, und das ärgert ihn, und er ergreift jede Gelegenheit, Übels gegen mich vom Grafen zu reden, ich halte, wie natürlich, Widerpart, und dadurch wird die Sache nur schlimmer. Gestern gar brachte er mich auf, denn ich war mit gemeint: zu so Weltgeschäften sei der Graf ganz gut, er habe viele Leichtigkeit zu arbeiten und führe eine gute Feder, doch an gründlicher Gelehrsamkeit mangle es ihm wie allen Belletristen. Dazu machte er eine Miene, als ob er sagen wollte: „Fühlst du den Stich?“ Aber es tat bei mir nicht die Wirkung; ich verachtete den Menschen, der so denken und sich so betragen konnte. Ich hielt ihm stand und focht mit ziemlicher Heftigkeit. Ich sagte, der Graf sei ein Mann, vor dem man Achtung haben müsse, wegen seines Charakters sowohl als wegen seiner Kenntnisse. „Ich habe“, sagt’ ich, „niemand gekannt, dem es so geglückt wäre, seinen Geist zu erweitern, ihn über unzählige Gegenstände zu verbreiten und doch diese Tätigkeit fürs gemeine Leben zu behalten.“ – Das waren dem Gehirne spanische Dörfer, und ich empfahl mich, um nicht über ein weiteres Deraisonnement noch mehr Galle zu schlucken.
Und daran seid ihr alle schuld, die ihr mich in das Joch geschwatzt und mir so viel von Aktivität vorgesungen habt. Aktivität! Wenn nicht der mehr tut, der Kartoffeln legt und in die Stadt reitet, sein Korn zu verkaufen, als ich, so will ich zehn Jahre noch mich auf der Galeere abarbeiten, auf der ich nun angeschmiedet bin. [...]

Und daran seid ihr alle schuld, die ihr mich in das Joch geschwatzt und mir so viel von Aktivität vorgesungen habt. Aktivität! ... Ich habe meine Entlassung ... verlangt ... Bringe das meiner Mutter in einem Säftchen bei. Ende.
Ich fand, das paßte großartig.

(1972)

Am 24. März.

Ich habe meine Entlassung vom Hofe verlangt und werde sie, hoffe ich, erhalten, und ihr werdet mir verzeihen, daß ich nicht erst Erlaubnis dazu bei euch geholt habe. Ich mußte nun einmal fort, und was ihr zu sagen hattet, um mir das Bleiben einzureden, weiß ich alles, und also – Bringe das meiner Mutter in einem Säftchen bei, ich kann mir selbst nicht helfen, und sie mag sich gefallen lassen, wenn ich ihr auch nicht helfen kann. [...]

(1774)

Aufgaben zu B II

1. In der Suhrkamp-Ausgabe der Erzählung „Die neuen Leiden des jungen W." druckt der Verlag auf der Umschlagseite eine verkürzte Inhaltsangabe ab (16). Bestimmen Sie die Funktion dieser Inhaltsangabe.
2. Untersuchen Sie den Auszug aus Plenzdorfs Roman (17) daraufhin
   - inwiefern Edgar den Goethe-Roman naiv und subjektiv versteht
   - nach welchen Kriterien Edgar den „Werther" von Goethe abwertet und Salingers „Der Fänger im Roggen" aufwertet
   - welche Mittel den Leser ansprechen und ihn in die Erzählung einbeziehen sollen.
3. Schreiben Sie eine Inhaltsangabe der Episode (18).
4. Vergleichen Sie die abgedruckten Texte von Plenzdorf (18) und Goethe (19).
   - An welchen Stellen und in welcher Weise zitiert Edgar den „Werther"?
   - Untersuchen Sie, mit welcher Absicht Edgar Goethes „Werther" zitiert.
   - Stellen Sie außerdem fest, welche Wirkungen er damit erzielt.
5. Die Rezeption des „Werther" durch die Romanfigur Edgar Wibeau – Fassen Sie zu diesem Thema die Ergebnisse Ihrer Beschäftigung mit den Auszügen aus Plenzdorfs „Neuen Leiden" zusammen.

III Wirkungen ... auch damals
Zur historischen „Werther"-Rezeption

20

Helmuth Hör in:

Reclams Romanführer

Johann Wolfgang von Goethe

* 28. August 1749 Frankfurt/M.
† 22. März 1832 Weimar

Die Leiden des jungen Werthers. Leipzig, Weygand, 1774. Reclams UB 67/67a; u. a. – Art: Liebes-R. in Briefform.

Werther, ein junger geistvoller, empfänglicher Mensch, weilt in einer kleinen Stadt, um eine Erbschaft für seine Mutter zu ordnen. Er will sich zugleich befreien von der Erinnerung an ein Mädchen, dessen Empfindungen er halb unbewußt genährt hatte, ohne sie zu erwidern, und er gibt sich nun mit ganzer Seele der unaussprechlichen Schönheit der Natur hin, die er in einsamen Wanderungen durch die Wälder, Wiesen und Dörfer der Umgebung erlebt. In Begegnungen mit dem einfachen Volk erschließt sich ihm der Reiz dieser kleinen Welt mit ihren naturhaften Verhältnissen und Sitten, und besonders die Kinder sind bald seine Freunde. Sein ständiger Begleiter ist ein Band Homer, und in seinem Skizzenbuch hält er Bilder dieses stillen, idyllischen Lebens fest.

Auf einem ländlichen Ball lernt er Lotte, die Tochter des Amtmannes, kennen und ist sogleich von ihrem Wesen gefangengenommen. In der folgenden Zeit benutzt er jede Gelegenheit, sie aufzusuchen und ihr kleine Liebesdienste zu erweisen. Er sieht sie im Kreise ihrer sechs jüngeren Geschwister, denen sie liebevoll die tote Mutter ersetzt. Sie gestattet ihm, sie auf ihren Spaziergängen und Besuchen zu begleiten. Bei dem kranken Pfarrer und der sterbenden Freundin fühlt er besonders stark die Liebe, die sie auf ihre Umgebung ausstrahlt. Obwohl Lotte mit Albert so gut wie verlobt ist, empfindet sie doch Zuneigung zu Werther, und dieser glaubt beglückt, nur die Stunden zu leben, die er bei ihr verbringen kann. Bald kehrt Albert von seiner Reise zurück, und Werther findet in ihm einen gelassenen und strebsamen Menschen, der ihm in Freundschaft zugetan wird.

Werther leidet sehr unter seiner Liebe und wird sich immer mehr bewußt, daß er Lotte nie für sich gewinnen kann. Daher gibt er dem Drängen seines Freundes Wilhelm nach und verläßt die Geliebte, um eine Stelle bei dem Minister anzutreten. Er hat mit einem Gesandten zusammenzuarbeiten, dessen bürokratisches Wesen ihn sehr bedrückt. In einer adligen Gesellschaft muß Werther eine ihn sehr demütigende Zurücksetzung erfahren, die ihn aufs tiefste erregt. Er bittet um seine Entlassung vom Hofe und nimmt die Einladung eines Grafen an. Auf dem Wege zu dessen Gütern reist er durch die Gegenden, wo er seine Kindheit verbrachte, und lebt in Erinnerungen an vergangene Tage. Der Graf schätzt seinen Gast sehr, aber Reichtum an Gefühlen bedeutet ihm nichts. Werther ist deshalb auch hier nicht glücklich und verläßt bald das gastliche Haus, um wieder in die Nähe seiner Lotte zurückzukehren.

Diese hat sich inzwischen mit Albert verheiratet. Werthers Liebe wächst zu verzehrender Leidenschaft und gleicht einer unheilbaren Krankheit. Er argwöhnt, daß Albert Lotte gar nicht von ganzem Herzen liebt, und so verschlechtert sich das Verhältnis zwischen den beiden Männern immer mehr. Schließlich sieht Werther keinen Ausweg mehr aus dem Chaos, in dem er sich befindet. Daß sie alle drei glücklich zusammenleben könnten, erscheint ihm unmöglich, und er beschließt, die Ehe der geliebten Frau durch seinen Tod zu retten.
So eilt er zu Lotte, um Abschied zu nehmen. Durch die Lektüre Ossians sind beide sehr erregt, und Werther schließt die Geliebte in die Arme. Am anderen Tage schickt er seinen Bedienten, um sich Alberts Pistolen zu einer Reise auszubitten. Lotte händigt ihm die Waffen mit zitternder Hand aus. Bange Ahnungen quälen sie. Aber sie findet nicht die Kraft, Albert zu gestehen, was vorgefallen ist, und den Freund zu retten. Werther ist glücklich, daß ihm die Geliebte bei dem letzten Schritte geholfen hat. Am Abend zieht er sich mit einer Flasche Wein in sein Zimmer zurück. Sein Bedienter findet ihn am Morgen sterbend. Arbeiter tragen den Sarg zu Grabe, „kein Geistlicher hat ihn begleitet".

JOHANN WOLFGANG GOETHE

Die Leiden des jungen Werthers

21

[Der Romananfang - Vorwort des fiktiven Herausgebers]
Was ich von der Geschichte des armen Werther nur habe auffinden können, habe ich mit Fleiß gesammelt, und lege es euch hier vor und weiß, daß ihr mir's danken werdet. Ihr könnt seinem Geiste und seinem Charakter eure Bewunderung und Liebe, seinem Schicksale eure Tränen nicht versagen.
Und du gute Seele, die du eben den Drang fühlst wie er, schöpfe Trost aus seinem Leiden, und laß das Büchlein deinen Freund sein, wenn du aus Geschick oder eigener Schuld keinen nähern finden kannst.

(1774)

GOTTHOLD EPHRAIM LESSING

* Brief an Johann Joachim Eschenburg

22

Mein lieber Herr Eschenburg,
Haben Sie tausend Dank für das Vergnügen, welches Sie mir durch Mittheilung des Göthischen Romans gemacht haben. Ich schicke ihn noch einen Tag früher zurück, damit auch andere dieses Vergnügen je eher je lieber genießen können.
Wenn aber ein so warmes Produkt nicht mehr Unheil als Gutes stiften soll: meynen Sie nicht, daß es noch eine kleine kalte Schlußrede haben müßte? Ein Paar Winke hinterher, wie Werther zu einem so abentheuerlichen Charakter gekommen; wie ein andrer Jüngling, dem die Natur eine ähnliche Anlage gegeben, sich dafür zu bewahren habe. Denn ein solcher dürfte die poetische Schönheit leicht für die moralische

nehmen, und glauben, daß der gut gewesen seyn müsse, der unsre Theilnehmung so stark beschäftiget. Und das war er doch wahrlich nicht; ja, wenn unsers J***s Geist völlig in dieser Lage gewesen wäre, so müßte ich ihn fast – verachten. [...] Also, lieber Göthe, noch ein Kapitelchen zum Schlusse; und je cynischer, je besser! [...]

Dero

Wolfenb. den 26. October 1774. ganz ergebenster F. Lessing.

Eschenburg, einer der ersten Shakespeare-Übersetzer, war ein Freund des Legationssekretärs K. W. Jerusalem, der das Vorbild zu Werther im zweiten Teil des Romans gab.

23

CHRISTIAN FRIEDRICH DANIEL SCHUBART

Deutsche Chronik

Da sitz' ich mit zerflossnem Herzen, mit klopfender Brust und mit Augen, aus welchen wollüstiger Schmerz tröpfelt, und sag Dir, Leser, daß ich eben die ‚Leiden des jungen Werthers' von meinem lieben Goethe – gelesen? – nein, verschlungen habe. Kritisieren soll ich? Könnt' ich's, so hätt ich kein Herz. Göttin Critica steht ja selbst vor diesem Meisterstück des allerfeinsten Menschengefühls aufgetaut da. Mir war's, als ich Werthers Geschichte las, wie der Rahel im elften Gesang des ‚Messias', wie sie im himmlischen Gefühl zerrann und unter dem Gelispel des wehenden Bachs erwachte. – Ein Jüngling voll Lebenskraft, Empfindung, Sympathie, Genie, so wie ohngefähr Goethe, fällt mit dem vollen Ungestüm einer unbezwinglich haftenden Leidenschaft auf ein himmlisches Mädchen. Die ist aber schon verlobt und vermählt sich mit einem braven Manne. Aber dieses Hindernis verstärkt nur Werthers Liebe. Sie wird immer unruhiger, heftiger, wütender, und nun – ist jede Wonne des Lebens für ihn tot. Er entschließt sich zum Selbstmorde und führt ihn auch aus. Diesen simplen Stoff weiß der Verfasser mit soviel Aufwand des Genies zu bearbeiten, daß die Aufmerksamkeit, das Entzücken des Lesers mit jedem Briefe zunimmt. Da sind keine Episoden, die den Helden der Geschichte, wie ein goldnes Gefolg einen verdienstlosen Fürsten, umgeben: der Held, Er, Er ganz allein lebt und webt in allem, was man liest: Er, Er steht im Vordergrunde, scheint aus der Leinwand zu springen und zu sagen: „Schau, das bin ich, der junge leidende Werther, dein Mitgeschöpf! So mußt' ich volles irdenes Gefäß am Feuer aufkochen, aufsprudeln, zerspringen!" – Die eingestreuten Reflexionen, die so natürlich aus den Begebenheiten fließen, sind voll Sinn, Weltkenntnis, Weisheit und Wahrheit. Thomsons Pinsel hat nie richtiger, schöner, schrecklicher gemalt als Goethes. Soll ich einige schöne Stellen herausheben? Kann nicht: das hieße mit dem Brennglas Schwamm anzünden und sagen: Schau, Mensch, das ist Sonnenfeuer! – Kauf's Buch und lies selbst! Nimm aber dein Herz mit! – Wollte lieber ewig arm sein, auf Stroh liegen, Wasser trinken und Wurzeln essen, als einem solchen sentimentalischen Schriftsteller nicht nachempfinden können. Ist bei Stage zu haben. *(5. 12. 1774)*

Schubart war ein gesellschaftskritischer, politischer Schriftsteller der Aufklärung, der wegen seiner kühnen Artikel zehn Jahre auf der Festung Hohenasperg gefangen gehalten wurde.

24

JOHANN MELCHIOR GOEZE

Kurze aber nothwendige Erinnerungen über die Leiden des jungen Werthers

[...] Gott erwecke doch unsere teure Obrigkeit, dergleichen Erinnerungen itzt zu wiederholen. Wann können solche nötiger sein, als in unseren Tagen, da Apologien für den Selbstmord geschrieben werden, und einen ungestörten freien Lauf haben, da gottlose Zeitungs-Rezensenten solche verfluchungswürdige Schriften anpreisen, die Selbstmörder als Tugend-Helden rühmen, und sie selig preisen: da die pestilenzialische Sucht der Lotterien, so viele junge Leute als ein Strom dahinreißet: da, Gott sei es geklagt! die Selbstmörder so häufig werden, und durch das Öl, welches die ‚Leiden des jungen Werthers' und die Rezensionen derselben, in dieses Feuer gießen, sich unausbleiblich noch vervielfältigen werden.
Man hat mir sagen wollen, daß die ‚Leiden des jungen Werthers' in Leipzig konfisziert, und bei hoher Strafe verboten wären. Wie sehr ist zu wünschen, daß diese Nachricht Grund haben möge! Sollte dieses auch nicht sein, so wäre es doch zu wünschen, daß alle Obrigkeiten diesen Schluß noch fassen, und solchen auf die eklatanteste Art die möglich ist, vollziehen möchten. Ich weiß zwar wohl, daß dieses Mittel nicht zureicht, dieses so weit ausgestreute giftige Unkraut auszurotten; allein die Wirkung würde es doch haben, daß dadurch die Vorstellungen, welche durch diese so giftige Schrift in vielen, sonderlich jungen Gemütern, veranlasset worden sind, kräftig alteriert, und den leichtsinnigen Rezensenten Zaum und Gebiß angelegt würden, daß sie es sich nicht ferner unterstehen würden, ihre Posaunen zum Lobe solcher Schriften zu erheben. [...] *(1775)*

Goeze war Hauptpastor an der Katharinenkirche in Hamburg und trat in zahlreichen theologischen und literarischen Fehden (u.a. mit Lessing) als strenger Orthodoxer der lutherischen Theologie hervor.
Apologie: Verteidigung
alterieren: ändern

25

JOHANN WOLFGANG GOETHE

* Motto-Verse zur zweiten Auflage des „Werther" – Goethes Reaktion auf die Wirkung des „Werther-Fiebers"

[Vor dem ersten Buch:]
Jeder Jüngling sehnt sich, so zu lieben,
Jedes Mädchen, so geliebt zu sein.
Ach, der heiligste von unsern Trieben,
Warum quillt aus ihm die grimme Pein?

[Vor dem zweiten Buch:]
Du beweinst, du liebst ihn, liebe Seele,
Rettest sein Gedächtnis von der Schmach;
Sieh, dir winkt sein Geist aus seiner Höhle;
Sei ein Mann und folge mir nicht nach. *(1775)*

26

ERICH TRUNZ

* Anmerkung des Goethe-Herausgebers zu den Motto-Versen

[...] Goethe wollte zwar das harte dogmatische Verurteilen des Selbstmörders überwinden und ihn verstehen lehren, aber er wollte die Empfindsamkeit nicht steigern, sondern sie in ihrem Wesen und ihren Gefahren deutlich machen. Er gab deshalb 1775 den lehrhaften Spruch bei, ließ ihn aber später, als das „Werther-Fieber" sich gelegt hatte, wieder weg, da er immer bestrebt war, Kunstwerke für sich selbst sprechen zu lassen.

dogmatisch: streng an Lehrsätze gebunden

Aufgaben zu B III

1. Informieren Sie sich anhand des Auszugs aus einem „Romanführer" (20) über den Inhalt des „Werther". Inwieweit entspricht dieser Text den Anforderungen an eine Inhaltsangabe (vgl. E)?
2. Beschreiben Sie die **Rolle,** die dem Leser in dem Vorwort des fiktiven Herausgebers (21) nahegelegt wird.
3. Die Rezensionen von Lessing (22), Schubart (23) und Goeze (24) sind typisch für die drei Positionen der historischen „Werther"-Rezeption: **Aufklärung, Sturm und Drang, orthodoxer Klerus.** Versuchen Sie, diese Grundpositionen voneinander abzugrenzen und zu kennzeichnen.
4. Geben Sie den Inhalt von Lessings Brief an Eschenburg (22) wieder. Wie sehen Sie selbst das Verhältnis von Ästhetik und Moral eines Kunstwerkes?
5. Untersuchen Sie Schubarts Rezension (23):
   - Fertigen Sie eine Inhaltsangabe an.
   - Beschreiben Sie die inhaltlichen und sprachlichen Eigenarten des Textes.
   - Kennzeichnen Sie Schubarts Haltung bei der Lektüre des „Werther" und die Leserrolle, die er dem Publikum nahelegt: Welches Literaturverständnis setzt er in seiner Darstellung voraus?
   - Nehmen Sie Stellung zu Schubarts „Werther"-Rezeption. Berücksichtigen Sie dabei, daß der Verfasser als ausgesprochen gesellschaftskritischer Schriftsteller gilt.
6. Analysieren Sie die Stellungnahme des Hauptpastors Goeze (24), und setzen Sie sich kritisch mit dieser Position auseinander.
7. Untersuchen Sie Goethes Motto-Verse zur zweiten Auflage des „Werther" (25):
   - Kennzeichnen Sie anhand dieser Verse Goethes Reaktion auf die Wirkung des Romans.
   - Erklären Sie die Funktion der Motto-Verse. Beziehen Sie die Aussagen von Trunz (26) in Ihre Überlegungen ein.
8. Die **Wirkung** des „Werther"-Romans auf Goethes Zeitgenossen – Fassen Sie zu diesem Thema die Ergebnisse Ihrer Beschäftigung mit den Texten (20–26) zusammen.

C Theoretische Texte

Karl Otto Conrady

Vom Lesen und seinen Schwierigkeiten

27

Der mündige Leser liest distanzierend und kritisch.
Wie es bei einem Literaturhistoriker üblich ist: er beginnt mit einer geschichtlichen Reminiszenz. Hier ist sie, und sie ist hinlänglich bekannt: Im September 1774 erscheint auf der Leipziger Messe ein Roman, bestehend aus einer Reihe von Briefen, in denen ihr Schreiber seine Erfahrungen und Leiden, seine Betrachtungen und Gefühle ausbreitet. Nicht alles in diesem schmalen Buch kann der Briefschreiber berichten: die Katastrophe nicht und nicht den Selbstmord. So nimmt an gegebener Stelle der Herausgeber, der sich schon zu Anfang gemeldet hatte, wieder das Wort und schließt das Ganze mit berühmt gewordenen lakonischen Sätzen: „Um zwölfe mittags starb er. [...] Nachts gegen elfe ließ er [der Amtmann] ihn an die Stätte begraben, die er sich erwählt hatte. Der Alte folgte der Leiche und die Söhne. Albert vermocht's nicht. Man fürchtete für Lottens Leben. Handwerker trugen ihn. Kein Geistlicher hat ihn begleitet." (Goethe, Hamburger Ausgabe, Bd. 6, S. 124)
Die „Leiden des jungen Werthers", um sie handelt es sich ja, wurden Goethes größter Bucherfolg, in ganz Europa. Aber von Anfang an gab das Buch Anlaß zu kritischen Fragen, zu Bedenken, zu Auseinandersetzungen. Man kann es von den ersten Rezensionen an verfolgen. Ein junger, mit beachtlichen Anlagen ausgestatteter Mann kommt mit Leben, Liebe und Gesellschaft nicht zurecht und wählt den Freitod. Er sieht, voll von Empfindungsfähigkeit und dem Wunsch nach Selbstverwirklichung, keinen Sinn mehr, in dieser Welt zu bleiben.
Die Kunstform des Werks wurde von den literarisch Interessierten vorbehaltlos anerkannt, aber der Weg Werthers bis zum selbstmörderischen Ende: das war ein gefährlicher und fragwürdiger Weg; [...]
Goethe zog sehr schnell gewisse Konsequenzen. Schon 1774 war eine zweite Auflage fällig. In ihr stellte er dem 1. und 2. Buch je einen Vierzeiler als Motto voran. Die Verse zum 2. Buch lauten:
„Du beweinst, du liebst ihn, liebe Seele.
Rettest sein Gedächtniß von der Schmach;
Sieh, dir winkt sein Geist aus seiner Höhle;
Sey ein Mann, und folge mir nicht nach."
Diese Aufforderung ist eine Warnung an den Leser, sich mit dem dichterischen Text und dem Handlungsablauf eilfertig zu identifizieren. Es ist eine Warnung vor einer bestimmten Lesehaltung. [...]
Ich habe an die „Werther"-Rezeption erinnert, um an einem exemplarischen Fall Grundprobleme des Lesens zu veranschaulichen. Ich nenne jene Art des Lesens, vor der Goethe im Blick auf sein konfliktträchtiges Werk mit dem Ende der Selbstzerstörung warnt, identifikatorisches Lesen. Noch etwas theoretischer: Identifikatori-

Reminiszenz: Erinnerung

sches Lesen heißt, die Aussagen eines Textes in ihrem ersten Verständnis anzunehmen und für den eigenen Lebensvollzug direkt zu aktualisieren. Identifikatorisches Lesen nimmt einen Text als Wahrsage, als Angebot zum Nachvollzug, als Aufforderung zur Nachfolge, als Anlaß zur Unterwerfung unter seine Gefühle, Stimmungen, Gedanken, Handlungen. Identifikatorisches Lesen setzt die Gegenkraft des Lesenden außer Wirkung.

Erziehung zum Umgang mit Texten

Ich füge sogleich eine These an: Erziehung zu angemessenem Umgang mit Texten muß jenes identifikatorische Lesen vermeiden helfen. In dieser These stecken allerdings wertende Voraussetzungen. Sie zeigen sich in den Wörtern „angemessen" und dem fordernden „muß". Ich wage deshalb von Angemessenheit zu sprechen, weil ich als Axiom die Mündigkeit des lesenden Bürgers setze, was nichts anderes besagt, als daß Mündigkeit darin besteht, Gegebenes, Vor-Geschriebenes, Vor-Gedeutetes nicht einfach hinzunehmen, sondern es einem Frageprozeß auszusetzen, es in einen bewußten Dialog hineinzunehmen, in dem der Lesende fragende, diskutierende, widersprechende Gegenkräfte einsetzt. [...]

Wenn vom distanzierend kritischen Lesen gesprochen wird, so ist die Frage der Wertung und der Wertungskriterien im Spiel. Ich darf daher nicht versäumen, eine Antwort wenigstens anzudeuten. Es gibt eine aufschlußreiche Bemerkung Goethes über die Aufgaben, die er der „produktiven Kritik" zuweist: „Sie fragt: Was hat sich der Autor vorgesetzt? ist dieser Vorsatz vernünftig und verständig? und inwiefern ist es gelungen, ihn auszuführen?" Die größten Schwierigkeiten macht der mittlere Fragesatz. Denn um zu beurteilen, ob etwas „vernünftig und verständig" ist, muß ich ein Kriterium für das angeben, was vernünftig sei. Stellen wir diese Frage (ob der Vorsatz des Autors vernünftig und verständig sei) aber überhaupt nicht, sondern achten nur auf das gelungene oder nicht gelungene Funktionieren sprachlicher Äußerungen im Werk, in einer Redeart usw., dann müßten etwa Hitler- oder Goebbelsreden als Meisterstücke rhetorischer Kunst vorgeführt werden – und eben nur als das. Daher diese thesenhaften Sätze:

Im Umgang mit Sprache und ihren Verwirklichungen werden wir einzuschätzen haben, was Sprechende, Schriftsteller und ihre Werke an einem historischen Ort nach den dort gegebenen Möglichkeiten zu leisten vermochten und bewirkt haben, und zwar im Blick auf das, was Literatur zu ihrem bescheidenen Teil und auf unterschiedliche Weise zur humanen Entfaltung des Menschen und seiner Bedingungen beigetragen hat und beiträgt.

28

Günter Grass

Über die Rolle der Literatur in deutschen Schulen

[...] Literatur in deutschen Schulen ist – solange ich zurückdenken kann, bis in meine relativ kurze Schulzeit (ich bin nur bis zum Alter von 15 Jahren zur Schule gegangen) – eigentlich immer ein Alptraum gewesen. Früher war das alles von rechts gefüttert, dann kam die Phase von links, aber in den Grundverhaltensweisen hat sich leider nichts geändert: es herrscht vor die Interpretationssucht. Literarische Texte

werden nicht an den Schüler herangebracht, um bei ihm die Lust am Lesen auszulösen, um ihm die Chance zu geben - und sei es mit den verschiedensten Gedanken -, sich mit einem Text zu identifizieren, sich selbst zu erleben, sondern um ihn auf eine schlüssige Interpretation hinzuführen. Das tötet die Literatur ab.
Literatur ist trotz der deutschen Schule lebensfähig geblieben, aber dies tötet in einem sehr frühen Alter die Lust am Lesen ab. Literatur hat mit Kunst zu tun, es ist eine Kunstform, und in erster Linie ästhetischen Gesetzen verpflichtet. Dieses Produkt der Kunst lebt davon, daß es vieldeutig ist, doppelbödig ist und eine Menge von Interpretationen zulassen kann. Es muß erst einmal respektiert werden, daß der, der auf ein Bild, auf ein Buch reagiert, etwas für ihn Wichtiges erlebt. Dies ist erst einmal richtig, auch wenn es sich nicht mit der Interpretation des Lehrers deckt.
Und nun kommt das in die Schulmühle hinein, es wird Interpretation gefordert - ob es sich um einen Gedichttext, um die „Braut von Messina", oder Wallraff, oder was auch immer, handelt: Es wird Interpretation abverlangt. Es ist im Grunde natürlich eine Aufforderung zum Opportunismus, weil die Schüler unter Leistungsdruck versuchen herauszuhören, welche Interpretation ist denn die des Lehrers - um sich der dann anzupassen. Das ist meine Negativerfahrung. [...]

BERTOLT BRECHT

Über das Lesen von Büchern

29

Viele, sagte Me-ti, sehe ich Bücher lesen, eine schwierige Kunst, die sie niemand gelehrt hat. Ihre Vorkenntnisse reichen weder aus, die Schwächen, noch die Stärken von Büchern zu erkennen. Ich will nicht von wissenschaftlichen Büchern reden, die fast immer so geschrieben sind, daß Wissen nötig ist, um Wissen zu erwerben. Aber auch die Erzählungen sind schwer lesbar. Meist erreicht der Verfasser im Handumdrehen, daß der Leser sich mehr für die Welt seines Buches interessiert, als sein Buch sich für die Welt interessiert. Er macht den Leser die Welt vergessen über dem Buch, das sie beschreiben soll. Mit einigen leicht erlernbaren aber schwer durchschaubaren Tricks wird eine Spannung erzeugt, die den Leser vergessen macht, was vorgeht, indem sie ihn neugierig macht, wie es weitergeht. Um weitere Lügen zu erfahren, schluckt er die schon erfahrenen. Ein Schriftsteller, der so schreibt, daß sein Leser imstande ist, das Buch ab und zu wegzulegen, um das Gelesene zu überdenken und die Gedanken des Verfassers mit den eigenen zu vergleichen, gilt als [ein] wenig schwach. Es heißt von ihm, er könne mit seinem Leser nicht anfangen, was er wolle. Nach der landläufigen Ästhetik müssen die Gedanken der Verfasser überhaupt versteckt sein, möglichst schwer ausziehbar. Außerdem soll sich der Leser fragen: Was hat der Schreiber von dem, was er gewollt hat, erreicht. Nicht [ob] es richtig war zu morden, sondern ob richtig gemordet wurde, soll untersucht werden. In Wirklichkeit müssen die Bücher gelesen werden als die Schriften von Verdächtigen, die sie sind. Wie anders als mit dem äußersten Mißtrauen soll man die Erzählungen von Leuten hinnehmen, die entweder mithelfen, Hilflose in gewaltigen Mengen in blutige Kriege zu treiben, oder selber hilflos hineingetrieben werden? Die das Getreide verfaulen und die Menschen verhungern lassen? Die treten oder sich treten lassen?

Aufgaben zu C

1. Formulieren Sie knapp jeweils die Hauptaussage von Conrady, Grass und Brecht (27–29). Welche Position überzeugt Sie, welche weniger?
2. Untersuchen Sie die Texte genauer:
   - Beschreiben Sie die Leserrolle, die Conrady (27) als erstrebenswert darstellt.
   - Notieren Sie aus dem Text von Conrady (27) die Fragen, die Goethe der „produktiven Kritik" zuweist. Sind diese Maßstäbe heute noch überzeugend?
   - Äußern Sie sich dazu, ob Grass' Aussagen (28) durch Ihre Schulerfahrungen bestätigt werden und was in der Schule gemacht werden könnte, um die Lust am Lesen zu fördern.
   - Geben Sie an, wie Brecht (29) den Begriff Spannung versteht und wie er spannende Bücher und deren Autoren bewertet.
3. Halten Sie die Aussagen von Conrady, Grass und Brecht (27–29) für miteinander vereinbar?

D Erweitertes Textangebot

30 HERMANN BAUSINGER

Hat das Lesen eine Zukunft?

In einer ländlichen Hauptschulklasse wurde auf meine Bitte in den letzten Tagen elf- und zwölfjährigen Schülern die Aufgabe gestellt, das Lesen im Jahr 2000 auszumalen, in Bildern und Worten. Auffallend war, daß fast alle Schüler mit aufwendigen technischen Instrumentarien operierten, vom Schaltpult im Wohnzimmer bis zu monströsen Multi-Media-Anlagen für Tausende von Personen. Thema verfehlt? Nicht unbedingt. Das Lesen kommt schon vor. Auf dem Bild des kleinen Jochen sitzt ein Junge vor seinen Steuerungsknöpfen, aber es ist auch ein Karl-May-Band da, der gerade hinter der Scheibe einer großen Maschine verschwindet. Jochens Text: *„Man muß auf der rechten Seite ein Buch hineintun, und dann sieht man das Bild, und man kann es durch den Kopfhörer hören, oder über die großen Lautsprecher. Mit den vielen Knöpfen kann man das Bild stehen lassen, und dunkler und heller und einzelne Farben kann man auch verstellen. Wenn der Film aus ist, kommt das Buch wieder auf der linken Seite heraus."*
Das Buch wird also in seiner materiellen Substanz belassen, aber die Vermittlungsvorgänge werden vollkommen in ein anderes Medium versetzt. Bilder ersetzen die Worte, zumindest die geschriebenen. Die Vorstellung ist sicher technisch naiv, aber im Prinzip liegt sie auf der Linie allgemeiner Vorstellungen. [...]

(1982)

JOIST GROLLE

Schöne neue Welt

31

[...] Wenn erst einmal die von Mikrochips gesteuerten Sprechschreiber in die Büros eingezogen sind, dann mag es lächerlich erscheinen, in den Schulen noch die Kunst des Schreibens zu erlernen. Aber wollen wir in unseren Bildungseinrichtungen wirklich das geschriebene Wort an die Automaten der Textverarbeitung abtreten? Wollen wir wirklich auf die personale Aneignung des geschriebenen Wortes verzichten? Der Produktionsprozeß mag dies erlauben. Aber ich habe heftigen Zweifel, ob wir jungen Menschen in unseren Schulen diese geistige Selbstentleibung antun dürfen.
Die Buchlektüre mag sich in Zukunft wie ein Relikt aus alten Zeiten ausnehmen. Dennoch, wer sich angesichts der von den neuen Medien ausgehenden Informationsschwemme individuelle Urteilsfähigkeit erhalten will, wird auf das Buch nicht weniger, sondern mehr angewiesen sein. Mit meinem Plädoyer für das Festhalten an individuellen Formen kultureller Aneignung rede ich nicht der Abstinenz gegenüber neuen technologischen Entwicklungen das Wort. Aber wir sollten darauf beharren, daß die vornehmste Aufgabe der Schule auch in Zukunft darin liegen muß, junge Menschen zu selbstverantwortlichen Individuen zu erziehen. [...]

(1983)

Relikt: Überbleibsel
Abstinenz: Enthaltsamkeit

32

Manfred Bosch, Klaus Konjetzky

Gespräche mit lesenden Arbeitern

Fritz Sch.,
geboren 1947 in München, ledig, gelernter Buchdrucker.

Fritz Sch.: Mit Literatur war ich eigentlich schon in Verbindung während der Volksschulzeit. Vor allen Dingen deshalb, weil mir es eigentlich von frühester Zeit her Spaß gemacht hat, bestimmte Dinge zu erfahren. Ich kann mich erinnern, daß immer das Ansinnen an meine Mutter gestellt worden ist, möglichst viel vorzulesen. Allerdings war das natürlich nur irgendwelche Literatur, die entweder spannend war oder abenteuerlich oder so. Das war also so meine erste Begegnung mit der Literatur. Vielleicht hat auch der eine oder andere Lehrer eine Rolle gespielt. Ich glaube, daß es ohne Hilfen gar nicht möglich gewesen wäre, weiter in echter Beziehung nicht nur zur Literatur zu sein, sondern vielleicht auch etwas mehr zu lesen, ganz bestimmte Dinge zu lesen. Da denke ich vor allen Dingen an die gewerkschaftliche Jugendgruppe, in die ich damals mit 15 Jahren reingekommen bin. Eine Jugendgruppe, in der z. B. bestimmte Literatur gelesen wurde, in der bestimmte Literatur vorgebracht wurde. Zwischendrin beschäftigte sich eben auch einmal ein Abend mit Literatur aus der Arbeitswelt oder mit Literatur, die irgend etwas mit Arbeit zu tun hat. Ich denke hier an die Lesungen, die wir vornahmen in bezug auf Traven. Das war also der erste Versuch, der hier in der Jugendgruppe gemacht wurde. Ich glaube, dadurch hatte man im Laufe der Zeit doch etwas mehr Beziehung zur kritischen Literatur. Und man erweiterte natürlich damit auch zwangsläufig sein Lesevolumen über abenteuerliche oder spannende Dinge hinaus, wobei das nicht heißen soll, daß nicht z. B. ein Traven oder vielleicht der Brecht auch spannend ist, aber man erweiterte seinen Horizont ohne Zweifel durch eine ganz konkrete Hilfe, die also hier eine Gruppe gegeben hat.

Sie haben also durch Ihren Beruf, durch die konkrete Arbeitssituation, eine Wandlung der Bedürfnisse erfahren. Können Sie einige Bücher und Autoren nennen, bei denen Sie etwas über diese Problematik gefunden haben und die auch Ihr Selbstverständnis mit beeinflußt haben?

Fritz Sch.: Ja, ich denke da vor allen Dingen zunächst einmal an Traven, weil das speziell in der Zeit, wo ich noch Lehrling war, recht wichtig war. Das ist dann weitergegangen, nehmen wir Kurt Tucholsky oder Bertolt Brecht, wobei, ganz ehrlich gesagt, das Verständnis von Bertolt Brecht schon ein bisserl ein längerer Weg war, Tucholsky ist uns irgendwie noch näher gelegen, auch seine Ausdrucksweise. Das also nur einmal so als Beispiel für die Richtung, die uns damals besonders interessiert hat. Ganz interessant war auch als Autor für uns Borchert, der pazifistisch durch und durch war, das ist ja auch heute, glaube ich, noch nicht so ganz abwegig, und zwar seine berühmte Forderung: „Immerwieder sag: Nein“. Dieses Neinsagen hat also einigen von uns damals sehr weitergeholfen [...]

33

Franz Kafka

*Brief an Oskar Pollak, 27. Januar 1904

[...] Ich glaube, man sollte überhaupt nur solche Bücher lesen, die einen beißen und stechen. Wenn das Buch, das wir lesen, uns nicht mit einem Faustschlag auf den Schädel weckt, wozu lesen wir dann das Buch? Damit es uns glücklich macht, wie Du schreibst? Mein Gott, glücklich wären wir eben auch, wenn wir keine Bücher hätten, und solche Bücher, die uns glücklich machen, könnten wir zur Not selber schreiben. Wir brauchen aber Bücher, die auf uns wirken wie ein Unglück, das uns sehr schmerzt, wie der Tod eines, den wir lieber hatten als uns, wie wenn wir in Wälder verstoßen würden, von allen Menschen weg, wie ein Selbstmord, ein Buch muß die Axt sein für das gefrorene Meer in uns. Das glaube ich. [...]

34

Johann Wolfgang Goethe

Gedichte sind gemalte Fensterscheiben

Gedichte sind gemalte Fensterscheiben!
Sieht man vom Markt in die Kirche hinein,
Da ist alles dunkel und düster;
Und so sieht's auch der Herr Philister:
Der mag denn wohl verdrießlich sein
Und lebenslang verdrießlich bleiben.

Kommt aber nur einmal herein!
Begrüßt die heilige Kapelle;
Da ist's auf einmal farbig helle,
Geschicht' und Zierat glänzt in Schnelle,
Bedeutend wirkt ein edler Schein;
Dies wird euch Kindern Gottes taugen,
Erbaut euch und ergetzt die Augen!

35

Günter Eich

Japanischer Holzschnitt

Ein rosa Pferd,
gezäumt und gesattelt, –
für wen?
Wie nah der Reiter auch sei,
er bleibt verborgen.
Komm du für ihn,
tritt in das Bild ein
und ergreif die Zügel!

36

WOLFDIETRICH SCHNURRE

Übereinkunft

Ich habe dich verstanden.
Du hast meine Worte befühlt.

Nun laß uns deutlich bleiben.

Nichts abschleifen. Der Kontur
Schärfe verleihen. Dem Atem
Kraft. Dem Gedanken Genauigkeit
auch vor der Exekutionswand
des Todes.

Du bist anders.
Bleib es. Kein Zugeständnis.
Mein Gehör übersetzt dich.

Kein Entgegenkommen. Deine
Grenze berührt mich. Stunde
den Rest.

37

RAINER MALKOWSKI

Die Bücher

Wenn ich sie frage,
antworten sie mir.

Wenn ich stumm bin,
schweigen sie auch.

Manchmal,
wenn ich den warmen
Regen schmecke,
verachte ich sie.
Was seid ihr, sage ich,
gegen die vor Erregung
geschwollene Erde
im April?

Aber schon anderntags
weiß ich nicht mehr,
ob in ihnen oder
in mir
der heftigere
Herzschlag ist.

Und kein Schatten fällt
auf ihre Wirklichkeit,
wenn ich mich unter der Lampe
über sie beuge.

Flüsternd
nehme ich das Gespräch
wieder auf –
mit den sehr erfahrenen
alten Figuren,
deren Vergangenheit meine Zukunft
vollständig
enthält.

38

DIETER WELLERSHOFF

Leseerfahrungen

[...] 7½ Millionen Farbeindrücke kann der menschliche Organismus unterscheiden, die englische Sprache zum Beispiel hat fast 4000 Bezeichnungen für Farben, aber nur acht werden gewöhnlich gebraucht. Wir haben also offenbar die Tendenz, die Mannigfaltigkeit der Welt stark zu reduzieren und an ihre Stelle einen einfachen Code zu setzen, mit dem wir uns verständigen.

Nicht nur der Wahrnehmungsapparat, auch das Gedächtnis arbeitet in diesem Sinne, es schleift die Erfahrungen zu schematischen Erinnerungsbildern ab, die gerade soviel Information enthalten, daß man in ähnlichen Fällen rasch orientiert ist und handeln kann. Ja, eigentlich werden die ähnlichen Erfahrungen durch die Schemabildung erst geschaffen, wird Wiederholung ermöglicht, entsteht ein Vorrat darauf bezogener Kenntnisse und routinehafter Verhaltensweisen. Das alles ist sehr praktisch, gewährt Sicherheit des Verhaltens und Schutz vor verwirrenden Eindrücken, aber würde dieser Prozeß ungestört ablaufen, befänden wir uns am Ende in einer unveränderlichen, vollkommen bekannten Welt, der man mit ein paar immer gleichen Antworten und Handlungen begegnen könnte. Eine durchritualisierte Gesellschaft würde dem entsprechen, mit versteinerter Moral und unwandelbaren Institutionen. Neue Erfahrungen sind nur zu erwarten von einer Krise der bisherigen Schemabildung oder zumindest ihrer Korrektur. Das eben erwarte ich vom Lesen, nicht die Bestätigung fest gewordener Vorstellungen, wie sie der Unterhaltungsroman seinen Lesern bietet, sondern ihre Veränderung. Entlastet von praktischen Zwecken, nicht verpflichtet zum Erfolg, kann ich mich einlassen auf imaginäre Versuchsbewegungen und jedes Risiko der Irritation. Abenteuer- und Reiseroman zeigen noch deutlich dieses Bedürfnis nach Unvorhergesehenem und Fremdem, aber extensiv ist die Welt durch Verkehr und Nachrichtentechnik erschlossen, nur intensiv ist sie unbekannt. Der Wirklichkeitsschwund nimmt sogar die Form des Bescheidwissens an. Es ist die Täuschung des Zeitungslesers, der die Fakten zu kennen glaubt, wenn er den Kriegs- oder Polizeibericht gelesen hat, es ist die Täuschung des Gebildeten, der einen Begriff, ein Symbol, eine Formel für die Essenz der Sache hält. [...]

Essenz: wesentliches Kernstück
extensiv: den Bedeutungsumfang betreffend, hier: auf alle benennbaren Gegenstände bezogen
intensiv: den Bedeutungsinhalt betreffend, hier: auf den Sinn und Zusammenhang der Gegenstände bezogen

Arbeitsvorschläge zum Textangebot

1. Wie sehen Kinder die Zukunft des Lesens (30)? Beurteilen Sie das Zukunftsbild der Kinder und seine Folgen.
2. Erläutern Sie die Gründe, die nach Ansicht des Hamburger Schulsenators Grolle (31) für das Schreiben und Lesen „im Zeitalter der modernen Informationstechnik" sprechen.
3. Welche Bedeutung hat das Lesen für den Arbeiter Fritz Sch. (32)? Wie ist er zum Lesen gekommen? Was erwartet er davon?
4. Geben Sie mit eigenen Worten wieder, welche Ansprüche Kafka (33) an ein Buch stellt. Vergleichen Sie Kafkas Einstellung zu Büchern mit ihrer eigenen.
5. Vergleichen Sie die von Goethe (34) und von Eich (35) dem Leser zugedachte Rolle.
6. Untersuchen Sie die Gedichte (36–37) unter folgenden Gesichtspunkten:

- Erläutern Sie in Schnurres Gedicht (36) die „Übereinkunft" zwischen dem lyrischen Ich und seinem Du (vgl. Kapitel 6 E). Setzen Sie versuchsweise sich als Leser für das angeredete Du ein.
- Was ist in dem Gedicht von Malkowski (37) mit der „Wirklichkeit" der Bücher gemeint? Inwiefern enthält die Vergangenheit der „alten Figuren" die Zukunft des lyrischen Ichs?

7. Worin sieht Wellershoff (38) die Bedeutung des Lesens? Worin besteht die „Täuschung" des Zeitungslesers? Was meint der Autor mit „Vorstellungsschwäche" und „Wirklichkeitsschwund"?

Weiterführende Arbeitsvorschläge

1. Suchen Sie einen Text (Gedicht, Kurzgeschichte, Erzählung), der Ihnen wichtig ist. Stellen Sie Ihren Mitschülern den Text in Form einer Inhaltsangabe vor, und erläutern Sie, warum Sie ihn ausgewählt haben.
2. Stellen Sie ein literarisches Buch, das Sie gerne gelesen haben, den Mitschülern in einem mündlichen Referat vor.
3. Lesen Sie Goethes Roman „Die Leiden des jungen Werthers", und untersuchen Sie ihn.
   - Verschaffen Sie sich einen Überblick über die wichtigsten Ereignisse in den letzten rund eineinhalb Lebensjahren Werthers.
   - Analysieren Sie die innere Handlung des Romans unter der Fragestellung, inwiefern Werther sowohl an sich selbst als auch an der Gesellschaft scheitert.
4. Beurteilen Sie den Wirklichkeitsgehalt und den Kunstcharakter des „Werther"-Romans von Goethe (im Vorgriff auf die Themen der beiden folgenden Kapitel), indem Sie sich über die historisch-biographischen Grundlagen und die Entstehungsgeschichte des Werkes informieren.
   Textgrundlage: Johann Wolfgang Goethe: Die Leiden des jungen Werthers. Erläuterungen und Dokumente. Hg. von Kurt Rothmann. Stuttgart: Reclam 1976, S. 77ff. und S. 101ff. (RUB 8113).
5. Die **Wirkungsgeschichte** des „Werther"-Romans von Goethe. Untersuchen Sie dazu über die in B III angebotenen Texte hinaus (arbeitsteilig):
   - Dokumente der Beteiligten (insbesondere Kestner)
   - Rezensionen (Sturm und Drang, Aufklärung, orthodoxer Klerus)
   - Wertheriaden (insbesondere von Nicolai)

   Textgrundlage: ebd., S. 117ff.
6. Lesen Sie Plenzdorfs Roman „Die neuen Leiden des jungen W." in bezug auf die Art und Veränderung der „Werther"-Rezeption durch Edgar Wibeau: Wie ist die zunehmende Identifikation Edgars mit Werther auf dem Hintergrund seiner sozialen Situation zu verstehen?
7. Vergleichen Sie Plenzdorfs „Neue Leiden" mit Goethes „Werther":
   - Die Personenkonstellation – Entsprechungen und Unterschiede. Welche Funktion kommt den Personen zu, für die es in Goethes Roman keine Entsprechung gibt (insbesondere Zaremba)?

- Werther und Edgar Wibeau als Romanhelden – ihr Charakter, ihr Verhältnis zur Arbeit und zur Gesellschaft.
- Die Handlung – Warum läßt Plenzdorf seinen Helden nicht durch Selbstmord enden?

8. Referieren Sie über
Peter J. Brenner: Die alten und die neuen Leiden. Kulturpolitische und literarhistorische Voraussetzungen eines Textes in der DDR. In: Plenzdorfs „Neue Leiden des jungen W.", hg. v. Peter J. Brenner. Frankfurt/Main: Suhrkamp 1982, S. 1–46, insbesondere S. 31 ff. (suhrkamp taschenbuch materialien 2013).
9. Untersuchen Sie (arbeitsteilig) die Rezeption der „Neuen Leiden" von Plenzdorf an ausgewählten Beispielen
   - in der DDR
   - in der Bundesrepublik Deutschland.

   Textgrundlage: ebd., S. 141 ff. und S. 241 ff.
10. Lesen Sie den Roman „Der Fänger im Roggen" von Jerome D. Salinger.
    - Vergleichen Sie die Situation und die Sprache der Helden bei Salinger und bei Plenzdorf.
    - Versuchen Sie zu verstehen, warum Edgar in Plenzdorfs „Neuen Leiden" von diesem Roman so fasziniert ist.
    - Teilen Sie auch Edgars Hochschätzung des Salinger-Romans? Nehmen Sie Stellung.

    Textgrundlage: Jerome D. Salinger: Der Fänger im Roggen. Reinbek b. Hamburg: Rowohlt 1966 (rororo 851).

E Information

I. Rezeption und Leserrolle

Sinn und Bedeutung eines Kunstwerks liegen nicht von vornherein fest, sondern sind grundsätzlich offen und formen sich erst durch Verschmelzung mit dem Erwartungshorizont sowie der Verstehensbereitschaft und -fähigkeit des Rezipienten (des Lesers, Hörers, Betrachters). Dieser Vorgang der kommunikativen Aneignung von Literatur (Kunst und Musik), den man als **Rezeption** bezeichnet, ist also immer von bestimmten individuellen und historischen Voraussetzungen und Bedingungen abhängig.
Wie man in Familie, Beruf und sozialem Umfeld unterschiedliche soziale Rollen ausfüllt, so nimmt man auch bei der Aufnahme literarischer Texte bestimmte **Leserrollen** ein. Wie jemand liest, hängt u. a. ab von seiner Lebenssituation, seiner Lesefähigkeit, auch von seinen Sehnsüchten, Stimmungen, Lesezielen. In der Rolle des analysierenden, deutenden Lesers wird man seine Aufmerksamkeit auf den Text selbst richten und seinen Aussagegehalt zu erfassen suchen. Dazu empfiehlt es sich, sein

Vorverständnis zu klären und den relevanten Textinhalt (schriftlich) wiederzugeben. Es ist dabei zu beachten, daß ein Text immer aus einer bestimmten Perspektive mit einer bestimmten Intention gestaltet wird, mit denen indirekte Verstehens- und Verhaltensanweisungen verbunden sind. Der Leser muß daher entscheiden, wieweit er sich auf den Text einlassen will, ob er sich mit der ihm zugedachten Rolle identifiziert oder sich von ihr distanziert. Kritisches Verstehen eines sprachlichen Kunstwerks ist Voraussetzung für ästhetisches Vergnügen, kann den Erfahrungshorizont des Lesers erweitern, seine Vorstellungswelt bereichern und seinem sozialen Handeln neue Impulse geben.

II. Zur Wiedergabe von Textinhalten (Inhaltsangabe)

Die Inhaltsangabe zeigt den Gedankengang eines Textes mit eigenen Worten auf; sie ist auf wesentliche Aussagen konzentriert, läßt unwesentliche Details aus. Sie beginnt mit den Angaben zu Autor, Titel, Textart und Thema. Hier ist eine erste Bestimmung der Intention (bei literarischen Texten z. B. der Bezug zwischen Bild- und Gegenstandsbereich) notwendig. Es folgt eine knappe Angabe der Ereignisse oder der wesentlichen Aussagen in ihrem zeitlichen und ursächlichen Zusammenhang. Eine Anlehnung an die Sprache der Vorlage ist zu vermeiden, d. h. es wird weder die Ich-Form benutzt noch wörtliche Rede wiedergegeben. Die Inhaltsangabe steht im Präsens (der Inhalt des Textes ist jetzt und jederzeit **präsent**).

III. Beispiele für die Inhaltsangabe

1. Zu einem literarischen Text

In dem kleinen Gedicht „Japanischer Holzschnitt“ (35, S. 33) aus Günter Eichs „Botschaften des Regens“ wird der Umgang mit Kunst thematisiert. Auf dem Holzschnitt ist ein rosafarbenes Pferd ohne Reiter dargestellt, das zum Ausritt bereitsteht. Der Sprecher des Gedichts fordert den Rezipienten auf, sich der fiktionalen Wirklichkeit zu nähern und die Funktion des Reiters zu übernehmen.

2. Zu einem expositorischen Text (Sachtext)

Der Literaturhistoriker Karl Otto Conrady beschreibt in seinem Essay „Vom Lesen und seinen Schwierigkeiten“ (27, S. 27), der 1978 in den „Bertelsmann Briefen“ veröffentlicht wurde, zwei unterschiedliche Arten des Lesens. Er beginnt mit der Darstellung eines historischen Falls, dem Erscheinen von Goethes „Leiden des jungen Werthers“ im Jahre 1774, und erinnert daran, daß die Darstellung des Lebensweges der Titelfigur – insbesondere der Freitod aus Liebeskummer und emotionalen Verstrickungen – zu erheblichen Bedenken der zeitgenössischen Kritiker geführt habe. Diese Bedenken gründen darin, daß bei unreflektiertem Lesen des Romans eine Identifikation mit dem Helden, mit seiner Gefühlswelt und seinen Handlungsweisen erfolgen könnte.

Im weiteren Verlauf erläutert Conrady diese Art des Lesens, das „identifikatorische Lesen", und stellt es dem „distanzierend kritischen Lesen" gegenüber. Während der Leser beim identifikatorischen Lesen die Aussagen eines Textes in ihrem ersten Verständnis ernst nehme und unmittelbar auf die eigene Lebenspraxis übertrage, nimmt - so Conrady - der Leser beim distanzierend kritischen Lesen das Geschehen nicht einfach hin, sondern er befragt es auf seine Angemessenheit und Richtigkeit und setzt sich dialogisch immer wieder neu mit ihm auseinander. Diese Art des Lesens führt Conrady auf die Mündigkeit des lesenden Bürgers zurück. Gleichzeitig werden Fragen der Wertung angesprochen, die zum Beispiel in der Beantwortung dessen, was angemessen sei, zum Ausdruck kommen. In einem Goethe-Zitat werden solche Wertungskriterien einer „produktiven Kritik" deutlich, die vor allem auf das, was „vernünftig und verständig" in einem Werk sei, abzielen.

Conrady schließt seinen Essay mit der Feststellung, daß die Kritik vor allem zu fragen habe, was ein Autor in seiner Zeit und unter den gegebenen historischen Bedingungen zur Entfaltung der Humanität und der Fortentwicklung der menschlichen Lebensbedingungen zu leisten in der Lage gewesen sei und tatsächlich geleistet habe.

KAPITEL 2

Text und Autor

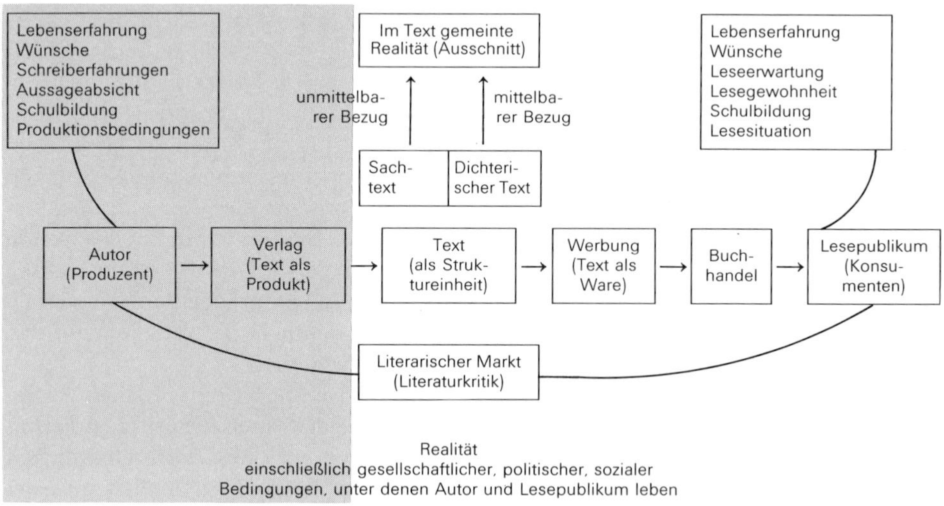

Die Aufgabe des Schriftstellers wird sehr unterschiedlich gesehen. Manche meinen, er habe die Aufgabe, das harte Alltagsleben zu verschönern. Andere meinen, Schriftsteller seien überflüssig und störten nur bei der Bewältigung wichtiger Lebensprobleme. Wieder andere sind der Ansicht, ohne die Arbeiten der Schriftsteller fehle den Menschen die Orientierung für ihr Handeln, so daß sie nur von vermeintlichen Sachzwängen bestimmt würden.
Wie aber sehen die Schriftsteller ihre Aufgabe? Unter welchen Arbeitsbedingungen schreiben sie, und wie wirken sich diese Bedingungen aus? Die Antworten auf diese Fragen fallen auch bei den Schriftstellern selbst unterschiedlich aus. So antwortet Rudolf Hagelstange auf die Frage:
„Warum schreibe ich?
Es ist nicht Gesinnungslosigkeit, wenn ich diese Frage wieder in Frage stelle. Warum spinnt der Seidenwurm? Verbiete ihm zu spinnen – vielleicht findet er dann eine leidlich plausible Antwort. Irgendetwas muß der Mensch tun, um vor sich und der Gesellschaft zu bestehen.
Darum schreibe ich."
Der Schriftsteller Peter Roos auf eine ähnliche Frage:
„Heute ist die Kulturindustrie Angstgelände. Ich bin von ihr abhängig. Ohne Funk, Fernsehen, Verlage, Zeitungen und Zeitschriften wäre meine Existenz unmöglich. Zur Buchmesse 1980 erschienen achtzigtausend*) Neuerscheinungen, und achtzigtausend neuerschienene Autoren hofften darauf,

*) einschließlich Neuauflagen

unter den happy few zu sein, die nicht durch die Maschen des Betriebs fallen. Ich bin überflüssig. Ich fühle mich ohnmächtig."
Im A-Teil dieses Kapitels können Sie Einblick in das Berufsbild des Schriftstellers gewinnen und erfahren, wie er sich selbst versteht. Der B-Teil zeigt unterschiedliche Auffassungen über das Schreiben. Die Aufgaben des Schriftstellers in der Gesellschaft werden in den theoretischen Äußerungen der Autoren (Teil C) thematisiert. Über diese Zusammenhänge etwas zu wissen, erleichtert den Umgang mit dichterischen Texten, die als verkäufliche Ware unseren Marktgesetzen unterliegen und doch auch intellektuelle Herausforderung sein wollen.

A Schriftsteller: Traum und Wirklichkeit
Zur Situation des Schriftstellers in unserer Gesellschaft

1

Prof. Dr. H. Stolte
Wissenschaftl.
Berater des ifs

Wir suchen Menschen, die gern schreiben.

Ist es auch Ihr sehnlichster Wunsch, wie ein Schriftsteller schreiben zu können?
Um mehr aus Ihrer Liebe zum Schreiben, mehr aus sich zu machen? Um Ihre Gedanken, Ihr Wissen, Ihre Ideen in Worte zu fassen, die gedruckt und gelesen werden? Um nicht länger einer der Stillen im Lande zu sein, sondern mitzureden, mitzubewegen?
Um sich eines der vielseitigsten, dankbarsten Hobbys, die es gibt, zu erschließen? Oder einen einträglichen Nebenberuf, wenn nicht gar — als neuen Lebensinhalt — einen Hauptberuf?

Erfüllen Sie sich Ihren Wunsch! Lernen auch Sie — zu Hause, in Ihrer Freizeit — die Kunst und Technik gekonnten Schreibens.
Unersättlich ist der Hunger der Redaktionen, Agenturen und Verlage nach druckreifen Manuskripten — **unbrauchbare** gibt es übergenug. Unbrauchbar — weil ihre Verfasser die Kunst, das Handwerk, das „Gewußt-Wie" des fachgerechten Schreibens nicht gelernt haben. Es kommt nicht nur darauf an, was Sie sagen, sondern ebenso wie Sie es sagen. Sie das zu lehren, auf die wirksamste, unterhaltsamste Art zu lehren, das ist die Aufgabe des ifs.

Wenn Sie gern schreiben, können Sie auch erfolgreich schreiben lernen. Oder fürchten Sie, es fehle Ihnen an Begabung?
Seien Sie unbesorgt: Die Liebe zum Schreiben und die Befähigung dazu gehen meistens Hand in Hand. Wer gern schreibt oder schreiben möchte, kann in der Regel auch erfolgreich schreiben — wenn er es gelernt hat. Wenn er es von den erfolgreichen Journalisten und Schriftstellern, Lektoren und Pädagogen des ifs gelernt hat. Sie können auch Sie auf den Erfolgsweg führen.

Was so viele ifs-Absolventen, Frauen wie Männer, geschafft haben, könnten auch Sie schaffen — schneller und leichter als Sie ahnen!
Hunderte von ifs-Studienteilnehmern haben sich inzwischen — als feste oder freie — Mitarbeiter von Redaktionen, Agenturen und Verlagen, des Hörfunks und des Fernsehens einen Namen gemacht. Andere arbeiten heute als Redakteure, Lektoren oder hauptberufliche Schriftsteller.
Ihnen allen hat das ifs geholfen, ihre Begabung, ihre Fähigkeit, ihr „Ich" zu entdecken. Ihnen allen ist die ifs-Ausbildung zum Sprungbrett für ihre schriftstellerische oder berufliche Karriere geworden.

Wie erklärt sich der erstaunliche Lehrerfolg des ifs?
Fachgerecht schreiben lernt man nicht im Klassenzimmer, nicht von nur einer Lehrkraft, sondern im Idealfall von einem Experten-Team im individuellen Privatunterricht. Um dies bei erschwinglichen Kosten weitgehend zu realisieren, schlossen sich — schon vor über einem Jahrzehnt — 24 namhafte deutsche Schriftsteller, Journalisten, Lektoren und Pädagogen zum ifs zusammen. Gemeinsam erarbeiteten sie die ifs-Lehrgänge, gemeinsam schufen sie die — inzwischen

an Abertausenden von Teilnehmern erprobte und bewährte — ifs-„Privatstunden-per-Brief"-Fernlehrmethode.

So bilden wir Sie aus:
Die ifs-Autoren und -Studienleiter kommen „per Brief und Lehrheft" zu Ihnen ins Haus. Anhand von Beispielen und Vorlagen verfassen Sie erst kurze Berichte und Artikel — dann, Schritt für Schritt von Ihren Studienleitern angeleitet, Kurzgeschichten, Reportagen, Interviews, bis Sie die großen Formen des Schreibens meistern lernen: Erzählungen, Novellen, Essays, Fachartikel und -bücher, Kriminalromane, Unterhaltungs- und literarische Romane.
Ihre jeweiligen Studienleiter korrigieren und lektorieren Ihre Arbeiten sorgsam Satz für Satz und reichen Ihnen, mit einem ausführlichen erläuternden Brief, Ihre Manuskripte zurück.

Und so fördern wir Sie:
Ihre Studienleiter beraten Sie auch beim Verkauf Ihrer inzwischen „gekonnten" (und von uns lektorierten) Arbeiten. Und das noch zwei Jahre nach Lehrgangsende — denn Ihr Erfolg ist auch unser Erfolg.

Auch Ihre ifs-Ausbildung kann sich vielfach auszahlen!
Wie etwa für Henry G. Tietze aus München: „Das ifs-Studium hat sich gelohnt ... ich kann von meiner ‚Schreibe' leben". Oder Peter Biqué, Oberursel, mit beachtlichen Erfolgen als Kurzgeschichtenautor. Vielleicht wird es auch Ihnen — wie so vielen ifs-Studienteilnehmern — gelingen, die relativ niedrigen Studiengebühren schon während Ihrer Ausbildungszeit mehrfach „hereinzuholen".

Das sagen bekannte Schriftsteller, Redakteure, Lektoren, Verleger und Pädagogen:
Guter Stil, fach- und sachgerechtes Schreiben sind lehr- und lernbar. Eine wirksamere Methode, Schreiben zu lernen, als die „ifs-Privatstunden-per-Brief-Methode" gibt es nicht. Sie ist ideal für Frauen und Männer jeden Alters, jeden Berufes, jeder Vor- und Ausbildung, für Anfänger wie für Fortgeschrittene. Auch wenn Sie im Schreiben noch wenig erfahren sind, auch wenn Sie täglich nur 1 Stunde Zeit zum Üben haben.

Schreiben-Lernen ist mehr als nur Schreiben-Lernen — vielleicht das erregendste Abenteuer Ihres Lebens. Weil Sie eine „neue Welt" entdecken: Ihre Begabung, Ihr Können, Ihr Ich!
Schon wenn Sie sich das erste Mal „gedruckt" sehen — es wird für Sie ein unvergeßliches Erlebnis sein — wenn Sie also den langersehnten „Durchbruch" geschafft haben, werden Sie ein anderer, ein erfüllterer, ein glücklicherer Mensch sein. Sie werden sich selbst und die Welt mit anderen Augen sehen, und Sie werden mit anderen Augen angesehen werden.

Sie werden zu denen gehören, die man „liest", die man achtet, vielleicht sogar bewundert. Ob Sie neben- oder hauptberuflich schreiben werden — Sie werden „dazugehören" und nie mehr allein sein oder später, im Alter, einsam. Denn Schreiben ist die Medizin gegen Einsamkeit.
Wenn Sie sich jemals gefragt haben:
„Wie kann ich meine Neigung zum Schreiben optimal weiterentwickeln und fördern?"
— dann fassen Sie sich jetzt ein Herz und geben Sie NOCH HEUTE den untenstehenden Gutschein ausgefüllt zur Post. Es kann der entscheidende Schritt Ihres Lebens sein.
Wir senden Ihnen dann zum Kennenlernen — OHNE RISIKO, OHNE KOSTEN und OHNE VERPFLICHTUNG für Sie:

- das vollständige ifs-Ausbildungsprogramm mit den ZFU-zugelassenen Lehrgängen
- den unentbehrlichen großen ifs-Leitfaden für alle, die gern schreiben, sowie
- Tips von Bestseller-Autoren
15 goldene Regeln, einfach, knapp und klar zu schreiben

ifs

CHARLES M. SCHULZ

Snoopy schreibt ein Buch

2

PETER ROOS

Snoopy schreibt ein Buch

3

Schülertraum – Autorenleben
Über Erfahrungen in der Kulturindustrie

Für die *Friederike Hassauer zum 13. Februar 1981*

Ich hatte mir alles ganz anders erträumt.

Snoopy sitzt auf seiner Hundehütte. Er beugt sich über eine Schreibmaschine. Er tippt: „Es." Denkt nach. Läuft umher. Hände auf dem Rücken. Setzt sich. Tippt: „Es war." Steht auf. Denkt nach. Läuft herum. Tippt: „Es war eine finstere und stürmische Nacht." Snoopy hebt den Kopf und denkt in einer Blase: „Schriftstellerei ist ein hartes Brot!"

Mein Traum sah anders aus. Mit 13, 14, 15 Jahren wollte ich nicht mehr Schreiner, Buchbinder, Pfarrer, Indianer oder Pirat werden. Einzig die Schriftstellerei hielt mich am Leben. Wahrscheinlich, weil ich immer noch im Sog des gefährlichsten Satzes stand, den ich jemals geschrieben habe: „Vater, Du bist ein Tyrann!"
Ich zog mich zurück von den Spielkameraden, jede Lausbuberei war mir vergangen, floh in der Familie aus der Familie und hatte unter dem Lateinbuch immer meine Blätter Papier. Schreiben war eine Macht, die niemand in meiner Umgebung beherrschte. Endlich war ich wirklich allein. Tat so, als lernte ich unregelmäßige Verben, tat nichts anderes als Tagesabläufe protokollieren, Elternsätze notieren, Lehrer porträtieren, Freundinnen papieren poussieren. So rückte ich den Reizen des Alltags entgegen, so wehrte ich mich gegen das, was mich zu überschwemmen drohte, und was mich zu überschwemmen drohte, war einfach Alles. Es gab mich noch nicht. *Ich,* das war nicht einmal umrissen, war nur undeutlich, nervös, gespannt, neugierig, ungeduldig. Ich schrieb mich hin. Ich arbeitete im Windschatten eines Satzes, er muß aus dem Mund des Pfarrers gekommen sein, als er Nietzsche ‚durchnahm': „Du sollst der werden, der du bist."

Ich wollte Schriftsteller werden. Schriftsteller. Das waren für mich die letzten Ritter und Indianerhäuptlinge. Krieger, mutig, stolz, unabhängig. Aber. Voller Wunden, für die Rache zu nehmen war. In der Rüstung, auf dem Pferd, mit Schwert, Pfeil. Oder. Mit Füller, Stift und Kuli. Die Arbeitszimmer waren die Burgen, Rösser die Schreibtischstühle, das Papier war Schlachtfeld, Prärie. Am meisten liebte ich an dieser Berufsbezeichnung das „frei" von ‚Freier Schriftsteller'. Professoren, die auch schrieben, Höllerer und Jens, das waren keine echten Schriftsteller. So einer wie Böll, Grass, Lenz oder Walser wollte ich werden. Oder Kafka. Oder Borchert. Vor allem Borchert. Aber der und Kafka, die waren schon tot.

Radfahren, schwimmen, tanzen war abgelöst worden von sammeln, basteln, schmusen, an deren Stelle das Lesen trat, aber alle diese schul- und gutenotenfeindlichen Beschäftigungen waren keine Medien der Selbstvergewisserung gegenüber dem Schreiben. Es half, Borchert zu lesen, Kafka, Böll, Grass, Lenz, Walser. Das waren die Bücher, die ich auch unter den „Lernmitteln" hatte, die ich mit ins Bett nahm, unter mein Kopfkissen legte, und deren Autoren mir abwechselnd zu Wunsch-Vätern gerieten. Lesen war Weggetragenwerden zu sich hin. Schreiben war ich. Ich saß da, ich dachte, guckte, schrieb. Wenn auch abwechselnd wie Kafka, Borchert, Böll, Grass, Lenz, Walser. Aber ich, niemand sonst, hatte dieses Wort, jenen Satz, Skizzen, Gedichte, Dialoge geschrieben. So etwas macht fest, schafft einen Entwurf, markiert Grenzen und Linien, an denen sich die Pennälerseele einen Schultag entlang hangeln kann. Pubertätsmonologe. [...]

„Es war eine finstere und stürmische Nacht. Plötzlich krachte ein Schuß. Eine Tür knarrte. Das Dienstmädchen schrie. Am Horizont erschien ein Piratenschiff. Millionen Menschen darbten, und der König schwelgte im Luxus. Währenddessen wuchs in einer Bauernkate bei Husum ein kleiner Junge auf." Snoopy liest noch einmal alles durch, und denkt in einer Sprechblase: „Im zweiten Kapitel werde ich das alles miteinander verknubbeln ...“ [...]

Fünf Berufsjahre habe ich hinter mir, die Ritterromantik hat sich überlebt - die Indianerseeligkeit? Ich sitze hier an der Schreibmaschine und lasse die Federn hängen; Angst zu schreiben, wie diese Jahre für mich wirklich gewesen sind; Furcht und deshalb frisierte Gedanken, weil ich mir Namensnennungen einfach nicht leisten kann, obwohl der Leidensdruck groß genug ist; Trauer, daß die Illusion kaputt, die Seifenblase geplatzt ist. Beide Beine auf dem Boden, nichts Aufschauendes mehr in Richtung Kulturindustrie. Auch das „go west“ der beiden Anfangsjahre hinter mir.
Ich wurde Hausierer. Mit meinen Themen hing ich am Telefon. Ich hatte mir sämtliche Rundfunkzeitungen gekauft und nach Sendetiteln Redaktionen ausfindig gemacht, von den Telefonzentralen der Funkanstalten die Namen und Durchwahlrufnummern der Redakteure besorgt, Briefe getippt, die nie beantwortet wurden, Telefonate geführt, die kurz und abweisend verliefen. Meine Studentenreferate neu gesichtet, Stoffe vorbereitet. Aber was will der junge Autor als Kafkas Mann vor dem Gesetz? Jede Redaktionssekretärin hat einen Chef, der gerade im Ausland, auf Reisen, im Studio, einer Konferenz, nicht in seinem Zimmer ist. [...]
Heute sitze ich wieder in meiner Einsamkeit vor dem weißen Blatt Papier. Fast wie am Anfang. Die Angst vor dem Redakteur ist der Angst vor dem Lektor gewichen. Ich habe hunderttausend ihrer Sätze im Kopf. „Sie sind ein Stilist, sie schreiben zu perfekt“, sagt der eine. „Sie sind mir zu witzig“, sagt der zweite. „Über das Bürgertum kann man keinen Roman mehr schreiben“, sagt der dritte. „Das gefällt mir nun wirklich gut, aber wir sind für die nächsten drei Jahre voll ausgebucht“, schreibt der vierte. „Einen Universitäts-Roman wollen Sie schreiben, hahaha, das glauben Sie doch wirklich nicht. Da müssen Sie aber gegen eine ganz schöne Beweislast anschreiben!“, sagt der fünfte. Ich bin irritiert. Ein Verleger rät: „Sie können doch so eine schöne, griffige, knackige Geschichte machen, mit action und so!“ Verpappt mit Etiketten kämpfe ich jeden Morgen um die Reinhaltung dessen, was ich heute vielleicht gerne schreiben können würde. [...]
Ich gehe meinem Traum nach, erlöse mich vom Schreibzwang, verstärke die integrierte Isolation. Ich habe eine zweite Entscheidung getroffen, die schwerer wiegt als die erste, weil ich jetzt erst die Bedingungen des Apparates kenne, von innen. [...]
Und jetzt? Meine Verzweiflung findet keine Sprache mehr. Jeder Inhalt ist formal schon kulturindustriell zugerichtet, kann sofort gesendet und gedruckt, kann konsumiert werden. [...] Dieser Tage ein erneuter Lektorenbrief, ich schätze den Schreiber, und er schrieb: „Mir kam es manchmal vor, als würden Sie die Sätze über Ihre Verletzungen und Zartheiten so lange polieren, bis sie zwar glänzen, aber auch nichts mehr ‚verraten‘.“ So ist es, und ich habe immer gedacht, so müsse es sein. Ich habe immer gedacht: Wenn du für die „Zeit“ schreibst, muß es etwas Feines sein, zieh dir ein sauberes Hemd an und wasch dir die Finger, wie früher vor der Klavierstunde, oder wenn Erbtante Hanna zu Besuch kam. Außerdem hätte ich bei der „Zeit“ nie Honorar verlangt, weil man für die „Zeit“ schreibt für nix, nämlich für den Ruhm. [...]

integrierte Isolation: in ein übergeordnetes Ganzes eingefügt sein, gleichzeitig aber vereinsamen

Nun stehe ich am Ende mit Know-how.
Ich habe wieder eines dieser Dutzendwaredurchschnittsfeuilletons geschrieben. Hier wird mit stilistischem Ehrgeiz und mit Ironie über alle Tränen, Nächte, Valiumschachteln weggefeaturet. [...] Bekannten habe ich diesen Text zum Test gelesen. „Das ist vergnüglich", hieß es, „Humor ist, wenn man trotzdem lacht", und lachen tut man, wenn es nichts zu lachen gibt.
Vom Ablehnungsschock, der Snoopy auf den Formbrief des Verlages hin trifft, weiß er noch nichts.

weggefeaturet s. Feature: aktuell aufgemachter Dokumentationsbericht, durch den die persönlichen Probleme übersprungen werden
annullieren: für nichtig erklären, auslöschen

Aufgaben zu A

1. Untersuchen Sie die Anzeige (1):
   - Wer wird von wem angesprochen?
   - Was wird versprochen/in Aussicht gestellt?
   - Wie ist der Text aufgemacht, und wie soll das auf den Leser wirken?
   - Was meinen Sie: Ist Schriftstellerei erlernbar?
2. Bearbeiten Sie die Materialien (2 und 3):
   - Wie verhält sich Snoopys Vorstellung (2) zur Wirklichkeit, wie sie Peter Roos beschreibt (3)?
   - Was ist bei Peter Roos Ausgangspunkt gewesen für die Entscheidung, Schriftsteller zu werden, und welche persönlichen Voraussetzungen bringt er für diesen Beruf mit?
   - Welche Bedingungen findet er vor? Welchen Einfluß haben sie auf sein Schreiben, und welche Schwierigkeit ergibt sich daraus für den Autor Roos (s. dazu Text 3, S. 45, Zeile 60ff.)
3. Wäre es Ihrer Meinung nach für den Schriftsteller Roos sinnvoll gewesen, beim Institut zur Förderung des Schriftstellernachwuchses (ifs) in die Schule zu gehen (1 und 3)?

B Vom Schriftsteller und seiner Arbeit

I Autorenpatenschaften Michael Klaus

REINER TERHORST

4

Vorwort zu „Autorenpatenschaften. Eine Anthologie junger Autoren“

Die Idee, junge, „nicht arrivierte“ Schriftsteller zu fördern – und das mit den unterschiedlichsten Mitteln –, ist nahezu so alt wie die Dichtkunst selbst. Die Möglichkeit, sich der Öffentlichkeit mit seinen Werken vorstellen zu können, ist für den unbekannten Autor ein wichtiger, wenn nicht der wichtigste Weg, auf sich aufmerksam zu machen. Einen Verleger für seine literarischen Erzeugnisse zu interessieren, um damit überhaupt die Grundvoraussetzungen zu schaffen, einer breiten Leserschaft zugänglich zu werden, ist oft nicht leicht.
Der vorliegende Band soll daher einen weiteren Versuch in dem Bemühen darstellen, junge Schriftsteller, unveröffentlichte zumeist, vorzustellen. Bekannte Schriftsteller, deren Namen für zahlreiche Bücher und andere Veröffentlichungen stehen und für literarische Qualität bürgen, nehmen kritisch Stellung zu den Arbeiten ihrer nicht so bekannten Kollegen. Dies ist die Patenschaftsidee, die mein verstorbener Mitherausgeber Guido Hildebrandt engagiert vertreten hat. Danken möchte ich – auch in seinem Namen – den aktiven Teilnehmern an diesem Projekt, den Paten und ihren Patenkindern.
Nicht unerwähnt lassen will ich auch die vielen positiven Stimmen, die dem Projekt ideelle Unterstützung zugesagt haben. Die Gespräche und Erfahrungen der jüngsten Vergangenheit lassen uns zu der Überzeugung kommen, daß die Idee der literarischen Patenschaften weitere Ausgaben in unserem Verlag mit gleichen Zielen zur Folge haben wird. Ein breit gesteckter Rahmen in den Texten der Autoren garantiert ein vielseitiges Leserinteresse. Lyrik, Kurzgeschichten und Auszüge aus größeren Arbeiten geben Zeugnis vom Können, Talent, Einfühlungsvermögen und von der Aussagekraft der Verfasser. Kritische Würdigung der Paten zu den Arbeiten vertiefen einerseits die Kenntnis des Lesers über den „noch nicht arrivierten“ Autor und bieten andererseits Ansätze zur Auseinandersetzung mit den Texten, gewissermaßen Interpretationshilfen.
Beim Leser selbst liegt es, zu urteilen und Stellung zu beziehen. Damit sind die Ziele unseres Projektes auf dem besten Wege, erfüllt zu werden.
Duisburg, im November 1977

Anthologie: Sammlung
arriviert: erfolgreich

5

Michael Klaus

Biographische Notizen

Biografische Notizen: Geboren am 6. März 1952 in Brilon. Lebt in Gelsenkirchen-Buer. Volksschule und Gymnasium in Gelsenkirchen und Eringerfeld. Im Herbst 1971 Beginn eines Germanistik- und Kunststudiums in Bochum und Essen.
Seit 1976 Mitglied der „Werkstatt für Literatur“ in Gelsenkirchen. Literarische Arbeitsgebiete: Lyrik, Kurzprosa und Szenen. Veröffentlichungen: Seit 1976 in Zeitungen und Zeitschriften. 1977 Postkartentext, Edition Xylos, Gelsenkirchen.
Über meine Arbeiten: Mein Schreibbemühen verfolgt einen doppelten Zweck. Ich möchte mir selbst Klarheit über Geschehensabläufe schaffen. Die dabei gewonnenen Eindrücke und Erkenntnisse will ich anderen vermitteln.
Zumeist bediene ich mich dialoghafter Kurztexte, in die ich meine möglichen Leser voll einbeziehe.

6

Liselotte Rauner

Zu den Gedichten von Michael Klaus

In den ersten Gedichten, die Michael Klaus in Zeitungen und Zeitschriften veröffentlicht hat, zeigt sich bereits das eindringliche Bemühen des jungen Autors, unter anderem an Beispielen antihumaner Manipulation und menschlichen Fehlverhaltens, die Notwendigkeit von Veränderung bewußt zu machen. Eine Zielsetzung, in die er sich selbst einbezieht, wenn er in einem seiner Aufsätze bekennt: „Ich bin noch weit davon entfernt, den Forderungen an mich selbst zu genügen.“ Ausgehend von den Schwierigkeiten der Selbstverwirklichung seiner Generation, versucht Klaus an Denk- und Verhaltensweisen deutlich zu machen, wie Entfremdung in allen Lebensbereichen sich vertieft und vermehrt. In seinem Gedicht „das lohnt sich“ wird in bewußter Wiedergabe von Sprachmustern aufgezeigt, daß nach dem Verlassen des Arbeitsplatzes gewohnte Konkurrenzsituation und eingeübtes Rivalitätsverhalten auf den Freizeitraum übertragen werden, wo mit Hilfe der Spielautomaten das Bedürfnis nach Erfolg und Selbstbestätigung befriedigt werden soll. Aus welchen Gründen Möglichkeiten sinnvoller Freizeitgestaltung ihren Reiz verlieren können, wird überzeugend nachgewiesen in einem kurzen Text, der mit „Marionetten“ überschrieben ist.
Was sich hier – wie in allen Gedichten von Klaus – aus ironischer Distanz zu engagierter Aussage verdichtet, sind die Ergebnisse von Beobachtungen und Erfahrungen, die in erschreckender Deutlichkeit zeigen, was sich hinter scheinbar intakten Verhältnissen verbirgt. Klaus ist sich der Tatsache bewußt, daß Literatur auf soziale und politische Mißstände keinen Einfluß nehmen kann. Doch, weit entfernt von Resignation und Pessimismus, hofft er, mit seinen Gedichten zum Nachdenken anzuregen, den Leser zu veranlassen, sein Urteil oder Vorurteil zu überprüfen.
Michael Klaus, der nach Beendigung seines Kunst- und Germanistikstudiums Lehrer werden will, sieht auch in seinem zukünftigen Beruf eine seiner wichtigsten Aufgaben darin, die Ursachen gesellschaftlicher Probleme und Konflikte transparent zu

machen: „Ich will Zusammenhänge aufzeigen, auf Fehler hinweisen, damit sie nicht ständig wiederholt werden."
Diesem Anspruch verpflichtet, entstanden auch die hier vorgelegten Gedichte. [...] Der Autor weiß sich selbst noch am Anfang seines Lernprozesses. Er wird die Arbeit am Instrument Sprache fortsetzen, will seinen Themenkreis erweitern, andere literarische Formen erproben. Ich glaube, man darf ihn dazu ermutigen.

MICHAEL KLAUS

das lohnt sich

7

Is schon irre
wenn alle so um mich rumstehen
und glotzen
da lauf ich heiß
da hau ich richtig rein
ganz irre
und die Mädchen die da rumstehen
die kichern dann so
die wissen schon
der hat richtig Ahnung von dem Flipper
die andern Jungs
die werden ganz schön nervös
na is ja klar

na klar hau ich da Geld rein
ne ganze Menge
aber siehste
lohnt sich ja

MICHAEL KLAUS

Marionetten

8

In unserem Freizeitpark
ist es uns gestattet
für einen bestimmten Betrag
zu einer bestimmten Zeit
auf einem bestimmten Gelände
bestimmte Geräte
nach bestimmten Anweisungen
zu benutzen

das macht uns Spaß
bestimmt

Aufgaben zu B I

1. Viele für die Empfehlung eines Autors wichtige Gesichtspunkte sind den Texten (4–6) zu entnehmen. Stellen Sie alle Informationen zusammen, die hierzu geeignet sind.
2. Deuten Sie eines der Gedichte (7 oder 8). Beginnen Sie mit folgenden Fragen:
   - Was wird dargestellt (Gegenstand)?
   - Was wird ausgedrückt (Stellung des Sprechers zur Sache)?
   - Was soll bewirkt werden (Aussageabsicht des Textes)?
   - Welche besonderen sprachlichen Mittel werden verwendet, um die Aussageabsicht zu verdeutlichen (Textaufbau, Wortwahl, Satzbau, sprachliche Bilder, Anspielungen)?
   - Fassen Sie die Detailergebnisse zusammen. Benutzen Sie ergänzend die Hinweise in E I.
3. Inwieweit stimmen Ihrer Meinung nach die Gedichte (7 oder 8) mit den theoretischen Äußerungen (5 und 6) überein?

II Werkkreis-Literatur Bernd Bergen

9 Programm des Werkkreises Literatur der Arbeitswelt beschlossen am 7. März 1970

Der Werkkreis Literatur der Arbeitswelt ist eine Vereinigung von Arbeitern und Angestellten, die in örtlichen Werkskstätten mit Schriftstellern, Journalisten und Wissenschaftlern zusammenarbeiten. Seine Aufgabe ist die Darstellung der Situation abhängig Arbeitender, vornehmlich mit sprachlichen Mitteln. Auf diese Weise versucht der Werkkreis, die menschlichen und materiell-technischen Probleme der Arbeitswelt als gesellschaftliche bewußt zu machen. Er will dazu beitragen, die gesellschaftlichen Verhältnisse im Interesse der Arbeitenden zu verändern. In dieser Zielsetzung verbindet der Werkkreis seine Arbeit mit dem Bestreben aller Gruppen und Kräfte, die für eine demokratische Veränderung der gesellschaftlichen Verhältnisse tätig sind. Der Werkkreis hält eine entsprechende Zusammenarbeit mit den Gewerkschaften, als den größten Organisationen der Arbeitenden, für notwendig.
Die im Werkkreis Literatur der Arbeitswelt hergestellten Arbeiten wenden sich vor allem an die Werktätigen, aus deren Bewußtwerden über ihre Klassenlage sie entstehen. Die kritischen und schöpferischen Kräfte der Arbeitenden, deren Entfaltungsmöglichkeiten behindert werden, versucht der Werkkreis durch theoretische Anleitung und praktisches Beispiel wirksam zu unterstützen. Gesellschaftskritische, sozial verbindliche Literatur wird hergestellt, diskutiert und veröffentlicht.
Inhalt dieser Informationen, Dokumentationen, beschreibenden und gestaltenden Arbeiten ist die kritische und schöpferische Auseinandersetzung mit den Arbeits- und Alltagsverhältnissen. Alle erprobten und neuen Formen realistischer Gestaltung werden benutzt.
Der Werkkreis Literatur der Arbeitswelt nutzt die vorhandenen Möglichkeiten der Verbreitung gesellschaftskritischer Literatur, vornehmlich die den Arbeitenden zugänglichen Publikationen; er erstrebt eine Änderung der Verbreitungs- und Aufnahmeweisen solcher Literatur im Sinne seiner Ziele; er paßt sich der Vermarktung der Literatur in den Händen und im Interesse Weniger nicht an; er arbeitet an der Beseitigung der Kultur- und Bildungsprivilegien.

10 Bernd Bergen
Angestellt

Montag neun Uhr. Ich fahre im Aufzug nach oben, schläfrig und etwas bezuglos. Ich trage die Aktentasche und sehe die Aufzugswand. Ich mache die gewohnten Schritte über den Gang. Ich werde gegrüßt, grüße ebenfalls oder auch nicht. Ich gehe den Gang entlang, stoße die Schwingtür auf und stehe im Arbeitsraum: Schreibtische, Kollegen, Papiere.

Ich setze mich, stütze die Ellbogen auf. Guten Morgen. Ich gähne und sehe durch einen Müdigkeitstränenschleier den Schreibtisch und die Papiere. Es ist mein Schreibtisch, Papiere, die mich angehen, Kollegen, die dasselbe tun wie ich. Ich fasse irgendein Blatt, sehe darauf und lasse es wieder. Ich lehne mich zurück, die Hand lose auf dem Schreibtischholz und sehe zum Fenster hinaus. Zufällig mein Schreibtisch, Papiere, die mich angehen sollen. Ich arbeite hier.

Montags und jeden Morgen während der ersten Wochentage ist es gleich. Die Dinge gleiten noch durch die Gehirnmaschen. Ich trinke Kaffee, rauche und warte, bis ich aus der schläfrigen Weite heraus zur Selbstverständlichkeit finde. Bis ich mich langsam verenge auf die Tatsachen hin. Und bis ich angesprochen werde als Angestellter.
Der erste Anruf oder der zweite bringt mich auf die Höhe der täglichen Pflicht. Ich finde ein Papier oder eine Zahl im Gedächtnis. Ich gebe Auskunft, sage richtig nein oder ja. Ich gleite allmählich hinein.
Die Dinge heißen Layout, Blindtext, Cicero, Headline. Korrekturabzug, Reinzeichnung, Baryt. Ich spreche von Insertionsdaten und Anzeigenschlüssen, von Buchdruck, Offset und Tiefdruck. Ich habe Kunden im Sinn und Kosten. Ich bin Angestellter einer Werbeagentur.

Jeden Tag nimmt mich die Realität des Schreibtisches wieder gefangen. Gegen halb zehn bin ich eng genug, daß ich arbeiten kann. Ich gehe die Akten durch, telephoniere und schreibe Aufträge aus. Ich gehe durchs Haus, vermittle terminlich zwischen Kontaktern, Textern und Grafikern. Ich trage her und hole ab, halte Rücksprache und vergesse mich über kleinen wichtigen Fragen. Ich gehe zur Produktionsabteilung, in die Kostenkontrolle und kläre ein Problem in der Buchhaltung. Ich trage Akten im Arm und Gedrucktes.

Die Arbeit geht rund, leicht, und die Stimmung ist gut. Ich mache eine Arbeit, wie sie Tausende tun und wie sie jeder tun kann. Ich bin tätig in einem Ganzen, über das ich ungefähr orientiert bin und dessen Richtung ich etwa kenne. Ich tue, was vorbestimmt ist, fest abgegrenzt und was getan werden muß. Dafür bezahlt man mich. Mein Arbeitsfeld stellt einen Teilbereich dar, der durch das unübersichtliche Anwachsen des Ganzen irgendwann notwendig wurde. Ich bin vom Ganzen nicht abgetrennt und nicht allzu eng mit ihm verbunden. Ich arbeite vor allem an der Wirklichkeit des in sich bestehenden Teils.

Es wird nicht viel verlangt. Meine Zuständigkeit erstreckt sich auf das Funktionieren des Produktionsablaufes in meinem Bereich. Was ich leiste, geht im Zusammenspiel

Layout: Umbruch- und Aufteilungsentwurf, der den Gesamteindruck des danach anzufertigenden Druckerzeugnisses vermitteln soll
Blindtext: beliebiger Text, der anstelle des richtigen Textes als Platzhalter in ein Layout eingeklebt wird
Cicero: hier Schriftgrad
Headline: Schlagzeile
Baryt: hier spezielles Papier mit einer besonders glatten Oberfläche

der einzelnen Abteilungen auf und in termingerechter Auslieferung der Produkte des Hauses. Ich bringe eigentlich nichts hervor. Ich koordiniere, sorge für rechtzeitiges Fertigwerden und weise die Kosten aus. Ich bin Sachbearbeiter einer Sache, die inhaltlich nach Belieben anders sein könnte. Nur der äußere Ablauf betrifft mich.
Es ist eine einfache, fast anspruchslose Beschäftigung. Ich muß nicht denken und nicht entscheiden. Die Probleme und Schwierigkeiten sind quantitativer Natur, und ich löse sie mit dem Tarifplan, mit der Rechenmaschine, per Telefon oder zu Fuß. Um zwölf bin ich etwas benommen. Das Schwerefeld des kleinen Besorgens hat mich gefangen, und nur noch die Aktivitäten sind wach, die nötig sind für die Arbeit.

Siebeneinhalb Stunden am Tag und siebenunddreißigeinhalb wöchentlich bin ich bezogen auf das speziell zu Erledigende. Es steht fest, was zu tun ist, und daß es getan werden muß. Die wesentlichen Kräfte sind außer Betrieb. Als Person bin ich nicht in Anspruch genommen. Ich bin eigentlich unterbeschäftigt, was sich lähmend auswirkt, als Benebelung und Benommenheit. Es ist anstrengend, den ganzen Tag nicht zu denken. Die eigentliche Bezuglosigkeit bringt einen Mangel an Wirklichkeit mit sich, der während des Tages wächst. Ich bin hingehalten und leergelassen und doch vollgefüllt von kleinen Gewichten. Ein Absinken des allgemeinen Interesses ist die Folge, ein langsames Aufweichen der Person.
Vor dem Mittagessen bin ich okkupiert von den Arbeitsbezügen. Ich bestehe aus Zahlen, Daten und bin mir selbst egal. Trotzdem fühle ich mich nicht eigentlich schlecht. Ein verträglicher Umgangston belebt das Geschehen. Es gibt Zeit für Gespräche und für Belanglosigkeiten. Der eigentliche Leerlauf der Person macht sich gar nicht dringend bemerkbar. Er ist vertuscht vom Klima des Hauses, von müheloser Geschäftigkeit.

Wenn ich um eins das Haus verlasse, interessiert mich meine Tätigkeit nicht mehr. Ich gehe in ein Warenhaus oder in ein Restaurant ein Stück in die Stadt. Ich bin gehalten vom Tageszusammenhang, umgeben von halben Gedanken. Ich fühle mich meistens wohl. Wie selbstverständlich liegt die gelungene Arbeit eines Vormittags hinter mir. Meine Arbeit ist ordentlich, man ist zufrieden mit mir, und ich verdiene nicht schlecht. Ohne es zu wollen, wiege ich mich in der Selbstverständlichkeit des kleinen Gelingens. Alles klappt. Ich brauche mir keine Sorgen zu machen. Ich gehe durch die Geschäftsstraßen; ich habe Geld in der Tasche. Ich kann es mir leisten, bewußt in die Schaufenster zu sehen. Ich bin ganz zufrieden. Ich befinde mich auf der durchschnittlichen Höhe der Welt.

Um zwei gehe ich nicht ungern in die Firma zurück. Kein unmittelbarer Zwang wartet, kein schlimmer Druck empfängt mich. Ich kann mir die Arbeit einrichten, niemand beargwöhnt mich.
Ich trinke Kaffee und lese die Zeitung oder stehe einen Augenblick auf dem Balkon. Meist liegt mir nichts deutlich im Sinn. Ich bin etwas müde. Ich sehe die Häuser an oder nehme an einem Baum den Frühling zur Kenntnis. Ich empfinde nicht einfach

okkupiert: besetzt, hier im Sinne von ausgefüllt

und stark. Ich wende mich zur Arbeit zurück, ich nehme die Fäden wieder auf. Es ist nicht unangenehm. Es ist eine Arbeit, auf die ich angesetzt bin und die mir, wie jedem hier, eigentlich gleichgültig ist.

Innerhalb meiner Grenzen habe ich sogar Bewegungsfreiheit. Ich kann Dinge auf später verschieben und eine Stunde oder auch lange Zeit wenig tun. Ich lese Zeitschriften oder gehe in andere Abteilungen und unterhalte mich. Es gibt keine sachfremden Zwänge, keine autoritäre Struktur. Oft knallen grundlos die Korken; ein kleiner Umtrunk während der Arbeitszeit.
Wenn es die Arbeit erlaubt, gehe ich sogar aus dem Haus. Ich gehe zum Beispiel zur Bank, um mein Geld abzuholen. Ich gehe hin, eingehüllt in eine träge Gewißheit, fülle den Zettel aus, und der Kassierer gibt mir das Geld. Mit angehobenem Gefühl schlendere ich zurück durch die Einkaufszentren.
Es kann vorkommen, daß ich mit einem Teil meines Einkommens in der Tasche mir Selbstgefälligkeit leiste; jeden Monat ist Geld auf der Bank. Ich bin ordentlich gekleidet, trage ein neues Hemd, eine passende Krawatte und fast neue Schuhe. Ich bewohne ein kleines Appartement und fahre ein durchschnittliches Auto. Ich bin zusätzlich versichert; falls ich den Fuß breche, werde ich zweiter Klasse liegen. Es kann gar nichts passieren. Ich bin aufgehoben mitten in einem gepolsterten Leben. Es ist ein sauberes, sozialisiertes Leben mit siebenunddreißigeinhalb Arbeitsstunden, zusätzlichen sozialen Leistungen, drei Wochen Urlaub und einer Lebensversicherung. Es geht nicht hoch hinauf, nicht tief hinab. Es ist angenehm, auf jeden Fall erträglich. Ich gehe durch die Geschäftszentren und habe fast das Gefühl, einen ordentlichen Platz im Leben zu haben.

Der Tag läuft, die Woche ist angefangen. Ich denke an Mediapläne, Anzeigenformate, Druckunterlagen, Kostenvoranschläge. Ich kümmere mich um Illustrationskosten und Fotografenhonorare. Ich mache meine Runden durchs Haus, halte mich bei den Reinzeichnern und den Retuscheuren auf. Ich schreibe Aufträge und Aktennotizen. Alles ist klar, gelegentlich gibt es Schwierigkeiten, die zu bewältigen sind.
Doch immer wieder bekomme ich Luft genug, zu mir zu kommen und mir zu sagen: Siehst du, es geht. Es geht über Wochen und Monate. Es kann über Jahre gehen. Das Leben läuft. Es herrscht diese angenehme Erträglichkeit. Ich bin angespannt aber nicht ausgelastet und bin abends müde, vom eigentlichen Nichtstun verbraucht. Sogar Erfolg stellt sich ein. Gehaltserhöhungen stehen in Aussicht. Der Abteilungsleiter nickt. Die Kollegen sind freundlich. Von überallher kommt Antwort.
Ältere Kollegen, die an anderen Orten wie ich Arbeiten tun, die es überall gibt und die jeder tun kann, sind etwas grau im Gesicht. Sie tragen ihre Aktentasche an weißen Händen und gehen abends um fünf nach Hause. Sie tragen die Verantwortung für ihren Teilbereich und hängen auf dem Nachhauseweg noch inhaltslos in den Arbeitsbezügen. Hinter ihren Stirnen geht nicht viel vor. Über die Jahre hin hat sie die Arbeit auf die kleine Höhe ihrer täglichen Wichtigkeiten gebracht. Sie spielen Skat

Mediapläne: Pläne zum Einsatz von verschiedenen Medien für eine Werbung
Retuscheur: jemand, der retuschiert, d.h. er überarbeitet fotografische Bildvorlagen, um die Tonwerte zu verbessern oder Einzelheiten herauszuarbeiten

oder kegeln, wenn sie nach Hause kommen. Sie sind verbraucht, ohne daß sie in Anspruch genommen wurden. Die tägliche Hinwendung auf die spezielle Wichtigkeit, die nur Gedächtnis erfordert und Ordnungssinn, hat ihre Energien vernutzt. Sie lachen gern über Kleinigkeiten. Sie brauchen das Fernsehen abends, das sie weiterbeschäftigt. Sie fühlen sich eigentlich wohl.
Sie sind der Typ, der die Welt überschwemmt, der die Welt trägt, der in mühelos-mühsamer Kleinarbeit an der Verwirklichung der Gedanken schafft, die andere hatten. Von der Enge ihrer Arbeit sind sie geprägt. Sie tragen die Welt wie Backsteine ein Haus, aber sie haben nicht Raum genug, sich auf sich selbst zu besinnen. Wenn sie nach Hause kommen, brauchen sie Kriminalromane, das Fernsehen oder die Kneipe. Sie reden von der Welt, die sie tragen, wie Fremde, die nur Vermutungen hegen. Sie kommen nicht mehr auf den Gedanken, daß sie eingefangen sind und hingehalten gerade von der Erträglichkeit dieses Lebens.

Um halb sechs ist die Arbeit zu Ende, und die Freizeit beginnt. Ich räume den Schreibtisch auf, nehme die Aktentasche und fahre im Aufzug nach unten. Ich vergesse Mediapläne, Anzeigenschlüsse, Korrekturen, Texter, Grafiker. Ich trete in das Gebrüll des Geschäftsverkehrs und nehme meine Richtung nach Hause. Ich weiß nicht recht, wie mir zumute ist. Ich bin auf Zerstreuung aus oder auf sehr leichte Beschäftigung. Den Mut, mich deutlich auf anderes zu besinnen, das wichtiger wäre als Leichtigkeit, habe ich nicht mehr. Ich habe gearbeitet; meine Müdigkeit sagt mir, daß ich im Recht bin, daß ich Entspannung verdiene. „Alles geht seinen richtigen Gang." Und morgen ist wieder ein Tag.

(1970)

Aufgaben zu B II

1. Möchten Sie einmal so leben wie der Ich-Erzähler in Bergens „Angestellt" (10)? Begründen Sie Ihre Entscheidung im einzelnen, indem Sie auf die entsprechenden Textpassagen verweisen.
2. Halten Sie den Text für einen Sachtext (Bericht über die Realität) oder für einen fiktionalen Text (dichterische Gestaltung von Realität)? Wie könnte eine Unterscheidung begründet werden?
3. Analysieren Sie den Text (10) insbesondere auf die verwendeten sprachlich-stilistischen Mittel hin. Fassen Sie Ihre Ergebnisse in einer Deutung (vgl. E II) zusammen.
4. Bei einer Befragung äußerte Bernd Bergen, seine Intention als Verfasser sei es gewesen, „Rache zu nehmen" an seiner Situation und sich „Befreiung" zu verschaffen. Überprüfen Sie, inwieweit diese Selbstaussage (**Verfasserintention**) Ihrem Verständnis des Textes (**Textintention**) entspricht (Vgl. E I).
5. Untersuchen Sie, inwiefern Bernd Bergen mit seiner Darstellung (10) der Zielsetzung des Werkkreises Literatur der Arbeitswelt (9) entspricht.

III Die Geschichte auf dem Papier Peter Bichsel

PETER BICHSEL

Die Geschichte soll auf dem Papier geschehen

11

In einer Wirtschaft kommt ein Betrunkener auf mich zu, nimmt mich in Beschlag und erklärt mir seinen Ärger über die Eishockey-Nationalmannschaft. Er zählt Namen und Qualitäten auf, Namen, die mir erst unbekannt sind, die ich aber im Laufe des Gesprächs wiederholen kann, und ich wiederhole mit den Namen die Meinung meines Gesprächspartners. Nun läßt er mich erst recht nicht los, und das Gespräch beginnt mich zu langweilen.

Nach und nach mischen sich einige undeutliche persönliche Informationen in das Palaver über Eishockey. Ich kann mir aus diesen etwa folgende Geschichte zusammenstellen: Der Mann hatte vor drei Tagen Zahltag und hat nun sein ganzes Geld versoffen. Heute muß er heimkehren zu seiner Familie, er schämt sich, er ist in einem unlösbaren Dilemma. Er braucht jetzt einen Gesprächspartner, aber er kann sein Elend nicht in Worte fassen. Er will nur Laut geben, etwas nach außen bringen, sich äußern.

Inhalt (Eishockey) und Aussage (Dilemma) sind hier also mehr oder weniger zufällig zusammengekommen. Die Rede des Betrunkenen hat fast keinen Informationswert; ihr Zweck ist nicht Information, sondern Kommunikation.

Ein Hund hat weder die Möglichkeit noch die Verpflichtung, seine Äußerungen zu konkretisieren. Er braucht seinen Lauten keine Wörter zu unterlegen. Wau-wau ist der Ausdruck des Erschreckens, der Freude, des Schmerzes zugleich. Das Lautgeben bleibt eine ganz einfache Äußerung. Er entlastet sich damit, er schiebt damit etwas nach außen ab.

Der menschliche Laut braucht Wörter, die ihm unterlegt werden können. Unter Umständen handelt es sich hier um ein gewöhnliches Lautgeben, die Wörter bleiben dann Nebensache. Das Gespräch mit dem Nachbar über das Wetter enthält keine Informationen, die der Nachbar nicht bereits kennt. Das Gespräch hat keinen Informationswert. Es ist reine Kommunikation.

Etwas schreiben und etwas zweites damit meinen (ich weiß nicht, warum ich dieses zweite lieber drittes nennen würde) hat etwas Literarisches.

Der Betrunkene macht damit, daß er Eishockey zur Unterlage für die Veräußerung seines Elends macht, unbewußt so etwas wie Literatur.

Das Gespräch mit ihm wird dann spannend, wenn ich entdecke, daß das Thema (Eishockey) ein Vorwand ist.

Ein sachlicher Text hingegen, in einem Fachbuch zum Beispiel, soll nichts anderes als Informationen vermitteln. Der Schreiber weiß etwas und benützt die Sprache zur Übermittlung seines Wissens. Überraschend ist aber, wie viele unnötige Adjektive gerade ein solcher Fachbuchtext aufweist, wie viele Naturschilderungen, wie viele sentimentale Einblendungen, sprachliche Schnörkel ein Fachbuch für Anstreicher enthält.

Anscheinend wird der Schreiber sogar in einem rein informativen Text zu etwas zweitem, drittem verführt. Er will z.B. „schön schreiben". [...]
Obwohl unsere Gedanken schon in ihrem Ursprung Sprache sind, geschieht dann, wenn wir sie aussprechen oder aufschreiben, noch etwas weiteres. Es scheint, daß die Sprache immer mehr will als wir, daß sie zu allem, was wir wissen, noch etwas Zusätzliches weiß. Sie beugt sich nicht unserer Sturheit. Sie ist die Sprache vieler (Vergangener und Gegenwärtiger) und scheint Gedanken und Wissen dieser vielen mit einzubeziehen. Ich kann deshalb etwas schreiben, was ich vorher persönlich gar nicht wußte; etwas, das die Sprache wußte, weil sie bereits auf diesen Gedanken hin geformt war.
Die Sprache ist unter Umständen selbständig und läuft neben dem beschriebenen Gegenstand her, sie kann sogar eigenwillig auf einen andern Gegenstand zulaufen. Menschen sind im Sprechen unkontrollierter als im Tun. Mit der Frage: Wie sagen die Leute? erfahre ich mehr über sie als mit der Frage: Was tun die Leute?
Ich kann nicht Realität aufs Papier bringen, sondern nur, was es zur Realität zu sagen gibt, was es über die Realität zu erzählen gibt.
Mich interessiert, was auf dem Papier geschieht, wenn ich das Wort „Tisch" schreibe. Ich erwarte von diesem Wort, daß es mir weitere Wörter bringt, daß es Sätze provoziert. Es soll auf dem Papier mit andern Wörtern eine Konstellation eingehen. Der Gegenstand wird nachträglich zum Vorwand. Mir ist jeder Gegenstand recht, wenn er mich zum Schreiben bringt.
Ich wünsche nicht etwa eine Sprache, die von der Wirklichkeit losgelöst ist, aber ich möchte mit einer sprachlichen Wirklichkeit arbeiten. Ich beschreibe nicht den Tisch, sondern ich schreibe Sätze, die es über einen Tisch zu sagen gibt. „Was sagen die Leute von einem Tisch?" und nicht „Was ist ein Tisch?" Mich interessiert nicht die Wirklichkeit, sondern das Verhältnis zu ihr. [...]
Immer wieder bieten mir Leute Stoffe (wahre Begebenheiten) an, von denen sie glauben, daß sie der Beschreibung wert wären. Ich bin meistens schnell davon überzeugt, daß es die Geschichte wert wäre, aufgeschrieben zu werden; mich selbst hat noch nie eine davon gereizt. Sie waren mir alle zu fertig, sie hatten alle bereits eine Richtung.
Eine Geschichte muß mich selbst während des Schreibens überraschen können, ihre Wendungen dürfen sich nicht im Modell, im Vorbild vollziehen. Ihre Wendung muß ich herstellen dürfen.
Die Geschichte soll auf dem Papier geschehn. [...]
Zum Schluß:
Geschriebenes ist immer für einen Leser gedacht.
Im Falle der persönlichen Notiz sind Schreiber und Leser identisch, im Falle des Briefes gibt es einen Schreiber und einen Leser. Im übrigen sind die Leser meist mehrere, der Schreiber fast ausnahmslos ein einzelner. (Wer ist im Vorteil?)
Schreiben ist in jedem Fall sich äußern, etwas nach außen bringen.
Ob es sich dabei um Information oder Kommunikation handelt, ändert daran nichts.

Konstellation: eigentlich Planetenstand, hier: die Stellung der Wörter zueinander und der daraus resultierende Zusammenhang

Ich schreibe für Leser.
Geschriebenes muß zum mindesten für einen Leser lesenswert sein.
Was macht Geschriebenes lesenswert?
Warum lesen sie?

12

PETER BICHSEL

San Salvador

Er hatte sich eine Füllfeder gekauft.

Nachdem er mehrmals seine Unterschrift, dann seine Initialen, seine Adresse, einige Wellenlinien, dann die Adresse seiner Eltern auf ein Blatt gezeichnet hatte, nahm er einen neuen Bogen, faltete ihn sorgfältig und schrieb: „Mir ist es hier zu kalt“, dann, „ich gehe nach Südamerika“, dann hielt er inne, schraubte die Kappe auf die Feder, betrachtete den Bogen und sah, wie die Tinte eintrocknete und dunkel wurde (in der Papeterie garantierte man, daß sie schwarz werde), dann nahm er seine Feder erneut zur Hand und setzte noch großzügig seinen Namen Paul darunter.

Dann saß er da.

Später räumte er die Zeitungen vom Tisch, überflog dabei die Kinoinserate, dachte an irgend etwas, schob den Aschenbecher beiseite, zerriß den Zettel mit den Wellenlinien, entleerte seine Feder und füllte sie wieder. Für die Kinovorstellung war es jetzt zu spät.

Die Probe des Kirchenchores dauert bis neun Uhr, um halb zehn würde Hildegard zurück sein. Er wartete auf Hildegard. Zu all dem Musik aus dem Radio. Jetzt drehte er das Radio ab.

Auf dem Tisch, mitten auf dem Tisch, lag nun der gefaltete Bogen, darauf stand in blauschwarzer Schrift sein Name Paul.

„Mir ist es hier zu kalt“, stand auch darauf.

Nun würde also Hildegard heimkommen, um halb zehn. Es war jetzt neun Uhr. Sie läse seine Mitteilung, erschräke dabei, glaubte wohl das mit Südamerika nicht, würde dennoch die Hemden im Kasten zählen, etwas müßte ja geschehen sein.

Sie würde in den „Löwen“ telefonieren.

Der „Löwen“ ist mittwochs geschlossen.

Sie würde lächeln und verzweifeln und sich damit abfinden, vielleicht.

Sie würde sich mehrmals die Haare aus dem Gesicht streichen, mit dem Ringfinger der linken Hand beidseitig der Schläfe entlangfahren, dann langsam den Mantel aufknöpfen.

Dann saß er da, überlegte, wem er einen Brief schreiben könnte, las die Gebrauchsanweisung für den Füller noch einmal – leicht nach rechts drehen –, las auch den französischen Text, verglich den englischen mit dem deutschen, sah wieder seinen Zettel, dachte an Palmen, dachte an Hildegard.

Saß da.

Und um halb zehn kam Hildegard und fragte: „Schlafen die Kinder?“

Sie strich sich die Haare aus dem Gesicht.

Papeterie: Schreibwarenhandlung

Aufgaben zu B III

1. Vergleichen Sie die Auffassungen von der Funktion des Schreibens, wie sie im Werkkreisprogramm (9) und in der Erzählung „Angestellt" von Bernd Bergen (10) zum Ausdruck kommen, mit Peter Bichsels Vorstellungen (11). Untersuchen Sie dazu:
   - Was bedeutet für das Schreiben dichterischer Texte Bichsels Aussage „Die Geschichte soll auf dem Papier geschehen"?
   - Was meint Bichsel mit „etwas schreiben" und etwas anderes „zweites" damit meinen?
   - Was hält Bichsel von „wahren Begebenheiten" als Anreiz zum Schreiben? Was bewegt ihn zu schreiben?
   - Wie müßten Texte wie die von Michael Klaus (7 und 8) oder Bernd Bergen (10) beurteilt werden, wenn man sie an den Kriterien für das Schreiben, wie sie Peter Bichsel aufstellt, messen wollte?
2. Untersuchen Sie an der Geschichte „San Salvador" (12), ob sie Bichsels Auffassung vom Schreiben entspricht.
   - Beachten Sie dabei Aufbau, Wortwahl und Sichtweise des Erzählers.
   - Zeigen Sie, inwiefern die Figur Paul etwas anderes meint, als sie sagt.
   - Ziehen Sie die Textdeutung S. 75f. hinzu.
3. Diskutieren Sie die Frage, ob die drei vorgestellten Positionen (B I–III) sich gegenseitig ausschließen oder miteinander vereinbar sind. Stellen Sie zu diesem Zweck die Auffassungen von Michael Klaus, dem Werkkreis Literatur der Arbeitswelt und Peter Bichsel zur **Aufgabe des Schreibenden** thesenartig dar.

C Theoretische Texte

13

WERNER BERGENGRUEN

Von der Aufgabe des Dichters

[...] Fragt man nach den Aufgaben und Wirkungen des dichterischen Wortes, so soll zwischen den eigentlichen Wirkungen und den sich gleichsam von selbst ergebenden Nebenwirkungen aufs schärfste unterschieden werden. Diese Nebenwirkungen können von hohem Wert sein; aber ich würde es für verhängnisvoll halten, wollte man sie mit den eigentlichen Wirkungen verwechseln und gar in ihrer Herbeiführung die Aufgabe des Dichters suchen. Ich möchte nicht, daß dies Wort „Nebenwirkungen" etwa in einem herabsetzenden Sinne verstanden würde. Habe ich diese Bezeichnung gewählt, so geschah es vor allem, um den Begriff der Nebenwirkungen klar und scharf gegen die eigentliche Aufgabe abzugrenzen und kein Mißverständnis darüber aufkommen zu lassen, daß überall da, wo der Dichter sich von anderen als rein dichterischen Impulsen leiten läßt, also etwa von ethischen, humanitären oder

aus der Bildungswelt stammenden, von der eigentlichen Aufgabe des Dichters nur noch bedingt gesprochen werden kann.
Man sagt, es sei die Aufgabe der Dichtung, den Menschen über den Alltag hinauszuheben. Ich will die Richtigkeit dieser etwas banalen Aussage nicht bestreiten, aber sie kann mißverständlich sein. Erbärmlich würde es mir scheinen, wollte der Dichter nichts weiter, als die Menschen über die Gebrechlichkeit der Welt hinwegtäuschen; erbärmlich, wollte er sie nur für eine kleine Zeit ihre Sorgen vergessen machen. Für derartige Zwecke gibt es Dinge genug, die an ihrem Orte ihren Sinn und ihre Berechtigung haben mögen: Sport, Kartenspiel, Unterhaltungslektüre und Steckenpferde. Eine solche Wirkung kann freilich auch der Dichter hervorrufen. Aber es bliebe eine Nebenwirkung.
Manche Dichtung wird einem Menschen oder einer Menschengemeinschaft in ethischen, moralischen, politischen Fragen weiterhelfen können. Aber auch hier handelt es sich um eine Nebenwirkung. Wollte man eine solche Nebenwirkung zum Kriterium machen, so müßte man in der Tendenzpoesie, etwa in Harriet Beecher-Stowes Roman „Onkel Toms Hütte“, der bekanntlich den Anstoß zur Aufhebung der Negersklaverei in Amerika gab, den eigentlichen Gipfel der Dichtung erkennen.
Man begegnet so häufig der Forderung, und vor allem wird sie von jungen Menschen ausgesprochen, der Dichter möge in irgendeiner Form ein unmittelbares, richtungsweisendes Wort in die Nöte und Verworrenheit der Gegenwart hineinwerfen. Hinter dieser Forderung verbirgt sich oft der Wunsch nach Lebensrezepten und bequemen Patentlösungen. Es gibt Fälle, in denen der Dichter sich zu Verkündigungen solcher Art aufgerufen fühlen wird, rechtmäßiger- oder irrigerweise, aber hierin die eigentlich dichterische Aufgabe erblicken zu wollen, schiene mir grundverkehrt.
An mir selber habe ich immer wieder die Erfahrung gemacht, daß mich in schwierigen und bedrohlichen Situationen nicht das tröstete, was mich in ihnen beriet – das wäre ja ein Vorgang innerhalb der Situation gewesen –, und auch nicht das, was mich von ihnen ablenkte – das wäre ein Vorgang seitlich von der Situation gewesen –, sondern das, was mich über die Situation hinaushob.
Der Dichter, der als Anwalt spezieller Nöte auf den Plan tritt, als Kämpfer gegen soziale und moralische Schäden, als Herold und Kämpfer für den Frieden und die Verständigung der Völker, und der vielleicht im Kampfe gegen solche Schäden und im Kampfe für so hohe und unschätzbare Güter Erfolge erringt, mag als Kämpfer achtens-, ja, liebenswert sein. Nur haben diese Kämpfe und diese Siege, die Achtung und Liebe, die sie ihm mit Recht eintragen, mit der dichterischen Aufgabe nichts zu tun. Nein, es ist nicht die Aufgabe des Dichters, den Menschen in ihren aktuellen Nöten beizustehen.
Statt dessen soll er in ihnen einen Seelenzustand bewirken, der sie fähig macht, und sei es auch nur für Augenblicke, der Ahnung teilhaftig zu werden, daß ihre Nöte und Kümmernisse, so schwer sie auch lasten mögen, nicht den ganzen Kreis des Lebens umschrieben halten und daß dieser ganze Kreis in ewigen Ordnungen eingebettet liegt.
Diese ewigen Ordnungen werden Dichtern unter den allerverschiedensten Gestalten erscheinen. [...]

(1957)

14

MARTIN WALSER

Wir sind Freizeitgestalter in spätkapitalistischen Gesellschaften

Zu welcher Klasse gehören Schriftsteller in unserer Gesellschaft? Die herrschende Klasse macht eine Ausnahme mit dem Schriftsteller. Er ist immer noch nicht ganz von dieser Welt. Er kann es laut und deutlich sagen, daß er keine Stimmen höre und Phantasie für einen Schwindel halte, er kann auf seine Methode pochen, man ist von seinem Widerspruch entzückt; dieser Mechanismus ist bekannt. Die Folgenlosigkeit, mit der einer nach dem anderen eingeht in nichts als Literatur-Geschichte, ist nicht gerade kalkuliert, aber sie ist eine unabweisbare Erfahrung, die die jeweils Herrschenden bei ihrem Umgang mit Schriftstellern nachsichtig stimmt.
Wir sind Freizeitgestalter in spätkapitalistischen Gesellschaften. Wir stellen Produkte zur Verfügung, mit denen andere, fast immer Lohnabhängige, ihre freie Zeit vertreiben. Manche von uns vertreiben Hunderttausenden die freie Zeit. Wir können uns dieser Funktion nicht willkürlich anpassen. Wir sind angepaßt, sonst wären wir unbrauchbar und könnten von dieser Arbeit nicht leben. Wir sind zwar keine Produktionsmittelbesitzer, aber wir werden subventioniert. Unsere Angepaßtheit, unsere Abhängigkeit und die Funktion, die wir erfüllen, sollten reflektiert, als Bewußtsein in unseren Produkten auftreten, sonst sind unsere Produkte blind und nur geeignet, andere in Blindheit zu erhalten.

(1970)

15

ANDREI A. SHDANOW

Der Schriftsteller als Ingenieur der menschlichen Seele

[...] Die Sowjetliteratur muß verstehen, unsere Helden zu gestalten, sie muß verstehen, einen Blick in unsere Zukunft zu werfen. Das wird keine Utopie sein, denn unsere Zukunft wird durch planmäßige bewußte Arbeit schon heute vorbereitet.
Man kann kein Ingenieur der menschlichen Seele sein, wenn man die Technik des literarischen Schaffens nicht kennt, wobei bemerkt werden muß, daß die Technik des literarischen Schaffens eine Reihe spezifischer Besonderheiten aufweist.
Den Schriftstellern stehen die verschiedenartigsten Mittel zur Verfügung. Die Sowjetliteratur hat alle Möglichkeiten, diese Mittel (Genres, Stile, Formen und Methoden des literarischen Schaffens) in ihrer Mannigfaltigkeit und Fülle anzuwenden und das Beste, was von allen vorangegangenen Epochen auf diesem Gebiet geschaffen wurde, auszuwählen. Von diesem Standpunkt aus ist die Beherrschung der literarischen Technik, die kritische Aneignung des literarischen Erbes aller Epochen eine Aufgabe, ohne deren Lösung Sie nicht Ingenieure der menschlichen Seele werden können.
Genossen, wie auch auf anderen Gebieten der materiellen und geistigen Kultur ist das Proletariat der alleinige Erbe des Besten, was die Schatzkammer der Weltliteratur enthält. Die Bourgeoisie ließ das literarische Erbe zerflattern; wir sind verpflichtet, es sorgfältig zu sammeln, zu studieren und nach kritischer Aneignung weiterzuentwickeln.

Ingenieur der menschlichen Seele zu sein, das bedeutet, aktiv zu kämpfen für die Kultur der Sprache, für ein hohes Niveau des literarischen Schaffens. Unsere Literatur entspricht den Anforderungen unserer Epoche noch nicht. Die Schwächen unserer Literatur bringen das Zurückbleiben des Bewußtseins hinter der ökonomischen Entwicklung zum Ausdruck, wovon selbstverständlich auch unsere Schriftsteller nicht frei sind. Darum ist die ständige Arbeit an sich selbst und an ihrem ideologischen Rüstzeug im Geiste des Sozialismus die unerläßliche Voraussetzung, ohne die die Sowjetschriftsteller das Bewußtsein ihrer Leser nicht umgestalten und keine Ingenieure der menschlichen Seele werden können.

(1934)

THEODOR WEISSENBORN

Warum ich nicht arbeitslos werde

16

Unsere Gesellschaft betrachtet den Außenseiter als ihren Feind. Begreiflich. Denn er ist das lebendige Denkmal ihres Versagens. Das Übel beseitigen? Die Schuld wiedergutmachen? – Nein, die Gesellschaft ist vollauf damit beschäftigt, ihr Image zu pflegen. Sie verbannt die Straffälligen hinter Gitterstäbe, die ausländischen Arbeiter ins Getto, die Obdachlosen ins Asyl und die psychisch Kranken hinter Panzerglas – weit draußen an der Peripherie der Städte, ins landschaftlich idyllische Abseits, ins Aus. Requiescant! Der städtische Rasen bleibt sauber.

Dies der sozialpathologische Befund. Als Therapie – eine mögliche Form der Therapie unter anderen – schlage ich vor, daß die Literaten ihren Platz am Schreibtisch verlassen, um in die Institutionen zu gehen und konkrete Kenntnis von den Vorgängen in dieser Gesellschaft zu erlangen, daß sie gerade die hinter Mattglas und Panzerglas und Gitterstäbe verdrängten unschönen, bedrückenden und beschämenden Inhalte in das öffentliche und private Bewußtsein zurückholen, um auf diese Weise eine Grundvoraussetzung für die kollektive praktische Bewältigung dieser Inhalte zu schaffen. Dies eben, das Bewußtmachen des Verdrängten, halte ich für die soziale Aufgabe einer Literatur, die sich als gesellschaftliche Einrichtung versteht und bejaht: Aufklärung (oder modischer: Information) und damit permanente Therapie des chronisch an Verdrängungen leidenden öffentlichen und privaten Bewußtseins.

Wer von uns genügt der Norm? Wer von uns ist so jung, so erfolgreich, so gesund, so schön und so unbeschwert, wie die kommerzielle Werbung es uns vorgaukelt? Wer von uns ist frei oder wird Zeit seines Lebens frei bleiben von Krankheit und Not, von körperlichen oder seelischen Leiden? – Die Chance, daß er früher oder später zum Außenseiter dieser Gesellschaft wird, ist jedem gegeben. Hätten wir, angesichts dieser Chancengleichheit, nicht allen Grund, uns mit dem Außenseiter zu solidarisieren, mit ihm, der eine Möglichkeit verkörpert, die in uns allen angelegt ist, und der unsere menschliche Kondition weit deutlicher veranschaulicht als jeder unauffällige sogenannte Normale?

Während ich dies schreibe, sitzt der schwachsinnige Knecht eines Bauern vor der Schuppentür auf der Erde, schneidet Bilder aus alten Illustrierten und verwahrt sie in einem Karton. Vor einem halben Jahr haben die Ärzte seinen Kehlkopf entfernt. Er sammelt Bilder von Königin Beatrix. Er wiegt noch hundert Pfund. Manchmal zeigt er mir die Bilder. Er krächzt. Er küßt die Bilder. Er lächelt. Er kann nicht sprechen.

Er hat nie schreiben gelernt. Er hat nie sprechen können.

Ich werde nicht arbeitslos.

(1983)

Aufgaben zu C

1. Wie sieht Bergengruen (13) die Aufgabe des Dichters? Welchen Sinn hat seine Unterscheidung von „eigentlichen" Wirkungen des dichterischen Wortes und den „Nebenwirkungen"? Welche Rolle spielt der Begriff „ewige Ordnungen" für die eigentliche Wirkung des dichterischen Wortes?
2. In welcher Lage sieht Martin Walser (14) den Schriftsteller? „Freizeitgestalter in spätkapitalistischen Gesellschaften" – ist das die Rolle, die der Schriftsteller heute spielt (vgl. die Positionen in A und B)? Welche Forderung stellt Walser an den Schriftsteller?
3. Stellen Sie thesenhaft zusammen, was Shdanow als Vertreter des sozialistischen Realismus zur Aufgabe des Schriftstellers sagt (15).
4. Wie sieht Theodor Weißenborn (16) die Beziehung Schriftsteller und Gesellschaft? Zeigen Sie im einzelnen, welche Aufgaben er dem Schriftsteller und seiner Arbeit in der Gesellschaft zuweist und was seine Ansicht einschließt, er werde „nicht arbeitslos".
5. In welchem Zusammenhang müssen die Äußerungen der Schriftsteller Bergengruen, Walser, Shdanow und Weißenborn gesehen werden? Schauen Sie sich dazu auch die Skizze zu Beginn des Kapitels an.
6. Stellen Sie die Unterschiede in der Auffassung vom **Auftrag des Schriftstellers in der Gesellschaft** (13–15) thesenhaft zusammen. Können Sie auch Gemeinsamkeiten in den geäußerten Ansichten feststellen? Welche Auffassung hat Ihnen am meisten eingeleuchtet? Begründen Sie Ihre Meinung.

D Erweitertes Textangebot

17

BERTOLT BRECHT

Der Schriftsteller

Ein Schriftsteller, gefragt, warum er in seinen Arbeiten immer nur von Elend rede und immer nur den zerstörenden Einfluß des Elends auf die Menschen untersuche und darstelle und warum er niemals hoffnungsvollere und erfreulichere Bilder des menschlichen Lebens entwürfe, erzählte folgende Geschichte.

Zu einem Mann, der sich schon längere Zeit unpäßlich fühlte und nun mit allen Anzeichen einer schweren Erkrankung daniederlag, wurde ein Arzt gerufen, dem es in kürzester Zeit gelang, den Kranken und seine betrübten Angehörigen zu beruhigen und mit Hoffnung auf baldige Genesung zu erfüllen. Er nannte den Namen der Krankheit und bezeichnete den Fall als einen verhältnismäßig einfachen und vorübergehenden. Er gab genaue Anweisungen und verschrieb verschiedene Medikamente und scheute nicht die Mühe, selbst mehrere Male am Tag nach dem Kranken zu sehen, und wurde so der willkommenste Gast im Hause des Kranken.
Die Krankheit des Mannes aber nahm zu, und er konnte bald nicht mehr einen Finger heben, so hatte das Fieber ihn geschwächt. Der Arzt aber redete vom Sommer, von Reisen, von der Zeit, wo der Kranke, wieder gesund, ein gutes Leben führen wird.
In diesen Tagen kam ein alter Freund der Familie, der selber ein berühmter Arzt war, durch die Stadt, in der der Mann lebte. Als der den Kranken sah, erschrak er, denn er erkannte, daß der Mann, dessen Freund er war, nicht am Leben bleiben würde. Er untersuchte den Kranken lange und gründlich und verheimlichte den Angehörigen nicht seine Befürchtungen, obwohl er, wie er sagte, noch nicht imstande sei, die genaue Ursache der Erkrankung anzugeben.
Als nun der Mann wirklich nach zwei weiteren Tagen starb, fragte die verzweifelte Mutter den Freund, ob ihr Sohn nicht hätte gerettet werden können, da sie doch gehört hätte, daß gerade diese Krankheit, die ihr der Arzt genannt habe, selten mit dem Tode endige. Der Freund überlegte eine Weile und sagte dann: „Nein, er hätte nicht gerettet werden können." Zu dem Bruder des Toten aber, ihrem jüngsten Sohn, sagte er draußen: „Hätte man Ihren Bruder gleich einem Chirurgen übergeben, lebte er heute noch. Das ist meine Ansicht, und Ihnen sage ich sie. Ihre Mutter ist alt und braucht die Wahrheit nicht mehr, sondern Trost. Sie aber sind jung und brauchen die Wahrheit." – „Und warum hat ihn der Arzt, den wir damals gerufen haben, nicht gleich einem Chirurgen übergeben?" fragte der junge Mann. „Warum hat er immer nur von Besserung geredet und von der Gesundheit meines Bruders? Und wozu die teuren Medikamente und die genauen Anweisungen, wenn sie nichts nützten?"
„Nicht immer müssen teure Medikamente und genaue Anweisungen nützen, junger Freund, aber was man von einem Arzt verlangen soll, ist, daß er die richtige Ursache der Krankheit feststellt. Um jemand gesund zu machen, braucht man zuerst die richtige Diagnose. Und um die richtige Diagnose stellen zu können, braucht man nicht nur ein gründliches medizinisches Wissen, sondern auch wirkliches Interesse an der Heilung der Krankheit. Es genügt nicht, daß einer Arzt ist, er muß auch helfen können. Jener Arzt redete von Besserung, als er noch nicht die wahre Ursache der Erkrankung festgestellt hatte. *Ich aber rede so lange von Krankheit und nur von Krankheit, bis ich die genaue Ursache der Erkrankung kenne und die genauen Mittel weiß, um sie wirksam zu bekämpfen, und die ersten Anzeichen der Besserung sich zeigen. Dann erst rede auch ich vielleicht von Heilung."*
„So oder so ähnlich war es", sagte der Schriftsteller und brach die Geschichte ab.
„Aber du bist doch kein Arzt", fragte man ihn erstaunt nach einem kurzen höflichen Schweigen.
„Nein. Aber Schriftsteller", erwiderte er.

18

Vladimir Majakovskij

Wie macht man Verse?

„Wie macht man Verse?“ Unter diesem Thema hat der russische Lyriker (1893–1930) bereits 1926 einen Aufsatz geschrieben, in dem er „nicht als blasser Theoretiker, sondern als Praktiker“ Auskunft über seine Arbeit und ihre Bedingungen geben will.

[...] Neuheit ist unbedingte Voraussetzung für ein dichterisches Produkt. Das Material an Wörtern und Wortverbindungen, das dem Dichter unter die Hände kommt, muß umgearbeitet werden. Wenn zur Herstellung eines Verses alter Wortschutt verwendet wird, muß dieser in einem strengen Verhältnis zu der Quantität des frischen Rohmaterials stehen. Von der Quantität und der Qualität dieses neuen wird es abhängen, ob sich eine solche Legierung zum Gebrauch eignet.
Neuheit setzt natürlich nicht voraus, daß man ständig bis dato unerhörte Wahrheiten verkünde. Jambus, freier Vers, Alliteration und Assonanz lassen sich nicht tagtäglich neu erfinden. Man kann auch an ihrer Fortbildung, an ihrem Ausbau und an ihrer Erweiterung arbeiten.
„Zwei mal zwei ist vier“ – das ist, für sich genommen, ein lebloser und auch nicht lebensfähiger Satz. Man muß diese Wahrheit anzuwenden wissen (Regeln für ihren Gebrauch). Man muß diese Wahrheit den Leuten ins Gedächtnis hämmern (wiederum Regeln). Man muß ihre Unerschütterlichkeit an einer Reihe von Fakten vorführen (Beispiel, Inhalt, Thema).
Hieraus ergibt sich, daß in der Dichtung der Beschreibung und Darstellung der Realität kein Selbständigkeitswert zukommt. Derartige Arbeit ist zwar notwendig, aber sie muß wie die Arbeit eines Protokollanten auf einer großen Versammlung bewertet werden ...

Dichtung beginnt dort, wo Tendenz ist.
Wie sehen also die Voraussetzungen für den Beginn einer dichterischen Arbeit aus?
Erstens. Das Vorhandensein einer Aufgabe innerhalb der Gesellschaft, deren Lösung nur mit Hilfe einer dichterischen Hervorbringung denkbar ist: ein sozialer Auftrag also. (Interessantes Thema für eine Spezialarbeit: Nicht-Übereinstimmung des sozialen Auftrags mit dem vom Verlag erteilten.)
Zweitens. Genaue Kenntnis der Bedürfnisse der eigenen Klasse (oder der Gruppe, die man vertritt) in der jeweiligen Frage oder, richtiger, das Empfinden für diese Bedürfnisse, das heißt: eine Zielsetzung.
Drittens. Das Material – die Wörter. Ständiges Auffüllen der Vorratsräume, der Speicher des Schädels, mit unentbehrlichen, ausdrucksvollen, seltenen, selbstgeprägten, erneuerten, erfundenen und allen möglichen anderen Wörtern.
Viertens. Arbeitsausrüstung und Produktionsmittel – Federhalter; Bleistift; Schreibmaschine; Telephon; ein Kostüm für den Besuch von Nachtasylen; ein Fahrrad für Fahrten zur Redaktion; ein aufgeräumter Schreibtisch; ein Regenschirm, um bei Regenwetter schreiben zu können; ein Wohnraum, der so groß ist, daß man sich in ihm

Legierung: durch Zusammenschmelzen mehrerer Metalle entstehendes Mischmetall; hier übertragen gebraucht so bewegen kann, wie es einem zur Arbeit nötig ist; Kontakt zu einem Zeitungsausschnittbüro, damit man Material bekommen kann über Fragen, die die Provinz bewegen, und so weiter und so fort; schließlich auch noch Pfeife und Zigaretten. Fünftens. Fertigkeit in den Methoden der Wortbearbeitung, die unendlich individuell sind – man erlangt sie erst nach Jahren tagtäglicher Arbeit: Reime; Metren; Alliterationen; Bilder; Vereinfachung des Stils; Pathos; Schlußwendungen; Titel; Gliederung, und so weiter und so fort. [...]

VLADIMIR MAJAKOVSKIJ

Wolke in Hosen (2. Teil)

19

Rühmt mich!
Ich bin kein geniales Wesen,
ich sage zu allem Geschaffenen:
„Nihil“.
Ich will
überhaupt nichts lesen.
Ein Buch?
Was sind schon Bücher?!

Ich dachte einst,
sie zusammenzustümpern
sei ganz leicht.
Der Dichter öffnet die Lippen
und beginnt zu singen wie ein schwärmerischer Simpel,
ein wenig mit der Fußspitze wippend.

Nun weiß ich's genauer:
Man irrt umher,
die Schwielen der gärenden Dichtung quetschend,
während im schlammigen Seelenmeer
die dumme Flunder Fantasia plätschert.
Solange man reimfidelnd eine Soße
aus Nachtigallen und Liebe kocht,
liegt im Starrkrampf der Ohmacht die zungenlose
Straße wie ein schweigendes Kraterloch.
Man errichtet wieder babylonische Türme
und schlürft wie Nektar des Eigenlobs Gift,
indessen Gott,
der zornige Stürmer,
wortemischend Städte
auf Äcker wirft.
[...]

(1914/18)

20

Hans Magnus Enzensberger

Poesie und Politik

[...]

Brecht ‚Der Radwechsel':

Ich sitze am Straßenhang.
Der Fahrer wechselt das Rad.
Ich bin nicht gern, wo ich herkomme.
Ich bin nicht gern, wo ich hinfahre.
Warum sehe ich den Radwechsel
Mit Ungeduld?

Ein politisches Gedicht? Die bloße Frage zeigt, wie wenig mit dieser Kategorie auszurichten ist. Ein Rad wird gewechselt. Sechs Zeilen, in denen vom Vaterland nicht weiter die Rede ist, auch von keinem Regime; sechs Zeilen, vor denen der Eifer der ideologischen Splitterrichter stockt. Auch sie sehen den *Radwechsel* mit Ungeduld, denn für ihre Zwecke läßt sich das Gedicht nicht ausmünzen. Es sagt ihnen nichts; dazu ist es zu vielsagend. Geschrieben ist es im Sommer des Jahres 1953. Ein politisches Gedicht oder nicht? Das ist ein Streit um Worte. Bedeutet Politik Teilhabe an der gesellschaftlichen Verfassung, die sich Menschen in der Geschichte geben, so ist ‚Der Radwechsel', wie jedes nennenswerte Gedicht, von politischem Wesen. Bedeutet Politik den Gebrauch der Macht zu den Zwecken derer, die sie innehaben, so hat Brechts Text, so hat Poesie nichts mit ihr zu schaffen. Das Gedicht spricht mustergültig aus, daß Politik nicht über es verfügen kann: das ist sein politischer Gehalt.

Damit ist ausgemacht: mit blanken, linearen Thesen ist das dunkle Thema nicht zu erschöpfen. Aufs Ganze gesehen, nicht vom einzelnen Text her, auf dies oder ein anderes Gedicht hin formuliert, stehen uns über Poesie und Politik nicht viel Sätze zu Gebote, die einfach wären. Auf ihnen ist zu bestehen, nicht weil sie neu sind, sondern weil sie, als wohlbekannte, jederzeit vergessen werden: Poesie und Politik sind nicht „Sachgebiete", sondern historische Prozesse, der eine im Medium der Sprache, der andere im Medium der Macht. Beide sind gleich unmittelbar zur Geschichte. Literaturkritik als Soziologie verkennt, daß es die Sprache ist, die den gesellschaftlichen Charakter der Poesie ausmacht, nicht ihre Verstrickung in den politischen Kampf. [...]

Drei Thesen über die Entfaltung des poetischen Prozesses in der Geschichte und über das Verhältnis, das zwischen ihm und dem politischen stattfindet, sollen schließlich vor- und angeschlagen sein.

I. Auf dem Recht ihrer Erstgeburt muß Poesie aller Herrschaft gegenüber unbestechlicher denn je beharren. Seit hundert Jahren kommt, was ihn vom politischen unterscheidet, im poetischen Prozeß immer deutlicher zutage. Je größer der Druck, dem das Gedicht sich ausgesetzt sieht, desto schärfer drückt es diese Differenz aus. Sein politischer Auftrag ist, sich jedem politischen Auftrag zu verweigern und für alle zu sprechen noch dort, wo es von keinem spricht, von einem Baum, von einem Stein, von dem was nicht ist. Dieser Auftrag ist der schwierigste. Keiner ist leichter zu vergessen. Niemand ist da, um Rechenschaft zu fordern; im Gegenteil wird belohnt, wer ihn ans Interesse der Herrschenden verrät. In der Poesie aber gilt kein mildernder Umstand. Das Gedicht, das sich, gleichviel ob aus Irrtum oder Niedertracht, verkauft, ist zum Tod verurteilt. Pardon wird nicht gegeben.

II. Herrschaft, ihres mythischen Mantels entkleidet, ist mit Poesie nicht länger zu versöhnen. Fortan ist, was früher Inspiration hieß, auf den Namen der Kritik getauft: Kritik wird zur produktiven Unruhe des poetischen Prozesses. Das Gedicht ist, in den Augen der Herrschaft, die außer ihr selber keine ἀρχή* anerkennen kann, anarchisch; unerträglich, weil sie darüber nicht verfügen kann; durch sein bloßes Dasein subversiv. Es überführt, solange es nur anwesend ist, Regierungserklärung und Reklameschrei, Manifest und Transparent der Lüge. Sein kritisches Werk ist kein anderes als das des Kindes im Märchen. Daß der Kaiser keine Kleider trägt, zu dieser Einsicht ist kein „Engagement“ vonnöten. Genug, daß ein einziger Vers das sprachlose Gejohl des Beifalls bricht.

III. Poesie tradiert Zukunft. Im Angesicht des gegenwärtig Installierten erinnert sie an das Selbstverständliche, das unverwirklicht ist. Francis Ponge hat bemerkt: seine Gedichte seien geschrieben als wie am Tage nach der geglückten Revolution. Das gilt für alle Poesie. Sie ist Antizipation, und sei's im Modus des Zweifels, der Absage, der Verneinung. Nicht daß sie über die Zukunft spräche: sondern so, als wäre Zukunft möglich, als ließe sich frei sprechen unter Unfreien, als wäre nicht Entfremdung und Sprachlosigkeit (da doch Sprachlosigkeit sich selbst nicht aussprechen, Entfremdung sich nicht mitteilen kann). Solches Vorgreifen schlüge ihr zur Lüge aus, wäre es nicht zugleich Kritik; solche Kritik, wäre sie nicht Antizipation im gleichen Atemzug, zur Ohnmacht. So bedroht, so schmal ist der Weg der Poesie, und so gering, nicht größer als das unsere, doch deutlicher, ihr Glück.

* (sprich: arché) Ursprung
anarchisch: gesetzlos, ohne übergeordnete Macht auskommend, chaotisch
subversiv: umstürzlerisch
Antizipation: gedankliche Vorwegnahme

21

HANS MAGNUS ENZENSBERGER

das ende der eulen

ich spreche von euerm nicht,
ich spreche vom ende der eulen.
ich spreche von butt und wal
in ihrem dunkeln haus,
dem siebenfältigen meer,
von den gletschern,
sie werden kalben zu früh,
rab und taube, gefiederten zeugen,
von allem was lebt in lüften
und wäldern, und den flechten im kies,
vom weglosen selbst, und vom grauen moor
und den leeren gebirgen:

auf radarschirmen leuchtend
zum letzten mal, ausgewertet
auf meldetischen, von antennen
tödlich befingert floridas sümpfe
und das sibirische eis, tier
und schilf und schiefer erwürgt
von warnketten, umzingelt
vom letzten manöver, arglos
unter schwebenden feuerglocken,
im ticken des ernstfalls.

wir sind schon vergessen.
sorgt euch nicht um die waisen,
aus dem sinn schlagt euch
die mündelsichern gefühle,
den ruhm, die rostfreien psalmen.
ich spreche nicht mehr von euch,
planern der spurlosen tat,
und von mir nicht, und keinem.
ich spreche von dem was nicht spricht,
von den sprachlosen zeugen,
von ottern und robben,
von den alten eulen der erde.

(1960)

22

GOTTFRIED BENN

Können Dichter die Welt ändern? (Rundfunkdialog)

A.: Sie haben in zahlreichen Aufsätzen hinsichtlich der Figur des Dichters einen Standpunkt vertreten, der ungefähr folgendes besagt: der Dichter hat keine Wirkung auf die Zeit, er greift in den Lauf der Geschichte nicht ein und kann seinem Wesen nach nicht eingreifen, er steht außerhalb der Geschichte. Ist das nicht ein etwas absoluter Standpunkt?
B.: Wünschten Sie, ich hätte geschrieben, der Dichter solle sich für das Parlament interessieren, die Kommunalpolitik, die Grundstückseinkäufe, die notleidende Industrie oder den Aufstieg des fünften Standes?
A.: Es gibt aber doch eine Reihe namhafter Schriftsteller, die Ihre ablehnende Stellung nicht teilen und aus der Anschauung heraus arbeiten, daß wir an einer Wendung der Zeit stehen, daß ein neuer Menschentyp sich bildet und daß der Weg in eine gänzlich veränderte und bessere Zukunft beschrieben werden kann?
B.: Natürlich können Sie eine bessere Zukunft beschreiben, es gab immer Erzähler der Utopie, zum Beispiel Jules Verne oder Swift. Was die Wendung der Zeit angeht, so habe ich schon wiederholt meine Untersuchungen darauf gerichtet, daß die Zeit sich immer wendet, immer ein neuer Menschentyp sich bildet und daß Formeln wie

Menschheitsdämmerung und Morgenröte schon allmählich Begriffe von einer geradezu mythischen Solidität und Regelmäßigkeit darstellen.
A.: Sie halten also jede Beteiligung des Dichters an der Diskussion von Zeitfragen für abwegig?
B.: Für Liebhaberei. Ich sehe, daß eine Gruppe von Schriftstellern für Abschaffung des § 218 eintritt, eine andere für Beseitigung der Todesstrafe. Das ist der Typ von Schriftstellern, der seit der Aufklärung seine sichtbare Stellung in der Öffentlichkeit einnimmt. Sein Gebiet sind lokale Ereiferungen, freigeistige Bestrebungen. [...]
A.: Und Sie nehmen diese Richtung der Schriftstellerei in die Grenzen der Dichtung nicht auf?
B.: Erfahrungsgemäß befindet sie sich selten innerhalb dieser Grenzen. Schriftsteller, deren Arbeit auf empirische Einrichtungen der Zivilisation gerichtet ist, treten damit auf die Seite derer über, die die Welt realistisch empfinden, für materiell gestaltet halten und dreidimensional in Wirkung fühlen, sie treten über zu den Technikern und Kriegern, den Armen und Beinen, die die Grenzen verrücken und Drähte über die Erde ziehen, sie begeben sich in das Milieu der flächenhaften und zufälligen Veränderungen, während doch der Dichter prinzipiell eine andere Art von Erfahrung besitzt und andere Zusammenfassungen anstrebt als praktisch wirksame und dem sogenannten Aufstieg dienende.
A.: Sie sagen: der Techniker und der Krieger. Die also allein, meinen Sie, verändern die Welt?
B.: Was sich an ihr verändern läßt. Ja, ich meine allerdings, daß der diesen beiden übergeordnete Begriff, nämlich der des Wissenschaftlers, der eigentliche und prinzipielle Gegenspieler des Dichters ist, der Wissenschaftler, der einer Logik lebt, die angeblich allgemeingültig sein soll, aber doch nur lukrativ ist, der einen Wahrheitsbegriff durchgesetzt hat, der den populären Vorstellungen von Nachprüfbarkeit, allgemeiner Erfahrbarkeit, Verwertbarkeit weitgehend entgegenkommt, und der eine Ethik propagiert, die das Primat des Durchschnitts sichert. Ich begreife, daß ein Volk, das nichts anderes gelernt hat, als Kunst und Wissenschaft immer in einem Atem zu nennen, gierig die Weisheit der Aufklärung in sich aufnehmen mußte, die die beiden Figuren immer nebeneinanderstellt, ganz besonders in einem Jahrhundert, in dem die Wissenschaft wirklich einen Elan hatte, der sich als schöpferisch gab. [...]
Man kann es nicht anders ausdrücken: Kunstwerke sind phänomenal, historisch unwirksam, praktisch folgenlos. Das ist ihre Größe.
A.: Das ist doch aber eine vollkommen nihilistische Auffassung von der Dichtung?
B.: Wenn gesellschaftlicher Fortschritt positiv ist, unbedingt. Sehen Sie die Reihe von Kunstwerken, die Ihnen die Geschichte hinterließ, in einem Zug an sich vorüberziehen. Nofretete und den Dorertempel, Anna Karenina oder den Nausikaagesang der Odyssee – nichts an ihnen weist über sich hinaus, nichts bedarf einer Erklärung, nichts will wirken außerhalb seiner selbst, es ist der Zug in sich versunkener Gestalten, schweigsamer und vertiefter Bilder: wenn Sie das nihilistisch nennen wollen, ist es der besondere Nihilismus der Kunst.
A.: Sie sehen diesen Zug der schweigsamen Gestalten – ich zeige Ihnen einen anderen Zug. [...]

Hören Sie folgendes Dokument: ein elfköpfiger Haushalt, der Vater trinkt, die Mutter erwartet die Niederkunft des 10. Kindes, die Vierzehnjährige kauft sich für einen Groschen Rinderblut beim Schlächter, gießt es sich über die Brust, um mit Hilfe dieses fingierten Blutsturzes aus der überfüllten Wohnung in eine Lungenheilstätte zu gelangen. Das ist doch der Kummer, das sind doch Tränen, schuldloser Jammer, Bastardierungen des Glücks - da sieht der Dichter zu?

B.: Ich zögere nicht einen Augenblick: ja, da sieht der Dichter zu. Nicht der, der die Zivilisationslektüre verfaßt und für den Abend die geistigen Vorwände für die Kulissenverschiebungen, der beim Bankett neben dem Minister sitzt, die Nelke im Frack und fünf Weingläser am Gedeck: der unterschreibt Aufrufe gegen die Notstände der Zeit. Aber der sieht zu, der weiß, daß der schuldlose Jammer der Welt niemals durch Fürsorgemaßnahmen behoben, niemals durch materielle Verbesserungen überwunden werden kann. Hygienische Wunschräusche kurzbeiniger Rationalisten: hab Rente im Herzen und Höhensonne im Haus. Eine Schöpfung ohne Grauen, Dschungel ohne Bisse, Nächte ohne Mahre, die die Opfer reiten - nein, der Dichter sieht zu in der vor keinem Tod zu verleugnenden Überzeugung, daß er allein die Substanz besitzt, das Grauen zu bannen und die Opfer zu versöhnen: so sinke, ruft er ihnen zu, so sinke denn, aber ich könnte auch sagen: steige.

A.: Merkwürdige Substanz! Ich möchte demgegenüber -

B.: Demgegenüber! Sie meinen, daß jeder, der heute denkt und schreibt, es im Sinne der Arbeiterbewegung tun müsse, Kommunist sein müsse, dem Aufstieg des Proletariats seine Kräfte leihen. Warum eigentlich? Wie begründen Sie das? Soziale Bewegungen gab es doch von jeher. Die Armen wollten immer hoch und die Reichen nicht herunter. [...]

Nein, mir kommt der Gedanke, ob es nicht weit radikaler, weit revolutionärer und weit mehr die Kraft eines harten und fiten Mannes erfordernder ist, die Menschheit zu lehren: so bist du, und du wirst nie anders sein, so lebst du, so hast du gelebt, und so wirst du immer leben. Wer Geld hat, wird gesund, wer Macht hat, schwört richtig, wer Gewalt hat, schafft das Recht. Das die Geschichte! Ecce historia! Hier ist das Heute, nimm seinen Leib und iß und stirb. Diese Lehre scheint mir weit radikaler, weit erkenntnistiefer und seelisch folgenreicher zu sein als die Glücksverheißungen der politischen Parteien.

(1925)

nihilistisch: verneinend, zerstörend
Mahr: Alpdruck erzeugendes Wesen

23

GOTTFRIED BENN

Nur zwei Dinge

Durch so viel Formen geschritten,
durch Ich und Wir und Du,
doch alles blieb erlitten
durch die ewige Frage: wozu?

Das ist eine Kinderfrage.
Dir wurde erst spät bewußt,
es gibt nur eines: ertrage
– ob Sinn, ob Sucht, ob Sage –
dein fernbestimmtes: Du mußt.

Ob Rosen, ob Schnee, ob Meere,
was alles erblühte, verblich,
es gibt nur zwei Dinge: die Leere
und das gezeichnete Ich.

(1949–55)

Arbeitsvorschläge zum Textangebot

1. Das Gleichnis Brechts (17) ist Bestandteil eines Gesprächs über die Aufgabe des Schriftstellers. Untersuchen Sie, in welchem Verhältnis die Gleichnisrede zur provokativen Ausgangsfrage an den Schriftsteller steht. Worin liegt die Bedeutung des Bildes „Arzt" für den Schriftsteller?
2. Worin sieht Majakowskij (18) den Auftrag, die Arbeitsbedingungen des Schriftstellers und die Besonderheit des dichterischen Produkts? Überprüfen Sie im einzelnen, in welcher Sprache er von der Dichtkunst spricht, und zeigen Sie, welche Auffassung sich darin widerspiegelt.
3. Ermitteln Sie das Bild vom Dichter, das Majakowskij in den Anfangsversen des 2. Teils seines Gedichts „Wolke in Hosen" (19) entwirft. Vergleichen Sie es mit seinen theoretischen Äußerungen (18).
4. Welche Aufgabe weist Enzensberger (20) der Poesie zu? Erläutern Sie dazu die drei Thesen über das Gedicht:
   (1) „Sein politischer Auftrag ist, sich jedem politischen Auftrag zu verweigern."
   (2) „Das Gedicht ist (...) anarchisch."
   (3) „Poesie tradiert Zukunft."
5. Analysieren Sie Enzensbergers Text (20) im Hinblick auf die zentrale Frage nach dem Verhältnis von Poesie und Politik.
   – Welche Rolle spielt dabei das Medium Sprache?
   – Gibt es nach Enzensberger auch unpolitische Gedichte?
6. Halten Sie Enzensbergers Gedicht (21) für ein politisches? Begründen Sie Ihre Meinung. Deuten Sie dazu das Gedicht, indem Sie dabei insbesondere die Haltung des lyrischen Ichs beachten (s. Kapitel 6 E).

7. Welche Auffassung vom Dichter und vom Kunstwerk zeigt Gottfried Benn in dem Rundfunkinterview (22)? Halten Sie Benns Position thesenartig fest.
8. Bestimmen Sie die Position des Interviewpartners A. (22).
9. Deuten Sie das Gedicht Benns (23) unter Berücksichtigung der literaturtheoretischen Position des Dichters.

Weiterführende Arbeitsvorschläge

1. Sie haben in diesem Kapitel verschiedene Auffassungen über die Aufgaben des Schriftstellers in der Gesellschaft kennengelernt. Nehmen Sie dazu Stellung: Formulieren Sie Ihre Position.
2. „Aufklärung [...] und damit permanente Therapie des chronisch an Verdrängungen leidenden öffentlichen und privaten Bewußtseins" hält Theodor Weißenborn (16) für die „soziale Aufgabe einer Literatur."
   „Kunstwerke sind phänomenal, historisch unwirksam, praktisch folgenlos. Das ist ihre Größe." (Gottfried Benn, Text 22)
   Welche Auffassung über Literatur, ihre Besonderheit und ihre Aufgabe trifft Ihrer Meinung nach am ehesten den Charakter des Kunstwerks? Welche Auffassung sagt Ihnen am meisten zu? Äußern Sie dazu Ihre Meinung, und begründen Sie sie, indem Sie das Textmaterial zu Hilfe nehmen.
3. Wenn Sie weitere Positionen zur Funktion der Dichtung und den Aufgaben des Dichters in der Gesellschaft kennenlernen wollen, können Sie Teile aus dem Sammelband „Weitermachen? Abschaffen? Verändern?" bearbeiten *(Eine Textsammlung für die Schule, hg. von H. Ivo, H. Thiel und H. Weiß. Frankfurt/Main: Verlag Moritz Diesterweg 1973).* Der Band thematisiert den Gebrauchswert von Literatur.
4. Versuchen Sie, ähnlich wie in „Autorenpatenschaften" (B I) einen Schriftsteller Ihrer Wahl in Form einer kleinen Dokumentation, die in Ihrem Klassenraum ausgehängt werden könnte, vorzustellen. Das geht mit einer kleinen Gruppe arbeitsteilig am besten.
5. Welche Besonderheit und Funktion ergibt sich für die Arbeiterdichtung daraus, daß Arbeiter über sich selbst und für Arbeiter schreiben?
   - Lesen Sie dazu *Gerold Stieg, Bernd Witte: Abriß einer Geschichte der deutschen Arbeiterliteratur. Stuttgart: Klett 1973, S. 138–146 (Gruppenbildung und Beginn einer theoretischen Diskussion in der Bundesrepublik; Die Dortmunder Gruppe 61/Der Werkkreis Literatur der Arbeitswelt)* und *Peter Kühne: Arbeiterklasse und Literatur. Frankfurt/Main: S. Fischer 1972, S. 41–51 (Möglichkeit und Funktion einer Arbeiterliteratur).*
   - Vielleicht können Sie einen Werkkreis-Schriftsteller aus Ihrer näheren Umgebung zu einem Gespräch einladen (Kontaktadressen z. B. in: *Ihr aber tragt das Risiko. Reportagen aus der Arbeitswelt. Hg. vom Werkkreis. Hamburg: Rowohlt 1971, S. 123f., rororo 1447*).

E Information

I. Textproduktion und Autorintention

Ein Schriftsteller schreibt unter bestimmten biographisch-individuellen und historisch-sozialen Voraussetzungen und Bedingungen – auch ökonomischen; denn normalerweise will er seine Produkte verkaufen. Er muß deshalb entscheiden, wieweit er dem Erwartungshorizont sowie der Verstehensfähigkeit des intendierten Leserkreises entsprechen will, um seine Absicht zu erreichen, die als das organisierende Prinzip des Textes erkennbar ist. Allgemein zielt die Absicht des Autors nicht nur auf die Vermittlung einer besonderen Form des Genusses, des ästhetischen Vergnügens, sondern auch auf die Festigung oder Veränderung des Wirklichkeitsverständnisses auf seiten des Lesers. Es kann deshalb zum Verständnis eines literarischen Textes wichtig sein, sich mit dem Autor, seinen Arbeitsbedingungen und seiner Zeit zu befassen. Das ist vor allem dann notwendig, wenn historische Werke in die Betrachtung einbezogen werden.
Verfasserintention und Textintention sind jedoch grundsätzlich nicht identisch. Wie die oft unterschiedlichen Deutungen desselben Werkes zeigen, besitzt ein literarischer Text ein Sinn- und Bedeutungspotential, das über die subjektive Absicht seines Autors (die sich in Selbstzeugnissen wie Briefen, Tagebüchern, Interviews u. ä. niederschlägt) hinausgehen kann. Eine zentrale Aufgabe der Textanalyse und -deutung ist es, die am Text nachprüfbare Aussageabsicht, die Textintention, zu erfassen und sich mit ihr auseinanderzusetzen.

II. Textdeutung

1. Definition

Die Textdeutung (oft auch Analyse genannt) setzt eine gründliche Inhaltsangabe und die Erfassung der Textintention voraus; sie beschreibt die besonderen Mittel, durch die ein Text seine Wirkung erzielt. Dazu gehören Besonderheiten der Textgestaltung, Perspektive, Wortwahl, Aufbau des Textes. Sie schließt die persönliche Sicht der Textaussage mit ein.

2. Vorbereitende Schritte

- Lesen des Textes; auffällige, von der normalen Leseerwartung abweichende, schwierige oder nicht verstandene Stellen kennzeichnen und klären
- Feststellen der eigenen Position und Klärung der Frage, ob man als Leser selbst gemeint ist oder nicht (ältere Texte)
- Abstand vom Text halten, auch wenn man betroffen ist; Beobachterposition zum Text einnehmen
- Gliederung unübersichtlicher Texte (Überschriften).

3. Fragen an den Text

Was wird dargestellt? (Gegenstand)	Was wird ausgedrückt? (Stellung des Sprechers zur Sache)	Was soll bewirkt werden? (Aussageabsicht des Textes)
- Von welchem Vorfall, welcher Handlung, welchem Zustand, Problem ist die Rede? - In welchem größeren Zusammenhang steht die Aussage des Textes?	- Wie steht der Sprecher zu der dargestellten Sache? Ist er direkt betroffen, steht er über der Sache?	- Welche Stimmung ruft der Text hervor? - Welche Haltung zum Gegenstand des Textes bewirkt er beim Leser?

Verwendete formale Mittel

- Welche sprachlich-stilistischen Mittel (rhetorische Figuren, Modus- und Tempusgebrauch, Wortwahl u. a.) fallen auf?
- Welche Abweichungen vom normalen Satzbau kommen vor?
- Aus welchem Bereich stammt die Sprache (Technik, Wirtschaft, Sport, Religion, Gerichtswesen)?
- Welche sprachlichen Bilder sind besonders wichtig für den Text?
- Welche Besonderheiten zeigt der Aufbau des Textes (z. B. unvermittelter Beginn, pointenhafter Schluß, Anordnung der Darstellungsschritte)?
- Welche Form des Sprechens herrscht vor (direktes Benennen, verhüllende Anspielungen, Verkleidung in einem Bild)?

4. Mögliche Fehler bei der Textanalyse

- Sie wiederholen nur den Wortlaut des Textes, ohne ihn zu untersuchen.
- Sie übersehen Wesentliches, heben Unwesentliches hervor.
- Die Perspektive Ihrer Darstellung bleibt unklar, d. h. Sie machen nicht deutlich, wer spricht, der Text oder Sie.
- Sie bezeichnen wörtliche Übernahmen aus dem Text nicht als solche „...“. Sie zitieren nicht genau (wörtlich) und bauen das Zitat nicht richtig in Ihren Satzzusammenhang ein. Dadurch wird die Lesbarkeit Ihres Textes eingeschränkt.
- Sie vergessen, Bezug auf die Besonderheiten des Textes zu nehmen.
- Sie machen dem Leser das Lesen schwer, weil sie eine knappe Wiedergabe des Textes (Inhaltsangabe) als Einleitung vergessen, weil Sie die einzelnen Passagen Ihrer Darstellung sprachlich nicht verknüpfen, weil Sie es versäumen, einen zusammenfassenden Schluß zu formulieren.
- Ihre Arbeit ist ohne Kenntnis der Textvorlage schwer oder gar nicht zu verstehen.

Beispiel für eine Textdeutung

Peter Bichsel, San Salvador

Einleitung

Die Kurzgeschichte „San Salvador" entspricht Bichsels theoretischen Überlegungen über das Schreiben. Er kleidet nicht eine wahre Begebenheit in eine Geschichte ein, sondern will beim Spiel mit Worten während des Schreibens seine Geschichte entwickeln, die den Schreiber selbst noch überraschen kann.

Dichterisches Schreiben ist aus seiner Sicht vom informativen Schreiben dadurch abgehoben, daß es etwas anderes meint, als es im wörtlichen Sinne sagt.

Textwiedergabe/
Inhaltsangabe

In der Kurzgeschichte „San Salvador" geht es um die geheimen Wünsche eines verheirateten Mannes. Die Geschichte ereignet sich im wahren Wortsinn „auf dem Papier". Die Erzählfigur Paul ist allein zu Hause, spielt mit dem neuerworbenen Füller und probiert ihn aus. Dabei schreibt Paul mehr zufällig als zielgerichtet unterschiedliche Wörter auf, die sowohl auf seine körperliche als auch auf seine seelische Befindlichkeit schließen lassen („Mir ist es hier zu kalt [...] ich gehe nach Südamerika.")

Er malt sich aus, was geschehen würde, wenn sein Text eine Mitteilung an seine Frau Hildegard wäre, wie seine Frau sich verhalten würde, mit welchen Gesten sie reagieren würde. Aber er unternimmt nichts. Seine Frau Hildegard verhält sich bei ihrer Rückkehr wie gewohnt.

Deutung des
Textes
Vorverständnis

Ich habe beim Lesen der Geschichte den Eindruck gewonnen, daß der Mann in Gedanken die Flucht aus dem Alltag durchspielt, dabei mehr zufällig seine geheime Sehnsucht nach Wärme, Fremdartigkeit und Ferne ausdrückt und schließlich von der alltäglichen Wirklichkeit seines Lebens mit Frau und Kindern eingeholt wird.

Detailuntersuchung
a) Haltung
des Sprechers

Die Geschichte ist ganz aus der Perspektive der Figur Paul geschrieben, so daß wir als Leser die Welt aus seiner Sicht erleben. Auch das, was er sich ausdenkt („Die Probe ... dauert bis neun Uhr, um halbzehn würde Hildegard zurück sein.") können wir durch diese personale Erzählweise erfahren, bei der der Erzähler durch die Figur spricht.

b) Textaufbau

Die Geschichte beginnt mit der Darstellung der Zufälligkeit des Anlasses, dem Spiel mit der neuen Füllfeder. Beim Ausprobieren ergeben sich überraschend die Sätze „Mir ist es hier zu kalt", „ich gehe nach Südamerika". Die bekräftigende Unterschrift legt nahe, das Schreiben als Mitteilung an die Ehefrau Hildegard aufzufassen und gedanklich durchzuspielen.

Paul tut nichts; denn der Satz „Dann saß er da." wird am

Schluß noch einmal aufgenommen und bekräftigt seine Untätigkeit. Zugleich bilden diese beiden Sätze den Rahmen für das Geschehen, das sich wesentlich in Pauls Vorstellung abspielt.

Innerhalb dieses Rahmens erfährt der Leser aus der Sicht der Figur etwas über deren Lebensumstände. Durch die auch in diesen Rahmen eingefügte Vorwegnahme der möglichen Reaktionen seiner Frau Hildegard und das außerhalb dieses Rahmens tatsächlich eintretende Verhalten der heimkehrenden Frau wird die fest umrissene Alltagswelt des Mannes auf dem Hintergrund seiner Wünsche in bedrückender Weise deutlich.

c) Wortwahl

Der Zusammenhang mit „San Salvador" (Nebenbedeutung: Retter, Heiland) macht den Begriff „kalt" doppeldeutig und verweist auf die geläufige bildliche Verwendung des Begriffs „Kälte" für die Kennzeichnung menschlicher Beziehungen, die nicht mehr lebendig sind. Die Figur Paul sagt „kalt" und assoziiert auf dieser Bedeutungsebene auch „Südamerika", „Wärme", meint aber etwas anderes. Auch die Worte „Hildegard" und „Palme" sind sprachliche Signale für den Gegensatz zwischen seiner trüben alltäglichen Lebenswirklichkeit und seiner Sehnsucht.

d) Sprachlich-stilistische Mittel

Die Vorwegnahme des möglichen Verhaltens seiner Frau ist in der Aussageweise der Vermutung („würde sich ... die Haare aus dem Gesicht streichen.") sprachlich als solche gekennzeichnet. Dem entspricht der Schlußsatz in der Wirklichkeitsform („Sie strich sich die Haare aus dem Gesicht."). Aus der Perspektive der Figur Paul wird das Festgefügte und Unausweichliche der Beziehung deutlich, und dadurch auch wird sein Wunsch nach Ausbruch nachvollziehbar. Ein Gespräch zwischen den Partnern findet lediglich auf der Ebene der Regelung der immer wiederkehrenden alltäglichen Angelegenheiten statt. Auf der tieferen Ebene werden die geheimen Sehnsüchte der Figur über die personale Erzählweise allein dem Leser zugänglich gemacht.

Schlußteil

Die Geschichte von Peter Bichsel macht deutlich, was er meint, wenn er sagt, daß eine Geschichte beim Schreiben noch nicht „fertig" sein dürfe. Denn über das Zufällige des Spiels mit Worten versteht Bichsel es, seine Figur plausibel ihre geheimen Wünsche ausdrücken zu lassen. Die „wahren" Geschichten im Sinne tatsächlicher Begebenheiten sind ihm „zu fertig" und reizen ihn nicht. „Die Geschichte soll auf dem Papier geschehen."

Text und Wirklichkeit

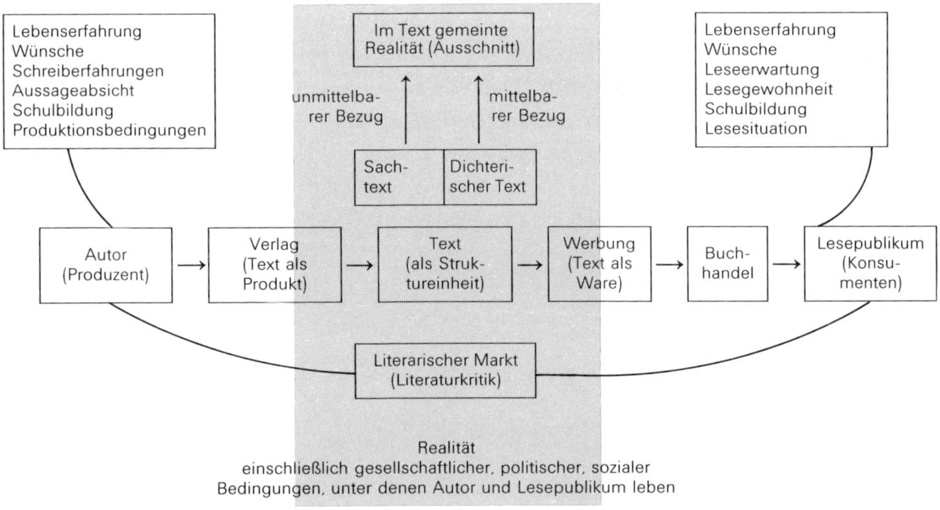

„lies keine oden, mein sohn, lies die fahrpläne: sie sind genauer."
Das empfiehlt Hans Magnus Enzensberger den Schülern der Oberstufe in einem Gedicht (26). Heißt das, daß wir Sachtexten den Vorzug geben sollen vor dichterischen Texten? Geben Sachtexte die genaueren Informationen? Was hat demgegenüber der dichterische Text zu bieten? Handelt es sich um eine veraltete Textart für unzeitgemäße Bedürfnisse unmoderner Menschen?
Obwohl die Übergänge fließend sind, haben wir uns daran gewöhnt, Sachtexte (expositorische Texte) und dichterische Texte (fiktionale Texte) zu unterscheiden. Diese Unterscheidung beruht hauptsächlich auf der unterschiedlichen Bezugnahme der Textarten auf die Wirklichkeit.
In diesem Kapitel geht es in erster Linie darum, die Darstellung der Wirklichkeit in Sachtext und poetischem Text und die unterschiedlichen Möglichkeiten, Aussageabsichten und Wirkungsweisen der beiden Textarten zu verdeutlichen.

Im Teil A werden unter der Problemstellung der Verantwortung des Menschen für die von Wissenschaft und Technik entwickelten Möglichkeiten zur genetischen Manipulation poetische und nicht poetische Darstellungen vorgestellt. Dabei wird die eigentümliche Bezugnahme von Sachtext und dichterischem Text auf die Wirklichkeit vergleichend untersucht. Im Teil B geht es im Zusammenhang mit dem Thema „Arbeit und Verantwortlichkeit des Wissenschaftlers“ um das besondere Verhältnis von aktenmäßig belegten tatsächlichen Geschehnissen und poetischer Erfindung im Dokumentartheater. Die Information unter E über die unterschiedliche Bezugnahme der Textarten auf die Wirklichkeit oder die Zusammenstellung von Arbeitsschritten für eine Stellungnahme zu einer Textvorlage (bzw. Erörterung im Anschluß an eine Textvorlage) können Sie nach Bedarf bei der Erarbeitung der Kapitelabschnitte A bis C mit heranziehen.

A Fortschritt oder: Was darf die Wissenschaft? Dichtung und Sachtext im Vergleich

I Die Kräfte der Natur meistern

1

JOHANN WOLFGANG GOETHE

Der Zauberlehrling

Hat der alte Hexenmeister
Sich doch einmal wegbegeben!
Und nun sollen seine Geister
Auch nach meinem Willen leben.
Seine Wort' und Werke
Merkt' ich und den Brauch,
Und mit Geistesstärke
Tu' ich Wunder auch.

Walle! walle
Manche Strecke,
Daß zum Zwecke
Wasser fließe,
Und mit reichem, vollen Schwalle
Zu dem Bade sich ergieße!

Und nun komm, du alter Besen!
Nimm die schlechten Lumpenhüllen!
Bist schon lange Knecht gewesen;
Nun erfülle meinen Willen!
Auf zwei Beinen stehe,
Oben sei ein Kopf,
Eile nun und gehe
Mit dem Wassertopf!

Walle! walle
Manche Strecke,
Daß zum Zwecke
Wasser fließe,
Und mit reichem, vollen Schwalle
Zu dem Bade sich ergieße!

Seht, er läuft zum Ufer nieder;
Wahrlich! ist schon an dem Flusse,
Und mit Blitzesschnelle wieder
Ist er hier mit raschem Gusse.
Schon zum zweiten Male!
Wie das Becken schwillt!
Wie sich jede Schale
Voll mit Wasser füllt!

Stehe! stehe!
Denn wir haben
Deiner Gaben
Vollgemessen! –
Ach, ich merk' es! Wehe! wehe!
Hab' ich doch das Wort vergessen!

Ach, das Wort, worauf am Ende
Er das wird, was er gewesen.
Ach, er läuft und bringt behende!
Wärst du doch der alte Besen!
Immer neue Güsse
Bringt er schnell herein,
Ach! und hundert Flüsse
Stürzen auf mich ein.

Nein, nicht länger
Kann ich's lassen;
Will ihn fassen.
Das ist Tücke!
Ach! nun wird mir immer bänger!
Welche Miene! welche Blicke!

O, du Ausgeburt der Hölle!
Soll das ganze Haus ersaufen?
Seh' ich über jede Schwelle
Doch schon Wasserströme laufen.
Ein verruchter Besen,
Der nicht hören will!
Stock, der du gewesen,
Steh doch wieder still!

Willst's am Ende
Gar nicht lassen?
Will dich fassen,
Will dich halten,
Und das alte Holz behende
Mit dem scharfen Beile spalten.

Seht, da kommt er schleppend wieder!
Wie ich mich nun auf dich werfe,
Gleich, o Kobold, liegst du nieder;
Krachend trifft die glatte Schärfe!
Wahrlich, brav getroffen!
Seht, er ist entzwei!
Und nun kann ich hoffen,
Und ich atme frei!

Wehe! wehe!
Beide Teile
Stehn in Eile
Schon als Knechte
Völlig fertig in die Höhe!
Helft mir, ach! ihr hohen Mächte!

Und sie laufen! Naß und nässer
Wird's im Saal und auf den Stufen.
Welch entsetzliches Gewässer!
Herr und Meister! hör' mich rufen! –
Ach, da kommt der Meister!
Herr, die Not ist groß!
Die ich rief, die Geister,
Werd' ich nun nicht los.

„In die Ecke,
Besen! Besen!
Seid's gewesen!
Denn als Geister
Ruft euch nur zu seinem Zwecke
Erst hervor der alte Meister."

(1797)

2

FRANCIS BACON

Ein neues Organum oder wahre Aussagen zur Naturinterpretation (Novum organum sive indicia vera de interpretatione naturae)

Francis Bacon war Staatsmann, Jurist, Historiker und Naturforscher. Sein bedeutendstes Werk ist die „Instauratio Magna“ (Große Erneuerung der Philosophie), deren zweiter Teil, das „Novum Organum“, dem Wissensbegriff seiner Zeit den neuen Nützlichkeitsgedanken hinzugefügt hat („Wissen ist Macht“). Bacon gilt als der Philosoph, der der neuzeitlichen, von nun an empirischen, von der Beobachtung und der Erfahrung ausgehenden Naturwissenschaft den Weg geebnet hat. Das „Novum Organum“ gilt als das Gründungsdokument der modernen Naturwissenschaften.

Der Mensch, ein Diener der Natur [als technisch Handelnder] und zugleich ihr Deuter [als Naturforscher], schafft und versteht [in bezug auf die Natur] so viel, wie er von der Ordnung [den Gesetzen] der Natur durch Versuche oder durch Beobachtung erfahren hat, und weiter weiß und vermag er nichts.
Wissenschaft und menschliche Macht [über die Natur] laufen auf dasselbe hinaus, insofern als Unkenntnis der Ursache eine [beabsichtigte] Wirkung zunichte macht. Denn der Natur bemächtigt man sich nur, indem man ihr gehorcht, und was bei der Betrachtung [der Natur] als Ursache gilt, das gilt im Prozeß technischer Herstellung als Richtschnur.
Die menschliche Herrschaft über die Körperwelt beruht einzig auf Können und Wissenschaft. Man beherrscht die Natur nur, indem man sich ihren Gesetzen unterwirft [...]. Daß schließlich [menschliches] Können und die Wissenschaft auch zum Bösen führen können, darf uns nicht irre machen. Denn das gilt für alle irdischen Güter: vom Genie, von der Tapferkeit, von der Körperkraft, vom Reichtum, vom Licht selbst und andern. Verschaffe sich das menschliche Geschlecht nur zunächst die Herrschaft über die Natur, wozu es von Gott bestimmt ist; bewältige es nur erst die Fülle [der Naturphänomene]: Für die richtige Anwendung [dessen, was der Mensch kann] wird die gesunde Vernunft und die Religion [schon] sorgen.

(1620)

Aufgaben zu A I

1. „Die ich rief, die Geister / Werd ich nun nicht los.“ (1) Vielleicht haben Sie den Vers als „geflügeltes Wort“ schon einmal gehört. Überlegen Sie, in welchem Zusammenhang dieses Zitat verwendet werden kann und was es ausdrücken kann.
2. Was thematisiert Goethe in der Figur des Zauberlehrlings und in der des Meisters? Beschreiben Sie, welche Erfahrung Goethe in dieser Ballade gestaltet und welche Absicht er damit verfolgt. Berücksichtigen Sie
   - die unterschiedlichen Erfahrungen und Aussagen des erlebenden lyrischen Ichs
   - den Ablauf des Geschehens
   - die schließliche Lösung.

3. Wie beurteilen Sie den Zusammenhang zwischen gewählter Perspektive, sprachlicher Gestaltung und der Wirkung der Ballade? (Vgl. Kapitel 6 E.)
4. Wie wird in dem „Novum Organum" (2) von Francis Bacon die Rolle des Menschen im Umgang mit der Natur bestimmt? Stellen Sie die wesentlichen Punkte heraus, und diskutieren Sie sie.
   - Wie charakterisiert Bacon das Verhältnis des Menschen zur Natur?
   - Wie sieht er die Beziehung zwischen Naturwissenschaft und Technik?
   - Wie denkt Bacon sich den Umgang des Menschen mit dem, was er aufgrund seiner Macht über die Natur alles kann?
5. Wie kann und soll der Mensch mit den Naturkräften umgehen? Formulieren Sie eine für beide Texte (1 und 2) gemeinsam zutreffende Aussage.
6. Der **fiktionale Text** wie der **Sachtext** verarbeiten einen Aspekt der Realität auf eine für die jeweilige Textart eigentümliche Weise. Erläutern Sie diese Aussage anhand des Schaubildes Seite 77 und stützen Sie Ihre Feststellungen durch Hinweise auf die beiden Texte (1 und 2).
7. Versuchen Sie, aufgrund Ihrer Ergebnisse zu den Texten (1 und 2) einige wichtige Unterschiede zwischen dichterischem Text und Sachtext gegenüberzustellen.
8. Kann ein dichterischer Text über die Information durch Sachtexte hinaus für einen Leser von Bedeutung sein? Formulieren Sie zu dieser Frage eine Stellungnahme auf der Grundlage Ihrer bisherigen Erkenntnisse (zur Anlage einer Stellungnahme s. E II).

II Der (un)vermeidbare wissenschaftlich-technische Fortschritt
Gestaltung und Deutung von Wirklichkeit in Dichtung und Sachtext

Michelangelo Buonarotti, Die Erschaffung Adams, Teilstück des Deckengemäldes der Sixtinischen Kapelle, Rom, Vatikan (nach 1508)

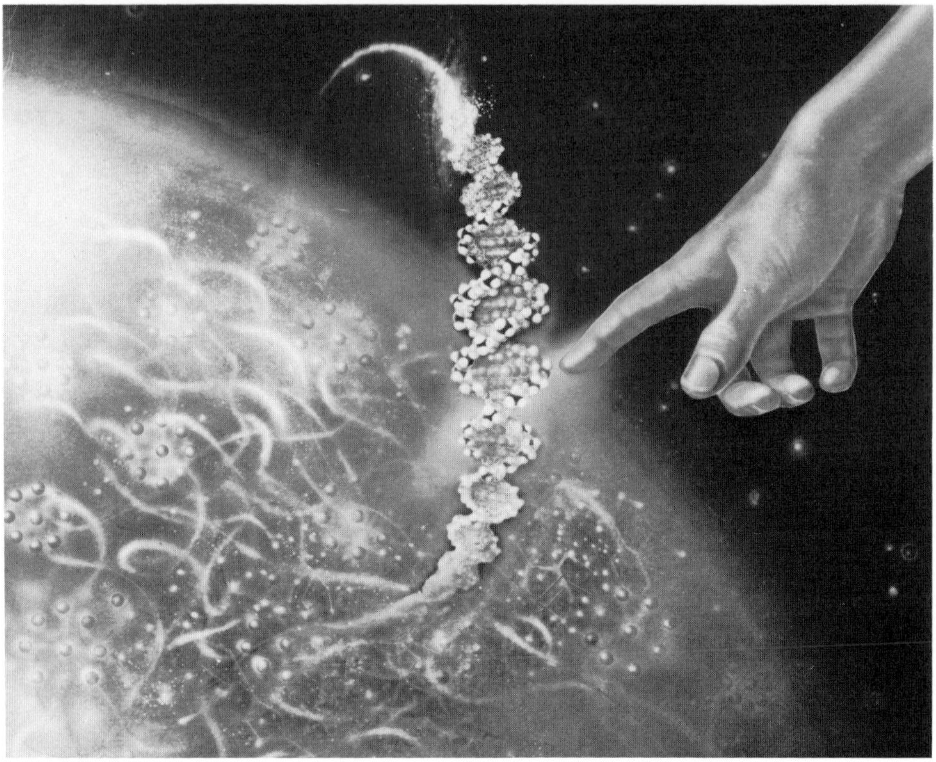

Collage zu einem Artikel über die deutschen Gen-Forscher

3

Genesis 1
Die Erschaffung des Menschen

[26]Dann sprach Gott: „Laßt uns Menschen machen nach unserm Bilde, uns ähnlich, die da herrschen sollen über die Fische im Meer und über die Vögel des Himmels, über das (zahme) Vieh und über alle (wilden) Landtiere und über alles Gewürm, das auf dem Erdboden kriecht!“ [27]Da schuf Gott den Menschen nach seinem Bilde: nach dem Bilde Gottes schuf er ihn; als Mann und Weib schuf er sie. [28]Gott segnete sie dann mit den Worten: „Seid fruchtbar und mehrt euch, füllt die Erde an und macht sie euch untertan und herrscht über die Fische im Meer und über die Vögel des Himmels und über alle Lebewesen, die auf der Erde sich regen!“ [29]Dann fuhr Gott fort: „Hiermit übergebe ich euch alle samentragenden Pflanzen auf der ganzen Erde und alle Bäume mit samentragenden Früchten: die sollen euch zur Nahrung dienen! [30]Aber allen Tieren der Erde und allen Vögeln des Himmels und allem, was auf der Erde kriecht, was Lebensodem in sich hat, weise ich alles grüne Kraut der Pflanzen zur Nahrung an.“ Und es geschah so. [31]Und Gott sah alles an, was er geschaffen hatte, und siehe: es war sehr gut. Und es wurde Abend und wurde Morgen: der sechste Tag.

JOHANN WOLFGANG GOETHE

Faust
Der Tragödie zweiter Teil (II. Akt)

4

Faust ist mit Mephisto in seine alte Umgebung, das hochgewölbte, enge gotische Zimmer, zurückgekehrt. Inzwischen hat sich die Erkenntnisfähigkeit der Menschheit weiterentwickelt. Wagner, einst Fausts Gehilfe, ist „der Erste der gelehrten Welt“ und „der Weisheit täglicher Vermehrer“ geworden. Ihm gelingt in der vorliegenden Szene „Laboratorium“ die Herstellung des körperlosen künstlichen Menschleins. Dieser Homunculus ist uneingeschränkte Intelligenz, die erkennend zu allen Dingen Zugang hat, ohne erleben zu können. Er ist von dem Trieb beseelt, körperliche Existenz zu erlangen.

LABORATORIUM

im Sinne des Mittelalters, weitläufige unbehülfliche Apparate zu phantastischen Zwecken

WAGNER *am Herde.* Die Glocke tönt, die fürchterliche,
Durchschauert die berußten Mauern.
Nicht länger kann das Ungewisse
Der ernstesten Erwartung dauern.
Schon hellen sich die Finsternisse;
Schon in der innersten Phiole
Erglüht es wie lebendige Kohle,
Ja wie der herrlichste Karfunkel,
Verstrahlend Blitze durch das Dunkel.
Ein helles weißes Licht erscheint!
O daß ich's diesmal nicht verliere! –
Ach Gott! was rasselt an der Türe?
MEPH. *eintretend.* Willkommen! es ist gut gemeint.
WAGNER *ängstlich.* Willkommen zu dem Stern der Stunde!
Leise. Doch haltet Wort und Atem fest im Munde,
Ein herrlich Werk ist gleich zustand gebracht.
MEPHISTOPHELES *leiser.*
Was gibt es denn?
WAGNER *leiser.* Es wird ein Mensch gemacht.
MEPHISTOPHELES. Ein Mensch? Und welch verliebtes Paar
Habt ihr ins Rauchloch eingeschlossen?
WAGNER. Behüte Gott! wie sonst das Zeugen Mode war,
Erklären wir für eitel Possen.
Der zarte Punkt, aus dem das Leben sprang,
Die holde Kraft, die aus dem Innern drang
Und nahm und gab, bestimmt sich selbst zu zeichnen,
Erst Nächstes, dann sich Fremdes anzueignen,
Die ist von ihrer Würde nun entsetzt;

Phiole: Glasgefäß
entsetzt: abgesetzt, befreit

Wenn sich das Tier noch weiter dran ergetzt,
So muß der Mensch mit seinen großen Gaben
Doch künftig höhern, höhern Ursprung haben.
Zum Herd gewendet.
Es leuchtet! seht! – Nun läßt sich wirklich hoffen,
Daß, wenn wir aus viel hundert Stoffen
Durch Mischung – denn auf Mischung kommt es an –
Den Menschenstoff gemächlich komponieren,
In einen Kolben verlutieren
Und ihn gehörig kohobieren,
So ist das Werk im stillen abgetan.
Zum Herd gewendet.
Es wird! die Masse regt sich klarer!
Die Überzeugung wahrer, wahrer:
Was man an der Natur Geheimnisvolles pries,
Das wagen wir verständig zu probieren,
Und was sie sonst organisieren ließ,
Das lassen wir kristallisieren.
MEPHISTOPHELES. Wer lange lebt, hat viel erfahren,
Nichts Neues kann für ihn auf dieser Welt geschehn.
Ich habe schon in meinen Wanderjahren
Kristallisiertes Menschenvolk gesehn.
WAGNER, *bisher immer aufmerksam auf die Phiole.*
Es steigt, es blitzt, es häuft sich an,
Im Augenblick ist es getan.
Ein großer Vorsatz scheint im Anfang toll;
Doch wollen wir des Zufalls künftig lachen,
Und so ein Hirn, das trefflich denken soll,
Wird künftig auch ein Denker machen.
Entzückt die Phiole betrachtend.
Das Glas erklingt von lieblicher Gewalt,
Es trübt, es klärt sich; also muß es werden!
Ich seh' in zierlicher Gestalt
Ein artig Männlein sich gebärden.
Was wollen wir, was will die Welt nun mehr?
Denn das Geheimnis liegt am Tage.
Gebt diesem Laute nur Gehör,
Es wird zur Stimme, wird zur Sprache.
HOMUNCULUS *in der Phiole zu Wagner.*
Nun Väterchen! wie stet's? es war kein Scherz.
Komm, drücke mich recht zärtlich an dein Herz!
Doch nicht zu fest, damit das Glas nicht springe.
Das ist die Eigenschaft der Dinge:

verlutieren: verkitten
kohobieren: destillieren

Natürlichem genügt das Weltall kaum,
Was künstlich ist, verlangt geschloßnen Raum.
Zu Mephistopheles.
Du aber, Schalk, Herr Vetter, bist du hier
Im rechten Augenblick? ich danke dir.
Ein gut Geschick führt dich zu uns herein;
Dieweil ich bin, muß ich auch tätig sein.
Ich möchte mich sogleich zur Arbeit schürzen.
Du bist gewandt, die Wege mir zu kürzen.
WAGNER. Nur noch ein Wort! Bisher mußt' ich mich schämen,
Denn alt und jung bestürmt mich mit Problemen.
Zum Beispiel nur: noch niemand konnt' es fassen,
Wie Seel' und Leib so schön zusammenpassen,
So fest sich halten, als um nie zu scheiden,
Und doch den Tag sich immerfort verleiden.
Sodann –
MEPHISTOPHELES. Halt ein! ich wollte lieber fragen:
Warum sich Mann und Frau so schlecht vertragen?
Du kommst, mein Freund, hierüber nie ins reine.
[...]

(1831)

JOHANN WOLFGANG GOETHE

5

Faust
Der Tragödie zweiter Teil (II. Akt)

Geführt vom kenntnisreichen Homunculus, bringt Mephisto Faust zur klassischen Walpurgisnacht nach Griechenland, um ihm Helena, das Urbild vollkommener weiblicher Schönheit, vor Augen zu führen. Dort trifft Homunculus auf Proteus, einen Meeresgott, der sich in verschiedensten Gestalten zeigt und hier ein Sinnbild für die ewig sich wandelnde Materie ist, in die Homunculus einbezogen werden will. Proteus bietet Homunculus die entscheidende Hilfe zur Erlangung der ersehnten körperlichen Existenz: Er bringt ihn ins Meer.

KLASSISCHE WALPURGISNACHT
FELSBUCHTEN DES ÄGÄISCHEN MEERES

[...] *Nereiden und Tritonen ziehen vorüber.*
HOMUNCULUS. Die Ungestalten seh' ich an
Als irden-schlechte Töpfe,
Nun stoßen sich die Weisen dran
Und brechen harte Köpfe.

Nereiden: Töchter des Meeresgottes Nereus
Tritonen: männliche Meergötter mit Delphinleib und Schwimmfüßen

THALES. Das ist es ja, was man begehrt:
Der Rost macht erst die Münze wert.
PROTEUS *unbemerkt.* So etwas freut mich alten Fabler!
Je wunderlicher, desto respektabler.
THALES. Wo bist du, Proteus?
PROTEUS, *bauchrednerisch, bald nah, bald fern.* Hier! und hier!
THALES. Den alten Scherz verzeih' ich dir;
Doch einem Freund nicht eitle Worte!
Ich weiß, du sprichst vom falschen Orte.
PROTEUS *als aus der Ferne.* Leb' wohl!
THALES *leise zu Homunculus.*
Er ist ganz nah. Nun leuchte frisch!
Er ist neugierig wie ein Fisch;
Und wo er auch gestaltet stockt,
Durch Flammen wird er hergelockt.
HOMUNCULUS. Ergieß' ich gleich des Lichtes Menge,
Bescheiden doch, daß ich das Glas nicht sprenge.
PROTEUS *in Gestalt einer Riesenschildkröte.*
Was leuchtet so anmutig schön?
THALES, *den Homunculus verhüllend.*
Gut! Wenn du Lust hast, kannst du's näher sehn.
Die kleine Mühe laß dich nicht verdrießen
Und zeige dich auf menschlich beiden Füßen.
Mit unsern Gunsten sei's, mit unserm Willen,
Wer schauen will, was wir verhüllen.
PROTEUS, *edel gestaltet.*
Weltweise Kniffe sind dir noch bewußt.
THALES. Gestalt zu wechseln, bleibt noch deine Lust.
Hat den Homunculus enthüllt.
PROTEUS *erstaunt.*
Ein leuchtend Zwerglein! Niemals noch gesehn!
THALES. Es fragt um Rat und möchte gern entstehn.
Er ist, wie ich von ihm vernommen,
Gar wundersam nur halb zur Welt gekommen.
Ihm fehlt es nicht an geistigen Eigenschaften,
Doch gar zu sehr am greiflich Tüchtighaften.
Bis jetzt gibt ihm das Glas allein Gewicht,
Doch wär' er gern zunächst verkörperlicht.
PROTEUS. Du bist ein wahrer Jungfernsohn,
Eh' du sein solltest, bist du schon!
THALES *leise.*
Auch scheint es mir von andrer Seite kritisch:
Er ist, mich dünkt, hermaphroditisch.

Thales (von Milet): griech. Philosoph, um 550 v.Chr., lehrte, daß die Erde und der Kosmos aus dem Wasser entstanden sind
hermaphroditisch: halb Frau, halb Mann

PROTEUS. Da muß es desto eher glücken;
So wie er anlangt, wird sich's schicken.
Doch gilt es hier nicht viel Besinnen:
Im weiten Meere mußt du anbeginnen!
Da fängt man erst im kleinen an
Und freut sich, Kleinste zu verschlingen,
Man wächst so nach und nach heran
Und bildet sich zu höherem Vollbringen.
HOMUNCULUS. Hier weht gar eine weiche Luft,
Es grunelt so, und mir behagt der Duft!
PROTEUS. Das glaub' ich, allerliebster Junge!
Und weiter hin wird's viel behäglicher,
Auf dieser schmalen Strandeszunge
Der Dunstkreis noch unsäglicher;
Da vorne sehen wir den Zug,
Der eben herschwebt, nah genug.
Kommt mit dahin!
THALES. Ich gehe mit.
HOMUNCULUS. Dreifach merkwürd'ger Geisterschritt!
[Proteus nimmt in Gestalt des Delphins Homunculus mit ins Meer.]

(1831)

gruneln: von „grüneln“, mundartlich für „nach frischem Grün riechen“; hier im Zusammenhang von Feuchtigkeit und Wachstumsatmosphäre

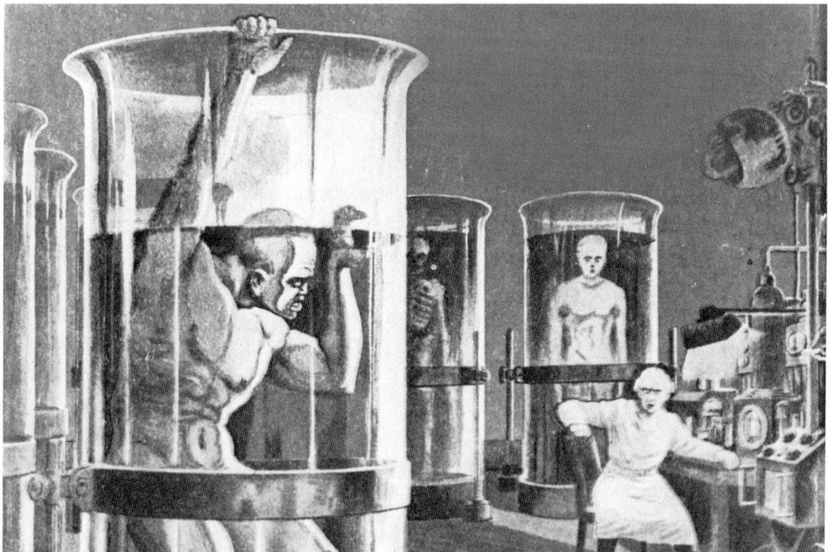

Homunculus-Darstellung

6

ASTRID MICHELER

Genetische Manipulationen

EINLEITUNG

Wie die Atomphysik ist heute besonders die molekulare Genetik zu einem Politikum geworden: Sie kann mehr als jede andere Disziplin der Biowissenschaften das Leben in den nächsten Jahrzehnten beeinflussen. Der Mensch hat die Möglichkeit, seine jetzige und zukünftige biologische Entwicklung zu kontrollieren und genetisch zu manipulieren. Er kann in den Prozeß der Evolution aller Lebewesen drastischer als je zuvor eingreifen. Vor einigen der daraus potentiell resultierenden Gefahren warnten vor 4 Jahren amerikanische Genetiker durch den Aufruf zu einem Moratorium, zu einem vorläufigen Versuchsstop von Genmanipulations-Experimenten. Diese Ereignisse geben Anlaß, sich mit diesem Bereich der Biologie in unserer Zeit, mit Problemen der genetischen Manipulation auseinanderzusetzen.
Seit jeher wird in der Genetik mit Genen bzw. Genomen manipuliert. Heute können allerdings gezielte und nicht nur zufällig verändernde Eingriffe in das genetische Material vorgenommen werden. In der Angewandten Genetik werden durch geeignete genetische Manipulationen z.B. ertragreiche Kreuzungsnachkommenschaften gezüchtet. Dabei werden die Gene in einer natürlichen Geschlechtsgemeinschaft weitergegeben und die gewünschten Merkmale nötigenfalls aus einer großen Anzahl von Mutanten aussortiert. Die Wahrscheinlichkeit des Auftretens von Trägern gewünschter Eigenschaften kann heute durch die Anwendung neuer Fortpflanzungstechniken stark erhöht werden. Durch sexuelle und vegetative Hybridisierung können neue Arten gezüchtet werden. Die genetische Manipulation auf molekularem Niveau wird heute oft ausschließlich als genetische Manipulation oder *„genetic engineering“* bezeichnet. Hier können Teile eines Genoms durch verschiedene biochemische und genetische Verfahren zwischen Organismen transplantiert werden [...].
Bei der genetischen Manipulation des Menschen werden zwei Zielrichtungen unterschieden: die Individualtherapie und die genetische Populationstherapie. Die *Individualtherapie* hat die Heilung einer auf einem genetischen Defekt beruhenden Krankheit zum Ziel, ohne daß damit das Erbgut der Person verändert wird *(Euphänik)*. Dagegen sind unter genetischer *Populationstherapie* alle die Maßnahmen zusammengefaßt, die eine Veränderung des Erbguts der folgenden Generation zum Ziel haben, z.B. genetische Familienberatung oder gezielte genetische Eingriffe in das menschliche Erbgut *(Eugenik)*.
Über einige Aspekte genetischer Manipulationen sollen die folgenden Kapitel zusammenfassend informieren.

Moratorium: vertraglich vereinbarter Aufschub
Mutante: Individuum, dessen Erbgut in mindestens einem Gen gegenüber dem Wildtyp, dem häufigsten Genotyp, verändert ist
Hybridisierung: Bastardisierung, sinnverwandt mit Hybridzüchtung, bei der geeignete, gesondert gezüchtete Inzuchtlinien einmalig miteinander gekreuzt werden, wodurch gesteigerte Leistungen ausgelöst werden und eine Kombination erwünschter Eigenschaften stattfindet

Veränderung der Zusammensetzung des Genpools durch neue Fortpflanzungstechniken

Die hier zusammengefaßten Formen genetischer Manipulation bestehen nicht in der Veränderung des Erbguts eines Individuums, sondern in der Veränderung der quantitativen Zusammensetzung des Genpools einer Population.

Geschlechtsvorwahl

Der Wunschtraum vieler Menschen ist es schon seit Jahrhunderten, sowohl bei seinen Haustieren als auch in seiner eigenen Familie das Geschlecht und andere Eigenschaften der Kinder vorherbestimmen zu können. Viele Kerzen wurden in Kirchen gestiftet und Zaubertränke Schwangeren verabreicht, damit als Erstgeburt ein Sohn zur Welt kommt. Diese mystischen Vorstellungen über die Einwirkung auf künftiges Leben weichen heute der nüchternen Anwendung wissenschaftlicher Kenntnisse: Es gibt bereits Firmen, wie z.B. die Fa. Gametrics in den USA, die sich mit der Selektion menschlichen Samens und dessen Versand beschäftigen. Nach einer 1976 in den USA durchgeführten Umfrage würden immerhin 40% der Befragten die Möglichkeit einer Geschlechtsvorwahl nutzen wollen. Wenn diese Vorwahl bereits möglich und in Gebrauch wäre, würde diese Zahl sicher noch erheblich zunehmen. Die Mehrheit wünschte sich als Erstgeburt einen Jungen, das zweite Kind sollte dann ein Mädchen sein. Da bei einer Jungen-Erstgeburt oft eine geringere Neigung zu einem Zweitkind besteht als bei einer Mädchen-Erstgeburt, müßte die Gesellschaft auch über längere Zeit wahrscheinlich mit einem Jungen-Überschuß rechnen. [...]

Samen-, Ei- und Embryonenbanken

Neben der Vorherbestimmung des Geschlechts wird in der Tierzüchtung eine manipulative Erhöhung der natürlichen Nachkommenzahl von Tieren, die im Sinne der Züchtung optimale Eigenschaften besitzen, angestrebt. Dadurch könnte selbst bei Tierarten mit niedrigen Geburtenzahlen, bei denen Selektionsverfahren sehr langwierig sind, das genetische Material von „Superindividuen" schnell und weit verbreitet werden.

Die Vermehrung und Verbreitung männlichen Erbguts unabhängig vom Spender durch Anlegen von Samenbanken und Verschicken des Samens in alle Welt gehört zur Routinetechnik züchterischer Praxis. [...]

Beim Menschen gehört die künstliche Befruchtung auch schon zu einem ärztlichen Routineverfahren, wobei meist frischer Samen verwendet wird. Auch bis zu 2 Jahre tiefgefrorener Samen war noch biologisch aktiv. In den USA wurden in den letzten 5 Jahren ca. 10 000 Babys pro Jahr durch künstliche Besamung der Mutter gezeugt. Durch Hormonbehandlung der Frau ist es heute leicht möglich, eine Ovulation auszulösen. Die Eier können aus dem Eileiter durch Ausschwemmung gewonnen werden. Es ist möglich, sie *in vitro* zu befruchten und wieder derselben oder einer anderen Frau in die Gebärmutter einzusetzen. Für die Zukunft ist es auch denkbar, befruchtete Eizellen, bereits nach Geschlecht sortiert, in sog. Embryobanken tiefgefro-

in vitro: im Reagenzglas ablaufend, bezogen auf biologische Vorgänge bzw. wissenschaftliche Experimente

ren zu lagern. Die befruchtete Eizelle oder auch ein Embryo, der seine ersten Lebenstage im Reagenzglas verbracht hat, könnten einer fremden Frau zur passenden Zykluszeit implantiert werden. Manche sterile Frau hätte durch solche „pränatale Adoption“ die Möglichkeit, Kinder zu gebären. Auch könnten Frauen nicht mehr nur ihre Milch, wie z.B. früher die Spreewälder Ammen, sondern auch ihre Gebärfähigkeit anderen Frauen gegen Geld zur Verfügung stellen.
Ebenso ist es vorstellbar, daß Diktaturen mit rassistischer Bevölkerungsprogrammatik zur effektiveren Durchsetzung ihrer Ziele Ammen als lebende Brut- und Gebärmaschinen einstellen könnten, denen befruchtete Eier von ausgewählten Genspendern zur Austragung implantiert werden würden.
Der nächste Schritt in dieser makabren Entwicklung wäre die erst zeitweilige, dann vollständige Aufzucht der Nachkommen in der Retorte, wie letztere von A. Huxley bereits 1932 beschrieben worden ist.
Versuche zur künstlichen Befruchtung und *in vitro*-Aufzucht auch von menschlichen Eiern sind unternommen worden, um - wie es heißt - die medizinischen Kenntnisse über die embryonale und später fetale menschliche Entwicklung zu erweitern. Menschliche Eier starben in der Regel nach Erreichen des Blastula-Stadiums ab. Bei Mäuseeiern ist die *in vitro*-Entwicklung bis zu einer Zellblase mit Organanlagen und einem schlagenden Herz beschrieben worden.

Das Klonieren

In den bisher beschriebenen Fällen sind die neu gezeugten Organismen immer das Produkt einer Befruchtung.
Es können aber auch im sogenannten *„cloning*-Verfahren“ Organismen ohne Neukombination des elterlichen Erbgutes gezüchtet werden. Der Begriff *„cloning“* oder eingedeutscht „Klonieren“ stammt aus der Mikrobengenetik und bezeichnet dort die vegetative Vermehrung von Organismen, z.B. durch Zweiteilung oder Knospung, wobei jeweils Kolonien erbgleicher Individuen (Klone) entstehen. Bei höheren Tieren, die sich natürlicherweise nur sexuell fortpflanzen können, ist eine vegetative Fortpflanzung nur durch genetische Manipulation denkbar: In eine entkernte unbefruchtete Eizelle wird ein Somazellkern transplantiert, der sich unter dem Einfluß des Eicytoplasmas entdifferenziert und die normale Embryonalentwicklung einleitet. Da unzählig viele Somazellen als Kernspender vorhanden sind, könnten auf diese Weise unzählig viele erbgleiche Individuen gezüchtet werden. Versuche dieser Art gehen auf Briggs und King zurück, die die Mikroinjektion von Kernen 1952 als erste durchführten. 1963 gelang Gurdon erstmalig die Aufzucht erbgleicher Frösche aus transplantierten Eizellen. Bei Säugetieren wird wegen der Kleinheit der Eizellen die Kerntransplantation durch Fusion einer entkernten Eizelle mit einer Somazelle durchgeführt. Erste erfolgreiche Kerntransplantationen an Kanincheneiern lassen vermuten, daß auch bei Säugetieren die Aufzucht klonierter Individuen bald möglich sein wird.
Diese Untersuchungen lieferten wesentliche Aufschlüsse über Regulationsvorgänge

Blastula: frühes Entwicklungsstadium des Embryos
Soma: die Gesamtheit der Körperzellen eines Organismus
Cytoplasma: Zellplasma, der Inhalt einer Zelle, jedoch ohne Kernplasma

in der Zelle, speziell über Differenzierungsphänomene. Es konnte vor allem der Beweis erbracht werden, daß jeder Somazellkern dieselbe genetische Information wie der Kern der befruchteten Keimzelle besitzt.
Über die Möglichkeit des „Klonierens“ von Menschen sind viele *Science-fiction*-Visionen bekannt. Man dachte bereits an die makabre Möglichkeit, daß sich jeder Mensch beizeiten ein oder mehrere Zwillinge als Organspender für das Alter aufziehen könnte. [...]

ZÜCHTUNG NEUER ARTEN DURCH BASTARDISIERUNG

Die Züchtung gewünschter Sorten bei Tier und Pflanze kann durch gezielte Kreuzung verschiedener Merkmalträger erreicht werden, also durch Rekombination des elterlichen Erbgutes. Anfangs dienten die natürlich vorkommenden Mutanten als Ausgangsmaterial. Da die sehr geringe Wahrscheinlichkeit des Auftretens von Mutationen mit positiven Auswirkungen mit der Erhöhung der Gesamtmutationsrate steigt, dient die künstliche Induzierung von Mutationen, z. B. durch Behandlung der Eltern oder der Keimzellen direkt mit chemischen Agenzien, radioaktiven Isotopen oder Strahlen einer beschleunigten Verbesserung des Erbgutes. Dabei kann die Mutante, die neue Eigenschaften besitzen soll, nicht gezielt hergestellt werden, sondern muß unter einer Vielzahl anderer durch geeignete Ausleseverfahren herausselektioniert werden.
Der Züchtung neuer Artkombinationen, die die verschiedenen artspezifischen Vorzüge der Ausgangspartner in sich vereinigen sollen, sind durch artspezifische Unvereinbarkeitsschranken natürliche Grenzen gesetzt. Jedoch können bei der sogenannten *sexuellen Bastardisierung* durch chemische Behandlungen sowohl erst die Inkompatibilität bei der Befruchtung aufgehoben als auch anschließend die entstandenen Bastarde fruchtbar gemacht werden. Die sexuelle Bastardisierung ermöglicht also, neue Arten planvoll herzustellen, die möglichst viele als positiv bewertete Eigenschaften in sich vereinigen. In Mexiko ist auf diese Weise u. a. Roggenweizen gezüchtet worden, in den USA das „Beefalo“, ein Büffelrind. [...]

Gefahren bei der Neuverknüpfung von Genen
Aus der Unvorhersehbarkeit der Auswirkung mancher Ergebnisse und aus einer möglicherweise nicht gewissenhaften Handhabung und Durchführung der Experimente durch die Wissenschaftler erwachsen Gefahren. Bisher wohl einmalig in der Geschichte der Naturwissenschaft haben beteiligte, in der betreffenden Forschung führende Wissenschaftler selbst vor den Gefahren dieser Forschung frühzeitig gewarnt. In einem in *Science* und *Nature* 1974 veröffentlichten Memorandum riefen sie zu einem freiwilligen, vorläufigen Stop von Versuchen auf, bei denen durch genetische Manipulation Bakterien mit neuen Antibiotica-Resistenzen oder mit bisher

Induzierung: Beeinflussung
Agenzien: wirksame Stoffe (Agens, sing.)
Isotope: gleichartige chemische Elemente mit gleichen chemischen Eigenschaften, aber mit verschiedener Masse
Inkompatibilität: Unverträglichkeit, in der Genetik eine Verhinderung der Vereinigung geschlechtlich differenzierter Fortpflanzungszellen innerhalb eines Fortpflanzungssystems, wobei bestimmte Gene die Befruchtung hemmen

noch nicht vorhandenen Eigenschaften zur Toxinbildung gezüchtet werden, oder bei denen Tierviren-DNA an eine sich autonom replizierende DNA gekoppelt wird. Außerdem schlugen sie die Einberufung einer internationalen Konferenz vor, auf der die potentiellen Gefahren und Wege zu ihrer Beseitigung diskutiert werden sollten. Auf dieser und auf folgenden Konferenzen wurde über das Für und Wider der Kontrolle wissenschaftlicher Forschung äußerst kontrovers diskutiert, wurden Sicherheitsprobleme erörtert und entsprechende Richtlinien entworfen, die dann 1976 von den National Institutes of Health (USA) erlassen wurden. [...]

Mißbräuchliche Anwendung

Die Gefahren dieser Forschung mit rekombinanten DNA-Molekülen, die aus fahrlässiger Handhabung drohen, können durch kontrollierte Sicherheitsvorkehrungen sicherlich sehr gering gehalten, wenn auch nicht ganz ausgeschlossen werden. Wie aber ist einerseits die Handhabung dieser Forschung als bloße Technik zur Bakteriengenetik dort zu verhindern, wo Ignoranz ihren möglichen Konsequenzen gegenüber herrscht, und wie ist andererseits der bewußte Einsatz dieser Forschung gegen das Wohl der Menschen zu verhindern, z. B. für die biologische Kriegsführung oder für inhumane genetische Manipulation am Menschen? Es könnten Bakterienstämme hergestellt werden, die z. B. pathogene Stoffe, gegen die die eigene Bevölkerung vor ihrem militärischen Einsatz immunisiert wird, synthetisieren. Die Anwendung der *„genetic engineering“*-Forschung am menschlichen Erbgut wird in der Bundesrepublik Deutschland bis auf einige kritische Stellungnahmen kaum öffentlich diskutiert. Die genetische Reparatur des Menschen ist im Gegensatz z. B. zur Verabreichung von Drogen irreversibel. Es besteht die Gefahr, daß Veränderungen der Lebensbedingungen durch genetische Veränderungen des Individuums ersetzt werden, wenn weiterhin z. B. Aggression oder andere Formen sozial devianten Verhaltens nur auf genetische Defekte zurückgeführt werden. Neben möglichen individualtherapeutischen, euphänischen Veränderungen könnte *allein* die Transformation einer befruchteten Eizelle mit fremder genetischer Information die künstliche gezielte und auch vererbbare genetische Veränderung des Menschen bedeuten.

Potentiell nutzbringende Anwendung

Es können mit dieser Forschung auch Ergebnisse erzielt werden, die für die Gesellschaft von großem Nutzen sein können. Einmal kann die Grundlagenforschung, speziell über Genregulation, an Methoden und Fragestellungen sehr bereichert werden, was sich wohl am deutlichsten auf den medizinischen Fortschritt auswirken wird.

Toxine: Gifte, die als Antigene wirken können
DNA: Abkürzung für engl. Desoxyribonucleic acid, deutsch DNS = Desoxyribonukleinsäure, in allen Lebewesen vorhandener Träger der genetischen Information mit der Fähigkeit zur identischen Verdoppelung
replizieren: wiederholen
pathogen: krankheitserregend
irreversibel: nicht umkehrbar
deviant: abweichend

Zum andern werden weitreichende, wirtschaftlich sehr interessante Projekte diskutiert, die durch Anwendung von Genmanipulationsforschung realisiert werden sollen. Man hofft auf die biotechnologische Produktion von Naturprodukten, die heute entweder mühsam isoliert oder aus schwer zu kultivierenden Organismen aufwendig und kostspielig synthetisiert werden, und auf die Verwendung von Bakterien zur Entsorgung von Umweltgiften, wie Ölen, chlorierten Kohlenwasserstoffen u.a.m. Aber selbst bei einer nutzbringenden Anwendung der Genmanipulation wird bei genauer Untersuchung deutlich, daß Gefahren darin enthalten sind. Wie weitreichende Folgen für die Umwelt aus erhöhter Stickstoffproduktion entstehen können, soll ein – noch hypothetischer – Fall verdeutlichen: Stickstoff macht Boden und Wasser alkalisch. Enthält der Ozean zuviel Stickstoff, erhöht sich seine Kapazität CO_2 zu binden, was eine Temperaturerniedrigung der Luft zur Folge haben würde, woraus durch kürzere Wachstumsperioden die Nahrungsmittelproduktion verringert werden würde.
Das ist nur ein Beispiel unter vielen für die weltweiten Gefahren, die aus vorzeitigem Freisetzen genetisch so drastisch manipulierter Organismen resultieren können.

Schlussbemerkungen

Bei der Betrachtung der Probleme der genetischen Manipulation wird deutlich, wie besonders tiefgreifend und nachhaltig der Mensch durch genetische Manipulationen die Natur verändern kann und wie diese Veränderungen wieder auf die menschliche Gesellschaft rückwirken können. Die Gesellschaft wird aber in diesem Falle nicht nur durch die veränderte Umwelt beeinflußt, sondern die Spezies Mensch wird auch direkt, als Objekt der Anwendung wissenschaftlicher Erkenntnisse, betroffen. Wie einige Beispiele zeigen sollten, kann sich auf diesem Gebiet die Anwendung von Forschungsergebnissen z.B. in der Medizin oder in der Technik zum Nutzen wie zum Schaden der Menschen auswirken. Auf die Frage nach der *Bewertung*, was wem in welcher Zeit nützt und was wem schadet, kann die Biologie als Naturwissenschaft allein keine Antwort geben. Biologische Kenntnisse sind aber hilfreich, verantwortungsbewußte Handlungsweisen und auch biologisch vertretbare Lösungen zu finden. Als ein erster Schritt gegen ein bedenkenloses Vorantreiben des biologischen Fortschritts ist wohl das amerikanische Moratorium zu sehen, das auch manche Kollegen provozierte, die eine uneingeschränkte „Freiheit der Forschung" (wie sie meinen) verteidigten. Einerseits wäre es begrüßenswert, wenn sich alle Wissenschaftler Gedanken um mögliche Auswirkungen ihrer Arbeit machten; andererseits kann die Forderung nach einem *verantwortungsvollen Umgang mit der Natur* nicht allein Sache der Wissenschaftler bleiben, sondern sie muß die *aller* Betroffenen werden.
„Aufgabe der Wissenschaft ist und bleibt es, uns Einsichten in das bisher Unbekannte zu eröffnen. Aber ob und wie diese Einsichten ausgewertet und angewendet werden sollen, das muß wirklich von *allen* entschieden werden. Mit dem wissenschaftlichen Fortschritt wächst die Macht der Menschheit. Mit jedem Machtzuwachs ist aber eine erhöhte Verantwortung verbunden. Denn Macht ist ambivalent, sie kann zum Wohle der Menschen gebraucht, sie kann aber auch mißbraucht werden.

Was nun aber in Erwartung von Nutzen gefördert, was als Mißbrauch gebrandmarkt und geahndet werden soll, das kann keinesfalls von Wissenschaftlern allein entschieden werden".*)

(1978)

7

Fritz Kaudewitz

Molekulargenetik und die Zukunft des Menschen

[...] Ich bin am Ende des naturwissenschaftlichen Teiles meiner Ausführungen angelangt. Darf ein Wissenschaftler sich der Darstellung solcher Utopien**) widmen? Wenn ja, warum tut er es? Die Antwort läßt sich in einem Satz zusammenfassen: Er möchte in naher oder ferner Zukunft als Vertreter seiner Fachwissenschaft sich nicht in einer Situation sehen, die ein Kernphysiker einmal durch den folgenden Ausspruch kennzeichnete: „Ich erhoffe für die Zukunft der Menschheit mehr von dem Funktionieren der Uno als von den Erfolgen meiner Fachgenossen."

Sicher müssen noch Jahrzehnte vergehen, ehe molekulargenetische Befunde im Sinne einer Manipulation des menschlichen Erbgutes technisch verwendbar werden. Die Vergangenheit hat jedoch bewiesen, daß in den meisten Fällen die Verwirklichung von naturwissenschaftlich gut begründeten Utopien nur eine Frage der Zeit und nicht der prinzipiellen Möglichkeit war. Welch einer Menschheit werden diese Möglichkeiten dann zu Gebote stehen?

Von Anbeginn ihres Daseins schuf sie Tabus, um dem Chaos zu begegnen. Mit fortschreitender Entwicklung führten solche sehr oft dazu, jenes Chaos, das sie ja ursprünglich verhindern sollten, geradezu zu begünstigen. Besonders schwer wurde und ist ihre notwendig werdende Aufhebung dann, wenn sie zuvor zu Normen der Moral oder der Ethik einzelner Kulturkreise erhoben wurden. Die Frage der Geburtenbeschränkung ist ein solches sehr ernst zu nehmendes Beispiel. Die moderne Zeit und sicher noch mehr die Zukunft sind und werden dadurch gekennzeichnet sein, das starre Festhalten an Normen der Vergangenheit aufzugeben und sie immer wieder einer Überprüfung zu unterziehen. Nicht nur Biologen sind auf Grund eingehender Analysen davon überzeugt, daß wahrscheinlich schon das Ende dieses Jahrhunderts durch die moderne Biologie geprägt werden wird. Es wird dann die Aufgabe eines jeden Bürgers sein, bestimmend mitzuwirken, daß sich dabei nicht eine Entwicklung von der Art wiederholt, welche als ein Ergebnis der Kernforschung Atomwaffen entstehen ließ. [...]

So stehen wir in den allerersten Phasen einer speziellen Wissenschaftsentwicklung, die zum Segen, aber auch zum Fluche der Menschheit werden kann. Die Entscheidung darüber hängt von unserer aller verantwortungsbewußten Mitarbeit ab.

(1969)

*) Zitat von Peter Sitte, Professor für Zellbiologie in Freiburg, geb. 1929 in Innsbruck
**) Utopien über mögliche Folgen der Genmanipulation

Aufgaben zu A II

1. Welche Wirklichkeit setzt der Schöpfungsbericht der Bibel (3) durch seine Bestimmung der Rolle des Menschen?
   - Nehmen Sie den Text als Zeugnis für die von Gott gewollte Sinnbestimmung des Menschen, und stellen Sie die diesbezüglichen Punkte zusammen.
   - Zeigen Sie auch, auf welche biblischen Aussagen sich Francis Bacon in seinem „Novum Organum" (2) beruft.
   - Welche Assoziationen lassen die der Genesis (3) vorangestellten Abbildungen zu?
2. Wie gestaltet Goethe im „Faust II" (4) die Schöpfung eines künstlichen Menschen?
   - In welcher Situation und mit welchem Anspruch läßt Wagner Homunculus entstehen?
   - Welche Fähigkeiten und welche Mängel zeigt das künstliche Wesen, und inwieweit spiegelt sich darin der menschliche Schöpfer wider?
   - Wie beurteilt Wagner das Verhältnis von künstlicher und natürlicher Zeugung (Z. 22 ff.), und welche Bedeutung gibt Homunculus den Begriffen „künstlich/natürlich" (Z. 69 ff.)?
   - Was drückt sich darin aus, daß Homunculus eine besondere Beziehung zu Mephisto zu haben scheint (Z. 71 ff.)?
3. Analysieren Sie den Dramenausschnitt „Felsbuchten des Ägäischen Meeres" (5), und erläutern Sie die darin deutlich werdende poetische Gestaltung der Menschwerdung. Ziehen Sie die Texte (1) und (2) mit heran.
4. Verfassen Sie eine Textbeschreibung zu dem Sachtext „Genetische Manipulation" (6). Gehen Sie insbesondere auf folgende Fragen ein:
   - Welches Informationsinteresse will der Text befriedigen? Welche Leserrolle entspricht ihm?
   - Erläutern Sie, was die neuartigen Techniken wie „Klonieren" und „Neuverknüpfung von Genen" bedeuten und wie sie funktionieren.
   - Welche positiven und welche negativen Aspekte werden aufgezeigt? Wie werden sie gewichtet?
   - Wie dienen Aufbau, Sprachverwendung und Syntax der Verfasserintention?
5. Wie stellt Fritz Kaudewitz in seinem Vortrag (7) die Situation in der Molekularbiologie dar?
   - Erläutern Sie, wie er die Funktion der „Tabus" und der „Normen" für die menschliche Gesellschaft bewertet und welche Forderungen er demgegenüber angesichts der Wissenschaftsentwicklung an den heutigen Menschen stellt.
   - Kann man Ihrer Meinung nach aus der Geschichte der Wissenschaft lernen? Diskutieren Sie über die möglichen Auswirkungen eines solchen Lernprozesses.
6. Benutzen Sie das Material (1–7) als Ausgangspunkt für eine Erörterung zu dem Thema „Möglichkeiten und Grenzen der Gestaltung von Wirklichkeit in Dichtung und Sachtext".
   Erläutern Sie vor allem, auf welche Realität die expositorischen Texte (6 und 7)

hinweisen und wie der Zugriff auf diese Realität geleistet wird. Welche prinzipiellen Unterschiede ergeben sich in der Bezugnahme auf die textexterne Realität zwischen fiktionalem und nichtfiktionalem Text? Ziehen Sie dazu auch die Informationen unter E zu Rate, und weisen Sie die dort genannten Merkmale konkret an den Texten nach.

B Die Verantwortung des Wissenschaftlers Zum Verhältnis von Fiktionalität und Wirklichkeit im Dokumentartheater

I „Wir haben die Arbeit des Teufels getan"

8

KINDLERS LITERATUR LEXIKON

Überblick über den Handlungsverlauf

IN DER SACHE J. ROBERT OPPENHEIMER

Ein szenischer Bericht. Schauspiel in neun Szenen von Heinar Kipphardt (* 1922), in einer ursprünglichen Fassung als Fernsehspiel gesendet am 23. 1. 1964; Uraufführung der erweiterten Bühnenfassung: Berlin und München, 11. 10. 1964, Freie Volksbühne bzw. Kammerspiele. – Dem Stück dient als Handlungsgrundlage ein 1954 von der Atomenergiekommission der Vereinigten Staaten von Amerika angestrengtes Verfahren gegen den amerikanischen Physiker Julius Robert Oppenheimer, das die sogenannte „Sicherheitsgarantie" des Wissenschaftlers zu überprüfen und sich mit Vorwürfen auseinanderzusetzen hatte, die Oppenheimer – von 1943 bis 1945 in Los Alamos Leiter der staatlichen Laboratorien, in denen die erste Atombombe entwickelt wurde – für die Verzögerung des amerikanischen Dringlichkeitsprogramms zum Bau einer Wasserstoffbombe verantwortlich machten. Die Ermittlungen gegen ihn wurden vom Untersuchungsausschuß im Mai 1954 in Form eines mehr als 3000 Seiten umfassenden Verhandlungsprotokolls veröffentlicht, auf das als Quelle sich Kipphardts Stück bezieht. [...]

Die mehr als vierwöchige Verhandlung, in der über vierzig Zeugen gehört wurden, wird in neun Szenen konzentriert, zwischen denen kurze, zusammenfassende Berichte eines Sprechers vermitteln. Die Verhandlung kreist zunächst um Oppenheimers frühere Verbindungen zu kommunistischen Kreisen, die langsame Abschwächung dieser Sympathien bis zur Beteiligung an einem geheimen militärischen Projekt der USA und das Entsetzen, das der erste Atompilz über Hiroshima bei ihm auslöste. Ein zweideutiger Spionagefall, den Oppenheimer, um einen Freund zu schützen, anzuzeigen unterließ, wirft das Loyalitätsproblem und die Frage der vollkommenen Sicherheitsgarantie auf. Im Fortgang der Untersuchung konzentrieren sich die Fragen der Anklagevertreter auf das Kernproblem: Besteht ein Zusammenhang zwischen Oppenheimers *„linken Verbindungen"* und seinem passiven Verhalten angesichts des Dringlichkeitsprogramms, und, wenn ja, wäre es möglich gewesen, mit seiner Unterstützung schon 1948 eine Wasserstoffbombe herzustellen, die das *„Gleichgewicht des Schreckens, das uns heute lähmt"* entbehrlich gemacht hätte? Oppenheimer wird schließlich von der Mehrheit des Untersuchungsausschusses die Sicherheitsgarantie verweigert. Sein Gewissenskonflikt aber, der sich im Verlauf des Verhörs enthüllt, hat tiefere Hintergründe als nur den der fragwürdigen Treue gegenüber der eigenen Regierung: es ist ein Loyalitätskonflikt, in dem die politische Bindung an ein Staatswesen und die - wissenschaftliche - Verpflichtung der gesamten Menschheit gegenüber einander aufheben. Oppenheimer plädiert in seinem Schlußwort - im Gegensatz zu seinem als Zeuge auftretenden Kollegen Teller, der die Kategorien „moralisch" - „unmoralisch" im Bereich von wissenschaftlich-technischen Entdeckungen gänzlich verwirft - für die limitierende, humane Selbstkontrolle der Naturwissenschaften. [...]

HEINAR KIPPHARDT

9

In der Sache J. Robert Oppenheimer (Auszug aus der 1. Szene)

Roger Robb: Anwalt der Atomenergiekommission
Gordon Grey: Vorsitzender des Sicherheitsausschusses
J. Robert Oppenheimer: Physiker

[...]
GRAY Ich möchte Sie fragen, ob Sie Ihre Aussagen unter Eid zu machen wünschen, Dr. Oppenheimer?
OPPENHEIMER Ja.
GRAY Sie sind nicht dazu verpflichtet.
OPPENHEIMER Ich weiß. *Er steht auf.*
GRAY Julius Robert Oppenheimer, wollen Sie schwören, daß Sie vor diesem Ausschuß die Wahrheit sagen wollen, die ganze Wahrheit und nichts als die Wahrheit, so wahr Ihnen Gott helfe?
OPPENHEIMER Ich schwöre es.
GRAY Das Verhör kann beginnen. - Ich darf Sie in den Zeugenstand bitten. - Mr. Robb.
Oppenheimer begibt sich in einen Drehstuhl, dem Ausschuß gegenüber. Er setzt sich, zündet seine Pfeife an.

„In der Sache J. Robert Oppenheimer"; das Foto zeigt eine Szene der Uraufführung in den Münchener Kammerspielen. Bei dieser Inszenierung wurde mit Text- und Bildprojektionen gearbeitet. Regie: Paul Verhoeven, Bühne: Jürgen Rose. Foto: Hildegard Steinmetz.

ROBB Sie sind der Vater der Atombombe genannt worden, Doktor?

OPPENHEIMER In Illustrierten. Ja.

ROBB Sie würden sich selber nicht so bezeichnen?

OPPENHEIMER Es ist kein sehr hübsches Kind, und es hat an die hundert Väter, wenn wir die Grundlagenforschung berücksichtigen. In einigen Ländern.

ROBB Aber das Baby kam schließlich in Los Alamos zur Welt, in den Laboratorien, die Sie gegründet haben und deren Direktor Sie von 1943 bis 1945 waren.

OPPENHEIMER Wir haben dieses Patentspielzeug gemacht, ja.

ROBB Das wollen Sie nicht bestreiten, Doktor. *Oppenheimer lacht.* Sie haben es in einer begeisternd kurzen Zeit gemacht, getestet und schließlich über Japan abgeworfen, nicht wahr?

OPPENHEIMER Nein.

ROBB Nicht?

OPPENHEIMER Der Abwurf der Atombombe auf Hiroshima, das war eine politische Entscheidung, nicht meine.

ROBB Aber Sie unterstützten den Abwurf der Atombombe auf Japan oder nicht?

OPPENHEIMER Was meinen Sie mit „unterstützen"?

ROBB Sie halfen die Ziele aussuchen, nicht wahr?

OPPENHEIMER Ich tat meine Arbeit. Wir bekamen eine Liste mit den möglichen Zielen –

ROBB Welche?

OPPENHEIMER Hiroshima, Kokura, Nigata, Kyoto, – *es werden Teilansichten dieser Städte auf die Hänger des Hintergrundes projiziert* – und wir wurden als Fachleute gefragt, welche Ziele sich für den Abwurf der Atombombe nach unseren Testerfahrungen am besten eignen würden.

ROBB Wer ist „wir", Doktor?

OPPENHEIMER Ein Rat von Atomphysikern, den der Kriegsminister dazu eingesetzt hatte.

ROBB Wer gehörte dazu?

OPPENHEIMER Fermi, Lawrence, Arthur H. Compton und ich. *Es werden die Fotos dieser Wissenschaftler projiziert.*

ROBB Und Sie hatten die Ziele auszusuchen?

OPPENHEIMER Nein. Wir gaben die wissenschaftlichen Daten über die Eignung der Ziele.

ROBB Welche Eigenschaften hielten Sie für wünschenswert?

OPPENHEIMER Nach unseren Berechnungen sollte das Areal einen Durchmesser von zwei Meilen haben, mindestens dicht bebaut sein, möglichst mit Holzgebäuden, des Luftdrucks und nachfolgenden Brandwelle wegen. Die ausgewählten Ziele sollten ferner einen hohen militärisch-strategischen Wert besitzen und von früheren Bombardements unberührt sein.

ROBB Warum das, Doktor?

OPPENHEIMER Um die Wirkung einer einzelnen Atombombe exakt messen zu können.

EVANS Diese militärischen Erwägungen immerhin, ich meine, das war die Sache von Physikern damals?

OPPENHEIMER Ja. Weil nur wir diese Erfahrungen hatten.

EVANS Ich vertehe. Es ist ungewohnt für mich. Was haben Sie dabei empfunden?

OPPENHEIMER Ich habe mich das später gefragt. Ich weiß es nicht. Ich war sehr erleichtert, als der Kriegsminister die berühmte Tempelstadt Kyoto, die das größte und empfindlichste Ziel war, auf unsere Empfehlung hin von der Liste strich.

ROBB Aber dem Abwurf der Atombombe auf Hiroshima widersetzten Sie sich nicht?

OPPENHEIMER Wir gaben Argumente, die dagegen –

ROBB Ich frage Sie, Doktor, ob Sie sich widersetzten?

OPPENHEIMER Ich gab Argumente, die dagegen sprachen.

ROBB Gegen den Abwurf der Atombombe?

OPPENHEIMER Richtig. Aber ich verfocht sie nicht. Nicht nachdrücklich.

ROBB Sie meinen, nachdem Sie drei oder vier Jahre Tag und Nacht daran gearbeitet hatten, die Atombombe zu machen, argumentierten Sie, das Ding nicht zu gebrauchen?

OPPENHEIMER Nein. Als ich vom Kriegsminister gefragt wurde, gab ich ihm die Argumente, die dafür und die dagegen sprachen. Ich äußerte Befürchtungen.

ROBB Und bestimmten Sie nicht auch die Höhe, Doktor, in der die Atombombe zu zünden sei, um die größte Wirkung zu haben?

OPPENHEIMER Wir machten als Fachleute die Arbeit, die man von uns verlangte.

Aber wir entschieden damit nicht, die Bombe tatsächlich zu werfen.

ROBB Sie wußten natürlich, daß der Abwurf der Atombombe auf das von Ihnen ausgesuchte Ziel Tausende von Zivilisten töten würde?

OPPENHEIMER Nicht so viele, wie sich herausstellte.

ROBB Wie viele wurden getötet?

OPPENHEIMER 70 000.

ROBB Hatten Sie deshalb moralische Skrupel?

OPPENHEIMER Schreckliche.

ROBB Sie hatten schreckliche moralische Skrupel?

OPPENHEIMER Ich kenne niemanden, der nach dem Abwurf der Bombe nicht schreckliche moralische Skrupel gehabt hätte.

ROBB Ist das nicht ein bißchen schizophren?

OPPENHEIMER Was? Moralische Skrupel zu haben?

ROBB Das Ding zu machen, die Ziele auszusuchen, die Zündhöhe zu bestimmen und dann über den Folgen in moralische Skrupel zu fallen? Ist das nicht ein bißchen schizophren, Doktor?

OPPENHEIMER Ja. – Es ist die Art von Schizophrenie, in der wir Physiker seit einigen Jahren leben.

ROBB Können Sie das erläutern?

OPPENHEIMER Man machte von den großen Entdeckungen der neueren Naturwissenschaften einen fürchterlichen Gebrauch. Die Kernenergie ist nicht die Atombombe.

ROBB Sie meinen, man kann sie industriell auswerten und so?

OPPENHEIMER Sie kann Überfluß herstellen, erstmals. Ein Problem billiger Energie.

ROBB Sie denken an Goldenes Zeitalter, Schlaraffenland und diese Geschichten?

OPPENHEIMER Ja, an Luxus. Zu unserem Unglück denkt man an einigermaßen gegenteilige Verwendungen.

ROBB Wer ist „man“, Doktor?

OPPENHEIMER Die Regierungen. Die Welt ist auf die neuen Entdeckungen nicht eingerichtet. Sie ist aus den Fugen.

ROBB Und Sie sind ein bißchen gekommen, sie einzurenken, wie Hamlet sagt?

OPPENHEIMER Ich kann es nicht. Sie muß das selber tun.

MORGAN Wollen Sie einem alten Praktiker sagen, Doktor Oppenheimer, daß Sie die Atombombe gebaut haben, um irgendein Schlaraffenland zu machen? Oder haben Sie die gebaut, um sie zu verwenden und um mit ihr den Krieg zu gewinnen?

OPPENHEIMER Wir haben sie gebaut, um zu verhindern, daß sie verwendet wird. Ursprünglich jedenfalls.

MORGAN Sie haben zwei Milliarden Steuergelder verbraucht, um zu verhindern, daß sie verwendet wird?

OPPENHEIMER Um zu verhindern, daß sie von Hitler verwendet wird. Es stellte sich am Ende heraus, daß es ein deutsches Atombombenprojekt nicht gab. – Wir haben sie dann trotzdem verwendet. –

ROLANDER Ich bitte um Entschuldigung, Sir, wurden Sie in einer bestimmten

Phase der Entwicklung nicht wirklich gefragt, ob die Bombe gegen Japan verwendet werden solle?

Oppenheimer Wir wurden nicht gefragt ob, sondern ausschließlich *wie* sie verwendet werden sollte, um die beste Wirkung zu haben.

Rolander Ist das ganz exakt, Sir?

Oppenheimer Was meinen Sie?

Rolander Legte Ihnen der Kriegsminister nicht eines Tages den sogenannten Franck-Report vor? Die Denkschrift der Physiker Szilard, Franck und anderer, die dem Abwurf der Bombe auf Japan dringend widersprach und eine Demonstration der Bombe vor einer internationalen Öffentlichkeit in einer Wüste empfahl?

Oppenheimer Wir bekamen das zu lesen. Richtig. Nicht offiziell, glaube ich.

Robb Was sagten Sie dazu, Doktor?

Oppenheimer Daß wir nicht befähigt seien, diese Frage zu entscheiden, die Meinung zwischen uns sei geteilt, wir stellten die Argumente zusammen – dafür und dagegen.

Robb Waren Sie dagegen?

Oppenheimer Lawrence war dagegen. Ich war unentschlossen, fürchte ich. Wir sagten, glaube ich, Sie haben unsere Expertise, daß die Explosion eines dieser Dinger als Knallfrosch über einer Wüste nicht sehr eindrucksvoll wäre, wahrscheinlich, daß die entscheidende Erwägung die Schonung von Menschenleben sein müßte.

Robb Hieß das nicht im Effekt, Doktor, daß Sie gegen eine Demonstration der Waffe und für ihren Abwurf ohne Warnung waren?

Oppenheimer Das hieß es ganz eindeutig nicht. Nein. Wir waren Physiker, keine Militärs, keine Politiker. – [...]

Oppenheimer Wir Wissenschaftler sind in diesen Jahren an den Rand der Vermessenheit getreten. Wir haben die Sünde kennengelernt.

Robb Gut, Doktor. Von diesen Sünden wollen wir reden.

Oppenheimer Ich vermute, wir verstehen etwas Verschiedenes darunter.

Robb Das wollen wir herausfinden, Doktor. – Warum ich in dieser alten Hiroshima-Sache herumfische, ich möchte herausfinden, warum Sie sich damals in so konsequenter Weise auf Ihre Aufgaben beschränkten, hundertprozentig loyal würde ich sagen, und warum Sie sich später in der Wasserstoffbombenfrage ganz anders verhielten?

Oppenheimer Das ist nicht vergleichbar, glaube ich.

Robb Nicht?

Oppenheimer Nein.

Robb Hätten Sie den Abwurf einer Wasserstoff-Bombe auf Hiroshima befürwortet, Doktor?

Oppenheimer Das wäre ganz sinnlos gewesen.

Robb Wieso?

Oppenheimer Das Ziel war zu klein. – Man hatte uns gesagt, daß die Bombe der einzige Weg sei, den Krieg schnell und erfolgreich zu beenden.

Robb Sie müssen sich nicht verteidigen, Doktor. Nicht deshalb jedenfalls.

Oppenheimer Ich weiß. [...]

10

HEINAR KIPPHARDT

In der Sache J. Robert Oppenheimer (Auszug aus der 7. Szene)

[...]
Textprojektion:
DAS VERHÖR TRAT IN SEINE ENTSCHEIDENDE PHASE.
LOYALITÄT EINER REGIERUNG GEGENÜBER,
LOYALITÄT GEGENÜBER DER MENSCHHEIT.
[...]

ROBB Ich habe hier einen Bericht des Wissenschaftlichen Rates, dessen Vorsitzender Sie waren. Er ist vom Oktober 1949, er antwortet auf die Frage, ob die Vereinigten Staaten die Wasserstoffbombe in einem Dringlichkeitsprogramm herstellen sollen oder nicht. Erinnern Sie sich dieses Berichtes? *Er reicht Oppenheimer eine Kopie.*

OPPENHEIMER Ich habe ihn geschrieben, den Mehrheitsbericht.

ROBB Es heißt da, Mr. Rolander ist so freundlich, uns das vorzulesen:

ROLANDER „Die Tatsache, daß der Zerstörungskraft dieser Waffe keine Grenzen gesetzt sind, macht ihre Existenz zu einer Gefahr für die ganze Menschheit. Aus ethischen Grundsätzen halten wir es deshalb für falsch, mit der Entwicklung einer solchen Waffe den Anfang zu machen."

OPPENHEIMER Das ist aus dem Minderheitsbericht, von Fermi und Rabi verfaßt.

ROLANDER Im Mehrheitsbericht steht:
„Wir alle hoffen, daß sich die Entwicklung dieser Waffe vermeiden läßt. Wir sind uns alle einig, daß es im gegenwärtigen Zeitpunkt falsch wäre, wenn die Vereinigten Staaten die Entwicklung dieser Waffe forcieren würden."

ROBB Heißt das nicht, Doktor, daß sie dagegen waren, die Wasserstoffbombe zu bauen?

OPPENHEIMER Wir waren dagegen, die Initiative zu ergreifen. In einer außergewöhnlichen Situation.

ROBB Was war das Außerordentliche an der Situation im Herbst 1949, Doktor?

OPPENHEIMER Die Russen hatten ihre erste Atombombe gezündet, Joe I, und wir reagierten darauf mit einem nationalen Schock. – Wir hatten unser Atombombenmonopol verloren, und unsere Reaktion war, wie kriegen wir schnellstens ein Wasserstoffbombenmonopol.

ROBB War das nicht eine ganz natürliche Reaktion?

OPPENHEIMER Vielleicht natürlich, aber nicht vernünftig. Die Russen haben sie dann ebenfalls gebaut.

ROBB Waren wir nicht technisch in der viel besseren Position?

OPPENHEIMER Vielleicht, aber es gibt in Rußland nur zwei Ziele, die für eine Wasserstoffbombe in Frage kommen, Moskau und Leningrad, und bei uns über fünfzig.

ROBB Ein Grund mehr, ihnen zuvorzukommen, oder?

OPPENHEIMER Da es nach einem dritten Weltkrieg, mit Wasserstoffbomben geführt, keine Sieger und keine Besiegten mehr geben wird, sondern nur achtundneunzigprozentig und hundertprozentig Vernichtete, schien es mir klüger, zu einer internationalen Verzichterklärung auf diese schreckliche Waffe zu kommen.

MORGAN Eine Verzichterklärung ohne Kontrolle? – Ich glaube, Dr. Oppenheimer, Sie waren der wissenschaftliche Berater unserer Regierung, als Mr. Gromyko 1946 in Genf erklärte, daß er keiner wie immer gearteten Kontrolle zustimmen könne. Und damals hatten wir das Atombombenmonopol.

OPPENHEIMER Ja, ich war damals sehr deprimiert.

MORGAN Warum sollten die Russen 1949 entgegenkommender sein?

OPPENHEIMER Die Möglichkeit, das Leben auf der Erde gänzlich auszulöschen, ist eine neue Qualität. Das Menetekel für die Menschheit ist an die Wand geschrieben.

MORGAN Auch in kyrillischen Buchstaben, Dr. Oppenheimer?

OPPENHEIMER Seit wir die Spurenanalyse der russischen Wasserstoffbombe in Händen haben, ja. – Ehe man die Tür zu jener schaudervollen Welt öffnete, in der wir heute leben, hätte man anklopfen sollen. Wir haben es vorgezogen, mit der Tür ins Haus zu fallen. Obwohl wir strategisch keinen Vorteil davon haben konnten.

MORGAN Fühlten Sie sich kompetent, strategische Fragen zu entscheiden? War das Ihre Sache?

OPPENHEIMER Der größte Teil des Berichts gab unsere Einschätzung, ob und in welcher Zeit eine brauchbare Wasserstoffbombe zu machen wäre.

ROBB Wie schätzten Sie das ein?

OPPENHEIMER Wir bezweifelten, daß die damaligen technischen Vorschläge durchführbar seien. – Sie erwiesen sich tatsächlich als undurchführbar.

ROBB Hieß das nicht, man solle die Super auf Eis legen, bis man bessere Ideen habe?

OPPENHEIMER Nein. Wir empfahlen ein Forschungsprogramm.

ROBB Mußte man das nicht so verstehen, daß es um die Wasserstoffbombe schlecht aussah?

OPPENHEIMER Das damalige Modell sah schlecht aus. Miserabel. Sonst hätten wir nicht von fünf Jahren Entwicklung gesprochen.

ROBB War das eine richtige Prognose?

OPPENHEIMER Für dieses Modell?

ROBB Für die Super?

OPPENHEIMER Nein. Es gab im Jahre 1951 einige glänzende Ideen, und wir testeten Mike, die erste Super, bereits im Oktober 1952.

ROBB Der Test war sehr erfolgreich, nicht wahr?

OPPENHEIMER Ja. Die Insel Elugelab im Pazifik war in zehn Minuten verschwunden. – Neun Monate später hatten die Russen ihre Super. Die unserem Modell überlegen war.

EVANS Inwiefern, Doktor Oppenheimer?

Menetekel: Warnungszeichen, nach Daniel 5, 25–28, die Worte der Geisterschrift beim Gastmahl des babylonischen Königs Belsazar, von Daniel auf dessen Sturz gedeutet
kyrillisch: eine Form der Schrift, die seit dem 10. Jahrhundert zur alleinigen Schriftart der griechisch-orthodoxen Slawen wurde

OPPENHEIMER Die Russen hatten die sogenannte ‚trockene' Super gezündet, die wesentlich leichter war, da sie keine Kühlanlagen brauchte.

EVANS War das strategisch so wesentlich?

OPPENHEIMER Ich denke. Es war die Zeit, da die Russen jederzeit mit Wasserstoffbomben über uns auftauchen konnten, während wir nur mit Atombomben zurückschlagen konnten. Unsere ersten Modelle waren so schwer, daß wir sie nur mit Ochsenkarren ins Ziel bringen konnten.

ROBB Hätten die Russen ihre Super nicht jedenfalls gebaut?

OPPENHEIMER Möglich. Wir haben nicht versucht, ein Wettrüsten auf diesem Gebiet zu verhindern. Ich denke, der Preis, den wir für unser kurzes Monopol zahlten, ist zu hoch.

ROBB Hätten wir die Super nicht viel früher haben können und ganz anders dagestanden, wenn wir das Dringlichkeitsprogramm schon 1945 auf die Beine gebracht hätten?

OPPENHEIMER Es gab keine Voraussetzungen.

ROBB Ist es zutreffend, Doktor, daß Sie schon im Jahre 1942 daran gedacht haben, eine thermonukleare Bombe zu machen?

OPPENHEIMER Wir hätten sie gemacht, wenn wir es gekonnt hätten. Wir hätten jede Art von Waffe gemacht.

ROBB Ich weiß nicht, ob das geheim ist oder nicht, wenn wir von einer thermonuklearen Bombe sprechen, dann meinen wir eine Bombe, die 10 000 mal so stark wie eine normale Atombombe ist?

OPPENHEIMER Etwa. Sehr stark jedenfalls.

ROBB 10 000 mal so stark ist keine Übertreibung?

OPPENHEIMER Ich glaube, es gibt keine natürliche Grenze für ihre Stärke. Die Todeszone eines mittleren Modells hat nach unseren Berechnungen einen Durchmesser von 580 Kilometern.

ROBB Hätten Sie damals moralische Skrupel gehabt, eine solche Waffe zu entwickeln?

OPPENHEIMER 1942? Nein. Die Skrupel kamen viel später.

ROBB Wann? Wann bekamen Sie hinsichtlich der Entwicklung der Wasserstoffbombe moralische Skrupel?

OPPENHEIMER Wir wollen das Wort ‚moralisch' weglassen.

ROBB Einverstanden. Wann bildeten sich Ihre ersten Skrupel?

OPPENHEIMER Als mir klar wurde, daß wir dahin tendierten, die Waffe, die wir entwickelten, tatsächlich zu gebrauchen.

ROBB Nach Hiroshima?

OPPENHEIMER Ja.

ROBB Sie haben uns hier gesagt, daß Sie damals halfen, die Ziele auszusuchen, nicht wahr?

OPPENHEIMER Ja. Und ich habe gesagt, daß es nicht unsere Entscheidung war, die Bombe zu werfen.

ROBB Das habe ich nicht behauptet. Sie haben nur die Ziele ausgesucht, und Sie hatten nach dem Abwurf große Skrupel, nicht wahr?

OPPENHEIMER Ja! – Entsetzliche. Wir alle hatten entsetzliche Skrupel.

ROBB Waren es nicht diese entsetzlichen Skrupel, Doktor, die Sie im Jahre 1945 daran hinderten, sich für ein hartes Wasserstoffbombenprogramm einzusetzen?

OPPENHEIMER Nein. Als die Super im Jahre 1951 machbar schien, waren wir von den wissenschaftlichen Ideen fasziniert, und wir machten sie in kurzer Zeit, aller Skrupel ungeachtet. Das ist eine Tatsache, ich sage nicht, daß es eine gute Tatsache ist.

[...]

ROBB Hielten Sie es auch nach der Entscheidung des Präsidenten nicht für richtig, die Wasserstoffbombe zu bauen?

OPPENHEIMER Ich hielt sie weiterhin für eine elende Waffe, die es besser nicht geben würde, aber ich unterstützte das Dringlichkeitsprogramm.

ROBB Wie?

OPPENHEIMER Durch Ratschläge.

ROBB Wodurch sonst noch?

OPPENHEIMER Ich empfahl Teller eine Anzahl von jungen Wissenschaftlern, die meine Schüler waren.

ROBB Sprachen Sie mit ihnen? Konnten Sie sie für das Programm begeistern?

OPPENHEIMER Teller sprach mit ihnen, ich weiß nicht, ob er sie begeistert hat.

ROBB Sagten Sie nicht, Doktor, daß Sie im Jahre 1951 von dem Programm begeistert waren?

OPPENHEIMER Ich war von den sehr verlockenden wissenschaftlichen Ideen begeistert.

ROBB Sie fanden die wissenschaftlichen Ideen zur Herstellung einer Wasserstoffbombe verführerisch und wundervoll, und Sie fanden das mögliche Ergebnis, die Wasserstoffbombe, abscheulich. Ist das richtig?

OPPENHEIMER Ich glaube, das ist richtig. Es ist nicht die Schuld der Physiker, daß gegenwärtig aus genialen Ideen immer Bomben werden. Solange das so ist, kann man von einer Sache wissenschaftlich begeistert und menschlich tief erschrocken sein.

ROBB Ich sehe, daß Sie das können, Doktor. - Ich wundere mich.

GRAY Meinen Sie nicht, Dr. Oppenheimer, daß in dieser Haltung so etwas stecken könnte, wie eine geteilte Loyalität?

OPPENHEIMER Zwischen wem geteilt?

GRAY Loyalität einer Regierung gegenüber - Loyalität der Menschheit gegenüber?

OPPENHEIMER Lassen Sie mich nachdenken. - Ich will das so sagen: Indem sich die Regierungen den neuen Ergebnissen der Naturwissenschaften nicht oder nur ungenügend gewachsen zeigen, gibt es für den Wissenschaftler einen solchen Loyalitätskonflikt.

GRAY Wenn Sie in einen solchen Konflikt gestellt sind, Dr. Oppenheimer, und offensichtlich war das so im Falle der Wasserstoffbombe, welcher Loyalität würden Sie dann den Vorrang geben?

OPPENHEIMER Ich habe schließlich in allen Fällen meiner Regierung die ungeteilte Loyalität gegeben, ohne das Unbehagen, ohne die Skrupel zu verlieren, und ohne sagen zu wollen, daß das richtig war.

ROBB Sie wollen nicht sagen, daß es in jedem Falle richtig ist, der Regierung die ungeteilte Loyalität zu geben?

OPPENHEIMER Ich weiß es nicht, ich denke darüber nach, aber ich habe das immer getan.

ROBB Das betrifft auch das Super-Programm?

OPPENHEIMER Ja.

ROBB Sie meinen, Sie haben es nach der Entscheidung des Präsidenten aktiv unterstützt?

OPPENHEIMER Ja, obwohl ich meine starken Zweifel behielt.

Robb entnimmt seinen Materialien ein neues Dokument.

ROBB Wenn Sie in einem Fernsehinterview sagen – Mr. Rolander wird uns das bitte vorlesen. *Er gibt Rolander die Blätter und trägt eine Kopie zum Tisch des Vorsitzenden.*

ROLANDER Ich zitiere: ‚Die frühere Geschichte berichtet die Ausrottung einzelner Stämme, einzelner Rassen, einzelner Völker. Jetzt kann die Menschheit im ganzen durch den Menschen vernichtet werden. Es ist bei rationaler Prüfung wahrscheinlich, daß das geschehen wird, wenn wir die neuen Formen des politischen Zusammenlebens nicht entwickeln, die diese Erde braucht. Die mögliche Apokalypse ist eine Realität unseres Lebens. Wir wissen das, aber wir kapseln dieses Wissen ein. Es scheint uns nicht akut. Wir meinen, es hat noch Zeit. Aber wir haben nicht viel Zeit.' Ende des Zitats. [...]

ROBB Als der Präsident dennoch das Dringlichkeitsprogramm anordnete, wie reagierten Sie darauf?

OPPENHEIMER Ich bot meinen Rücktritt an.

ROBB Aus Protest?

OPPENHEIMER Ich denke, daß sich ein Mann zur Disposition stellt, wenn er in einer entscheidenden Frage von der Wirklichkeit überspielt wird.

ROBB Sie hielten sich für überspielt, als das Dringlichkeitsprogramm angeordnet wurde?

OPPENHEIMER Wir hatten abgeraten. Ja. [...]

MORGAN Nur eine Frage, Dr. Oppenheimer. Ist einem Staat, der riesige Gelder für Forschungsarbeiten hergibt, das Recht zu bestreiten, über die Ergebnisse dieser Forschungen frei zu verfügen?

OPPENHEIMER Insofern einige Ergebnisse geeignet sind, die menschliche Zivilisation zu zerstören, ist dieses Recht bestreitbar geworden.

MORGAN Heißt das nicht, daß Sie die nationale Souveränität der Vereinigten Staaten auf diesem bestimmten Gebiet beschränken möchten?

OPPENHEIMER Wenn die Mathematiker ausrechnen müssen, ob ein bestimmter Test nicht vielleicht die Atmosphäre in Brand setzt, werden die nationalen Souveränitäten ein bißchen lächerlich. Die Frage ist, welche Autorität ist unabhängig und mächtig genug, die nationalen Staaten oder ihre Gruppierungen daran zu hindern, sich umzubringen. Wie ist eine solche Autorität herstellbar?

MORGAN Meinen Sie, daß die Vereinigten Staaten eine Anstrengung machen sollten, sich mit Sowjetrußland zu verständigen?

OPPENHEIMER Wenn der andere Partner der Teufel wäre, so müßte man sich mit dem Teufel verständigen.

MORGAN Machen Sie einen scharfen Unterschied zwischen der Erhaltung des Daseins und der Erhaltung eines lebenswerten Daseins?

OPPENHEIMER O ja. Und ich setze großes Vertrauen in die schließliche Macht der Vernunft.
EVANS Ich komme auf die strapazierten moralischen Skrupel zurück, auf den Widerspruch, einerseits eine Sache voranzutreiben, deren Ergebnis man andererseits fürchtet. Wann haben Sie diesen Widerspruch zum erstenmal empfunden?
OPPENHEIMER Als wir die erste Atombombe in der Wüste von Alamogordo zündeten.
EVANS Können Sie das präzisieren?
OPPENHEIMER Beim Anblick des Feuerballs gingen mir zwei alte Verse durch den Kopf. Der eine:
‚Wenn das Licht aus tausend Sonnen
am Himmel plötzlich bräch hervor,
zu gleicher Zeit – das wäre
gleich dem Glanz des Herrlichen …'
der andere:
‚Ich bin der Tod, der alles raubt,
Erschütterer der Welten!' –
EVANS Woran merken Sie, ob ein neuer Gedanke wirklich wichtig ist?
OPPENHEIMER Daran, daß mich ein Gefühl tiefen Schreckens ergreift.
GRAY Wenn es keine weiteren Fragen gibt, dann möchte ich Dr. Oppenheimer für die Geduld danken.
Oppenheimer geht vom Zeugenstand zum Sofa zurück.

HEINAR KIPPHARDT

11

In der Sache J. Robert Oppenheimer (Auszug aus der 9. Szene)

[…] *Oppenheimer erhebt sich, die Brille in der Hand, den Kopf leicht schief gehalten, in der Rede gelegentlich zögernd, wenn er über eine Formulierung nachdenkt.*
OPPENHEIMER Als ich mich vor mehr als einem Monat zum erstenmal auf dieses alte Sofa setzte, war ich willens, mich zu verteidigen, denn ich fand keine Schuld an mir, und ich sah mich als Opfer einer bestimmten politischen Konstellation, die ich beklagenswert fand.
Zu dem widerwärtigen Unternehmen gezwungen, mein Leben zu rekapitulieren, meine Motive zu handeln, meine Konflikte, und auch die Konflikte, die sich nicht eingestellt hatten, – begann sich meine Haltung zu wandeln. Ich bemühte mich, vollkommen offen zu sein, und das ist eine Technik, die man erlernen muß, wenn man viele Jahre seines Lebens zu anderen Menschen nicht offen war. Indem ich über mich, einen Physiker in unserer Zeit, nachdachte, begann ich mich zu fragen, ob nicht tatsächlich so etwas stattgefunden hat wie Gedankenverrat, eine Kategorie, die Mr. Robb hier einzuführen empfahl. Wenn ich denke, daß es uns eine geläufige Tatsache geworden ist, daß auch die Grundlagenforschung in der Kernphysik heute die höchste Geheimnisstufe hat, daß unsere Laboratorien von den militärischen Instanzen bezahlt und wie Kriegsobjekte bewacht werden, wenn ich denke, was im glei-

chen Fall aus den Ideen des Kopernikus oder den Entdeckungen Newtons geworden wäre, dann frage ich mich, ob wir den Geist der Wissenschaft nicht wirklich verraten haben, als wir unsere Forschungsarbeiten den Militärs überließen, ohne an die Folgen zu denken.

So finden wir uns in einer Welt, in der die Menschen die Entdeckungen der Gelehrten mit Schrecken studieren, und neue Entdeckungen rufen neue Todesängste bei ihnen hervor. Dabei scheint die Hoffnung gering, daß die Menschen bald lernen könnten, auf diesem klein gewordenen Stern miteinander zu leben, und gering ist die Hoffnung, daß sich ihr Leben eines nicht fernen Tages in seinem materiellen Aspekt auf die neuen menschenfreundlichen Entdeckungen gründen werde.

Es scheint ein weidlich utopischer Gedanke, daß die überall gleich leicht und gleich billig herstellbare Kernenergie andere Gleichheiten nach sich ziehen werde, und daß die künstlichen Gehirne, die wir für die großen Vernichtungswaffen entwickelten, künftig unsere Fabriken in Gang halten könnten, der menschlichen Arbeit ihren schöpferischen Rang zurückgebend. Das würde unserem Leben die materiellen Freiheiten schenken, die eine der Voraussetzungen des Glückes sind, aber man muß sagen, daß diese Hoffnungen durch unsere Wirklichkeit nicht zu belegen sind. Doch sind sie die Alternative zu der Vernichtung dieser Erde, die wir fürchten, und die wir uns nicht vorstellen können. An diesem Kreuzweg empfinden wir Physiker, daß wir niemals so viel Bedeutung hatten und daß wir niemals so ohnmächtig waren.

Als ich mein Leben hier durchging, fand ich, daß die Handlungen, die mich nach Ansicht des Ausschusses belasten, der Idee der Wissenschaften nähergestanden sind als die Verdienste, die man mir anrechnet.

Ganz anders als dieser Ausschuß, frage ich mich infolgedessen, ob wir Physiker unseren Regierungen nicht zuweilen eine zu große, eine zu ungeprüfte Loyalität gegeben haben, gegen unsere bessere Einsicht, in meinem Fall nicht nur in der Frage der Wasserstoffbombe.

Wir haben die besten Jahre unseres Lebens damit verbracht, immer perfektere Zerstörungsmittel zu finden, wir haben die Arbeit der Militärs getan, und ich habe in den Eingeweiden das Gefühl, daß dies falsch war. Obzwar ich die Entscheidung der Mehrheit dieses Ausschusses anfechten werde, will ich fernerhin an Kriegsprojekten nicht arbeiten, wie immer die angestrebte Revision ausfallen mag.

Wir haben die Arbeit des Teufels getan, und wir kehren nun zu unseren wirklichen Aufgaben zurück. Vor ein paar Tagen hat mir Rabi erzählt, daß er sich wieder ausschließlich der Forschung widmen wolle. Wir können nichts besseres tun als die Welt an diesen wenigen Stellen offenzuhalten, die offenzuhalten sind.

Die Gardine schließt sich.

Textprojektion:

Am 2. Dezember 1963 wurde J. Robert Oppenheimer der Enrico-Fermi-Preis für seine Verdienste um das Atomenergieprogramm während kritischer Jahre von Präsident Johnson überreicht.

Den Vorschlag zur Verleihung machte der vorjährige Preisträger Edward Teller.

Vorhang.

Aufgaben zu B I

1. Das **Dokumentarspiel** von Heinar Kipphardt „In der Sache J. Robert Oppenheimer" (9–11) war als Bühnenstück wie als Fernsehspiel außerordentlich erfolgreich. Wie erklären Sie sich das? Ziehen Sie auch den Lexikontext (8) zur Beantwortung dieser Frage heran.
2. Welche Problematik zeigt sich bereits in der ersten Szene (9)? Setzen Sie Ermittlungsintention und Ermittlungsergebnis in Beziehung zueinander. Vergleichen Sie dazu, welche Intention den Fragen von Robb zugrundeliegt und wie Oppenheimer antwortet.
3. Belegen Sie an Textauszügen aus der siebten Szene (10), wie die in der ersten Szene (9) angesprochene Problematik wieder aufgegriffen wird.
   - Wie stellt sich das Problem der geteilten Loyalität für Oppenheimer, und welche Schlüsse versucht der Sicherheitsausschuß daraus zu ziehen?
   - Wie verhält sich Oppenheimer, als ihm die Frage nach seiner damaligen Einstellung gegenüber der Entwicklung der Wasserstoffbombe gestellt wird?
   - Welchen Eindruck gewinnen Sie von der Person Oppenheimers in diesem Zusammenhang?
4. Erläutern Sie, wie die Dramenfigur Oppenheimer im Schlußwort (11) den Begriff des Gedankenverrats aufnimmt und ausführt und wie Oppenheimer abschließend in diesem Zusammenhang die Loyalitätsfrage betrachtet.

II Oppenheimer über „Oppenheimer" Reaktionen der historischen Person

12

BROCKHAUS ENZYKLOPÄDIE

J. Robert Oppenheimer

Jacob Robert, amerikan. Atomphysiker, * New York 22. 4. 1904, † Princeton (N. J.) 18. 2. 1967. Nach dem Studium der Physik und Chemie an der Harvard-Univ. arbeitete O. mehrere Jahre an den europ. Zentren der Atomphysik; 1927 promovierte er bei MAX BORN in Göttingen. Seit 1929 lehrte O. an der Univ. of California in Berkeley und am California Institute of Technology in Pasadena. Er hat sich bes. um die Verbreitung der Quantentheorie in den Verein. Staaten verdient gemacht. Im Juli 1943 wurde O. zum Direktor der Forschungslaboratorien in Los Alamos und damit zum wissenschaftl. Leiter des amerikan. Atomenergieprojekts ernannt; er wurde damit zum ‚Vater der Atombombe'. 1947 wurde O. Direktor des Institute for Advanced Study in Princeton, N. J.; 1966 legte er dieses Amt nieder, blieb aber Prof. am Institut. Als Vorsitzender des General Advisory Committee der amerikan. Atomenergiebehörde hatte O. beträchtl. Einfluß auf die Atompolitik der Verein. Staaten, wobei er sich – aus technischen *und* moralischen Gründen – gegen den Bau der Wasserstoffbombe aussprach. Im April und Mai 1954 führte die Atomenergiebehörde ein Verfahren durch, bei dem O. illoyales Verhalten vorgeworfen wurde; er verlor den Zugang zu allen Staatsgeheimnissen. 1963 wurde er rehabilitiert; der Präs. der Verein. Staaten verlieh ihm den Enrico-Fermi-Preis, die höchste Auszeichnung der Atomenergiebehörde.

R. JUNGK: Heller als tausend Sonnen (1956); H. KIPPHARDT: In der Sache J. R. O. (1964); A. PAIS u. a.: O. (1969).

J. Robert Oppenheimer

13

J. ROBERT OPPENHEIMER

* Protest

[...] „Das ganze verdammte Ding war eine Farce", wetterte Oppenheimer in einem Interview mit der „Washington Post". „Und diese Leute (Kipphardt und die Produzenten) versuchen eine Tragödie daraus zu machen", beschwerte sich der Wissenschaftler.

„Wenn man ein Schauspiel nach einem Protokoll schreibt, muß man unweigerlich einiges ändern. Ich habe Einspruch gegen Improvisationen erhoben, die der Geschichte und der Natur der betroffenen Leute widersprechen."

Oppenheimer führte folgende Beispiele an: „Erstens ist die Behauptung im Text falsch, daß Nils Bohr die Arbeit in Los Alamos mißbilligte, weil er sich über die Beherrschung der Wissenschaft durch das Militär Sorgen machte. Zweitens stimmt es nicht – was Kipphardt in einer Fußnote auf dem Programm behauptet –, daß mir nicht die Gelegenheit zu einer Stellungnahme gegeben worden sei. Mir wurde diese Gelegenheit gegeben."

„Ich sagte auch nie, ich hätte meine Beteiligung am Bau der Atombombe ... bedauert", erklärte J. Robert Oppenheimer weiter.

Über seine Kontroverse mit Kipphardt berichtete er außerdem: „Ich sagte, daß vielleicht er (Kipphardt) und nicht ich Guernica, Coventry, Hamburg, Dresden, Dachau, Warschau und Tokio vergessen habe. Und wenn es ihm so schwerfalle, dies zu verstehen, dann sollte er doch ein Schauspiel über etwas anderes schreiben."

(Welt vom 10. 11. 1964)

HEINAR KIPPHARDT

* Entgegnung

14

Ich kann das Unbehagen, in das eine historische Persönlichkeit gerät, wenn sie sich auf dem Theater dargestellt sieht, sehr wohl nachfühlen. Es ist für den historisch Beteiligten besonders schwer, aus dem Gestrüpp der tausend miteinander verfilzten Details der Wirklichkeit die objektive Distanz zu gewinnen, die gebraucht wird, um den innersten Kern und Sinn einer historischen Begebenheit von den umherspielenden Zufälligkeiten zu befreien, um sie der Zeitgenossenschaft als ein bedeutendes Exempel darzustellen. Indem der Bühnenschriftsteller den Boden der Zeitgeschichte betritt, ist sein Geschäft diese Umwandlung, auch wenn er sich, wie ich, an alle wesentlichen historischen Tatsachen gebunden sieht. Wenn wir ihm dieses Recht bestreiten würden, dann würden wir der Bühne das Recht auf die Behandlung der Zeitgeschichte bestreiten.

Es ist natürlich die Pflicht des Bühnenschriftstellers, das Verhältnis des Stücks zu den Dokumenten genau zu beschreiben, damit niemand irregeführt wird und jedermann die Möglichkeit erhält, an Hand der historischen Dokumente zu überprüfen, ob der Schriftsteller mit seiner Arbeit die historische Wirklichkeit getroffen hat und ob er die für seine Zeitgenossenschaft wesentlichen Bedeutungen des historischen Falls zur Darstellung bringt oder nicht. Ich habe mir bei meiner Arbeit Beschränkung auferlegt, alle im Stück erscheinenden Tatsachen der historischen Wirklichkeit zu entnehmen. Meine Freiheiten liegen in der Auswahl, in der Anordnung, in der Formulierung und in der Konzentration des Stoffes. Um die Form eines sowohl strengeren als auch umfassenderen Zeitdokuments zu erreichen, das mir für die Bühne wünschenswert schien, waren einige Ergänzungen und Vertiefungen erforderlich.

Ich verfuhr dabei nach dem Prinzip sowenig wie möglich und soviel wie notwendig. Wenn die Wahrheit von einer Wirkung bedroht schien, opferte ich eher die Wirkung. Ich stützte mich bei meiner Arbeit nicht nur auf das 3000 Maschinenseiten lange Protokoll des historischen Hearings, sondern auch auf eine Fülle von anderen Dokumenten und Beschreibungen zur Sache. Die für die Bühne unvermeidlichen Abweichungen in einzelnen Details beschrieb ich nach meinem besten Wissen. Es tut mir leid, daß Dr. Oppenheimer diese Beschreibung nicht in allen Punkten befriedigend fand, und ich machte ihm in meinem Antwortbrief Vorschläge, diesen Mangel zu mindern. [...]

Es gibt im Stück keine Stelle, die behauptet, daß Dr. Oppenheimer seine Beteiligung am Bau der Atombombe bedauert habe. Es wird nicht bestritten, daß Los Alamos eine historisch bedeutende Unternehmung war, um die Atombombe zu entwickeln, ehe sie von Hitler entwickelt wurde. Die Physiker waren moralisch für dieses Unternehmen legitimiert, das den Zweck hatte, unsere Zivilisation vor dem Versinken in der drohenden Nazi-Barbarei zu bewahren und den von Hitler begonnenen Krieg sobald wie möglich zu beenden.

Es ist eine andere Frage, ob der tatsächliche Abwurf der Atombombe auf Hiroshima und Nagasaki für die Beendigung des Krieges notwendig war, ob nicht vielleicht auch eine internationale Demonstration der Waffe genügt hätte, wie eine Anzahl von

Wissenschaftlern glaubte. Der Gebrauch der Atomwaffen in Hiroshima und Nagasaki konfrontierte die Wissenschaftler mit den Folgen ihrer Arbeit, und sie konnten an diesen Waffen fernerhin nicht arbeiten, ohne zu bedenken, daß sie gegebenenfalls auch verwendet würden.

Nun ist die Kernenergie nicht die Atombombe, und die großen Entdeckungen in Los Alamos und in anderen Waffen-Laboratorien leiteten mit der Kernenergie und der Kybernetik gleichzeitig ein neues industrielles Zeitalter ein. Die Fragen, die ich im Stück behandele, sind, wie der menschenfeindliche Aspekt der neuen Entdekkungen von uns abgewendet werden könne, und wie der menschenfreundliche Aspekt der Entdeckungen zu fördern wäre.

(Welt vom 11. 11. 1964)

15

J. Robert Oppenheimer

Brief an Heinar Kipphardt

THE INSTITUTE FOR ADVANCED STUDY
PRINCETON, NEW JERSEY

OFFICE OF THE DIRECTOR 16 December 1965

Dear Dr. Kipphardt:

With the passage of time, and after some discussion with friends who have become experts on the various versions of the "Case", I have come to feel that I was unduly harsh and unkind in what I wrote you more than a year ago. It is obvious that I would have preferred not to have a play at all; and the reasons for some of my objections, particularly the bit about Bohr, which you took out, and the artifact of my last speech, still seem rather sound to me; but I am quite clear that in these and other matters you meant me no harm. I wish I had not become involved in the thing at all. How I did, I need not now tell you; but above all I wish that I had written with greater restraint and kindness.

With good wishes,

Robert Oppenheimer
Robert Oppenheimer

Nachdem einige Zeit vergangen ist und nach vielen Gesprächen mit Freunden, die Experten der verschiedenen Versionen des „Falles" wurden, ist mir klar geworden, daß ich Ihnen vor mehr als einem Jahr unangemessen schroff und unfreundlich geschrieben habe. Offensichtlich würde ich es vorgezogen haben, wenn es dieses Stück nie gegeben hätte; und die Gründe für einige meiner Einwände – besonders gegen die Stelle über Bohr, die Sie dann herausnahmen, und gegen meine erfundene letzte Ansprache – scheinen mir immer noch stichhaltig. Es ist mir aber klar geworden, daß Sie mich weder mit dieser noch mit anderen Stellen verletzen wollten. Ich wünschte, ich wäre in diese Sache nie einbezogen worden. Wie sehr ich es war, brauche ich Ihnen nicht zu sagen; aber vor allem wünschte ich, ich hätte mit größerer Zurückhaltung und Freundlichkeit geschrieben.

Bohr, Niels: Dänischer Physiker, der die Grundlage für die moderne Atomtheorie schuf und 1922 den Nobelpreis für Physik erhielt

Aufgaben zu B II

1. Informieren Sie sich über die Lebensdaten der historischen Person Oppenheimer (12). Welche Daten aus dem Lexikonartikel betreffen auch die Spielhandlung von Kipphardts Dokumentarstück (9–11)?
   Was erfahren Sie darüber hinaus?
2. Welche Bedenken äußert Oppenheimer (13) gegenüber der Darstellung seiner Person auf der Bühne, und wie antwortet Kipphardt (14) darauf? Worin ist die (scheinbare) Unvereinbarkeit der Anschauungen begründet?
3. Beurteilen Sie das Antwortschreiben Oppenheimers (15) im Hinblick auf das Thema „**Fiktion** und (außersprachliche) **Wirklichkeit**".

III „Literatur, die die Wahrheit nicht beschädigt"

HEINAR KIPPHARDT

* Gespräch mit Stephan Lohr (Auszug)

16

Lohr: *Herr Kipphardt, Ihr Stück „Oppenheimer" zeichnet sich durch ein besonderes Verhältnis von Faktizität und Fiktionalität, von Literatur und Geschichte, aus. Zusammen etwa mit der „Ermittlung" von Peter Weiss steht Ihr Stück für das Dokumentartheater nach 1945. Akzeptieren Sie die Bezeichnung „Dokumentartheater" für den „Oppenheimer"?*

Kipphardt: Ich würde sagen, es gibt überhaupt keine Literatur ohne die Ebene des Tatsächlichen. Das Tatsächliche hat drei Ebenen:

Erstens: die biografische. Ein Schriftsteller ist natürlich außerordentlich angewiesen auf seine Erlebnisebene, auf seine Art der Sozialisation und seine Art des Werdens, der Entwicklung und daß er, in seiner Zeit lebend, auf die Fragen der Zeit stößt.

Die zweite Ebene ist das, was er von anderen hört, was er beobachtet, was er liest. Auch das ist ein Gestrüpp der Aneignung von Faktischem.

Die dritte Ebene bezeichnet eine von Schriftstellern neuerdings stärker benutzte Arbeitsweise – der schriftstellerischen Arbeit eine Phase quasi wissenschaftlicher Informationsarbeit voranzustellen. Natürlich ist der Zweck meine Anschauung zu bereichern, und das Ziel ist nicht Wissenschaft, sondern Literatur, ein Drama, etwas von Sinnlichkeit Durchtränktes. Voll informiert bewege ich mich frei im Stoff. Auf der höheren Wissensebene schreibe ich mein Stück. Meine Subjektivität ist in dem Produkt, ich hoffe unverwechselbar, zu erkennen!

Können Sie Ihren persönlichen Aneignungsprozeß gegenüber dem dokumentarischen Material 'mal benennen?

Das 3000 Seiten umfassende Protokoll der Verhandlung mit Oppenheimer läßt eine Menge von Zeugen quer durch den Garten zu allen Fragen reden ... Die Eigentümlichkeiten der Person stellen sich dabei nur auf sehr unsichere Weise dar, die Vorgänge erscheinen nicht komplexweise, die Gedanken nicht ausformuliert. Das Stück hat natürlich meine Sprache, meine dialogischen Formen, und es hat auch Personen, die irgendwo in mir stecken. Die Personen und ihre Aussagen sind auch in der Realität vorhanden; aber der Oppenheimer, den ich beschreibe, ist ein Oppenheimer, zu dem ich Beziehungen habe: Seine Art zu denken, zu empfinden und abzuweisen, seine Sorte von Hochmut und Eitelkeit, sein feiner Verrat, diese schillernde Hochmutsfigur, die zwar Opfer ist, gleichzeitig aber auch sich und andere opfert, starke Versagungspunkte hat, diese faszinierende Person hat etwas mit mir zu tun. Oder: die Art von Antikommunismus der McCarthy-Zeit hatte vieles mit dem Antikommunismus der späteren Adenauer-Zeit in Deutschland zu tun und mit unserem neuen Antikommunismus, der jede tiefergehende Kritik zu verteufeln sucht. Oppenheimer hatte mit seiner, ich mit meiner McCarthy-Zeit zu tun.

Wie kamen Sie zu der Form seines Stückes?

Ursprünglich wollte ich das in Form der Shakespearschen Historien schreiben. Als ich solche Szenen schrieb, fand ich es dem Stoff unangemessen, private Situationen, Personen, Vorgänge privater Art zu erfinden, und ich entschloß mich, ganz nahe und belegbar an den Fakten zu bleiben und benutzte die vom Leben vorgeprägte Form des Theaters, das Verhör, die Prozeßform. Sie können jede Figur in ihren Widersprüchen kraß zeigen, sie können die Beziehungen zueinander zu anderen leicht herstellen, die Perspektiven wechseln und dabei die Geschichte der sehr facettenreichen Sache erzählen. Der Prozeß ist eine Naturform der Episierung des Dramas.

Sozialisation: Einbindung des Menschen in die Gesellschaft durch Erziehung

17

Urs Jenny

* Kritische Würdigung

Für die Freunde des Edlen und Schönen liegt der Fall klar: Ein gutgemachtes Stück, gewiß, aber das hat doch nichts mit Kunst zu tun! Da mag sich Kipphardt noch so auf seinen Hegel berufen – ihnen sind Materialismus und Ästhetik unvereinbare Gegensätze, „In der Sache J. Robert Oppenheimer“ bekommt das Etikett „Gebrauchsstück“ (gewissermaßen zur Unterscheidung von einem „Kunststück“), man läßt es gelten als Journalismus mit anderen Mitteln. [...] „Kunst-Stücke“ gerade zum Thema Atombombe sind keine Mangelware. In der Frage, ob jene Physiker, die in den Dienst der Macht traten und die Atombombe bauten, ein Verbrechen begingen, witterten schon etliche Dramatiker nicht nur zündende Aktualität, sondern auch einen

Gewissenskonflikt zwischen Pflicht und Überzeugung von geradezu klassischem Zuschnitt. Dennoch blieben ihre Stücke merkwürdig blaß: Die Frage war irreal, die Antwort stand im vornherein fest. Kipphardt hat begriffen, daß die persönliche Ansicht eines Schriftstellers zu dieser Frage kaum allgemeines Interesse beanspruchen kann, daß es zu leicht und zu sinnlos ist, sich als Richter über diese Männer aufzuspielen (nur sie selbst können sich schuldig sprechen, viele haben es getan), und daß einem solchen Problem nicht mit Fiktionen, nicht mit Modellen beizukommen ist. [...] Kipphardt ist allen Good-Will-Dramatikern voraus, weil er nicht moralisiert, nicht Patentrezepte empfiehlt, sondern die Unlösbarkeit dieses Konfliktes selbst zum Gegenstand dieses Stückes macht und ihm durch direkte Umkehrung echte Dramatik abgewinnt: Er ersetzt die unergiebige Frage nach Verantwortung und Schuld durch die absurd klingende Gegenfrage: Verhält sich ein Physiker unkorrekt und verantwortungslos, wenn er sich dagegen sträubt, neue, noch schrecklichere Vernichtungswaffen zu konstruieren? Ein Prozeß, im Interesse des Staates geführt, der von dieser Fragestellung ausgeht, muß den Angeklagten verurteilen - und heroisiert ihn durch dieses unmoralische Verdikt in den Augen der Rechtdenkenden. Der Angeklagte vollendet diese Heroisierung, indem er sich nicht verteidigt, sondern ebenfalls verurteilt, und zwar - im Gegensatz zum Tribunal - wegen seiner früheren Willfährigkeit gegenüber den Forderungen des Staates.

Eine plausiblere Fabel hätte Kipphardt nicht erfinden können. Er hat sie gefunden, dieses Talent soll man nicht unterschätzen, und auch nicht den Kunstverstand, mit dem er aus 3000 Protokollseiten ein Stück destilliert hat: Zuspitzung und Entspannung sind genau kalkuliert, schlagende Formulierungen und ein erlösendes Lachen weckende Pointen unaufdringlich, aber sicher gesetzt; neben drei großen Rollen gibt es mindestens ein halbes Dutzend erstklassiger Chargen.

Verdikt: Urteil
Charge: Nebenrolle

Dieter E. Zimmer

* Der tatsächliche Oppenheimer und Kipphardts Konzept

18

Während der tatsächliche Oppenheimer sich wohl im klaren war über die unausdenkbar fürchterlichen Konsequenzen seines Tuns, sein Möglichstes tat, ihnen durch unbeirrbares Eintreten für eine internationale Atomwaffenkontrolle, durch beharrliche Warnungen vor jeder Verharmlosung der Gefahr entgegenzuwirken - und doch weder nach Hiroshima noch nach der Loyalitätsuntersuchung bereuen konnte, was er getan hatte: jenes Schlußwort, auf das Kipphardts Stück zuläuft, hat er nie gesprochen.

Denn sein Problem war es nicht, jahrelang vorsichhinzuarbeiten und dann plötzlich zur Einsicht, zur Reue und Umkehr bewogen zu werden. Es handelte sich für ihn nicht um die vorübergehende Verkennung des Richtigen. Sein Problem vielmehr war es, das Furchtbare mit Bewußtsein zu tun, weil er es gleichzeitig als das Notwendige und Richtige empfand. Im Krieg arbeitete er an der Atombombe, weil damit die Vereinigten Staaten den Nazis zuvorkamen; nach dem Krieg, weil für ihn die Bedrohung durch die Sowjetunion niemals eine Chimäre war. Politik und Moral – er konnte sie nicht vereinbaren: seine Phantasie war groß genug, sich die Leiden auszumalen, die seine Forschungsarbeit nach sich ziehen könnte, und sein politischer Verstand zwang ihn dazu, sich vorzustellen, was die Folge wäre, wenn er sie unterließ. Das war sein ungelöstes Drama, und darum ist sein Fall so bedeutsam und exemplarisch, wenn eine der Hauptkrankheiten dieser Zeit diagnostiziert werden soll. Aber das fügte sich nicht in Kipphardts Konzept.

Chimäre: Trugbild, Hirngespinst

Aufgaben zu B III

1. Heinar Kipphardt schreibt in seiner „Nachbemerkung" zum Oppenheimer-Stück: „Es ist die Absicht des Verfassers, ein abgekürztes Bild des Verfahrens zu liefern, das szenisch darstellbar ist und das die Wahrheit nicht beschädigt."
   - Erläutern Sie dieses Zitat, indem Sie besonders Kipphardts Wahrheitsbegriff bestimmen (14, 16).
   - Klären Sie, was Kipphardt mit den „drei Ebenen des Tatsächlichen" (16) meint.
   - Welche Bedeutung hat die „dritte Ebene" für Kipphardt, und wie verhält sich diese Ebene des Faktischen zu seiner Zielvorstellung?
   - Wie begründet Kipphardt (16) die Form der Bearbeitung seines Stoffes?
2. Analysieren Sie die Auszüge aus den Rezensionen von Urs Jenny (17) und Dieter E. Zimmer (18), und nehmen Sie Stellung dazu. (Zur methodischen Anlage der Stellungnahme s. E.)

C Theoretische Texte

19

Jan Mukařovský

Die poetische Benennung und die ästhetische Funktion der Sprache

Ehe wir die poetische Benennung weiter analysieren, müssen wir noch an das bekannte Bühlersche Schema der Grundfunktionen des Sprachzeichens erinnern (vgl. K. Bühler *Sprachtheorie,* Jena 1934, S. 24ff.). Nach diesem Schema gibt es drei solcher, aus dem Wesen der Sprache selbst sich ergebender Funktionen: die darstellende, expressive und die appellative. Jede von ihnen resultiert aus der aktiven Beziehung des Sprachzeichens zu einer der drei notwendig in der Sprachäußerung gegenwärtigen Instanzen: als Darstellung fungiert das Sprachzeichen im Hinblick auf die Wirklichkeit, die mit ihm gemeint ist; als Ausdruck erscheint es in einer Beziehung zum sprechenden Subjekt, und als Appell richtet es sich an das wahrnehmende Subjekt. Solange wir eine rein mitteilende Äußerung im Sinn haben, ist Bühlers Schema völlig annehmbar: in jeder mitteilenden Äußerung lassen sich ohne Schwierigkeiten die Umrisse aller drei Grundfunktionen unterscheiden, besonders aber einer von ihnen, die im gegebenen Fall vorherrscht. Ganz anders ist jedoch die Situation bei einer Analyse der dichterischen Äußerung. Man kann zwar auch hier das Vorhandensein der oben angeführten Funktionen festellen, in den Vordergrund tritt jedoch eine vierte Funktion, die das Bühlersche Schema unerwähnt läßt. Diese Funktion steht in einem Gegensatz zu allen anderen: sie stellt nämlich in den Mittelpunkt des Interesses die Komposition des Sprachzeichens, während die erstgenannten drei zu außersprachlichen Instanzen und zu Zielen tendierten, die das Sprachzeichen überschreiten. Durch Vermittlung der ersten drei Funktionen gewinnt die Anwendung der Sprache praktische Tragweite; die vierte Funktion dagegen entreißt sie dem unmittelbaren Zusammenhang mit der Praxis; man kann diese Funktion als die ästhetische bezeichnen, alle übrigen im Verhältnis zu ihr könnte man zusammenfassend die praktischen Funktionen nennen. Die Konzentration der ästhetischen Funktion auf das Zeichen selbst erscheint als direkte Folge der Autonomie, die den ästhetischen Erscheinungen eigen ist. [...]

** Bühlers Grundfunktionen des Sprachzeichens (Organonmodell) nach Johannes Erben*

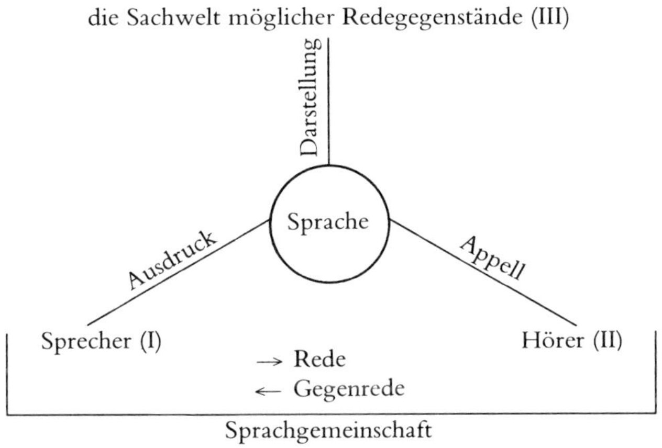

Wolfgang Eichler

20

* Poetische Kommunikation und Zweckkommunikation

Ich meine, man ist dabei, wesentliche Unterschiede zwischen der poetischen Kommunikation (ästhetischer Literatur) und der Zweckkommunikation zu übersehen oder zu verwischen.

1. Man übersieht, daß Zweckkommunikation direkt mit Handeln und Wirklichkeit verknüpft ist. Aufforderungen, z. B. in der Zweckkommunikation, sind Handlungsaufforderungen. Dichtung dagegen ist nur indirekt mit der Wirklichkeit verknüpft

und nur indirekt in soziales Handeln eingewoben (Fiktionalität). Eine Aufforderung z. B. in einem poetischen Werk (an den Leser) ausgesprochen, ist keine Handlungsaufforderung in des Lesers Wirklichkeit, allenfalls eine indirekte.
2. Man übersieht, daß in der Zweckkommunikation das Eindeutige obenansteht. Es geht darum, möglichst ökonomisch und verständlich Nachrichten zu übermitteln und eine direkte kommunikative Wirksamkeit zu erreichen. „Fragilität und Unbestimmtheit" sind genau das Gegenteil davon, „Unwahrscheinlichkeit und Überraschung" ergeben sich in der Zweckkommunikation allenfalls aus der Situation (Einbettung der sprachlichen Handlung in einen sozialen Kontext, auf den sie sich direkt bezieht), aus der Partnertaktik oder sie sind (z. B. viele Mehrdeutigkeiten) einfach kommunikative Pannen.
3. Die Sprache der Zweckkommunikation ist Dienstsprache, d. h. es geht dem Kommunikanten nur insofern um Sprache, als sie seine kommunikative Intention verwirklicht. Sprache der Dichtung ist auch Sprache per se, Sprache um ihrer selbst willen. [...]
4. Dichtung ist Original, auf Einmaligkeit und Abweichung getrimmte Sprachstruktur. Diese Kriterien sind für die Zweckkommunikation, die Regelkommunikation nicht leitend, wo sie dennoch gelegentlich einbezogen werden, lassen sie sich aus situativen, partnertaktischen, sachspezifischen, intentionalen und psychophysischen Bedingtheiten herleiten.

Die Aufzählung zeigt, daß es bereits vom Erfahrungsobjekt her nicht zu *erwarten* ist, daß ästhetische Literatur und Zweckliteratur mit denselben Interpretationsverfahren und Interpretationsintentionen erfaßt werden können.
Führt die Interpretation von Zweckkommunikation zu *generellen* (statistischen) Aussagen, zur Distanzgewinnung gegenüber der unmittelbaren kommunikativen Wirkungsintention des Textes, zur unmittelbaren Weltbewältigung durch ein ‚die-Übersicht-Behalten', so wird der dichterische Text *singularisierend* auf Originalität und das Besondere interpretiert. Die Interpretation soll hier das durch den Eindruck der Unüblichkeit entstehende Distanzgefühl überwinden helfen, soll zum Distanzverlust, zum ‚Näher-an-den-Text-Kommen' und zur Bewunderung führen.

per se: an sich

21

Christa Wolf

Tabula rasa

[...] Leisten wir uns ein Gedankenexperiment. Eine Kraft, nicht näher zu bezeichnen, lösche durch Zauberschlag jede Spur aus, die sich durch Lesen von Prosabüchern in meinem Kopf eingegraben hat.
Was würde mir fehlen?
Die Antwort ist nicht nur mörderisch; sie ist auch unmöglich. Wenn einer sie geben könnte, wüßte man Genaueres über die Wirkungen von Literatur.
Beginne ich in mir abzutöten: das makellose, unschuldig leidende Schneewittchen und die böse Stiefmutter, die am Ende in den glühenden Pantoffeln tanzt, so ver-

nichte ich ein Ur-Muster, die lebenswichtige Grundüberzeugung vom unvermeidlichen Sieg des Guten über das Böse. Ich kenne auch keine Sagen, habe mir nie gewünscht, an der Seite des hürnenen Siegfried dem Drachen gegenüberzutreten; niemals bin ich vor einem Rauschen im finsteren Wald erschrocken: Rübezahl! Die Tierfabeln habe ich nie gelesen, ich verstehe nicht, was da heißen soll: „listig wie ein Fuchs", „mutig wie ein Löwe". Eulenspiegel kenne ich nicht, habe nicht gelacht über die Listen der Schwachen, mit denen sie die Mächtigen besiegen. Die Sieben Schwaben, die Schildbürger, Don Quijote, Gulliver, die Schöne Magelone - hinweg mit ihnen. Weg mit dem ohnmächtig donnernden Zeus und der Weltesche Yggdrasil, weg mit Adam und Eva und dem Paradies. Nie ist eine Stadt mit Namen Troja um einer Frau willen bestürmt und eingenommen worden. Nie hat ein Doktor Faustus mit dem Teufel um seine Seele gerungen.

Arm, ausgeplündert, entblößt und ungefeit trete ich in mein zehntes Jahr. Brennende Tränen sind ungeweint geblieben; der Hexe im Märchenbuch wurden nicht die Augen ausgekratzt; die jubelnde Erleichterung über die Rettung eines Helden habe ich nicht kennengelernt; nie bin ich zu den phantastischen Träumen angeregt worden, die ich mir im Dunkeln erzähle. Ich weiß nicht, daß Völker verschieden sind und doch einander ähnlich. Meine Moral ist nicht entwickelt, ich leide an geistiger Auszehrung, meine Phantasie ist verkümmert. Vergleichen, urteilen fällt mir schwer. Schön und häßlich, gut und böse sind schwankende, unsichere Begriffe.

Es steht schlecht um mich.

Wie soll ich ahnen, daß die Welt, in der ich lebe, dicht, bunt, üppig, von den merkwürdigsten Figuren bevölkert ist? Daß sie voller Abenteuer steckt, die ausgerechnet auf mich gewartet haben?

Kurz: der Gang zu den Müttern hat nicht stattgefunden, aus den Quellen ist nicht getrunken worden, das Maß für Menschen und Dinge wurde nicht gesetzt. Die verpaßten Erschütterungen sind nicht nachholbar. Eine Welt, die nicht zur rechten Zeit verzaubert und dunkel war, wird, wenn das Wissen wächst, nicht klar, sondern dürr. Fad und unfruchtbar sind die Wunder, die man seziert, ehe man an sie glauben durfte. [...]

Tabula rasa. Ich bin am Ende. Mit den Wurzeln ausgerissen, ausgelöscht in mir eines der großen Abenteuer, die wir haben können: vergleichend, prüfend, sich abgrenzend allmählich sich selbst sehen lernen. Sich messen an den deutlichsten Gestalten aller Zeiten. Nichts davon. Verblaßt das Zeitgefühl, da es nicht wirklich geweckt wurde. Die eigenen Konturen, anstatt deutlicher zu werden, lösen sich auf; das Bewußtsein, anstatt sich zu klären, verschwimmt.

Die Verwilderung wird zunehmen.

Denn nun muß man weitergehen. Die feineren, schwer beweisbaren Wirkungen gilt es auszutilgen, die dauernder Umgang mit Büchern hervorbringt: die Übung und Differenzierung des psychischen Apparats; Schärfung der Sinne: Erweckung der Beobachtungslust, der Fähigkeit, Komik und Tragik von Situationen zu sehen; Heiterkeit aus Vergleich mit Vergangenem zu ziehen; das Heroische als die Ausnahme zu würdigen, die es darstellt; und das Gewöhnliche, das sich immer wiederholt, gelassen zur Kenntnis zu nehmen und womöglich zu lieben. Vor allem aber: zu staunen; unaufhörlich zu staunen über seinesgleichen und sich selbst.

Aber *ich habe nicht gelesen.*

Nicht nur meine Vergangenheit ist mit einem Schlag geändert: meine Gegenwart ist dieselbe nicht mehr. Nun bleibt das Letzte zu tun: auch die Zukunft zu opfern. Ich werde niemals ein Buch lesen. Der Schrecken, der in diesem Satz steckt, berührt mich, den Nicht-Leser, nicht.
Denn ich, ohne Bücher, bin nicht ich.

22

DIETER E. ZIMMER

Die sogenannte Dokumentar-Literatur

1. Der Begriff der Dokumentar-Literatur verdankt sich dem gegenwärtigen Hang des Kulturbetriebs, eine karge, trockene Sprache zu sprechen und so für einen wissenschaftlichen Touch zu sorgen. Mit Akten und Archiven hat die Dokumentar-Literatur wenig zu tun.

2. Er wird mittlerweile auf die verschiedenartigsten Publikationen angewendet: Romane mit einem mehr oder weniger großen Tatsachengehalt, historische Recherchen, anthropologische oder ethnologische Feldstudien und Enqueten, in denen den „Forschungsobjekten“ selber das Wort erteilt wird, Nachschriften von Tonbandinterviews, Reportagen, Nachrichten- und Dokumentenmontagen, Bühnenrekonstruktionen von historischen Vorfällen, erzählte oder niedergeschriebene Lebensgeschichten von erklärten Nichtliteraten, politische Bühnen-Revuen, -Oratorien und -Historiographien und anderes.

3. Es handelt sich bei der Dokumentar-Literatur also keinesfalls um eine neue und eigene Gattung. Die Dokumentar-Romane sind nicht abzugrenzen gegen „normale“ Romane, in die ein mehr oder weniger großer Tatsachenfundus verarbeitet sein kann; [...] das Selbstporträt nicht gegen die Biographie; Bühnendokumentationen nicht gegen das alte historische Drama; [...]

4. Gemeinsam sind den Dokumentar-Werken nicht irgendwelche formalen Kriterien, gemeinsam ist ihnen vielmehr eine Tendenz: Sie wollen Nachrichten von unbekannten, verdrängten oder verleugneten sozialen, auch von relevanten historischen Wirklichkeiten vermitteln, zum Beispiel, indem sie die Benachteiligten selber sprechen lassen, und damit das politische Bewußtsein schärfen. [...]

5. Daß überhaupt von einer Dokumentar-Literatur gesprochen wird und eine Reportage nicht einfach eine Reportage, eine anthropologische Studie nicht einfach eine anthropologische Studie heißt, liegt unter anderem daran, daß zahlreiche Literaten der Fiktionen und Introspektionen überdrüssig geworden sind, die „elitäre“ Kunst aufgegeben und sich publizistischer Aufgaben und Medien angenommen haben. [...]

7. Auch der zur barsten, kunstlosesten Dokumentation entschlossene Dokumentarist greift notwendigerweise in sein Material ein: Er holt Leute vor Kamera, Mikrophon oder Schreibmaschine und versetzt sie damit in eine Ausnahmesituation, er stellt Fragen, wählt aus, arrangiert. Dokumentar-Literatur liefert niemals reine, unverfälschte Natur.

8. Das Authentische muß nicht das Wahre sein. Authentisch sind auch Irrtümer und Lügen. Die Wahrheit von etwas bloß Authentischem, punktuell Wahrem wird nur

dann sichtbar, wenn es in Zusammenhänge eingeordnet und an ihnen kontrolliert wird. Dokumentar-Literatur läuft Gefahr, die fingierten Wahrheiten jener Literatur, der sie mißtraut, durch authentische Unwahrheiten zu ersetzen. [...]
10. Auch Dokumentar-Literatur bleibt Literatur, eingeordnet in ihren Verteilungsapparat, ihren Erwartungsmechanismen ausgeliefert. Sie ist nicht die Alternative zur Literatur. Die Voyeur-Position des Lesers verstärkt sie bisweilen. [...]
12. Ein Teil der Dokumentar-Literatur sperrt sich gegen die herkömmliche Buchkritik. Diese setzt den spielerischen Charakter der Literatur voraus: Sie setzt voraus, daß ein Buch ganz anders oder auch gar nicht sein könnte, daher nimmt sie ihren Mut. Die Wahrheit aber von Auschwitz zum Beispiel ist so übermächtig, daß der Leser dem Dokumentarstück über Auschwitz gegenüber jene Bewegungsfreiheit verliert, die es ihm erlaubte, über Darbietungsfragen zu rechten. Ein erfundenes Leben ist verreißbar; aber wer könnte sich anmaßen, ein gelebtes Leben zu verreißen?

Enquête: Erhebung, Befragung von Fachleuten
Introspektion: Selbstbeobachtung
fingiert: vorgetäuscht

Aufgaben zu C

1. Bei seiner Analyse der poetischen Benennung greift Mukařovský (19) auf die **sprachlichen Grundfunktionen** zurück, die in jeder sprachlichen Äußerung vorhanden sind.
   - Verdeutlichen Sie sich diese drei Grundfunktionen, indem Sie das Schema nach Johannes Erben hinzuziehen. Nennen Sie Textarten, die für die jeweilige Grundfunktion typisch sind.
   - Welche Besonderheit weist die **ästhetische Funktion** gegenüber den drei Grundfunktionen des Sprachzeichens auf?
2. Versuchen Sie – z. B. aufgrund der Überlegungen aus Aufgabe 1 – die Auseinandersetzung zwischen Kipphardt und Oppenheimer wegen der Dramenfigur „Oppenheimer" zu erläutern (s. B II).
3. Welche Konsequenz hat Mukařovskýs Ansicht von der ästhetischen Funktion für die Analyse poetischer Texte?
4. Formulieren Sie, wodurch sich nach Eichler (20) die Dichtung (ästhetische Literatur) von Sachtexten (Zweckkommunikation) unterscheidet.
5. Erläutern Sie, was Eichler (20) bei der Beschreibung des dichterischen Textes unter dem Begriff „Abweichung" versteht. Wie begründet er die Interpretations-(Deutungs-)bedürftigkeit dichterischer Texte?
6. Womit beschäftigt sich Christa Wolf in ihrem Gedankenexperiment (21)? Was will sie demonstrieren? Beurteilen Sie das Experiment aus Ihrer Erfahrung als Leser.
7. Analysieren Sie den Text „tabula rasa" (21). Beschreiben Sie dazu die gedanklichen Schritte.
8. Vollziehen Sie Christa Wolfs Gedankenexperiment (21) an einem für Sie selbst wichtigen Bereich nach (Musik, Kunst, Literatur o. ä.).

9. **Dokumentar-Literatur** – eine Alternative zur Literatur? Erläutern Sie, welche Ansicht Dieter E. Zimmer (22) über die Dokumentar-Literatur vertritt, und nehmen Sie Stellung dazu. Untersuchen Sie im einzelnen:
   - Wie sieht der Verasser den Zusammenhang zwischen Authentizität und Wahrheitsanspruch bei der Dokumentar-Literatur?
   - Was drückt der Verfasser damit aus, wenn er die Position des Rezipienten dem Dokumentarstück gegenüber mit der eines Voyeurs vergleicht?
   - Welche Haltung gegenüber der Dokumentar-Literatur ist nach Ansicht Zimmers (anders als beim Umgang mit fiktionaler Literatur) unmöglich, und wie beurteilt er diesen Sachverhalt?
   - Kann nach Zimmers Meinung die Dokumentar-Literatur ihrem eigenen Anspruch überhaupt gerecht werden?

D Erweitertes Textangebot

23

ALDOUS HUXLEY

Schöne neue Welt
Ein Roman der Zukunft

1947, fünfzehn Jahre nach dem Erscheinen der Originalausgabe seines Romans, äußert sich Huxley zu seiner bitteren Satire über eine Welt, in der Menschen dabei sind, eine Schöpfung nach eigenem Muster mit Hilfe von Mechanisierung der Fortpflanzung hervorzubringen: „Alles in allem sieht es ganz so aus, als wäre uns Utopia viel näher, als irgend jemand es sich vor nur fünfzehn Jahren hätte vorstellen können. Damals verlegte ich diese Utopie sechshundert Jahre in die Zukunft. Heute scheint es durchaus möglich, daß uns dieser Schrecken binnen eines einzigen Jahrhunderts auf den Hals kommt; das heißt, wenn wir in der Zwischenzeit davon absehen, einander zu Staub zu zersprengen."

Ein grauer, gedrungener Bau, nur vierunddreißig Stockwerke hoch. Über dem Haupteingang die Worte: BRUT- UND NORMZENTRALE BERLIN-DAHLEM. Darunter, auf einem Schild, der Wahlspruch des Weltstaats: GEMEINSCHAFTLICHKEIT, EINHEITLICHKEIT, BESTÄNDIGKEIT.

Der riesige Saal zu ebener Erde ging nach Norden. Durch die Fenster fiel verdünntes Licht, eiskalt und hart trotz dem Sommer vor den Scheiben draußen und der tropischen Hitze des Raumes selbst, und suchte gierig irgendeine drapierte Gliederpuppe, irgendeinen saftigen Akademieschinken, fand aber nur das Glas und Nickel und frostig glänzende Porzellan eines Laboratoriums. Hier war alles winterlich. Die Arbeitskittel der hier Beschäftigten waren weiß, ihre Hände staken in blassen, leichenfarbenen Gummihandschuhen. Das Licht war gefroren, tot, gespenstisch. Nur von den gelben Rohren der Mikroskope lieh es sich eine gewisse lebendige Fülle und lag wie Butter längs der blanken Zylinder, ein satter Streif nach dem andern, die endlose Reihe der Arbeitstische entlang.

„Und dies“, sagte der Direktor, die Tür öffnend, „ist der Befruchtungsraum.“

Dreihundert Befruchter standen über ihre Instrumente gebeugt, als der Brut- und Norm-Direktor den Saal betrat. Kaum ein Atemzug unterbrach die Stille, kaum ein gedankenverlorenes Vor-sich-hin-Summen oder -Pfeifen störte die allgemeine angespannte Vertieftheit. Eine soeben eingetroffene Gruppe frischgebackener, äußerst jugendlicher und rosiger Studenten folgte aufgeregt und ziemlich beklommen dem Direktor auf den Fersen. Jeder hielt ein Merkheft in der Hand, in das er, so oft der große Mann den Mund auftat, krampfhaft kritzelte. Direkt vom Erzeuger - eine besondere Gunst. Der Brut- und Norm-Direktor von Berlin ließ es sich angelegen sein, neue Studenten höchstpersönlich durch die einzelnen Abteilungen zu führen.

„Nur damit Sie eine Idee vom Ganzen bekommen“, erklärte er in solchen Fällen. Irgendeine allgemeine Idee mußten sie natürlich haben, um ihre Arbeit mit Verständnis verrichten zu können, anderseits aber auch nicht zuviel von einer Idee, wenn sie brauchbare und zufriedene Mitglieder der menschlichen Gesellschaft werden sollten. Die kleinen Einzelheiten sind es bekanntlich, die tüchtig und glücklich machen. Gesamtüberblicke sind notwendige Übel für den Geist. Nicht Philosophen, sondern Laubsägebastler und Briefmarkensammler bilden das Rückgrat der Menschheit.

„Morgen“, fuhr der BUND fort und lächelte ihnen mit einem nicht ganz geheueren Wohlwollen zu, „beginnt für Sie der Ernst der Arbeit. Für Gesamtüberblicke werden Sie dann keine Zeit haben. Inzwischen ...“ [...]

„Ich werde beim Anfang anfangen“, sagte der BUND, und die ganz Gewissenhaften unter den Studenten vermerkten seine Absicht in ihren Heftchen: *Beim Anfang anfangen!* „Das hier sind die Brutöfen“, sagte er mit einer schwungvollen Handbewegung. Er öffnete eine abgedichtete Tür und zeigte ihnen die vielen Gestelle voll bezifferter Reagenzgläser. „Der wöchentliche Eingang an Ovarien. Ständig bei Bluttemperatur gehalten. Die männlichen Gameten“, hier öffnete er eine andre Tür, „müssen dagegen bei 35, statt bei 37 Grad gehalten werden. Volle Bluttemperatur macht unfruchtbar. Böcke in Barchent zeugen keine Zicklein.“

An die Brutöfen gelehnt, gab er den unleserlich über die Seiten flitzenden Bleistiften eine kurze Beschreibung des modernen Befruchtungsvorgangs, sprach selbstverständlich zuerst von dessen chirurgischer Einleitung mittels „einer freiwillig zum Gemeinwohl auf sich genommenen Operation, die überdies noch mit einer Prämie in der Höhe von sechs Monatsgehältern verbunden ist“, beschrieb hierauf das Verfahren, um das exstirpierte Ovar am Leben zu erhalten und weiterzuentwickeln, ging dann auf die Frage der Optimaltemperatur, des Salzgehalts und der Viskosität über, erwähnte die Nährlösung, in der die abgetrennten und ausgereiften Eier aufbewahrt wurden, führte seine Schützlinge an die Arbeitstische und zeigte ihnen, wie diese Flüssigkeit aus den Reagenzgläsern abgezogen und tropfenweise auf die vorgewärmten Objektträger der Mikroskope geträufelt wurde, wie die in ihr enthaltenen Eier auf Entartungen untersucht, gezählt und in einen porösen Behälter übertragen wur-

Barchent: Gewebe aus Baumwolle
exstirpieren: operativ entfernen
Viskosität: Zähflüssigkeit

den und – hier ließ er sie der Prozedur zusehn – wie man diesen Behälter in eine warme Nährbouillon voll freischwimmender Spermatozoen tauchte – Mindestgehalt 100 000 auf den Kubikzentimeter, so betonte er – und wie nach zehn Minuten der Behälter aus der Flüssigkeit gehoben und sein Inhalt neuerlich untersucht wurde. Waren einige Eier unbefruchtet geblieben, wurde er flugs nochmals und, wenn nötig, noch mehrmals eingetaucht. Dann kamen die befruchteten Eier zurück in die Brutöfen, wo die Alphas und Betas bis zur endgültigen Abfüllung auf Flaschen blieben, während die Gammas, Deltas und Epsilons schon nach sechsunddreißig Stunden herausgenommen und dem Bokanowskyverfahren unterzogen wurden.

„Bokanowskyverfahren", wiederholte der Direktor, und die Studentlein unterstrichen das Wort in ihrem Heftchen.

Ein Ei – ein Embryo – ein erwachsener Mensch: das Natürliche. Aber ein bokanowskysiertes Ei knospt und sproßt und spaltet sich. Acht bis sechsundneunzig Knospen – und jede Knospe entwickelt sich zu einem vollausgebildeten Embryo, jeder Embryo zu einem vollausgewachsenen Menschen. Sechsundneunzig Menschenleben entstehn zu lassen, wo einst nur eins wuchs: Fortschritt.

„Das Bokanowskyverfahren", schloß der BUND, „besteht im wesentlichen aus einer Reihe von Unterbrechungen des Entwicklungsverlaufs. Wir hemmen das normale Wachstum, und, so paradox es klingt, das Ei reagiert darauf durch Knospung."

[...]

Unterdessen war das ursprüngliche Ei bereits auf dem besten Weg, zu acht bis sechsundneunzig Embryos zu werden – doch gewiß eine gewaltige Verbesserung der Natur!

Identische Simultangeschwister, aber nicht lumpige Zwillinge oder Drillinge wie in den alten Zeiten des Lebendgebärens, als sich ein Ei manchmal zufällig teilte, sondern Dutzendlinge, viele Dutzendlinge auf einmal.

„Dutzendlinge", wiederholte der Direktor mit weitausholender Armbewegung, als verteilte er Almosen. „Viele Dutzendlinge."

Ein Student war töricht genug, zu fragen, wo da der Vorteil liege.

„Aber, lieber Freund!" Der Direktor drehte sich mit einem Ruck nach ihm um. „Begreifen Sie nicht? Ja, begreifen Sie denn das nicht?" Er hob den Zeigefinger mit feierlicher Miene. „Das Bokanowskyverfahren ist eine der Hauptstützen menschlicher Beständigkeit."

Eine der Hauptstützen menschlicher Beständigkeit.

Menschen einer einzigen Prägung, in einheitlichen Gruppen. Ein einziges bokanowskysiertes Ei lieferte die Belegschaft für einen ganzen kleineren Fabrikbetrieb.

„Sechsundneunzig völlig identische Geschwister bedienen sechsundneunzig völlig identische Maschinen!" Seine Stimme bebte fast vor Begeisterung. „Da weiß man doch zum erstenmal in der Weltgeschichte, woran man ist!" Er zitierte den Wahlspruch des Erdballs: „Gemeinschaftlichkeit, Einheitlichkeit, Beständigkeit." Goldene Worte. „Wenn sich das Bokanowskyverfahren unbegrenzt vervielfältigen ließe, wäre das ganze Problem gelöst."

Gelöst durch gleiche Gammas, identische Deltas, einheitliche Epsilons. Millionlinge. Massenerzeugung endlich in der Biologie angewendet. [...]

(1932)

BERTOLT BRECHT

24

Leben des Galilei (Auszug aus dem 14. Bild)

ANDREA: Todesfurcht ist menschlich! Menschliche Schwächen gehen die Wissenschaft nichts an.

GALILEI: Nein! – Mein lieber Sarti, auch in meinem gegenwärtigen Zustand fühle ich mich noch fähig, Ihnen ein paar Hinweise darüber zu geben, was die Wissenschaft alles angeht, der Sie sich verschrieben haben.

Eine kleine Pause.

GALILEI *akademisch die Hände über dem Bauch gefaltet:* In meinen freien Stunden, deren ich viele habe, bin ich meinen Fall durchgegangen und habe darüber nachgedacht, wie die Welt der Wissenschaft, zu der ich mich selber nicht mehr zähle, ihn zu beurteilen haben wird. Selbst ein Wollhändler muß, außer billig einkaufen und teuer verkaufen, auch noch darum besorgt sein, daß der Handel mit Wolle unbehindert vor sich gehen kann. Der Verfolg der Wissenschaft scheint mir diesbezüglich besondere Tapferkeit zu erheischen. Sie handelt mit Wissen, gewonnen durch Zweifel. Wissen verschaffend über alles für alle, trachtet sie, Zweifler zu machen aus allen. Nun wird der Großteil der Bevölkerung von ihren Fürsten, Grundbesitzern und Geistlichen in einem perlmutternen Dunst von Aberglauben und alten Wörtern gehalten, welcher die Machinationen dieser Leute verdeckt. Das Elend der Vielen ist alt wie das Gebirge und wird von Kanzel und Katheder herab für unzerstörbar erklärt wie das Gebirge. Unsere neue Kunst des Zweifelns entzückte das große Publikum. Es riß uns das Teleskop aus der Hand und richtete es auf seine Peiniger. Diese selbstischen und gewalttätigen Männer, die sich die Früchte der Wissenschaft gierig zunutze gemacht haben, fühlten zugleich das kalte Auge der Wissenschaft auf ein tausendjähriges, aber künstliches Elend gerichtet, das deutlich beseitigt werden konnte, indem sie beseitigt wurden. Sie überschütteten uns mit Drohungen und Bestechungen, unwiderstehlich für schwache Seelen. Aber können wir uns der Menge verweigern und doch Wissenschaftler bleiben? Die Bewegungen der Himmelskörper sind übersichtlicher geworden; immer noch unberechenbar sind den Völkern die Bewegungen ihrer Herrscher. Der Kampf um die Meßbarkeit des Himmels ist gewonnen durch Zweifel; durch Gläubigkeit muß der Kampf der römischen Hausfrau um Milch immer aufs neue verlorengehen. Die Wissenschaft, Sarti, hat mit beiden Kämpfen zu tun. Eine Menschheit, stolpernd in diesem tausendjährigen Perlmutterdunst von Aberglauben und alten Wörtern, zu unwissend, ihre eigenen Kräfte voll zu entfalten, wird nicht fähig sein, die Kräfte der Natur zu entfalten, die ihr enthüllt. Wofür arbeitet ihr? Ich halte dafür, daß das einzige Ziel der Wissenschaft darin besteht, die Mühseligkeit der menschlichen Existenz zu erleichtern. Wenn Wissenschaftler, eingeschüchtert durch selbstsüchtige Machthaber, sich damit begnügen, Wissen um des Wissens willen aufzuhäufen, kann die Wissenschaft zum Krüppel gemacht werden, und eure neuen Maschinen mögen nur neue Drangsale bedeuten. Ihr mögt mit der Zeit alles entdecken, was es zu entdecken gibt, und euer Fortschritt wird doch nur ein Fortschreiten von der Menschheit weg sein. Die Kluft zwischen

euch und ihr kann eines Tages so groß werden, daß euer Jubelschrei über irgendeine neue Errungenschaft von einem universalen Entsetzensschrei beantwortet werden könnte. – Ich hatte als Wissenschaftler eine einzigartige Möglichkeit. In meiner Zeit erreichte die Astronomie die Marktplätze. Unter diesen ganz besonderen Umständen hätte die Standhaftigkeit eines Mannes große Erschütterungen hervorrufen können. Hätte ich widerstanden, hätten die Naturwissenschaftler etwas wie den hypokratischen Eid der Ärzte entwickeln können, das Gelöbnis, ihr Wissen einzig zum Wohle der Menschheit anzuwenden! Wie es nun steht, ist das Höchste, was man erhoffen kann, ein Geschlecht erfinderischer Zwerge, die für alles gemietet werden können. Ich habe zudem die Überzeugung gewonnen, Sarti, daß ich niemals in wirklicher Gefahr schwebte. Einige Jahre lang war ich ebenso stark wie die Obrigkeit. Und ich überlieferte mein Wissen den Machthabern, es zu gebrauchen, es nicht zu gebrauchen, es zu mißbrauchen, ganz wie es ihren Zwecken diente.
Virginia ist mit einer Schüssel hereingekommen und bleibt stehen.
Ich habe meinen Beruf verraten. Ein Mensch, der das tut, was ich getan habe, kann in den Reihen der Wissenschaft nicht geduldet werden.
VIRGINIA: Du bist aufgenommen in den Reihen der Gläubigen.
Sie geht und stellt die Schüssel auf den Tisch.
GALILEI: Richtig. – Ich muß jetzt essen.
Andrea hält ihm die Hand hin. Galilei sieht die Hand, ohne sie zu nehmen.

25

WALTER JENS

Wo bleibt der Codex? Anmerkungen zu der Frage nach der wissenschaftlichen Ethik

Ein Frühlingstag um das Jahr 442 vor Christi Geburt; es ist Morgen; die Zuschauer sind, von kleinen Laternen geleitet, bei Nacht ins Theater gekommen. Ein Chor alter Männer versammelt sich in der Orchestra und beschwört in einem Meditationslied, dem ersten Stasimon der sophokleischen *Antigone*, jenes Doppel-Wesen *Mensch*, das sich durch die Ambivalenz von Macht und Elend, von meisterlicher Beherrschung der Technik und bescheidener Moral, von der Fähigkeit, die Natur zu unterjochen und der Unfähigkeit, sich selbst zu beherrschen und der gesetzten Grenzen innezuwerden, charakterisiert sieht.

Ungeheuer: viel.
Aber ungeheuerer als der Mensch: nichts.
Über das graue Meer
zieht er
im heftigen Südsturm geraden Wegs
durch die ringsum tosenden Wogen.
Der Güter höchstes, die Erde,

Stasimon: vom Chor der altgriech. Tragödie gesungenes Lied
Sophokles: griech. Tragiker aus Athen, um 496–406 v. Chr.
Antigone: Tragödie des Sophokles, aufgeführt 442 v. Chr.

die unzerstörbare, niemals ermattende
müht er ab.
Mit den Pflügen,
Jahr für Jahr von den Pferden gewendet,
wühlt er sie auf.

Und das Geschlecht der flüchtigen Vögel
umgarnt und fängt er
und die Stämme der wilden Tiere
und die Früchte des Meeres im Wasser.
Er fängt sie mit geflochtenem Netz,
der ringsum verständige Mensch.
Mit vielerlei Kunst besiegt er das schweifende Wild auf den Höhn
und den mähnigen Nacken des Pferdes
und den unermüdlichen Stier auf den Bergen
unterwirft er dem Joch.

Und Rede und luftleichten Sinn
und städteordnenden Fleiß erlernte er wohl.
Lernte zu fliehen
die Gastlosigkeit eisiger Berge
und die Geschosse des Regens. Reich an Erfahrung.
Nie trifft ihn, als Unerfahrenen, Zukunft.
Nur vor dem Tode weiß er keinen Rat.
Aber die Krankheit zu fliehn,
auch die schlimmste,
gut versteht das der Mensch. […]

Ein Lied, geschrieben und komponiert für den Tag und die Stunde. (An eine Wiederaufführung, gar an einen „Druck“ war für Sophokles nicht zu denken.) Ein Gesang, der an einem Frühlingsmorgen im Athener Dionysos-Theater angestimmt werden sollte – gesprochen und schon vergessen! Doch dieser Hymnus eben, angelegt auf Flüchtigkeit und rasches Vergehen, hat sich, abgeschrieben und von Jahrhundert zu Jahrhundert neu inszeniert, als vollkommenste Interpretation menschlicher Janus-Gesichtigkeit erwiesen: als eine bis heute durch Wissenschaft, Philosophie und Kunst nie wieder erreichte Deutung jenes Zwitterwesens, dessen Größe identisch mit seiner Fallhöhe ist – identisch, weil das Ungeheure im Sinn von „groß, mächtig, gewaltig“ *und* das Ungeheure, das „unheimlich, nicht geheuer, bedroht und verwegen“ meint, einander bedingen. […]
Das Meer hat er erobert, die Erde um- und umgewühlt, Vögel und Fische gefangen, das Getier unterjocht, die Natur sich gefügig gemacht, das Prinzip „Herrschaft“, dienlich, Hierarchien unter Menschen zu befestigen, in die Welt gesetzt, die Krankheit besiegt, die Zukunft als beherrschbar erwiesen: „Weit über Erwarten begabt mit Können und Geist“ … und eben deshalb gefährdet und von der Hybris dessen be-

Janus: römischer Gott des Anfangs, dargestellt mit Doppelantlitz
Hybris: Überheblichkeit, Vermessenheit

droht, der aus dem „Du *kannst* alles machen" die Konsequenz zieht: „Du *darfst* alles machen" und derart ein Menschsein verspielt, das auf der Achtung vor allem Mitgeschaffenen, den Tieren, den vernunftbegabten Lebewesen, den Göttern beruht. [...]

„Wissen ist Macht" lautet, hüben, seit Bacon und Descartes, die Lösung; Wissen unterwirft die Natur und macht den Kundigen zum Herrn und Eigentümer der Schöpfung; Wissen ermöglicht, Natur nicht nur auszubeuten, sondern sie zu verwandeln; Wissen erlaubt, die zu berechenbaren Objekten verdinglichten Ressourcen der Erde (zu denen, frühkapitalistischer Mentalität entsprechend, auch Menschen gezählt werden: Angehörige der niederen Schichten) den Bedürfnissen jener Techniker dienstbar zu machen, die das Verhältnis zwischen dem Naturwissenschaftler und der ihm verfügbaren *materia totius mundi* im Sinne des auf Überlegenheit und Unterwerfung ausgerichteten Verhältnisses zwischen Mann und Frau verstehen: sie die Sklavin, er der Herr. [...]

Und dagegen dann, drüben, das Häuflein der Warner mit ihrer Sophokles [...] zitierenden Devise - eine versprengte Schar, die, auf das demokratische Miteinander von allem Geschöpf verweisend, den Heiligen Benedikt anführt oder Franziscus und sich, im übrigen, eines Sinnes mit jenem Jean-Jacques Rousseau weiß, der im Jahre 1750 die Preisfrage der Akademie von Dijon „Hat der Wiederaufstieg der Wissenschaften und Künste zur Läuterung der Sitten beigetragen?" mit der lapidaren These beantwortete: „Unsere Seelen korrumpieren in dem Maße, in dem unsere Wissenschaften und Künste fortschritten zur Vollkommenheit."

Zurück zu Rousseau also? Widerruf der Baconschen *Instauratio Magna* und der *Nova Atlantis* mitsamt ihrem Tribut an eine Vernunft, deren Wert sich allein nach ihrer Praxis, der Summe ihrer Nützlichkeiten, bemesse? Absage ans Ideal einer rationalen Weltbeherrschung, wie Descartes es entwarf? Nein, dies ganz gewiß nicht. Kein Zurück hinter Bacon, kein kulturkritischer Amoklauf also: wohl aber ein Erkennen der Konsequenzen, die sich aus dem Vergessen der von Sophokles aufgezeigten Ambivalenz des Begriffes „un-geheuer" ergeben; wohl ein Bedenken der sich ständig vergrößernden und im Zeitalter des potentiellen Holocaust nicht mehr hinnehmbaren Diskrepanz zwischen Wissen und Ethik; wohl die Erkenntnis, wie wenig, mit Herbert Marcuse zu sprechen, „Technik als solche von dem Gebrauch abgelöst werden" kann, „der von ihr gemacht wird"; wohl eine Besinnung darauf, *was* es bedeutet, wenn, dank zunehmender Irrationalität des ursprünglich Rationalen, Fortschritte der Naturwissenschaft mit Hekatomben von Opfern erkauft werden müssen. [...]

Descartes, René Renatus Cartesius: franz. Philosoph, 1596–1650
Ressourcen: Produktionsmittel
materia totius mundi: die Materie der gesamten Welt
Heiliger Benedikt: Benedikt von Nursia, um 480–547 n. Chr.
Franziscus: Franz von Assisi, 1181/82–1226
Rousseau, Jean Jacques: franz.-schweiz. Schriftsteller und Philosoph, 1712–1778
Holocaust: von griech. holocaustos = völlig verbrannt, engl. holocaust = Inferno; Tötung einer großen Zahl von Menschen, eines Volkes (besonders der europäischen Juden durch die Nationalsozialisten)
Marcuse, Herbert: Philosoph, 1898–1979
Hekatombe: großes Opfer (ursprünglich von 100 Stieren)

Nein, keine unreflektierte Absage an die naturwissenschaftliche Aufklärung (wer sie verlangte, müßte bereit sein, sich mit Epochen zu befreunden, die, zum Beispiel, die Anästhesie noch nicht kannten), wohl aber der Versuch, die Identität von Natur- und Gesellschaftsbeherrschung infrage zu stellen und „Fortschritt" endlich aus der Perspektive der Opfer zu betrachten: aus der Sicht der Vielen, deren unverschuldete Unmündigkeit jene Wenigen förderten, die alles, was nicht ihresgleichen war, für tributpflichtig hielten. [...]
Der naturwissenschaftlichen Aufklärung den Charakter eines Entwurfs zur Beförderung von Emanzipation wiederzugeben, der bis heute nicht realisiert, ja, ins Gegenteil verkehrt worden ist: darauf käme es an - und, in der Tat, an Visionen, das ursprüngliche „Projekt", die Menschheit auf die Ebene einer zweiten, von Zwängen und Fremdbestimmungen befreiten Natur zu heben und derart, auf Autonomie aber nicht Autarkie der Subjekte abzielend, zur Wiederversöhnung von Wissenschaft und Moral beizutragen ... an solchen humanen Visionen mangelt es nicht - Albert Einsteins Entwurf einer neuen, Herrschaft transzendierenden Denkweise und Albert Schweitzers Bestimmung der Ethik als „Ehrfurcht vor dem Leben" allen voran: [...] die zornige Bußrede eines Mannes, eines Naturwissenschaftlers, Arztes und Theologen, dessen barocke Predigt, „Kehrt um, ehe es zu spät ist", nicht nur den Regierenden, sondern auch - und gerade! - der eigenen Zunft gilt, die ihr Wissen in den Dienst der Macht gestellt habe: in den Dienst des Kriegs!
So betrachtet gehört Albert Schweitzer - neben Einstein und Georg Friedrich Nicolai - zu jener Handvoll Aufrechter, die, lange bevor es eine Kernspaltung gab, die Frage durchdachten, kraft welcher Gesinnung und welcher für unabdingbar erklärten ethischen Prämissen der Sündenfall der Wissenschaft [...] rückgängig zu machen sei ... eine Frage, die sich heute, in einem Augenblick auf den Begriff gebracht sieht, da die Dialektik von Allmacht und Ohnmacht, allen sichtbar, ihre äußerste und endgültige Konsequenz gefunden hat: „Gleich wie lange, gleich ob es ewig währen würde", so Günther Anders in der „Antiquiertheit des Menschen", „dieses Zeitalter ist das letzte: Denn seine differentia specifica, die Möglichkeit unserer Selbstauslöschung kann niemals enden - es sei denn durch das Ende selbst."
In dieser Situation, da der totale Triumph wissenschaftlichen Entdeckens zugleich das Ende aller Forschung bedeuten könnte - in dieser Situation ist zweierlei unabdingbar: zum ersten, aufs Gestern bezogen, ein nüchternes Resümee. Das Bedenken, Sammeln und Aufzählen aller Erfindungen, die dazu beitrugen, die „letzte Epidemie" - den drohenen Holocaust also - näherzurücken. Da wären Fritz Haber, der „Vater des Gaskrieges", wie man ihn genannt hat, und Edward Teller zu einem großen imaginären Disput einzuladen, da hätte Einstein noch einmal, seinen Brief an

Einstein, Albert: Physiker, 1879–1955
Schweitzer, Albert: evang. Theologe, Arzt und Musiker, 1875–1965
Nicolai, Georg Friedrich: Schriftsteller und Verlagsbuchhändler, 1733–1811
Anders, Günther: Schriftsteller, geb. 1902, bekannt geworden besonders durch seine zeit- und kulturkritischen Essays „Die Antiquiertheit des Menschen. Über die Seele im Zeitalter der zweiten industriellen Revolution" (1956)
differentia specifica: spezifisches Unterscheidungsmerkmal
Haber, Fritz: Chemiker, 1868–1934
Teller, Edward: ungar.-amerik. Physiker, geb. 1908, der sich frühzeitig für die Entwicklung der Wasserstoffbombe einsetzte, s. Text (10–11), S. 102 ff.

den Präsidenten betreffend, Rechenschaft abzulegen; da käme Oppenheimer zu Wort, Brecht mischte sich ein und akzentuierte das Gespräch durch die Bemerkung, die Wissenschaftler möchten bedenken, daß es, im Zeitalter der Atomkriege, nur noch Niederlagen, aber keine Siege mehr gäbe, ja, daß gerade die vermeintlichen Siege die gnadenlosesten Niederlagen seien. [...]
Aufarbeitung der Geschichte ihrer Disziplin, mitsamt deren Dialektik: Das wäre, im Zeichen der drohenden Katastrophe, die erste Aufgabe der Naturwissenschaftler, wobei es wohlgemerkt um Trauerarbeit, nicht aber um Schuldzuweisungen ginge. Und dann das zweite: Der historischen Analyse hätte, zum Heute gewendet, die wissenschaftstheoretische Besinnung auf die Verantwortung der Physiker, Biologen, Mediziner in einem Augenblick zu folgen, da sie ihre Unschuld - sprich: zeitenthobene Neutralität - ein für allemal verloren haben. Abermals wäre ein Disput zu inszenieren - ein Streitgespräch zwischen Edward Teller, beispielsweise, und James Franck.
Teller: „Der Wissenschaftler ist für die Gesetze der Natur nicht verantwortlich. Seine Aufgabe ist es lediglich herauszufinden, in welcher Weise diese Gesetze funktionieren. Die Aufgabe des Wissenschaftlers besteht darin, Wege zu suchen, diese Gesetze dem menschlichen Willen untertan zu machen. Es ist hingegen nicht die Aufgabe des Wissenschaftlers zu entscheiden, ob Bomben gebaut, ob sie angewandt oder wie sie angewandt werden."
Gegenrede James Francks und seines Teams: „In der Vergangenheit konnten die Wissenschaftler jede unmittelbare Verantwortung für den Gebrauch, den die Menschheit von ihren uneigennützigen Entdeckungen machte, ablehnen. Jetzt aber sind wir gezwungen, einen aktiven Standpunkt einzunehmen, weil die Erfolge, die wir auf dem Gebiet der Kernenergie errungen haben, mit unendlich viel größeren Gefahren verbunden sind als bei allen Erfindungen der Vergangenheit."
Hier Edward Teller, dort James Franck: Die Entscheidung, wer von beiden Recht und Moralität auf seiner Seite hat, scheint einfach zu sein - ist es aber offenbar in Wahrheit nicht: Wie anders wäre es sonst zu erklären, daß die Mehrzahl der Wissenschaftler auch heute noch zwar wie Franck *redet*, aber wie Teller *handelt*? [...]
Und warum das alles? Warum diese unermüdliche Schuldanhäufung der *Wissenschaft* trotz der Kenntnis, des Problembewußtseins und der hohen Moral Tausender von *Wissenschaftlern*? [...]
Warum, weltweit, die Scheu, dort Widerstand zu leisten, wo mit der Vernichtung des anderen längst schon der eigene Untergang droht? [...]
Die Antwort muß lauten: Diese Schizophrenie grassiert, weil zwar einzelne Wissenschaftler, nicht aber die Wissenschaft über einen verbindlichen Moral-Kodex im Sinne des hippokratischen Eides für die Ärzte verfügt, sich also nicht in der Lage sieht, die spätestens durch den potentiellen Holocaust unabdingbar gewordene Kongruenz von Ethik und Wissenschaft mit den ihr eigenen Mitteln: szientifisch also zu analysieren [...]
Herausbildung einer wissenschaftlichen Ethik als verbindlicher und konsensfähiger Gesellschaftsmoral im Sinne des hippokratischen Eides ist unabdingbar, wo es in später, aber noch nicht letzter Stunde darum geht, die Arbeitsteilung in Beruf und

Franck, James: deutsch-amerik. Physiker, 1882-1964

Privatheit [...] endlich zu überwinden und damit einem Zustand ein Ende zu machen, von dem einer, der sich auf Schizophrenien verstand, Karl Jaspers, gesagt hat: „Wo die eine“, die Berufsarbeit, „sich vollzieht“, so der Traktat „Die Atombombe und die Zukunft des Menschen“, „schweigt das andere“, das Gewissen. „Wo die eine sich vollzieht, schweigt das andere. Für die Befehlsausführung im Beruf weiß sich der Ausführende nicht verantwortlich. An das Endziel wird nicht gedacht, denn es ist nicht die eigene Sache. Wenn dies Ganze ein Verbrechen ist, so hat nicht er es befohlen.“ [...]
Es ist nicht Aufgabe der Wissenschaft, sondern ein Verstoß gegen ihre Aufgabe, das Humanitäts-Potential zu vergrößern, wenn das *verum* zum Fetisch wird, weil sein Korrelat, das *bonum*, den Blicken entschwindet.

(1984)

Jaspers, Karl: Psychiater und Philosoph, 1883-1969
verum: das Wahre
bonum: das Gute

HANS MAGNUS ENZENSBERGER

Ins Lesebuch für die Oberstufe

26

lies keine oden, mein sohn, lies die fahrpläne:
sie sind genauer, roll die seekarten auf,
eh es zu spät ist, sei wachsam, sing nicht.
der tag kommt, wo sie wieder listen ans tor
schlagen und malen den neinsagern auf die brust
zinken. lern unerkannt gehn, lern mehr als ich:
das viertel wechseln, den paß, das gesicht.
versteh dich auf den kleinen verrat,
die tägliche schmutzige rettung. nützlich
sind die enzykliken zum feueranzünden,
die manifeste: butter einzuwickeln und salz
für die wehrlosen. wut und geduld sind nötig,
in die lungen der macht zu blasen
den feinen tödlichen staub, gemahlen
von denen, die viel gelernt haben,
die genau sind, von dir.

(1957)

Arbeitsvorschläge zum Textangebot

1. Analysieren Sie den Anfang des Romans „Schöne neue Welt" von Aldous Huxley (23). Gehen Sie besonders auf die Erzählhaltung, die Darbietungsformen (z. B. Zeile 25–31, 75–80) ein, sowie auf die für einen Science-fiction-Roman typischen sprachlichen Besonderheiten und gedanklichen Leitvorstellungen.
2. Erläutern Sie zusammenfassend, auf welche Realität der Romananfang (23) hinweist (Gegenstandsbereich: Das, was der Leser verstehen soll) und wie der Zugriff auf diese Realität geleistet wird (Bildbereich: Das, was im Text durch wörtliche Rede oder von einem Erzähler mitgeteilt wird).
3. Welches Bild vom Wissenschaftler, von der Wissenschaft und ihren (möglichen) Folgen entwirft Huxley? Bestimmen Sie die Intention dieses Entwurfs und die dieser Intention entsprechende Lesehaltung.
4. Die Rede Galileis (24) ist nicht historisch. Sie ist Brechts Fiktion.
   Beschreiben Sie, wie Bertolt Brecht an der Dramenfigur des Galilei die Schuld des Wissenschaftlers demonstriert und wie dieses Versagen in der szenischen Gestaltung des Auszugs zum Ausdruck gebracht wird.
   - Aufgrund welcher Einsicht schließt Galilei sich selber aus den Reihen der Wissenschaft aus?
   - Welche Folgen hat Galileis Verrat, und worin wird seine Existenz als Verräter in dieser Szene deutlich?
5. Welchen Zusammenhang sehen Sie zwischen der Szene aus Brechts „Leben des Galilei" (24) und dem Schlußwort, das Kipphardt seiner Dramenfigur Oppenheimer in den Mund legt (11)?
6. Erläutern Sie, wie Walter Jens in seinem Essay (25) den Gedanken der „Janus-Gesichtigkeit" (Ambivalenz) des Menschen verwendet.
7. Welche Aufgabe weist Jens der „naturwissenschaftlichen Aufklärung" angesichts der Lage des Menschen zu? Untersuchen Sie dazu besonders die Zeilen 100–106.
   Formulieren Sie die entscheidenden Thesen, die Jens zur Lösung des Problems aufstellt. Wie stehen Sie zu diesen Forderungen?
8. Welche Rolle weist Jens (25) der Dichtung in seinem Argumentationszusammenhang zu?
9. Machen Sie sich den Inhalt des Gedichts von Enzensberger (26) klar, und verfassen Sie eine Stellungnahme dazu.

Weiterführende Arbeitsvorschläge

1. Lesen Sie einen utopischen Roman, und machen Sie deutlich, wie darin Wirklichkeit als Modell angesichts der naturwissenschaftlich-technischen Möglichkeiten des Menschen entworfen wird.
   Leseempfehlungen: Aldous Huxley, Schöne neue Welt (Fischer TB 26). – George Orwell, 1984 (Ullstein TB 3253). – Ray Bradbury, Fahrenheit 451 (Ullstein TB 114). – H. G. Wells, Die Zeitmaschine (rororo 22).

2. Erweitern Sie die Textbasis zum Thema „Biologische Manipulation" mit Hilfe des folgenden Titels:
Ulrich Kattmann: Biologische Manipulation des Menschen. Arbeitsmaterial für die Sekundarstufe II. rp-modelle. Modelle und Materialien zum problemorientierten Religionsunterricht, Heft 6. Frankfurt/Main: Verlag Moritz Diesterweg, München: Kösel-Verlag 1972.
Untersuchen Sie das Material schwerpunktmäßig nach einem der folgenden Aspekte:
   - Möglichkeiten und Tragweite biologischer Manipulation
   - Frage des Menschenbildes
   - Wissenschaft und Verantwortung.
3. Die gesellschaftliche Verantwortung des Wissenschaftlers – Analysieren Sie zu diesem Thema Brechts Schauspiel „Leben des Galilei", Dürrenmatts Komödie „Die Physiker" und Kipphardts Dokumentarstück „In der Sache J. Robert Oppenheimer".
Vergleichen Sie vor allem das Schlußwort Oppenheimers mit der 14. Szene des Galilei und dem Gespräch zwischen Möbius, Newton und Einstein in den „Physikern".
4. Vergleichen Sie Dürrenmatts und Brechts Ansichten über die Wiedergabe der heutigen Welt durch das Theater. *Textgrundlage: Bertolt Brecht: Kann die heutige Welt durch Theater wiedergegeben werden? (1955) In: Über experimentelles Theater. Frankfurt/Main: Suhrkamp 1970, S. 158ff. Friedrich Dürrenmatt: Theaterprobleme. Zürich: Arche Verlag 1955, S. 32–39.*
5. Erarbeiten Sie an Kipphardts Schauspiel „In der Sache J. Robert Oppenheimer" Besonderheiten des Dokumentartheaters. Ziehen Sie dazu neben der Nachbemerkung des Autors in der Suhrkamp-Ausgabe die „Notizen zum dokumentarischen Theater" von Peter Weiss hinzu: *„Das Material und die Modelle". In: Arbeitstexte für den Unterricht. Theorie des Dramas. Für die Sekundarstufe hg. von Ulrich Staehle. Stuttgart: Reclam 1973, S. 110–120.*
6. Vergleichen Sie zum Thema „Text und Wirklichkeit" auch die fiktionalen und nichtfiktionalen Beispiele in Kapitel 6, A III.
7. Vergleichen Sie fiktionale und nichtfiktionale Texte desselben Autors.
Textgrundlage: Fiktionale und nichtfiktionale Texte desselben Autors. Für die Sekundarstufe hg. v. Peter Schaarschmidt. Stuttgart: Reclam 1974 (RUB 9515).

E Information

I. Zur Unterscheidung von Sachtext und dichterischem Text

Für den Umgang mit Texten ist die Unterscheidung von
- Sachtexten = pragmatischen, nichtfiktionalen, expositorischen Texten und
- dichterischen Texten = poetischen, fiktionalen, ästhetischen Texten, also Literatur im engeren Sinne

besonders wichtig, damit man Texte nicht unter falschen Voraussetzungen liest. Obwohl diese Einteilung grundlegend ist, kann die Unterscheidung im Einzelfall schwierig sein.

Der Sachtext

Wer einen Sachtext schreibt, will

entweder
- andere informieren, auf Dinge außerhalb des Textes Bezug nehmen (es überwiegt die Darstellungsfunktion)

oder
- zu einem bestimmten Handeln auffordern, ein bestimmtes künftiges Verhalten bewirken (es überwiegt die Appellfunktion)

oder
- sich selber, seine Gefühle, Stimmungen ausdrücken (es überwiegt die Ausdrucksfunktion)
- Der Verfasser wendet sich oft an eine ganz bestimmte Zielgruppe.

Die Gestaltung von Sachtexten bietet keine beabsichtigten Widerstände.

Der dichterische Text

Wer einen dichterischen Text herstellt,

- bezieht sich nicht unmittelbar auf eine Sache, er bringt den Sachverhalt oder seinen Gegenstand selbst hervor, er verweist mittelbar auf die Wirklichkeit durch den Text. Der Text ist in sich geschlossen. Erkenntnisse lassen sich nicht unmittelbar auf die Wirklichkeit übertragen.
- will grundsätzlich beim Leser etwas bewirken, aber mittelbar, d. h. niemals so, daß er direkte Handlungsanweisungen gäbe; er wirkt wesentlich dadurch, daß er den Leser betroffen macht.
- drückt sich nicht unmittelbar aus, sondern fingiert im Interesse der besonderen Wirkung, was ein lyrisches Ich, eine Roman- oder Dramenfigur in einer bestimmten Lage empfindet.
- wendet sich im allgemeinen an alle Leser.

Die Gestaltung dichterischer Texte bietet Verstehenswiderstände.

Die Sprache ist abhängig von der vorherrschenden Grundfunktion. Sie ist auf eindeutiges Verständnis angelegt. Mögliche Verstehenswiderstände sind unbeabsichtigt.	Die künstlerische Gestaltung bestimmt Aussage und Wirkung. Die Sprache ist meist anders, als der Leser erwartet. Der Autor will Abweichungen von der erwarteten Norm, will oft verfremden, irritieren, will den Leser betroffen machen, will den Leser zur aktiven Auseinandersetzung veranlassen. Der dichterische Text ist auslegungsbedürftig.

II. Arbeitsschritte zur Texterörterung/Stellungnahme

1. Kennzeichnung

Die Texterörterung im Anschluß an eine Textvorlage fußt auf einer genauen Textwiedergabe (s. Kapitel 1, E) und einer Beschreibung des Bezugstextes (s. Kapitel 2, E). Sie stellt den letzten Schritt im Umgang mit einem Text dar. Die Schrittfolge Textwiedergabe, Textbeschreibung und Texterörterung ist nicht umkehrbar.
Sie ergibt sich aus dem Antwortcharakter eines Textes; denn beim Umgang mit einem Text kommt es zunächst darauf an, die Fragen zu erschließen, auf die der jeweils vorliegende Text Antwort sein will.
Auf diese Fragen versucht der Schreiber in seiner Erörterung seinerseits eine Antwort zu geben.
Die Erörterung zielt also über den vorliegenden Text hinaus und bietet eine direkte Stellungnahme zu dem Problem, auf das sich auch die Textvorlage bezieht.
Die Texterörterung bemüht sich um eine möglichst objektive Untersuchung des Sachverhalts oder des Problems, schließt jedoch persönliche Wertung und Kritik mit ein.
Sie schließt sich in der Regel an eine Textvorlage an, die mit den Gegenständen des Faches zu tun hat. Daraus ergeben sich drei Anforderungen:

Verstehensleistung	Die Textvorlage muß in ihrer Problemstellung und in ihrer Gedankenführung (Argumentationsstruktur) erfaßt werden.
Argumentationsleistung	Die kritische Auseinandersetzung mit der Textvorlage und der argumentative Aufbau der eigenen Position müssen geleistet werden.
Darstellungsleistung	Die Bezugnahme auf die Textvorlage, richtige Wiedergabe des Bezugstextes, sinnvoller Einbau von Zitaten in den Zusammenhang und der schlüssige Aufbau der eigenen Argumentation und Verdeutlichung der Aussageabsicht müssen knapp und klar und in sprachlich angemessener Form erfolgen.

2. Zur Anlage einer Texterörterung/Stellungnahme

Voraussetzung für die Stellungnahme, Ausdrucksbedürfnis/Mitteilungsbedürfnis	Überprüfen Sie, ob Sie mit der Aussage über den Sachverhalt übereinstimmen, ob Sie ganz anderer Ansicht sind, ob Sie im wesentlichen derselben Ansicht sind, manches jedoch anders sehen und begründen o. ä.

Schrittfolge

A. Einleitung Mit diesem Beitrag greife ich die Frage auf …, beziehe ich mich auf den Artikel von (Titelangabe) …, will ich auf folgende Behauptung/Forderung (Zitat der Textstelle) näher eingehen … o. ä.	Entscheiden Sie, zu welcher Fragestellung, welchem Teilaspekt Sie sich äußern, bzw. auf welche Textstelle Sie Bezug nehmen wollen.
B. Hauptteil Die Frage, die mich in diesem Zusammenhang interessiert, hat der Verfasser in der Weise aufgegriffen, beantwortet, begründet … Er geht dabei von folgender Voraussetzung, Einstellung aus … und wendet sich dabei an … o. ä.	Untersuchen Sie, welche Haltung der Verfasser zu der Frage einnimmt, zu der Sie Stellung nehmen wollen. (Weshalb stimmen Sie der im Text geäußerten Ansicht und ihrer Begründung zu? Warum muß sie ergänzt werden? Weshalb sind Sie ganz anderer Meinung, und wie ist Ihre Meinung zu begründen und zu vertreten?)
Ich stimme mit der Ansicht überein, weil …	Wie können Sie Ihre Ansicht zu der Frage stützen? (Belege mit Hinweis auf andere Autoren)
Ich stimme ihm im wesentlichen zu, möchte jedoch als Begründung noch hinzufügen, daß …	Belegen Sie Ihre Auffassung mit eigenen Beispielen, die das Gemeinte verdeutlichen.
Aus folgenden Gründen müßte man m. E. den Sachverhalt anders sehen und beurteilen. Ich neige daher zu der Ansicht, daß … und begründe sie folgendermaßen … o. ä.	Stellen Sie Querverbindungen her zu anderen Texten/Autoren, die Sie bereits gelesen haben und die Ihre Meinung stützen können.
C. Schluß Daraus ergibt sich die Forderung …	Welche Forderung können Sie in dem Zusammenhang aufstellen?
Zusammenfassend kann festgehalten werden …	Welche Überlegungen möchten Sie hervorheben?

Erzählende Literatur (Epik)

Erzählen kann man sowohl mündlich als auch schriftlich, nicht nur in Form eines literarisch gestalteten Textes. Wie im Alltag erzählt wird, zeigen z. B. Witze oder Unterhaltungen über Mitschüler(innen) und Erlebnisse innerhalb und außerhalb der Schule. Diese Textarten machen bereits etwas Wichtiges deutlich: Sie sind angewiesen auf einen Erzähler, der das Geschehen dem Zuhörer vermittelt.
Grundsätzlich gilt dies für alle erzählenden Texte, auch für die literarisch gestalteten. Erzählt wird in der Ich-Form (wenn der Erzähler sich selbst ins Spiel bringt) oder in der Er-Form. Je nachdem **wie** der Erzähler das Geschehen dem Zuhörer bzw. Leser vermittelt, kann es lustig, besinnlich, informativ, belehrend wirken; er hat es weitgehend in der Hand, wie etwas dargeboten wird (vgl. C).
In den folgenden Teilen werden kürzere Texte (A), Formen von mittlerer Länge der erzählenden Literatur (B I, II) sowie der Roman als epische Langform (B III) vorgestellt. Sie kommen als Textsorten weniger in alltäglichen Situationen vor, haben aber dennoch eine lange literarische Tradition. Sie sprechen uns in oft ungewohnter Weise an und können so unser Denken in Bewegung bringen – sie fordern uns zur Deutung und zur Stellungnahme heraus.

A Episische Kurzformen Fabel, Parabel, Gleichnis

1

AESOP

Die großen und die kleinen Fische

Die großen Fische jagten die kleinen vor sich her und gaben schrecklich an: „Wer seid denn ihr, so klein und ängstlich wie ihr seid! Seht uns an, wie groß und stark wir sind. Uns kann keiner!" Und die großen jagten die kleinen Fische weiter vor sich her.
Plötzlich hing da im Wasser quer ein großes Netz. Das hatten Fischer ins Meer herabgelassen. Nun zogen sie das Netz nach oben. Die Maschen wurden enger und enger. Die großen

Fische waren gefangen. Die kleinen aber konnten durch die Maschen schlüpfen und waren wieder frei. Sie sahen von unten zu, wie die großen Fische aus dem Meer gezogen wurden und dachten: So schlecht ist es nicht, wenn man ein kleiner Fisch ist.

(6. Jh. v. Chr.)

2

Babrios

Die Eiche und das Rohr

Der Sturm riß einen Eichbaum um im Bergabhang
Und warf ihn in den Strom. Der trug ihn, hoch brandend,
Den Menschen einst in altersgrauer Zeit pflanzten.
An beiden Ufern stand unendlich viel Röhricht,
Das leichte, das die Wasser trinkt der Flußböschung.
Die Eiche staunte, wie das nur geschehen konnte:
Das dünne, schwache Röhricht, das dem Sturm standhielt,
Und sie, die starke Eiche, die er jäh umwarf!
Da sprach das kluge Rohr: „Das darf dich kaum wundern!
Du trotzest stolz dem Sturm und unterliegst trotzend;
Wir beugen uns in kluger Einsicht nachgiebig,
Auch wenn ein Lufthauch über uns nur leicht hinstreicht."

(2. Jh. n. Chr.)

3

Franz Kafka

Kleine Fabel

„Ach", sagte die Maus, „die Welt wird enger mit jedem Tag. Zuerst war sie so breit, daß ich Angst hatte, ich lief weiter und war glücklich, daß ich endlich rechts und links in der Ferne Mauern sah, aber diese langen Mauern eilen so schnell aufeinander zu, daß ich schon im letzten Zimmer bin, und dort im Winkel steht die Falle, in die ich laufe." –

„Du mußt nur die Laufrichtung ändern", sagte die Katze und fraß sie. *(1920)*

4

Wolfdietrich Schnurre

Der Absprung

Wir sind in die falsche Bahn eingestiegen. Nichts ließ zu Anfang unseren Irrtum erkennen; die Nummer stimmte, der Name des Zielbahnhofs lautete wie stets. Vielleicht wäre es einem aufgefallen, hätte man unterwegs den Wagen bestiegen und nicht an der Anfangsstation, wo die Freude über den gewonnenen Platz alle Vorsicht vergessen läßt. Aber sie hält nicht, diese Elektrische; wir sehen es ja: zu immer maßloseren Umdrehungen verleiten die blankgescheuerten Schienen die rasenden Räder. Die Hausfronten verwischen zu fliehendem Grau, die Straßen, die Plätze stürzen uns mit aufgescheuchten Laternenheeren entgegen. Vorbei; unbewältigt, auf ewig verloren bleibt das Vergangene zurück. Was nützt es, den Schaffner zu fragen, wann die Zukunft beginnt? Wenn er Lust hätte zu antworten, trüge er dann einen Dienstrock? Ach, wie sinnlos gebärden die wenigen Mitreisenden sich, die aussteigen möchten. Schwiegen sie doch, lauschten sie nur: er pfeift, unser Fahrer. Den Mützenschirm auf die Nasenwurzel gedrückt, die Augen geschlossen und die Faust um die Lenkkurbel geballt, pfeift er aufs Bremsen, aufs Halten, auf alle Bedenken; nur dies ist sein Ziel: durch die Zukunft zu rasen, auf daß sie Vergangenheit werde. Mag sich darüber beschweren, wer will; Empörung grenzt auch nur an Mittäterschaft. Nein; ich springe jetzt ab. *(1959)*

MARKUS 4. 1–2; 26–33

5

Jesus fing abermals an, am See zu lehren und es sammelte sich viel Volk um ihn. Darum stieg er in einen Kahn und saß in ihm auf dem See. Das ganze Volk aber war auf dem Lande am See. Er lehrte sie vieles in Gleichnissen und sprach zu ihnen in seinen Unterweisungen: [...] Mit dem Reiche Gottes ist es, wie wenn ein Mann Samen auf das Ackerland streut. Er mag schlafen oder aufstehen, bei Tag und bei Nacht, der Same keimt und wächst auf, ohne daß er es selber weiß. Denn die Erde trägt von selbst Frucht, zuerst den Halm, dann die Ähre, endlich die volle Frucht in der Ähre. Und wenn die Frucht es gestattet, legt er alsbald die Sichel an; denn die Ernte ist da. Er fuhr fort: Womit sollen wir das Reich Gottes vergleichen oder unter welchem Bilde es darstellen? Es ist wie ein Senfkörnlein. Wenn dieses in die Erde gesät wird, ist es das kleinste unter allen Samenkörnern auf der Erde. Ist es aber gesät, so wächst es auf und wird größer als alle Kräuter und treibt so große Zweige, daß die Vögel des Himmels unter seinem Schatten wohnen können. In vielen solchen Gleichnissen predigte er ihnen das Wort, je nach ihrer Fassungskraft.

Aufgaben zu A

1. Sprechen Sie über Ihre ersten Eindrücke bei der Lektüre der Texte (1–5):
   - Hat Sie ein Text besonders angesprochen? Warum?
   - Gibt es Lesewiderstände? Welche?
   - Sehen Sie Gemeinsamkeiten der fünf Texte? Versuchen Sie ansatzweise, eine gemeinsame Grundhaltung oder Intention des Erzählens zu ermitteln.
   - Ordnen Sie die Texte in Ihre bisherigen Leseerfahrungen ein.
2. Analysieren und vergleichen Sie die Fabeln (1 und 2) in Hinblick auf ihren Aufbau, die Aussageabsicht, die sprachlichen Mittel.
3. Die Fabeln enthalten **epische** (erzählende) und **dialogische** Teile, in denen die **Erzählform** wechselt:
   Er-Form („Die großen Fische jagten ...")
   Ich-Form („‚Seht uns an ...'")
   Erläutern Sie, welche Möglichkeiten sich hierdurch für den Erzähler ergeben.

4. Schreiben Sie eine begründete Entgegnung auf die Behauptung: Fabeln sagen nichts über die Wirklichkeit aus, da es Tiere oder Pflanzen, die miteinander sprechen, nicht gibt.
5. Machen Sie sich das Geschehen, das der Text von Kafka (3) erzählt (den Bildbereich), klar, und sprechen Sie über das, was der Text möglicherweise meint (seinen Gegenstandsbereich) (vgl. Kapitel 1 B, S. 14).
6. Kafka hat seinen Text (3) „Kleine Fabel" genannt. Vergleichen Sie den Text mit den Fabeln (1 und 2), und geben Sie eine Begründung dafür, ob Sie ihn für eine Fabel halten oder nicht. Achten Sie insbesondere auf den Aufbau, die Erzählform und das Verhältnis von Bild- und Gegenstandsbereich.
7. Formulieren Sie Ihr erstes Textverständnis von Schnurres Parabel (4) (vgl. Kapitel 1, B I und E). Untersuchen Sie daraufhin den Text genauer:
   - Markieren Sie die Stellen, an denen etwas Unerwartetes, Ungewöhnliches gesagt wird. Welche Rückschlüsse ergeben sich von daher für das zuvor Gesagte?
   - Beschreiben Sie die Personen: Ich-Erzähler, Mitreisende, Schaffner und Fahrer. Welche Gegensätze ergeben sich?
   - An manchen Stellen werden Teilstücke für einen Oberbegriff genannt (= **Metonymie**): z. B. „Dienstrock" für „Beamte, Verwaltung, Bürokratie, Reglement". Gibt es andere Metonymien? Welche Bedeutung haben sie im **Kontext** (= Textzusammenhang)?
   - Beschreiben Sie den Standort des Erzählers. Beachten Sie dabei den Wechsel der Pronomen.
   - Unterscheiden Sie zwischen epischem Bericht (in der Wirklichkeitsform = Indikativ) und anderen Darbietungsweisen (in der Möglichkeitsform = Konjunktiv, hier: Konjunktiv II oder Irrealis), von denen der Erzähler Gebrauch macht. Was beabsichtigt der Ich-Erzähler?
8. Eine Elektrische (= Straßenbahn), die nicht hält, gibt es in der Realität nicht. Wir sind daher genötigt, für dieses sprachliche Bild eine **Analogie** (= Entsprechung) zu finden, die den **Vergleichspunkt** für alle übrigen Aussagen der Parabel (Bildebene) bilden kann.
   Bestimmen Sie diesen Vergleichspunkt, indem Sie auch die Überschrift und den letzten Satz mit einbeziehen. Übertragen Sie den **Bildbereich** auf den **Gegenstandsbereich** (= das, was gemeint sein kann).
9. Schreiben Sie eine Deutung (= Interpretation) der Parabel, indem Sie Ihre Ergebnisse aus Aufgabe 7 und 8 mit einbeziehen.
10. Machen Sie sich die kommunikative Situation des Bibeltextes (5) klar. Bestimmen Sie von daher die Funktion von Gleichnissen.
11. Deuten Sie eines der beiden Gleichnisse (5).
    - Bestimmen Sie den Vergleichspunkt (das **Tertium comparationis**).
    - Schließen Sie, von diesem Vergleichspunkt ausgehend, von der Bildhälfte auf die Gegenstandshälfte.
12. In der folgenden Tabelle sind Bestimmungsfaktoren für Fabel, Parabel und Gleichnis (I–III) gegeben.
    - Ordnen Sie die Faktoren der jeweiligen epischen Kleinform zu.
    - Weisen Sie die Faktoren an den entsprechenden Texten nach.

Bestimmungs-faktoren	I	II	III
Wer spricht zu wem?	Autorität zu Lernwilligen/Wißbegierigen	Autorität zu Uneinsichtigen	Redner zu einer Versammlung; Schriftsteller zu einem Lesepublikum
Wie wird gesprochen?	Demonstrieren durch den direkten Vergleich zweier Bereiche	Appellatives Verkünden einer Lehre	Überzeugen durch ein fiktives Beispiel aus dem Bereich der Tiere, Pflanzen oder Gegenstände
Raum und Zeit	Erfahrungswelt (oft Alltagswelt) der Angesprochenen	Erfahrungswelt der Angesprochenen, aber oft in Beziehung zu etwas Fremdem/Unerwartetem	Beschränkung auf eine Welt unter reinen Bedingungen des Handelns; konstante Umstände
Handelnde	Menschen des Alltags demonstrieren ein alltägliches Geschehen	Zunächst merkwürdiges Verhalten offenbart einen tieferen Sinn (Lehre)	Bekannte Charaktere, vorhersehbare Rollen
Botschaft	Erkennen dessen, was richtig sein soll, durch direkten Vergleich	Durchbrechen des Wahrscheinlichen und Aufzeigen, was sein sollte	Modell zur anschauenden Erkenntnis einer Regel des Handelns
Gesellschaftliche Funktion	Aufklärung über den wahren Sinn einer Lehre/eines gesellschaftlichen Faktums	Bildung oder Legitimation einer religiösen/ideologischen Gruppenidentität	Aufklärung über Weltklugheit, oft aus der Sicht der Schwächeren formuliert

B Menschliche Beziehungen im Erzähltext

I Novelle: Die überraschende Wende

FRIEDRICH HEBBEL

Die Kuh

6

In seiner Wohnstube, die sehr niedrig und auch etwas räucherig war, weil es dem Hause nach dem herkömmlichen Brauch des Dorfs am Schornstein fehlte, saß der Bauer Andreas an dem noch vom Großvater herstammenden alten eichenen Tisch und überzählte vielleicht zum neunten Male ein kleines Häuflein Thalerscheine. Er hatte die Pfeife im Munde und daran konnte man sehen, daß es Sonntag sei, da er sich die mit dem Rauchen verbundene kleine Zeit- und Geldverschwendung bei seiner knappen, ängstlich-genauen Natur an keinem anderen Tage erlaubt haben würde; sie brannte aber nicht und war auch noch gar nicht angezündet gewesen, obgleich das Talglicht, wobei es hatte geschehen sollen, schon lange geflackert haben mußte. Um ihn herum, bald zum Vater auf die Bank kletternd und ihm ernsthaft zuschauend, bald den durch die offen stehende Thür aus- und einwandelnden gravitätischen Haushahn jagend und neckend, spielte sein Kind, ein munteres, braunes Knäblein von zwei ein halb bis drei Jahren. „Den da", murmelte Andreas und hielt einen der Scheine mit sichtlichem Behagen in die Höhe, „bekam ich für die Fuhre Sand, die ich dem Maurermeister Niklas in die Stadt lieferte, als es wie mit Mulden vom Himmel goß; ich kenne ihn an dem Riß. Ein braver Mann; ich hatte ihm einen Groschen wieder herauszugeben, aber er ließ mir den wegen meiner durchnäßten Haut. Freilich, einen Schnaps habe ich nicht dafür getrunken, wie er wollte!" „Diesen hier", fuhr er fort, „habe ich am sauersten verdient, es ist der mit dem großen Tintenfleck! Wer dem Apotheker einen ganzen Futtertrog voll Kamillen bringen will, der muß sich oft bücken, und das ist nach dem Feierabend nicht bloß für die Faulen mühsam!" „Der zerfetzte und wieder zusammengeklebte", begann er nach einer Pause von neuem, „ärgert mich jedesmal, wenn ich ihn ansehe, ich werde den Verdruß nicht los. Anderthalb hätten's sein sollen, wenn sie auch gerade nicht ausdrücklich zum Voraus bedungen waren. Drei Klafter Holz! Ins Bein hieb ich mich obendrein vor übergroßem Eifer, weil ich's den Leuten gern, ehe der Regenguß kam, in den Keller schaffen wollte! Und ein solcher Abzug! Dabei trägt die Frau goldene Ohrringe und das Kind weiß nicht, ob es eine Semmel ohne Butter essen will oder nicht! – Brüllt's nicht schon?" Er sprang auf und eilte ans Fenster. „Nichts da", sagte er zurückkehrend, „das kam aus dem Stall des Nachbars! Nun, morgen wird aus dem meinigen geantwortet werden! Ja, Junge", hierbei klopfte er sein Knäblein auf die Wange und reichte ihm eine dem Hahn entfallene bunte Feder, „noch heute erhalten unsere beiden Esel Gesellschaft. Dein Vater hat's endlich so weit gebracht, die Kuh ist schon unterwegs! Du mußt das Pferd schaffen, wenn Du groß wirst! Hörst Du?" Das Kind nickte, als ob es verstünde, was es doch noch nicht verstehen konnte. Andreas setzte sich wieder an den Tisch. „Freilich, freilich", begann er abermals, indem er einen Zehnthalerschein ergriff, „es würde noch eine gute Weile gedauert haben, wenn das Glück mich nicht begünstigt hätte! Ha, ha! Das war ein Fischfang, der sich der Mühe verlohnte, obgleich der Fisch nicht zu den eßbaren gehörte. Ei, daß ich doch immer wie jenen Abend von ungefähr darauf zukäme, wenn sich einer ersäufen will, und die Rettungsprämie erwischte! Ich bringe jeden wieder ans Ufer, ärger kann sich keiner sträuben, als der Leinweber sich sträubte, er hätte mich fast in den Grund des Teichs mit hinab gerissen! Noch fühl' ich seine Klauen in meinem linken Arm und ernstlich hat er's gemeint, denn drei Tage nachher schnitt er sich den Hals ab! Doch was gelingt unsereinem nicht, wenn man weiß, daß einem eine Belohnung von zehn Thalern gewiß ist! Lange währt's aber, es wird ja schon Nacht! Daß der Müller meiner Geesche Bier und Brot vorgesetzt hat, kann ich mir nicht denken! Dann müßte sein Profit größer sein, als ich glaubte, und er hätte mich trotz aller Vorsicht angeführt! Ich will einmal vor die Thür gehen!" Andreas stand auf und that jetzt erst den ersten Zug aus der Pfeife. „Ja so!" rief er aus, „Du brennst noch nicht und ich meine, schon eine halbe Stunde zu schmauchen! Nun, umsonst will ich Dich nicht gestopft haben.“ Er nahm ein altes brüchiges Zeitungsblatt vom Tisch, in das die Scheine eingewickelt gewesen waren. „Jetzt brauche ich's nicht mehr“, sprach er, indem er es beim Licht anzündete, „noch heute geht das Geld aus dem Hause, denn der Müller kommt gewiß mit, ich thät's an seiner Stelle auch!“ Er steckte die Pfeife in den Brand und warf das Blatt an die Erde. Das Kind hatte dem plötzlichen Aufflammen desselben mit leuchtenden Augen zugesehen, es rief jetzt: Ah! und hob das Blatt wieder auf. „Brenn' Dich nicht!“ sagte Andreas und ging hinaus. Es war völlig finster geworden, und der qualmige Nebel, der den Tag über die Sonne verhüllt hatte, verhüllte jetzt die Sterne. „Wo sie nur bleibt!“ murrte Andreas, sich mit dem Rücken verdrießlich an den Thürpfosten lehnend, „nun werd' ich bald ungeduldig! Ob sie aufs neue zu dingen angefangen hat? Glück zu, aber vor dem will ich den Hut abziehen, der da noch einen Groschen abzwackt, wo ich den Handel schloß! Ich konnte ihr entgegen gehen, doch sie hat den Pflügerjungen bei sich und dann ist hier auch das Kind. Zwar, das könnt' ich zu Bett bringen.“ Andreas ging wieder hinein. „Satan!“ rief er aus und blieb einen Moment mit weit aufgerissenem Munde und fast aus den Höhlen tretenden Augen auf der Schwelle der Stube stehen. Der Knabe kniete auf der Bank, die er erklettert hatte, und verbrannte beim Licht eben mit Frohlocken den letzten Kassenschein; das Flackern des Zeitungsblattes hatte ihm eine unendliche Freude gemacht, aber die Freude hatte nicht lange genug gedauert und um sie zu erneuern, that er alles nach, was er vorher seinen Vater, aufmerksam und neugierig zu ihm emporschauend, hatte thun sehen. „Au!“ schrie das Kind nach einer Weile, denn das als letztes zu lange festgehaltene Papier brannte es auf die Finger; „mehr!“ setzte es hinzu, als es, das Auge nach der Thür wendend, den fast versteinerten Andreas erblickte. Dies Wörtchen weckte diesen aus seiner Erstarrung; „mehr, Du Teufelsbrut?“ rief er aus, stürzte auf sein Söhnchen zu, faßte es, seiner selbst nicht mehr mächtig, bei den Haaren und schleuderte es ingrimmig gegen die Wand, als ob es eine giftige Schlange wäre, deren Stich er eben gefühlt hätte. „Mehr!“ sagte er dann, „noch mehr, viel mehr“, und riß den am Ofengestell hängenden neuen Strick herunter, mit dem er die Kuh hatte anbinden wollen, denn ein schneller, scheuer Blick zur Wand hinüber hatte ihm gezeigt, daß das Kind laut- und leblos mit geborstenem Schädel und mit verspritztem Gehirn am Boden lag. Er that einen Schritt vorwärts, aber die Beine wollten unter ihm brechen und er griff um sich herum in die Luft, wie nach einem Gegenstande, an dem er sich halten könne; da ließ sich in geringer Entfernung von seinem Hause klar und deutlich das so lange ersehnte Gebrüll vernehmen. Dies schien ihm die Kraft zu einem plötzlichen Entschluß zu geben; er rief: „gute Nacht, Andreas!“ und stürzte mit dem Strick auf die Hausflur hinaus. Hier stand eine Leiter, die auf den Boden führte, von dem er schon am Mittag einen Haufen Stroh zum Streuen für die Kuh vorsorglich herabgeworfen hatte; diese Leiter eilte er so schnell hinauf, daß ihm sein Hut, den er nach Bauernsitte im Hause, wie auf dem Felde trug, darüber entfiel. Nun verschwand er in der Luke, und bald darauf knackte der Dachstuhl. Fast in demselben Augenblick wurde es laut vor der Thür. „Nun, Andreas, bist Du eingeschlafen!“ rief eine weibliche Stimme, „das pflegst Du doch sonst nicht zu thun, eh' Du Deine Grütze im Leibe hast! Spring hinein, Hans, und weck' ihn!“ Hans, ein nach Art der Mistgewächse lang aufgeschossener, spindeldürrer Junge, that, wie ihm geheißen wurde, während Geesche die Kuh festhielt. Gleich darauf kam er wieder heraus und stotterte: „aber Frau, aber Frau!“ ohne mehr hervorbringen zu können. „Was ist’s? Was giebt’s?“ rief Geesche, von seiner Leichenblässe und seinem Zähnegeklapper erschreckt, und stürzte hinein. Hans griff nach dem Licht und sagte: „der Bauer ist nicht da“, dann leuchtete er nach dem Ort hin, wo das Kind lag. Mit einem jähen Schrei sank die Mutter um und blieb bewußtlos liegen. Hans verlor die Besinnung nun völlig. „Bauer, Bauer, wo ist er? wo bleibt er?“ rief er wohl hundertmal hinter einander und rannte, das Licht in der Hand, im ganzen Hause wie toll umher. Als er aus der Küche zurückkehrte, wo er ins Ofenloch hineingeleuchtet hatte, stolperte er am Fuß der Leiter über Andreas’ Hut, der dort niedergefallen war. „Hat er sich oben versteckt, Bauer?“ rief Hans, „komm’ er jetzt nur herunter, wir sind da!“ Da keine Antwort erfolgte, stieg er selbst empor. Als er den Kopf in die Bodenluke steckte und, eine neue Leitersprosse ersteigend, Hals und Schultern nachschob, stieß er auf Widerstand, der von etwas herrührte, das ihn anfangs zurück zu drängen, sich dann zu spalten und aus einander zu teilen schien. Der Angstschweiß brach ihm aus, ihn fing zu fiebern an und ohne zu wissen, daß er’s that, stieg er noch höher. Jetzt war es ihm, als ob sich ein sehr schwerer Mensch wie zum Reiten auf seinen Nacken setzte, zwei steife Beine, in denen er an den breiten Messingschnallen der Schuhe die seines Wirts erkannte, kamen, wie Zinken einer Gabel, links und rechts auf seiner Brust zum Vorschein, und durch das eine derselben wurde ihm das Licht aus der Hand gestoßen. Nun stieß er noch einen unartikulierten Laut aus, dann überschlug er sich rücklings, stürzte und brach das Genick. Das Licht war nicht verloschen, ohne vorher den Haufen losen Stroh’s zu entzünden, und in wenigen Minuten stand das Haus in Flammen. Ob Geesche, als dies alles geschah, aus ihrer Bewußtlosigkeit noch nicht wieder erwacht und willenlos in der aufs schnellste von Rauch und Qualm gefüllten Stube erstickt war, oder ob sie aus Verzweiflung über das fürchterliche Ende ihres Kindes verschmäht hatte, sich zu retten, hat sich nicht ermitteln lassen. So viel steht fest, daß von ihr, wie von Andreas, Hans und dem Knäblein nur ein verschrumpftes Gerippe aus dem Hause herausgekommen und daß auch die Kuh, dem diesen armen Tieren angeborenen unseligen Trieb folgend, ins Feuer hinein gelaufen und mit verbrannt ist.

(1849)

Aufgaben zu B I

1. Sprechen Sie über Ihre Eindrücke nach dem ersten Lesen der Novelle (6). Halten Sie den Text für erzählenswert? Begründen Sie Ihre Meinung.
2. Die Novelle hat den Titel „Die Kuh“. Was ist ihre eigentliche **Thematik**?
3. Schreiben Sie in einem Gedankenexperiment eine Nachricht über den Vorfall, wie sie in der Tagespresse erscheinen könnte. Beschränken Sie sich auf den **plot** der Handlung, d. h. die wesentlichen Informationen.
4. Ermitteln und beschreiben Sie daraufhin im Kontrast die Besonderheiten des fiktionalen Textes von Hebbel.

5. Untersuchen Sie Struktur und Aussage der Novelle:
   - Halten Sie den Gang der Erzählung in einer Skizze fest, und machen Sie **das Mittelpunktereignis/den Wendepunkt** sichtbar.
   - Beschreiben Sie die sprachlich-stilistische Gestaltung in den einzelnen Erzählteilen (Wortwahl, Satzbau) sowie die Haltung des Erzählers dem Geschehen gegenüber. (Berücksichtigen Sie besonders die Erzählhaltung nach der überraschenden Wende.)
   - Welche Funktion haben die **Rückblenden** im Erzählzusammenhang? Gibt es auch **Vorausdeutungen?**
   - Charakterisieren Sie den Bauern Andreas. Welche Bedeutung hat für ihn das Geld?
   - Weisen Sie nach, inwiefern das Geld – auch dem Wortsinne nach – **auslösendes Moment** der Handlung ist.
   - Deuten Sie den Titel der Novelle.
   - Versuchen Sie eine Begründung dafür zu geben, warum die Novelle nicht mit dem Tod des Bauern endet, sondern in überspitzter Weise weitere Schrekkensbotschaften anhäuft.
6. Fassen Sie Ihre Analyseergebnisse schriftlich zusammen. Erörtern Sie im Anschluß daran die in Hebbels Novelle enthaltene Problematik, indem Sie den erzählten Einzelfall als **Exempel** für eine allgemeinere Thematik werten.

II Kurzgeschichte: Neubeginn

HEINRICH BÖLL

7

So ein Rummel

Die Frau ohne Unterleib erwies sich als eines der charmantesten Frauenzimmer, das ich je gesehen hatte, sie trug einen entzückenden sombreroartigen Strohhut, denn als bescheidene Hausfrau hatte sie sich an die Sonnenseite jener kleinen Terrasse gesetzt, die neben ihrem Wohnwagen angebracht war. Ihre drei Kinder spielten unter der Terrasse ein sehr originelles Spiel, das nannten sie „Neandertaler“. Die beiden jüngeren, Junge und Mädchen, mußten das Neandertalpaar abgeben, und der größere, acht Jahre alt, ein blonder Bengel, der während des Dienstes den Sohn der „dikken Susi“ abgeben mußte, dieser Bursche spielte den modernen Forscher, der die Neandertaler findet. Er wollte mit aller Gewalt seinen jüngeren Geschwistern die Kinnladen aushängen, um sie in sein Museum zu bringen.
Die Frau ohne Unterleib klopfte mehrmals mit ihren Holzsohlen auf den Boden der Terrasse, denn ein wildes Geschrei drohte unsere beginnende Unterhaltung zu ersticken.
Der Kopf des Älteren erschien über der niedrigen Balustrade, die mit rotblühenden Geranien geschmückt war, und fragte mürrisch: „Ja?“

„Laß die Quälerei", sagte seine Mutter, wobei sie in ihren sanften grauen Augen eine Belustigung unterdrückte, „spielt doch Bunker oder Totalgeschädigt."
Der Junge murmelte mißmutig etwas, das sich fast wie „Quatsch" anhörte, tauchte dann unter, schrie unten: „Es brennt, das ganze Haus brennt." Leider konnte ich nicht verfolgen, wie das Spiel „Totalgeschädigt" weiterging, denn die Frau ohne Unterleib fixierte mich jetzt etwas schärfer, im Schatten ihres breitrandigen Hutes, durch den warm und rot die Sonne leuchtete, sah sie viel zu jung aus, um Mutter dreier Kinder zu sein und täglich bei fünf Vorstellungen die harten Aufgaben der Frau ohne Unterleib zu erfüllen.
„Sie sind ...", sagte sie.
„Nichts", sagte ich, „absolut nichts. Sehen Sie mich als einen Vertreter des Nichts an ..."
„Sie sind", fuhr sie ruhig fort, „vermutlich Schwarzhändler gewesen."
„Jawohl", sagte ich.
Sie zuckte die Schultern. „Es wird nicht viel zu machen sein. Auf jeden Fall, wo wir Sie auch gebrauchen können, müssen Sie arbeiten, arbeiten, verstehen Sie?"
„Meine Dame", entgegnete ich, „vielleicht stellen Sie sich das Leben eines Schwarzhändlers allzu rosig vor. Ich, ich war sozusagen an der Front."
„Wie?" Sie klopfte wieder mit dem Holzabsatz auf den Boden der Terrasse, denn die Kinder hatten nun ein ziemlich langanhaltendes wildes Geheul angestimmt. Wieder erschien der Kopf des Jungen über der Balustrade.
„Nun?" fragte er kurz.
„Spielt jetzt Flüchtling", sagte die Frau ruhig, „ihr müßt jetzt abhauen aus der brennenden Stadt, verstehst du?"
Wieder verschwand der Kopf des Jungen, und die Frau fragte mich: „Wie?"
Oh, sie hatte den Faden durchaus nicht verloren.
„Ganz vorne", sagte ich, „ich war ganz vorne. Glauben Sie, das war ein leichtes Brot?"
„An der Ecke?"
„Sozusagen am Bahnhof, wissen Sie?"
„Gut. Und nun?"
„Möchte ich irgendeine Beschäftigung haben. Ich bin nicht faul, durchaus nicht faul, meine Dame."
„Sie verzeihen", sagte sie. Sie wandte mir jetzt ihr kleines Profil zu und rief in den Wagen hinein: „Carlino, kocht das Wasser noch nicht?"
„Moment", rief eine gleichgültige Stimme, „ich bin schon beim Aufschütten."
„Trinkst du mit?"
„Nein."
„Dann bring zwei Tassen, bitte. Sie trinken doch eine Tasse mit?"
Ich nickte. „Und ich lade Sie zu einer Zigarette ein."
Das Geschrei unter der Terrasse wurde nun so wild, daß wir kein Wort mehr hätten verstehen können. Die Frau ohne Unterleib beugte sich über den Geranienkasten und rief: „Jetzt müßt ihr fliehen, schnell, schnell ... die Russen stehen schon vor dem Dorf ..."
„Mein Mann", sagte sie, sich zurückwendend, „ist nicht da, aber in Personalfragen kann ich ..."

Wir wurden unterbrochen von Carlino, einem schmalen, stillen, dunklen Burschen mit einem Haarnetz über dem Kopf, der Tassen und Kaffeekanne brachte. Er blickte mich mißtrauisch an.
„Warum willst du nicht trinken?" fragte ihn die Frau, da er sich ganz kurz wieder abwandte.
„Keine Lust", murmelte er, im Wagen verschwindend.
„In Personalfragen kann ich ziemlich selbständig entscheiden, allerdings etwas müssen Sie schon können. Nichts ist nichts."
„Meine Dame", sagte ich demütig, „vielleicht kann ich die Räder schmieren oder die Zelte abbrechen, Traktor fahren oder dem Mann mit den Riesenkräften als Prügelknabe dienen ..."
„Traktor fahren", sagte sie, „ist nicht nichts, und die Räder schmieren ist eine kleine Kunst."
„Oder bremsen", sagte ich. „Schiffsschaukel bremsen ..."
Sie zog hochmütig die Brauen hoch, und zum ersten Male blickte sie mich ein wenig verächtlich an. „Bremsen", sagte sie kalt, „ist eine Wissenschaft, ich vermute, Sie würden allen Leuten die Hälse brechen. Carlino ist Bremser."
„Oder ...", wollte ich zaghaft wieder vorschlagen, aber ein kleines dunkelhaariges Mädchen mit einer Narbe über der Stirn kam jetzt eifrig jene kleine Treppe herauf, die mich so lebhaft an ein Fallreep erinnerte. Sie stürzte sich in den Schoß der Mutter und schluchzte empört: „Ich soll sterben ..."
„Wie?" fragte die Frau ohne Unterleib entsetzt.
„Ich soll das Flüchtlingskind sein, das erfriert, und Fredi will meine Schuhe und alles verscheuern ..."
„Ja", sagte die Mutter, „wenn ihr Flüchtlinge spielt."
„Aber ich", sagte das Kind, „ich soll immer sterben. Immer bin ich es, die sterben soll. Wenn wir Bomben spielen, Krieg oder Seiltänzer, immer muß ich sterben."
„Sag Fredi, er soll sterben, ich hätte gesagt, er sei jetzt an der Reihe mit Sterben."
Das Mädchen entlief.
„Oder?" fragte mich die Frau ohne Unterleib. Oh, sie verlor den Faden nicht so leicht.
„Oder Nägel gerade klopfen, Kartoffeln schälen, Suppe verteilen, was weiß ich", rief ich verzweifelt, „geben Sie mir eine Chance ..."
Sie drückte die Zigarette aus, goß uns beiden noch einmal ein und blickte mich an, lange und lächelnd, dann sagte sie: „Ich werde Ihnen eine Chance geben. Sie können rechnen, nicht wahr, es gehört sozusagen zu Ihrem bisherigen Beruf und" – sie druckste ein bißchen – „ich werde Ihnen die Kasse geben."
Ich konnte nichts sagen, ich war wirklich sprachlos, ich stand nur auf und küßte ihre kleine Hand. Dann schwiegen wir, es war sehr still, und es war nichts zu hören als ein sanftes Singen von Carlino aus dem Wagen, jenes Singen, dem ich entnehmen konnte, daß er sich rasierte ...

(1950)

8

Günther Weisenborn

Zwei Männer

Als der Wolkenbruch, den sich der argentinische Himmel damals im Februar leistete, ein Ende gefunden hatte, stand das ganze Land unter Wasser. Und unter Wasser standen die Hoffnungen des Pflanzers von Santa Sabina. Wo ein saftgrünes Vermögen in Gestalt von endlosen Teefeldern mit mannshohen Yerbabüschen gestanden hatte, dehnte sich morgens ein endloses Meer. Der Farmer war vernichtet, das wußte er. Er saß auf einer Maiskiste neben seinem Haus und zählte die fetten Blasen, die an seine Schuhe trieben und dort zerplatzten. Das Maisfeld glich einem See. Der Rancho des Peons war darin verschwunden. Sein Schilfdach trieb im Strom davon, eine nickende Straußenleiche vor sich herschiebend. Der Peon hatte sich zu seinem Herrn geflüchtet und saß neben ihm. Es war ein Indio, der mit breitem, eisernem Gesicht ins Leere starrte. Seine Frau war ertrunken, als sie sich losließ, um ihre Hände zur Madonna zu erheben. Der Peon hatte drei Blasen gezählt. Ihre Hand hatte die letzte Blase zerschlagen.

Der Farmer hatte seine Frau in der Stadt. Sie würde vergeblich auf seinen Schritt vor der Tür warten. Denn der Farmer gab sich noch eine Nacht.

Es ist unter Männern Brauch, daß man sich in gewissen Lagen die letzte Zigarette teilt. Der Farmer, im Begriff nach Mannes Art zu handeln, wurde von seinem Peon unterbrochen. „Herr!“ rief der Indio, „der Parana! Der Strom kommt …!“ Er hatte recht. Man hörte in der Ferne ein furchtbares Donnern. Der Parana, angeschwollen von Wasser und Wind, brach in die Teeprovinzen ein. Parana, das heißt der größte Strom Argentiniens. Dieses Donnern war das Todesurteil für die Männer von Santa Sabina. Sie verstanden sich auf diese Sprache, die Männer. Sie hatten tausendmal dem Tod ins Auge gesehen.

Sie hatten das Weiße im Auge des Pumas gesehen und der Korallenschlange ins kaltstrahlende Gesicht. Sie hatten dem Jaguar gegenübergestanden und der großen Kobra, die sich blähte. Sie hatten alle diese Begegnungen für sich entschieden, denn ihr Auge war kalt und gelassen ihre Hand.

Jetzt aber halfen keine Patronen und kein scharfes Auge. Dieser Feind hier, das Wasser, war bösartig wie hundert Schlangen, die heranzischten, und todesdurstig wie der größte Puma auf dem Ast. Man konnte das Wasser schlagen, es wuchs. Man konnte hineinschießen, es griff an. Es biß nicht, es stach nicht, das Wasser, es suchte sich nur mit kalten Fingern eine Stelle am Mann, seinen Mund, um ihn anzufüllen, bis Blasen aus der Lunge quollen. Das Wasser war gelb und lautlos. Und man sah vor Regen den Himmel nicht.

Auf einer kleinen Insel, halb unsichtbar in der triefenden Finsternis, saß der Farmer mit seinem Peon vor seinem Haus.

Dann kam der große Parana. Er kam nicht mit Pauken und Posaunen. Nein, man merkte ihn gar nicht. Aber plötzlich stand der Schuh des Farmers im Wasser. Er zog ihn zurück. Aber nach einer Weile stand der Schuh wieder im Wasser, weiß der Teufel … Und wenn man die Maiskiste zurücksetzte, so mußte man sie bald noch ein wenig zurücksetzen, denn kein Mann sitzt gern im Wasser.

Das war alles, aber das war der Parana.

Peon: Tagelöhner

Gegen Abend fiel das Hühnerhaus um. Man hörte das halberstickte Kreischen der Vögel, dann war es wieder still. Später zischte es plötzlich im Wohnhaus auf, denn das Wasser war in den Herd gedrungen.

Als es dunkel wurde, standen der Farmer und sein Peon bereits bis zum Bauch im Wasser. Sie kletterten auf das Schilfdach. Dort auf dem Gipfel saßen sie schweigend, dunkle Schatten in der dunkelsten aller Nächte, indes Töpfe und Kästen aus den Häusern hinausschwammen. Ein Stuhl stieß unten das Glasfenster in Scherben. Das Wasser rauschte. Die Blasen platzten. Ein totes Huhn schwamm im Kreise vor der Haustür.

Als das Wasser das Dach erreicht hatte, stieß es die Hausmauern nachlässig um. Das Dach stürzte von den gebrochenen Pfosten, schaukelte und krachte, dann drehte es sich um sich selbst und trieb in die rauschende Finsternis hinaus.

Das Dach ging einen langen Weg. Es fuhr kreisend zu Tal. Es trieb am Rande der großen Urwälder vorbei. Es segelte durch eine Herde von Rindern, die mit himmelwärts gestreckten Beinen totenstill auf dem wirbelnden Wasser trieben. Glotzäugige Fische schossen vor dem Schatten des Daches davon. Schwarze Aasgeier trieben, traubenweise an ein Pferd gekrallt, den Strom hinab. Sie blickten mordlustigen Auges herüber ... Blüten, Möbel und Leichen vereinigten sich zu einem Zug des Todes, der talwärts fuhr, einem undurchsichtigen Ende entgegen.

Gegen Morgen richtete sich der Farmer auf und befahl seinem Peon, nicht einzuschlafen. Der Indio wunderte sich über die harte Stimme seines Herrn.

Er wäre bedenkenlos dem Farmer um die Erde gefolgt. Er war Indio und wußte, was ein Mann ist. Aber er wußte auch, daß ein Mann ein schweres Gewicht hat. Wenn nur ein Mann auf dem Dach sitzt, so hält es natürlich länger, nicht wahr, als wenn es unter dem schweren Gewicht zweier Männer auseinanderbricht und versinkt. Und dann gute Nacht ...

Er glaubte nicht, daß der Farmer gutwillig das Dach verlassen würde, aber man konnte ihn hinunterkippen, denn es ging hier um Leben und Tod. Das dachte der Indio, und er rückte näher. Sein Gesicht war steinern, es troff von Regen.

Das Dach würde auf keinen Fall mehr bis zum Morgen schwimmen. Jetzt schon brachen einzelne Bündel ab und schwammen nebenher. Die Männer mitten auf dem furchtbaren Strom wußten nicht, wo sie waren. Dichter Nebel fuhr mit ihnen. Ringsum das Wasser schien still zu stehen. Fuhren sie im Kreis? Sie wußten es nicht. Sie sahen sich an.

Da folgte der Farmer dem Brauch aller Männer, zog seine letzte Zigarette, brach sie in zwei Teile und bot dem Indio eines an. Sie rissen das Papier ab und kauten den Tabak, da sie kein Feuer hatten.

Er ist ein guter Kamerad, dachte der Peon. Es hat keinen Zweck. Es soll alles seinen Weg gehen. Als er den würzigen Geschmack des Tabaks fühlte, wurde aus der Feindschaft langsam ein Gefühl der Treue. Was willst du? Der Peon hatte seine Frau verloren und sein Kind. Sie hatte die letzte Blase ihres Atems mit ihrer Hand zerschlagen. Er hatte nichts mehr, was ihn zu leben verlockte. Das Schilfdach sank immer tiefer. Wenn er selbst ins Wasser sprang, hielt das Dach vielleicht noch und trug seinen Herrn bis zum Morgen.

Der Dienst ist aus, adios, Senor! Der Peon kletterte über den Giebel bis an den Rand des Daches, als er plötzlich im dunklen Wasser Kaimane rauschen sah, Jaquares, die

ihn aufmerksam anstarrten. Zum erstenmal verzog der Indio sein Gesicht, dann hielt er den Atem an und sprang.
Aber er wurde im selben Moment von seinem Herrn gehalten, der ihn wieder aus dem Wasser zog und seinen Peon zornglühend anschrie. Kreideweiß, mit rotgeränderten Augen und triefenden Haaren, beugte sich der Farmer über ihn, nannte ihn den Vater allen Unsinns und rüttelte ihn. Dann befahl er ihm, seinen Platz einzunehmen und den Mut nicht zu verlieren, verdammt noch mal ...!
Gegen Morgen trieben sie an Land, sprangen über Baumäste und wateten stundenlang, bis sie ins Trockene kamen. Sie klopften den Boden mit Stöcken nach Schlangen ab, und ehe sie sich zum Schlafen in das Maisfeld legten, sagte der Farmer: „Morgen gehen wir zurück und fangen wieder an."
„Bueno", sagte der Indio. Der Regen hörte auf.

(1949)

Aufgaben zu B II

1. Welchen Eindruck hinterläßt die Kurzgeschichte „So ein Rummel" (7) nach dem ersten Lesen? Versuchen Sie, Ihr erstes Textverständnis zu formulieren.
2. Analysieren Sie die Kurzgeschichte (7). Berücksichtigen Sie dabei besonders folgende Punkte:
   - Erläutern Sie den **Aufbau** (die Handlungsführung) der Kurzgeschichte und seine Funktion.
   - Wodurch sind die einzelnen **Personen** gekennzeichnet, und welche Bedeutung haben die Kennzeichnungen für ihre gegenwärtige Lebenssituation? Lassen sich Entwicklungen in den Beziehungen feststellen?
   - Berücksichtigen Sie die in der **Erzählform** (Ich-Erzähler) deutlich werdende **Erzählhaltung** (s. E II). Lassen sich Unterschiede in der Haltung des Erzählers den einzelnen Personen, Gegenständen oder Handlungen gegenüber feststellen?
   - Beziehen Sie in Ihre Überlegungen auch den Titel mit ein.
   - Fertigen Sie eine schriftliche Deutung unter Einbeziehung Ihrer Analyseergebnisse an. (Ordnen Sie dabei die Kurzgeschichte in den Kontext ihrer Entstehungszeit ein. Vgl. die weiterführenden Arbeitsanregungen, Aufgabe 6.)
3. Analysieren Sie in ähnlicher Weise die Kurzgeschichte „Zwei Männer" (8). Es bieten sich folgende zusätzliche Bearbeitungsthemen an:
   - Die Rolle von Natur und Naturgewalten in der Novelle (6) und der Kurzgeschichte (8)
   - Die Katastrophe: ihre sprachliche Verarbeitung und ihre Funktion für den Erzählzusammenhang im Vergleich von (6), (7) und (8)
   - Sprachliche Bilder in Text (8) und ihre Funktion:
     der **Vergleich** („das Wasser war bösartig *wie* hundert Schlangen ...")
     die **Personifikation** („das Wasser ... suchte sich nur *mit kalten Fingern* eine Stelle am Mann ...")
     die **Metapher** („mit breitem, *eisernem* Gesicht ...")

- Vergleich von Ich-Form und Er-Form in den Texten (7 und 8) und der Möglichkeit, die die jeweilige Erzählform eröffnet
- Untersuchung zentraler **Motive** im Text (8):
  das Motiv „Herr und Knecht"
  das Motiv „Männlichkeit" (als Kontrast: Welche Rollen spielen Frauen im Text?)

  Motiv = (literarisch) strukturelle Einheit als typische, bedeutungsvolle Situation, die allgemeine thematische Vorstellungen umfaßt; z. B. Märchenmotive wie „die Probe", lyrische Motive wie „Abschied".

4. Verfassen Sie eine Stellungnahme zu dem Text von Günther Weisenborn (8) unter Einbeziehung der Ergebnisse Ihrer Analyse. Gehen Sie insbesondere auf die in der Kurzgeschichte vermittelte Ideologie (hier: einseitiges, „falsches" Bewußtsein) ein.

III Romananfänge: Der Erzähler sucht seinen Leser

Hartmann von Aue

9

Der arme Heinrich

Ein ritter sô gelêret was,
daz er an den buochen las,
swaz er dar an geschriben vant;
der was Hartman genant.
dienstman was er ze Ouwe.
er nam im manige schouwe
an mislîchen buochen;
dar an begunde er suochen,
ob er iht des funde,
dâ mite er swære stunde
möhte senfter machen,
und von sô gewanten sachen,
daz gotes êren töhte
und dâ mite er sich möhte
gelieben den liuten.
nu beginnet er iu diuten
ein rede die er geschriben vant.
dar umbe hât er sich genant,
daz er sîner arbeit,
die er dar an hât geleit,
iht âne lôn belîbe,
und swer nâch sînem lîbe
sî hœre sagen oder lese,

Ein Ritter besaß solche Schulbildung,
daß er in den Büchern lesen konnte,
alles was er darin geschrieben fand.
Er war Hartmann genannt
und war Lehnsmann zu Aue.
Er sah sich eifrig
in verschiedenen Büchern um
und begann darin zu suchen,
ob er etwas derartiges fände,
womit er bedrückte Stunden
leichter machen könnte
und das von solchen Dingen handelte,
daß es zu Gottes Ehre taugte,
und womit er sich zugleich
den Menschen angenehm machen könnte.
Jetzt beginnt er euch eine Geschichte vorzutragen,
die er geschrieben gefunden hat.
Er hat sich deswegen genannt,
damit er für seine Mühe,
die er daran gewendet hat,
nicht ohne Lohn bleibe
und damit, wer nach seinem (des Dichters) Tode
sein Werk vortragen hört oder es liest,

daz er im bittende wese
der sêle heiles hin ze gote.
man giht, er sî sîn selbes bote
unde erlœse sich dâ mite,
swer für des andern schulde bite.
Er las diz selbe mære,
wie ein herre wære
ze Swâben gesezzen:
an dem enwas vergezzen
deheiner der tugende,
die ein ritter in sîner jugende
zu vollem lobe haben sol.
man sprach dô niemen alsô wol
in allen den landen.
er hatte ze sînen handen
geburt und dar zuo rîcheit:
ouch was sîn tugent vil breit.
swie ganz sîn habe wære,
sîn geburt unwandelbære
und wol den fürsten gelîch,
doch was er unnâch also rîch
der geburt und des guotes
so der êren und des muotes.
Sîn name was erkennelich:
er hiez der herre Heinrich
und was von Ouwe geborn.

(1190–97)

in seinem Gebet bei Gott
seines Seelenheils gedenke.
Man sagt ja, der sei sein eigener Bote
und erlöse sich selber damit,
der für die Schuld eines anderen betet.
Er las diese Erzählung,
wie ein Edelmann
in Schwaben gesessen war.
An dem vermißte man
keinen der Vorzüge,
die ein Ritter in seiner Jugend
haben muß, um vollen Ruhm zu erwerben.
Von niemandem sagte man damals
rings in allen Landen so viel Gutes.
Ihm standen edle Geburt
und Reichtum zu Gebote;
dazu besaß er die besten Fähigkeiten.
Doch wie vollkommen sein Besitz auch war,
wie unantastbar seine Herkunft,
die ihn wohl den Fürsten gleichstellte,
so war er doch bei weitem nicht so reich
an Geburt und Besitz
wie an Ehre und Gesinnung.
Sein Name verdient, bekannt zu werden:
er hieß der edle Herr Heinrich
und war von Aue gebürtig. [...]

10

Hans Jakob Christoffel von Grimmelshausen

Der abenteuerliche Simplicissimus

Es eröffnet sich zu dieser unserer Zeit (von welcher man glaubt, daß es die letzte seie) unter geringen Leuten eine Sucht, in deren die Patienten, wann sie daran krank liegen und so viel zusammengeraspelt und erschachert haben, daß sie neben ein paar Hellern im Beutel ein närrisches Kleid auf die neue Mode, mit tausenderlei seidenen Banden, antragen können, oder sonst etwan durch Glücksfall mannhaft und bekannt worden, gleich rittermäßige Herren und adeliche Personen von uraltem Geschlecht sein wollen; da sich doch oft befindet, daß ihre Voreltern Taglöhner, Karchelzieher und Lastträger: ihre Vettern Eseltreiber: ihre Brüder Büttel und Schergen: ihre Schwestern Huren: ihre Mütter Kupplerin, oder gar Hexen: und in Summa, ihr ganzes Geschlecht von allen 32 Anichen her, also besudelt und befleckt gewesen, als des Zuckerbastels Zunft zu Prag immer sein mögen; ja sie, diese neue Nobilisten, seind oft selbst so schwarz, als wann sie in Guinea geboren und erzogen wären worden.

Solchen närrischen Leuten nun mag ich mich nicht gleichstellen, ob zwar, die Wahrheit zu bekennen, nicht ohn ist, daß ich mir oft eingebildet, ich müsse ohnfehlbar auch von einem großen Herrn, oder wenigst einem gemeinen Edelmann, meinen Ursprung haben, weil ich von Natur geneigt, das Junkernhandwerk zu treiben, wann ich nur den Verlag und den Werkzeug darzu hätte. Zwar ohngescherzt, mein Herkommen und Auferziehung läßt sich noch wohl mit eines Fürsten vergleichen, wann man nur den großen Unterscheid nicht ansehen wollte. Was? Mein Knan (dann also nennet man die Vätter im Spessart) hatte einen eignen Palast, so wohl als ein anderer, ja so artlich, dergleichen ein jeder König mit eigenen Händen zu bauen nicht vermag, sondern solches in Ewigkeit wohl unterwegen lassen wird; er war mit Leimen gemalet und anstatt des unfruchtbaren Schiefers, kalten Blei und roten Kupfers mit Stroh bedeckt, darauf das edel Getreid wächst; und damit er, mein Knan, mit seinem Adel und Reichtum recht prangen möchte, ließ er die Mauer um sein Schloß nicht mit Mauersteinen, die man am Weg findet oder an unfruchtbaren Orten aus der Erden gräbt, viel weniger mit liederlichen gebachenen Steinen, die in geringer Zeit verfertigt und gebrennt werden können, wie andere große Herren zu tun pflegen, aufführen; sondern er nahm Eichenholz darzu, welcher nutzliche edle Baum, als worauf Bratwürste und fette Schunken wachsen, bis zu seinem vollständigen Alter über hundert Jahr erfordert: Wo ist ein Monarch, der ihm dergleichen nachtut? Seine Zimmer, Säl und Gemächer hatte er inwendig vom Rauch ganz erschwarzen lassen, nur darum, dieweil dies die beständigste Farb von der Welt ist und dergleichen Gemäld bis zu seiner Perfektion mehr Zeit brauchet, als ein künstlicher Maler zu seinen trefflichsten Kunststücken erfordert; die Tapezereien waren das zärteste Geweb auf dem ganzen Erdboden, dann diejenige machte uns solche, die sich von alters vermaß, mit der Minerva selbst um die Wett zu spinnen; seine Fenster waren keiner anderer Ursachen halber dem Sant Nitglas gewidmet, als darum, dieweil er wußte, daß ein solches, vom Hanf oder Flachssamen an zu rechnen, bis es zu seiner vollkommenen Verfertigung gelangt, weit mehrere Zeit und Arbeit kostet, als das beste und durchsichtigste Glas von Muran, dann sein Stand macht ihm ein Belieben zu glauben, daß alles dasjenige, was durch viel Mühe zuwegen gebracht würde, auch schätzbar und desto köstlicher sei, was aber köstlich seie, das seie auch dem Adel am anständigsten; anstatt der Pagen, Lakaien und Stallknecht hatte er Schaf, Böcke und Säu, jedes fein ordentlich in seine natürliche Liberei gekleidet, welche mir auch oft auf der Weid aufgewartet, bis ich sie heimgetrieben. Die Rüst- oder Harnischkammer war mit Pflügen, Kärsten, Äxten, Hauen, Schaufeln, Mist- und Heugabeln genugsam versehen, mit welchen Waffen er sich täglich übet; dann Hacken und Reuten war seine disciplina militaris, wie bei den alten Römern zu Friedenszeiten, Ochsen anspannen war sein hauptmannschaftliches Kommando, Mist ausführen sein Fortifikationwesen, und Ackern sein Feldzug, Stallausmisten aber sein adeliche Kurzweil und Turnierspiel; hiermit bestritte er die ganze Weltkugel, soweit er reichen konnte, und jagte ihr damit alle Ernt ein reiche Beut ab. Dieses alles setze ich hindan und überhebe mich dessen ganz nicht, damit niemand Ursach habe, mich mit andern meinesgleichen neuen Nobilisten auszulachen, dann ich schätze mich nicht besser, als mein Knan war, welcher diese seine Wohnung an einem sehr lustigen Ort, nämlich im Spessert liegen hatte, allwo die Wölf einander gute Nacht geben. Daß ich aber nichts Ausführliches von meines Knans Geschlecht, Stammen und Namen vor diesmal doziert, beschiehet um geliebter Kürze willen, vornehmlich, weil es ohne das allhier um keine adeliche Stiftung zu tun ist, da ich soll auf schwören; genug ists, wann man weiß, daß ich im Spessert geboren bin.

(1669)

sich ... befindet: sich herausstellt. – Karchelzieher: Karrenzieher. – Anichen: Ahnen. – Zukkerbastels Zunft zu Prag: Spitzbubenbande; in Prag war ein Zuckersieder, Zuckerbastel genannt, Anführer der Diebeszunft; den Namen fand Gr. in der deutschen Bearbeitung einer Novelle des Cervantes durch Nik. Ulenhart (erschienen 1617); die Satire gegen angemaßten Adel war ein beliebtes Thema, der Absatz lehnt sich gedanklich, in der Aufzählung der tatsächlichen Berufe der „Voreltern" nahezu wörtlich, an Thomas Garzonis „Piazza Universale" (deutsch, Frankfurt 1619, unter dem Titel: „Piazza Universale, das ist: Allgemeiner Schauwplatz oder Marckt und Zusammenkunfft aller Professionen, Künsten, Geschäfften, Händlern und Handtwercken, so in der gantzen Welt geübt werden") an. – Verlag: das nötige Kapital.
Leimen: Lehm. – Minerva: Göttin der Künste und Wissenschaften, verwandelte Arachne („diejenige") in eine Spinne, weil sie sich vermaß, mit ihr um die Wette zu spinnen. – Sant Nitglas: Wortspiel mit dem Namen Niklas = Nichtglas; die Fenster waren aus Papier, über dessen Werdegang und Verarbeitung „vom Hanf oder Flachssamen an". – Muran: Murano, durch ihre Glasfabrikation berühmte venezianische Stadt. – Liberei: Livree.
Kärsten: Erdhacken. – Reuten: Roden. – disciplina militaris: Kriegshandwerk, -kunst.

11

Theodor Fontane

Irrungen Wirrungen

An dem Schnittpunkt von Kurfürstendamm und Kurfürstenstraße, schräg gegenüber dem „Zoologischen", befand sich in der Mitte der siebziger Jahre noch eine große, feldeinwärts sich erstreckende Gärtnerei, deren kleines, dreifenstriges, in einem Vorgärtchen um etwa hundert Schritt zurückgelegenes Wohnhaus, trotz aller Kleinheit und Zurückgezogenheit, von der vorübergehenden Straße her sehr wohl erkannt werden konnte. Was aber sonst noch zu dem Gesamtgewese der Gärtnerei gehörte, ja die recht eigentliche Hauptsache derselben ausmachte, war durch eben dies kleine Wohnhaus wie durch eine Kulisse versteckt, und nur ein rot- und grüngestrichenes Holztürmchen mit einem halb weggebrochenen Zifferblatt unter der Turmspitze (von Uhr selbst keine Rede) ließ vermuten, daß hinter dieser Kulisse noch etwas anderes verborgen sein müsse, welche Vermutung denn auch in einer von Zeit zu Zeit aufsteigenden, das Türmchen umschwärmenden Taubenschar und mehr noch in einem gelegentlichen Hundegeblaff ihre Bestätigung fand. Wo dieser Hund eigentlich steckte, das entzog sich freilich der Wahrnehmung, trotzdem die hart an der linken Ecke gelegene, von früh bis spät aufstehende Haustür einen Blick auf ein Stückchen Hofraum gestattete. Überhaupt schien sich nichts mit Absicht verbergen zu wollen, und doch mußte jeder, der zu Beginn unserer Erzählung des Weges kam, sich an dem Anblick des dreifenstrigen Häuschens und einiger im Vorgarten stehenden Obstbäume genügen lassen.
Es war die Woche nach Pfingsten, die Zeit der langen Tage, deren blendendes Licht mitunter kein Ende nehmen wollte. Heut abend stand die Sonne schon hinter dem

Wilmersdorfer Kirchturm, und statt der Strahlen, die sie den ganzen Tag über herabgeschickt hatte, lagen bereits abendliche Schatten in dem Vorgarten, dessen halbmärchenhafte Stille nur noch von der Stille des von der alten Frau Nimptsch und ihrer Pflegetochter Lene mietweise bewohnten Häuschens übertroffen wurde. Frau Nimptsch selbst aber saß wie gewöhnlich an dem großen, kaum fußhohen Herd ihres die ganze Hausfront einnehmenden Vorderzimmers und sah, hockend und vorgebeugt, auf einem rußigen alten Teekessel, dessen Deckel, trotzdem der Wrasen auch vorn aus der Tülle quoll, beständig hin und her klapperte. Dabei hielt die Alte beide Hände gegen die Glut und war so versunken in ihre Betrachtungen und Träumereien, daß sie nicht hörte, wie die nach dem Flur hinausführende Tür aufging und eine robuste Frauensperson ziemlich geräuschvoll eintrat. Erst als diese letztere sich geräuspert und ihre Freundin und Nachbarin, eben unsere Frau Nimptsch, mit einer gewissen Herzlichkeit beim Namen genannt hatte, wandte sich diese nach rückwärts und sagte nun auch ihrerseits freundlich und mit einem Anflug von Schelmerei: „Na, das is recht, liebe Frau Dörr, daß Sie mal wieder rüberkommen. Und noch dazu vons ‚Schloß'. Denn ein Schloß is es und bleibt es. Hat ja nen Turm. Un nu setzen Sie sich ... Ihren lieben Mann hab ich eben weggehen sehen. Und muß auch. Is ja heute sein Kegelabend."

Die so freundlich als Frau Dörr Begrüßte war nicht bloß eine robuste, sondern vor allem auch eine sehr stattlich aussehende Frau, die, neben dem Eindruck des Gütigen und Zuverlässigen, zugleich den einer besonderen Beschränktheit machte. Die Nimptsch indessen nahm sichtlich keinen Anstoß daran und wiederholte nur: „Ja, sein Kegelabend. Aber, was ich sagen wollte, liebe Frau Dörr, mit Dörren seinen Hut, das geht nicht mehr. Der is ja schon fuchsblank und eigentlich schimpfierlich. Sie müssen ihn ihm wegnehmen und einen andern hinstellen. Vielleicht merkt er es nich ... Und nu rücken Sie ran hier, liebe Frau Dörr, oder lieber da drüben auf die Hutsche ... Lene, na Sie wissen ja, is ausgeflogen un hat mich mal wieder in Stich gelassen."

„Er war woll hier?"

„Freilich war er. Und beide sind nu ein bißchen auf Wilmersdorf zu; den Fußweg lang, da kommt keiner. Aber jeden Augenblick können sie wieder hier sein."

„Na, da will ich doch lieber gehn."

„O nich doch, liebe Frau Dörr. Er bleibt ja nich. Und wenn er auch bliebe, Sie wissen ja, der is nicht so."

„Weiß, weiß. Und wie steht es denn?"

„Ja, wie soll es stehn? Ich glaube, sie denkt so was, wenn sie's auch nicht wahrhaben will, und bildet sich was ein."

„O du meine Güte", sagte Frau Dörr, während sie statt der ihr angebotenen Fußbank einen etwas höheren Schemel heranschob. „O du meine Güte, denn is es schlimm. Immer wenn das Einbilden anfängt, fängt auch das Schlimme an. Das is wie Amen in der Kirche. Sehen Sie, liebe Frau Nimptsch, mit mir war es ja eigentlich ebenso; man bloß nichts von Einbildung. Und bloß darum war es auch wieder ganz anders."

(1887)

12

HERMANN HESSE

Das Glasperlenspiel

Es ist unsere Absicht, in diesem Buch das Wenige festzuhalten, was wir an biographischem Material über Josef Knecht aufzufinden vermochten, den Ludi Magister Josephus III., wie er in den Archiven des Glasperlenspiels genannt wird. Wir sind nicht blind gegen die Tatsache, daß dieser Versuch einigermaßen im Widerspruch zu den herrschenden Gesetzen und Bräuchen des geistigen Lebens steht oder doch zu stehen scheint. Ist doch gerade das Auslöschen des Individuellen, das möglichst vollkommene Einordnen der Einzelperson in die Hierarchie der Erziehungsbehörde und der Wissenschaften eines der obersten Prinzipien unsres geistigen Lebens. Und dieses Prinzip ist denn auch in langer Tradition so weit verwirklicht worden, daß es heute ungemein schwierig, ja in vielen Fällen vollkommen unmöglich ist, über einzelne Personen, welche dieser Hierarchie in hervorragender Weise gedient haben, biographische und psychologische Einzelheiten aufzufinden; in sehr vielen Fällen lassen sich nicht einmal mehr die Personennamen feststellen. Es gehört nun einmal zu den Merkmalen des Geisteslebens unsrer Provinz, daß seine hierarchische Organisation das Ideal der Anonymität hat und der Verwirklichung dieses Ideals sehr nahe kommt.

Wenn wir trotzdem auf unsrem Versuche bestanden haben, einiges über das Leben des Ludi Magister Josephus III. festzustellen und uns das Bild seiner Persönlichkeit andeutend zu skizzieren, so taten wir es nicht aus Personenkult und aus Ungehorsam gegen die Sitten, wie wir glauben, sondern im Gegenteil nur im Sinne eines Dienstes an der Wahrheit und Wissenschaft. Es ist ein alter Gedanke: je schärfer und unerbittlicher wir eine These formulieren, desto unwiderstehlicher ruft sie nach der Antithese. Wir billigen und verehren den Gedanken, welcher der Anonymität unsrer Behörden und unsres Geisteslebens zugrunde liegt. Aber ein Blick in die Vorgeschichte eben dieses Geisteslebens, namentlich in die Entwicklung des Glasperlenspieles, zeigt uns unwiderstehlich, daß jede Phase der Entwicklung, jeder Ausbau, jede Änderung, jeder wesentliche Einschnitt, sei er fortschrittlich oder konservativ zu deuten, unweigerlich zwar nicht seinen einzigen und eigentlichen Urheber, wohl aber sein deutlichstes Gesicht gerade in der Person dessen zeigt, der die Änderung einführte, der zum Instrument der Umformung und Vervollkommnung wurde.

Es ist ja allerdings das, was wir heute unter Persönlichkeiten verstehen, nun etwas erheblich anderes, als was die Biographen und Historiker früherer Zeiten damit gemeint haben. Für sie, und zwar namentlich für die Autoren jener Epochen, welche eine ausgesprochene biographische Neigung hatten, scheint, so möchte man sagen, das Wesentliche einer Persönlichkeit das Abweichende, das Normwidrige und Einmalige, ja oft geradezu das Pathologische gewesen zu sein, während wir Heutigen von bedeutenden Persönlichkeiten überhaupt erst dann sprechen, wenn wir Menschen begegnen, denen jenseits von allen Originalitäten und Absonderlichkeiten ein möglichst vollkommenes Sich-Einordnen ins Allgemeine, ein möglichst vollkommener Dienst am Überpersönlichen gelungen ist. Sehen wir genauer zu, so hat auch schon das Altertum dieses Ideal gekannt: die Gestalt des „Weisen" oder „Vollkommenen" bei den alten Chinesen zum Beispiel oder das Ideal der Sokratischen Tugendlehre ist von unsrem heutigen Ideal kaum zu unterscheiden, und manche große geistige Organisation, wie etwa die Römische Kirche in ihren mächtigsten Epochen, hat ähnliche Grundsätze gekannt, und manche ihrer größten Gestalten, wie etwa der heilige Thomas von Aquino, erscheinen uns, gleich frühgriechischen Plastiken, mehr als klassische Vertreter von Typen denn als Einzelpersonen. Immerhin war in den Zeiten vor der Reformation des geistigen Lebens, die im zwanzigsten Jahrhundert begann und deren Erben wir sind, jenes echte alte Ideal offenbar nahezu ganz verlorengegangen. Wir erstaunen, wenn wir in den Biographien jener Zeiten etwa weitläufig erzählt finden, wie viele Geschwister der Held gehabt oder welche seelischen Narben und Kerben ihm die Loslösung von der Kindheit, die Pubertät, der Kampf um Anerkennung, das Werben um Liebe hinterlassen haben. Uns Heutige interessiert nicht die Pathologie noch die Familiengeschichte, nicht das Triebleben, die Verdauung und der Schlaf eines Helden; nicht einmal seine geistige Vorgeschichte, seine Erziehung durch Lieblingsstudien, Lieblingslektüre und so weiter ist uns sonderlich wichtig. Uns ist nur jener ein Held und eines besonderen Interesses würdig, der von Natur und durch Erziehung in den Stand gesetzt wurde, seine Person nahezu vollkommen in ihrer hierarchischen Funktion aufgehen zu lassen, ohne daß ihr doch der starke, frische, bewundernswerte Antrieb verlorengegangen wäre, welcher den Duft und Wert des Individuums ausmacht. Und wenn zwischen Person und Hierarchie Konflikte entstehen, so sehen wir gerade diese Konflikte als Prüfstein für die Größe einer Persönlichkeit an. So wenig wir den Rebellen billigen, den die Begierden und Leidenschaften zum Bruch mit der Ordnung treiben, so ehrwürdig ist uns das Andenken der Opfer, der wahrhaft Tragischen.

Dort nun, bei den Helden, bei diesen wirklich vorbildhaften Menschen, scheint uns das Interesse für die Person, für den Namen, für Gesicht und Gebärde erlaubt und natürlich, denn wir sehen auch in der vollkommensten Hierarchie, in der reibungslosesten Organisation keineswegs eine Maschinerie, aus toten und an sich gleichgültigen Teilen zusammengesetzt, sondern einen lebendigen Körper, aus Teilen gebildet und von Organen belebt, deren jedes seine Art und seine Freiheit besitzt und am Wunder des Lebens teilhat. In diesem Sinne bemühten wir uns um Nachrichten über das Leben des Glasperlenspielmeisters Josef Knecht, und namentlich um alles von ihm selbst Geschriebene, sind auch mehrerer Handschriften habhaft geworden, die wir für lesenswert halten.

Was wir über Knechts Person und Leben mitzuteilen haben, ist unter den Mitgliedern des Ordens, und namentlich unter den Glasperlenspielern, gewiß manchen schon ganz oder teilweise bekannt, und schon aus diesem Grunde wendet unser Buch sich nicht bloß an diesen Kreis, sondern hofft auch über ihn hinaus auf verständnisvolle Leser.

Für jenen engeren Kreis bedürfte unser Buch keiner Einleitung und keines Kommentars. Da wir jedoch dem Leben und den Schriften unseres Helden auch außerhalb des Ordens Leser wünschen, fällt uns die etwas schwierige Aufgabe zu, für jene weniger vorgebildeten Leser eine kleine volkstümliche Einführung in den Sinn und in die Geschichte des Glasperlenspieles dem Buch voranzuschicken. Wir betonen, daß diese Einleitung eine volkstümliche ist und sein will und keinerlei Anspruch darauf erhebt, die innerhalb des Ordens selbst diskutierten Fragen über Probleme des Spiels und seiner Geschichte zu klären. Für eine objektive Darstellung dieses Themas ist die Zeit längst noch nicht gekommen. *(1943)*

13

THOMAS MANN

Der Erwählte

Wer läutet?

Glockenschall, Glockenschwall supra urbem, über der ganzen Stadt, in ihren von Klang überfüllten Lüften! Glocken, Glocken, sie schwingen und schaukeln, wogen und wiegen ausholend an ihren Balken, in ihren Stühlen, hundertstimmig, in babylonischem Durcheinander. Schwer und geschwind, brummend und bimmelnd, – da ist nicht Zeitmaß noch Einklang, sie reden auf einmal und alle einander ins Wort, ins Wort auch sich selber: andröhnen die Klöppel und lassen nicht Zeit dem erregten Metall, daß es ausdröhne, da dröhnen sie pendelnd an am anderen Rande, ins eigene Gedröhne, also daß, wenn's noch hallt „In te Domine speravi", so hallt es auch schon „Beati, quorum tecta sunt peccata", hinein aber klingelt es hell von kleineren Stätten, als rühre der Meßbub das Wandlungsglöcklein.

Von den Höhen läutet es und aus der Tiefe, von den sieben erzheiligen Orten der Wallfahrt und allen Pfarrkirchen der sieben Sprengel zu seiten des zweimal gebogenen Tibers. Vom Aventin läutet's, von den Heiligtümern des Palatin und von Sankt Johannes im Lateran, es läutet über dem Grabe dessen, der die Schlüssel führt, im Vatikanischen Hügel, von Santa Maria Maggiore, in Foro, in Domnica, in Cosmedin und in Trastevere, von Ara Celi, Sankt Paulus außer der Mauer, Sankt Peter in Banden und vom Haus zum Hochheiligen Kreuz in Jerusalem. Aber von den Kapellen der Friedhöfe, den Dächern der Saalkirchen und Oratorien in den Gassen läutet es auch. Wer nennt die Namen und weiß die Titel? Wie es tönt, wenn der Wind, wenn der Sturm gar wühlt in den Saiten der Äolsharfe und gänzlich die Klangwelt aufgeweckt ist, was weit voneinander und nahe beisammen, in schwirrender Allharmonie: so, doch ins Erzene übersetzt, geht es zu in den berstenden Lüften, da alles läutet zu großem Fest und erhabenem Einzug.

Wer läutet die Glocken? Die Glöckner nicht. Die sind auf die Straße gelaufen wie alles Volk, da es so ungeheuerlich läutet. Überzeugt euch: die Glockenstuben sind leer. Schlaff hängen die Seile, und dennoch wogen die Glocken, dröhnen die Klöppel. Wird man sagen, daß *niemand* sie läutet? – Nein, nur ein ungrammatischer Kopf ohne Logik wäre der Aussage fähig. „Es läuten die Glocken", das meint: sie werden geläutet, und seien die Stuben auch noch so leer. – Wer also läutet die Glocken Roms? – *Der Geist der Erzählung.* – Kann denn der überall sein, hic et ubique, zum Beispiel zugleich auf dem Turme von Sankt Georg in Velabro und droben in Santa Sabina, die Säulen hütet vom greulichen Tempel der Diana? An hundert weihlichen Orten auf einmal? – Allerdings, das vermag er. Er ist luftig, körperlos, allgegenwärtig, nicht unterworfen dem Unterschiede von Hier und Dort. Er ist es, der spricht: „Alle Glocken läuteten", und folglich ist er's, der sie läutet. So geistig ist dieser Geist und so abstrakt, daß grammatisch nur in der dritten Person von ihm die Rede sein und es lediglich heißen kann: „Er ist's." Und doch kann er sich auch zusammenziehen zur

In te Domine speravi: Auf Dich, o Herr, hoffe ich.
Beati, quorum tecta sunt peccata: Glücklich sind die, denen die Sünden vergeben sind.
hic et ubique: hier und überall

Person, nämlich zur ersten, und sich verkörpern in jemandem, der in dieser spricht und spricht: „Ich bin es. Ich bin der Geist der Erzählung, der, sitzend an seinem derzeitigen Ort, nämlich in der Bibliothek des Klosters Sankt Gallen im Alamannenlande, wo einst Notker der Stammler saß, zur Unterhaltung und außerordentlichen Erbauung diese Geschichte erzählt, indem ich mit ihrem gnadenvollen Ende beginne und die Glocken Roms läute, id est: berichte, daß sie an jenem Tage des Einzugs sämtlich von selber zu läuten begannen."
Damit aber auch die zweite grammatische Person zu ihrem Rechte komme, so lautet die Frage: Wer bist du denn, der Ich sagend an Notkers Pulte sitzt und den Geist der Erzählung verkörpert? – Ich bin Clemens der Ire, ordinis divi Benedicti, zu Besuch hier als brüderlich aufgenommener Gast und Sendbote meines Abtes Kilian vom Kloster Clonmacnois, meinem Hause in Irland, damit ich die alten Beziehungen pflege, welche seit Columbanus' und Gallus' Tagen fortwalten zwischen meiner Heimat und dieser festen Burg Christi.

(1951)

Max Frisch

Stiller

14

Ich bin nicht Stiller! – Tag für Tag, seit meiner Einlieferung in dieses Gefängnis, das noch zu beschreiben sein wird, sage ich es, schwöre ich es und fordere Whisky, ansonst ich jede weitere Aussage verweigere. Denn ohne Whisky, ich hab's ja erfahren, bin ich nicht ich selbst, sondern neige dazu, allen möglichen guten Einflüssen zu erliegen und eine Rolle zu spielen, die ihnen so passen möchte, aber nichts mit mir zu tun hat, und da es jetzt in meiner unsinnigen Lage (sie halten mich für einen verschollenen Bürger ihres Städtchens!) einzig und allein darum geht, mich nicht beschwatzen zu lassen und auf der Hut zu sein gegenüber allen ihren freundlichen Versuchen, mich in eine fremde Haut zu stecken, unbestechlich zu sein bis zur Grobheit, ich sage: da es jetzt einzig und allein darum geht, niemand anders zu sein als der Mensch der ich in Wahrheit leider bin, so werde ich nicht aufhören, nach Whisky zu schreien, sooft sich jemand meiner Zelle nähert. Übrigens habe ich bereits vor Tagen melden lassen, es brauche nicht die allererste Marke zu sein, immerhin eine trinkbare, ansonst ich eben nüchtern bleibe, und dann können sie mich verhören, wie sie wollen, es wird nichts dabei herauskommen, zumindest nichts Wahres. Vergeblich! Heute bringen sie mir dieses Heft voll leerer Blätter: Ich soll mein Leben niederschreiben! wohl um zu beweisen, daß ich eines habe, ein anderes als das Leben ihres verschollenen Herrn Stiller.
„Sie schreiben einfach die Wahrheit", sagt mein amtlicher Verteidiger, „nichts als die schlichte und pure Wahrheit. Tinte können Sie jederzeit nachfüllen lassen!"
Heute ist es eine Woche seit der Ohrfeige, die zu meiner Verhaftung geführt hat. Ich war (laut Protokoll) ziemlich betrunken, weswegen ich Mühe habe, den Hergang zu beschreiben, den äußeren.
„Kommen Sie mit!" sagte der Zöllner.

„Bitte“, sagte ich, „machen Sie jetzt keine Umstände, mein Zug fährt jeden Augenblick weiter –“

„Aber ohne Sie“, sagte der Zöllner.

Die Art und Weise, wie er mich vom Trittbrett riß, nahm mir vollends die Lust, seine Fragen zu beantworten. Er hatte den Paß in der Hand. Der andere Beamte, der die Pässe der Reisenden stempelte, war noch im Zug. Ich fragte:

„Wieso ist der Paß nicht in Ordnung?“

Keine Antwort.

„Ich tue nur meine Pflicht“, sagte er mehrmals, „das wissen Sie ganz genau.“

Ohne auf meine Frage, warum der Paß nicht in Ordnung sei, irgendwie zu antworten – dabei handelt es sich um einen amerikanischen Paß, womit ich um die halbe Welt gereist bin! – wiederholte er in seinem schweizerischen Tonfall:

„Kommen Sie mit!“

„Bitte“, sagte ich, „wenn Sie keine Ohrfeige wollen, mein Herr, fassen Sie mich nicht am Ärmel; ich vertrage das nicht.“

„Also vorwärts!“

Die Ohrfeige erfolgte, als der junge Zöllner, trotz meiner ebenso höflichen wie deutlichen Warnung, mit der Miene eines gesetzlich geschützten Hochmuts behauptete, man werde mir schon sagen, wer ich in Wirklichkeit sei.

(1954)

15

ITALO CALVINO

Wenn ein Reisender in einer Winternacht

Der Roman beginnt auf einem Bahnhof, eine Lokomotive faucht, Kolbendampf zischt über den Anfang des Kapitels, Rauch verhüllt einen Teil des ersten Absatzes. In den Bahnhofsgeruch mischt sich ein Dunstschwaden aus dem Bahnhofscafé. Jemand schaut durch die beschlagenen Scheiben, öffnet die Glastür des Cafés, alles ist diesig, auch drinnen, wie mit kurzsichtigen oder von Kohlenstäubchen gereizten Augen gesehen. Die Buchseiten sind beschlagen wie die Fenster eines alten Zuges, der Rauch legt sich auf die Sätze. Es ist ein regnerischer Abend; der Mann betritt das Café, knöpft sich den feuchten Mantel auf, eine Wolke von Dampf umhüllt ihn; ein Pfiff ertönt über die Gleise, die vom Regen glänzen, so weit das Auge reicht.

Ein Pfiff wie von einer Lokomotive und ein Dampfstrahl lösen sich aus der Kaffeemaschine, die der alte Wirt unter Druck setzt, als gebe er ein Signal. So scheint es zumindest im Fortgang der Sätze des zweiten Absatzes, worin die Spieler an den Tischen ihre aufgefächerten Karten vor der Brust zusammenschieben und sich mit dreifacher Drehung - des Halses, der Schultern, des Stuhls - dem Neuankömmling zuwenden, während die Gäste am Tresen ihre Täßchen heben und auf die Kaffeeoberfläche blasen, Lippen und Augen halb geschlossen, oder mit übertriebener Vorsicht, um nichts zu verschütten, die Schaumkrone von ihren Biergläsern schlürfen. Die Katze buckelt, die Kassiererin schiebt ihre Registrierkasse zu, es macht pling. All diese Zeichen vereinen sich zu der Auskunft, daß es hier um einen kleinen Provinzbahnhof geht, wo jeder Ankommende sofort bemerkt wird.

Alle Bahnhöfe gleichen einander; es macht nichts, wenn die Lampen kaum über ihren fahlen Lichthof hinausleuchten, allzugut kennst du dieses Milieu mit seinem Geruch von Zügen, der hängenbleibt, auch wenn alle Züge schon abgefahren sind, mit seinem eigentümlichen Bahnhofsgeruch nach der Abfahrt des letzten Zuges. Die Lichter des Bahnhofs und die Sätze, die du hier liest, sollen anscheinend eher trüben als klären, was da auftaucht aus einem Schleier von Nebel und Dunkelheit. Ich bin heute abend auf diesem Bahnhof zum erstenmal in meinem Leben ausgestiegen, und schon kommt es mir vor, als hätte ich hier ein ganzes Leben verbracht, während ich dieses Café betrete und wieder verlasse, vom Geruch des Bahnsteigs hinüberwechsle zum Geruch nassen Sägemehls in den Toiletten, all dies vermischt zu einem einzigen Geruch: dem des Wartens, dem Geruch der Telefonzellen, wenn einem nichts anderes übrigbleibt, als die Münzen wieder herauszuholen, weil die gewählte Nummer kein Lebenszeichen gibt.

Ich bin der Mann, der da zwischen Café und Telefonzelle hin- und herläuft. Oder besser gesagt, dieser Mann heißt hier „ich", und sonst weißt du nichts von ihm, wie auch dieser Bahnhof nur einfach „Bahnhof" heißt, und außer ihm gibt es nichts als das unbeantwortete Läuten eines Telefons in einem dunklen Zimmer in einer fernen Stadt. Ich hänge den Hörer ein, warte auf das Scheppern der Münzen durch den metallenen Schlund, drehe mich um, drücke die Glastür auf und strebe wieder den Tassen zu, die sich zum Trocknen in einer Dampfwolke türmen.

Die Espressomaschinen in Bahnhofscafés zeigen unübersehbar ihre Verwandtschaft mit den Lokomotiven, die Espressomaschinen von gestern und heute mit den Dampf- und E-Loks von gestern und heute. Ich mag hin- und herlaufen, mag mich drehen und wenden, soviel ich will: Ich sitze in einer Falle, in der zeitlosen Falle, die einem unweigerlich jeder Bahnhof stellt. Immer noch hängt ein feiner Kohlenstaub in der Luft, obwohl längst alle Strecken elektrifiziert worden sind, und ein Roman, der von Zügen und Bahnhöfen handelt, kann nicht umhin, diesen Rauchgeruch wiederzugeben. Schon mehrere Seiten hast du dich jetzt vorangelesen, es wäre mithin an der Zeit, daß dir klar gesagt wird, ob dieser Bahnhof, an dem ich ausgestiegen bin aus einem verspäteten Zug, ein Bahnhof von früher ist oder von heute; doch die Sätze bewegen sich weiter im ungewissen, im Grau, in einer Art Niemandsland der auf den kleinsten gemeinsamen Nenner verkürzten Erfahrung. Paß auf, das ist bestimmt ein Trick, um dich langsam einzufangen, dich in die Handlung hineinzuziehen, ohne daß du es merkst: eine Falle. Oder vielleicht ist der Autor noch unentschlossen, wie ja auch du als Leser noch nicht ganz sicher bist, was du lieber hier lesen würdest: die Ankunft auf einem alten Bahnhof, die dir das Gefühl einer Rückkehr in die Vergangenheit, einer Rückeroberung der verlorenen Zeiten und Orte

gibt, oder ein Fluten von Lichtern und Tönen, das dir das Gefühl gibt, in der heutigen Zeit zu leben, in der Art und Weise, wie man heutzutage das Leben für angenehm hält. Dieses Café (oder „Bahnhofsrestaurant", wie es auch genannt wird) scheint vielleicht nur meinen kurzsichtigen oder gereizten Augen so verschwommen und diesig, in Wahrheit strömt womöglich gleißendes Licht aus blitzenden Röhren, vervielfacht durch Spiegel, die es in alle Winkel und Ritzen werfen, und der schattenlose Raum erdröhnt von voll aufgedrehter Musik aus einem vibrierenden Lärmapparat, und alle Flipper und anderen elektronischen Spiele zur Simulation von Pferderennen und Menschenjagden sind in Betrieb, und farbige Schatten schwimmen im milchigen Glas eines Fernsehers wie auch in dem eines großen Aquariums voller tropischer Fische, die sich laben an einem senkrechten Strom von leise blubbernden Luftbläschen. Und ich trage nicht eine pralle, leicht verschlissene Reisetasche unter dem Arm, sondern schiebe einen quadratischen, mit kleinen Rädern versehenen Hartplastikkoffer vor mir her an einem ausklappbaren verchromten Metallgriff.
Du meintest, Leser, dort unter dem Bahnsteigdach habe mein Blick sich auf die hellebardengleich durchbrochenen Zeiger einer runden alten Bahnhofsuhr konzentriert im vergeblichen Wunsch, sie zurückzudrehen, um rückwärts den Friedhof der verflossenen Stunden zu durchlaufen, die entseelt darniederliegen in ihrem kreisrunden Pantheon. Doch wer sagt dir, daß die Ziffern der Uhr nicht in rechteckigen Fenstern aufscheinen und nicht jede Minute über mich herfällt wie das Fallbeil einer Guillotine? Freilich, am Ergebnis würde sich nicht viel ändern: Auch in einer glatten und komfortabel gemachten Welt verriete mein um das leichte Steuer des Rollenkoffers gekrampfter Griff noch immer einen inneren Widerwillen, als sei dieses doch so bequeme Gepäckstück für mich eine unangenehme, ja bedrückende Last.

(1983, ital. 1979)

Aufgaben zu B III

1. Erläutern Sie anhand des „Armen Heinrich" von Hartmann von Aue (9):
   - Wie stellt sich der **Autor** als **Erzähler** vor?
   - Welche Beziehung zum Leser möchte er herstellen, und was ist dabei seine Intention?
   - Welche Rückschlüsse lassen sich von daher auf die mittelalterliche Leserschaft, den **intendierten Leser,** ziehen?
2. Bearbeiten Sie den Romananfang von Grimmelshausen (10); stellen Sie dabei besonders heraus, **was** erzählt wird (den **plot** = den Kern des Geschehens) und **wie** es erzählt wird.
   Gehen Sie dabei auch auf die **Erzählhaltung** ein (vgl. E II).
3. Kennzeichnen Sie die besondere Art des Romananfangs bei Fontane (11). Wodurch unterscheidet er sich vom „Armen Heinrich" (9) und vom Simplicissimus (10)? Beachten Sie dabei auch:
   - Welchen Leser will Fontane (vermutlich) ansprechen?
   - In welcher Weise tut er dies? (Erzählhaltung)
4. Beschreiben Sie, wie sich der Erzähler im „Glasperlenspiel" (12) dem Leser darstellt und welches Verhältnis er zum Leser herzustellen bemüht ist, indem Sie

besonders auf sprachlich-stilistische Mittel (Wortwahl, Satzbau, sprachliche Bilder u. ä.) eingehen.

5. Der „Erwählte" von Thomas Mann (13) hat den mittelalterlichen Versroman „Gregorius" von Hartmann von Aue zur Vorlage.
   - Wie führt der Erzähler den Leser in diese besondere Atmosphäre ein?
   - Der Erzähler „konkretisiert" sich als **erzählendes Ich.** Stellen Sie diesen Vorgang dar.
   - Welche Möglichkeiten bieten sich dem Autor (Thomas Mann), wenn er zur Vermittlung eines wundersamen Stoffes einen Ich-Erzähler einschaltet?
   - Welche besonderen Möglichkeiten eröffnet darüber hinaus ein Erzähler, der sich als „Geist der Erzählung" vorstellt?
6. In Max Frischs Roman „Stiller" (14) ist das erzählende Ich gleichzeitig das **erlebende Ich** (der Erzähler tritt selber als agierende Romanfigur auf). Welche Möglichkeiten ergeben sich von daher für die **Darbietungsweise?** Untersuchen Sie dazu die Textpassagen, die außerhalb der wörtlichen Rede stehen (vgl. auch E II).
7. Beschreiben Sie den Romananfang von Calvino (15) im Hinblick auf das Verhältnis zwischen Erzähler und Leser.
8. Vergleichen Sie (gruppenteilig) die Romananfänge (9–15) unter übergreifenden Themenstellungen:
   - Wie verhält sich der Erzähler dem dargestellten Geschehen gegenüber? Bestimmen Sie dieses **Erzählverhalten** (vgl. E II).
   - Setzen Sie den Erzählgegenstand/das dargestellte Geschehen, soweit es sich aus den Romananfängen ergibt, in Beziehung zu der verwendeten Sprache (den sprachlich-stilistischen Mitteln).
   - Wodurch versuchen die Erzähler jeweils, das Leserinteresse zu wecken? Welches Lesepublikum wollen sie (möglicherweise) dadurch (besonders) ansprechen?
   - Welche **Erzählperspektive** (Innensicht oder Außensicht) herrscht vor?
   - Gibt es einen durchgehenden Unterschied zwischen den Romananfängen und dem Erzählbeginn bei anderen epischen Textarten (Teil A, B I und II)?

C Theoretische Texte

JÜRGEN H. PETERSEN

16

Erzählform, Erzählverhalten

Eine erste, wenn auch nur recht grobe Differenzierung epischer Texte ist die nach ihrer **Erzählform**. Zwei Arten lassen sich unterscheiden: Die **Ich-Form** und die **Er-Form**. Bei der Ich-Form berichtet der Erzählende von sich selbst, das Ich ist also sowohl erzählendes Medium als auch handelnde Person, bei der Er-Form erzählt der

Erzähler von anderen. Dies gilt auch dann, wenn er sich beiläufig als Ich ins Spiel bringt, wie etwa in dem folgenden Beispiel:

> Es wird meinen Leserinnen nicht unangenehm zu erfahren sein, daß der Bräutigam jetzo einen leberfarbenen Ehren-Frack anthat [...].
> (Jean Paul: *Siebenkäs*)

Denn der Erzähler berichtet nicht aus seinem Leben, sondern die Vorgänge um andere Personen.

In der Ich-Form sind Briefromane, Memoiren, Tagebucherzählungen usf. gehalten. Dabei ist jedoch eine grundsätzliche Unterscheidung zu treffen. Handelt es sich z. B. um einen echten Lebensrückblick, also etwa um die Memoiren eines Politikers, so ist das Ich, das in dem Text auftaucht, tatsächlich das Ich des Verfassers, wenn auch zu einer anderen Zeit. Dies ist beispielsweise zu Beginn von Adenauers *Erinnerungen 1945–1953* der Fall:

> Ende September 1944 kam ich nach einer abenteuerlichen Flucht aus dem Konzentrationslager auf dem Kölner Messegelände, wohin ich im Zusammenhang mit dem Aufstand gegen Hitler vom 20. Juli 1944 gebracht worden war, in das Gestapogefängnis Brauweiler bei Köln.
> (Konrad Adenauer: *Erinnerungen 1945–1953*)

Es spielt keine Rolle, ob jede Einzelheit stimmt; entscheidend ist vielmehr, daß der Autor des Buches die Dinge so wiedergibt, wie er sie zum Zeitpunkt der Niederschrift sieht. Das ist anders bei folgendem Beispiel:

> Der Rheingau hat mich hervorgebracht, jener begünstigte Landstrich, welcher [...] wohl zu den lieblichsten der bewohnten Erde gehört.
> (Thomas Mann: *Die Bekenntnisse des Hochstaplers Felix Krull*)

Thomas Mann ist nicht im Rheingau, sondern in Lübeck geboren, und die Erlebnisse, die er hier erzählt, sind nicht die seinen (so sehr eigene Erfahrungen hier und da eine Rolle spielen mögen), sondern die der erfundenen Figur Felix Krull. Der Autor schlüpft mithin in die Rolle einer von ihm erdachten Gestalt und berichtet aus deren Perspektive einen ebenfalls erfundenen Lebensgang. Im Gegensatz zu dem ersten Beispiel handelt es sich in diesem Fall um einen **fiktionalen** Text, d. h. hier teilt ein Autor nicht seine Gedanken und Erlebnisse unmittelbar mit, sondern er schafft sich eine eigene Welt, schafft sich einen Erzähler, der ganz andere Züge tragen kann und in dem angeführten Beispiel auch trägt als er selbst. Von der Individualität des Ich-Erzählers Krull, eines hochstapelnden Lebenskünstlers, auf die Individualität des Autors Thomas Mann zu schließen, ist daher schlechterdings unzulässig.

Die bei fiktionalen Texten notwendige Differenzierung zwischen Autor und Erzähler gilt grundsätzlich auch für erzählende Dichtung in der Er-Form. Denn auch hier ist das Verhältnis des Erzählenden zum Erzählten konstruiert und läßt keineswegs unmittelbar Rückschlüsse auf die Auffassungen des Autors zu. Die Erzählweise Borcherts etwa, der weitgehend sprechsprachlich, alltagssprachlich geprägte Stil, läßt uns nicht einfach folgern, daß Borchert selbst, als reales Individuum, nur auf diese Weise zu reden und zu schreiben verstand, sondern hier erfüllt ein bewußt eingesetzter Stil eine besondere Aussagefunktion im Zusammenhang mit dem erzählten Geschehen, der Erzählthematik, der poetischen Intention. Die beiden Erzählungen *Tristan* und *Tonio Kröger* wurden fast zur gleichen Zeit geschrieben, ihr Autor ist derselbe (Thomas Mann), aber die in den beiden Werken auftretenden Erzähler unterscheiden sich in mancher Hinsicht voneinander; auch daran zeigt sich, daß Autor und Erzähler nicht einfach identifiziert werden dürfen. Und schließlich verweisen uns auch Umarbeitungen aus der Ich-Form in die Er-Form und umgekehrt auf diesen Sachverhalt. Der Anfang von Franz Kafkas Roman *Das Schloß* z. B., zunächst in der Ich-Form abgefaßt und also eine Identifizierung von Autor und epischem Ich ausschließend, wird durch seine spätere Umwandlung in die Er-Form gewiß nicht zu einem Text, in dem der Dichter Kafka selbst und unmittelbar als Erzähler auftritt. [...]

Sowohl bei der Ich-Form als auch bei der Er-Form sprechen wir also nicht vom Autor, sondern vom Erzähler, wenn wir den „Berichterstatter" meinen. Es gibt noch andere Phänomene, die trotz der prinzipiellen Unterschiedlichkeit der beiden Erzählformen sowohl in dieser wie in jener begegnen können. Zunächst ist zwischen dem Erzähler und dem Erzählten zu unterscheiden. Das steht für die Er-Form außer Zweifel; bei einer Ich-Erzählung könnte man jedoch einwenden, hier berichte eine Person von sich selbst, und deshalb könne man zwischen **erzählendem und erlebendem (=erzähltem) Ich** keinen Unterschied machen. Aber schon der zeitliche Abstand zwischen dem berichteten Erlebnis und dem Berichten selbst verweist uns darauf, daß erzählendes und erzähltes Ich keineswegs von vornherein identifiziert werden dürfen. Das Verhältnis, in dem ein erzählendes Ich zu sich als erlebendem Ich, also als handelnder Figur steht, ist oft genug durch Kritik und Ablehnung gekennzeichnet, wie z. B. in dem folgenden Beispiel:

> O ihr verfluchten Reichtümer, was habt ihr nur mit mir begonnen! Solang ich euch besessen, habt ihr mich mit einer solchen Last der Hoffart beladen, die allein genug gewesen wäre, mich in den tiefsten Abgrund der Hölle hinunterzudrücken, geschweige wasmaßen euer Überfluß meinen eitelen schnöden Begierden den Weg der verdammlichen Wollüste also richtig gebahnet [...].
> (J. J. Chr. v. Grimmelshausen: *Das wunderbarliche Vogelnest*)

Dieser Text ist zugleich ein Beispiel für ein **auktoriales Erzählverhalten**. Mit Hilfe dieses Begriffs lassen sich bestimmte Momente der Erzählweise beschreiben. Wir unterscheiden zwischen **auktorialem, neutralem** und **personalem** Erzählverhalten, und zwar gebrauchen wir diese Termini zur Beschreibung der Erzählweise sowohl einer Ich-Erzählung als auch einer Er-Erzählung. Unter auktorialem Erzählverhalten verstehen wir Passagen, in denen sich der Erzähler selbst ins Spiel bringt und kommentierend, reflektierend, urteilend eingreift. Ein Beispiel für auktoriales Verhalten eines Er-Erzählers findet sich an folgender Stelle:

> [...] ja! in diesem Reiche, das uns der Geist so oft, wenigstens im Traume aufschließt, versuche es, geneigter Leser! die bekannten Gestalten, wie sie täglich, wie man zu sagen pflegt im gemeinen Leben, um dich herwandeln, wiederzuerkennen. Du wirst dann glauben, daß dir jenes herrliche Reich viel näher liege, als du sonst wohl meintest, welches ich nun eben recht herzlich wünsche, und dir in der seltsamen Geschichte des Studenten Anselmus anzudeuten strebe. – Also, wie gesagt, der Student Anselmus geriet seit jenem Abende, als er den Archivarius Lindhorst gesehen, in ein träumerisches Hinbrüten [...].
> (E. T. A. Hoffmann: *Der goldne Topf*)

Der Erzähler hat sich aus dem Erzählzusammenhang gelöst, was sich schon am Gebrauch des Präsens zeigt **(Tempuswechsel)** sowie daran, daß er ganz direkt den **Leser** anredet, sich also vom Geschehen fort- und dem Leser zuwendet. Er mischt sich ein, nimmt Stellung, kommentiert, stellt Überlegungen an, d. h. er wird als Aussagesubjekt erkennbar. Danach, also vom Gedankenstrich an, genau genommen sogar erst nach dem „wie gesagt" wendet er sich wieder dem Geschehen zu.

Neutral nennen wir das Erzählverhalten, wenn das epische Medium wie ein außenstehender Zuschauer berichtet und also das Geschehen aus der Distanz des Beobachters vermittelt:

> Das erste Hotel, in dem er um ein Zimmer fragte, wies ihn ab, weil er nur eine Aktentasche bei sich hatte; der Portier des zweiten Hotels, das in einer Nebengasse lag, führte ihn selber hinauf in das Zimmer. Während der Portier noch am Hinausgehen war, legte sich Bloch auf das Bett und schlief bald ein.
> (Peter Handke: *Die Angst des Tormanns beim Elfmeter*)

Neutrales Erzählverhalten begegnet auch in der Ich-Erzählung:

> Da sprach sie mir von ihren Schülern. Wir gingen vom Marx-Engels-Platz zum Alex. Wir standen am Zeitungskiosk und ließen die Hunderte von Gesichtern an uns vorbeitreiben, wir kauften uns die letzten Osterglocken am Blumenstand. Vielleicht sind wir ein bißchen vom Frühling betrunken, sagte ich. Aber sie bestand darauf, nüchtern zu sein und zu wissen, was sie sagte.
> (Christa Wolf: *Nachdenken über Christa T.*)

Von einem neutralen Erzählverhalten spricht man auch dann, wenn (beinahe) ausschließlich direkte Rede begegnet, wenn also z. B. ein Dialog wiedergegeben wird:

> „Gewiß ist es der Richtige. Das verstehst du nicht, Hertha. Jeder ist der Richtige. Natürlich muß er von Adel sein und eine Stellung haben und gut aussehen."
> „Gott, Effi, wie du nur sprichst. Sonst sprachst du doch ganz anders."
> „Ja, sonst."
> „Und bist du auch schon ganz glücklich?"
> „Wenn man zwei Stunden verlobt ist, ist man immer ganz glücklich. Wenigstens denk ich es mir so."
> (Theodor Fontane: *Effi Briest*)

Das **personale Erzählverhalten** schließlich findet man in Passagen, in denen der Erzähler hinter die Figuren zurücktritt und die Welt mit ihren Augen sieht, also ihren Blickwinkel, ihre Optik wählt. Von einem Sonderfall, dem inneren Monolog, vielleicht abgesehen, heißt das nicht, daß der Erzähler völlig verschwindet: Im personalen Erzählen verliert der Erzähler keineswegs seine Identität, aber er geht auch nicht darin auf, er selbst und nur er selbst zu sein. Vielmehr übernimmt er im personalen Erzählverhalten eine **Rolle**, indem er die **Optik einer Figur** wählt. Das ist vor allem dann der Fall, wenn der Leser mit deren Innerem vertraut gemacht wird:

> Und siehe da: plötzlich war es, als wenn die Finsternis vor seinen Augen zerrisse, wie wenn die samtne Wand der Nacht sich klaffend teilte und eine unermeßlich tiefe, eine ewige Fernsicht von Licht enthüllte ... Ich werde leben! sagte Thomas Buddenbrook beinahe laut und fühlte, wie seine Brust dabei vor innerlichem Schluchzen zitterte. Dies ist es, daß ich leben werde! Es wird leben ... und daß dieses Es nicht ich bin, das ist nur eine Täuschung, das war nur ein Irrtum, den der Tod berichtigen wird. So ist es, so ist es! ... Warum?
> (Thomas Mann: *Buddenbrooks*)

Mancher mag zunächst die Auffassung vertreten, personales Erzählverhalten könne beim Ich-Erzählen nicht vorkommen, weil das Erzähler-Ich ja ohnehin von sich selbst berichte und daher nicht noch eigens hinter sich selbst zurücktreten könne, um seine eigene Optik zu wählen: die besitze es ja sowieso. Dabei wird aber übersehen, daß erzählendes und erlebendes Ich zu unterscheiden sind, daß also das erzählende Ich – z. B. wenn es im Alter auf die eigene Jugendzeit zurückblickt – eine andere als seine augenblickliche Sehweise wählen kann; wenn der Ich-Erzähler aus der Optik des erlebenden Ich berichtet, schildert er die Dinge so, wie er sie einmal gesehen hat, nun aber möglicherweise nicht mehr sieht. In seiner Erzählung *Aus dem Le-*

ben eines Taugenichts läßt Eichendorff einen Ich-Erzähler auftreten, der beständig aus der Perspektive des erlebenden Ich berichtet; das führt zu komischen und ironischen Effekten. Denn während der in der Retrospektive berichtende Narrator natürlich weiß, was wirklich geschehen ist, wer sich hinter welcher Maske verborgen hält, welche Figuren als Liebende ein Paar bilden usf., gibt er sich – indem er ein personales Erzählverhalten an den Tag legt und die Ereignisse so beschreibt, wie sie der unwissende Taugenichts, also das erlebende Ich sieht – den Anschein, als wüßte er nicht, was eigentlich gespielt wird. In Wahrheit weiß der Erzähler natürlich Bescheid (denn alles, was er berichtet, ist ja für ihn gelebte Vergangenheit), und nur das erzählte Ich durchschaut die Zusammenhänge nicht. An der folgenden Stelle verfällt das Erzähler-Ich sogar in einen inneren Monolog, in dem die Gedanken des handelnden Ich wiedergegeben werden (vgl. den Tempuswechsel!):

> Mir aber standen die Tränen in den Augen schon wie ich noch so sang, das Herz wollte mir zerspringen von dem Liede vor Scham und Schmerz, es fiel mir jetzt auf einmal alles recht ein, wie sie so schön ist und ich so arm bin und verspottet und verlassen von der Welt [...].
> (Josef von Eichendorff: *Aus dem Leben eines Taugenichts*)

THOMAS MANN

17

Die Kunst des Romans

Vortrag für Princeton-Studenten, 1939

Über die ‚Kunst des Romans' soll ich in diesen Tagen zu Ihnen sprechen. Nun, ich könnte mir einen Menschen denken, der leugnete, daß der Roman überhaupt eine Kunstform sei. „Man rechnet zwar", wird ein solcher Ästhetiker sagen, „den Roman zur epischen Dichtung, einer Hauptgattung der Poesie, die außer dem eigentlichen epischen Heldengedicht, dem aus Sagen hervorgegangenen Volksepos und dem individuellen Kunstepos auch die Epopöe, die Idylle und Legende, die Ballade und Romanze, das Märchen und schließlich eben auch den Roman und die Novelle umfaßt. Aber erstens" (ich lasse immer noch diesen gestrengen Ästhetiker reden) „ist die epische Kunstform überhaupt erst die zweite im Rang: sie ist nicht ebenbürtig dem Drama, welches alle übrigen Dichtungsarten in sich vereinigt und in der Tat der Gipfel der Poesie, die Königin in ihrem Reiche ist. Und zweitens ist der Prosa-Roman eine minderwertige, formal sehr würdelose Auflösungsform des Versepos und der Romanschreiber nur ein Halbbruder des Dichters, ein illegitimer Sohn der Poesie."

So der Schulästhetiker. Man hört ihn mit schuldigem Respekt, aber diesen oder jenen Einwand kann man nicht unterdrücken, weder gegen sein Erstens noch gegen sein Zweitens. Es bleibt die müßigste und doktrinärste der Unternehmungen, irgendwelche prinzipielle Rangordnung aufzustellen im Bereich der Kunstarten und -gattungen. So töricht es wäre, eine Erscheinungsform der Kunst: die Musik etwa oder die Malerei oder die Dichtung als die höchste und edelste über die anderen zu

Epopöe: Epos, im engeren Sinne Götter- und Heldenepos
Versepos: Vgl. als Beispiel Text (9)

erhöhen (aus Gründen, die sich gut anhören könnten, deren aber ebenso gute für die Erhöhung und Krönung jeder anderen Kunstart zu finden wären), so abgeschmackt ist es, innerhalb einer Sphäre des Schöpferischen, der Dichtung, eine Rangordnung der Formen und Gattungen aufzustellen. Der grundsätzliche Vorrang des Dramas etwa vor der erzählenden Dichtung ist so leicht zu bestreiten, daß man dabei in Versuchung kommt, in denselben Fehler zu verfallen und die Rangordnung umzukehren. Vielleicht ist der epische Geist, der ja übrigens das lyrische und dramatische Element mit zu umfassen vermag, so gut wie im Drama auch Epos und Lyrik beschlossen sind, - vielleicht, sage ich, ist der Geist der Erzählung, das Ewig-Homerische, dieser weltweite, weltwissende, kündende Geist der Vergangenheitsschöpfung die verehrungswürdigste Erscheinungsform des Dichterischen und der Erzähler, dieser raunende Beschwörer des Imperfekts, sein würdevollster Repräsentant. Die erzählenden Veden der Inder hießen auch ‚Itihasa-Hymnen', nach dem Worte „Iti ha asa", „*So war es*". Vielleicht ist dieses „So war es" eine weihevollere dichterische Haltung als das „Hier ist es" des Dramas. Aber das sind objektiv unbeantwortbare Fragen, Fragen des Temperaments und Geschmacks; und bei den Kunstgattungen kommt es immer nur auf die Kunst an und nicht auf die Gattung. [...]

Erlauben Sie mir das persönliche und unakademische Bekenntnis, daß der Kunstgattung eben, dem *Genius der Epik* selbst meine Liebe und mein Interesse gehören, und sehen Sie es mir nach, wenn ein Vortrag über die ‚Kunst des Romans' mir unversehens zum Lobe des epischen Kunstgeistes selber wird. Es ist ein gewaltiger und majestätischer Geist, expansiv, lebensreich, weit wie das Meer in seiner rollenden Monotonie, zugleich großartig und genau, gesanghaft und klug-besonnen; er will nicht den Ausschnitt, die Episode, er will das Ganze, die Welt mit unzähligen Episoden und Einzelheiten, bei denen er selbstvergessen verweilt, als käme es ihm auf jede von ihnen besonders an. Denn er hat keine Eile, er hat unendliche Zeit, er ist der Geist der Geduld, der Treue, des Ausharrens, der Langsamkeit, die durch Liebe genußreich wird, der Geist der verzaubernden Langenweile. Anzufangen weiß er kaum anders als mit dem Urbeginn aller Dinge, und enden mag er überhaupt nicht, - von ihm gilt das Wort des Dichters: „Daß du nicht enden kannst, das macht dich groß." Aber seine Größe ist mild, geruhig, heiter, weise, - „objektiv". Sie nimmt Abstand von den Dingen, sie *hat* Abstand von ihnen ihrer Natur nach, sie schwebt darüber und lächelt auf sie herab, so sehr sie zugleich den Lauschenden oder Lesenden in sie verwickelt, in sie einspinnt. [...]

Es wäre eine kühne Behauptung, daß der Schritt zum Prosa-Roman ohne weiteres eine Erhöhung, Verfeinerung des Lebens der Erzählung bedeutet hätte. Zunächst war der Roman wirklich eine krause und willkürlich-abenteuerliche Ausartung gebundener Epik. Aber er trug Möglichkeiten in sich, deren Verwirklichung auf seinem langen Entwicklungsgange von den spät-griechischen und indischen Fabel-Monstren bis zur ‚Education sentimentale' und den ‚Wahlverwandtschaften' uns berechtigt, im Epos nur eine archaische Vorform des Romans zu sehen.

Das Prinzip aber, das den Roman diesen menschlich bedeutenden Weg hat gehen lassen, ist das der *Verinnerlichung*. Der deutsche Philosoph Arthur Schopenhauer,

Veda: Heilige Schriftsammlung der altindischen Kultur, z.T. bis 1500 v.Chr. zurückreichend
Arthur Schopenhauer: Deutscher Philosoph 1788–1860

der mit der Kunst auf intimerem Fuße stand, als sonst Denker zu tun pflegen, hat das auf gültigste Weise ausgesprochen: „Ein Roman wird desto höherer und edlerer Art seyn, je mehr inneres und je weniger äußeres Leben er darstellt; [...] - Die Aufgabe des Romanschreibers ist nicht, große Vorfälle zu erzählen, sondern kleine interessant zu machen."
Das sind klassische Worte, und besonders der Schluß-Aphorismus hat mir immer ausnehmend gefallen, weil er vom Interessant-machen handelt. Das Geheimnis der Erzählung - denn von einem Geheimnis kann man wohl sprechen - ist es, das, was eigentlich langweilig sein müßte, interessant zu machen. Es wäre ganz aussichtslos, dieses Geheimnis lüften und aufklären zu wollen. Aber nicht zufällig schließt Schopenhauers pointierte Bemerkung über das Interessant-machen des Kleinen an seine Betrachtung über die *Verinnerlichung* der Erzählkunst an. Das Prinzip der Verinnerlichung muß im Spiele sein bei jenem Geheimnis, daß wir atemlos auf das an und für sich Unbedeutende lauschen und darüber den Geschmack am grob aufregenden, robusten Abenteuer ganz und gar vergessen.

Aufgaben zu C

1. Geben Sie möglichst genau an, was durch das Zitat von Jean Paul (16, Zeile 7f.) verdeutlicht wird.
2. Welche Unterscheidung wird nach Gutzen (16) bei der Ich-Form des Erzählens wichtig?
3. Geben Sie Gründe dafür an, daß das erzählende Ich nicht das erlebende Ich zu sein braucht.
4. Erläutern Sie, warum es notwendig ist, in einem fiktionalen Text Autor und Erzähler zu unterscheiden.
5. Welche Bedeutung hat die Unterscheidung zwischen erzählendem Ich und erlebendem Ich für die Beurteilung des Erzählverhaltens?
6. Überprüfen Sie unterschiedliches Erzählverhalten an ausgewählten Textstellen (z. B. Text 20, 26, 31 und 33 im Teil D).
   Machen Sie sich zuvor die Definition der drei Arten des Erzählverhaltens aus dem Text von Gutzen (16) deutlich.
7. Stellen Sie alle Beschreibungselemente für den (neuzeitlichen) Roman aus Thomas Manns Rede (17) stichwortartig zusammen.
   - Welches scheint Ihnen das wesentliche (unterscheidende) Merkmal für den Roman als epischer Großform zu sein?
   - Vergleichen Sie dieses Merkmal mit Ihrer Untersuchung der Romananfänge (B III).
8. Überprüfen Sie insbesondere die folgenden, von Thomas Mann (17) als wichtig herausgestellten Aufgaben des Romanschreibers an dem Textmaterial in B III:
   a) Nicht große Vorfälle erzählen, sondern kleine interessant machen.
   b) Interessant-machen durch Verinnerlichung.
9. Vergleichen Sie Thomas Manns theoretische Ausführungen zum „epischen Geist" mit dem Anfang seines Romans „Der Erwählte" (13).

D Erweitertes Textangebot

18 Die Fabel vom emsigen Hühnchen

Ein kleines Hühnchen kratzte im Sand und fand ein paar Weizenkörner. „Wer hilft mir", rief es, „den Weizen zu pflanzen, damit wir dann alle genug zu essen haben?" Aber Kuh, Ente, Schwein und Gans hatten dazu keine Lust. „Dann mach' ich das eben allein!" sagte das Hühnchen.

Als die Halme sprießten, wuchsen und zu goldenen Ähren reiften, da war das Hühnchen wieder mit dem Vorschlag da: „Helft mir doch bei der Ernte. Es ist ja für alle genug da." Aber die Ente wollte wegen prinzipieller Bedenken nicht, das Schwein meinte, das sei nicht seine Aufgabe, die Kuh sagte wegen des hohen Dienstalters ab, und die Gans empfand das Ansinnen des Hühnchens schlicht als unsozial.

Also machte sich das Hühnchen allein an die Erntearbeit, schuftete, daß die Federn klebten, und freute sich auf die Zeit, in der aus dem geernteten Weizen Brot gebakken werden könnte. Und wieder fragte es die Hof-Genossen: „Wer hilft mir beim Brotbacken?"

„Da müßte ich ja Überstunden machen", brummte die Kuh. Die Ente jammerte: „Ich würde nur meine Sozialhilfe verlieren." „Ich bin eine Niete und habe nie etwas gelernt", grunzte das Schwein, während die Gans verlegen schnatterte: „Wenn ich als einzige helfen würde, dann schlösse ich mich selbst aus der Gemeinschaft aus."

Da buk das Hühnchen eben allein fünf knusprige Brote, die es voller Stolz den anderen zeigte. Die staunten zuerst – und dann wollte jeder davon ein Brot haben. Aber das Hühnchen meinte: „Nun kann ich sie auch alleine essen."

„Das ist Profitwucher!" schrie die Kuh. „Kapitalistische Schweinerei!" protestierte die Ente. Die Gans forderte „Gleiches Recht für alle!" Und das Schwein hatte inzwischen Volkszorn-Tafeln gemalt, die sie nun hochhielten und im Protestmarsch um das kleine Hühnchen herumtrugen.

Da kam ein Regierungsvertreter des Tierreichs und ermahnte das Hühnchen, doch nicht so geizig zu sein. Es sollte sich doch lieber darüber freuen, daß es in einem System des freien Unternehmertums so viel verdienen kann, wie es will. Da darf man sich dann auch nicht der sozialen Verpflichtung gegenüber allen anderen entziehen.

Das kleine Hühnchen schluckte ein paarmal, und auf dem Bauernhof zog wieder eitel Friede ein. Nur die Nachbarn wunderten sich, daß das Hühnchen nie wieder Brot buk.

Nach Ansicht von Shell-Chef Johannes C. Welbergen illustriert diese Fabel, „wie es unserer Ansicht nach um die Situation derjenigen bestellt ist, die sich frühzeitig und mit beachtlichen Investitionen um die Erschließung einheimischer Energiereserven bemüht hatten", und denen mißgünstige Konkurrenten nun die Früchte der Mühen nicht gönnen und daher eine Besteuerung der „windfall-profits" fordern.

(Die ZEIT Nr. 23 vom 2. 6. 1978)

windfall-profits: unvorhergesehene Gewinne, die durch Wechselkursschwankungen erzielt werden

Eva Kapfelsperger, Udo Pollmer

Das Gleichnis vom gekochten Frosch

19

Taucht man einen Frosch in einen Topf mit heißem Wasser, so sucht er wie rasend das Gefäß zu verlassen. Setzt man ihn jedoch in kaltes Wasser, welches nur langsam erhitzt wird, so läßt sich das Tier zu Tode kochen, ohne daß es sich besonders dagegen wehren würde. Dieses Gleichnis charakterisiert zutreffend die Situation des zivilisierten Menschen in seiner von Tag zu Tag mehr verseuchten Umwelt.

(Aus: Iß und stirb. Chemie in unserer Nahrung)

Aesop

Das kluge Kamel

20

Geduldig kniete das Kamel nieder und ließ sich bepacken. Kisten und Säcke, Ballen und Fässer wurden ihm aufgeladen. Als das Kamel glaubte, daß die Ladung vollständig und es nun genug sei, stand es auf. Der Kameltreiber aber zwang es, sich wieder hinzulegen, und er packte ihm weitere Kästen und Pakete, Stangen und Hölzer auf. Da sprang das geplagte Kamel auf die Beine, schlug vorn und hinten aus und schüttelte die viel zu schwere Last ab.
„Ich bin geduldig", sagte das Kamel, „aber was zuviel ist, ist zuviel!" Und so wird es überall sein: Wem zuviel zugemutet wird, der wehrt sich am Ende und läßt sich überhaupt nichts mehr aufhalsen.
(6. Jh. v. Chr.)

Christian August Fischer

Der Bauer und sein Esel

21

„Geschwind! Zu den Waffen!" ruft ein Bauer seinem Esel zu, als die Feinde im Anrücken waren. „Zu den Waffen?" antwortete dieser. „Ich sehe nicht ein, warum. Mir kann es gleichgültig sein, **wem** ich gehöre. Ich muß einmal Lasten tragen; gleichviel, **wer** sie mir auflegt."
So sprach er und erwartete die Ankunft der Feinde, ohne sich von der Stelle zu rühren.
(1796)

Wolfdietrich Schnurre

Die Macht der Winzigkeit

22

„Mach, daß du wegkommst!" schnaubte der Stier die Mücke an, die ihm im Ohr saß.
„Du vergißt, daß ich kein Stier bin", sagte die; und stach ihn gemächlich.
(1971)

23

Gotthold Ephraim Lessing

Der Besitzer des Bogens

Ein Mann hatte einen trefflichen Bogen von Ebenholz, mit dem er sehr weit und sehr sicher schoß und den er ungemein wert hielt. Einst aber, als er ihn aufmerksam betrachtete, sprach er: „Ein wenig zu plump bist du doch! Alle deine Zierde ist die Glätte. Schade!" – Doch dem ist abzuhelfen, fiel ihm ein. Ich will hingehen und den besten Künstler Bilder in den Bogen schnitzen lassen. – Er ging hin; und der Künstler schnitzte eine ganze Jagd auf den Bogen; und was hätte sich besser auf einen Bogen geschickt, als eine Jagd?

Der Mann war voller Freuden. „Du verdienst diese Zieraten, mein lieber Bogen!" – Indem will er ihn versuchen; er spannt, und der Bogen – zerbricht.

(1759)

24

Bertolt Brecht

Der Städtebauer

Als sie nun die Stadt gebaut hatten, kamen sie zusammen und führten einander vor ihre Häuser und zeigten einander die Werke ihrer Hände. Und der Freundliche ging mit ihnen von Haus zu Haus den ganzen Tag über und lobte sie alle.

Aber er selber sprach nicht vom Werk seiner Hände und zeigte keinem ein Haus. – Und es ging gegen Abend, da, auf dem Marktplatz, trafen sie sich wieder alle, und auf einem erhöhten Brettergerüst trat jeder hervor und erstattete Bericht über die Art und Größe seines Hauses und die Baudauer, damit man ausfinden konnte, welcher von ihnen das größte Haus gebaut hatte oder das schönste und in wieviel Zeit. – Und nach seiner Stelle im Alphabet wurde auch der Freundliche aufgerufen. – Er erschien unten vor dem Podium und einen großen Türstock schleppend. – Er erstattete seinen Bericht. – Dies hier, der Türstock, war was er von seinem Haus gebaut hatte. – Es entstand ein Schweigen. – Dann stand der Versammlungsleiter auf. – „Ich bin erstaunt", sagte er, und ein Gelächter wollte sich erheben. Aber der Versammlungsleiter fuhr fort: „Ich bin erstaunt, daß erst jetzt die Rede darauf kommt. Dieser da war während der ganzen Zeit des Bauens überall, über dem ganzen Grund und half überall mit. Für das Haus dort baute er den Giebel, dort setzte er ein Fenster ein, ich weiß nicht mehr, welches, für das Haus gegenüber zeichnete er den Grundplan. Kein Wunder weiter, daß er hier mit einem Türstock erscheint, der übrigens schön ist, daß er aber selber kein Haus besitzt.

In Anbetracht der vielen Zeit, die er für den Bau unserer Häuser aufgewendet hat, ist der Bau dieses schönen Türstockes ein wahres Wunderwerk, und so schlage ich vor, den Preis für gutes Bauen ihm zuzuerteilen."

(1945)

Türstock: Türrahmen

Franz Kafka

Eine kaiserliche Botschaft

25

Der Kaiser – so heißt es – hat Dir, dem Einzelnen, dem jämmerlichen Untertanen, dem winzig vor der kaiserlichen Sonne in die fernste Ferne geflüchteten Schatten, gerade Dir hat der Kaiser von seinem Sterbebett aus eine Botschaft gesendet. Den Boten hat er beim Bett niederknien lassen und ihm die Botschaft ins Ohr zugeflüstert; so sehr war ihm an ihr gelegen, daß er sich sie noch ins Ohr wiedersagen ließ. Durch Kopfnicken hat er die Richtigkeit des Gesagten bestätigt. Und vor der ganzen Zuschauerschaft seines Todes – alle hindernden Wände werden niedergebrochen und auf den weit und hoch sich schwingenden Freitreppen stehen im Ring die Großen des Reichs – vor allen diesen hat er den Boten abgefertigt. Der Bote hat sich gleich auf den Weg gemacht; ein kräftiger, ein unermüdlicher Mann; einmal diesen, einmal den andern Arm vorstreckend schafft er sich Bahn durch die Menge; findet er Widerstand, zeigt er auf die Brust, wo das Zeichen der Sonne ist; er kommt auch leicht vorwärts, wie kein anderer. Aber die Menge ist so groß; ihre Wohnstätten nehmen kein Ende. Öffnete sich freies Feld, wie würde er fliegen und bald wohl hörtest Du das herrliche Schlagen seiner Fäuste an Deiner Tür. Aber statt dessen, wie nutzlos müht er sich ab; immer noch zwängt er sich durch die Gemächer des innersten Palastes; niemals wird er sie überwinden; und gelänge ihm dies, nichts wäre gewonnen; die Treppen hinab müßte er sich kämpfen; und gelänge ihm dies, nichts wäre gewonnen; die Höfe wären zu durchmessen; und nach den Höfen der zweite umschließende Palast; und wieder Treppen und Höfe; und wieder ein Palast; und so weiter durch Jahrtausende; und stürzte er endlich aus dem äußersten Tor – aber niemals, niemals kann es geschehen – liegt erst die Residenzstadt vor ihm, die Mitte der Welt, hochgeschüttet voll ihres Bodensatzes. Niemand dringt hier durch und gar mit der Botschaft eines Toten. – Du aber sitzt an Deinem Fenster und erträumst sie Dir, wenn der Abend kommt. *(1917)*

Robert Musil

Das Fliegenpapier

26

Das Fliegenpapier Tangle-foot ist ungefähr sechsunddreißig Zentimeter lang und einundzwanzig Zentimeter breit; es ist mit einem gelben, vergifteten Leim bestrichen und kommt aus Kanada. Wenn sich eine Fliege darauf niederläßt – nicht besonders gierig, mehr aus Konvention, weil schon so viele andere da sind – klebt sie zuerst nur mit den äußersten, umgebogenen Gliedern aller ihrer Beinchen fest. Eine ganz leise, befremdliche Empfindung, wie wenn wir im Dunkel gingen und mit nackten Sohlen auf etwas traten, das noch nichts ist als ein weicher, warmer, unübersichtlicher Widerstand und schon etwas, in das allmählich das grauenhaft Menschliche hineinflutet, das Erkanntwerden als eine Hand, die da irgendwie liegt und uns mit fünf immer deutlicher werdenden Fingern festhält.

Dann stehen sie alle forciert aufrecht, wie Tabiker, die sich nichts anmerken lassen wollen, oder wie klapprige alte Militärs (und ein wenig o-beinig, wie wenn man auf einem scharfen Grat steht). Sie geben sich Haltung und sammeln Kraft und Überlegung. Nach wenigen Sekunden sind sie entschlossen und beginnen, was sie vermögen, zu schwirren und sich abzuheben. Sie führen diese wütende Handlung so lange durch, bis die Erschöpfung sie zum Einhalten zwingt. Es folgt eine Atempause und ein neuer Versuch. Aber die Intervalle werden immer länger. Sie stehen da, und ich fühle, wie ratlos sie sind. Von unten steigen verwirrende Dünste auf. Wie ein kleiner Hammer tastet ihre Zunge heraus. Ihr Kopf ist braun und haarig, wie aus einer Kokosnuß gemacht; wie menschenähnliche Negeridole. Sie biegen sich vor und zurück auf ihren festgeschlungenen Beinchen, beugen sich in den Knien und stemmen sich empor, wie Menschen es machen, die auf alle Weise versuchen, eine zu schwere Last zu bewegen; tragischer als Arbeiter es tun, wahrer im sportlichen Ausdruck der äußersten Anstrengung als Laokoon. Und dann kommt der immer gleich seltsame Augenblick, wo das Bedürfnis einer gegenwärtigen Sekunde über alle mächtigen Dauergefühle des Daseins siegt. Es ist der Augenblick, wo ein Kletterer wegen des Schmerzes in den Fingern freiwillig den Griff der Hand öffnet, wo ein Verirrter im Schnee sich hinlegt wie ein Kind, wo ein Verfolgter mit brennenden Flanken stehen bleibt. Sie halten sich nicht mehr mit aller Kraft ab von unten, sie sinken ein wenig ein und sind in diesem Augenblick ganz menschlich. Sofort werden sie an einer neuen Stelle gefaßt, höher oben am Bein oder hinten am Leib oder am Ende eines Flügels.

Wenn sie die seelische Erschöpfung überwunden haben und nach einer kleinen Weile den Kampf um ihr Leben wieder aufnehmen, sind sie bereits in einer ungünstigen Lage fixiert, und ihre Bewegungen werden unnatürlich. Dann liegen sie mit gestreckten Hinterbeinen auf den Ellbogen gestemmt und suchen sich zu heben. Oder sie sitzen auf der Erde, aufgebäumt, mit ausgestreckten Armen, wie Frauen, die vergeblich ihre Hände aus den Fäusten eines Mannes winden wollen. Oder sie liegen auf dem Bauch, mit Kopf und Armen voraus, wie im Lauf gefallen, und halten nur noch das Gesicht hoch. Immer aber ist der Feind bloß passiv und gewinnt bloß von ihren verzweifelten, verwirrten Augenblicken. Ein Nichts, ein Es zieht sie hinein. So langsam, daß man dem kaum zu folgen vermag, und meist mit einer jähen Beschleunigung am Ende, wenn der letzte innere Zusammenbruch über sie kommt. Sie lassen sich dann plötzlich fallen, nach vorne aufs Gesicht, über die Beine weg; oder seitlich, alle Beine von sich gestreckt; oft auch auf die Seite, mit den Beinen rückwärts rudernd. So liegen sie da. Wie gestürzte Aeroplane, die mit einem Flügel in die Luft ragen. Oder wie krepierte Pferde. Oder mit unendlichen Gebärden der Verzweiflung. Oder wie Schläfer. Noch am nächsten Tag wacht manchmal eine auf, tastet eine Weile mit einem Bein oder schwirrt mit dem Flügel. Manchmal geht solch eine Bewegung über das ganze Feld, dann sinken sie alle noch ein wenig tiefer in ihren Tod. Und nur an der Seite des Leibs, in der Gegend des Beinansatzes, haben sie irgend ein ganz kleines, flimmerndes Organ, das lebt noch lange. Es geht auf und zu, man kann es ohne Vergrößerungsglas nicht bezeichnen, es sieht wie ein winziges Menschenauge aus, das sich unaufhörlich öffnet und schließt. *(1936)*

forciert: gewaltsam, unnatürlich
Tabiker: Tabeskranker; Tabes: Rückenmarkschwindsucht
Laokoon: Anspielung auf die weltberühmte Plastik „Laokoon und seine Söhne"; Laokoon verteidigt seine Söhne und sich vergeblich gegen die Schlangen des Apollo

CHRISTA REINIG

Fische

27

Ein Fisch biß in einen Angelhaken. Was flatterst du so hektisch herum? fragten ihn die anderen Fische. Ich flattere nicht hektisch herum, sagte der Fisch an der Angel, ich bin Kosmonaut und trainiere in der Schleuderkammer. – Wer's glaubt, sagten die anderen Fische, und sahen zu, wie es weitergehen sollte. Der Fisch an der Angel erhob sich und flog in hohem Bogen aus dem Wasser. Die Fische sagten: Er hat unsere Sphäre verlassen und ist in den Raum hinausgestoßen. Mal hören, was er erzählt, wenn er zurückkommt. Der Fisch kam nicht wieder. Die Fische sagten: Stimmt also, was die Ahnen uns überliefert haben, daß es da oben schöner ist, als hier unten. Ein Kosmonaut nach dem anderen begab sich zum Training in die Schleuderkammer und flog in den Raum hinaus. Die Kosmonauten standen in Reih und Glied und warteten, bis sie drankamen. Am Ufer saß ein einsamer Angler und weinte. Einer der Kosmonauten sprach ihn an und fragte: O großer Fisch, was weinst du, hast du auch gedacht, daß es hier oben schöner ist? – Darum weine ich nicht, sagte der Angler, ich weine, weil ich niemandem erzählen kann, was hier und heute geschieht. Achtundfünfzig in einer Stunde und kein Zeuge weit und breit. *(1968)*

KURT TUCHOLSKY

Die brennende Lampe

28

Wenn ein jüngerer Mann, etwa von dreiundzwanzig Jahren, an einer verlassenen Straßenecke am Boden liegt, stöhnend, weil er mit einem tödlichen Gas ringt, das eine Fliegerbombe in der Stadt verbreitet hat, er keucht, die Augen sind aus ihren Höhlen getreten, im Munde verspürt er einen widerwärtigen Geschmack, und in seinen Lungen sticht es, es ist, wie wenn er unter Wasser atmen sollte –: dann wird dieser junge Mensch mit einem verzweifelten Blick an den Häusern hinauf, zum Himmel empor, fragen:

„Warum –?"

Weil, junger Mann, zum Beispiel in einem Buchladen einmal eine sanfte grüne Lampe gebrannt hat. Sie bestrahlte, junger Mann, lauter Kriegsbücher, die man dort ausgestellt hatte; sie waren vom ersten Gehilfen fein um die sanft brennende Lampe herumdrapiert worden, und die Buchhandlung hatte für dieses ebenso geschmackvolle wie patriotische Schaufenster den ersten Preis bekommen.

Weil, junger Mann, deine Eltern und deine Großeltern auch nicht den leisesten Versuch gemacht haben, aus diesem Kriegsdreck und aus dem Nationalwahn herauszukommen. Sie hatten sich damit begnügt – bitte, stirb noch nicht, ich möchte dir das noch schnell erklären, zu helfen ist dir ohnehin nicht mehr – sie hatten sich damit begnügt, bestenfalls einen allgemeinen, gemäßigten Protest gegen den Krieg loszulassen; niemals aber gegen den, den ihr sogenanntes Vaterland geführt hat, grade führt, führen wird. Man hatte sie auf der Schule und in der Kirche, und, was noch wichtiger war, in den Kinos, auf den Universitäten und durch die Presse national ver-

giftet, so vergiftet, wie du heute liegst: hoffnungslos. Sie sahen nichts mehr. Sie glaubten ehrlich an diese stumpfsinnige Religion der Vaterländer, und sie wußten entweder gar nicht, wie ihr eignes Land aufrüstete: geheim oder offen, je nach den Umständen; oder aber sie wußten es, und dann fanden sies sehr schön. Sehr schön fanden sie das. Deswegen liegst du, junger Mann.
Was röchelst du da –? „Mutter?" – Ah, nicht doch. Deine Mutter war erst Weib und dann Mutter, und weil sie Weib war, liebte sie den Krieger und den Staatsmörder und die Fahnen und die Musik und den schlanken, ranken Leutnant. Schrei nicht so laut; das war so. Und weil sie ihn liebte, haßte sie alle die, die ihr die Freude an ihrer Lust verderben wollten. Und weil sie das liebte, und weil es keinen öffentlichen Erfolg ohne Frauen gibt, so beeilten sich die liberalen Zeitungsleute, die viel zu feige waren, auch nur ihren Portier zu ohrfeigen, so beeilten sie sich, sage ich dir, den Krieg zu lobpreisen, halb zu verteidigen und jenen den Mund und die Druckerschwärze zu verbieten, die den Krieg ein entehrendes Gemetzel nennen wollten; und weil deine Mutter den Krieg liebte, von dem sie nur die Fahnen kannte, so fand sich eine ganze Industrie, ihr gefällig zu sein, und viele Buchmacher waren auch dabei. Nein, nicht die von der Rennbahn; die von der Literatur. Und Verleger verlegten das. Und Buchhändler verkauften das.
Und einer hatte eben diese sanft brennende Lampe aufgebaut, sein Schaufenster war so hübsch dekoriert; da standen die Bücher, die das Lob des Tötens verkündeten, die Hymne des Mordes, die Psalmen der Gasgranaten. Deshalb, junger Mann.
Eh du die letzte Zuckung tust, junger Mann:
Man hat ja noch niemals versucht, den Krieg ernsthaft zu bekämpfen. Man hat ja noch niemals alle Schulen und alle Kirchen, alle Kinos und alle Zeitungen für die Propaganda des Krieges gesperrt. Man weiß also gar nicht, wie eine Generation aussähe, die in der Luft eines gesunden und kampfesfreudigen, aber kriegablehnenden Pazifismus aufgewachsen ist. Das weiß man nicht. Man kennt nur staatlich verhetzte Jugend. Du bist ihre Frucht; du bist einer von ihnen – so, wie dein fliegender Mörder einer von ihnen gewesen ist.
Darf ich deinen Kopf weicher betten? Oh, du bist schon tot. Ruhe in Frieden. Es ist der einzige, den sie dir gelassen haben. *(1931)*

29

PETER BICHSEL

Das Kartenspiel

Herr Kurt sagt nichts. Er sitzt da und schaut dem Spiel zu. Die vier legen ihre Karten auf den Tisch, die Asse und die Könige, die Achter und die Zehner, die roten zu den roten und die schwarzen zu den schwarzen.
Herr Kurt läßt sich sein Bier temperieren. Sein Glas steht in einem verchromten Gefäß mit heißem Wasser. Von Zeit zu Zeit hebt er es vorsichtig, läßt das Wasser abtropfen. Oft stellt er es zurück, ohne zu trinken; denn er schaut dem Spiel zu.
Herr Kurt hat seinen Platz, niemand weiß seit wann und weshalb. Aber um fünf Uhr ist er da, setzt sich oben an den Tisch, grüßt, wenn er gegrüßt wird, bestellt sein Bier und man bringt ihm das heiße Wasser dazu.

Um fünf Uhr sind auch die andern da, die vier, und spielen Karten, nicht immer dieselben vier, am Montag meist jüngere, am Dienstag Geschäftsleute, am Freitag vier ehemalige Schulkollegen, Jahrgang 1912, und an den übrigen Wochentagen irgendwelche vier. Oben am Tisch sitzt immer Herr Kurt. Er trinkt ein Bier und sitzt bis sieben Uhr da. Ist das Spiel spannend, bleibt er eine Viertelstunde länger, später geht er nie.

Im Restaurant sitzen auch andere, aber kein anderer kommt jeden Tag. Selbst der Wirt ist nicht jeden Abend da und die Kellnerin hat am Mittwoch ihren freien Tag.

Herr Kurt macht niemanden neugierig. Trotzdem hat man ihn in den Jahren kennengelernt. In der Agenda des Wirts steht unter dem 14. Juli „Herr Kurt". An diesem Tag, es ist sein Geburtstag, bekommt Herr Kurt sein Gratisbier. Der Wirt kann sich nicht erinnern, woher er Herrn Kurts Geburtstag kennt. Man würde Herrn Kurt nicht danach fragen.

Nach dem Spiel werfen die vier ihre Karten auf den Tisch, nehmen die Kreide und zählen zusammen, die Verlierer bezahlen die Zeche. Dann ereifern sie sich über Spielregeln und Taktik, machen sich gegenseitig Vorwürfe und rechnen sich aus, was geschehen wäre, wenn man den König später und den Zehner früher ausgespielt hätte. Herr Kurt nickt ab und zu oder schüttelt den Kopf. Er sagt nichts.

Wenn Herr Kurt die Regeln des Kartenspiels nicht kennen würde, sähe er sein Leben lang nur rote und schwarze Karten. Aber er kennt die Karten, und er kennt das Spiel. Es ist wahrscheinlich, daß er es kennt.

Bei Herrn Kurts Beerdigung wird man alles über ihn erfahren, die Todesursache, sein Alter, seinen Geburtsort, seinen Beruf. Man wird vielleicht überrascht sein. Und später wird, weil es unvermeidlich ist, ein Spieler sagen, daß er Herrn Kurt vermisse. Aber das ist nicht wahr, das Spiel hat ganz bestimmte Regeln. *(1964)*

REINHARD LETTAU

30

Auftritt

Ein Herr tritt ein.
„Ich bin's", sagt er.
„Versuchen Sie es noch einmal", rufen wir.
Er tritt erneut ein.
„Hier bin ich", sagt er.
„Es ist nicht viel besser", rufen wir.
Wieder betritt er das Zimmer.
„Es handelt sich um mich", sagt er.
„Ein schlechter Anfang", rufen wir.
Er tritt wieder ein.
„Hallo", ruft er. Er winkt.
„Bitte nicht", sagen wir.
Er versucht es wieder.
„Wiederum ich", ruft er.

„Beinahe“, rufen wir.
Noch einmal tritt er ein.
„Der Langerwartete“, sagt er.
„Wiederholung“, rufen wir, aber ach, nun haben wir zu lange gezögert, nun bleibt er draußen, will nicht mehr kommen, ist weggesprungen, wir sehen ihn nicht mehr, selbst wenn wir die Haustür öffnen und links und rechts die Straße schnell hinunterschauen. *(1963)*

31

GABRIELE WOHMANN

Evas Besuch

Mittwoch nacht. Gestern ist Eva angekommen. Ich habe sie an der Bahn abgeholt, sie wird vier oder fünf Tage bleiben, ich nehme an, daß sie sogar einen sechsten Tag zugibt. Ich habe sie diesmal im Hotel untergebracht. Heute vormittag waren wir nicht zusammen. Nachmittags besuchte ich Eva im Hotel, ich meide tagsüber meine Wohnung, wegen Rudolf. Morgen wollen wir zusammen durch die Stadt gehen, Eva nennt das „bummeln“, ich aber stoße mich immer noch ein wenig an dieser Ausdrucksweise, die mein Mann abgelehnt und als schnoddrig bezeichnet hat. Ich freue mich auf morgen, doch, das ist wahr, trotzdem kann ich mir ein gewisses Unbehagen nicht ausreden und ich kenne das: so ergeht es mir jeweils mit Verwirklichungen. Ich habe auch seinerzeit meinen Mann damit gereizt, und nicht nur ihn. Für mich selber ist es am lästigsten. Aber ich habe mich sehr auf Evas Besuch gefreut und halte daran fest, daß es nett ist, sie hier zu haben. Seither war sie dran mit Erzählen. Sie hat auch ausgiebigen Gebrauch von diesem Gastrecht gemacht. Mich hat es nicht gelangweilt, es tat sogar recht gut, in ihre Welt – aber ich bin nicht in sie eingedrungen, das ist nicht wahr, und ich habe es nicht vergessen, keinen Augenblick. Es ist mir nicht möglich, und dies gilt für die ganze Dauer von Evas Besuch, das zu vergessen, was sich sowieso höchstens zurückdrängen läßt. Dennoch werden wirs nett miteinander haben. Ich denke an zwei Filme, die ich auch ohne Eva angesehen hätte, nun aber wird es – wie wird es nun sein? Wird es einen Sinn haben, daß Eva – ich meine, werde ich mit ihrer Hilfe Rudolf – Rudolf ist mein Sohn.
Donnerstag nacht. Ich habe nun doch wieder fest vor, Eva die Sache zu erzählen. Ich bin an der Reihe. Ich werde es ihr sagen. Ich darf es aber nicht in der Weise tun, die Mitleid erregt – was bilde ich mir ein: Mitleid wird sich auf keinen Fall vermeiden lassen. Aber beim geringsten Verdacht, dieses Mitleid habe mit Geringschätzung zu tun, werde ich – was werde ich. Ich höre sie zu ihren Freundinnen sagen: Wißt ihr, das konnte ja nur ihr passieren, beziehungsweise ihrem Rudölfchen … Wie rede ich da über Eva, es ist nicht gerecht. Doch glaube ich, daß sie von vornherein gegen Rudolf war, sie fand ihn wohl schon immer ein wenig lächerlich, wenn ich nicht irre. Sie hat ihre leichte Verachtung, übrigens lediglich des Namens Rudolf, ganz früher einmal zu erkennen gegeben. Rudolf ist jetzt neuneinhalb. Eva wird sagen: Wie bitte: in seinem Alter schon! Das ist ja schrecklich! Eva hat mir heut abend viel von ihren Kindern erzählt. Sie hat zwei Söhne und eine Tochter. Wenn sie Negatives über sie sagt, kommt es mir immer so vor, als sage sie es mir zuliebe. Jeder weiß, daß ge-

gen ihre Kinder nichts einzuwenden ist. Ihre lächerlichen Ungezogenheiten werden mich sehr quälen, wenn Eva mir im Verlauf ihres weiteren Aufenthalts mehr davon erzählen wird. Aber es soll nicht dazu kommen, ich selber werde sprechen.

Freitag nacht. Bei meiner Rückkehr von einem langen Tag mit Eva war Rudolf noch wach, aber nicht mehr auf. Kurz nach vierundzwanzig Uhr. Auf der Kommode unterm Spiegel lag Rudolfs Gedichtchen, ich kann sie ihm nicht abgewöhnen und finde sie nach wie vor dort an ihrem angestammten Platz, wenn ich zu Stunden, in denen Rudolf schon im Bett liegt, nach Haus komme. Ich finde sie auch noch seit einer Woche, als wäre nicht – als hätte er nicht – Aber die Schrift ist etwas schlechter geworden, allerdings kaum, es erstaunt mich, fast vermute ich, Eva würde mir anhand des heutigen kleinen Vierzeilers nicht glauben, wenn ich ihr nun doch erzähle – Ich will mich kurz fassen: heute war keine Gelegenheit, es Eva zu sagen. Ich kann mir schließlich nicht herausnehmen, ihr diesen Aufenthalt zu verderben, indem ich – Der Name Rudolf fiel heute, auch heute, kein einziges Mal, wenn ich mich recht erinnere.

Samstag abend. Eva hat früher abreisen müssen als geplant. Ein telegrafisch mitgeteilter Besuch, oder eins der Kinder kränklich; ich habe es uns erspart, genau hinzuhören. Trotzdem: es war eine nette Zeit, wenn auch kurz. Auch heute habe ich Eva nicht zu mir herausgebeten und Vergnügungen im Stadtinnern vorgeschlagen, ihr Zug ging am späten Nachmittag. Am Bahnhof hat Eva gesagt: Du hast gar nicht genug von dir erzählt. Ich hätte gern mehr gehört. Nicht genug? Mehr? Woran erinnerte Eva sich, an welche Erzählungen, da sie mehr verlangte? Denn dies glaube ich zu wissen: ich habe überhaupt nichts von mir erzählt. Sie sagte: Aber das ist schließlich ein gutes Zeichen, wer keine Sorgen hat, braucht auch keine Freundin zum Ausquatschen. Sie gab mir dann zu verstehen, fast beneide sie mich, die Witwe, ich solle es ihr nicht übelnehmen, sie sei nun einmal unverblümt, und ich könne ihr ruhig glauben, mit einem Mann als Familienoberhaupt sei keineswegs alles einfacher, im Gegenteil. Ich habe ihr recht gegeben, denn seit das anfing mit Rudolf und seit es nun so weit gekommen ist mit ihm, teile ich ihre Meinung, wenn sie mich selber auch befremdet. Ich glaube wohl nicht recht an das geteilte Leid, das leichter zu tragen sein soll. Ich finde wohl, aus diesem Kummer sollten so viele Beteiligte wie irgend möglich herausgehalten werden. Deshalb habe ich auch meinen nochmaligen Wunsch, Eva alles zu sagen, während der Abschiedsminuten nicht stattgegeben, obwohl Eva – Ich habe bereits erwähnt, daß ich mich vor einer bestimmten Art Mitleid fürchte. Dennoch war in diesen letzten Augenblicken das Bedürfnis, mich zu äußern, noch einmal erheblich, ich weiß nicht warum. Nun, kurzum: ich gebe ihm nicht nach und werfe Eva kein Versäumnis vor. Hat sie nicht, vom Abteilfenster herunter, mir einen Gruß an Rudolf zugerufen? Doch wohl nicht, aber wenn ich nicht irre, hat sie gestern abend oder auch vorgestern abend irgendwas im Zusammenhang mit Rudolf angedeutet, nein, es handelte sich um einen ihrer Söhne, ich glaube wohl. Zurück zur Sache: Eva, es kann nicht geleugnet werden, gab mir, vom Zug aus, zwei nicht übersehbare Chancen. Die erste: Sie sei nun keinmal bei mir zu Hause gewesen, wisse gar nicht mehr, wie ich eigentlich eingerichtet sei, antik, wenn sie sich recht erinnere, oder nicht ganz im Gegenteil überaus modern? Die zweite: – Ich habe sie vergessen, seltsam. Doch bin ich sicher, zwei Chancen gehabt zu haben, und ergriff keine. Weil – ich wollte diesem Besuch keinen beschmutzenden Abschluß ge-

ben. Es war so nett, ich selber war vergnügt, Evas munteres Gesicht, ich fühlte mich selber so –
Es ist nicht wahr. Evas Zug fuhr mit Eva ab. Ein vom Winken bewimpelter Zug und auch Eva winkte mir oder den Leuten hinter mir. Ich war froh, aber froh ist nicht das Wort. Ich bin den langen Weg zu Fuß gegangen, zurück, nach Haus, um es pathetisch zu sagen: in mein verleugnetes Leben. Auf der Kommode fand ich ein vielleicht etwas schlechter als am Freitag geschriebenes Gedichtchen aus der eigensinnig am Schreiben festhaltenden Hand meines Sohnes Rudolf, der seit einer Woche blind ist. *(1962)*

32

HELGA M. NOVAK

Eis

Ein junger Mann geht durch eine Grünanlage. In einer Hand trägt er ein Eis. Er lutscht. Das Eis schmilzt. Das Eis rutscht an dem Stiel hin und her. Der junge Mann lutscht heftig, er bleibt vor einer Bank stehen. Auf der Bank sitzt ein Herr und liest eine Zeitung. Der junge Mann bleibt vor dem Herrn stehen und lutscht.
Der Herr sieht von seiner Zeitung auf. Das Eis fällt in den Sand.
Der junge Mann sagt, was denken Sie jetzt von mir?
Der Herr sagt erstaunt, ich? Von Ihnen? Gar nichts.
Der junge Mann zeigt auf das Eis und sagt, mir ist doch eben das Eis runtergefallen, haben Sie da nicht gedacht, so ein Trottel?
Der Herr sagt, aber nein. Das habe ich nicht gedacht. Es kann schließlich jedem einmal das Eis runterfallen.
Der junge Mann sagt, ach so, ich tue Ihnen leid. Sie brauchen mich nicht zu trösten. Sie denken wohl, ich kann mir kein zweites Eis kaufen. Sie halten mich für einen Habenichts. Der Herr faltet seine Zeitung zusammen. Er sagt, junger Mann, warum regen Sie sich auf? Meinetwegen können Sie soviel Eis essen, wie Sie wollen. Machen Sie überhaupt, was Sie wollen. Er faltet die Zeitung wieder auseinander.
Der junge Mann tritt von einem Fuß auf den anderen. Er sagt, das ist es eben. Ich mache, was ich will. Mich nageln Sie nicht fest. Ich mache genau, was ich will. Was sagen Sie dazu?
Der Herr liest wieder in der Zeitung.
Der junge Mann sagt laut, jetzt verachten Sie mich. Bloß, weil ich mache, was ich will. Ich bin kein Duckmäuser. Was denken Sie jetzt von mir?
Der Herr ist böse.
Er sagt, lassen Sie mich in Ruhe. Gehen Sie weiter. Ihre Mutter hätte Sie öfter verhauen sollen. Das denke ich jetzt von Ihnen.
Der junge Mann lächelt. Er sagt, da haben Sie recht.
Der Herr steht auf und geht.
Der junge Mann läuft hinterher und hält ihn am Ärmel fest. Er sagt hastig, aber meine Mutter war ja viel zu weich. Glauben Sie mir, sie konnte mir nichts abschlagen. Wenn ich nach Hause kam, sagte sie zu mir, mein Prinzchen, du bist schon wieder so schmutzig. Ich sagte, die anderen haben nach mir geworfen. Darauf sie, du

sollst dich deiner Haut wehren. Laß dir nicht alles gefallen. Dann ich, ich habe angefangen. Darauf sie, pfui, das hast du nicht nötig. Der Stärkere braucht nicht anzufangen. Dann ich, ich habe gar nicht angefangen. Die anderen haben gespuckt. Darauf sie, wenn du nicht lernst, dich durchzusetzen, weiß ich nicht, was aus dir werden soll. Stellen Sie sich vor, sie hat mich gefragt, was willst du denn mal werden, wenn du groß bist? Neger, habe ich gesagt. Darauf sie, wie ungezogen du wieder bist.
Der Herr hat sich losgemacht.
Der junge Mann ruft, da habe ich ihr was in den Tee getan. Was denken Sie jetzt? *(1968)*

RAINER BRAMBACH

Känsterle

33

Wallfried Känsterle, der einfache Schlosser, sitzt nach Feierabend vor dem Fernsehschirm. Wo denn sonst? – Tagesschau, Wetterkarte; die Meisterschaft der Gewichtheber interessiert Känsterle.
„Mach den Ton leiser, die Buben schlafen!" ruft Rosa, die in der Küche Geschirr gespült hat und nun hereinkommt.
Känsterle gehorcht.
„Es ist kalt draußen", plaudert sie, „wie gut, daß wir Winterfenster haben. Nur frisch anstreichen sollte man sie wieder einmal. Wallfried, im Frühjahr mußt du unbedingt die Winterfenster streichen. Und kitten muß man sie! Überall bröckelt der Kitt. Niemand im Haus hat so schäbige Winterfenster wie wir! Ich ärgere mich jedesmal, wenn ich die Winterfenster putze. Hast du gehört?"
„Ja, ja", sagt Känsterle abwesend.
„Was macht denn der da?" fragt Rosa und deutet auf den Fernsehschirm. „Der könnte seine Kraft auch für was Besseres gebrauchen! Stell das doch ab, ich hab mit dir zu reden!"
„Gleich, gleich!" sagt Känsterle und beugt sich etwas näher zum Schirm.
„Herr Hansmann im Parterre hat im letzten Sommer seine Winterfenster neu gekittet und gestrichen, obwohl es gar nicht nötig war. Nimm dir mal ein Beispiel an Herrn Hansmann! Seine ganzen Ferien hat er dran gegeben. So ein ordentlicher Mann ... Übermorgen ist Sankt Nikolaus. Erinnerst du dich an Herrn Weckhammer? Ich hab heut im Konsum seine Frau getroffen, ganz in Schwarz. Der alte Weckhammer ist umgefallen, beim Treppensteigen, Herzschlag."
Känsterle drückt auf die Taste ‚Aus'.
„Ein Trost", fängt Rosa wieder an, „daß die Weckhammerschen Kinder aus dem Gröbsten raus sind. Die Witwe fragt, ob wir den Nikolaus gebrauchen könnten. Eine Kutte mit Kaninchenfell am Kragen, schöner weißer Bart, Stiefel, Sack und Krummstab, alles gut erhalten. Nur vierzig Mark will sie dafür, hat sie gesagt. Mein Mann wird kommen und ihn holen, hab ich da gesagt. Nicht wahr, Wallfried, du wirst doch Paul und Konradle die Freude machen?" Känsterle schaut auf die matte Scheibe.
„Wallfried!" ruft Rosa.
„Aber Rosa", murmelt Känsterle hilflos, „du weißt doch, daß ich nicht zu so was tau-

ge. Was soll ich denn den Buben sagen? Ein Nikolaus muß ein geübter Redner sein! Muß gut und viel sprechen ..."

Rosa glättet mit der Hand das Tischtuch und schüttelt den Kopf, wobei der Haarknoten, trotz des Kamms, der ihn wie ein braunes Gebiß festhält, eigensinnig wakkelt.

„Vermaledeiter Stockfisch!" zischt sie. „Nicht einmal den eignen Buben willst du diese Freude machen! Dabei hab ich schon im Konsum Nüsse, Datteln, Feigen, ein paar Apfelsinen und alles eingekauft!"

Känsterles Gemüt verdüstert sich. Er denkt an das schwere, ihm aufgezwungene Amt.

Eine verstaubte Glühbirne wirft trübes Licht. Känsterle steht auf dem Dachboden; er verwandelt sich zögernd in einen Weihnachtsmann. Die Kutte, die den Hundertkilomann Weckhammer einst so prächtig gekleidet hat, ist dem gedrungenen Känsterle viel zu geräumig. Er klebt den Bart an die Ohren. Sein Blick streift die Stiefel, und dabei versucht er sich an die Füße Weckhammers zu erinnern. Er zerknüllt ein paar Zeitungen und stopft sie in die steinharten Bottiche. Obwohl er zwei Paar grobwollene Socken anhat, findet er noch immer keinen rechten Halt. Er zieht die Kapuze über den Kopf, schwingt den vollen Sack über die Schulter und ergreift den Krummstab.

Der Abstieg beginnt. Langsam rutscht ihm die Kapuze über Stirn und Augen; der Bart verschiebt sich nach oben und kitzelt seine Nase. Känsterle sucht mit dem linken Fuß die nächste Treppenstufe und tritt auf den Kuttensaum. Er beugt den Oberkörper vor und will den rechten Fuß vorsetzen; dabei rollt der schwere Sack von der Schulter nach vorn, Mann und Sack rumpeln in die Tiefe.

Ein dumpfer Schlag.

In Känsterles Ohren trillert's.

Ein Gipsfladen fällt von der Wand.

„Oh! Jetzt hat sicher der Nikolaus angeklopft!" tönt Rosas Stimme hinter der Tür. Sie öffnet und sagt: „Mein Gott ... was machst du denn da am Boden? Zieh den Bart zurecht, die Kinder kommen!"

Känsterle zieht sich am Treppengeländer hoch, steht unsicher da. Dann holt er aus und versetzt Rosa eine Backpfeife. Rosa heult auf, taumelt zurück; Känsterle stampft ins Wohnzimmer, reißt Rosas Lieblingsstück, einen Porzellanpfauen, von der Kommode und schlägt ihm an der Kante den Kopf ab. Dann packt er den Geschirrschrank; er schüttelt ihn, bis die Scherben aus den Fächern hageln. Dann fliegt der Gummibaum samt Topf durch ein Fenster und ein Winterfenster; auf der Straße knallt es.

„Er schlachtet die Buben ab!" kreischt Rosa durchs Treppenhaus. Auf allen Stockwerken öffnen sich Türen. Ein wildes Gerenne nach oben. Man versammelt sich um Rosa, die verdattert an der Wand steht und in die offene Wohnung zeigt. Als erster wagt sich Herr Hansmann in die Stube, betrachtet die Zerstörungen; ein Glitzern kommt in seine Augen, und er sagt:

„Mein lieber Känsterle, ist das alles?"

Elend hockt der Weihnachtsmann im Sessel, während Paul und Konradle unter dem Sofa hervorkriechen.

Ein kalter Wind zieht durch die Stube. *(1972)*

ITALO CALVINO

Wenn ein Reisender in einer Winternacht

[...]

Ich bin einer, der überhaupt nicht auffällt, eine anonyme Person vor einem noch anonymeren Hintergrund, und wenn du, Leser, trotzdem nicht anders konntest, als mich zu bemerken unter den Leuten, die hier den Zug verließen, und mir auch weiter gefolgt bist bei meinem Hin und Her zwischen Café und Telefon, so nur, weil ich hier „ich" genannt werde und dies das einzige ist, was du von mir weißt. Aber das genügt dir schon, um dich genötigt zu fühlen, einen Teil deiner selbst in dieses unbekannte Ich zu investieren. So wie auch der Autor, obwohl er hier keineswegs über sich selbst sprechen will, obwohl er sich nur entschieden hat, die Romanperson „ich" zu nennen, um sie gleichsam dem Blick zu entziehen, um sie nicht benennen oder beschreiben zu müssen, denn jede andere Benennung oder Charakterisierung hätte sie näher bezeichnet als dieses nackte Pronomen – so wie auch der Autor sich dennoch gedrängt fühlt, sei's auch nur durch die Tatsache, daß er hier „ich" schreibt, in dieses Ich etwas von sich selbst zu legen, etwas von dem, was er fühlt oder zu fühlen glaubt. Nichts ist leichter, als sich mit mir zu identifizieren: Bisher ist mein Verhalten das eines Reisenden, der einen Anschluß verpaßt hat, eine Lage, in die jeder schon einmal geraten ist. Doch eine Lage, die sich zu Anfang eines Romans einstellt, verweist stets auf etwas anderes, das schon geschehen ist oder gleich geschehen wird, und genau dieses andere macht es riskant, sich mit mir zu identifizieren, riskant für dich, den Leser, wie auch für den Autor, und je grauer, unbestimmter, beliebiger und allgemeiner dieser Romananfang ist, desto bedrohlicher spürt ihr, du und der Autor, den Schatten einer Gefahr anwachsen über jenem Teil eures „Ich", den ihr unbedachterweise in das „Ich" einer Romanperson investiert habt, von der ihr nicht wißt, was für eine Geschichte sie mit sich schleppt – wie jenen Koffer, den sie so gerne loswerden möchte.

Den Koffer loswerden, das müßte die erste Bedingung sein, um die vorherige Lage wiederherzustellen: die Lage vor all dem, was dann geschehen ist. Dies meine ich, wenn ich sage, ich würde gerne die Zeit zurückdrehen: Ich würde die Folgen gewisser Geschehnisse gerne auslöschen, um einen Anfangszustand wiederherzustellen. Doch jeder Augenblick meines Lebens bringt eine Vielzahl neuer Geschehnisse mit sich, und jedes dieser neuen Geschehnisse hat seine Folgen, so daß ich, je heftiger ich bemüht bin, zu jenem Nullpunkt zurückzukehren, von dem ich ausgegangen bin, mich nur desto weiter von ihm entferne. [...]

Der Roman gibt an dieser Stelle Gesprächsfetzen wieder, die anscheinend nur dazu dienen, das Alltagsleben einer Provinzstadt zu charakterisieren. „Und du, Armida, hast du schon unterschrieben?" fragen sie eine Frau, die ich nur von hinten sehe, ein Gürtel hängt von einem langen pelzgesäumten Mantel mit hohem Kragen herab, dünner Rauch steigt auf von den Fingern, die den Stiel eines Glases halten. „Wer hat denn gesagt, daß ich eine Leuchtschrift anbringen will über meinem Laden?" antwortet sie. „Wenn die Gemeinde an der Straßenbeleuchtung sparen will, werd ich die Straßen doch nicht auf meine Kosten beleuchten! Weiß doch sowieso jeder, wo das Lederwarengeschäft Armida ist! Und wenn ich den Rolladen runterlasse, bleibt's eben draußen dunkel und Feierabend!"

„Grad deswegen solltest du auch unterschreiben", sagt einer zu ihr. Er duzt sie, alle duzen sich hier. Sie reden teilweise im Dialekt, es sind Menschen, die sich jeden Tag sehen seit wer weiß wie vielen Jahren, jedes Gespräch, das sie miteinander führen, ist nur die Fortsetzung früherer Gespräche. Sie frotzeln sich an, auch deftig: „Gib's doch zu, die Dunkelheit ist dir grad recht, damit keiner sieht, wer dich abends besuchen kommt! Wen läßt du denn durch die Hintertür rein, wenn du vorn den Rolladen zumachst?"

Die Reden und Rufe bilden ein unverständliches Stimmengewirr, aus dem allerdings auch einzelne Worte oder Sätze auftauchen können, die für den Fortgang der Handlung entscheidend sind. Um richtig zu lesen, mußt du den Faktor Stimmengewirr ebenso registrieren wie den Faktor verborgene Absicht, den du freilich noch nicht erfassen kannst (ich auch nicht). Also mußt du beim Lesen zugleich zerstreut und höchst aufmerksam sein, genau wie ich, der ich jetzt gedankenverloren die Ohren spitze, den Ellbogen auf den Tresen gestützt und die Wange in die geballte Faust. Und wenn der Roman jetzt allmählich aus seiner diesigen Ungewißheit heraustritt, um ein paar Einzelheiten über das Äußere der Personen mitzuteilen, will er dir das Gefühl von Gesichtern vermitteln, die du zum erstenmal siehst, aber doch schon tausendmal gesehen zu haben meinst. Wir befinden uns in einer Stadt, auf deren Straßen man immer denselben Leuten begegnet; die Gesichter tragen die Last einer Gewohnheit, die sich auch dem mitteilt, der wie ich noch nie hier gewesen ist, aber gleichwohl erkennt, daß es die altgewohnten Gesichter sind, Züge, die der Spiegel hinter dem Tresen anschwellen und erschlaffen sah, Mienen, die hier Abend für Abend zerfielen oder glasig wurden. Diese Frau war vielleicht einmal die Stadtschönheit; auch jetzt noch, da ich sie zum erstenmal sehe, scheint mir, daß man von einer attraktiven Frau sprechen kann; aber sobald ich versuche, sie mit den Augen der anderen Gäste zu sehen, legt sich bereits eine leichte Müdigkeit über sie, vielleicht nur ein Schatten der Müdigkeit dieser anderen (oder der meinen oder der deinen). Die Leute hier kannten sie schon als junges Mädchen, sie wissen alles über sie, mancher von ihnen hat vielleicht eine Geschichte mit ihr gehabt – längst vergessen, aus und vorbei. Kurzum, es gibt einen Schleier von anderen Bildern, der sich über ihr Bild legt und es verschwimmen läßt, eine Last von Erinnerungen, die mich hindern, sie wie zum ersten Male zu sehen, Erinnerungen anderer, die in der Luft hängen wie der Rauch unter den Lampen.

Beliebtester Zeitvertreib der Leute hier scheint das Wetten zu sein, ständig wetten sie auf die kleinen Ereignisse ihres Alltagslebens. Zum Beispiel sagt einer: „Wollen wir wetten, wer heut abend zuerst hier reinkommt: Doktor Marne oder Kommissar Gorin?" Darauf ein anderer: „Ja, und was Doktor Marne dann tut, um seiner Ex-Frau nicht zu begegnen: ob er Flipper spielt oder einen Totoschein ausfüllt."

Bei einer Existenz wie der meinen kann man keine Prognosen machen. Ich weiß nie, was mir in der nächsten halben Stunde zustoßen kann, für mich ist so etwas unvorstellbar: ein Leben aus lauter winzigen wohldefinierten Alternativen, auf die man Wetten eingehen kann: entweder so oder so.

„Ich weiß nicht", sage ich leise.

„Was wissen Sie nicht?" fragt sie.

Mir scheint, ich kann's ruhig sagen, ich brauche den Gedanken nicht für mich zu behalten, wie ich es sonst mit meinen Gedanken tue; ich kann's der Frau ruhig sagen,

die neben mir am Tresen steht, der Inhaberin des Lederwarengeschäfts, mit der ich schon seit einiger Zeit ins Gespräch kommen möchte: „So geht's hier bei Ihnen, oder?"
„Nein, das stimmt nicht", antwortet sie, und ich wußte, daß sie so antworten würde. Nichts sei vorhersehbar, sagt sie, weder hier noch woanders; sicher, jeden Abend um diese Zeit schließe der Doktor Marne seine Praxis und beende auch Kommissar Gorin seinen Dienst im Polizeikommissariat, und anschließend kämen dann beide hier immer vorbei, mal erst der eine, mal erst der andere, aber was besage das schon?
„Immerhin scheint hier niemand daran zu zweifeln, daß der Doktor versuchen wird, seiner Ex-Frau aus dem Weg zu gehen", sage ich.
„Seine Ex-Frau bin ich", antwortet sie. „Hören Sie nicht auf die Geschichten, die man sich hier erzählt."
Deine Aufmerksamkeit als Leser ist jetzt ganz auf die Frau konzentriert, seit einigen Seiten streichst du schon um sie herum, streiche ich, nein, streicht der Autor um diese Frauenfigur herum, seit einigen Seiten erwartest du, daß diese Frauenerscheinung Gestalt annimmt, so wie Frauenerscheinungen auf den Seiten von Büchern Gestalt annehmen, und es ist deine Lesererwartung, die den Autor zu ihr hindrängt. Auch ich, der ich eigentlich anderes zu bedenken hätte, lasse mich gehen und rede mit ihr, beginne mit ihr ein Gespräch, das ich schleunigst abbrechen sollte, um mich zurückzuziehen und zu verschwinden. Sicher willst du jetzt mehr über sie erfahren, aber nur wenig wird auf der Seite von ihr erkennbar, ihr Gesicht bleibt verdeckt von Rauch und Haaren, man müßte herausfinden, was sich hinter dem bitteren Zug ihres Mundes verbirgt und nicht Bitterkeit ist.
„Was für Geschichten erzählt man sich denn hier?" frage ich. „Ich weiß davon nichts. Ich weiß nur, daß Sie ein Geschäft ohne Leuchtreklame haben. Aber ich weiß nicht mal, wo es liegt."
Sie erklärt es mir. Es sei ein Geschäft für Lederwaren, Koffer und Reiseartikel. Es liege nicht gleich am Bahnhofsplatz, sondern in einer Seitenstraße, nahe dem Schrankenübergang zum Güterbahnhof.
„Aber wieso interessiert Sie das?"
„Ich wäre gern früher hier angekommen. Dann wäre ich durch die dunkle Straße gegangen, hätte Ihr helles Geschäft gesehen, wäre eingetreten und hätte zu Ihnen gesagt: Wenn Sie wollen, helfe ich Ihnen beim Herunterlassen des Rolladens."
Sie sagt, sie habe den Rolladen schon heruntergelassen, müsse aber wegen der Inventur noch einmal zurück ins Geschäft und werde bis spät dort bleiben. [...]

(1983)

Arbeitsvorschläge zum Textangebot

1. Analysieren Sie „Die Fabel vom emsigen Hühnchen" (18) und das „Gleichnis vom gekochten Frosch" (19) unter besonderer Berücksichtigung der Verwendungssituation.

2. Bearbeiten Sie die Fabeln (20–22):
   - Stellen Sie dazu die „Parteien“ (die Akteure) dar, wie sie sich in den Fabeln jeweils gegenüberstehen, und bestimmen Sie deren Funktion für die Aussageabsicht.
   - Beziehen Sie die moderne Fabel von W. Schnurre (22) in Ihre Überlegungen mit ein. Was ist in ihr anders geworden?
3. Setzen Sie sich kritisch mit der Aussage der Fabel von C. A. Fischer, 1771–1829, (21) auseinander:
   - Wie ist die Fabel aus ihrer Entstehungszeit heraus (Absolutismus) zu verstehen?
   - Läßt sich die Moral der Fabel auf die heutige politische Situation übertragen? Begründen Sie Ihre Ansicht.
   - Überprüfen Sie die Möglichkeit der Übertragung einer Fabelmoral auf unsere heutige Zeit an den übrigen Beispielen, insbesondere an der Fabel von Aesop (20).
   - Verfassen Sie eine Deutung der Fabel von Fischer (21), in der Sie besonders auf die historische Bedingtheit einer literarischen Nachricht (Gegenstandsbereich des fiktionalen Textes) eingehen.
4. Analysieren Sie die Fabel von Lessing (23), und erörtern Sie die in ihr angesprochene Problematik in Form einer schriftlichen Stellungnahme.
5. Analysieren und deuten Sie die Parabeln (24, 25 oder 26). (Vgl. Sie zur Arbeitstechnik und Vorgehensweise die Kapitel 2 und 3 E.)
   Besondere Bearbeitungsaspekte:
   Zu Text 24 (Brecht): Nehmen Sie Stellung zu der Rolle, die **der** Städtebauer (s. auch die Überschrift) in der Parabel spielt, indem Sie auch die Frage erörtern, ob sein Verhalten für **alle** ein Vorbild sein kann.
   Zu Text 25 (Kafka): Berücksichtigen Sie bei Ihrer Deutung insbesondere die Kennzeichnung der Personen durch Attribute; die Satzzeichen, die Syntax im Hinblick auf den Handlungsablauf; den Tempuswechsel (Perfekt – Präsens), den Moduswechsel (Indikativ – Konjunktiv), den Gebrauch der Pronomen (Indefinit- und Personalpronomen).
   Zu Text 26 (Musil): Erläutern Sie, warum es sich bei dem vorliegenden Text weder um einen Sachtext (Biologie) noch um ein Gleichnis (s. Text 5) handelt. Gehen Sie insbesondere auf die Bedeutung der zahlreichen Vergleiche ein, die diese im Hinblick auf die parabolische Struktur des Textes haben.
6. Überprüfen Sie anhand der in diesem Kapitel erarbeiteten Kriterien, ob es sich bei dem Text „Fische“ (27) um eine Fabel, eine Parabel, ein Gleichnis, eine Kurzgeschichte oder um einen (anspruchsvolleren) Witz handelt. Begründen Sie Ihre Meinung.
7. Analysieren und deuten Sie die Kurzgeschichten (29–31) unter besonderer Schwerpunktsetzung:
   Zu Text 28 (Tucholsky): Stellen Sie bei Ihrer Deutung die Thematik in den Vordergrund.
   - Bestimmen Sie dazu, **wie** die Kurzgeschichte erzählt wird.
   - Welche Bedeutung hat die Metapher der „brennenden Lampe“ im Textzusammenhang?

- Welche Funktion haben die Zwischenfragen und Zwischenbemerkungen des Erzählers?
- Wie ist der erste Wenn-dann-Satz zu deuten?
- Untersuchen Sie die **Zeitgestaltung** (vgl. E II, S. 181 f.)

Zu Text 29 (Bichsel): Deuten Sie die Kurzgeschichte vom letzten Satz aus. Berücksichtigen Sie dabei die Funktion des Tempus; achten Sie im letzten Absatz auf **Tempus-** und **Moduswechsel.**

Zu Text 30 (Lettau): Welches zwischenmenschliche Problem spricht der Kurztext an? Erläutern Sie im Zusammenhang mit dieser Frage die Funktion der stilistischen Verknappung.

Zu Text 31 (Wohmann): Zeigen Sie bei Ihrer Analyse am Text, **wie** der Erzähler Spannung aufbaut (den Lesevorgang steuert) und das Erzählte auf das Ende hin zuspitzt. Beziehen Sie die erzählerischen Möglichkeiten des **personalen Erzählens** in Ihre Analyse mit ein.

Zu Text 32 (Novak): Gehen Sie bei Ihrer Deutung vor allem auf das Dingsymbol „Eis" ein.

Dingsymbol: Ein Gegenstand von zentraler, zum Symbol erhöhter Bedeutung in Ballade und Novelle (→ Falkentheorie). Dieser Gegenstand erscheint wiederholt an wichtigen Stellen des Textes, z. B. die Kraniche in der Ballade „Die Kraniche des Ibykus" von Friedrich Schiller, die Buche in der Erzählung „Die Judenbuche" von Annette von Droste-Hülshoff, die zwei Rappen in der Erzählung „Michael Kohlhaas" von Heinrich von Kleist.
(nach: Schüler-Duden, Die Literatur)

Zu Text 33 (Brambach): Arbeiten Sie besonders die sprachlich-stilistische Gestaltung heraus (z. B. „Winterfenster") sowie die festgefahrene Rollenverteilung Mann – Frau (Rollenstereotype).

8. Analysieren Sie im Fortgang der Romanhandlung von Italo Calvino „Wenn ein Reisender in einer Winternacht" (34), wie der Erzähler sein Verhältnis zum fiktiven Leser gestaltet.

Weiterführende Arbeitsvorschläge

Fabel/ Parabel/ Gleichnis

1. Stellen Sie gemeinsame Formmerkmale der Fabeln (18, 20–23) zusammen; beziehen Sie die Fabeln aus A (1 und 2) mit ein. Beschreiben Sie die feststehenden Typen der Handelnden (die Rollenstereotypen).
   - Arbeiten Sie die Rollenstereotypen bei bestimmten Fabeln heraus, z. B. „Grille und Ameise", indem Sie Fabeln aus unterschiedlichen Epochen vergleichen:
     a) Babrios: Grille und Ameise
     b) Jean de La Fontaine: Die Grille und die Ameise
     c) Helmut Arntzen: Was Singen und Arbeiten betrifft
     Alle Texte in: Theodor Poser (Hg.), Fabeln. Stuttgart: Reclam 1975 (RUB 9519).
   - Entwerfen und schreiben Sie eigene Fabeln, indem Sie die festgelegten Rollenstereotypen verwenden bzw. verändern; legen Sie zu-

vor Ihre Aussageabsicht fest: Bestrafung des Geizigen – Verhöhnung des Gefräßigen ...
Textgrundlage: Reinhard Dithmar (Hg.): Fabeln, Parabeln und Gleichnisse. München: Deutscher Taschenbuchverlag ²1972 (dtv 4047). – James Thurber: 75 Fabeln für Zeitgenossen. Hamburg: Rowohlt 1967.

2. Untersuchen Sie, ob der Lessing-Text (23) auch als Parabel angesehen werden kann, indem Sie Unterscheidungsmerkmale von Fabel und Parabel heranziehen.
Was zeigt der Vergleich der Texte (18, 20–23) einerseits mit den Texten (24–26), andererseits im Hinblick auf die Abgrenzungsproblematik der Textarten?

Novelle

3. Lesen Sie umfangreichere Novellen aus unterschiedlichen literarischen Epochen (z. B. Romantik, Realismus und Moderne), und zwar unter dem Schwerpunktthema „Die Darstellung von Jugendlichen-Schicksalen in einer von Erwachsenen bestimmten Umwelt":
Textgrundlage: Clemens Brentano: Geschichte vom braven Kasperl und dem schönen Annerl. Stuttgart: Reclam 1967 (RUB 411). – Gottfried Keller: Romeo und Julia auf dem Dorfe. Primärtext und Materialien zur historisch-soziologischen Erschließung. Hg. von Rudolf Kreis. Frankfurt/Main: Verlag Moritz Diesterweg 1974. – Günther Grass: Katz und Maus. Hamburg: Rowohlt 1963 (rororo 572).
   - Wenden Sie die gelernten Analyse- und Deutungsmethoden an (vgl. auch Kapitel 8).
   - Nutzen Sie die Möglichkeit von einführenden, begleitenden und ergänzenden Referaten (vgl. E).
     Themenvorschläge:
     - Aufbau und Erzählstruktur in Brentanos Novelle
     - Dingsymbole und Motivverknüpfung in Brentanos Novelle
     - Der „Falke" in der Keller-Novelle: Die Figur des Schwarzen Geigers
     - Vergleich der Darstellung der Heimatlosen bei Keller mit den „flottierenden Fabrikarbeitern" (Anhang der oben genannten Textausgabe 3.3–3.6)
     - Merkmale des „literarischen Realismus" und Kellers literaturtheoretische Position (ebd., 5.1 ff., auch 1.2, 1.4.1–1.4.4)
     - Vergleich der „Exposition" bei Keller und Grass
     - Der „Falke" in der Grass-Novelle
     - Der historische Hintergrund der Grass-Novelle – Danzig 1940–1944

Kurzgeschichte

4. Vergleichen Sie das Verhältnis von Aussageabsicht und erzählerischen Mitteln in dem Text von Tucholsky (28) im Hinblick auf ihre Angemessenheit. Wie soll der Text (28) (im Zusammenhang mit seiner Aussageabsicht) auf den Leser wirken? Wird die erzählerische Gestaltung (Erzählform, Erzählverhalten usw.) der Intention gerecht (vgl. Sie die entsprechenden Punkte unter E)?

5. Die Kurzgeschichten (29–33) sprechen ein gemeinsames Grundthema an. Arbeiten Sie dieses Grundthema heraus, und verdeutlichen Sie unterschiedliche Akzentsetzungen (Aussageschwerpunkte).
6. Bearbeiten Sie Kurzgeschichten der Nachkriegszeit unter dem Schwerpunkt: Bewältigung der Vergangenheit und Setzen neuer Maßstäbe nach 1945.
   Textgrundlage: Heinrich Böll: Wanderer kommst du nach Spa... Erzählungen. München: Deutscher Taschenbuchverlag 1950 (dtv 437). – Wolfgang Borchert: Das Gesamtwerk. Hamburg: Rowohlt 1978.
7. Analysieren Sie schwerpunktmäßig die erzählerischen Mittel im Textzusammenhang exemplarischer Kurzgeschichten. Ermitteln Sie jeweils deren Bedeutung für die Aussageabsicht sowie deren Wirkung auf den Lesevorgang (Steuerung des Lese- bzw. des Rezeptionvorgangs). Beispiele:
   a) **Ich-Form** (der Ich-Erzähler ist am Geschehen beteiligt) – *Hans Bender: Felix. In: Kurzgeschichten. Stuttgart: Reclam 1973, S. 12–16 (RUB 9507).*
   b) **Er-Form** – *Ilse Aichinger: Das Fenster-Theater. In: Ilse Aichinger, Der Gefesselte. Frankfurt/Main: S. Fischer Verlag 1953.*
   c) **Erzählhaltung:** kritisch, unbeteiligt oder parodistisch? – *Heinrich Mann: Abdankung. In: Deutschland erzählt. Frankfurt/Main: Fischer Taschenbuch Verlag 1979, S. 45–54 (Fischer TB 500).*
   d) **Erzählverhalten**
      Personales Erzählen – *Franz Fühmann: Das Judenauto. In: Lesebuch. Hg. von Klaus Wagenbach. Berlin: Wagenbach-Verlag 1968, S. 22–28.*
      Auktoriales Erzählen – *Friedrich Dürrenmatt: Der Tunnel. In: Deutschland erzählt. Frankfurt/Main: Fischer Taschenbuch Verlag 1979, S. 249–257 (Fischer TB 500).*
   e) **Erzählperspektive:** Innensicht – Außensicht – *Günther Grass: Die Linkshänder. In: Deutschland erzählt. Frankfurt/Main: Fischer Taschenbuch Verlag 1979, S. 280–285 (Fischer TB 500).*

Roman

8. Beschäftigen Sie sich mit dem Roman als epischer Großform, indem Sie z. B. unterschiedliche Stilrichtungen der realistischen Schreibweise (literarischer Realismus gegenüber kritischem Realismus) vergleichen.
   Textgrundlage: Theodor Fontane: Effi Briest. Stuttgart: Reclam 1977 (RUB 6961). – Theodor Fontane: Effi Briest. Erläuterungen und Dokumente. Hg. von Wolfgang Schafarschik. Stuttgart: Reclam 1975 (RUB 8119).
   a) Lesen Sie den Roman. Machen Sie während des Lesens **Randglossen,** indem Sie die Ränder jeder Seite wie folgt nutzen:
      - oberer Rand: Stichwort zum thematischen Zusammenhang (z. B. „Wohnsitz in Hohen Cremmen")
      - seitlicher Rand: Sigeln zur Kennzeichnung von Themenkomplexen
        a) wichtige Stellen zu den Personen
           E = Effi Briest, I = Instetten, V = Vater Briest usw.

b) X = gesellschaftliche Normen, Leitsätze
c) Mot = Leitmotiv
- unterer Rand: Querverweise, Strukturskizzen, Zusammenfassungen.

Sie können die Liste der zu verwendenden Sigeln je nach Bedarf erweitern, verändern.

b) Im Zentrum Ihrer Bemühungen sollte die Figur der Effi stehen, z. B.:
   - Effis Verhältnis zu Vater und Mutter
   - Effis Situation in Kessin und ihre Verbindung mit von Crampas
   - Effis Charakter und ihre Rolle als Frau (vgl. hierzu besonders „Erläuterungen und Dokumente", Texte VI 1–3).
c) Stellen Sie zu folgenden Themen die Textstellen zusammen (vgl. die Sigeln in Aufgabe 8a), und verarbeiten Sie sie zu einem Referat:
   - Gesellschaftliche Normen und Leitsätze der Eltern Effis und der Bewohner von Hohen Cremmen
   - Gesellschaftliche Normen und Leitsätze der Menschen in Kessin, einschließlich des Landadels
   - Effis Leitvorstellungen, die ihr Denken und Handeln bestimmen
   - Figuren, die außerhalb der „Norm" leben und ihre Funktion im Hinblick auf Effi
   - Instettens Charakter und Normvorstellungen
d) Beantworten Sie die Frage, ob und inwieweit Fontane die Gesellschaft seiner Zeit nur darstellt oder kritisiert (in Frage stellt). Beachten Sie dazu vor allem den Schluß des Romans (vgl. auch „Erläuterungen und Dokumente", V 2, vor allem Georg Lukács, S. 133 ff.).
e) Zeigen Sie die Bedeutung einzelner Motive auf, z. B. die Bedeutung des Motivs der „Angst", und zwar a) für den Aufbau und b) für die Aussageabsicht des Romans.
f) Analysieren Sie das Kapitel 21 unter besonderer Berücksichtigung des Motivzusammenhangs.
g) Bearbeiten Sie in ähnlicher Weise den Roman „Der Untertan" von Heinrich Mann.

   Textgrundlage: Heinrich Mann: Der Untertan. München: Deutscher Taschenbuchverlag ⁵1969 (dtv 256/257). – Heinrich Mann: Der Untertan. Materialien. Hg. von Jürgen Wolff. Stuttgart: Klett 1979.
   - Erstellen Sie zunächst einen Arbeitsplan.
   - Berücksichtigen Sie Referate (Einbeziehung von „Materialien").
   - Legen Sie den Schwerpunkt Ihrer Arbeit mit dem Text fest; z. B.:
     Herausarbeitung des gesellschaftspolitischen Aspekts
     Kritische Analyse des Erzählverhaltens: Satire oder Pamphlet?
   - Vergleichen Sie die „realistische Schreibweise" (s. Rahmenthema) bei Fontane und bei Heinrich Mann.

E Information

I. Zu den literarischen Gattungen

Fabel

Die Menschen haben es meist nicht gern, wenn ihnen eine Lehre erteilt wird. Um dieser Empfindlichkeit Rechnung zu tragen, haben schon von alters her die Dichter ihre belehrenden Erzählungen entweder ins Reich der Tiere und Pflanzen verlegt, oder sie haben in sprachlichen Bildern erzählt, die erst gedeutet (interpretiert) werden müssen. Die ältesten Fabeln sind von Aesop überliefert. Er war ein griechischer Sklave, der später freigelassen wurde und der für seine Leidensgenossen Fabeln erzählte. So schrieb Phädrus, ebenfalls ein Freigelassener:

„Jetzt sei, weshalb die Fabel man erfand,
Noch kurz berichtet. Der bedrängte Sklave,
Der, was er mochte, nicht zu sagen wagte,
Barg seines Herzens Meinung in der Fabel
Und wich dem Vorwurf aus in droll'ger Maske."

(Phädrus' des Freigelassenen des Augustus Äsopische Fabeln. Deutsch von J. Siebelis. Berlin/Stuttgart o. J., S. 25)

Die ältesten Fabeln, die mit dem Emporkommen der niederen Schichten im antiken Griechenland entstanden, sprechen die moralischen und wirtschaftlichen Ideale dieser Schichten aus; sie tun dies hinter der Maske der Tierdichtung, um so der Zensur, dem Verbot und der politischen Verfolgung zu entgehen. Für diese Art von Fabeln läßt sich sagen: „Die Fabelmoral ist der Herrenmoral entgegengesetzt." (A. Schirokauer) So haben auch in neuerer und jüngster Zeit immer wieder Dichter zu der Textart Fabel gegriffen, um gesellschaftliche Zustände oder allgemein menschliche Schwächen einer Zeitepoche kritisch darzustellen und den Leser zum Nachdenken zu bewegen.

Parabel

Während bei der Fabel viele Aussagen aus dem Bereich der Tiere in den menschlichen Bereich übertragen werden können, ist bei der Parabel meist nur ein Vergleichspunkt entscheidend, der aber nicht ohne weiteres sichtbar ist, sondern durch ein vertieftes Verstehen (Analysieren, Deuten) gefunden werden muß. Durch **Analogie** (analoges Vergleichen des Bildbereiches = das, was erzählt wird, mit dem Gegenstandsbereich = das, was gemeint ist) lassen sich allgemeine moralische Aussagen oder Erkenntnisse aus dem einen Verstehensbereich in den anderen (allgemein menschlichen) Bereich übertragen. Gelingt diese Übertragung (Deutung), so erhalten wir eine Aussage über unser Leben und unsere Situation in der Welt bzw. der Gesellschaft.

Gleichnis

Das Gleichnis stellt die Großform eines Vergleichs dar. Es veranschaulicht auf poetische Weise einen Sachverhalt durch den Vergleich mit einem analogen Vorgang oder Zustand aus einem anderen Lebensbereich, der sich im Gegensatz zur Fabel nur in **einem** wesentlichen Punkt (dem Tertium comparationis) einleuchtend mit dem Gemeinten (dem Gegenstandsbereich) berührt, so daß Bild- und Gegenstandsbereich sich wechselseitig erhellen. Die Ausdeutung wird (z. B. durch „so – wie") direkt hinzugefügt.

Novelle

Die Novelle ist eine ältere Erzählform (ihr Ursprung liegt im Italien des 14. Jahrhunderts), die nur schwer als Textart zu beschreiben ist. Dennoch lassen sich einige Merkmale nennen, die kennzeichnend für eine Novelle sind (= **Gattungsmerkmale**), wenngleich nicht in jedem Fall alle Merkmale vorhanden sein müssen.
- Von der Länge her nimmt die Novelle eine mittlere Stellung zwischen Roman und Kurzgeschichte ein.
- Die Novelle ist streng aufgebaut (einsträngig, ohne Nebenhandlung).
- Vieles wird verkürzt erzählt (vor allem psychologische oder soziale Hintergründe).
- Es gibt ein **Mittelpunktereignis**, eine „unerhörte Begebenheit" (Goethe).
- Die erzählte Handlung weist meist einen Wendepunkt (eine **Peripetie**) auf, der nicht selten unerwartet eintritt.
- Die einzelnen Erzählabschnitte der Novelle werden durch ein wiederkehrendes Motiv (Dingsymbol, typische Handlung = „Falke") verbunden.
- Eine Reihe von Novellen hat eine **Rahmenerzählung**, durch die die **Binnenerzählung** eingeleitet und abgeschlossen wird.

Die Beschäftigung mit der Novelle kann zu einem tieferen Verständnis der gestalterischen Mittel in epischen Texten führen, da sie etwas Besonderes in einer knappen und präzisen Form erzählt.

Kurzgeschichte

Die Kurzgeschichte entstand in Deutschland um 1920 „im Zusammenhang mit den Erfordernissen der Zeitschriften- und Magazinform, die statt der für geselliges Lesen gedachten Novelle eine kurze Lektüre für den eiligen Einzelleser braucht." (Gero von Wilpert) Die Verwandtschaft mit der Novelle drückt sich auch darin aus, daß die Kurzgeschichte ein Geschehen geradlinig erzählt und zu einem unerwarteten (oft unausweichlichen), pointierten Schluß führt.
Anders als bei der Novelle sind der unmittelbare Einstieg in das Geschehen und der offene Schluß (d. h. die aufgeworfene Problematik wird nicht beantwortet, sondern

offengelassen und an den Leser weitergegeben); das Mittelpunktereignis oder der unerwartete Wendepunkt sind meist nicht vorhanden. Die Kurzgeschichte erzählt noch gedrängter als die Novelle meist ein punktuell-ausschnitthaftes Geschehen, das allgemein-menschliche Bedeutung erlangt.

Roman

Der Roman als epische Großform stellt nicht Einzelereignisse dar, sondern Zusammenhänge, meist breitangelegte Beschreibungen aus dem Leben eines interessanten Menschen, Chroniken ganzer Generationen oder gar den Aufstieg und/oder Untergang gesellschaftlicher Gruppen. Der moderne Roman behandelt – neben den stets dominierenden zwischenmenschlichen (Liebes-)Beziehungen – zunehmend soziale, psychologische oder ideologische Problemstellungen. Dabei zeigt er in seinen großen Gestaltungen nicht die einfachen Lösungen, sondern stellt das differenzierte Denken und Handeln, das Zwiespältige im Menschen, das uneinheitliche Leben in seinen vielfältigen Formen und auch Fehlentwicklungen dar. In seinen fortschrittlichen Positionen kann besonders der Roman als epische Großform Alternativen zu geltenden gesellschaftlichen Vorstellungen eröffnen und das Problembewußtsein (beim Leser) schärfen. Die große Form ist darauf angelegt, in weitem Bogen Entwicklungen aufzuzeigen sowie Zusammenhänge, Veränderungen, deren Folgen und Reaktionen auf zahlreichen Gebieten des gesellschaftlichen Lebens zu verdeutlichen. Die Erfassung der Makrostruktur des Romans erfordert vom Leser ein besonderes Maß an Aufmerksamkeit und die Fähigkeit, einzelne strukturelle Einheiten über weite Strecken hinaus miteinander zu verknüpfen (z.B. Leitmotive), das große Ganze zu überblicken und diesem dann wieder einzelne Sinnelemente einzupassen.
Dies gilt allerdings weniger für den Unterhaltungsroman (vgl. Kapitel 8, A I), der es dem Leser durch die Darbietung einfacher und überschaubarer Einheiten leichter macht, und auch nicht für den trivialen (Groschen-)Heftroman (vgl. Kapitel 8, B I), der dem Leser keine Lesewiderstände bietet, sondern durch die Erfüllung von standardisierten Lesegewohnheiten und Leserwünschen allein auf den Konsum und den Verkauf der Ware zielt.

II. Zu den erzählerischen Mitteln

Erzählform

Ich-Form: Der Erzähler tritt selber in Erscheinung und spricht von sich; entweder autobiographisch (Autor ist gleichzeitig auch Erzähler) oder fiktional (strikte Unterscheidung zwischen Autor und Erzähler). Wichtige Unterscheidung: erzählendes und erlebendes Ich.
Er-Form: Der Erzähler berichtet über andere und tritt selber nicht als Figur auf. (Vgl. Teil C)

Erzählverhalten

Auktoriales Erzählverhalten: Der Erzähler bringt sich selbst ins Spiel, indem er das Geschehen kommentiert, reflektiert und beurteilt.
Personales Erzählverhalten: Der Erzähler tritt hinter die Figuren zurück und erlebt die Welt aus ihrem Blickwinkel; er wählt die Optik einer Figur.
Neutrales Erzählverhalten: Der Erzähler bleibt weitgehend im Hintergrund, vermeidet wertende Aussagen u. ä. (Vgl. Teil C)

Erzählhaltung

Kritisch: der Erzähler bezieht zu seinem Erzählgegenstand kommentierend Stellung.
Parodistisch: der Erzähler macht sich über den Erzählgegenstand (mit parodistischen Mitteln) lustig.
Satirisch: der Erzähler zeigt beißenden Spott.
Ironisch: der Erzähler sagt etwas, was er so nicht meint; er übertreibt merklich, spitzt zu, macht den Leser hellhörig.
Affirmativ: der Erzähler stellt den Erzählgegenstand so dar, als sei er (allein) richtig, zur Nachahmung empfohlen.
Unbeteiligt: der Erzähler versucht, möglichst neutral (objektiv) zu erscheinen, sich nicht ins Spiel zu bringen.

Erzählperspektive

Außensicht: Der Erzähler stellt nur dar, was ein (neutraler) Außenstehender beobachten kann; er weiß nicht, ob die handelnden Figuren sich verstellen, lügen, sich täuschen, irren.
Innensicht: Der Erzähler stellt auch Gedanken, Gefühle, Wünsche der handelnden Figuren dar, auch dann, wenn niemand sie kennen könnte.

Standort des Erzählers

Alles überschauende Sicht: Der Erzähler weiß alles und kennt jede auch noch so verborgene Regung seiner Figuren (allwissender Erzähler).
Begrenzte Sicht: Der Erzähler kennt nicht alle Einzelheiten des dargestellten Geschehens; oft hält er auch sein Wissen zurück, um die Handlung sich entfalten zu lassen (Steuerung des Lesevorganges). Meist geht das personale Erzählen mit einer begrenzten Sicht einher, während der auktoriale Erzähler sich einer alles überschauenden Sicht mehr oder weniger nähert.

Darbietungsweisen

Epischer Bericht: Normale Erzählhandlung in der Ich- oder Er-Form.
Kommentar: Darbietungsweise eines auktorialen Erzählverhaltens.
Tatsachenreportage: Diese Bezeichnung hat sich durchgesetzt für Versatzstücke, die in einen Erzähltext einmontiert worden sind (z. B. Zeitungsnachrichten, Verordnungen, Gebrauchsanweisungen, Reklamesprüche); sie stechen stilistisch vom Erzähltext ab, sind mit ihm aber motivisch oder assoziativ verknüpft bzw. verfremden ihn.
Direkte Rede, indirekte Rede, erlebte Rede: Bei der erlebten Rede tritt der Erzähler weitgehend hinter das dargestellte Geschehen zurück; sie steht in der Er-Form, und das Tempus richtet sich nach dem des epischen Berichtes, von dem sie zusätzlich durch stilistische Besonderheiten abgehoben ist.
Innerer Monolog: Gedanken und Gefühle einer Figur werden unmittelbar und ohne Vermittlung eines Erzählers wiedergegeben; der innere Monolog steht stets im Präsens und in der Ich-Form, die Erzählperspektive ist Innensicht.

Direkte Rede	Er sagte: „Mr. Scott kommt heute nicht."
Indirekte Rede	Er sagte, daß Mr. Scott heute nicht komme.
Erlebte Rede	Kam dieser Mr. Scott doch heute nicht!
Innerer Monolog	Ich komme heute nicht.

Zur Zeitgestaltung

Erzählte Zeit: Zeitraum, den der Ablauf der im Text erzählten Geschehnisse einnimmt.
Erzählzeit: Zeit, die man braucht, um das Geschehen wiederzugeben (zu erzählen, zu lesen, zu hören).
Je nach dem Verhältnis von erzählter Zeit und Erzählzeit ergeben sich folgende Formen:
Zeitdeckung: Der Text beschreibt zeitlich genau den Vorgang; der beschriebene Vorgang dauert - wenn man ihn hört oder liest - etwa genau so lange, wie er in Wirklichkeit dauern würde.
Zeitdehnung: Der einzelne Vorgang dauert in Wirklichkeit nicht so lange wie das Lesen oder Hören der Textstelle, die ihn beschreibt.
Zeitraffung: Der einzelne Vorgang dauert in Wirklichkeit länger als das Lesen oder Hören der Textstelle, die ihn beschreibt.
Daneben sind die jeweiligen **Zeitebenen** (bei zwei oder mehreren Handlungssträngen), **Rückblenden** oder **Vorausdeutungen** bei der Zeitgestaltung zu berücksichtigen. Gekoppelt sind diese Formen z. T. mit **Tempuswechsel** (z. B. Imperfekt/Präsens als Hinweis auf Vergangenes/Gegenwärtiges) oder mit **Moduswechsel** (z. B. Indikativ/Konjunktiv als Hinweis auf Realität/Irrealität, Wunsch, Hoffnung).

III. Zitiertechnik und Anmerkungen

Bei der Anfertigung einer größeren Arbeit oder eines Referats ist besonders auf richtiges Zitieren und Bibliographieren zu achten. Es gibt unterschiedliche Methoden, Zitate und Anmerkungen in ein Manuskript einzufügen:

(1) Zitierstellen und Anmerkungen erscheinen jeweils unten auf der Seite (durch einen kurzen waagerechten Strich vom Text getrennt).

(2) In den Text wird dort eine durchlaufende Nummer eingefügt, wo eine Qellenangabe oder eine Anmerkung gegeben werden soll (wie in (1)), aber die Angaben werden, entsprechend der Ziffernfolge, auf einem gesonderten Blatt am Ende der Arbeit beigefügt.

(3) Zitierstellen werden durch einen Klammerausdruck gekennzeichnet, die Anmerkungen erscheinen auf einem besonderen Blatt (wie in (2)).

Die erste Methode ist für den Leser am günstigsten, da er beim Lesen der Arbeit alle Angaben direkt (am Ende der Seite, im „Apparat") mitlesen kann. Die zweite Methode ist für den Schreiber am einfachsten, weil er nicht den Raum für die Anmerkungen am Ende der Seite ausrechnen muß und auch die benutzte Literatur nicht zuvor festliegen muß (wie in (3)). Bei der dritten Methode ist folgendes zu beachten: Das Literaturverzeichnis wird alphabetisch angelegt, jeder Titel erhält eine durchlaufende Nummer; nachträgliche Einfügungen eines Titels verursachen hierbei eine erhebliche Mehrarbeit (neue Numerierung der Zitate, deren Nummern sich verschoben haben). Unter Umständen kann man dann eher einen einzelnen Titel an das Ende der Literaturliste setzen, auch wenn er dann dort nicht mehr alphabetisch richtig steht. Entsprechend der Numerierung des Literaturverzeichnisses erscheint hinter jedem Zitat im Text eine Klammer mit zwei Ziffern, z. B. (3, 12); d. h. Titel Nummer 3 gemäß Literaturverzeichnis, Seite 12. Beim ersten Gebrauch eines solchen Zitats muß unten auf der Seite das Verfahren erläutert werden („*" benutzen), z. B.: „Die Zahlen in den Klammern geben die Quelle an, und zwar bezieht sich die erste Zahl auf den Titel im Literaturverzeichnis am Ende der Arbeit, die zweite Zahl auf die Seitenzahl."

Wenn eine Anmerkung zum Text gemacht werden soll (Anmerkungen sind Äußerungen, die den Text erläutern, die z. B. Meinungen des Verfassers wiedergeben, ohne daß sie direkt in den Textzusammenhang passen), wird hinter dem Wort oder Satz, worauf sich die Anmerkung bezieht, eine durchlaufende Zahl notiert; bei der ersten Anmerkung ist unten auf der Seite die Erläuterung zu geben („**" benutzen): „Anmerkungen s. am Ende der Arbeit."

BEISPIELE:

Methode (1):

Text Oppenheimer soll nach dem Test der ersten Atombombe aus der Bhagavadgita[1)] zitiert haben: „Ich bin der Tod geworden, der Zerstörer von Welten."[2)] [...]

Apparat ———

1) Religionsphilosophisches Gedicht der Hindus, Sanskrit, 3. Jahrhundert v. Chr., enthält ein Gespräch über Recht und Unrecht des Tötens.

2) Zitiert nach: Ingen, Ferdinand van: Heinar Kipphardt. In der Sache J. Robert Oppenheimer. Frankfurt/Main: Verlag Moritz Diesterweg 1978, S. 12.

Methode (2):
Wie Beispiel (1)
Unterschied: Die Angaben erscheinen nicht unten auf der Manuskriptseite, sondern gesondert am Ende der Arbeit.

Methode (3):
Oppenheimer soll nach dem Test der ersten Atombombe aus der Bhagavadgita[1)] zitiert haben: „Ich bin der Tod geworden, der Zerstörer von Welten." (3, 12)

Beim Zitieren ist auf die Zeichensetzung zu achten:
a) Wenn die Zitierzeichen einen Satz einschließen, steht
... zitiert haben: „Ich bin der Tod geworden, der Zerstörer von Welten."
b) Wenn am Satzende ein Zitat aufhört, das nur einen Teil eines Satzes einschließt, steht
... zitiert haben, er sei „der Tod geworden", der „Zerstörer von Welten".
Literaturhinweise oder zitierte Textstellen, die man nicht direkt, sondern in anderen Quellen zitiert gefunden hat, müssen kenntlich gemacht werden, z.B. durch: „Zit. in ..." oder „Zit. nach ...". Zitierhinweise sowie Quellenangaben sollen möglichst kurz sein, sie dürfen den Text der Arbeit nicht wesentlich unterbrechen, müssen aber immer leicht verstehbar und eindeutig sein.

Bei den **Quellenangaben** wird folgendermaßen bibliographiert:
Aus einem Werk:
Kipphardt, Heinar: In der Sache J. Robert Oppenheimer. Frankfurt/Main: Suhrkamp Verlag ^{17}1979 (1964), S. 140.
Staehle, Ulrich (Hg.): Theorie des Dramas. Stuttgart: Reclam 1973.

Aus einer Anthologie:
Weiss, Peter: Das Material und die Modelle. In: Theorie des Dramas, hg. von U. Staehle. Stuttgart: Reclam 1973, S. 110–120.

Aus einem Aufsatz:
Jenny, Urs: Heinar Kipphardt oder: Die Psychologie des faschistischen Menschen. In: Theater heute, Jahressonderheft 1972, S. 75f.
Onderdelinden, Sjaak: Fiktion und Dokument. Zum Dokumentarischen Drama. In: Amsterdamer Beiträge zur neueren Germanistik 1 (1972), S. 173–206.

Diese Techniken sind ausführlicher dargestellt in:
Bangen, Georg: Die schriftliche Form germanistischer Arbeiten. Empfehlungen für die Anlage und die äußere Gestaltung wissenschaftlicher Manuskripte unter besonderer Berücksichtigung der Titelangaben von Schrifttum. Stuttgart: Metzler ^{8}1981 (Sammlung Metzler Band 13). – Standop, Ewald: Die Form der wissenschaftlichen Arbeit. 9. durchges. und erw. Aufl. Heidelberg: Quelle & Meyer 1981 (UTB 272).

Drama (Dramatik)

Wenn im Alltag etwas Aufregendes geschieht, dann hört man schon einmal die Äußerung: „Das ist ja ein Drama!“ Hier wird „Drama“ in übertragener Bedeutung verwendet. Was aber meint der Begriff als Dichtungsgattung?
„Wir haben ein Drama vor uns, wenn auf einem besonderen Raum von Rollenträgern ein Geschehen agiert wird.“ (Wolfgang Kayser, Das sprachliche Kunstwerk, 1948)
Die Handlung wird demnach auf der Bühne durch Schauspieler unmittelbar vergegenwärtigt (vgl. C). Die Beschäftigung mit dem Drama im Deutschunterricht sollte sich deshalb nicht auf die Lektüre des Textes beschränken, der ja nur einer „Partitur“ gleicht, die künstlerisch umzusetzen ist. Die dem Drama angemessene Rezeption wird eigentlich nur durch einen Theaterbesuch ermöglicht; er könnte am Anfang oder am Ende der Beschäftigung mit den ausgewählten Dramen stehen, die auch heute noch häufig auf deutschsprachigen Bühnen aufgeführt werden.
Im Laufe der Geschichte haben sich verschiedene Dramenformen herausgebildet. Zwei Grundtypen sind die offene Form (A) und die geschlossene Form (B), die Sie beide in diesem Kapitel näher kennenlernen können.
Bei der Beschäftigung mit den unterschiedlichen Formen des Dramas wird es auch darum gehen, welche Haltung der Zuschauer zum Stück einnehmen soll; denn jeder Autor stellt sich ein Publikum vor, für das er schreibt und das er in einem bestimmten Sinne ansprechen und für seine Aussageabsicht gewinnen will. Bei der geschlossenen und der offenen Form des Dramas wird dies auf ganz unterschiedliche Weise inszeniert. Dem Zuschauer fällt die Aufgabe zu, zwischen der künstlerisch gestalteten Wirklichkeit und den Realitäten des eigenen Lebens zu vermitteln.
Zur Ergänzung und Vertiefung Ihrer Beschäftigung mit dem Drama können Sie das Dokumentarspiel (Kapitel 3, B I) oder den Vergleich von antikem und modernem Drama (Kapitel 7, A I und II) hinzuziehen. Vergleichen Sie dort auch die weiterführenden Arbeitsanregungen.

A Die offene Form des Dramas

1

Bertolt Brecht

Furcht und Elend des Dritten Reiches

Brechts Drama „Furcht und Elend des Dritten Reiches“ ist 1935–1938 nach Augenzeugenberichten und Zeitungsnotizen im dänischen Exil geschrieben. 24 Szenen unterschiedlicher Art und Länge stellen jeweils eine charakteristische Situation aus der Zeit des Hitlerregimes dar.

Die Deutsche Heerschau

Als wir im fünften Jahre hörten, jener
Der von sich sagt, Gott habe ihn gesandt
Sei jetzt fertig zu seinem Krieg, geschmiedet
Sei Tank, Geschütz und Schlachtschiff, und es stünden
In seinen Hangars Flugzeuge von solcher Anzahl
Daß sie, erhebend sich auf seinen Wink
Den Himmel verdunkeln würden, da beschlossen wir
Uns umzusehn, was für ein Volk, bestehend aus was für Menschen
In welchem Zustand, mit was für Gedanken
Er unter seine Fahne rufen wird. Wir hielten Heerschau.
Dort kommen sie herunter:
Ein bleicher, kunterbunter
Haufe. Und hoch voran
Ein Kreuz auf blutroten Flaggen
Das hat einen großen Haken
Für den armen Mann.

Hangar: Flugzeughalle

Und die, die nicht marschieren
Kriechen auf allen vieren
In seinen großen Krieg.
Man hört nicht Stöhnen noch Klagen
Man hört nicht Murren noch Fragen
Vor lauter Militärmusik.

Sie kommen mit Weibern und Kindern
Entronnen aus fünf Wintern
Sie sehen nicht fünfe mehr.
Sie schleppen die Kranken und Alten
Und lassen uns Heerschau halten
Über sein ganzes Heer.

1

Volksgemeinschaft

Dort kommen SS-Offiziere
Von seiner Rede und seinem Biere
Sind sie müd und voll.
Sie wünschen, daß das Volk ein mächtiges
Gefürchtetes, andächtiges
Und folgsames Volk sein soll.

Nacht des 30. Januar 1933. Zwei SS-Offiziere torkeln die Straße herunter.

Der Erste Nu sind wir oben. Imposant, der Fackelzug! Jestern noch pleite, heut schon in die Reichskanzlei. Jestern Pleitejeier, heute Reichsadler.
Sie lassen ihr Wasser.

Der Zweite Und nu kommt die Volksjemeinschaft. Ick erwarte mir een seelischen Uffschwung des deutschen Volkes in allerjrößten Maßstab.

Der Erste Erst muß noch der deutsche Mensch rausjekitzelt werden aus det Untermenschenjesindel. Was is 'n det überhaupt für 'ne Jejend? Keene Beflaggung.

Der Zweite Wir ham uns verloofen.

Der Erste Eklije Landschaft.

Der Zweite Vabrecherviertel.

Der Erste Meenste, det ist jefährlich hier?

Der Zweite Een anständijer Volksjenosse wohnt nicht in so 'ne Baracke.

Der Erste Is ooch nirjends Licht!

Der Zweite Die sind nich zu Hause.

Der Erste Die Brüder sind. Meenste, die bekieken sich den Anbruch vont Dritte Reich aus de Nähe? Jehn wa mit Rückendeckung.

Sie setzen sich schwankend wieder in Bewegung, der erste hinter dem zweiten.

Der Erste Is det nich die Jejend, wo der Kanal langjeht?

Der Zweite Weeß ick nich.

Der Erste Da ham wir an de Ecke so 'n Marxistennest ausjehoben. Hinterher ham se jesagt, et war 'n katholscher Lehrlingsverein. Allet Lüje! Keen einzijer hatte 'n Kragen um.

Der Zweite Meenste, er schafft die Volksjemeinschaft?

Der Erste Er schafft allet!

Er bleibt wie erstarrt stehen und lauscht. Ein Fenster ist wo geöffnet worden.

Der Zweite Was is det?

Er entsichert seinen Dienstrevolver. Ein alter Mann beugt sich im Nachthemd aus dem Fenster, und man hört ihn leise „Emma, bist du's" rufen.

Der Zweite Det sind se!

Er fährt wie ein Rasender herum und fängt an, nach allen Richtungen zu schießen.

Der Erste *brüllt:* Hilfe!

Hinter einem Fenster gegenüber dem geöffneten, in dem immer noch der alte Mann steht, wird der furchtbare Aufschrei eines Getroffenen hörbar.

SS: Abk. für Schutz-Staffel, ein militärähnlicher Kampfverband des Nationalsozialismus

Marxisten: Die Anhänger der von Marx und Engels entwickelten Gesellschafts-, Wirtschafts- und Staatstheorie wurden von den Nationalsozialisten verfolgt. 1933 wurde die KPD (Kommunistische Partei Deutschlands) aufgelöst, ihre Funktionäre verhaftet.

2

DER VERRAT

Dort kommen Verräter, sie haben
Dem Nachbarn die Grube gegraben
Sie wissen, daß man sie kennt.
Vielleicht: die Straße vergißt nicht?
Sie schlafen schlecht: noch ist nicht
Aller Tage End.

Breslau, 1933. Kleinbürgerwohnung. Eine Frau und ein Mann stehen an der Tür und horchen. Sie sind sehr blaß.

DIE FRAU Jetzt sind sie drunten.

DER MANN Noch nicht.

DIE FRAU Sie haben das Geländer zerbrochen. Er war schon bewußtlos, wie sie ihn aus der Wohnung geschleppt haben.

DER MANN Ich habe doch nur gesagt, daß das Radio mit den Auslandssendungen nicht von hier kam.

DIE FRAU Du hast doch nicht nur das gesagt.

DER MANN Ich habe nichts sonst gesagt.

DIE FRAU Schau mich nicht so an. Wenn du nichts sonst gesagt hast, dann hast du eben nichts sonst gesagt.

DER MANN Das meine ich auch.

DIE FRAU Warum gehst du nicht hin auf die Wache und sagst aus, daß sie keinen Besuch hatten am Samstag.
Pause.

DER MANN Ich geh nicht auf die Wache. Das sind Tiere, wie sie mit ihm umgegangen sind.

DIE FRAU Es geschieht ihm recht. Warum mischt er sich in die Politik.

DER MANN Aber sie hätten ihm nicht die Jacke zu zerreißen brauchen. So dick hat es unsereiner nicht.

DIE FRAU Auf die Jacke kommt es doch nicht an.

DER MANN Sie hätten sie ihm nicht zerreißen brauchen.

4

MOORSOLDATEN

Die SA kommt von allen Seiten.
Sie fahren fort zu streiten
Was Bebel und Lenin gemeint
Bis mit Marx- und Kautskybänden
In den zerschundenen Händen
Der Nazibunker sie eint.

Konzentrationslager Esterwegen, 1934. Einige Häftlinge mischen Zement.

BRÜHL *leise zu Dievenbach:* Halt dich von dem Lohmann weg, der hält nicht dicht.

DIEVENBACH *laut:* Du, Lohmann, der Brühl sagt, ich soll mich von dir weghalten, du hältst nicht dicht.

BRÜHL Schwein.

LOHMANN Das sagst du, du Judas! Warum ist der Karl in den Bunker gekommen?

BRÜHL Wegen mir etwa? Hab ich Zigaretten gekriegt, niemand weiß, woher?

LOHMANN Wann hab ich Zigaretten gekriegt?

DER BIBELFORSCHER Obacht!

Die SS-Wache geht auf dem Damm oben vorüber.

SS-MANN Hier ist geredet worden. Wer hat geredet? *Niemand antwortet.* Wenn es noch einmal vorkommt, gibt es für alle Bunker, verstanden? Singen!

Die Häftlinge singen die erste Strophe des Moorsoldatenliedes. Der SS-Mann geht weiter.

„Wohin auch das Auge blicket
Moor und Heide nur ringsum.
Vogelsang uns nicht erquicket
Eichen stehen kahl und stumm.

Wir sind die Moorsoldaten
Und ziehen mit dem Spaten
Ins Moor."

DER BIBELFORSCHER Warum streitet ihr euch eigentlich immer noch?

DIEVENBACH Kümmere dich nicht darum, Bibelforscher, du verstehst es doch nicht. *Auf Brühl:* Dem seine Partei hat gestern im Reichstag für Hitlers Außenpolitik gestimmt. Und er – *auf Lohmann* – meint, die Außenpolitik Hitlers bedeutet Krieg.

BRÜHL Aber nicht, wenn wir dabei sind.

LOHMANN Mit euch dabei hat's schon mal 'nen Krieg gegeben.

BRÜHL Deutschland ist überhaupt zu schwach militärisch.

Moorsoldaten: s. Textangebot D (7)
SA: Abk. für Sturm-Abteilung, zusammen mit der SS die politische Kampftruppe des Nationalsozialismus
August Bebel und Karl Kautsky: Sozialdemokraten, bekämpften in den Auseinandersetzungen innerhalb der Sozialdemokratie die gemäßigte Richtung und setzten sich für die Gedanken des Klassenkampfes ein
Lenin: Entwickelte die Lehren von Marx und Engels weiter; der sogenannte Marxismus-Leninismus ist für alle kommunistischen Parteien verbindlich

LOHMANN Na, einen Panzerkreuzer habt ihr dem Hitler doch schon in die Ehe gebracht.
DER BIBELFORSCHER *zu Dievenbach:* Was warst du? Sozialdemokrat oder Kommunist?
DIEVENBACH Ich hab mich außerhalb gehalten.
LOHMANN Aber jetzt bist du ganz schön innerhalb, innerhalb vom KZ nämlich.
DER BIBELFORSCHER Obacht!
Der SS-Mann erscheint wieder. Er beobachtet sie. Langsam beginnt Brühl die dritte Strophe des Moorsoldatenliedes zu singen. Der SS-Mann geht weiter.

„Auf und nieder gehn die Posten
Keiner, keiner kann hindurch.
Flucht wird nur das Leben kosten
Vierfach ist umzäunt die Burg.

Wir sind die Moorsoldaten
Und ziehen mit dem Spaten
Ins Moor."

LOHMANN *schmeißt die Schaufel weg:* Wenn ich dran denke, daß ich hier sein muß, weil ihr die Einheitsfront unmöglich gemacht habe, könnt ich dir jetzt noch den Schädel einschlagen.
BRÜHL Aha! „Will ich nicht dein Bruder sein, dann schlägst du mir den Schädel ein", wie? Einheitsfront! Nachtigall, ick hör dir trapsen: das hätt euch gepaßt, uns die Mitglieder wegfischen!
LOHMANN Ja, die laßt ihr euch lieber vom Hitler wegfischen! Ihr Volksverräter!
BRÜHL *nimmt rasend seine Schaufel auf und erhebt sie gegen Lohmann, der ebenfalls seine Schaufel bereithält:* Ich werd's dir zeigen.
DER BIBELFORSCHER Obacht!
Er beginnt hastig die letzte Strophe des Moorsoldatenliedes zu singen.
Der SS-Mann erscheint wieder, und die andern singen mit, weiter ihren Zement mischend.

„Doch für uns gibt es kein Klagen
Ewig kann's nicht Winter sein
Einmal werden froh wir sagen:
Heimat, du bist wieder mein!

Dann ziehn wir Moorsoldaten
Nicht mehr mit dem Spaten
Ins Moor!"

SS-MANN Wer hat hier „Volksverräter" geschrien?
Niemand antwortet.
SS-MANN Ihr lernt nichts zu. *Zu Lohmann:* Wer?
Lohmann starrt auf Brühl und schweigt.

Panzerkreuzer: Gemeint ist der Panzerkreuzer „Deutschland", der schon in der Weimarer Republik unter Beachtung der strengen Bestimmungen des Versailler Vertrages als damals modernstes Kriegsschiff gebaut wurde

SS-MANN *zu Dievenbach:* Wer?

Dievenbach schweigt.

SS-MANN *zum Bibelforscher:* Wer?

Der Bibelforscher schweigt.

SS-MANN *zu Brühl:* Wer?

Brühl schweigt.

SS-MANN Jetzt gebe ich euch noch fünf Sekunden, dann stecke ich euch alle in den Bunker, bis ihr schwarz werdet.

Er wartet fünf Sekunden. Alle stehen stumm, vor sich hinblickend.

SS-MANN Dann ist's der Bunker.

Aufgaben zu A

1. Lesen Sie die Auszüge aus dem Brecht-Text (1) mit verteilten Rollen, und sprechen Sie über Ihre ersten Eindrücke.
2. Klären Sie, welche unterschiedlichen Textarten (z.B. Vorsprüche in Versform, Regieanweisungen) in den einzelnen Szenen vorkommen und welche Aufgabe sie jeweils erfüllen.
3. Untersuchen Sie den **Prolog** „Die Deutsche Heerschau" genauer.
   - Erläutern Sie diese „Vorrede" mit Bezug auf den geschichtlichen Hintergrund.
   - Stellen Sie fest, welche sprachlichen und formalen Merkmale dem Text seinen vorausdeutenden Charakter geben.
   - Arbeiten Sie die Aussagen über Thema und Intention der Szenenfolge heraus.
4. Analysieren Sie die Szenen 1, 2 und 4.
   - Stellen Sie den Handlungsverlauf (die **Fabel**) in einer Inhaltsangabe dar.
   - Untersuchen Sie, in welchen Entwicklungsschritten sich die Handlung vollzieht. Wo sehen Sie den Höhepunkt?
   - Nennen Sie Textabschnitte, in denen „Furcht" und „Elend" gezeigt werden.
   - Stellen Sie fest, in welchem Verhältnis die Szenen zum Prolog stehen. Finden Sie dazu inhaltliche und sprachliche Bezüge.
5. „Das Stück ist eine große Sammlung von Gesten, die unter einer Diktatur zu beobachten sind, und die mehr über sie erzählen, als irgendwelche Ansichten über sie." (Brecht)
   Schauen Sie sich den Text in bezug auf solche **Gesten** an (z.B. jemand legt den Finger an den Mund, um Schweigen zu gebieten), die bei der schauspielerischen Umsetzung der Textvorlage von Bedeutung sind, und führen Sie sie vor.
6. Erspielen Sie den Text, indem Sie die sprachlichen und nichtsprachlichen Elemente (z.B. durch Gesten) ausgestalten. Dem Erspielen kann das gestaltende Vorlesen vorangehen.
7. Sprechen Sie darüber, wie Sie den Text unter den Bedingungen der Schule **inszenieren** würden. Einige Anregungen können Sie den Fotos von einer Schüleraufführung entnehmen.
   - Legen Sie fest, wie sich die Spieler auf der Bühne verhalten sollen; ergänzen Sie dazu Brechts spärliche Szenenangaben durch weitere Hinweise.

- Beschreiben bzw. entwerfen Sie Bühnenbild, Masken und Ausstattung.
- Klären Sie, wie Sie die Vorsprüche und Szenentitel darbieten wollen (z. B. vom Tonband abgespielt, von einem oder mehreren Ausrufern gesprochen oder gesungen, auf eine Leinwand projiziert) und wieweit Sie dokumentarisches Begleitmaterial und Bühnenmusik einbeziehen wollen.

8. Arbeiten Sie den Text um. (Brecht selbst hat seine Stücke oft umgearbeitet; in der Bühnenbearbeitung für Amerika hat er beispielsweise die Szenen in drei großen Teilen zusammengefaßt und strophische Zwischentexte geschrieben.)
   - Verändern und ergänzen Sie den Prolog so, daß er auch für solche Zuschauer verständlich ist, die den historischen Hintergrund nicht so gut kennen.
   - Schreiben Sie die erste Szene aus der Sicht der Menschen hinter den Fenstern der Häuser, vor denen die SS-Offiziere agieren. Sie können sich dabei an der zweiten Szene orientieren.
9. Brechts Szenenfolge „Furcht und Elend des Dritten Reiches" ist typisch für die **offene Form** des Dramas (vgl. E IV).
   Erläutern Sie am Beispiel der behandelten Textauszüge (1) die Besonderheiten dieser Dramenform.

B Die geschlossene Form des Dramas

FRIEDRICH SCHILLER

Maria Stuart

2

Schillers Drama „Maria Stuart" (1800) beruht auf geschichtlichen Vorgängen: Die katholische Königin von Schottland, Maria Stuart, floh vor den Aufständischen in ihrem Land nach England, wurde dort jedoch nach neunzehnjähriger Gefangenschaft 1587 auf Befehl der anglikanischen Königin Elisabeth I. von England hingerichtet. Der Konflikt zwischen den beiden Frauen bestand darin, daß jede sich aufgrund unterschiedlicher Auffassung über das Erbfolgerecht für die legitime Thronfolgerin hielt.
Das Stück setzt in dem Augenblick ein, als Maria Stuart aufgrund zweifelhafter Zeugenaussagen vom englischen Staatsgerichtshof zum Tode verurteilt wird. Doch muß Elisabeth das Dokument noch unterschreiben. In dieser Situation gelingt es dem Grafen von Leicester, Elisabeth und Maria zusammenzuführen, um die englische Königin zu einem Gnadenakt zu bewegen. Die Begegnung der beiden Königinnen im Park von Fotheringhay hat Schiller erfunden, um die Auseinandersetzung zwischen den Personen und den von ihnen vertretenen Werten und politischen Mächten in dramatischer Zuspitzung darzustellen.

(3. Aufzug, 4. Auftritt)

Die Vorigen.[1] *Elisabeth. Graf Leicester. Gefolge.*
ELISABETH *(zu Leicester).* Wie heißt der Landsitz?
LEICESTER Fotheringhayschloß.

1 Bereits anwesend sind: Maria Stuart, ihre Amme Hanna Kennedy, Marias Kerkermeister Amias Paulet und George Talbot, der Graf von Shrewsbury, ein besonnener und gewissenhafter Mann, der der Königin jahrelang treu gedient hat; er ist das Gegenbild des heuchlerischen Robert Dudley, des Grafen von Leicester

ELISABETH *(zu Shrewsbury).*
Schickt unser Jagdgefolg' voraus nach London,
Das Volk drängt allzuheftig in den Straßen,
Wir suchen Schutz in diesem stillen Park.
(Talbot entfernt das Gefolge. Sie fixiert mit den Augen die Maria, indem sie zu Paulet[2] weiterspricht.)
Mein gutes Volk liebt mich zu sehr. Unmäßig,
Abgöttisch sind die Zeichen seiner Freude,
so ehrt man einen Gott, nicht einen Menschen.
MARIA *(welche diese Zeit über halb ohnmächtig auf die Amme[3] gelehnt war, erhebt sich jetzt, und ihr Auge begegnet dem gespannten Blick der Elisabeth. Sie schaudert zusammen und wirft sich wieder an der Amme Brust).*
O Gott, aus diesen Zügen spricht kein Herz!
ELISABETH Wer ist die Lady?
(Ein allgemeines Schweigen.)
LEICESTER – Du bist zu Fotheringhay, Königin.
ELISABETH *(stellt sich überrascht und erstaunt, einen finstern Blick auf Leicestern richtend).*
Wer hat mir das getan? Lord Leicester!
LEICESTER
Es ist geschehen, Königin – Und nun
Der Himmel deinen Schritt hiehergelenkt,
So laß die Großmut und das Mitleid siegen.
SHREWSBURY
Laß dich erbitten, königliche Frau,
Dein Aug' auf die Unglückliche zu richten,
Die hier vergeht vor deinem Anblick.
(Maria rafft sich zusammen und will auf die Elisabeth zugehen, steht aber auf halbem Weg schaudernd still, ihre Gebärden drücken den heftigsten Kampf aus.)
ELISABETH Wie, Mylords?
Wer war es denn, der eine Tiefgebeugte
Mir angekündigt? Eine Stolze find ich,
Vom Unglück keineswegs geschmeidigt.
MARIA Sei's!
Ich will mich auch noch diesem unterwerfen.
Fahr hin, ohnmächt'ger Stolz der edeln Seele!
Ich will vergessen, wer ich bin, und was
Ich litt; ich will vor ihr mich niederwerfen,
Die mich in diese Schmach herunterstieß.
(Sie wendet sich gegen die Königin.)
Der Himmel hat für Euch entschieden, Schwester![4]

2 Fehler der Erstausgabe: Es muß ‚Leicester' heißen.
3 Hanna Kennedy, Marias Amme, teilt mit mütterlicher Liebe Marias Leid in der Gefangenschaft.
4 Margarete Tudor, die Tochter Heinrichs VII. und älteste Schwester Heinrichs VIII., dessen Tochter Elisabeth I. war, war Marias Großmutter väterlicherseits.

Gekrönt vom Sieg ist Euer glücklich Haupt,
Die *Gottheit* bet ich an, die Euch erhöhte!
(Sie fällt vor ihr nieder.)
Doch seid auch *Ihr* nun edelmütig, Schwester!
Laßt mich nicht schmachvoll liegen, Eure Hand
Streckt aus, reicht mir die königliche Rechte,
Mich zu erheben von dem tiefen Fall.

ELISABETH *(zurücktretend).*
Ihr seid an Eurem Platz, Lady Maria!
Und dankend preis ich meines Gottes Gnade,
Der nicht gewollt, daß ich zu Euren Füßen
So liegen sollte, wie Ihr jetzt zu meinen.

MARIA *(mit steigendem Affekt).*[5]
Denkt an den Wechsel alles Menschlichen!
Es leben Götter, die den Hochmut rächen!
Verehret, fürchtet sie, die schrecklichen,
Die mich zu Euren Füßen niederstürzen –
Um dieser fremden Zeugen willen, ehrt
In mir Euch selbst, entweihet, schändet nicht
Das Blut der Tudor, das in meinen Adern
Wie in den Euren fließt – O Gott *im* Himmel!
Steht nicht da, schroff und unzugänglich, wie
Die Felsenklippe, die der Strandende
Vergeblich ringend zu erfassen strebt.
Mein Alles hängt, mein Leben, mein Geschick
An meiner Worte, meiner Tränen Kraft:
Löst *mir* das Herz, daß ich das Eure rühre!
Wenn Ihr mich anschaut mit dem Eisesblick,
Schließt sich das Herz mir schaudernd zu, der Strom
Der Tränen stockt, und kaltes Grausen fesselt
Die Flehensworte mir im Busen an.

ELISABETH *(kalt und streng).*
Was habt Ihr mir zu sagen, Lady Stuart?
Ihr habt mich sprechen wollen. Ich vergesse
Die Königin, die schwer beleidigte,
Die fromme Pflicht der Schwester zu erfüllen,
Und meines Anblicks Trost gewähr ich Euch.
Dem Trieb der Großmut folg ich, setze mich
Gerechtem Tadel aus, daß ich so weit
Heruntersteige – denn Ihr wißt,
Daß Ihr mich habt ermorden lassen wollen.

MARIA
Womit soll ich den Anfang machen, wie
Die Worte klüglich stellen, daß sie Euch

5 Affekt: Gemütsstimmmung, intensiv erlebtes Gefühl

Das Herz ergreifen, aber nicht verletzen!
O Gott, gib meiner Rede Kraft und nimm
Ihr jeden Stachel, der verwunden könnte!
Kann ich doch für mich selbst nicht sprechen, ohne Euch
Schwer zu verklagen, und das will ich nicht.
– Ihr habt an mir gehandelt, wie nicht recht ist,
Denn ich bin eine Königin wie Ihr,
Und Ihr habt als Gefangne mich gehalten;
Ich kam zu Euch als eine Bittende,
Und Ihr, des Gastrechts heilige Gesetze,
Der Völker heilig Recht in mir verhöhnend,
Schloßt mich in Kerkermauern ein, die Freunde,
Die Diener werden grausam mir entrissen,
Unwürd'gem Mangel werd ich preisgegeben,
Man stellt mich vor ein schimpfliches Gericht –
Nichts mehr davon! Ein ewiges Vergessen
Bedecke, was ich Grausames erlitt.
– Seht! Ich will alles eine Schickung nennen:
Ihr seid nicht schuldig, *ich* bin auch nicht schuldig,
Ein böser Geist stieg aus dem Abgrund auf,
Den Haß in unsern Herzen zu entzünden,
Der unsre zarte Jugend schon entzweit.
Er wuchs mit uns, und böse Menschen fachten
Der unglücksel'gen Flamme Atem zu.
Wahnsinn'ge Eiferer bewaffneten
Mit Schwert und Dolch die unberufne Hand –
Das ist das Fluchgeschick der Könige,
Daß sie, entzweit, die Welt in Haß zerreißen
Und jeder Zwietracht Furien[6] entfesseln.
– Jetzt ist kein fremder Mund mehr zwischen uns,
(nähert sich ihr zutraulich und mit schmeichelndem Ton)
Wir stehn einander selbst nun gegenüber.
Jetzt, Schwester, redet! Nennt mir meine Schuld,
Ich will Euch völliges Genügen leisten.
Ach, daß Ihr damals mir Gehör geschenkt,
Als ich so dringend Euer Auge suchte!
Es wäre nie so weit gekommen, nicht
An diesem traur'gen Ort geschähe jetzt
Die unglückselig traurige Begegnung.
ELISABETH Mein guter Stern bewahrte mich davor,
Die Natter an den Busen mir zu legen.[7]
– Nicht die Geschicke, Euer schwarzes Herz
Klagt an, die wilde Ehrsucht Eures Hauses.

6 Furien: antike Rachegöttinnen
7 … jemandem helfen, der sich später gegen einen wendet

Nichts Feindliches war zwischen uns geschehn,
Da kündigte mir Euer Ohm,[8] der stolze,
Herrschwüt'ge Priester, der die freche Hand
Nach allen Kronen streckt, die Fehde an,
Betörte Euch, mein Wappen anzunehmen,
Euch meine Königstitel zuzueignen,
Auf Tod und Leben in den Kampf mit mir
Zu gehn - Wen rief er gegen mich nicht auf?
Der Priester Zungen und der Völker Schwert,
Des frommen Wahnsinns fürchterliche Waffen;
Hier selbst, im Friedenssitze meines Reichs,
Blies er mir der Empörung Flammen an -
Doch Gott ist mit mir, und der stolze Priester
Behält das Feld nicht - Meinem Haupte war
Der Streich gedrohet, und das Eure fällt!
MARIA Ich steh in Gottes Hand. Ihr werdet Euch
So blutig Eurer Macht nicht überheben -
ELISABETH Wer soll mich hindern? Euer Oheim gab
Das Beispiel allen Königen der Welt,
Wie man mit seinen Feinden Frieden macht:
Die Sankt Barthelemi[9] sei meine Schule!
Was ist mir Blutsverwandtschaft, Völkerrecht?
Die Kirche trennet aller Pflichten Band,
Den Treubruch heiligt sie, den Königsmord,
Ich übe nur, was Eure Priester lehren.
Sagt! Welches Pfand gewährte mir für Euch,
Wenn ich großmütig Eure Bande löste?
Mit welchem Schloß verwahr ich Eure Treue,
Das nicht Sankt Peters Schlüssel[10] öffnen kann?
Gewalt nur ist die einz'ge Sicherheit,
Kein Bündnis ist mit dem Gezücht der Schlangen.
MARIA Oh, das ist Euer traurig finstrer Argwohn!
Ihr habt mich stets als eine Feindin nur
Und Fremdlingin betrachtet. Hättet Ihr
Zu Eurer Erbin mich erklärt, wie mir
Gebührt, so hätten Dankbarkeit und Liebe
Euch eine treue Freundin und Verwandte
In mir erhalten.

8 Da nach katholischer Auffassung Maria Stuart die einzige rechtmäßige Erbin des englischen Thrones war, nahm Maria, besonders auf das Drängen des Kardinals von Lothringen, Charles de Lorraine, hin den Titel „Königin von Schottland, England und Irland" an.

9 Sankt Barthelemi: Die „Pariser Bluthochzeit" oder „Bartholomäusnacht" (1572), als auf Anstiftung Katharinas von Medici hin anläßlich der Hochzeit Heinrichs IV. mit Margarete von Valois ein Massenmorden der in Paris versammelten Hugenotten (Protestanten) stattfand

10 Sankt Peters Schlüssel: Die „Schlüsselgewalt", mit der die römische Geistlichkeit den Mitgliedern der Kirche in der Beichte Absolution erteilen kann

ELISABETH Draußen, Lady Stuart,
Ist Eure Freundschaft, Euer Haus das Papsttum,
Der Mönch ist Euer Bruder - Euch! zur Erbin
Erklären! Der verräterische Fallstrick!
Daß Ihr bei meinem Leben noch mein Volk
Verführtet, eine listige Armida,[11]
Die edle Jugend meines Königreichs
In Eurem Buhlernetze[12] schlau verstricktet -
Daß alles sich der neu aufgehnden Sonne
Zuwendete, und ich -
MARIA Regiert in Frieden!
Jedwedem Anspruch auf dies Reich entsag ich.
Ach, meines Geistes Schwingen sind gelähmt,
Nicht Größe lockt mich mehr - Ihr habt's erreicht,
Ich bin nur noch der Schatten der Maria.
Gebrochen ist in langer Kerkerschmach
Der edle Mut - Ihr habt das Äußerste an mir
Getan, habt mich zerstört in meiner Blüte!
- Jetzt macht ein Ende, Schwester. Sprecht es aus,
Das Wort, um dessentwillen Ihr gekommen,
Denn nimmer will ich glauben, daß Ihr kamt,
Um Euer Opfer grausam zu verhöhnen.
Sprecht dieses Wort aus. Sagt mir: „Ihr seid frei,
Maria! Meine Macht habt Ihr gefühlt,
Jetzt lernet meinen Edelmut verehren."
Sagt's, und ich will mein Leben, meine Freiheit
Als ein Geschenk aus Eurer Hand empfangen.
- Ein Wort macht alles ungeschehn. Ich warte
Darauf. O laßt mich's nicht zu lang erharren!
Weh Euch, wenn Ihr mit diesem Wort nicht endet!
Denn wenn Ihr jetzt nicht segenbringend, herrlich,
Wie eine Gottheit von mir scheidet - Schwester!
Nicht um dies ganze reiche Eiland,[13] nicht
Um alle Länder, die das Meer umfaßt,
Möcht' ich vor Euch so stehn, wie Ihr vor mir!
ELISABETH Bekennt Ihr endlich Euch für überwunden?
Ist's aus mit Euren Ränken? Ist kein Mörder
Mehr unterweges? Will kein Abenteurer
Für Euch die traur'ge Ritterschaft mehr wagen?
- Ja, es ist aus, Lady Maria. Ihr verführt
Mir keinen mehr. Die Welt hat andre Sorgen.

11 Armida: Eine verführerische Frau in Tassos „Befreitem Jerusalem"
12 Buhle: Geliebte
13 Eiland: Insel

Es lüstet keinen, Euer – vierter Mann[14]
Zu werden, denn Ihr tötet Eure Freier,
Wie Eure Männer!
MARIA *(auffahrend).* Schwester! Schwester!
O Gott! Gott! Gib mir Mäßigung!
ELISABETH *(sieht sie lange mit einem Blick stolzer Verachtung an).*
Das also sind die Reizungen, Lord Leicester,
Die ungestraft kein Mann erblickt, daneben
Kein andres Weib sich wagen darf zu stellen!
Fürwahr! *Der* Ruhm war wohlfeil zu erlangen:
Es kostet nichts, die *allgemeine* Schönheit
Zu sein, als die *gemeine* sein für *alle!*[15]
MARIA Das ist zuviel!
ELISABETH *(höhnisch lachend).*
Jetzt zeigt Ihr Euer wahres Gesicht, bis jetzt war's nur die Larve.
MARIA *(von Zorn glühend, doch mit einer edeln Würde).*
Ich habe menschlich, jugendlich gefehlt,
Die Macht verführte mich, ich hab es nicht
Verheimlicht und verborgen, falschen Schein
Hab ich verschmäht mit königlichem Freimut.
Das Ärgste weiß die Welt von mir, und ich
Kann sagen, ich bin besser als mein Ruf.
Weh Euch, wenn sie von Euren Taten einst
Den Ehrenmantel zieht, womit Ihr gleißend
Die wilde Glut verstohlner Lüste deckt.
Nicht Ehrbarkeit habt Ihr von Eurer Mutter
Geerbt: man weiß, um welcher Tugend willen
Anna von Boleyn das Schafott bestiegen.[16]
SHREWSBURY *(tritt zwischen beide Königinnen).*
O Gott des Himmels! Muß es dahin kommen!
Ist das die Mäßigung, die Unterwerfung,
Lady Maria?
MARIA Mäßigung! Ich habe
Ertragen, was ein Mensch ertragen kann.
Fahr hin, lammherzige Gelassenheit,
Zum Himmel fliehe, leidende Geduld,
Spreng endlich deine Bande, tritt hervor
Aus deiner Höhle, langverhaltner Groll –
Und *du,* der dem gereizten Basilisk[17]

14 Marias Gatten waren Franz II. von Frankreich, Darnley und Bothwell, der an der Ermordung von Marias zweitem Gatten beteiligt war.

15 Das Wortspiel ergibt sich aus der Doppelbedeutung von ‚gemein': ‚allgemein' und ‚gewöhnlich, vulgär'.

16 Elisabeths Mutter, Anna Boleyn, wurde von ihrem Mann, Heinrich VIII., des Ehebruchs beschuldigt und im Tower hingerichtet (1536).

17 Basilisk: ein Fabelwesen (geflügelte Schlange), dessen Blick angeblich tödlich wirkt

Den Mordblick gab, leg auf die Zunge mir
Den gift'gen Pfeil –
SHREWSBURY O sie ist außer sich!
Verzeih der Rasenden, der schwer Gereizten!
(Elisabeth, für Zorn sprachlos, schießt wütende Blicke auf Marien.)
LEICESTER *(in der heftigsten Unruhe, sucht die Elisabeth hinwegzuführen).*
Höre die Wütende nicht an! Hinweg, hinweg
Von diesem unglücksel'gen Ort!
MARIA Der Thron von England ist durch einen Bastard[18]
Entweiht, der Briten edelherzig Volk
Durch eine list'ge Gauklerin betrogen.
– Regierte Recht, so läget *Ihr* vor mir
Im Staube jetzt, denn *ich* bin Euer König.
(Elisabeth geht schnell ab, die Lords folgen ihr in der höchsten Bestürzung.)

18 Bastard: uneheliches Kind. Elisabeth war nach katholischer Überzeugung illegitimer Geburt, da die Scheidung Heinrichs von seiner ersten Frau, Katharina von Aragonien, von der Kirche nie anerkannt worden war.

3

Ein denkwürdiger Abend im Wiener Burgtheater:

MARIA STUART

Die Dorsch und die Wessely in den tragenden Rollen des großen Königinnen-Dramas

In neuem Glanz erstrahlte der Ruhm des Wiener Burgtheaters, als sich Käthe Dorsch und Paula Wessely, zwei der größten Darstellerinnen unserer Zeit, in Schillers „Maria Stuart" zu gemeinsamem Spiel zusammenfanden. Nicht Typen, sondern Menschen, schwankend zwischen Gefühlen und Politik, standen auf der Bühne. Ins zutiefst Menschliche ausgeweitet, schienen die Rollen oft in einzelnen Zügen wie ausgetauscht: Käthe Dorschs ehrgeizige, kalt erbarmungslose Königin Elisabeth war nicht minder erfüllt von weiblich gefühlvollem Empfinden wie Paula Wesselys leidenschaftliche Maria von kühler Berechnung. Meisterhaft verstand es der Regisseur Leopold Lindtberg, zwei so individuelle schauspielerische Persönlichkeiten wie Käthe Dorsch und Paula Wessely zum völligen Einklang des Erlebens aufeinander abzustimmen. Ihnen und der hervorragenden Besetzung aller Rollen verdankt das Wiener Burgtheater einen unvergeßlichen Abend, an dem die ehrwürdige Tradition – die Kunst vollendeten Ensemblespiels und aristokratisch-nobler Darstellung – in aller Reinheit wieder auflebte.

(1956)

Aufgaben zu B

1. Sprechen Sie darüber, wie Sie Schillers Szene (2) verstehen. Was hat Sie besonders beeindruckt?
2. Verschaffen Sie sich einen Überblick über den Verlauf der Zusammenkunft. Orientieren Sie sich dabei an folgendem Gliederungsgerüst:
   I. Marias Versuche, die Begnadigung zu erreichen
      1. Versuch
      2. Versuch
      Ergebnis: Das Verhalten Elisabeths
   II. Der Angriff Marias
      1. Angriff auf Elisabeth als Frau
      2. Angriff auf Elisabeth als Königin
      Ergebnis: Das Verhalten Elisabeths
3. Untersuchen Sie den Gesprächsverlauf insgesamt.
   - Stellen Sie die wichtigsten Argumente der Kontrahentinnen zusammen. Welche Gründe führt Maria für ihren Anspruch auf Begnadigung an? Welche Vorwürfe erhebt Elisabeth gegen Maria?
   - Welche sprachlichen Mittel benutzen die Sprecherinnen, um ihre Aussagen wirkungsvoll zu formulieren? Achten Sie vor allem auf die rhetorischen Figuren (vgl. Kapitel 6 E) in den Zeilen 88–147.
   - Verfolgen Sie die Gemütsbewegungen der beiden Frauen. Berücksichtigen Sie dabei auch die Regieanweisungen.
   - Veranschaulichen Sie den Gesprächsverlauf mit Hilfe einer Spannungskurve (Strukturskizze).
4. Vergleichen Sie die Absichten, mit denen die Beteiligten das Gespräch angefangen haben, mit dem Ergebnis der Auseinandersetzung. Inwiefern ist nach diesem Zusammentreffen eine Aussöhnung so gut wie ausgeschlossen?
5. Nehmen Sie Stellung zum Verhalten der beiden dramatischen Figuren. Mit welchen Mitteln hat der Autor versucht, das Urteil des Rezipienten zu lenken?
6. Arbeiten Sie die Besonderheiten der sprachlichen Form heraus, die der idealen Überhöhung der Wirklichkeit zum Edlen, Erhabenen, Schönen im klassischen Drama dienen. Achten Sie dabei vor allem auf die Gestaltung des Verses (**Blankvers**) im Schlußteil (ab Zeile 218).

7. Beurteilen Sie die Bedeutung der Szene im Gesamtaufbau des Dramas.

Handlungsführung und szenische Komposition des geschlossenen Dramas am Beispiel „Maria Stuart“

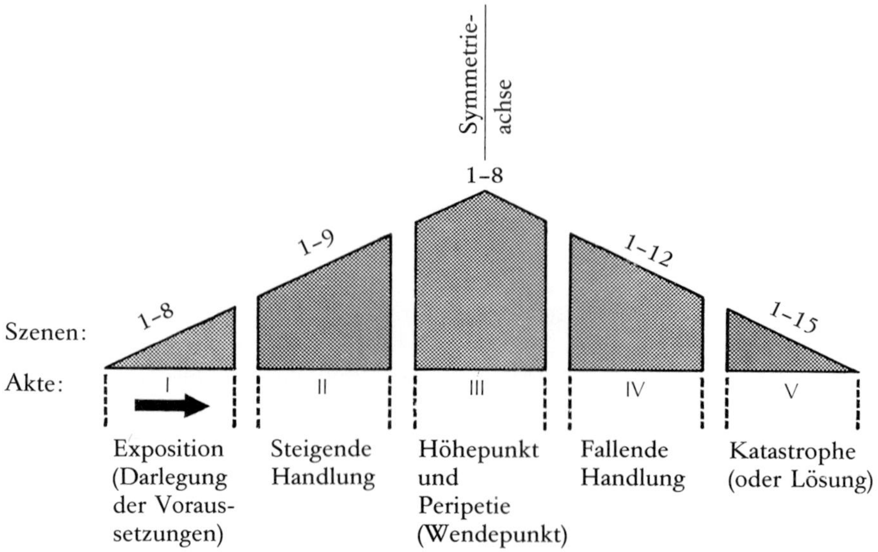

- Der Handlungsverlauf des klassischen Dramas vollzieht sich in **Szenen** oder **Auftritten** und in **Akten** oder **Aufzügen.** Ordnen Sie die Szene 4 (3. Aufzug) in die Handlungsführung und Komposition (vgl. Skizze) des Dramas ein.
- Begründen Sie, warum Schiller die Begegnung der Königinnen in dieser Weise plaziert hat.
- Ein wichtiges Kennzeichen des klassischen Dramas ist seine **geschlossene Form** (vgl. E III). Wie äußert sich die Geschlossenheit in der behandelten Szene und im Aufbau des Dramas?

8. Untersuchen Sie die Rezension der Aufführung im Wiener Burgtheater (3).
   - Was wird besonders hervorgehoben?
   - Welche Bedeutung hat das Bühnenfoto?

C Theoretische Texte

4

JÜRGEN H. PETERSEN

Das Drama

Im Gegensatz zur Epik, deren gattungsspezifisches Merkmal das Auftreten eines Erzählers ist, der das Geschehen dem Rezipienten vermittelt, eignet dem Drama im Prinzip die **Unmittelbarkeit** der Darstellung. Dem widerspricht nicht, daß ein dramatischer Text in der Regel durch eine Gruppe von Schauspielern und meist auch unter Heranziehung von Bühnenbildern, Requisiten und technischen Hilfsmitteln akustisch und optisch, sprachlich und gestisch vermittelt wird. Dies gehört zu den sekundären Gattungsmerkmalen; ihnen würde im Bereich des Erzählerischen z. B. das stille Lesen oder das Vorlesen mit gestischer und sprachlich besonders auffälliger Betonung entsprechen. Vom Drama aus gesehen, also ohne Berücksichtigung der Frage, ob es im Theater dargestellt oder nur zu Hause gelesen wird, ist Unmittelbarkeit sein primäres Gattungskennzeichen. Der Terminus bezeichnet die Tatsache, daß das Geschehen nicht - wie in der Epik - zurückliegt und dem Rezipienten erst (durch einen Erzähler) vergegenwärtigt wird, sondern sich überhaupt erst in dem Moment vollzieht, in dem es rezipiert wird. Soll diese direkte Beziehung zwischen dramatischem Geschehen und Rezipient aufgehoben werden, so benutzt man dazu Mittel, die man denn auch bezeichnenderweise episch nennt: Ein Erzähler tritt auf, der Zurückliegendes, auf der Bühne nicht Vorgeführtes berichtet oder auf der Bühne Gespieltes kommentiert; Zwischenvorhänge, die beschriftet sind, geben dem Zuschauer bestimmte Informationen, Projektionen verweisen auf historische Ereignisse, die der Zuschauer sich vergegenwärtigen soll usw. Dies sind Techniken, wie sie z. B. Brecht verwendet, dessen Theater wegen dieser Momente der Vermittlung, der Indirektheit, der Mittelbarkeit eben auch als **„episches Theater“** bezeichnet wird.

Sein primäres Gattungsmerkmal, die Unmittelbarkeit also, ist an vielen Eigentümlichkeiten des Dramas zu erkennen. Die auftretenden Figuren werden z. B. in ihrer äußeren Erscheinung nicht beschrieben, sondern unmittelbar wahrgenommen, ihre Sprechart von keinem Medium charakterisiert oder kommentiert, sie wirkt vielmehr direkt auf den Hörer ein; dasselbe gilt für den äußeren Habitus, die Gestik, das Mienenspiel; über das Innere der Figuren erhält der Dramenleser oder der Theaterbesucher - abgesehen davon, daß er wie im täglichen Leben von Gebärden, Mimik, Redeart und Handlungsweise auf innere Befindlichkeiten schließt - ganz direkt in einem **Monolog** (= Selbstgespräch) oder in einem **Dialog** (= Zwiegespräch) Auskunft. Eine Analyse, die einen dramatischen Text angemessen erschließen will, wird diesen gattungsspezifischen Merkmalen Rechnung tragen und ihren Frageansatz entsprechend wählen.

Die dramatische Unmittelbarkeit, wie sie uns bewußt wird, wenn wir im Theater sitzen, ist auf den ersten Blick für die Textanalyse insofern ein Moment der Erschwernis, als Informationen, wie sie ein Erzähler zu geben imstande ist, völlig zu fehlen scheinen. Das ist jedoch keineswegs immer der Fall. Im allgemeinen helfen dem Interpreten nämlich **Regiebemerkungen** weiter, Anweisungen und Auskünfte also, die der Autor seinem Stück, einzelnen Akten oder einzelnen Szenen vorausschickt oder beigibt.

5

Bertolt Brecht

Das epische Theater

Das Wort „episches Theater" schien vielen als in sich widerspruchsvoll, da man nach dem Beispiel des Aristoteles die epische und die dramatische Form des Vortrags einer Fabel für grundverschieden voneinander hielt. Der Unterschied zwischen den beiden Formen wurde keinesfalls nur darin erblickt, daß die eine von lebenden Menschen vorgeführt wurde und die andere sich des Buches bediente – [...] der Unterschied zwischen der dramatischen und der epischen Form wurde schon nach Aristoteles in der verschiedenen Bauart erblickt, deren Gesetze in zwei verschiedenen Zweigen der Ästhetik behandelt wurden. Diese Bauart hing von der verschiedenen Art ab, in der die Werke dem Publikum geboten wurden, einmal durch die Bühne, einmal durch das Buch, aber es gab dann doch unabhängig davon „das Dramatische" auch in epischen Werken und „das Epische" in dramatischen. [...]
Es soll hier nicht auseinandergesetzt werden, wodurch die lange für unüberbrückbar angesehenen Gegensätze zwischen Epik und Dramatik ihre Starre verloren, es soll genügen, wenn darauf hingewiesen wird, daß schon durch technische Errungenschaften die Bühne instandgesetzt wurde, erzählende Elemente den dramatischen Darbietungen einzugliedern. Die Möglichkeit der Projektion der größeren Verwandlungsfähigkeit der Bühne durch die Motorisierung, der Film, vervollständigten die Ausrüstung der Bühne, und sie taten dies in einem Zeitpunkt, da die wichtigsten Vorgänge unter Menschen nicht mehr so einfach dargestellt werden konnten, indem man die bewegenden Kräfte personifizierte oder die Personen unter unsichtbare, metaphysische Kräfte stellte.
Zum Verständnis der Vorgänge war es nötig geworden, die Umwelt, in der die Menschen lebten, groß und „bedeutend" zur Geltung zu bringen.
Diese Umwelt war natürlich auch im bisherigen Drama gezeigt worden, jedoch nicht als selbständiges Element, sondern nur von der Mittelpunktsfigur des Dramas aus. Sie erstand aus der Reaktion des Helden auf sie. Sie wurde gesehen, wie der Sturm gesehen werden kann, wenn man auf einer Wasserfläche die Schiffe ihre Segel entfalten und die Segel sich biegen sieht. Im epischen Theater sollte sie aber nun selbständig in Erscheinung treten.
Die Bühne begann zu erzählen. Nicht mehr fehlte mit der vierten Wand zugleich der Erzähler. Nicht nur der Hintergrund nahm Stellung zu den Vorgängen auf der Bühne, indem er auf großen Tafeln gleichzeitige andere Vorgänge an andern Orten in die Erinnerung rief, Aussprüche von Personen durch projizierte Dokumente belegte oder widerlegte, zu abstrakten Gesprächen sinnlich faßbare, konkrete Zahlen lieferte, zu plastischen, aber in ihrem Sinn undeutlichen Vorgängen Zahlen und Sätze zur Verfügung stellte – auch die Schauspieler vollzogen die Verwandlung nicht vollstän-

Aristoteles: griechischer Philosoph (384–322 v. Chr.), der sich u.a. mit Poetik beschäftigte
Fabel: hier: die einer epischen oder dramatischen Dichtung zugrunde liegende Handlung
Ästhetik: die Wissenschaft, die sich mit dem Schönen (vor allem in der Kunst) befaßt
Projektion: durch Projektionsapparate auf Leinwand oder Schleier geworfene Bilder und Texte
metaphysische Kräfte: die letzten Gründe und Zusammenhänge des Seins betreffend

dig, sondern hielten Abstand zu der von ihnen dargestellten Figur, ja forderten deutlich zur Kritik auf.

Von keiner Seite wurde es dem Zuschauer weiterhin ermöglicht, durch einfache Einfühlung in dramatische Personen sich kritiklos (und praktisch folgenlos) Erlebnissen hinzugeben. Die Darstellung setzte die Stoffe und Vorgänge einem Entfremdungsprozeß aus. Es war die Entfremdung, welche nötig ist, damit verstanden werden kann. Bei allem „Selbstverständlichen" wird auf das Verstehen einfach verzichtet.

Das „Natürliche" mußte das Moment des Auffälligen bekommen. Nur so konnten die Gesetze von Ursache und Wirkung zu Tage treten. Das Handeln der Menschen mußte zugleich so sein und mußte zugleich anders sein können.

Das waren große Änderungen.

Der Zuschauer des dramatischen Theaters sagt: Ja, das habe ich auch schon gefühlt. – So bin ich. – Das ist nur natürlich. – Das wird immer so sein. – Das Leid dieses Menschen erschüttert mich, weil es keinen Ausweg für ihn gibt. – Das ist große Kunst: da ist alles selbstverständlich. – Ich weine mit den Weinenden, ich lache mit den Lachenden.

Der Zuschauer des epischen Theaters sagt: Das hätte ich nicht gedacht. – So darf man es nicht machen. – Das ist höchst auffällig, fast nicht zu glauben. – Das muß aufhören. – Das Leid dieses Menschen erschüttert mich, weil es doch einen Ausweg für ihn gäbe. – Das ist die große Kunst: da ist nichts selbstverständlich. – Ich lache über den Weinenden, ich weine über den Lachenden.

JOHANN WOLFGANG GOETHE UND FRIEDRICH SCHILLER

6

Über epische und dramatische Dichtung

Ende 1797 übersandte Goethe Schiller den folgenden Aufsatz mit der Bitte, ihn zu „modifizieren" und zu „erweitern" (Brief vom 23. Dezember 1797), was aber offensichtlich nicht geschah. Bei der Veröffentlichung indessen gab Goethe Schiller als Mitautor an.

Der Epiker und Dramatiker sind beide den allgemeinen poetischen Gesetzen unterworfen, besonders dem Gesetze der Einheit und dem Gesetze der Entfaltung; ferner behandeln sie beide ähnliche Gegenstände und können beide alle Arten von Motiven brauchen; ihr großer wesentlicher Unterschied beruht aber darin, daß der Epiker die Begebenheit als *vollkommen vergangen* vorträgt, und der Dramatiker sie als *vollkommen gegenwärtig* darstellt. Wollte man das Detail der Gesetze, wonach beide zu handeln haben, aus der Natur des Menschen herleiten, so müßte man sich einen Rhapsoden und einen Mimen, beide als Dichter, jenen mit seinem ruhig horchenden, diesen mit seinem ungeduldig schauenden und hörenden Kreise umgeben, immer vergegenwärtigen, und es würde nicht schwerfallen zu entwickeln, was einer jeden von diesen beiden Dichtarten am meisten frommt, welche Gegenstände jede

Rhapsode: wandernder Sänger bei den Griechen, der z. B. die homerischen Gesänge vortrug vorzüglich wählen, welcher Motive sie sich vorzüglich bedienen wird; ich sage vorzüglich: denn, wie ich schon zu Anfang bemerkte, ganz ausschließlich kann sich keine etwas anmaßen.

Die Gegenstände des Epos und der Tragödie sollten rein menschlich, bedeutend und pathetisch sein: die Personen stehen am besten auf einem gewissen Grade der Kultur, wo die Selbsttätigkeit noch auf sich allein angewiesen ist, wo man nicht moralisch, politisch, mechanisch, sondern persönlich wirkt. Die Sagen aus der heroischen Zeit der Griechen waren in diesem Sinne den Dichtern besonders günstig.

Das epische Gedicht stellt vorzüglich persönlich beschränkte Tätigkeit, die Tragödie persönlich beschränktes Leiden vor; das epische Gedicht den *außer sich wirkenden* Menschen: Schlachten, Reisen, jede Art von Unternehmung, die eine gewisse sinnliche Breite fordert; die Tragödie den *nach innen geführten* Menschen, und die Handlungen der echten Tragödie bedürfen daher nur weniges Raums.

Der Motive kenne ich fünferlei Arten:

1) *Vorwärtsschreitende,* welche die Handlung fördern; deren bedient sich vorzüglich das Drama.

2) *Rückwärtsschreitende,* welche die Handlung von ihrem Ziele entfernen; deren bedient sich das epische Gedicht fast ausschließlich.

3) *Retardierende,* welche den Gang aufhalten oder den Weg verlängern; dieser bedienen sich beide Dichtarten mit dem größten Vorteile.

4) *Zurückgreifende,* durch die dasjenige, was vor der Epoche des Gedichts geschehen ist, hereingehoben wird.

5) *Vorgreifende,* die dasjenige, was nach der Epoche des Gedichts geschehen wird, antizipieren; beide Arten braucht der epische so wie der dramatische Dichter, um sein Gedicht vollständig zu machen.

Die *Welten,* welche zum Anschauen gebracht werden sollen, sind beiden gemein:

1) Die *physische,* und zwar erstlich die *nächste,* wozu die dargestellten Personen gehören und die sie umgibt. In dieser steht der Dramatiker meist auf *einem* Punkte fest, der Epiker bewegt sich freier in einem größern Lokal; zweitens die *entferntere* Welt, wozu ich die ganze Natur rechne. Diese bringt der epische Dichter, der sich überhaupt an die Imagination wendet, durch Gleichnisse näher, deren sich der Dramatiker sparsamer bedient.

2) Die *sittliche* ist beiden ganz gemein und wird am glücklichsten in ihrer physiologischen und pathologischen Einfalt dargestellt.

3) Die Welt der *Phantasien, Ahnungen, Erscheinungen, Zufälle* und *Schicksale.* Diese steht beiden offen, nur versteht sich, daß sie an die sinnliche herangebracht werde; wobei denn für die Modernen eine besondere Schwierigkeit entsteht, weil wir für die Wundergeschöpfe, Götter, Wahrsager und Orakel der Alten, so sehr es zu wünschen wäre, nicht leicht Ersatz finden.

Die Behandlung im ganzen betreffend, wird der Rhapsode, der das vollkommen Vergangene vorträgt, als ein weiser Mann erscheinen, der in ruhiger Besonnenheit das

rückwärtsschreitende Motive: hinter dem Zeitpunkt der gegenwärtigen Handlung zurückliegende Geschehnisse. Sie werden von epischen Gestalten berichtet.

physiologische und pathologische Einfalt: in der Einfalt ihrer sinnlichen Erscheinung und ihrer seelischen Empfindung

Geschehene übersieht; sein Vortrag wird dahin zwecken, die Zuhörer zu beruhigen, damit sie ihm gern und lange zuhören, er wird das Interesse egal verteilen, weil er nicht imstande ist, einen allzu lebhaften Eindruck geschwind zu balancieren, er wird nach Belieben rückwärts und vorwärts greifen und wandeln; man wird ihm überall folgen, denn er hat es nur mit der Einbildungskraft zu tun, die sich ihre Bilder selbst hervorbringt, und der es auf einen gewissen Grad gleichgültig ist, was für welche sie aufruft. Der Rhapsode sollte als ein höheres Wesen in seinem Gedicht nicht selbst erscheinen; er läse hinter einem Vorhange am allerbesten, so daß man von aller Persönlichkeit abstrahierte und nur die Stimme der Musen im allgemeinen zu hören glaubte.

Der Mime dagegen ist gerade in dem entgegengesetzten Fall; er stellt sich als ein bestimmtes Individuum dar, er will, daß man an ihm und seiner nächsten Umgebung ausschließlich teilnehme, daß man die Leiden seiner Seele und seines Körpers mitfühle, seine Verlegenheiten teile und sich selbst über ihn vergesse. Zwar wird auch er stufenweise zu Werke gehen, aber er kann viel lebhaftere Wirkungen wagen, weil bei sinnlicher Gegenwart auch sogar der stärkere Eindruck durch einen schwächern vertilgt werden kann. Der zuschauende Hörer muß von Rechts wegen in einer steten sinnlichen Anstrengung bleiben, er darf sich nicht zum Nachdenken erheben, er muß leidenschaftlich folgen, seine Phantasie ist ganz zum Schweigen gebracht, man darf keine Ansprüche an sie machen, und selbst was erzählt wird, muß gleichsam darstellend vor die Augen gebracht werden.

(1797)

Aufgaben zu C

1. Worin wird in dem Text von Gutzen (4) das gattungsspezifische Merkmal des Dramas im Gegensatz zur Epik gesehen?
   Erläutern Sie den Unterschied zwischen primären und sekundären Gattungsmerkmalen des Dramas. Ordnen Sie den primären Merkmalen einige Gestaltungsformen des Dramas zu.
2. Wie werden von Gutzen (4) der Begriff „episches Theater" und die Mittel des „epischen Theaters" erklärt?
3. Erklären Sie mit eigenen Worten, welche Funktion Brecht (5) dem „epischen Theater" zuschreibt.
4. Stellen Sie die Wirkungen des dramatischen und des epischen Theaters auf die Zuschauer, von denen Brecht spricht (5), in einer Liste gegenüber, und erläutern Sie diese Wirkungen.
5. Prüfen Sie Brechts Theorie (5) an den Auszügen aus seinem Stück „Furcht und Elend des Dritten Reiches" (1) und aus Schillers Drama „Maria Stuart" (2).
6. Untersuchen Sie, wie in Text (6) Gemeinsamkeiten und Abgrenzungen von Drama und Epos gekennzeichnet sind. Berücksichtigen Sie dabei die Zeitstruktur, die Gegenstände, die „Motive" und „Welten", das Publikum, die Stellung des Rhapsoden bzw. des Mimen.

7. Fassen Sie die in Text (6) genannten Merkmale des (geschlossenen) Dramas möglichst mit eigenen Worten zusammen.
8. Prüfen Sie nach, inwieweit die in Text (6) genannten Merkmale des geschlossenen Dramas auf Schillers „Maria Stuart" (2) zutreffen.
9. Kontrastieren Sie Goethes/Schillers Auffassung vom Theater (6) mit der von Brecht (5); beachten Sie besonders die Stellung des Zuschauers in beiden Konzeptionen.

D Erweitertes Textangebot

7 Johann Esser, Wolfgang Langhoff
*Lied der Moorsoldaten

Hier in dieser öden Heide
ist das Lager aufgebaut,
wo wir ferne jeder Freude
hinter Stacheldraht verstaut.
Wir sind die Moorsoldaten …

Morgens ziehen die Kolonnen
in das Moor zur Arbeit hin.
Graben bei dem Brand der Sonnen,
doch zur Heimat steht der Sinn.
Wir sind die Moorsoldaten …

Heimwärts, heimwärts jeder sehnet,
zu den Eltern, Weib und Kind.
Manche Brust ein Seufzer dehnet,
weil wir hier gefangen sind.
Wir sind die Moorsoldaten …

Auf und nieder gehn die Posten,
keiner, keiner kann hindurch.
Flucht wird nur das Leben kosten.
Vierfach ist umzäunt die Burg.
Wir sind die Moorsoldaten …

Doch für uns gibt es kein Klagen,
ewig kann's nicht Winter sein.
Einmal werden froh wir sagen:
Heimat, du bist wieder mein!
Dann ziehn wir Moorsoldaten
nicht mehr mit dem Spaten
ins Moor.

(1933)

Schüler probieren Brechts „Furcht und Elend des 3. Reiches"

8

NEUTRALE PERSON stellt Uhren auf und macht auf die Zeit aufmerksam. Sie zieht die Uhren auf und sagt: „Nacht des 30. Januar 1933". Neckt den alten Mann, der fragt angstvoll: „Ach Emma, wo bleibst du?"

NEUTRALE PERSON (ANSAGE): 23.45 Uhr. Was fürchtest du, die Zeiten werden noch schlimmer, schlimmer, schlimmer. Was rappelt's da? Was rumpelt's da? *(Krach)* Dort kommen SS-Offiziere. Von seiner Rede und seinem Biere sind sie müd und voll. Sie wünschen, daß das Volk ein mächtiges, gefürchtetes, andächtiges und folgsames Volk sein soll.

SS-OFFIZIERE *(singend):* Dem Adolf Hitler haben wir's geschworen.
Dem Adolf Hitler haben wir's geglaubt.

1. OFFIZIER: Disziplin, Disziplin, nu sind wir oben. Imposant der Fackelzug! Jestern noch pleite, heut schon in die Reichskanzlei. Jestern Pleitejeier, heute Reichsadler.

2. OFFIZIER: Und nu kommt die Volksjemeinschaft. Ick erwarte mir een seelischen Uffschwung des deutschen Volkes im allerjrößten Maßstab.

NP: Seelischer Uffschwung. Der Führer unser Trimmspezialist übt ja schon Klimmzüge.

1. OFFIZIER: Erst muß noch der deutsche Mensch rausgekitzelt werden aus det Untermenschenjesindel. Was is'n det überhaupt für 'ne Jejend? Keene Beflaggung.

2. OFFIZIER: Wir ham uns verloofen.

1. OFFIZIER: Eklije Landschaft.
(Papierknülle liegen auf dem Boden. Offizier tritt gegen einen Papierknüll, NP fegt den Papierknüll überschnell weg)

2. OFFIZIER: Vabrecherviertel.

NP: Verbrecherviertel? Fragt sich nur, wer die Verbrecher sind. Zwei stehn schon da.

1. OFFIZIER: Meenste, det ist jefährlich hier?
(Gestik: umschauen, ducken)

2. OFFIZIER: Een anständijer Volksjenosse wohnt nicht in so'ne Baracke.

1. OFFIZIER: Ist ooch nirjends Licht!
(Streichholz anzünden, ausblasen, dreimal wiederholen)

2. OFFIZIER: Die sind nich zu Hause.

1. OFFIZIER: Die Brüder sind. Meenste, die bekieken sich den Anbruch vont Dritte Reich aus de Nähe? Jehn wa mit Rückendeckung.
(*Die beiden Offiziere sehen sich um, suchen und stoßen zusammen. Aufschrei:* „Och Karl ich tret dich beinah" – „Bist wohl besoffen, wa?!")
(Sie setzen sich schwankend wieder in Bewegung, der erste hinter dem zweiten)

1. OFFIZIER: Is det nich die Jejend, wo der Kanal langjeht?

2. OFFIZIER: Weeß ich nich.

1. OFFIZIER: Da ham wer an der Ecke so'n Marxistennest ausjehoben. Hinterher ham se jesagt, et war'n katholischer Lehrlingsverein. Allet Lüje! Keen einziger hatte 'n Kragen um.

(NP holt einen roten Federkragen aus dem Pullover und hängt ihn sich um)

2. OFFIZIER: Meenste, er schafft die Volksgemeinschaft?

1. OFFIZIER: Er schafft allet.

NP: Jawoll! Sieg Heil! *(Arm hoch)* Bis 1945 40 Millionen!

(Alter Mann kippt Stuhl um. Offiziere lauschen)

2. OFFIZIER: Was ist det? Det sind se!

(Er entsichert seinen Dienstrevolver und schießt wild um sich)

1. OFFIZIER *(brüllt)*: Hilfe! *(Unfreiwillig: Sirene des Feueralarms in der Schule)*

(Alter Mann fällt tot aus dem Fenster)

1. OFFIZIER: Nieder mit dem Untermenschenjesindel, denn meine von Gott gesandte Aufgabe ist es, diese Welt zu reinigen von diesen Bastarden! Es lebe die arische deutsche Rasse!

2. OFFIZIER: Es lebe das deutsche Blut!
Heil! Heil!

SS-OFFIZIERE UND NP: Deutschland, Deutschland über alles, über alles auf der Welt!

NP: Hattest ja so ferne Ziele, hast du auch die Toten gezählt.

(1978)

9

BERTOLT BRECHT

Der Streit der Fischweiber (Zu Schillers „Maria Stuart", III. Akt)

Für seine Frau Helene Weigel, die in Stockholm Schauspielunterricht gab, schrieb Brecht 1939 „Übungsstücke für Schauspieler", u.a. ein Gegenstück zur Auseinandersetzung zwischen Maria und Elisabeth in Schillers Drama.

1

Straße, Frau Zwillich und ihr Nachbar auf dem Weg.

FRAU ZWILLICH Nein, ich bring's nicht über mich, Herr Koch. Ich kann mich nicht so demütigen. Es ist mir nicht viel geblieben, aber meinen Stolz hab ich noch. Mit Fingern möchten sie auf mich deuten am Fischmarkt: das ist die, die der Scheit, diesem falschen Monstrum, die Schuh geleckt hat!

HERR KOCH Sie dürfen nicht so aufgeregt sein, Frau Zwillich. Hin müssen Sie zur Scheit. Wenn der ihr Neffe vor Gericht gegen Sie aussagt, kriegen Sie vier Monate hinaufgebrummt.

FRAU ZWILLICH Aber ich hab nicht falsch ausgewogen, alles ist Lüge.

HERR KOCH Natürlich, Frau Zwillich, wir wissen das, aber weiß es die Polizei? Die Scheit ist Ihnen an Schlauheit weit über. Der sind Sie nicht gewachsen.

FRAU ZWILLICH Gemeine Tricks.

HERR KOCH Kein Mensch sagt, daß es korrekt von der Scheit ist, Ihnen ihren sauberen Neffen auf den Hals zu schicken, daß er Ihnen eine Flunder abkauft und dann damit zum Polizisten geht, damit die auf der Polizei nachwiegen! Natürlich wissen sie auf der Polizei, daß die Scheit Sie nur als Konkurrenz loskriegen wollte.

Aber an den zwei Pfund von der Flunder fehlte eben leider doch dieses verhängnisvolle Deka!

FRAU ZWILLICH Weil ich beim Abwiegen mit dem Neffen geredet hab und nicht genau nachgewogen hab. Ich hab mich durch meine Freundlichkeit mit einem Kunden hineingebracht!

HERR KOCH Ihre Freundlichkeit loben alle. Da ist nur eine Meinung.

FRAU ZWILLICH Freilich sind die Kunden zu mir gegangen und nicht zu ihr. Weil ich aufmerksam bin und eine persönliche Not' hineinbring. Das hat sie wild gemacht. Aber daß ich nicht nur meinen Stand von der Gewerbepolizei abgenommen bekommen hab und nicht mehr verkaufen darf, daß mir der Neffe auf ihren Befehl auch noch ein Gerichtsverfahren aufhängt, das ist zuviel.

HERR KOCH Und ganz vorsichtig müssen Sie noch sein, das sag ich Ihnen. Ganz vorsichtig. Wählen Sie Ihre Worte!

FRAU ZWILLICH „Wählen Sie Ihre Worte!" Zu ihr! Weit ist es gekommen. Daß ich zu einer solchen dreckigen Person, wo ins Kriminal gehört wegen Ehrabschneidung, meine Worte wählen soll!

HERR KOCH Sorgfältig! Es ist schon viel, daß sie erlaubt hat, daß ich Sie zu ihr bring, Frau Zwillich. Verderben Sie jetzt nicht wieder alles durch Ihr Temperament und Ihre berechtigte Empörung.

FRAU ZWILLICH Herr Koch, ich kann's nicht. Ich fühl's, ich kann's nicht. Den ganzen Tag hab ich auf ihren Bescheid gewartet, ob sie so gnädig sein will und mich anhören will. Nimm dich zusammen, hab ich zu mir gesagt, sie kann dich ins Kittchen bringen. Alles hab ich mir vorgestellt, wie ich ihr gut zureden würde und sie rühren möchte. Aber jetzt kann ich's nicht. Ich weiß nur, daß ich sie haß, die Person, die ausgeschämte, und ihr die Augen auskratzen möcht.

HERR KOCH Sie müssen sich beherrschen, Frau Zwillich, ich bitt Sie. Sie müssen sich Gewalt antun. Sie hat Sie in der Hand. Sagen Sie ihr, sie soll großmütig sein. Lassen Sie jetzt um Gottes willen allen Stolz weg, dafür ist jetzt nicht die Zeit.

FRAU ZWILLICH Ich versteh, daß Sie's gut meinen. Ich will auch hingehen. Aber glauben Sie mir, es kommt nichts Gutes dabei heraus. Wir sind wie Hund und Katze. Sie hat mich auf die Zehen getreten, und ich möcht ihr die Augen ... *Sie gehen weg.*

2

Fischmarkt am Abend. Nur noch ein einziges Fischweib, Frau Scheit, sitzt da. Neben ihr ihr Neffe.

FRAU SCHEIT Nein, ich red nicht mir ihr, warum auch? Jetzt, wo ich sie endlich los habe. Eine himmlische Stille war das gestern und heut auf dem Fischmarkt, seit sie weg ist mit ihrem falschen Getue: Ein hübscher Aal, die Gnädige, der Herr Gemahl wohlauf, nein, wie gut Sie heut wieder aussehen! Jedesmal ist mir die Galle hochgekommen.

EINE KUNDIN Jetzt hab ich mich ganz vertratscht, und was koch ich jetzt zu Abend? Ein bißchen klein ist der Hecht, nicht?

Deka: österreichische Kurzform für Dekagramm (= 10 g)

FRAU SCHEIT Dann fischens Ihnen einen großen, Madamm. Ich kann nichts dafür, daß er nicht älter geworden ist. Wenn Sie ihn nicht wollen, dann lassen Sie ihn eben liegen, ich werd mir nicht die Haare ausreißen.

DIE KUNDIN Seien Sie doch nicht gleich beleidigt, ich hab doch nur gesagt, daß er ein wenig klein aussieht.

FRAU SCHEIT Und einen Schnurrbart hat er auch nicht. Da ist er eben nichts für Sie und damit basta. Hugo, pack die Körb ein, Feierabend.

DIE KUNDIN Ich nehm ihn schon, seien Sie doch nicht so wild.

FRAU SCHEIT Eins dreißig. *Gibt ihn ihr. Zum Neffen:* Da kommen die Leut nach Feierabend und sind dann noch wählerisch. Das hab ich gern. Und jetzt gehen wir.

DER NEFFE Aber du wolltest doch noch mit der Frau Zwillich reden, Tante.

FRAU SCHEIT Ich hab gesagt: nach Feierabend, und ist sie da?

Frau Zwillich und Herr Koch kommen und bleiben in einigem Abstand stehen.

DER NEFFE Da ist sie schon.

FRAU SCHEIT *als bemerkte sie Frau Zwillich nicht:*
Die Körb pack zusammen. Heut haben wir gar nicht schlecht verkauft, das Doppelte vom vorigen Donnerstag. Aus der Hand haben sie's mir gerissen. „Mein Mann sagt immer, der Karpfen ist von Frau Scheit, das merk ich auf der Zung." Die Leut sind wirklich ganz närrisch. Als ob nicht ein Karpfen wie der andere wär!

FRAU ZWILLICH *zu Herrn Koch, schaudernd:* So redet eine nicht, die noch einen Funken Mitgefühl hat!

FRAU SCHEIT Wollen die Herrschaften vielleicht eine Flunder kaufen?

DER NEFFE Das ist doch die Frau Zwillich, Tante.

FRAU SCHEIT Was? Wer bringt mir die aufs Genick?

DER NEFFE Jetzt ist sie doch nun einmal da, Tante. In der Schrift heißt's doch auch: Liebe deinen Nächsten!

HERR KOCH Machen Sie eine gute Miene zum schlechten Spiel, Frau Scheit. Sie haben eine unglückliche Person vor sich. Sie traut sich gar nicht, Sie anreden.

FRAU ZWILLICH Ich kann's nicht, Herr Koch.

FRAU SCHEIT Was sagt sie? Haben Sie's gehört. Herr Koch. Eine unglückliche Person, die einen Gefallen haben will und Tag und Nacht sich die Augen ausheult, hab ich verstanden. Daß ich nicht lach! Hochmütig ist sie! Frech wie immer!

FRAU ZWILLICH Schön. Ich will auch das noch schlucken. *Zu Frau Scheit:* Sie haben's geschafft. Sie können Ihrem Gott danken. Aber jetzt übertreiben Sie's nicht. Geben Sie mir die Hand, Frau Scheit. *Sie streckt die Hand aus.*

FRAU SCHEIT Sie sind in die Lag gekommen, in die Sie sich selber hineinmanövriert haben, Frau Zwillich.

FRAU ZWILLICH Frau Scheit, denken Sie dran, daß das Glück wechseln könnt. Auch Ihrs. Für mich hat's schon gewechselt. Und schließlich hören uns Leut zu. Und Kolleginnen waren wir auch. So was hat's ja aufm Fischmarkt noch nicht gegeben! Lieber Gott, stehns doch nicht wie ein Felsbrocken! Ich kann doch nicht mehr, als Sie auf den Knien bitten. Schlimm genug, daß ich ins Kittchen soll, wenn ich Sie nicht rühr. Aber mir bleibt ja das Wort im Hals stecken, wenn ich Sie nur anschau.

FRAU SCHEIT Fassens Ihnen kurz, wenn ich bitten dürft. Ich hab keine Lust, daß mich die Leut mit Ihnen sehn. Ich hab nur als Christenmensch eingewilligt. Sie haben mir zwei Jahr lang die Kunden weggefischt.

FRAU ZWILLICH Ich weiß nicht mehr, was ich sagen soll. Wenn ich die Wahrheit sag, sind Sie beleidigt. Denn Sie haben nicht fein gehandelt an mir. Mit Ihrem Neffen seinem Flundernkauf haben Sie mich nur hereinlegen wollen. So was hab ich Ihnen und niemand zugetraut. Niemals. Ich hab nicht anders Fisch verkauft hier als Sie. Und jetzt schleppens mich vor Gericht. – Schauens, ich will alles einen Zufall nennen. Sie sind nicht schuldig. Ich bin nicht schuldig. Wir haben Fisch verkaufen wollen, und die Kunden sind zwischen uns gestanden. Ihnen erzählt man das, mir das. Sie hätten gesagt, meine Fisch stinken, ich, Sie haben ein bissel ein falsches Gewicht oder umgekehrt. – Jetzt steht keiner mehr zwischen uns. Wir könnten gradsogut Schwestern sein. Sie die ältere, ich die jüngere. Es wär nie so weit gekommen, wenn wir uns rechtzeitig ausgesprochen hätten.

FRAU SCHEIT Da hätt ich eine schöne Schlange am Busen genährt! – Sie gehören nicht aufn Fischmarkt! Sie sind unredlich! Sie gönnen niemand ein Geschäft als sich selber! Sie haben mir einen Kunden nach dem andern weggeangelt mit Ihrem falschen Wesen und Ihrem süßlichen „Noch ein Buttchen, Madamm?", und wenn ich's Ihnen gesagt hab, haben Sie mir eine Beleidigungsklag angedroht. Aber jetzt trifft's Sie!

FRAU ZWILLICH Ich steh in Gottes Hand, Frau Scheit. Sie werden sich nicht so versündigen wollen –

FRAU SCHEIT Wer sollt mich hindern? Sie haben zuerst von der Polizei geredet mit Ihre Beleidigungsklagen! Wenn ich Sie loslaß und sag meinem Neffen, daß er die Klag zurückziehen soll, sitzen Sie morgen wieder hier, ich kenn Sie doch. Nicht Reu werden Sie zeigen, sondern einen Lippenstift werden Sie sich kaufen, damit der Kellner vom Roten Löwen Ihnen Ihren Schellfisch abnimmt! Das wird sein, wenn ich Gnad vor Recht ergehen laß.

FRAU ZWILLICH Behaltens den Fischmarkt! Verkaufens allein Fisch in Gottes Namen! Ich geb meinen Stand auf für ewig. Sie haben's geschafft mit mir. Sie haben mich gebrochen. Ich bin nur noch ein Schatten von der Zwillichen, die ich gewesen bin. Jetzt machens ein End mit der Verfolgung und sagens schon Ihr: Gehens in Frieden, ich hab Ihnen gezeigt, was eine Harke ist, und jetzt zeig ich Ihnen, wie sich ein Christenmensch benimmt. Sagen Sie das, und ich sag Dankschön und mein's auch. Aber lassens mich nicht zu lang warten auf das Wörtchen. Wenn Sie's nicht sagen und gehn zur Polizei – ich möcht nicht für alles in der Welt in Ihre Schuh stehen vor die Leut!

FRAU SCHEIT Sehens endlich, daß ich Sie am Boden hab? Sind Ihnen Ihre Tricks ausgegangen? Ist der Polizist vom Marktplatz ein bissel abgekühlt? Habens keine Ritter mehr? Sie gehen ja mit jedem ins Kino, der Ihnen eine Bestellung vermittelt, und wenn er zehnmal verheiratet ist!

FRAU ZWILLICH Jetzt muß ich mich aber wirklich beherrschen, Sie gehn zu weit.

FRAU SCHEIT *nachdem sie sie lang verächtlich betrachtet hat:* Das ist also die Frau Zwillich, wo immer so freundlich ist, Hugo? Auf die alle fliegen und neben der unsereine nur ein altes Monstrum ist, so ein alter Dreckhaufen am Marktplatz, um den man herumgeht! Eine ganz gewöhnliche Hur ist sie.

FRAU ZWILLICH Das ist zuviel!

FRAU SCHEIT *höhnisch lachend:* So, das ist ihr wahres Gesicht! Jetzt ist ihr die hübsche Larv heruntergerutscht.

FRAU ZWILLICH *zornglühend, aber mit Würde:* Herr Koch, ich geb zu, ich bin jung und hab meine Fehler. Ich hab einen vielleicht ab und zu freundlich angeschaut, wenn er bei mir gekauft hat, aber ich hab nichts heimlich gemacht. Wenn das mein Ruf ist, kann ich nur sagen, ich bin besser als mein Ruf. An Sie kommt's schon noch Frau Scheit! Sie decken's zu, was Sie für Vergnügungen haben. Der ganze Markt weiß, daß Sie in keiner guten Haut stecken. Ihre Mutter war nicht umsonst im Kriminal seinerzeit!

HERR KOCH Um Gottes willen! Jetzt ist alles aus! Sie haben sich nicht beherrscht, Frau Zwillich, wie Sie's versprochen haben!

FRAU ZWILLICH Beherrschung ist gut, Herr Koch. Ich hab geschluckt, was irgendein Mensch schlucken kann. Jetzt red ich. Jetzt pack ich aus. Alles –

HERR KOCH Sie ist ganz außer dem Häuschen, sie weiß nicht, was sie sagt, Frau Scheit!

DER NEFFE Hör nicht auf sie, Tante! Komm, wir gehen! Ich nehm schon die Körb!

FRAU ZWILLICH Stinkende Fisch hat sie in den Roten Löwen geschickt! Ein Schandfleck ist sie für den ganzen Fischmarkt! Den Stand hat sie nur gekriegt, weil ihr sauberer Bruder einen Saufkumpan bei der Marktpolizei hat!

(1939)

10 Bühnenformen

a)

c)

b)

a) *Dionysostheater von Athen (6. Jh. v. Chr.)*

b) *Swan-Theatre in London (um 1593 errichtet)*

c) *Guckkastenbühne des Schloßtheaters des Fürsten Schwarzenberg in Krumau (1766–67)*

Vier Zuordnungsmöglichkeiten von Zuschauerraum und Spielfläche an Hand des Ulmer Podiums

11

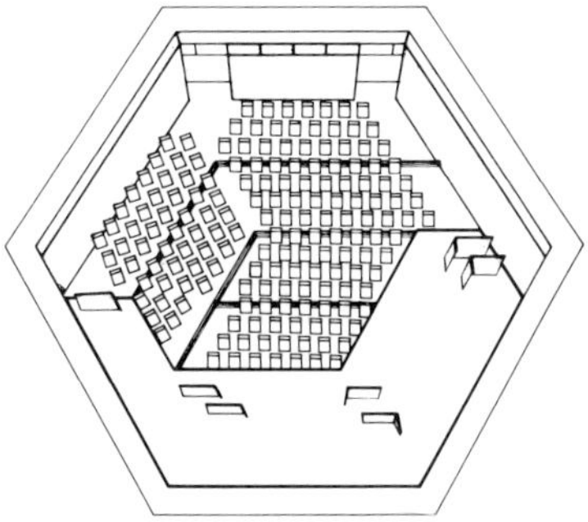

mehrere Spielflächen

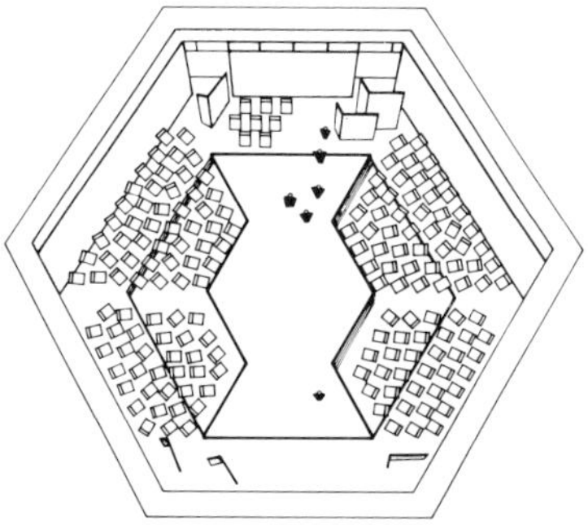

Laufstegbühne

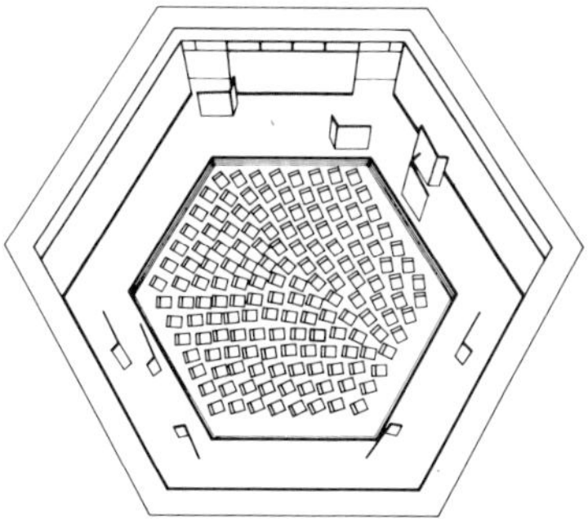

Rundumbühne

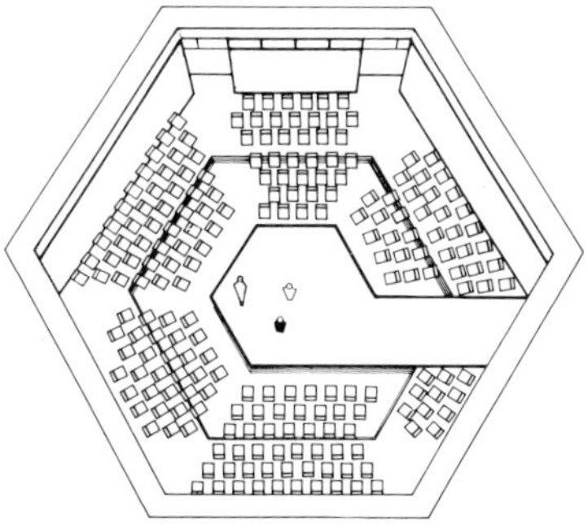

Arenabühne

Reinhard Eichelbeck

Der Homoaudiovideograph

12

(Die Stimme des „Homoaudiovideographen" kann beliebig „maschinell" verfremdet werden, d. h. verflattert, verhallt, beschleunigt, verlangsamt, etc.)

Maschine. Damen und Herren, 'sieurs dames, ladies and gentlemen! Treten Sie näher, aber treten Sie Ihrem Nächsten nicht auf die Füße, kommen Sie, sehen Sie, hören Sie mich an. Darf ich um Ruhe bitten.

(Gebrummel verstummt.)

Was Sie hier, Damen und Herren, in Gestalt eines Kastens von der Größe eines kleineren Reisekoffers vor sich sehen, ist die, wie ich es zu behaupten wage, großartigste Schöpfung der letzten Generationen, das einmalige Werk eines armen, aber genialen, wenn auch verkannten Erfinders, der, wenn auch etwas zäh und von geringem Nährwert, nun ja – ein netter, lieber Mensch war. Falls es Sie, Damen und Herren, wundern sollte, daß diese meine Stimme, die Sie sonst aus dem Munde eines Verkäufers oder Vertreters zu hören gewohnt sind, sich aus diesem

Kasten, den Sie hier in der Größe eines kleineren Reisekoffers vor sich sehen, an Sie richtet, so darf ich Ihnen sagen, daß es zu meinen, wie ich zu behaupten wage, äußerst ungewöhnlichen Fähigkeiten gehört, mich selbst vorzustellen und auch zu verkaufen.

(Reaktion des Publikums.)

Damen und Herren, 'sieurs dames, ladies and gentlemen! Hier vor sich sehen und hören Sie den Homoaudiovideographen.

(Reaktion des Publikums.)

Eine Maschine von höchster Perfektion, möchte ich sagen, ein Wunder der Technik, ohne unbescheiden sein zu wollen, eine Erfindung von ungeheurer Tragweite.

(Reaktion des Publikums.)

Lassen Sie sich, Damen und Herren, von der schlichten Form nicht täuschen, dieses ist nur eine von meinen vielen Möglichkeiten, Gestalt anzunehmen.

Diese Form ist die Transportform für mittlere Fernreisen, an meiner Oberseite befindet sich, wie Sie bitte bemerken wollen, ein Haltegriff, mit dessen Hilfe Sie mich ohne große Mühe auch über weite Strecken tragen können.

Diese meine augenblickliche Form kann ich ohne weiteres verkleinern –

(Luft wird aus einem Ballon abgelassen, die Stimme ist jetzt klein)

beispielsweise auf die Größe eines Schuhkartons, dieses Format erweist sich beim Stapeln in Regalen, bei Lagerung als zweckmäßig –

(Luft wird abgelassen, Stimme jetzt sehr klein)

oder auf die Größe einer Streichholzschachtel, so können Sie mich bequem in der Westen- oder Handtasche verwahren, und bei Bedarf –

(Luft wird eingeblasen, Stimme größer)

zu jeder –

(Luft wird eingeblasen, Stimme normal wie zu Anfang)

beliebigen Größe anwachsen lassen. Wobei natürlich mit dem Reisekofferformat meiner Ausdehnungsfähigkeit noch keine Grenze gesetzt ist.

(Luft wird eingeblasen, Stimme groß.)

Nach Belieben nehme ich die Größe eines Möbelwagens –

(Luft, Stimme sehr groß)

ja sogar die Größe eines Einfamilienhauses ein. Ihnen eine noch größere Ausdehnung zu demonstrieren, ist mir im Augenblick, wegen der beschränkten räumlichen Verhältnisse, leider nicht möglich.

(Reaktion des Publikums.)

Sie erhalten mich, Damen und Herren, schwarzweiß oder farbig, auf Wunsch mit Metallic-Effekt, gegen einen kleinen Aufpreis in Luxusausführung mit Teak- oder Palisanderfurnier, oder in Antikausführung, altdeutsche Eiche, patiniert, mit original Holzwurmlöchern des Jahrgangs 1789, für verwöhnte Geschmäcker gibt es eine Sonderausführung, die in kleiner Serie gebaut wird, sie ist mit echter Kaffernhaut bezogen.

(Reaktion des Publikums.)

Soviel, Damen und Herren, zu meiner Gestalt. Nun zu Wesentlichem, zu meinem Inhalt.

Zu meinen speziellen Fähigkeiten gehört Sammlung, Speicherung und Weitergabe jeder gewünschten und unerwünschten Information. Ich sage Ihnen beispielsweise die genaue Zeit an –

(Einspielung: Zeitzeichen, Ansage)

übernehme die Funktion eines Telefonbuches –

(Einspielung: „Kein Anschluß unter dieser Nummer")

informiere Sie jederzeit über die Wetterlage –

(Einspielung: Wetterbericht)

über die neuesten Nachrichten aus aller Welt –

(Einspielung: Nachrichten)

und die laufenden Börsenkurse –

(Einspielung: Börsenbericht)

darüber hinaus berichte ich Ihnen über die Neuerscheinungen auf dem Bücher-, Schallplatten- und Wochenmarkt, erinnere Sie an die Geburtstage von Verwandten, an wichtige Termine und dergleichen.

(Reaktion des Publikums.)

Sie werden sich, Damen und Herren, schon kurze Zeit, nachdem Sie mich erworben haben, fragen, wie Sie jemals ohne mich auskommen konnten. Denn, Damen und Herren, mit dieser informativen Tätigkeit erschöpfen sich meine Fähigkeiten noch keineswegs.

(Ohne Unterbrechung des Textes werden die folgenden Einspielungen kurz in mittlerer Entfernung angespielt, dann in den Hintergrund gezogen. So füllt sich, bei steigerndem Ablauf, der Hintergrund immer mehr, bis die Sinfonie, als dynamischer Höhepunkt, alle anderen Einspielungen auslöscht.)

Ich verfüge darüber hinaus über eine ganze Reihe gesellschaftlicher Talente. So verfasse ich beispielsweise bei Bedarf Sonette –

(Vorschlag: ein Sonett von Shakespeare)

Aphorismen, Essays, Komödien –

(Vorschlag: Ausschnitt aus „Die Lästerschule" von Richard Brinsley Sheridan)

und klassische Trauerspiele, ich trage heitere wie ernste Lieder vor –

(Einspielung: Lied mit Begleitung)

wobei ich mich selbst auf der Gitarre *(bzw. das eingespielte Instrument)* begleite, ich beherrsche virtuos sämtliche bekannten und unbekannten Musikinstrumente –

(ein Tohuwabohu aller möglichen Instrumente)

ich komponiere und spiele Madrigale, Fugen, Sonaten, Opern und Sinfonien, in kleiner und großer Besetzung –

(Einspielung: Sinfonie. Vorschlag: Tschaikowsky)

Pop, Beat, Chanson und Schlager sind meine Stärke –

(Einspielungsvorschlag: Mundharmonika aus „Spiel mir das Lied vom Tod")

und vor allem – ich tanze wie kein anderer Paso Doble –

(Einspielung: gesteppter Paso Doble, mit Orchester, Castagnetten und Geschrei)

und zeige Ihnen auf Wunsch auch die beliebtesten Spielfilme aus Vergangenheit und Gegenwart –

(Einspielung: Geschrei und Schüsse, von links nach rechts galoppierende Indianer, Trompete.)

Soviel zu meinen unterhaltsamen Talenten.

(Reaktion des Publikums.)

Damen und Herren, 'sieurs dames, ladies and gentlemen! Erwerben Sie mich, und Sie werden Ihren Entschluß niemals bereuen!

(Die Einspielungen werden ähnlich wie in der vorigen Passage gehandhabt, außer den als „einmalig" bezeichneten. Ihr Einsatz bedeutet jeweils eine groteske Überzeichnung des Gesagten – sich steigernde rhythmische Montage.)

Nicht genug damit, daß ich Sie informiere und unterhalte, ich führe darüber hinaus für Sie geschäftliche Verhandlungen, entwerfe Ansprachen für festliche Gelegenheiten –

(Ausschnitt einer Grabrede)

ich bin Fachmann für juristische, wirtschaftliche und allgemein menschliche Fragen, ich mache mich im Haushalt nützlich –

(Axt fällt Baum – einmalig)

repariere tropfende Wasserhähne, wische auf, sauge Staub –

(Düsenjäger – einmalig)

putze Schuhe, wasche die Wäsche, weißer geht's nicht –

(Wasserfall oder großer Platsch – einmalig)

mache die Betten, verjage den Gilb, zerfetze den Grauschleier –

(Feuerwehr)

ich koche jedes gewünschte Gericht –

(Sprecher einer Demonstration mit „Flüstertüte")

von Rindsrouladen gutbürgerlich bis zu gerösteten Ameisen à l'Américaine du Sud, ich decke den Tisch, stelle die Getränke zusammen, serviere, räume ab –

(Scheppern zerbrechenden Geschirrs oder Einsturz eines Gebäudes – einmalig)

spüle das Geschirr porentief sauber, ich schneide der Katze die Krallen –

(Geschrei einer Raubkatze oder Geräusch einer Häckselmaschine – einmalig)

führe den Hund aus, bade die Kinder –

(Schiffshorn)

bringe dem Hausherrn die Pantoffeln und lese die Abendzeitung vor –

(Fernschreibergeräusch)

bin ein fairer Partner bei Bridge, Poker, Schach oder Mensch ärgere dich nicht –

(Marschtritte)

begatte die Hausfrau –

(Geräusch eines Preßluftbohrers)

Schwester, Schwiegermutter, ich liebe, fühle, denke und lebe für Sie, kurzum –

(Die Einspielungen werden ersetzt durch die Akustik einer großen und begeisterten Menschenmenge)

ich nehme Ihnen jede erdenkliche Arbeit ab, auch die Arbeit, mich zu bedienen, denn ich funktioniere vollautomatisch, bin in meinen sämtlichen Teilen wartungsfrei, stoßfest, wasserdicht, korrosionsgeschützt und ganz enorm billig in der Unterhaltung, denn ich verbrauche weder Strom noch Benzin noch Kohle noch Öl noch Wasserdampf.

(Frenetischer Applaus und wildes „Heil"-Geschrei einer großen Menschenmenge – Geschrei bricht ab.)

Damen und Herren, 'sieurs dames, ladies and gentlemen! Sie sehen in mir die erste von Menschenhand geschaffene Maschine, die imstande ist, jeden Menschen voll und ganz zu ersetzen.

(Reaktion des Publikums.)
Damen und Herren, lassen Sie mich nun zum Höhepunkt meiner Demonstration kommen, zum Salto Mortale sozusagen. Ich muß mich dazu etwas strecken –
(Tut es – eine akustische Veranstaltung, die stimmlich und technisch bewerkstelligt werden kann)
und eine längliche Form annehmen, die Sie vielleicht entfernt an einen Sarg erinnern könnte. Nachdem ich Ihnen gewissermaßen mein Äußeres und meine Fähigkeiten vorgestellt habe, will ich Sie jetzt mit meinem Innenleben vertraut machen.
(Heiseres oder metallisches Knarren einer sich öffnenden Tür, leises elektronisches Summen.)
Ich darf Sie dazu bitten, sich in mein Inneres zu begeben – aber bitte immer nur einer zur gleichen Zeit –, wenn Sie vielleicht den Anfang machen wollten –
HERR. Ich?
MASCHINE. Bitte, mein Herr.
HERR. Bin ich hier richtig?
MASCHINE. Ich verspreche Ihnen die Überraschung Ihres Lebens!
HERR. So? Ja, dann bin ich richtig – wollen wir mal –
(Schritte, sich ins Innere der Maschine entfernend, Eisentür schließt sich, man hört ein dumpfes, metallisches Klappen und einen gedämpften, aber grauenvollen Schrei, dann Knirschen und Mahlen von stählernen Kiefern.)
DAME. Verzeihung – hörte sich das nicht eben an wie ein Schrei?
MASCHINE. *(kauend).* Es war einer.
DAME. Und wie erklärt sich das?
MASCHINE. Nun, ja *(schluckt),* der erste Biß tut halt ein bißchen weh.
DAME. Biß?!
MASCHINE. Von irgendwas muß man ja schließlich leben. Und bei der heutigen Bevölkerungsdichte ist das auf die Dauer sogar noch billiger als Atomstrom – und der ist schon sehr schön billig.
(Gigantischer Rülpser der Maschine, evtl. über Hall verstärkt, aus dem verklingenden Rülpser nähert sich Musik: „Good night, sleep tight“ – Beatles, den Titel ganz.)

(Ursendung vom Saarländischen Rundfunk am 25. Juli 1971)

WERNER KLIPPERT

*Über die Zukunft des Kurzhörspiels

13

Wie die Entstehung der Kurzgeschichte nicht zu trennen ist von der Entwicklung im Zeitschriftenwesen des 19. Jahrhunderts (Magazine, Almanache, Kalender), dürfte die noch keineswegs konsolidierte Kurzform des Hörspiels im Gefolge der neuen Programmstrukturen Bedeutung gewinnen. Der Hörfunk hat sich in seinen Massenprogrammen immer deutlicher zum Magazinrundfunk mit kürzeren Beiträgen ge-

Almanach: Jahrbuch

mausert. Da blieb wenig Spielraum für Stundenhörspiele. Information und Zerstreuung scheint die Devise. Der Hörer wird zunehmend eindimensional ein- und vielleicht auch zugedeckt, das Programm kulturell ausgelaugt. In den politischen Nachrichten herrscht das Machtkalkül, in den Wirtschaftsmeldungen die Logik der Kapitalvermehrung, in den Werbesendungen die Verführung zum Konsum, in Wissenschafts- und Ratgeberecken die instrumentale Vernunft. Das populäre Musikangebot gefällt sich in Sentiment und Pseudoengagement. Das kulturelle Angebot erschöpft sich in Nachrichten *über* kulturelle Ereignisse, anstatt dieselben hervorzubringen. Das muß wie eine Herausforderung an alle die wirken, die sich eine kreative Darstellung der Probleme mit rundfunkeigenen Mitteln zutrauen.

(1976)

Arbeitsvorschläge zum Textangebot

1. Das im Konzentrationslager Börgermoor 1933 entstandene Lied (7) verbreitete sich rasch in anderen KZs und wurde später auch im spanischen Bürgerkrieg gesungen.
   - Wie erklären Sie den „Erfolg" des Liedes? Vielleicht kann jemand von Ihnen die Melodie dazu singen oder spielen.
   - Sprechen Sie darüber, was ein solches Lied für politische Gefangene bedeuten kann. Beziehen Sie sich dabei auf die vierte Szene in Brechts Stück „Furcht und Elend des Dritten Reiches" (1).
2. Text (8) vermittelt einen Einblick in die Arbeit von Schülern der Jahrgangsstufe 11 an der 1. Szene aus Brechts Stück (1). Ein Vergleich mit dem Brecht-Text gibt Ihnen Aufschluß über die Art der verändernden Eingriffe. Stellen Sie diese fest, und beurteilen Sie sie.
3. Brechts „Streit der Fischweiber" (9) eignet sich besonders zum Vergleich mit Schillers Dramentext (2), weil auf diese Weise die Unterschiede zwischen dem **klassischen Drama** und dem modernen sogenannten **epischen Theater** deutlich werden.
   a) Stellen Sie die wichtigsten inhaltlichen Entsprechungen zwischen der Szene Schillers und der Umformung durch Brecht in zwei Spalten gegenüber.
   b) Verfahren Sie in derselben Weise mit den Unterschieden zwischen den beiden Streitgesprächen.
   c) Vergleichen Sie die sprachliche Darstellung der Parallelszenen.
   d) Beziehen Sie Brechts Aussagen in Ihre Analyseergebnisse mit ein:
   „Die […] Übertragungen […] in ein prosaisches Milieu sollen der Verfremdung der klassischen Szenen dienen. Die Szenen werden auf unseren Theatern längst nicht mehr auf die Vorgänge hin gespielt, sondern nur auf die Temperamentausbrüche hin, welche die Vorgänge ermöglichen. Die Übertragungen stellen das Interesse an den Vorgängen wieder her und schaffen beim Schauspieler außerdem ein frisches Interesse an der Stilisierung und an der Verssprache der Originale, als etwas Besonderem Hinzukommendem."
4. Die Form der **Bühne** beeinflußt die Art der Darstellung und Wirkung eines Dramas in starkem Maße.

a) Beschreiben Sie die verschiedenen Bühnenformen (10 und 11), und sprechen Sie darüber, welchen Einfluß sie auf die Aufführung und die Wirkung eines Stückes haben könnten. Berücksichtigen Sie dabei vor allem das Verhältnis (z. B. Nähe, Ferne) zwischen Schauspielern und Zuschauern.
b) Welche Bühnenform würden Sie jeweils für die Darstellung der in diesem Kapitel zusammengestellten dramatischen Texte wählen? Diskutieren Sie die verschiedenen Möglichkeiten, ihre Vorzüge und Nachteile (vgl. auch die Dramentexte in den Kapiteln 3, B I und 7, A und B).

5. Wie wirkt das **Hörspiel** (12) auf Sie? Sprechen Sie über Ihre ersten Eindrücke.
6. Untersuchen Sie den Text (12) genauer:
   - Durch welchen Einfall schafft der Autor eine Situation, die für ein „Hör"-Spiel von Bedeutung ist?
   - Welche Hinweise zum Einsatz akustischer Mittel gibt der Text? Was sollen sie bewirken?
   - Welches ist die Fabel der Hörspielhandlung? Verfassen Sie dazu eine knappe Inhaltsangabe.
   - Wo und mit welchen Mitteln wird ein Einschnitt in der Handlungsabfolge vorgenommen? In welchem Verhältnis stehen die einzelnen Abschnitte zueinander?
   - Welches Thema spricht das Hörspiel an? Worin liegt das Problem, die eigentliche Aussage des Hörspiels?
   - Fassen Sie die Ergebnisse Ihrer Untersuchung in Form einer Deutung des Textes (12) schriftlich zusammen (vgl. Kapitel 2 E).
7. Versuchen Sie, den Text bzw. Auszüge des Textes (12) als Hörspiel zu gestalten. Benutzen Sie dazu ein Tonbandgerät.
8. Wie wird von Klippert (13) die wachsende Bedeutung des Kurzhörspiels im Hörfunk begründet?
   Versuchen Sie aufgrund dieser Überlegungen und der Ergebnisse Ihrer Untersuchung des Hörspiels (vgl. Aufgabe 6) zu erklären, warum die Europäische Rundfunkunion gerade Eichelbecks „Homoaudiovideograph" als erstes Kurzhörspiel in ihre Empfehlungsliste (1975) aufgenommen hat.

Weiterführende Arbeitsvorschläge

1. Lesen Sie Brechts Stück „Furcht und Elend des Dritten Reiches" als Ganzes.
   - Stellen Sie Szenen zu thematischen Gruppen zusammen (z. B. die Szenen 10 und 11 zum Thema der Eltern-Kind-Beziehung).
   - Wählen Sie Szenen für die Besprechung in der Schule aus. Begründen Sie Ihre Auswahl.
2. Vergleichen Sie die Spitzelszene 10 mit ihrer Problematisierung des doppeldeutigen Redens (oder die bekenntnishafte „Volksbefragungs"-Szene 24 mit der Aufforderung zum revolutionären Heldentum) mit der Geschichte „Maßnahmen gegen die Gewalt" aus dem Keuner-Zyklus von Brecht.
3. Referieren Sie über Brechts Rede auf dem I. Internationalen Schriftstellerkongreß zur Verteidigung der Kultur – Paris 1935. *(Bertolt Brecht: Versuche. Heft 15.*

Berlin-Ost 1957, S. 137ff.) Vergleichen Sie diese Rede mit den in der 4. Szene („Moorsoldaten") thematisierten Auffassungen über politische Auseinandersetzungsformen.

4. Ergänzen Sie Ihre Kenntnisse des Epischen Theaters (5), indem Sie einen weiteren Text von Brecht hinzuziehen: *Die Straßenszene. Grundmodell einer Szene des epischen Theaters (1940). In: Versuche. Heft 10. Frankfurt/M., Berlin: Suhrkamp-/Aufbau Verlag 1950, S. 125–135.*
5. Lesen Sie das Trauerspiel „Maria Stuart" von Friedrich Schiller.
   - Informieren Sie Ihre Mitschüler über den Gang der Handlung und die Handlungsgestaltung. Orientieren Sie sich an dem Schema in Teil B, Aufgabe 7.
6. Halten Sie ein Referat über die Biographie Maria Stuarts nach *Stefan Zweigs „Maria Stuart" (Fischer TB 1714).* Vergleichen Sie Zweigs Darstellung der Vorbereitung und Durchführung der Hinrichtung Maria Stuarts mit Schillers Trauerspiel.
7. Informieren Sie Ihre Mitschüler über die Wirkung des Bühnenwerkes „Maria Stuart" von Schiller:
   a) Die zeitgenössische Rezeption
   b) Die weitere Wirkung.
   Textgrundlage: Friedrich Schiller: Maria Stuart. Erläuterungen und Dokumente. Hg. von Christian Grawe. Stuttgart: Reclam 1978, S. 112ff. und S. 142ff. (RUB 8143).
8. Es gibt verschiedene Möglichkeiten, sich mit dramatischen Texten zu befassen.
   - Erläutern Sie die Übersicht.

Zugang	Aktionsform	Arbeitsziel	Gesellschaftliche Rolle
Erlesen	Sinn-Gestaltung	Rollensprechen	Schauspieler (Leseprobe)
Erspielen	Darstellerische Gestaltung	Darstellendes Spiel	Schauspieler Regisseur u. a.
Finden und Fixieren der Fabel	Text-Entwurf und Darstellung	selbstverfaßtes Stück	Stücke-Schreiber
Dramaturgisches Bearbeiten	Spiel-Entwurf	Regiebuch	Dramaturg
Erschließen	Text-Deutung	Interpretation	Literatur- und Theaterfachmann
Kritisieren von Proben und Aufführungen	Spiel-Deutung und schriftsprachliches Gestalten	Rezension	Rezensent

(Nach Harro Müller-Michaels: Drama. In: Praxis Deutsch 31, 1978, S. 17)

- Suchen Sie sich eine Aktionsform aus, die Ihnen besonders zusagt.
- Führen Sie Ihr Vorhaben an einem selbst gewählten Beispiel aus.

9. Analysieren und vergleichen Sie die Struktur eines offenen Dramas des 19. Jahrhunderts mit der eines Dramas der geschlossenen Form: Goethes „Iphigenie" im Vergleich mit Büchners „Woyzeck" und/oder Brechts „Der gute Mensch von Sezuan".
   Untersuchungsgesichtspunkte: Handlung, Komposition, Personen, Sprache (vgl. E).
10. Erarbeiten Sie an Brechts „Der gute Mensch von Sezuan" Besonderheiten des Parabelspiels (zur Parabel vgl. Kapitel 4 E).
    - Welche Gesichtspunkte geben dem Stück den Charakter eines Parabelspiels?
    - Wogegen richtet sich die Kritik des Stücks?
    - Wie wird der Zuschauer zur Stellungnahme bzw. zum aktiven Handeln aufgefordert?
    - In welchem Zusammenhang steht die Aufspaltung der Hauptfigur Shen Te/Shui Ta mit der Brechtschen Dramentheorie?
11. Wählen Sie einen geeigneten erzählenden Text aus (z. B. Heinrich Böll: So ein Rummel, Kapitel 4, Text 7), und gestalten Sie ihn zu einem Hörspiel um. Informieren Sie sich über Elemente des Hörspiels anhand von *Werner Klippert: Elemente des Hörspiels. Stuttgart: Reclam 1977 (RUB 9820).*
12. Sehen Sie Rundfunkzeitschriften daraufhin durch, welche Hörspiele gesendet werden und welche Entwicklungen und neuen Tendenzen (vgl. Text 13) sich abzeichnen. Wählen Sie im Rundfunkprogramm ein Hörspiel aus, und berichten Sie darüber.

E Information

I. Zu den Besonderheiten der Gattung „Drama"

Das Drama unterscheidet sich von anderen literarischen Gattungen (Epik, Lyrik) durch die **Unmittelbarkeit der Darstellung.** Die wichtigsten Darstellungsmittel sind der **Monolog** (das Selbstgespräch) und der **Dialog** (das Zwiegespräch).
Das dialogische Sprechen, das als Rede und Gegenrede die **Handlung** („Drama" griech. = Handlung) hervortreibt, ist nicht nur für die Sprecher auf der **Bühne** von Bedeutung, sondern auch für den **Zuschauer:** Es ist immer auf sein Interesse oder sein Urteil bezogen.

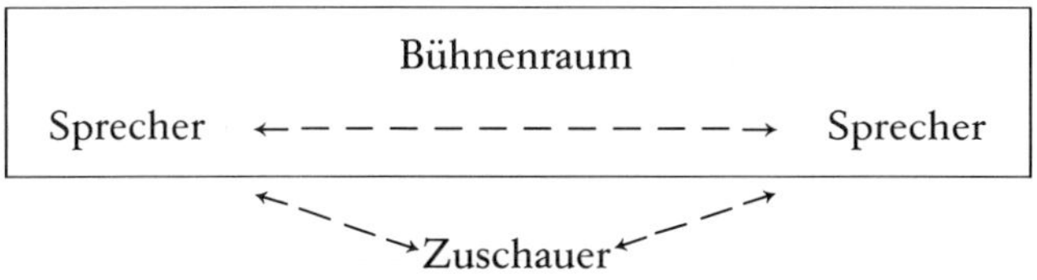

II. Zu den Strukturen des Dramas

Wenn Sie sich mit einem dramatischen Text befassen, stoßen Sie auf bestimmte Strukturen, wie Handlung, Zeit, Raum, Personen, Komposition und Sprache, die in gegenseitiger Abhängigkeit stehen. Von welchem Punkt ausgehend man deshalb auch immer ein dramatisches Werk betrachtet, die anderen Punkte kommen zwangsläufig mehr oder weniger deutlich in den Blick – gleichgültig, um welchen Grundtyp des Dramas es sich handelt, um ein geschlossenes oder offenes Drama.

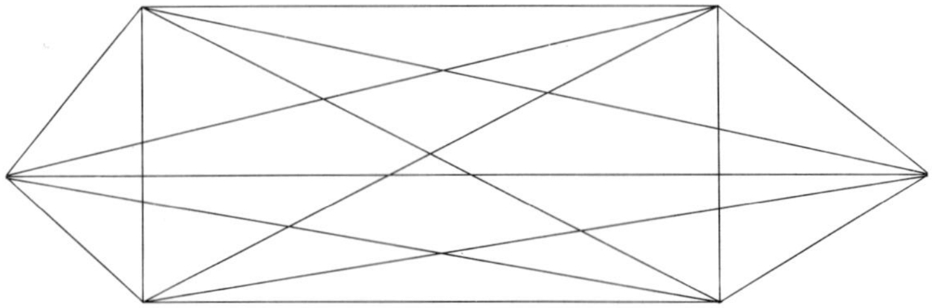

III. Zum geschlossenen Drama

Das Drama der geschlossenen Form, das vor allem dem Kunstideal der Klassik entspricht, kann mit der Formel „Ausschnitt als Ganzes" definiert werden. (Vgl. Volker Klotz: Geschlossene und offene Form im Drama. München: Hanser ^{7}1975.) Es ist durch die Tendenz zur Konzentration auf wenige **Personen**, die sich gegenüberstehen, gekennzeichnet. Die Hauptfiguren sind von hohem Stand (z. B. Königinnen). Auch die **Handlung** ist geschlossen: Eine eindeutig erkennbare Haupthandlung wird zielstrebig und kontinuierlich auf ein Ende hin durchgeführt. Sie stellt den Höhepunkt einer bereits vor Beginn des Dramas einsetzenden Entwicklung dar. Alles, was sich ereignet, läßt sich schlüssig aus dem Vorausgegangenen ableiten. Nebenhandlungen dienen der Haupthandlung, indem sie sie aus anderer Sicht beleuchten und erklären.
Die Handlung ist neben der **Zeit** und dem **Raum** eine der sogenannten drei Einheiten. Im geschlossenen Drama kommen nur geringe Zeitverschiebungen vor; im Idealfall decken sich Spielzeit und gespielte Zeit. Es gibt keinen dramatisch wirksamen Ortswechsel. Auch der Gesellschaftsraum ist geschlossen insofern, als ein bestimmtes Ordnungsgefüge (das der höheren Schichten) als reale unverletzliche Macht anerkannt wird. Die durch ein symmetrisches Formgefüge bestimmte **Komposition** des geschlossenen Dramas zeigt die Absicht, die Idee einer höheren Weltordnung sichtbar zu machen. Der Handlungsablauf vollzieht sich in Szenen (oder Auftritten) und in fünf Akten (oder Aufzügen), deren dritter sich deutlich als Mittelachse heraushebt.

Die **Sprache** im geschlossenen Drama ist die Sprache des ‚hohen Stils', der die Tendenz zum Erlesenen, Erhabenen, Schönen erkennen läßt; sinnfälliger Ausdruck dieser idealisierenden Haltung ist die alltagsferne Verssprache (der ‚Blankvers').

IV. Zum offenen Drama

Das Drama der offenen Form, das sich vor allem in Epochen findet, die sich in Gegensatz zu Formenstrenge und überlieferten künstlerischen Maßstäben stellen (im 20. Jahrhundert die Dramen des Expressionismus, das epische Theater Brechts sowie das absurde Theater), kann mit der Formel „Das Ganze in Ausschnitten" definiert werden (vgl. Volker Klotz, ebd.).
Die feste Fügung eines zusammenhängenden Handlungsablaufs wird zugunsten einer unabgeschlossenen, oft nur in Bruchstücken dargebotenen **Handlung** aufgegeben. Die drei Einheiten verlieren ihre Bedeutung. **Zeit** und **Raum** werden als selbständige Größen für die Handlung wichtig, indem sie in ihren vielfältigen Erscheinungsformen Einfluß auf den Menschen nehmen. Immer wieder werden die **Personen** - Menschen aus verschiedenen Gesellschaftsschichten - in ihrer Umwelt gezeigt und in Sprache, Mimik, Gestik auf sie bezogen. Der Mensch erscheint nicht selten sogar passiv-leidend, durch Umweltfaktoren bestimmt.
Charakteristisch für die **Sprache** im offenen Drama ist das lockere Aneinanderfügen von Einzelaussagen mit stark individueller Färbung. Dialogisches Sprechen ist hier nicht mehr in erster Linie - wie im geschlossenen Drama - das Mittel, Beziehungen oder Verständigungen herzustellen oder aufrechtzuerhalten, sondern es wird mehr und mehr zum Ausdrucksmittel für die Isolation des Einzelnen innerhalb einer als unmenschlich empfundenen Welt.
Die **Komposition** des offenen Dramas geht vom Einzelteil, von der Szene als dramatischer „Urzelle" aus: Einzelszenen, oft nur Szenenfetzen, gewinnen viel stärkeres Gewicht und sind nur lose miteinander verbunden - ein Zeichen dafür, daß ein einheitliches Weltbild nicht mehr - wie etwa im klassischen Drama - vorausgesetzt werden kann.
Brechts **episches Theater** durchbricht die Form des herkömmlichen geschlossenen Dramas in besonders auffälliger Weise, indem es sie nicht nur in eine Folge von lose verknüpften Einzelszenen auflöst, sondern diese wiederum einem Verfremdungsprozeß unterwirft. Dem „Verfremdungseffekt" („V-Effekt") dienen Inhaltsangaben durch einen außerhalb der Szene stehenden Sprecher, Schriftbänder oder Schilder mit Aufschriften auf der Bühne oder im Zuschauerraum, durch Dias projizierte Fotos oder Textkommentare, Unterbrechungen des Handlungsablaufs durch Songs u. a. m. Wegen dieser Besonderheiten, die das Prinzip der Unmittelbarkeit (s. E I) abschwächen und zumindest vorübergehend aufheben, wird Brechts Theater auch als „episches Theater" bezeichnet.
Zum **Dokumentarspiel** vgl. Kapitel 3, Text 22.

KAPITEL 6

Lyrische Texte (Lyrik)

Im Gegensatz zu vielen Texten, die im Alltagsleben vorkommen, wirken Gedichte häufig fremdartig und unverständlich. Trotzdem haben einige Städte in der Bundesrepublik Deutschland sogar ein „Literatur-Telefon“ eingerichtet, bei dem man unter einer bestimmten Nummer Gedichte lokaler Autoren abrufen kann.
Hunderte von Anrufern machen täglich von dieser Möglichkeit Gebrauch. Wie ist das zu erklären? Liegt das vielleicht daran, daß Gedichte dem Leser Erfahrungen über sich und die Welt vermitteln, die er so nicht hat, Erfahrungen, die sich wohl nur mit Hilfe besonderer ästhetischer Mittel wie Reim und Rhythmus gestalten lassen? Da die Form einen lyrischen Text wesentlich bestimmt (vgl. C), wird in diesem Kapitel neben der Deutung des Aussagegehalts auch die Untersuchung der Form traditioneller Lyrik (A) und moderner Gedichte (B) eine wichtige Rolle spielen. Bertolt Brecht hat in bezug auf die Gedichtanalyse gesagt: „In der Anwendung von Kriterien liegt ein Hauptteil des Genusses.“ In diesem Sinne sollen Ihnen die in Teil E enthaltenen Informationen auch zu ästhetischem Vergnügen bei der Auseinandersetzung mit Gedichten verhelfen.

A Traditionelle Lyrik

I „Mein Herz sei dein“ Lyrische Gestaltungselemente im Alltag

Aufgaben zu A I

1. Um welche Art von Texten handelt es sich bei der Collage (1) jeweils? Welchem Zweck dienen sie?
2. Sprechen Sie die Texte (1), und untersuchen Sie sie.
   - Welche Gestaltungsmerkmale treten beim lauten Lesen besonders hervor? Welche Wirkung könnte damit beabsichtigt sein?
   - Kennzeichnen Sie die **lyrischen Elemente** (die rhythmischen, klanglichen und bildhaften Mittel der Sprache). Nehmen Sie den Informationsteil (E II–V) zu Hilfe.

1

Deutschland vor, noch ein Tor!
C.W. Ceram
Götter, Gräber und Gelehrte
Roman der Archäologie
Wenn Du einst nach vielen Jahren dieses Album nimmst zur Hand, denk' daran, wie froh wir waren auf der kleinen Schülerbank!
Lieber Leser, merk Dir das, bleib auf dem Weg, geh' nicht ins Gras, damit man leicht und ohne Müh' Dich unterscheiden kann vom Vieh.
Eigener Mist
Als Vater zweier Söhne, die mit Erfolg das Städtische Gymnasium besuchten, möchte ich die Frage nach der Notwendigkeit elterlicher Hilfe bei Schularbeiten mit einem Vers beantworten: Lieber 'ne Vier auf eigenem Mist als eine Zwei, die keine ist.
Heinz-Günter F., Düsseldorf
Mein Herz sei Dein, Dein Herz sei mein.
SIEBEN, FÜNF, DREI – ROM SCHLÜPFT AUS DEM EI.
Wir schätzen diesen Wunderbaren – natürlich nur, wenn wir nicht fahren.
PUNKT, PUNKT, KOMMA, STRICH – FERTIG IST DAS MONDGESICHT
Was hier gesät mit Tränen war, ist ausgereift dort wunderbar. Und jauchzend bringt im Glorienschein die Seele ihre Garben ein.
W. Müller

II Liebe
Historische Formtypen der Lyrik

2

UNBEKANNTER VERFASSER

Ich hort ein sichellin rauschen

Ich hort ein sichellin rauschen
wol rauschen durch das korn,
ich hort ein feine magt klagen,
sie het ir lieb verlorn.

„La rauschen, lieb, la rauschen!
Ich acht nit wie es ge;
ich hab mir ein bulen erworben
in feiel und grünen kle.“

„Hast du ein bulen erworben
in feiel und grünen kle,
so ste ich hie alleine,
tut meinem herzen we.“

(16. Jahrhundert)

3

MARTIN OPITZ

Sonnet
Auß dem Italienischen Petrarchae

Ist Liebe lauter nichts / wie daß sie mich entzündet?
Ist sie dann gleichwol was / wem ist jhr thun bewust?
Ist sie auch recht und gut / wie bringt sie böse Lust?
Ist sie nicht gut / wie daß man Freudt auß jhr empfindet?
Lieb ich gar williglich / wie daß ich Schmertzen trage?
Muß ich es thun / was hilffts / daß ich solch trawren führ?
Thue ichs nicht gern / wer ists / der es befihlet mir?
Thue ich es gern / warumb / daß ich mich dann beklage?
Ich wancke / wie das Gras / so von den kühlen Winden
Umb Vesperzeit bald hin geneiget wirdt / bald her.
Ich walle wie ein Schiff / daß in dem wilden Meer
Von Wellen umbgejagt nicht kan zu rande finden.
Ich weiß nicht was ich will / ich will nicht was ich weiß /
Im Sommer ist mir kalt / im Winter ist mir heiß.

(1624)

4

LUDWIG HEINRICH CHRISTOPH HÖLTY

Die Mainacht

Wenn der silberne Mond durch die Gesträuche blickt,
und sein schlummerndes Licht über den Rasen geußt,
und die Nachtigall flötet,
wandl' ich traurig von Busch zu Busch.

Selig preis' ich dich dann, flötende Nachtigall,
weil dein Weibchen mit dir wohnet in einem Nest,
ihrem singenden Gatten
tausend trauliche Küsse gibt.

Überhüllet von Laub, girret ein Taubenpaar
sein Entzücken mir vor; aber ich wende mich,
suche dunklere Schatten,
und die einsame Träne rinnt.

Wann, o lächelndes Bild, welches wie Morgenrot
durch die Seele mir strahlt, find' ich auf Erden dich?
Und die einsame Träne
bebt mir heißer die Wang' herab!

(1774)

5

JOHANN WOLFGANG GOETHE

Der Fischer

Das Wasser rauscht', das Wasser schwoll,
Ein Fischer saß daran,
Sah nach dem Angel ruhevoll,
Kühl bis ans Herz hinan.
Und wie er sitzt, und wie er lauscht,
Teilt sich die Flut empor;
Aus dem bewegten Wasser rauscht
Ein feuchtes Weib hervor.

Sie sang zu ihm, sie sprach zu ihm:
„Was lockst du meine Brut
Mit Menschenwitz und Menschenlist
Hinauf in Todesglut?
Ach wüßtest du, wie's Fischlein ist
So wohlig auf dem Grund,
Du stiegst herunter, wie du bist,
Und würdest erst gesund.

Labt sich die liebe Sonne nicht,
Der Mond sich nicht im Meer?
Kehrt wellenatmend ihr Gesicht
Nicht doppelt schöner her?
Lockt dich der tiefe Himmel nicht,
Das feuchtverklärte Blau?
Lockt dich dein eigen Angesicht
Nicht her in ewgen Tau?“

Das Wasser rauscht’, das Wasser schwoll,
Netzt’ ihm den nackten Fuß;
Sein Herz wuchs ihm so sehnsuchtsvoll,
Wie bei der Liebsten Gruß.
Sie sprach zu ihm, sie sang zu ihm;
Da war’s um ihn geschehn:
Halb zog sie ihn, halb sank er hin,
Und ward nicht mehr gesehn.

(1778)

„Der Fischer“ ist Goethes erste naturmagische Ballade. Angeregt wurde er durch den Freitod eines jungen Mädchens, das mit Goethes Roman „Die Leiden des jungen Werthers“ (s. Kapitel 1, B III) in der Tasche tot im Fluß Ilm gefunden worden war.

6

NOVALIS

Hymne

Wenige wissen
Das Geheimnis der Liebe,
Fühlen Unersättlichkeit
Und ewigen Durst.
Des Abendmahls
Göttliche Bedeutung
Ist in irdischen Sinnen Rätsel;
Aber wer jemals
Von heißen, geliebten Lippen
Atem des Lebens sog,
Wem heilige Glut
In zitternde Wellen das Herz schmolz,
Wem das Auge aufging,
Daß er des Himmels
Unergründliche Tiefe maß,
Wird essen von seinem Leibe
Und trinken von seinem Blute
Ewiglich.

Wer hat des irdischen Leibes
Hohen Sinn erraten?
Wer kann sagen,
Daß er das Blut versteht?
Einst ist alles Leib,
Ein Leib,
In himmlischem Blute
Schwimmt das selige Paar. –
O! daß das Weltmeer
Schon errötete,
Und in duftiges Fleisch
Aufquölle der Fels!
Nie endet das süße Mahl,
Nie sättigt die Liebe sich.
Nicht innig, nicht eigen genug
Kann sie haben den Geliebten.
Von immer zärteren Lippen
Verwandelt wird das Genossene
Inniglicher und näher.
Heißere Wollust
Durchbebt die Seele.
Durstiger und hungriger
Wird das Herz:
Und so währet der Liebe Genuß
Von Ewigkeit zu Ewigkeit.
Hätten die Nüchternen
Einmal gekostet,
Alles verließen sie,
Und setzten sich zu uns
An den Tisch der Sehnsucht,
Der nie leer wird.
Sie erkennten der Liebe
Unendliche Fülle,
Und priesen die Nahrung
von Leib und Blut.

(1799)

Aufgabe zu A II

Die Gedichte (2–6) repräsentieren bedeutende historische **Formtypen** der Lyrik (Ballade, Elegie, Hymne, Lied, Sonett).

- Versuchen Sie, das den einzelnen Gedichten zugrundeliegende Verständnis von „Liebe" zu beschreiben.
- Untersuchen Sie, mit welchen besonderen formalen Mitteln die jeweilige Aussage gestaltet ist (vgl. E VI).

III Vorbilder
Ballade und Erzählgedicht

7

THEODOR FONTANE

John Maynard

John Maynard!
„Wer ist John Maynard?"

„John Maynard war unser Steuermann,
Aushielt er, bis er das Ufer gewann,
Er hat uns gerettet, er trägt die Kron',
Er starb für uns, unsre Liebe sein Lohn.
John Maynard."

* * *

Die „Schwalbe" fliegt über den Eriesee,
Gischt schäumt um den Bug wie Flocken von Schnee,
Von Detroit fliegt sie nach Buffalo –
Die Herzen aber sind frei und froh,
Und die Passagiere mit Kindern und Fraun
Im Dämmerlicht schon das Ufer schaun,
Und plaudernd an John Maynard heran
Tritt alles: „Wie weit noch, Steuermann?"
Der schaut nach vorn und schaut in die Rund':
„Noch dreißig Minuten ... Halbe Stund'."

Alle Herzen sind froh, alle Herzen sind frei –
Da klingt's aus dem Schiffsraum her wie ein Schrei,
„Feuer!" war es, was da klang,
Ein Qualm aus Kajüt' und Luke drang,
Ein Qualm, dann Flammen lichterloh,
Und noch zwanzig Minuten bis Buffalo.

Lake Erie: Grenzsee zwischen den USA und Kanada
Detroit: Stadt am nordwestlichen Ufer des Eriesees
Buffalo: Hafenstadt am Ostufer des Eriesees

Und die Passagiere, buntgemengt,
Am Bugspriet stehn sie zusammengedrängt,
Am Bugspriet vorn ist noch Luft und Licht,
Am Steuer aber lagert sich's dicht,
Und ein Jammern wird laut: „Wo sind wir? wo?"
Und noch fünfzehn Minuten bis Buffalo. –

Der Zugwind wächst, doch die Qualmwolke steht,
Der Kapitän nach dem Steuer späht,
Er sieht nicht mehr seinen Steuermann,
Aber durchs Sprachrohr fragt er an:

„Noch da, John Maynard?"
    Ja Herr. Ich bin."
„Auf den Strand! In die Brandung!"
    „Ich halte drauf hin."
Und das Schiffsvolk jubelt: „Halt aus! Hallo!"
Und noch zehn Minuten bis Buffalo. – –

„Noch da, John Maynard?" Und Antwort schallt's
Mit ersterbender Stimme: „Ja, Herr, ich halt's!"
Und in die Brandung, was Klippe, was Stein,
Jagt er die „Schwalbe" mitten hinein.
Soll Rettung kommen, so kommt sie nur so.
Rettung: der Strand von Buffalo!

* * *

Das Schiff geborsten. Das Feuer verschwelt.
Gerettet alle. Nur *einer* fehlt!

* * *

Alle Glocken gehn; ihre Töne schwell'n
Himmelan aus Kirchen und Kapell'n,
Ein Klingen und Läuten, sonst schweigt die Stadt,
Ein Dienst nur, den sie heute hat:
Zehntausend folgen oder mehr,
Und kein Aug' im Zuge, das tränenleer.

Sie lassen den Sarg in Blumen hinab,
Mit Blumen schmücken sie das Grab,
Und mit goldner Schrift in den Marmorstein
Schreibt die Stadt ihren Dankspruch ein:
  „Hier ruht John Maynard. In Qualm und Brand
  Hielt er das Steuer fest in der Hand,
  Er hat uns gerettet, er trägt die Kron',
  Er starb für uns, unsre Liebe sein Lohn.
    John Maynard." *(1886)*

Bugspriet: nach vorn über den Bug (eines Segelschiffes) hinausliegender, kurzer, kräftiger Mast
„Am Steuer ...": Das Steuerrad befindet sich bei diesem (Dampf-)Schiff am Heck; Feuer und Rauch werden durch den Fahrtwind nach hinten getrieben.

8

WALTER KEITEL

* Sein Name war Fuller

Am 9. August 1841, abends kurz nach 8 Uhr, fing das Passagierschiff „Erie“ in der Nähe von Silver Creek im Eriesee Feuer. Kapitän Titus befahl dem Steuermann Luther Fuller, das Schiff auf Land zu setzen. Aber bevor das Schiff die Küste erreicht hatte, brannte die Steueranlage durch, und 249 Passagiere kamen ums Leben. Fuller verließ mit schweren Verbrennungen als letzter Mann das Schiff, überlebte jedoch das furchtbare Unglück. Er starb am 22. November 1900 als Trinker im Armenhaus Pennsylvania (Bezirk Erie) unter dem angenommenen Namen James Rafferty. Kapitän Titus, der ebenfalls überlebte, ließ den Steuermann allerdings unter den 249 Toten eintragen.

Silver Creek: Ort am Südufer des Eriesees, ca. 30 km von Buffalo entfernt

9

BERTOLT BRECHT

Kohlen für Mike

Ich habe gehört, daß in Ohio
Zu Beginn dieses Jahrhunderts
Ein Weib wohnte zu Bidwell
Mary McCoy, Witwe eines Streckenwärters
Mit Namen Mike McCoy, in Armut.

Aber jede Nacht von den donnernden Zügen der Wheeling Railroad
Warfen die Bremser einen Kohlenklumpen
Über die Zaunlatten in den Kartoffelgarten
Mit rauher Stimme ausrufend in Eile:
Für Mike!

Und jede Nacht, wenn der Kohlenklumpen für Mike
An die Rückwand der Hütte schlug,
Erhob sich die Alte, kroch
Schlaftrunken in den Rock und räumte zur Seite den Kohlenklumpen
Geschenk der Bremser an Mike, den Gestorbenen, aber
Nicht Vergessenen.

Sie aber erhob sich so lange vor Morgengrauen und räumte
Ihre Geschenke aus den Augen der Welt, damit nicht
Die Bremser in Ungelegenheiten kämen
Bei der Wheeling Railroad.

Ohio: Bundesstaat im Nordosten der USA; er wird im Norden vom Eriesee begrenzt
Wheeling Railroad: Name einer Eisenbahngesellschaft (Privatunternehmen)

Dieses Gedicht ist gewidmet den Kameraden
Des Bremsers Mike McCoy
(Gestorben wegen zu schwacher Lunge
Auf den Kohlenzügen Ohios)
Für Kameradschaft.

(1920)

10

SHERWOOD ANDERSON

Der arme Weiße

In seinem Roman „Der arme Weiße" erzählt der amerikanische Schriftsteller Sherwood Anderson die Lebensgeschichte von Hugh McVey, der eine Zeitlang in Bidwell im Staat Ohio lebte. In diesem Buch findet sich auch die folgende Anekdote:

Das Haus, in dem er wohnte, gehörte einer Mrs. McCoy, der Witwe eines Streckenarbeiters, der bei einem Eisenbahnunglück zu Tode gekommen war. [...] Mrs. McCoys Haus, ein kleiner Fachwerkbau, war von der Turners Pike durch einen Pfahlzaun getrennt; dicht an seiner Rückseite vorüber liefen die Gleise der Wheeling Railroad. Die Streckenarbeiter hatten ihren alten Kameraden Mike McCoy nicht vergessen und wollten seiner Witwe Gutes erweisen. Zuweilen warfen sie halbverfaulte Eisenbahnschwellen über den Zaun auf ein Stück Kartoffelland hinter dem Hause. Nachts, wenn die schwerbeladenen Kohlenzüge vorüberstampften, warfen die Bremser große Kohlenklumpen über den Zaun. Jedesmal, wenn ein Zug vorüberfuhr, wachte die Witwe auf. Wenn einer der Bremser einen Kohlenklumpen über den Zaun warf, machte er durch einen Ruf darauf aufmerksam, und seine Stimme übertönte das Stampfen der Waggons. „Für Mike", schrie er. Manchmal zertrümmerte einer der Kohlenklumpen eine Zaunlatte; dann besserte Hugh am nächsten Tag den Schaden aus. Wenn der Zug vorüber war, verließ die Witwe ihr Bett und schaffte die Kohlen ins Haus. „Sie dürfen hier bei Tageslicht nicht herumliegen, sonst bringe ich die Jungen in Ungelegenheiten", sagte sie erklärend zu Hugh.

(1920)

Turners Pike: Straße in Bidwell

Aufgaben zu A III

1. Untersuchen Sie die Handlungsgestaltung in Fontanes **Ballade** (7).
   - Gliedern Sie den Text. Geben Sie dabei an, welche Funktion die Rahmenstrophen im Vergleich zum Mittelteil haben.
   - Stellen Sie fest, wie es der Autor verstanden hat, die geringe Handlung spannungsreich darzustellen. Berücksichtigen Sie dazu die Zeitangaben und sprachliche Besonderheiten (z. B. Verkürzungen im Satzbau und bei einzelnen Wörtern).

2. Charakterisieren Sie den Helden in Fontanes Ballade (7), und werten Sie die ihm zugedachte Vorbildfunktion kritisch.
3. Fontane lernte den **Stoff** der Ballade „John Maynard" im Jahre 1886, kurz bevor er sie schrieb, durch ein amerikanisches Gedicht aus dem Jahre 1875 kennen, in dem der Steuermann bereits „John Maynard" genannt wurde. Nach Walter Keitel (8), dem Herausgeber der Werke Fontanes, war aber in Wirklichkeit manches ganz anders, als es Fontane (und sein Vorläufer) darstellte.
   - Stellen Sie die Gemeinsamkeiten und Unterschiede zwischen der Ballade und dem von Keitel wiedergegebenen Stoff heraus.
   - Ziehen Sie aus Ihren Ergebnissen Rückschlüsse auf die Aussageabsicht des Dichters.
4. Sprechen Sie darüber, wie Sie die zentrale Aussage des Textes „John Maynard" (7) beurteilen. Berücksichtigen Sie dabei, daß die Entstehungszeit der Ballade von einem atemberaubenden technisch-industriellen Fortschritt geprägt war; dazu gehörte auch die Dampfschiffahrt (die Dampfschiffe lösten die kleineren und langsameren Segelschiffe ab).
5. Brecht schrieb sein **Erzählgedicht** (9), nachdem er den Roman von Anderson (10) gelesen hatte.
   Vergleichen Sie das Gedicht mit seiner **Quelle** in bezug auf Gemeinsamkeiten und Unterschiede.
6. Brecht hat den Stoff seines Gedichts (9) aus der technisierten Welt, dem Bereich der Eisenbahn, genommen. Vergleichen Sie Brechts Erzählgedicht (9) mit Fontanes Ballade (7) in bezug auf Gemeinsamkeiten und Unterschiede des Inhalts, der Gestaltung der Personen und ihres Verhaltens.
7. Erklären und beurteilen Sie (in bezug auf 7 und 9) die Deutung des Literaturwissenschaftlers A. C. Baumgärtner, „daß in Brechts Erzähltext ‚Kohlen für Mike' der Gehalt der Heldenballade sozialisiert, das Individuum vom Kollektiv und der Heroismus von der Solidarität abgelöst worden ist".
8. Die **Ballade** ist nach Goethe eine Gattungsform, die episch, lyrisch und dramatisch zugleich ist, in der „die Elemente noch nicht getrennt, sondern wie in einem lebendigen Ur-Ei zusammen sind".
   Prüfen Sie die Gedichte 5, 7, 9 in bezug auf diese Gattungsbestimmung.

B Moderne Lyrik

I „Immer wieder strecke ich meine Hand aus“ Das „Robinson“-Modell

„Robinson dankt dem Himmel für die Errettung aus großer Gefahr“ (Illustration aus einer französischen Robinson-Ausgabe von 1776)
Robinson Crusoe, der Held des Romans von Daniel Defoe, kann sich als einziger retten, als sein Schiff im Sturm an einer unbewohnten Insel strandet.

11

CHRISTA REINIG

Robinson

Manchmal weint er wenn die worte
still in seiner kehle stehn
doch er lernt an seinem orte
schweigend mit sich umzugehn

und erfindet alte dinge
halb aus not und halb im spiel
splittert stein zur messerklinge
schnürt die axt an einen stiel

kratzt mit einer muschelkante
seinen namen in die wand
und der allzu oft genannte
wird ihm langsam unbekannt

(1963)

12

CHRISTA REINIG

* Robinson? Das bin ich.

[...] Einmal war ich in ein Gefängnis eingedrungen. Alle Türen standen weit offen. Es war leer, die Zellen bis unter die Decke mit Namen bekritzelt. Damals hielt ich mich nicht damit auf. Denn dies Gefängnis hatte einen Fehler, es gab kein Holz darin. So zog ich davon mit Beil und Sack, woanders Holz zu schlagen. Nun erinnerte ich mich, Korridore, Türen, Klos, Fensterluken. Ich konnte alle Einzelheiten zusammenkriegen, die insgesamt das Gefängnis ausmachten. Aber ich konnte mich nicht hineinversetzen. Wie lebt man da? Ich wußte es nicht.
Ohne rechts und links zu blicken trieb ich inmitten einer Menschenmenge über den Alexanderplatz. Ich landete mit der Nase dicht vor einem Bauzaun. Daran hing ein Theaterplakat, halb zerrissen und längst verfallen. „Robinson soll nicht sterben." Ich las den Text und dachte: Robinson? Das bin ich. Zu Hause angekommen, schrieb ich das Gedicht auf.

13

KARL KROLOW

Robinson

I

Immer wieder strecke ich meine Hand
Nach einem Schiff aus.
Mit der bloßen Faust versuche ich,
Nach seinem Segel zu greifen.
Anfangs fing ich
Verschiedene Fahrzeuge, die sich
Am Horizont zeigten.
Ich fange Forellen so.
Doch der Monsun sah mir
Auf die Finger
Und ließ sie entweichen,
Oder Ruder und Kompaß
Brachen. Man muß
Mit Schiffen zart umgehen.
Darum rief ich ihnen Namen nach.
Sie lauteten immer
Wie meiner.

Jetzt lebe ich nur noch
In Gesellschaft mit dem Ungehorsam
Einiger Worte.

II
Ich habe zu rechnen aufgehört,
Wenn ich auch noch Finger habe,
Die ich nacheinander ins salzige Wasser
Tauchen kann.

Insekten und Tabakblätter
Kennen die Zeit nicht,
Die ich früher vergeudete.
Mein letzter Nachbar,
Der das Waldhorn blies
(Er hatte es einst einem Volkslied
Listig entwendet),
Kam auf See um.

Zuweilen fällt ein bißchen Sonne
Auf den Tisch, unter dem ich die Füße
Strecke.
Ich brauche keine Sehnsucht mehr
Zu haben.

III
Diese Gewohnheit, irgendwo sehr lange
Auf einem Stuhl zu sitzen
Und zu horchen, ob es
In einem regnet
Oder in der Leber
Der Skorpion sich noch rührt!

Gezählt sind alle Blitze,
Alle Streichhölzer, die übrig blieben.

Bis man es leid ist,
Und den letzten Wimpel
Im Meer versenkt.

(1959)

14

Daniel Defoe

* Robinsons Rechnung

Ich begann jetzt, über meine Lage und über die Umstände, unter denen ich leben mußte, ernsthaft nachzudenken, und ich legte schriftlich nieder, wie die Dinge mit mir standen – nicht so sehr, um es denen zu hinterlassen, die nach mir kämen, denn höchstwahrscheinlich würde ich nur wenig Erben haben, als vielmehr, um mir den Kopf davon frei zu machen, denn ich brütete täglich darüber nach, was auf meinem Gemüt lastete, und da mein Verstand jetzt anfing, Herr über meine Mutlosigkeit zu werden, begann ich mich zu trösten, so gut ich konnte, und das Positive dem Negativen gegenüberzustellen, damit ich mein Schicksal von einem noch schlimmeren zu unterscheiden vermochte. Ganz unparteiisch registrierte ich wie Soll und Haben, welche Annehmlichkeiten ich genoß und unter welchen Übeln ich litt:

Böses	*Gutes*
Ich bin auf eine scheußliche einsame Insel verschlagen worden, ohne alle Hoffnung auf Rettung.	Aber ich lebe und bin nicht ertrunken wie die übrige Mannschaft meines Schiffs.
Ich bin zu meinem Unglück ausgesondert und von allen Menschen getrennt worden.	Aber ich bin auch unter der ganzen Schiffsbesatzung ausgesondert worden, um dem Tode zu entgehen, und der, welcher mich auf so wunderbare Weise vom Tode errettet hat, kann mich auch aus dieser Lage befreien.

Ich bin fern der Menschheit, einsam, aus der menschlichen Gesellschaft verbannt.	Aber ich verhungere nicht und komme nicht um in einer wüsten Gegend, die mir keinen Unterhalt bietet.
Ich habe keine Kleidung, um mich zu bedecken.	Aber ich lebe in einem heißen Klima, wo ich Kleidung, wenn ich sie hätte, kaum tragen könnte.
Ich habe nichts, um mich gegen gewaltsame Angriffe von Menschen oder wilden Tieren verteidigen zu können.	Aber ich bin auf eine Insel verschlagen worden, wo ich keine wilden Tiere sehe, die mir etwas tun könnten, wie sie an der Küste von Afrika leben; wie wäre es mir ergangen, wenn ich dort Schiffbruch erlitten hätte?
Ich habe keine Menschenseele, mit der ich sprechen oder bei der ich Trost finden kann.	Aber Gott hat das Schiff wunderbarerweise so nahe an den Strand gesandt, daß ich viele notwendige Dinge daraus holen konnte, die mich mit dem Unentbehrlichen ausrüsten oder mich in die Lage versetzen, es mir selbst zu beschaffen, solange ich lebe.

Alles in allem war es ein unzweifelhafter Beweis dafür, daß es bei kaum einem Zustand in der Welt, und sei er noch so elend, nicht neben dem Bösen auch etwas Gutes gibt, für das man dankbar sein muß; möge dies als Hinweis gelten von einem, der den elendsten Zustand der Welt aus Erfahrung kennt, nämlich, daß wir immer etwas darin finden, was uns Trost bietet und was wir bei einer Aufzählung des Positiven und des Negativen auf die Habenseite der Abrechnung setzen können.
Nachdem ich jetzt meinen Zustand günstiger beurteilte und nicht mehr pausenlos auf das Meer hinausblickte, um vielleicht ein Schiff zu erspähen, begann ich mich damit zu beschäftigen, mir mein Leben einzurichten und mir alles so bequem wie möglich zu machen.

(1719)

15

HERBERT HECKMANN

Robinson

Ein Mann hatte große Lust auszuwandern. Er verkaufte alles, soweit die Wertlosigkeit der Gegenstände nicht seine Barmherzigkeit anstachelte, packte eine vollständige Robinsonausgabe in Ölpapier – wegen der Unbeständigkeit des Klimas – besorgte sich ein Schiff, das zum Untergang neigte, und fuhr nach Süden.
Es traf alles ein. Ein Orkan erhob sich. Das Schiff scheiterte. Er klammerte sich an eine Planke, die gerade so groß war, daß er den Kopf nachdenklich über Wasser halten konnte. In der linken Hand führte er das Buch im Ölpapier wie eine Flosse.
Das Glück einer Insel jedoch blieb ihm versagt, so sehr er sich auch um eine vom Meer umfriedete Einsamkeit bemühte. Er trieb dahin, bis die Wellen ihn so abgespült hatten, daß er wie ein Kieselstein zu Grunde schaukelte: eine Insel hoffend.

(1958)

Aufgaben zu B I

1. In welcher Weise nehmen die beiden Robinson-Gedichte (11 und 13) Bezug auf das Schicksal des Romanhelden?
2. Untersuchen Sie die Darstellung des Helden in dem Gedicht von Christa Reinig (11) genauer:
   - Welche Probleme hat Robinson?
   - Welche kann er lösen? Wie gelingt ihm das?
   - Welche kann er nicht lösen? Warum nicht?
   - Sprechen Sie darüber, mit welcher Absicht dieses Gedicht geschrieben sein könnte. Beziehen Sie dabei die Selbstaussagen der Autorin (12) mit ein.
3. Erarbeiten Sie, wie das Gedicht (11) zu sprechen ist.
   a) Lesen Sie das Gedicht mehrere Male leise.
   Machen Sie sich dabei klar, wie Sie es sprechen wollen, damit die Aussage des Textes durch den Vortrag zum Ausdruck kommt.
   b) Lesen Sie das Gedicht laut vor. Nehmen Sie Ihren Gedichtvortrag möglichst auf Tonband auf.
   c) Sprechen Sie darüber, inwieweit Ihr Vortrag dem Text angemessen ist. Begründen Sie Ihre Ansicht, und machen Sie Gegenvorschläge.
   d) Vielleicht haben Sie die einzelnen Verse des Gedichts nicht so ausführlich mit Betonungszeichen versehen wie im folgenden Beispiel.
   Mánchmal weínt er wénn die wórte
   stíll in seíner kéhle stéhn
   - Nach welchen Gesichtspunkten wurden hier die Betonungszeichen gesetzt?
   - Versuchen Sie mit Hilfe der folgenden Zeichen die Akzentsetzung als System wiederzugeben:
   x́x | x́x | x́x | x́x

Überprüfen Sie beim Vortragen des Gedichts, ob und wieweit Sie dieses Betonungsschema befolgen wollen. Unterscheiden Sie dazu zwischen **Metrum** (Versmaß) und **Rhythmus** (vgl. E II).

e) Welche anderen lyrischen Elemente (außer Metrum und Rhythmus) sind für die Sprechgestalt des Gedichts von Bedeutung?

4. „Der Griff zur Robinson-Thematik [...] ist Ausdruck einer bewußten Traditionsverbundenheit, auch wenn das Gedicht [...] die ‚Ausgesetztheit' betont, die das ‚Moderne' an dem alten Thema ist. Diese Traditionsverbundenheit, in der Themenwahl, im Strophenbau und im Reimischen verwirklicht, formuliert das Gedicht als ‚alte dinge' zugleich so ausdrücklich, daß man es auch als ein Gedicht über die Dichtung lesen kann und soll." (Wulf Segebrecht, Robinson. In: Doppelinterpretationen. Hg. v. Hilde Domin, S. 81)
   Erläutern Sie diesen Deutungsansatz zu Christa Reinigs Gedicht (11), und führen Sie ihn probeweise näher aus.
5. Was fällt Ihnen an Sprache und Form der Textgruppe (13) von Karl Krolow im Vergleich zu Christa Reinigs Gedicht (11) auf?
6. Klären Sie die Bedeutung der Sprechgestalt in Krolows Gedicht (13).
   a) Ein Vergleich mit der „Prosa"-Fassung kann Ihnen dabei helfen:
   „Immer wieder strecke ich meine Hand nach einem Schiff aus. Mit der bloßen Faust versuche ich, nach seinem Segel zu greifen."
   b) „Immer wieder strecke ich meine Hand" – so weit reicht der erste Vers. Die Gebärde des Handausstreckens wird durch diese Versgestaltung sozusagen eingefroren, sie erhält in ihrer Isolation etwas Zielloses. Es geht offenbar nur um den Versuch des Ausgreifens an sich. Zugleich wird durch die sprachliche Gebärde des Anhaltens, wozu der Versschluß zwingt, Erwartung erzeugt. [...] Stünde der gesamte Satz in einem Vers, so hätte der Leser auf das Ziel der Gebärde in einem Atemzug zuzusprechen. Das Objekt ‚Schiff' wäre greifbar geworden, da in diesem Falle der rhythmische Gestus unaufhaltsam auf das Objekt zuliefe. So aber wird die Bewegung auf das Ziel hin durch den Versschluß gehemmt, die ausgreifende Geste wird aufgehalten, noch ehe der Zugriff gelingt. Der zweite Vers erhält durch diese rhythmische Gestaltung etwas Rückläufiges, wiewohl doch der Satz selbst einsträngig auf das Objekt zuläuft." (Wolfgang Menzel, Der Gestus des Verses)

   Stellen Sie fest, ob der **Gestus** (die Gebärde) der ersten beiden Verse kennzeichnend für das ganze Gedicht ist.
7. Verfolgen Sie Robinsons Entwicklung in Krolows Gedichtgruppe I bis III (13). Welche Auswirkungen der abgerissenen Kommunikation werden hier dargestellt?
8. Sprechen Sie darüber, wie sich der Mensch verhält bzw. verhalten sollte, wenn er völlig von vorn beginnen muß. Vergleichen Sie Robinsons Art des Neubeginns (14) mit Ihren Überlegungen. Sehen Sie einen Zusammenhang zwischen dem Auszug aus Defoes Roman (14) und Krolows Gedicht (13)?
9. Welche Haltung nimmt der Erzähler in Heckmanns Text (15) gegenüber dem „Modell Robinson" ein? Beziehen Sie auch die Karikatur in Ihre Überlegungen mit ein.

II Des Dichters Selbstkritik DDR-Lyrik

16

HEINZ KAHLAU

Gedicht über Hände

Der DDR-Lyriker Heinz Kahlau hatte die erste Fassung seines Gedichts über Hände 1963 veröffentlicht. Sie wurde gelobt, aber auch kritisiert. Kahlau reagierte darauf mit dem Versuch, das Gedicht „richtiger, brauchbarer und besser" zu machen. Beide Fassungen veröffentlichte er mit dem Artikel „Des Dichters Selbstkritik" im „Neuen Deutschland" vom 8. November 1964.

(1. Fassung)

Als sie mich ansah, wurde ich verlegen.
Ich stand bei ihr und hab ihr zugesehn.
Die Arbeit sah ich nicht, nur ihre Hände,
und konnte nicht von ihrer Seite gehn.

Nicht ihre Form ließ mich den Takt vergessen.
Denn schöne Hände haben viele Fraun.
Wenn sie verwöhnt mit Glas und Rose spielten,
ich hätte keinen Grund, sie anzuschaun.

Sie saß am Band, an diesen langen Tischen,
saß vorgebeugt und zeigte kein Gesicht.
Sie lötete Kontakte an die Spulen,
es war wie jeden Tag in ihrer Schicht.

Doch waren ihre Hände nicht wie Vögel,
die zwischen Gittern müde hin und her
die ewiggleiche stumme Sehnsucht flattern,
als gäbe es für sie nichts andres mehr.

Sie hatte Hände, die wie Tänzer waren,
denn sie bewegten sich so leicht und frei,
als ob die Anmut dieser schmalen Finger
ganz ohne Mühe zu erreichen sei.

Ich war verlegen, als sie zu mir hochsah.
Ich lächelte und wandte mich zum Gehn.
Ich sah die Schönheit ihrer klugen Hände
Und möchte gern, daß wir sie alle sehn.

(1963)

(2. Fassung)

Sie saß am Band, an diesen langen Tischen,
saß vorgebeugt und zeigte kein Gesicht.
Sie lötete Kontakte an die Spulen,
es war wie jeden Tag in ihrer Schicht.

Doch ihre Hände waren nicht wie Vögel,
die zwischen Gittern müde hin und her
die ewiggleiche stumme Sehnsucht flattern,
als gäbe es für sie nichts andres mehr.

Sie hatte Hände, die wie Tänzer waren,
denn sie bewegten sich so leicht und frei,
als ob die Anmut dieser schmalen Finger
ganz ohne Mühe zu erreichen sei.

Der ewiggleiche Griff von Tag zu Tag.
Die gleiche Drehung, sieben lange Stunden.
Was tut der Kopf zu dem die Hand gehört?
Hat dieser Kopf den stumpfen Tanz erfunden?

Was tut die Frau nach solchem Arbeitstag,
wenn ihre Hebel wieder Hände werden?
Malt sie mit ihrem Kind ein buntes Bild,
formt sie Figuren, zart, aus Ton und Erden?

Spielt sie Gitarre, näht sie sich ein Kleid,
denkt sie sich Hebel aus, anstatt der Hände?
Liest sie ein Buch, in dem sie danach sucht,
wie macht der Mensch der Hebelhand ein Ende?

(1964)

HEINZ KAHLAU

Des Dichters Selbstkritik

17

[Das Gedicht über Hände] geht auf ein Erlebnis zurück und wurde im Frühjahr 1963 geschrieben. Seit über einem Jahr wurde es in mehreren Zeitungen, Zeitschriften und Broschüren gedruckt, im Rundfunk und im Fernsehen gesendet. Es wurde mehrmals als beispielhaft erwähnt. Bei Lesungen hatte ich damit Erfolg, wenn Beifall als Maßstab dafür gelten kann. Also ein gutes, nützliches und richtiges Gedicht? Es wurde auch kritisiert, heftig und gründlich auseinandergenommen. Es wurde auch gesagt, es sei ein falsches, nicht nützliches, also schlechtes Gedicht. Das Lob war umfassend, gewichtig und angenehm, aber sehr unkonkret. Der Tadel war vereinzelt, inoffiziell und unangenehm, aber er war sehr konkret. Er war inhaltlicher Art und bestand hauptsächlich in dem Vorwurf: Mit diesem Gedicht wird ein Zustand

verherrlicht und damit gerechtfertigt, der zutiefst menschenunwürdig ist. Wir machen auch deshalb den Sozialismus, weil wir die unschöpferische Fließbandarbeit abschaffen und durch Maschinen ersetzen wollen. Auch davon muß der Mensch den Menschen befreien. Das muß klargemacht und darf nicht verschleiert werden.
Es war nicht so einfach, das Lob zu vergessen und auf den Tadel zu achten. Inzwischen habe ich seine Berechtigung anerkannt und habe das Gedicht verändert. Ich denke, es ist richtiger, brauchbarer und besser geworden. [...]

18

KARL-HEINZ BROKERHOFF

Heinz Kahlau oder Ein Lehrstück über den sozialistischen Realismus in der Lyrik

[...] Kahlau selbst nahm, wie schon angedeutet, Stellung zu seiner Änderung. „Des Dichters Selbstkritik" heißt sein Artikel in der Ausgabe des „Neuen Deutschland" vom 8. 11. 1964. Er verwarf die erste Fassung seines Gedichtes als „scheinpoetisch" und rügte diejenigen, die darauf „reingefallen" seien; jetzt aber, so glaubte er befreit feststellen zu können, habe das Gedicht in seiner neuen Fassung den erstrebenswerten „gesellschaftlichen Nutzen": – Er hatte sich geirrt: Nun fielen die Kritiker erst recht über ihn her. Es gab in der DDR landauf, landab eine regelrechte Diskussionsschlacht um die beiden Fassungen dieses Gedichtes. In FDJ-Gruppen und Arbeiterbrigaden, in Studentengruppen und in Zeitschriften und Zeitungen wurde das Thema hitzig erörtert. Tenor der neuen Kritik: „Das ist ökonomischer Unfug!" (so im „Neuen Deutschland"). Man machte Kahlau klar, „daß die Dinge im realen Leben doch etwas komplizierter sind, als der fromme Wunschtraum, im Sozialismus das ‚unschöpferische Fließband' kurzerhand abzuschaffen, denn da gibt es harte wirtschaftliche Tatsachen, um die wir uns weder herumdrücken wollen noch können". Studenten der Karl-Marx-Universität in Leipzig sprachen von unhistorischer Erfassung der Fließbandarbeit und meinten: „der Bezugspunkt zur Wirklichkeit" sei in dieser zweiten Fassung völlig verlorengegangen. Das aber gilt in der literarischen Diskussion der DDR als Todesurteil. Kahlaus ideologischer Aufbesserungsversuch war gescheitert. [...]

Aufgaben zu B II

1. Untersuchen Sie die beiden Fassungen des „Gedichts über Hände" (16).
   - Was wurde von der ersten Fassung übernommen? Was fiel weg? Was ist in der zweiten Fassung hinzugekommen?
   - Versuchen Sie daraus abzuleiten, was an der ersten Fassung kritisiert wurde.
2. Die Reaktion auf Kahlaus zweite Gedichtfassung (16) in der DDR war weitgehend negativ. Was könnten Ihrer Meinung nach die Leser in der DDR daran kritisiert haben?

3. Wie begründet Kahlau (17) seinen Versuch, das Gedicht „nützlicher" zu machen? Wessen Nutzen hat er im Sinn?
4. Was sagt Brokerhoff (19) über Kahlaus Erfolg in bezug auf die Änderung des Gedichts?
5. Wie beurteilen Sie Kahlaus Gedichtfassungen im Hinblick auf die ästhetische Funktion (vgl. Kapitel 3, Text 19), die Autorintention und die Konkretisation durch die zeitgenössischen Leser (vgl. Kapitel 2, E I und Kapitel 1, E I, sowie die entsprechenden Informationen aus Kapitel 7, E I)?

III „Gespräch über Bäume“ Naturlyrik

19

BERTOLT BRECHT

An die Nachgeborenen

1

Wirklich, ich lebe in finsteren Zeiten!
Das arglose Wort ist töricht. Eine glatte Stirn
Deutet auf Unempfindlichkeit hin. Der Lachende
Hat die furchtbare Nachricht
Nur noch nicht empfangen.

Was sind das für Zeiten, wo
Ein Gespräch über Bäume fast ein Verbrechen ist.
Weil es ein Schweigen über so viele Untaten einschließt!
Der dort ruhig über die Straße geht
Ist wohl nicht mehr erreichbar für seine Freunde
Die in Not sind?

Es ist wahr: ich verdiene noch meinen Unterhalt.
Aber glaubt mir: das ist nur ein Zufall. Nichts
Von dem, was ich tue, berechtigt mich dazu, mich sattzuessen.
Zufällig bin ich verschont. (Wenn mein Glück aussetzt
Bin ich verloren.)
Man sagt mir: Iß und trink du! Sei froh, daß du hast!

Aber wie kann ich essen und trinken, wenn
Ich dem Hungernden entreiße, was ich esse, und
Mein Glas Wasser einem Verdurstenden fehlt?
Und doch esse und trinke ich.

Ich wäre gern auch weise.
In den alten Büchern steht, was weise ist:
Sich aus dem Streit der Welt halten und die kurze Zeit
Ohne Furcht verbringen.

Aber ohne Gewalt auskommen
Böses mit Gutem vergelten
Seine Wünsche nicht erfüllen, sondern vergessen
Gilt für weise.
Alles das kann ich nicht:
Wirklich, ich lebe in finsteren Zeiten!

2

In die Städte kam ich zur Zeit der Unordnung
Als da Hunger herrschte.
Unter die Menschen kam ich zur Zeit des Aufruhrs
Und ich empörte mich mit ihnen.
So verging meine Zeit
Die auf Erden mir gegeben war.

Mein Essen aß ich zwischen den Schlachten.
Schlafen legte ich mich unter die Mörder.
Der Liebe pflegte ich achtlos
Und die Natur sah ich ohne Geduld.
So verging meine Zeit
Die auf Erden mir gegeben war.

Die Straßen führten in den Sumpf zu meiner Zeit.
Die Sprache verriet mich dem Schlächter.
Ich vermochte nur wenig. Aber die Herrschenden
Saßen ohne mich sicherer, das hoffte ich.
So verging meine Zeit
Die auf Erden mir gegeben war.

Die Kräfte waren gering. Das Ziel
Lag in großer Ferne.
Es war deutlich sichtbar, wenn auch für mich
Kaum zu erreichen.
So verging meine Zeit
Die auf Erden mir gegeben war.

3

Ihr, die ihr auftauchen werdet aus der Flut
In der wir untergegangen sind
Gedenkt
Wenn ihr von unseren Schwächen sprecht
Auch der finsteren Zeit
Der ihr entronnen seid.

Gingen wir doch, öfter als die Schuhe die Länder wechselnd
Durch die Kriege der Klassen, verzweifelt
Wenn da nur Unrecht war und keine Empörung.

Dabei wissen wir doch:
Auch der Haß gegen die Niedrigkeit
Verzerrt die Züge.
Auch der Zorn über das Unrecht
Macht die Stimme heiser. Ach, wir
Die wir den Boden bereiten wollten für Freundlichkeit
Konnten selber nicht freundlich sein.
Ihr aber, wenn es soweit sein wird
Daß der Mensch dem Menschen ein Helfer ist
Gedenkt unsrer
Mit Nachsicht.

(1938)

Hans Magnus Enzensberger

weiterung

20

wer soll da noch auftauchen aus der flut,
wenn wir darin untergehen?

noch ein paar fortschritte,
und wir werden weitersehen.

wer soll da unsrer gedenken
mit nachsicht?

das wird sich finden,
wenn es erst soweit ist.
und so fortan
bis auf weiteres

und ohne weiteres
so weiter und so

weiter nichts

keine nachgeborenen
keine nachsicht

nichts weiter

(1964)

Jürgen Becker

Natur-Gedicht

21

in der Nähe des Hauses,
der Kahlschlag, Kieshügel, Krater
erinnern mich daran –

nichts Neues; kaputte Natur,
aber ich vergesse das gern,
solange ein Strauch steht

(1974)

22

Walter Helmut Fritz

Bäume

Wieder hat man in der Stadt,
um Parkplätze zu schaffen,
Platanen gefällt.
Sie wußten viel.
Wenn wir in ihrer Nähe waren,
begrüßten wir sie als Freunde.
Inzwischen ist es fast
zu einem Verbrechen geworden,
nicht über Bäume zu sprechen,
ihre Wurzeln,
den Wind, die Vögel,
die sich in ihnen niederlassen,
den Frieden,
an den sie uns erinnern.

(1976)

23

Papan

„Ohne die Bäume ...“

24

GREGOR LASCHEN

Naturgedicht 7

Ab- und aus-
geschrieben epochenlang
die sechs anderen Wälder vorher, deutsche
Metapher von Kindesbeinen an, Gattung
aus Gründen. Das Naturgedicht
ist der letzte Text über die
Naturgedichte lang vor uns, hölzerne Suche
nach Bäumen in Gedichten
über was man
für ein Verbrechen hielt, als
es
noch
Bäume
gab.

(1980)

25

ELISABETH BORCHERS

Reden wir nicht mehr von Landschaft

Reden wir nicht mehr von Landschaft.
Reden wir von dem herrlich kalkulierten Netz
der Längen- und Breitengrade
von den bläulichen Ozeanen
und den hellen Flecken der Kontinente.
Reden wir von den berührbaren Polen
einer sanft rotierenden Kugel
von der gefahrlosen Dürre der Wüsten
dem verläßlichen Grün der Wildnisse
dem Geraschel von Tier und Mensch
und von den punktgenauen Städten.
Betreten wir demnächst und entledigt
die Milchstraße. Zuflucht
für die unbelehrbaren Metaphern.

(1984)

26

JÜRGEN BECKER

Poetische Zuversicht

Haben wir sie zu Ende beschrieben, oder ist sie, die Landschaft, dank menschlicher Benutzung, unbeschreibbar geworden? Wörter etwa für die Ruinen des Waldes sollte es doch geben, dennoch, dieses Gedicht*) gebietet uns zunächst, wovon wir zu schweigen haben. Zugleich fordert es uns auf, von einer ganz anderen Welt zu sprechen, von einer Erdkugel, wie sie sich abbildet im Zeichensystem der Landkarten, in den Atlanten, auf einem Globus, der überschaubar und so faßbar ist, daß seine Pole sich berühren lassen. Dabei ginge die Rede von einem Abstraktum, ließe es sich nicht verlebendigen mit zwar natürlichen, aber das heißt dann, geradezu utopischen Vorstellungen: etwa von Städten, die nicht ausgelaufen sind wie Brei; von Menschen

und Tieren, deren Existenz-Geräusche nicht die des Brüllens, Schreiens und Fauchens sind; von einem Grün, das Rauch und Gase nicht vergiften.
Irgendwann ist es soweit: die Geschichte der Landschaftspoesie ist zu Ende gegangen; mit dem Verschwinden der letzten Bäume hat es endlich, endgültig aufgehört, das Gespräch über sie und mit ihm zugleich die idiotische Diskussion darüber, ob dieses Gespräch erlaubt sei. Verabschieden wir also die Hoffnung, den Mut? Dieses Gedicht bestreitet entschieden, daß die poetische Rede keine Zukunft mehr finde. Wo die Vernichtung der Landschaft, für die es dann auch keine Wörter mehr gibt, trotz aller rhetorischen Widerstände durch die Poesie nicht aufzuhalten ist, setzt dieses Gedicht dagegen das Prinzip der Poesie selber, die Imagination. Das Betreten der Milchstraße: folgen wir einem Traum, der uns erscheint in der phantastischen Gestalt der Sprache, einer poetischen Sprache, die in ihrer schönsten Form, der Metapher, insofern sie unbelehrbar durch das rechthaberisch Wirkliche bleibt, noch jede Wirklichkeit überlebt.

(1984)

*) siehe Text (25)

Aufgaben zu B III

1. Verfassen Sie zu Brechts Gedicht „An die Nachgeborenen" (19) eine Inhaltsangabe und eine Deutung. Dabei können Sie sich an der Abfolge der drei Teile (= drei Zeitstufen: Gegenwart, Vergangenheit, Zukunft) orientieren.
2. Versuchen Sie dem Gedicht von Brecht (19) zu entnehmen, wie der Sprecher
   - der Natur,
   - der Naturlyrik (s. „Gespräch über Bäume"!)

   gegenübersteht. Belegen Sie Ihre Ergebnisse am Text.
3. Wie stellt Enzensberger (20) sprachlich und gedanklich den Zusammenhang mit Brechts Gedicht (19) her?
   Was soll mit „weiterung" ausgedrückt werden?
   Berücksichtigen Sie dabei auch die graphische Gestaltung des Textes.
4. Welche Erfahrungen liegen den Texten (21, 22 und 24, 25) zugrunde? Beziehen Sie auch die Karikatur (23) in Ihre Überlegungen mit ein.
5. Wie verhält sich der lyrische Sprecher gegenüber der erfahrenen Zerstörung der Natur in Beckers Gedicht (21)? Nehmen Sie zu dieser Haltung kritisch Stellung.
6. Vergleichen Sie die Aussage „Inzwischen ist es fast / zu einem Verbrechen geworden, / nicht über Bäume zu sprechen" in dem Gedicht von Fritz (22) mit der entsprechenden Aussage in Brechts Gedicht „An die Nachgeborenen" (19):
   „Was sind das für Zeiten, wo
   Ein Gespräch über Bäume fast ein Verbrechen ist."
7. Inwiefern ist Gregor Laschens Gedicht (24) als Kritik an der Naturlyrik zu verstehen?
8. Analysieren Sie Elisabeth Borchers Gedicht (25). Vergleichen Sie Ihr Textverständnis mit dem von Jürgen Becker (26), und nehmen Sie zu seiner Deutung Stellung.

C Theoretische Texte

PETER WAPNEWSKI

Gedichte sind genaue Form

27

[...]
„Stabilisator aus-
gebaut und Zugstrebe
vorn rechts ersetzt. Vorderachs-
träger rechts ausgerichtet,
Gummilager erneuert und Stabilisator
wieder montiert.
Bremsjoch hinten
links ersetzt und Gelenk-
welle links
ausgewechselt.
Fahrzeug optisch
vermessen."

[...] Ist dies ein Gedicht? Ist dies kein Gedicht?

Jedenfalls ist es eine Rechnung, die Reparatur eines Autos betreffend (und um wenige Zeilen gekürzt, im übrigen unangetastet, nur eigenwillig in Einheiten zerlegt bei schließlicher Aussparung der, wie das Gesetz der Poetik befiehlt, ans Ende postierten und durch Ziffern statt Buchstaben reizvoll verfremdeten Pointe. Sie lautet „Sa. DM 962,93"). [...]

Ist die Grenze zwischen Lyrik und Prosa beliebig, die „Aussage" der Form, elementare Substanz aller dichterischen Gattungs-Lehre, hinfällig geworden? Sind Prosa und Lyrik herstellbar geworden durch den Setzer, das heißt, sind sie lediglich Resultat so oder so umbrochener Zeilen? [...]

Es ist in der Tat so, daß die Grenzen der Gattungen verwischt, ja weitgehend aufgehoben sind. Das Problem ist so neu nicht, die aus ihm sich ergebenden Fakten stellen keine Sensation dar. Goethes grundgescheites Wort von den „Naturformen" der Dichtung, mit dem er die gelehrte und aus der Antike überkommene Gattungs-Trias Epik-Lyrik-Dramatik charakterisierte, verweist auf Urgliederungen der gebundenen Aussage, der Dichtung also.

Da ist das *Gedicht.* Formal: knapp, konzentriert, streng stilisiert. Inhaltlich: nach innen gewandt. In der Haltung: ichbefangen, einnehmend, monologisch.

Da ist das *Epos,* der Roman. Formal: ausladend, ja ausschweifend erzählend. Inhaltlich: Welt liefernd und Welt aufschlüsselnd. In der Haltung: „objektiv", extrovertiert, weitergehend.

Sa.: summa, Summe
elementare Substanz: grundlegender Bestandteil
Trias: Dreiheit

Da ist schließlich das *Drama*. Formal: „pluralistisch", das heißt, der Autor „singt" nicht noch erzählt er, sondern er läßt andere Personen für sich reden („für sich" im doppelten Sinne). Inhaltlich: Drama ist Lehrstück, Vorführung, ist Welt als Geschichte. In der Haltung: scheinbar die „objektivste" Gattung, das Ich ist ausgelöscht, zumindest scheint es zu schweigen, und das Persönliche wird ins Allgemeine gehoben, so wie das Allgemeine exemplarisch „personalisiert" wird. [...] Zurück zu unserer Frage nach der Verbindlichkeit des Gedicht-Begriffs hier und heute.

Meine erste These lautet:

Lyrik ist eine einfache Gattung. Sie bestimmt sich wenn nicht streng, so doch klar durch Form und Gegenstand. Wo die ihr eigene Form (stilisierte Knappheit) und der ihr eigene Gegenstand (das arg strapazierte „lyrische Ich") preisgegeben sind, wird Lyrik preisgegeben. Was bleibt, ist allenfalls noch „das Lyrische".

Meine zweite These lautet:

Ein gut Teil dessen, was heute als Lyrik angeboten wird und prosperiert, ist steckengebliebene Prosa, ist Schwundform des Essays, ist Tagebuch im Stammel-Look. Wem das fehlt, was man wohl den epischen Atem oder den dramatischen Nerv nennt, der macht sich und uns gern glauben, Lyrik sei Säuseln und diffuses Licht.

Form ist nicht Oberfläche. Form in der Literatur ist die geglückte Angemessenheit der sprachlichen Mittel beim Versuch, Gedachtes in Worten zu verdinglichen. Form ist gleich Kunst, denn selbst die gewollte Un-Form ist nur zu begreifen als künstlerisches Prinzip und bestätigt ihr Gegenteil durch die Verneinung. Auf das Gedicht bezogen: es steht mit der Form, es fällt mit ihr.

[...] Wenn indessen richtig ist, daß vieles von dem, was heute als Lyrik auftritt, sich spielerischer Beliebigkeit verdankt, dann mag in diesen Stücken Kluges gedacht, Tiefes empfunden, Lust- und Schmerzvolles gefühlt sein: aber der Schritt zum Gedicht, will sagen in eine Form, die als solche dem Gedachten und Gesagten und Empfundenen einen spezifischen Mehrwert gibt, dieser Schritt ist nicht gemacht. Denn, um ein berühmtes Diktum abzuwandeln, diesmal ist es von Benn:

Gedicht ist das Gegenteil von Beliebigkeit.

So daß zu Recht gesagt worden ist, man könne nicht ein Wort verrücken und nicht eine rhythmische Nuance verändern, ohne das Gedicht, wie es sein soll, aus den Fugen zu heben.

Wenn aber das Gedicht in solch extremem Maße an die Gesetze von Klang und Reim, von Rhythmus, Metrum, Strophe und Bild gebunden ist, dann bedeutet Preisgabe dieser Formantien nichts anderes als Preisgabe des Gedichtes. [...] Die Geschichte der Lyrik ist wie jede Geschichte eine der Überlagerung, auch der Erledigung des Alten durch Neues. Aber das Gedicht, wenn es denn eines bleiben und nicht bequeme Ausweichmarke sein soll, bedarf seiner es konstituierenden Momente, und das Neue ist als solches nur innerhalb der Ordnung dieser konstituierenden Elemente zu erkennen. [...]

prosperieren: gedeihen
Essay: kürzere Abhandlung
Diktum: „Gesagtes", Ausspruch
Formantien: Bestandteile
konstituierend: gründend, festsetzend

Als Beispiel, das diese Überlegungen erhellen mag, gilt mir ein neues Gedicht von Elisabeth Borchers:

Nachträglicher Abschied

„Auf einmal und ganz unvermittelt
bleibt man stehn.
Und horcht.
Da war etwas.
Etwas ist vergangen.
(Wir sehn uns bald,
wir werden reden,
wir werden auch zusammen essen gehn.)

Es wäre Zeit gewesen,
zu hören und zu sehn.
Ich wußte, ungenau,
und hatte viel zu tun."

Gewiß, auch dieser Fall wäre Verlockung zur Umsetzung. Man könnte Prosazeilen aus dem Gedicht machen, und ein jeder würde sie als solche passieren lassen. Daß sie damit andere „Wertigkeit" erhalten, ist leicht einzusehen [...]. Da fällt nämlich bei Betrachtung der Form die Merkwürdigkeit eines strukturbildenden Elementes auf. In diesem „statischen Gedicht", das da einen Menschen plötzlich anhalten, einhalten läßt, ihn durch die Bewegung des Stillstands an den Stillstand nicht ausgelebter Gefühle erinnert, ihn nötigt, nachträglich im Innern zu vollziehen, also wirklich zu vollziehen, was äußerlich schon „gelaufen" ist (wie der Jargon es nennt): In diesem Gedicht der einfachen Bewegungen, der einfältigen Gesten bildet der simple einsilbige „-ehn"-Reim das formende, das heißt die Ordnung der Gedanken aus der Unordnung der Gefühle gewinnende Prinzip. Dreifach wirft er sein Netz über die „unvermittelte" Materie aus: „stehn" - „gehn" - „sehn". Dazu, als eine Art Binnenreim, noch einmal das zweite Wort in der Klammer: „sehn". Schließlich das, was die Philologen einen „grammatischen Reim" nennen, also eine andere Flexionsform des gleichen Verbs: „gegangen" fügt sich zu „gehn". Da sind noch andere Bezogenheiten, etwa das Partizip „gewesen" bezieht sich auf das „vergangen" davor. Oder die Koppelung des Antinomischen zum Ende: „wußte" und „ungenau", die vom Gedicht seine Balance mitgibt in den Ausklang, das Schwebend-Unentschiedene, das Ausdruck ist eines verpaßten Lebensaugenblicks und vielleicht nicht nur Augenblicks:

All dies macht sinnfällig, wie ein neuer Ton und ein eigener Ton sich bemerkbar erst machen, wenn er sich der *ars,* der handwerklichen Kunst bedient, die das Gesetz der Gattung ausmacht. [...]

Antinomie: Widerspruch

28

PETER CORNELIUS MAYER-TASCH

Ökolyrik – Trauerarbeit im Versmaß

Das ökologische Motiv hat sich in der Lyrik des deutschen Sprachraums nach einer langen Anlaufzeit seit Anfang der 70er Jahre in ständig wachsendem Maße entfaltet. Ehe es sich voll entfalten konnte, gab es so etwas wie eine Schrecksekunde programmatisch verordneter lyrischer Sprachlosigkeit, während der [...] Lyriker im Gedenken an Bert Brechts Gedicht „An die Nachgeborenen" im Zweifel waren, ob nicht ein Gespräch über Bäume angesichts der chemischen Entlaubung vietnamesischer Wälder ein Verbrechen sei, und daher auch an die Stelle des Wortes die (vornehmlich außerparlamentarische) Tat setzten.

Nach der Ablösung der APO durch einen sehr viel breiteren, in wachsendem Maße zur echten Volksbewegung werdenden Massentrend fanden sie aber dann doch sehr rasch wieder zur poetischen Tagesordnung zurück. Denn angesichts der Erfahrung, daß sich allenthalben „ereignet, was keine Zukunft hat", bleibt dem unter sozioökologischen Fehlentwicklungen leidenden Dichter als letztes Refugium nur mehr die Phönixtat der Wiederauferstehung in der Poesie. Nicht zuletzt dies gehört zur Botschaft der ökologischen Lyrik, die Bestandsaufnahme, die Betroffenheit, Trauer, Mahnung, Gebet und Hoffnung in einem umschließt und so unser aller Verstrickung in die gegenwärtige Menschheitsstunde spiegelt.

Über die subjektive Komponente hinaus läßt sich die Funktion der ökologischen Lyrik aber auch objektiv feststellen. Als Indikation für Bewußtseinsveränderungen nämlich, als feingewirktes Warnzeichen für die auf die Wahrnehmung solcher Bewußtseinsveränderungen Angewiesenen. Als Ausdruck der ökologischen Krise hat das ökologische Gedicht seinen Standort neben der wissenschaftlichen Publikation, neben dem politischen Appell, neben der kirchlichen Predigt, neben der demoskopischen Erhebung, neben der Protestdemonstration.

Unabhängig davon, ob der Autor dies gewollt haben mag oder nicht, wird das ökologische Gedicht zu einem Dokument der sozialen und politischen Kultur – zu einem Dokument, das nicht nur das Mit-Fühlen und Mit-Denken, sondern auch die Rücksicht der sozial und politisch Handelnden verdient. Was geschehen mag, wenn sie sich zu dieser Rücksicht nicht entschließen können, spiegelt die lyrische Notiz von FRITZ PRATZ *nach einem Besuch im Frankfurter Senckenberg-Museum:*

In der Eiszeit lebte
das Mammut

Gebein und Haut
Büschel Haar
zum Gedenken im Lichthof
zum stillen Betrachten
ein ganzer Mageninhalt

Backenzähne (beschädigt)
und andre heut-
zeitliche Funde

Im atomaren Zeitalter lebte der Mensch

(1982)

Refugium: Zufluchtsort
Phönix: Vogel der altägyptischen Sage, der sich im Feuer verjüngt

Aufgaben zu C

1. Haben Sie sich durch die Frage, ob der am Anfang von Wapnewski (27) zitierte Text ein Gedicht ist, verunsichern lassen? Überprüfen Sie noch einmal das Beispiel mit der Rechnung.
2. Welche Problematik sieht Wapnewski (27) bei den literarischen Gattungen? Erläutern Sie die Frage der Grenzziehung zwischen Lyrik, Epik und Dramatik am Beispiel der Ballade (A III).
3. Fassen Sie die Aussagen des Autors zum Gedicht-Begriff (27) in Einzelthesen zusammen.
4. Welche Bedeutung kommt nach Wapnewski der Form eines Gedichtes zu (27)? Erklären Sie in diesem Zusammenhang das Benn-Zitat: „Gedicht ist das Gegenteil von Beliebigkeit."
5. Was halten Sie von den Aussagen Wapnewskis zu dem Gedicht von Elisabeth Borchers (27)? Fertigen Sie zu dem Gedicht eine eigene Deutung an.
6. Versuchen Sie eine persönliche Wertung eines Gedichtes aus dieser Lektion. Kann Wapnewskis These dabei genutzt werden?
7. Kennzeichnen Sie im Anschluß an die Lektüre des Textes von Mayer-Tasch (28) die Geschichte des ökologischen Motivs in der modernen deutschen Lyrik, und geben Sie die von Mayer-Tasch beschriebene Funktion der ökologischen Lyrik mit eigenen Worten wieder.
8. Versuchen Sie das Gedicht von Fritz Pratz aus Text (28) als „Dokument der sozialen und politischen Kultur" im Sinne Mayer-Taschs zu deuten.

D Erweitertes Textangebot

Historische Formtypen der Lyrik

FRIEDRICH GOTTLIEB KLOPSTOCK **29**

Die Sommernacht

Wenn der Schimmer von dem Monde nun herab
In die Wälder sich ergießt, und Gerüche
Mit den Düften von der Linde
In den Kühlungen wehn:

So umschatten mich Gedanken an das Grab
Der Geliebten, und ich seh in dem Walde
Nur es dämmern, und es weht mir
Von der Blüte nicht her.

Ich genoß einst, o ihr Toten, es mit euch!
Wie umwehten uns der Duft und die Kühlung,
Wie verschönt warst von dem Monde
Du, o schöne Natur!

(1766/71)

30

CLEMENS BRENTANO

*Abendständchen

Hör, es klagt die Flöte wieder,
Und die kühlen Brunnen rauschen,
Golden wehn die Töne nieder –
Stille, stille, laß uns lauschen!

Holdes Bitten, mild Verlangen,
Wie es süß zum Herzen spricht!
Durch die Nacht, die mich umfangen,
Blickt zu mir der Töne Licht.

(1803)

Ursprünglich war dies Gedicht ein Zwiegesang zwischen Fabiola und Piast in Brentanos Singspiel „Die lustigen Musikanten".

31

EDUARD MÖRIKE

An die Geliebte

Wenn ich, von deinem Anschaun tief gestillt,
mich stumm an deinem heil'gen Wert vergnüge,
dann hör' ich recht die leisen Atemzüge
des Engels, welcher sich in dir verhüllt,

und ein erstaunt, ein fragend Lächeln quillt
auf meinem Mund, ob mich kein Traum betrüge,
daß nun in dir, zu ewiger Genüge,
mein kühnster Wunsch, mein einz'ger, sich erfüllt?

Von Tiefe dann zu Tiefen stürzt mein Sinn,
ich höre aus der Gottheit nächt'ger Ferne
die Quellen des Geschicks melodisch rauschen.

Betäubt kehr' ich den Blick nach oben hin,
zum Himmel auf – da lächeln alle Sterne;
ich kniee, ihrem Lichtgesang zu lauschen.

(1830)

32

FRIEDRICH NIETZSCHE

Das Nachtlied

Nacht ist es: nun reden lauter alle springenden Brunnen. Und auch meine Seele ist ein springender Brunnen.

Nacht ist es: nun erst erwachen alle Lieder der Liebenden. Und auch meine Seele ist das Lied eines Liebenden.

Ein Ungestilltes, Unstillbares ist in mir; das will laut werden.

Eine Begierde nach Liebe ist in mir, die redet selber die Sprache der Liebe.

Licht bin ich: ach, daß ich Nacht wäre! Aber dies ist meine Einsamkeit, daß ich von Licht umgürtet bin.

Ach, daß ich dunkel wäre und nächtig! Wie wollte ich an den Brüsten des Lichts saugen!

Und euch selber wollte ich noch segnen, ihr kleinen Funkelsterne und Leuchtwürmer droben! - und selig sein ob eurer Licht-Geschenke.

Aber ich lebe in meinem eignen Lichte, ich trinke die Flammen in mich zurück, die aus mir brechen.

Ich kenne das Glück des Nehmenden nicht; und oft träumte mir davon, daß Stehlen noch seliger sein müsse als Nehmen.

Das ist meine Armut, daß meine Hand niemals ausruht vom Schenken; das ist mein Neid, daß ich wartende Augen sehe und die erhellten Nächte der Sehnsucht.

O Unseligkeit aller Schenkenden! O Verfinsterung meiner Sonne!

O Begierde nach Begehren! O Heißhunger in der Sättigung!

Sie nehmen von mir: aber rühre ich noch an ihre Seele? Eine Kluft ist zwischen Geben und Nehmen; und die kleinste Kluft ist am letzten zu überbrücken.

Ein Hunger wächst aus meiner Schönheit: wehetun möchte ich denen, welchen ich leuchte, berauben möchte ich meine Beschenkten: - also hungere ich nach Bosheit.

Die Hand zurückziehend, wenn sich schon ihr die Hand entgegenstreckt; dem Wasserfalle gleich zögernd, der noch im Sturze zögert: - also hungere ich nach Bosheit.

Solche Rache sinnt meine Fülle aus: solche Tücke quillt aus meiner Einsamkeit.

Mein Glück im Schenken erstarb im Schenken, meine Tugend wurde ihrer selber müde an ihrem Überflusse!

Wer immer schenkt, dessen Gefahr ist, daß er die Scham verliere; wer immer austeilt, dessen Hand und Herz hat Schwielen vor lauter Austeilen.

Mein Auge quillt nicht mehr über vor der Scham der Bittenden; meine Hand wurde zu hart für das Zittern gefüllter Hände.

Wohin kam die Träne meinem Auge und der Flaum meinem Herzen! O Einsamkeit aller Schenkenden! O Schweigsamkeit aller Leuchtenden!

Viel Sonnen kreisen im öden Raume: zu allem, was dunkel ist, reden sie mit ihrem Lichte. - mir schweigen sie.

O dies ist die Feindschaft des Lichts gegen Leuchtendes: erbarmungslos wandelt es seine Bahnen.

Unbillig gegen Leuchtendes im tiefsten Herzen, kalt gegen Sonnen - also wandelt jede Sonne.

Einem Sturme gleich fliegen die Sonnen ihre Bahnen, das ist ihr Wandeln. Ihrem unerbittlichen Willen folgen sie, das ist ihre Kälte.
O, ihr erst seid es, ihr Dunklen, ihr Nächtigen, die ihr Wärme schafft aus Leuchtendem! O, ihr erst trinkt euch Milch und Labsal aus des Lichtes Eutern!
Ach, Eis ist um mich, meine Hand verbrennt sich an Eisigem! Ach, Durst ist in mir, der schmachtet nach eurem Durste!
Nacht ist es: ach daß ich Licht sein muß! Und Durst nach Nächtigem! Und Einsamkeit!
Nacht ist es: nun bricht wie ein Born aus mir mein Verlangen, – nach Rede verlangt mich.
Nacht ist es: nun reden lauter alle springenden Brunnen. Und auch meine Seele ist ein springender Brunnen.
Nacht ist es: nun erst erwachen alle Lieder der Liebenden. Und auch meine Seele ist das Lied eines Liebenden. –

(1883/91)

Balladenhafte Gedichte

33

Joseph von Eichendorff

Die zwei Gesellen

Es zogen zwei rüstge Gesellen
Zum ersten Mal von Haus,
So jubelnd recht in die hellen,
Klingenden, singenden Wellen
Des vollen Frühlings hinaus.

Die strebten nach hohen Dingen,
Die wollten, trotz Lust und Schmerz,
Was Rechts in der Welt vollbringen,
Und wem sie vorüber gingen,
Dem lachten Sinne und Herz. –

Der erste, der fand ein Liebchen,
Die Schwieger kauft' Hof und Haus;
Der wiegte gar bald ein Bübchen,
Und sah aus heimlichem Stübchen
Behaglich ins Feld hinaus.

Dem zweiten sangen und logen
Die tausend Stimmen im Grund,
Verlockend' Sirenen, und zogen
Ihn in der buhlenden Wogen
Farbig klingenden Schlund.

Und wie er auftaucht' vom Schlunde,
Da war er müde und alt,
Sein Schifflein das lag am Grunde,
So still wars rings in der Runde,
und über die Wasser wehts kalt.

Es singen und klingen die Wellen
Des Frühlings wohl über mir;
Und seh ich so kecke Gesellen,
Die Tränen im Auge mir schwellen –
Ach Gott, führ uns liebreich zu Dir!

(1818)

Schiavo: Das italienische Wort „schiavo" (sprich: skiawo) bedeutet „Sklave". ▶
Mezzogiorno (ital.): „Mittag", „Süden", der Süden Italiens, ein industriell unterentwickelter Landesteil. Aus dem M. stammt die Mehrzahl der überseeischen Auswanderer Italiens.
Herne: kreisfreie Stadt in Nordrhein-Westfalen im mittleren Ruhrgebiet

34

Franz Josef Degenhardt

Tonio Schiavo

Das ist die Geschichte von Tonio Schiavo,
geboren, verwachsen im Mezzo-giorno.
Frau und acht Kinder, und drei leben kaum,
und zweieinhalb Schwestern in einem Raum.
Tonio Schiavo ist abgehaun.
Zog in die Ferne,
ins Paradies,
und das liegt irgendwo bei Herne.

Im Kumpelhäuschen oben auf dem Speicher
mit zwölf Kameraden vom Mezzo-giorno
für hundert Mark Miete und Licht aus um neun,
da hockte er abends und trank seinen Wein.
Und manchmal schienen durchs Dachfenster rein
richtige Sterne
ins Paradies,
und das liegt irgendwo bei Herne.

Richtiges Geld schickte Tonio nach Hause.
Sie zählten's und lachten im Mezzo-giorno.
Er schaffte und schaffte für zehn auf dem Bau.
Und dann kam das Richtfest, und alle waren blau.
Der Polier, der nannte ihn „Itaker-Sau".
Das hört er nicht gerne
im Paradies,
und das liegt irgendwo bei Herne.

Tonio Schiavo, der zog sein Messer,
das Schnappmesser war's aus dem Mezzo-giorno.
Er hieb's in den harten Bauch vom Polier,
und daraus floß sehr viel Blut und viel Bier.
Tonio Schiavo, den packten gleich vier.
Er sah unter sich Herne,
das Paradies,
und das war gar nicht mehr so ferne.

Und das ist das Ende von Tonio Schiavo,
geboren, verwachsen im Mezzo-giorno:
Sie warfen ihn zwanzig Meter hinab.
Er schlug auf das Pflaster, und zwar nur ganz knapp
vor zehn dünne Männer, die waren müde und schlapp,
die kamen grad aus der Ferne – aus dem Mezzo-giorno –
ins Paradies,
und das liegt irgendwo bei Herne. *(1971)*

Reisen – Motivähnliche Gedichte

35

Armin T. Wegner

Ich bin Robinson Crusoe

Ihr Abenteurer, Seefahrer, Verirrte aus sternenblauen Zonen,
Da ich schlafend ruhe am regenverwaschenen Strand,
Wie steigt ihr auf mit euren Gesichtern gleich den Schiffsschnäbeln alter Galionen,

Von Blutflecken rostig, die Lippe zerrissen wie eines schartigen Schwertes Rand.

Aus eurer Märchengruft, ihr Wilden, auf halbmondschlanken Pirogen,
Wenn über den Zauberbüchern die Lampe glänzte, von Waldduft schwer.
Durch schäumende Wolken die Schwalben, fliegende Fische zogen;
Hinter den Dächern der Himmel war das blaue malaische Meer.

Wie saß ich über die Landkarten gebückt. Ich hörte den Golfstrom schwatzen.
Als Sklavenhändler zog ich den Sudan hinauf; ich sah
Die chinesische Mauer, eine ringelnde Schlange. Länder streckten nach mir die braunen Tatzen,
Und schaudernd sprach ich die großen Worte: Borneo, Kanarische Inseln, Nowaja Semlja.

Ich bin Robinson Crusoe. Mich spülte den Haien zum Fraße
Die Flut von Bord, wo löwenhungrig das Meer die rosige Klippe leckt.
Bunt flammt mein Hut von Papageienfedern. Ich fuhr durch die Magalhaesstraße;
Im Mastkorb des Kolumbus hab ich die grünen Feuer der Palmen entdeckt.

O so bekennt euch zu mir, ihr Namenlosen, die ihr vergessen auf Inseln schlaft, die Wange
Gebettet im Sand; Kapitäne im Dreimaster, Heiden mit Fackel und Speer!
Da naht ihr euch auch vom Tierkreis des Himmels: Wolf, Adler und Wasserschlange,
Sanft küßt die Stirn mir mit goldener Zunge der große Bär.

Sternbilder auf See, Gefährten der Not, die ich voll Inbrunst beschwöre,
Rastlos zur Ferne die Drachenhäute der Segel gespannt. Euch brach
Im Heimweh das beutelüsterne Herz: der Kühnheit ewige Heere!
Schweb ich durch Wasser und Tod, folgt ihr mir singend im Kielgang des Schiffes nach.

(1924)

Galionen: spanischer Schiffsvorbau, oft durch eine Galionsfigur verziert
Pirogen: indianischer Einbaum mit hohen Bordwänden; karibische Herkunft

36

JOSEPH VON EICHENDORFF

Sehnsucht

Es schienen so golden die Sterne,
Am Fenster ich einsam stand
Und hörte aus weiter Ferne
Ein Posthorn im stillen Land.
Das Herz mir im Leib entbrennte,
Da hab ich mir heimlich gedacht:
Ach, wer da mitreisen könnte
In der prächtigen Sommernacht!

Zwei junge Gesellen gingen
Vorüber am Bergeshang,
Ich hörte im Wandern sie singen
Die stille Gegend entlang:
Von schwindelnden Felsenschlüften,
Wo die Wälder rauschen so sacht,
Von Quellen, die von den Klüften
Sich stürzen in die Waldesnacht.

Sie sangen von Marmorbildern,
Von Gärten, die überm Gestein
In dämmernden Lauben verwildern,
Palästen im Mondenschein,
Wo die Mädchen am Fenster lauschen,
Wann der Lauten Klang erwacht
Und die Brunnen verschlafen rauschen
In der prächtigen Sommernacht. –

(1834)

37

STEPHAN LEGO

Komm auf das Schiff meiner Träume

Ich träume lange, schon viel zu lange
von einer Insel im blauen Meer.
Von weißen Schiffen und braunen Mädchen,
von blauen Nächten und noch viel mehr.
Komm doch mit mir auf diese Reise,
und wir vergessen die alte Welt.
Wo Palmen stehen an weißen Stränden
gibt es ein Leben, das uns gefällt.

Komm auf das Schiff meiner Träume,
es liegt schon unten am Kai.
Unter den Sternen des Südens
wartet das Glück auf uns zwei.
Zwei Ukulelen, die klingen,
ein weißes Boot fährt vorbei.
Und dann hörst du, wie sie singen,
A-lo-ha-oe auf Hawai.

Morgens Sonne und abends Sterne,
dazwischen Blüten und roter Wein.
Ganz ohne Sorgen ist jeder Morgen
im Land der Liebe, komm und steig ein.

Komm auf das Schiff meiner Träume......

(1973)

Orig. Text: Billy Meshel; Musik: Chris Montez

Ukulele: sehr kleine Gitarre

38

GOTTFRIED BENN

Reisen

Meinen Sie Zürich zum Beispiel
sei eine tiefere Stadt,
wo man Wunder und Weihen
immer als Inhalt hat?

Meinen Sie, aus Habana,
weiß und hibiskusrot,
bräche ein ewiges Manna
für Ihre Wüstennot?

Bahnhofstraßen und Rueen,
Boulevards, Lidos, Laan –
selbst auf den Fifth Avenueen
fällt Sie die Leere an –

Ach, vergeblich das Fahren!
Spät erst erfahren Sie sich:
bleiben und stille bewahren
das sich umgrenzende Ich.

(1953)

Manna: legendäres Brot der Israeliten

39

DIETER HÖSS

Reisen – frei nach Benn

Meinen Sie, Basel zum Beispiel
sei eine andere Stadt?
Oder meinen Sie, Appenzell sei
eine andere? Oder Zermatt?
Oder Winterthur?
Oder Luzern?
Oder Interlaken?
Oder Chur?
Oder Bern?
Oder meinen Sie, Zürich als Reiseziel
hätte nicht auch seinen Haken?
Hat Zuhausebleiben
nicht auch seinen Reiz?
Und was meinen Sie: Liegt
das an Ihnen –
oder liegt's an der Schweiz ...?

(1974)

40

BERTOLT BRECHT

Fahrend in einem bequemen Wagen

Fahrend in einem bequemen Wagen
Auf einer regnerischen Landstraße
Sahen wir einen zerlumpten Menschen bei Nachtanbruch
Der uns winkte, ihn mitzunehmen, sich tief verbeugend.
Wir hatten ein Dach und wir hatten Platz und wir fuhren vorüber

Und wir hörten mich sagen, mit grämlicher Stimme: Nein
Wir können niemand mitnehmen.
Wir waren schon weit voraus, einen Tagesmarsch vielleicht
Als ich plötzlich erschrak über diese meine Stimme
Dies mein Verhalten und diese
Ganze Welt.

(1937)

Zwei Segel – Genese eines Gedichts

41

Conrad Ferdinand Meyer

Abendbild

Zwei Segel, sie wandern
Vorbei unserm Haus,
Folgt eines dem andern
Und plaudern's nicht aus.

Sich lieben, sich meiden,
Sich folgen von fern –
Es blinkt zwischen beiden
Im Wasser ein Stern.

Die Segel empfinden
Zusammen die Luft,
Die Seelen verbinden
Sich über die Kluft.

Ich sehe sich breiten
Die dämmernde Bucht –
Sie ziehn und entgleiten
In ruhiger Flucht. *(1870)*

Ohne Titel

Ein doppeltes Leben,
Zwei Segel auf dunkelnder Flut,
Sie ziehen und schweben –
Sie rötet der Abend mit Glut.

Wie eins in den Winden
Sich schwellt und die Schwingen bewegt,
Wird gleiches Empfinden
Im Wandergefährten erregt. *(1875)*

Zwei Segel

Zwei Segel erhellend
Die tiefblaue Bucht!
Zwei Segel sich schwellend
Zu ruhiger Flucht!

Wie eins in den Winden
Sich wölbt und bewegt,
Wird auch das Empfinden
Des andern erregt.

Begehrt eins zu hasten,
Das andre geht schnell,
Verlangt eins zu rasten.
Ruht auch sein Gesell. *(1882)*

Naturlyrik des 19. Jahrhunderts

42

JOHANN WOLFGANG GOETHE

Natur und Kunst

Natur und Kunst, sie scheinen sich zu fliehen
Und haben sich, eh man es denkt, gefunden;
Der Widerwille ist auch mir verschwunden,
Und beide scheinen gleich mich anzuziehen.

Es gilt wohl nur ein redliches Bemühen!
Und wenn wir erst in abgemeßnen Stunden
Mit Geist und Fleiß uns an die Kunst gebunden,
Mag frei Natur im Herzen wieder glühen.

So ist's mit aller Bildung auch beschaffen:
Vergebens werden ungebundne Geister
Nach der Vollendung reiner Höhe streben.

Wer Großes will, muß sich zusammenraffen;
In der Beschränkung zeigt sich erst der Meister,
Und das Gesetz nur kann uns Freiheit geben. *(1800)*

43

FRIEDRICH SCHLEGEL

Abendröte

Tiefer sinket schon die Sonne,
Und es atmet alles Ruhe,
Tages Arbeit ist vollendet,
Und die Kinder scherzen munter.
Grüner glänzt die grüne Erde,
Eh' die Sonne ganz versunken;
Milden Balsam hauchen leise
In die Lüfte nun die Blumen,
Der die Seele zart berühret,
Wenn die Sinne selig trunken.
Kleine Vögel, ferne Menschen,
Berge himmelan geschwungen,
Und der große Silberstrom,
Der im Tale schlank gewunden,
Alles scheint dem Dichter redend,
Denn er hat den Sinn gefunden;
Und das All ein einzig Chor,
Manches Lied aus einem Munde.

(1802)

44

JOHANN WOLFGANG GOETHE

Dämmrung senkte sich von oben

Dämmrung senkte sich von oben,
Schon ist alle Nähe fern;
Doch zuerst emporgehoben
Holden Lichts der Abendstern!
Alles schwankt ins Ungewisse,
Nebel schleichen in die Höh;
Schwarzvertiefte Finsternisse
Widerspiegelnd ruht der See.

Nun am östlichen Bereiche
Ahn' ich Mondenglanz und -glut,
Schlanker Weiden Haargezweige
Scherzen auf der nächsten Flut.
Durch bewegter Schatten Spiele
Zittert Lunas Zauberschein,
Und durchs Auge schleicht die Kühle
Sänftigend ins Herz hinein.

(1827)

Luna: römische Mondgöttin

EDUARD MÖRIKE

Am Walde

45

Am Waldsaum kann ich lange Nachmittage
Dem Kukuk horchend, in dem Grase liegen,
Er scheint das Thal gemächlich einzuwiegen
Im friedevollen Gleichklang seiner Klage.

Da ist mir wohl, und meine schlimmste Plage,
Den Fratzen der Gesellschaft mich zu fügen,
Hier wird sie mich doch endlich nicht bekriegen,
Wo ich auf eigne Weise mich behage.

Und wenn die feinen Leute nur erst dächten,
Wie schön Poeten ihre Zeit verschwenden,
Sie würden mich zuletzt noch gar beneiden.

Denn des Sonnetts gedrängte Kränze flechten
Sich wie von selber unter meinen Händen,
Indes die Augen in der Ferne weiden.

(1830)

JOSEPH VON EICHENDORFF

Mondnacht

46

Es war, als hätt der Himmel
Die Erde still geküßt,
Daß sie im Blütenschimmer
Von ihm nun träumen müßt.

Die Luft ging durch die Felder,
Die Ähren wogten sacht,
Es rauschten leis die Wälder,
So sternklar war die Nacht.

Und meine Seele spannte
Weit ihre Flügel aus,
Flog durch die stillen Lande,
Als flöge sie nach Haus.

(1837)

ANNETTE VON DROSTE-HÜLSHOFF

Im Grase

47

Süße Ruh, süßer Taumel im Gras,
Von des Krautes Arome umhaucht,
Tiefe Flut, tief tief trunkne Flut,
Wenn die Wolk am Azure verraucht,
Wenn aufs müde, schwimmende Haupt
Süßes Lachen gaukelt herab,
Liebe Stimme säuselt und träuft
Wie die Lindenblüt auf ein Grab.

Wenn im Busen die Toten dann,
Jede Leiche sich streckt und regt,
Leise, leise den Odem zieht,
Die geschloßne Wimper bewegt,
Tote Lieb, tote Lust, tote Zeit,
All die Schätze, im Schutt verwühlt,
Sich berühren mit schüchternem Klang
Gleich den Glöckchen, vom Winde umspielt.

Stunden, flücht'ger ihr als der Kuß
Eines Strahls auf den trauernden See,
Als des ziehenden Vogels Lied,
Das mir nieder perlt aus der Höh,
Als des schillernden Käfers Blitz,
Wenn den Sonnenpfad er durcheilt,
Als der heiße Druck einer Hand,
Die zum letzten Male verweilt.

Dennoch, Himmel, immer mir nur,
Dieses eine mir: für das Lied
Jedes freien Vogels im Blau
Eine Seele, die mit ihm zieht,
Nur für jeden kärglichen Strahl
Meinen farbig schillernden Saum,
Jeder warmen Hand meinen Druck
Und für jedes Glück meinen Traum.

(1844–45)

48

Theodor Storm

Abseits

Es ist so still; die Heide liegt
Im warmen Mittagssonnenstrahle,
Ein rosenroter Schimmer fliegt
Um ihre alten Gräbermale;
Die Kräuter blühn; der Heideduft
Steigt in die blaue Sommerluft.

Laufkäfer hasten durchs Gesträuch
In ihren goldnen Panzerröckchen,
Die Bienen hängen Zweig um Zweig
Sich an der Edelheide Glöckchen,
Die Vögel schwirren aus dem Kraut –
Die Luft ist voller Lerchenlaut.

Ein halbverfallen niedrig Haus
Steht einsam hier und sonnbeschienen,
Der Kätner lehnt zur Tür hinaus,
Behaglich blinzelnd nach den Bienen,
Sein Junge auf dem Stein davor
Schnitzt Pfeifen sich aus Kälberrohr.

Kaum zittert durch die Mittagsruh
Ein Schlag der Dorfuhr, der entfernten;
Dem Alten fällt die Wimper zu,
Er träumt von seinen Honigernten.
– Kein Klang der aufgeregten Zeit
Drang noch in diese Einsamkeit.

(um 1850)

49

Bertolt Brecht

Schlechte Zeiten für Lyrik

Ich weiß doch: nur der Glückliche
Ist beliebt. Seine Stimme
Hört man gern. Sein Gesicht ist schön.

Der verkrüppelte Baum im Hof
Zeigt auf den schlechten Boden, aber
Die Vorübergehenden schimpfen ihn einen Krüppel
Doch mit Recht.

Die grünen Boote und die lustigen Segel des Sundes
Sehe ich nicht. Von allem
Sehe ich nur der Fischer rissiges Garnnetz.

Warum rede ich nur davon
Daß die vierzigjährige Häuslerin gekrümmt geht?
Die Brüste der Mädchen
Sind warm wie ehedem.

In meinem Lied ein Reim
Käme mir fast vor wie Übermut.

In mir streiten sich
Die Begeisterung über den blühenden Apfelbaum
Und das Entsetzen über die Reden des Anstreichers.
Aber nur das zweite
Drängt mich zum Schreibtisch.

(1938)

Sund: Brecht schrieb das Gedicht in Dänemark im Exil.
Anstreicher: Brecht bezeichnete Hitler in seinen Gedichten stets als Anstreicher.

Arbeitsvorschläge zum Textangebot

1. Untersuchen Sie die Texte (29–32) arbeitsteilig.
   - Ordnen Sie die Gedichte den historischen **Formtypen** der Lyrik zu: Elegie, Hymne, Lied, Sonett. Begründen Sie die Zuordnung.
   - Deuten Sie die Gedichte unter besonderer Berücksichtigung der formalen Mittel, mit denen die jeweilige Aussage gestaltet ist.
2. Analysieren Sie die Gedichte (33 und 34) in bezug auf **balladenhafte Gestaltungsformen.**
3. Kennzeichnen Sie die polaren Lebensmöglichkeiten, die Eichendorff in seinem Gedicht (33) entwirft. Welche Haltung nimmt der Sprecher gegenüber diesen Möglichkeiten ein? Berücksichtigen Sie vor allem die Schlußstrophe.
4. Welches Bild von der Situation des Gastarbeiters in der Bundesrepublik wird in Degenhardts Gedicht (34) entworfen? Nehmen Sie dazu Stellung.
5. Wie ist die Aussage des Sprechers „Ich bin Robinson Crusoe" (35) zu verstehen? Stellen Sie dazu die Informationen über den Sprecher zusammen.
6. Wie wird die Sehnsucht in dem romantischen Gedicht (36) dargestellt? Stellen Sie dazu fest, auf welche Weise das lyrische Ich die Wirklichkeit wahrnimmt und wonach es sich eigentlich sehnt (vgl. Kapitel 7 B).
7. Vergleichen Sie den **Schlagertext** (37) mit Joseph von Eichendorffs „Sehnsucht" (36).
   - Auf welche Ziele richtet sich die Sehnsucht des „Ich"?
   - Wie wird die Flucht in die Traumwelt erlebt und dargestellt?
8. Inwiefern kann Benns Gedicht „Reisen" (38) als „Antwort" auf das von Eichendorff (36) aufgefaßt werden?
9. Wodurch wird in (39) der Eindruck verspottender Nachahmung des Benn-Gedichts (38) hervorgerufen? Welche inhaltliche Aussage wird in dieser **Parodie** deutlich?

10. Bertolt Brechts Gedicht „Fahrend in einem bequemen Wagen" (40) stellt einen Prozeß dar, der in drei Stufen abläuft. Beschreiben sie ihn.
    - Wie wird die Bewußtseinsveränderung des Sprechers sprachlich verdeutlicht?
    - Wie erklären Sie das Erschrecken des Ich über „diese ganze Welt"? Berücksichtigen Sie, daß die „Welt" in diesem Text durch das Bild der im Wagen Sitzenden und des Zerlumpten dargestellt wird.
11. Conrad Ferdinand Meyer hat häufig über lange Zeiträume hinweg immer wieder an einem lyrischen Motiv gearbeitet, bis er zu einer Fassung gelangte, die seinen Ansprüchen gerecht wurde. Ein Beispiel dafür sind die drei Fassungen (41).
    - Vergleichen Sie die Gedichtfassungen miteinander.
    - Werten Sie die Ergebnisse aus: Was wurde mit den Veränderungen erreicht?
    - Das dingliche Bild der Endfassung „Zwei Segel" wird in seiner sprachlichen Intensität und in seiner Isoliertheit zum **Symbol** (vgl. E IV). Zeigen Sie, worin sich die Symbolik ausdrückt, und versuchen Sie eine Deutung.
12. Untersuchen Sie das der Klassik zugehörige Gedicht von Goethe (42).
    - Wie wird hier „Natur" verstanden? Stellen Sie dazu die Begriffe „Natur" und „Kunst" mit den entsprechenden Ausdrücken, die ihnen im Text zugeordnet sind, gegenüber.
    - Inwiefern eignet sich die Sonettform besonders, die Gedanken über das Problem von Natur und Kunst, Freiheit und Gesetz lyrisch zu gestalten?
13. Die Gedichte (43–48) stammen aus der ersten Hälfte des 19. Jahrhunderts.
    - Welche Tendenz in der Naturdarstellung läßt sich in dieser Gedichtgruppe erkennen?
    - Welche Texte dieser Gruppe empfinden Sie als enger zusammengehörend?
    - Verfassen Sie zu einem dieser Gedichte eine Deutung.
14. Analysieren Sie Brechts Gedicht (49). Berücksichtigen Sie dabei vor allem, wie er sich hier mit der traditionellen Naturlyrik auseinandersetzt.

Weiterführende Arbeitsvorschläge

1. Vergleichen Sie motivähnliche Gedichte oder formal verwandte Gedichte (z. B. die Sonette 3, 31, 42, 45). Finden Sie selbst entsprechende Untersuchungsgesichtspunkte für den Vergleich. (Einige Anregungen können Sie den Arbeitsvorschlägen zu den einzelnen Texten entnehmen.)
2. „Zog in die Ferne, ins Paradies" –
   Vergleichen Sie die Darstellung der „Ferne" in „Tonio Schiavo" (34) und in den folgenden Texten (36–39).
3. Vergleichen Sie die Naturdarstellung in der Gedichtgruppe (42–48) und in den zeitgenössischen Texten (21, 22 und 24, 25).

4. Tragen Sie ein Gedicht Ihrer Wahl vor.
   - Lesen Sie es zunächst mehrere Male leise.
   - Machen Sie sich klar, wie Sie es im einzelnen sprechen wollen, damit die Aussage des Textes durch den Vortrag zum Ausdruck kommt.
   - Der Vortrag muß als Deutung verstanden werden. Sprechen Sie nach dem jeweiligen Gedichtvortrag mit Ihren Mitschülern darüber, wie Sie Ihre Deutung verstanden haben.
5. Versuchen Sie, selbst ein Gedicht zu schreiben, und zwar zu einem der in dieser Textauswahl angesprochenen Motive.
6. In dem Band *„Doppelinterpretationen" (Das zeitgenössische deutsche Gedicht zwischen Autor und Leser. Hg. und eingeleitet von Hilde Domin, Frankfurt am Main: Fischer Taschenbuchverlag 1977.)* finden Sie zu zahlreichen Gedichten, u. a. zu Christa Reinigs und Karl Krolows „Robinson" (11, 13), Deutungen vom jeweiligen Autor selbst und einem Kritiker oder Literaturwissenschaftler. Referieren Sie über eine dieser „Doppelinterpretationen", die Ihnen interessant erscheint.
7. Wenn Sie sich noch intensiver mit Naturlyrik beschäftigen wollen, können Sie sich auf folgende Anthologien stützen:
   Naturlyrik. Ein Arbeitsbuch. Für die Schule hg. v. Margret und Karlheinz Fingerhut. Frankfurt/Main: Verlag Moritz Diesterweg 1984.
   Edgar Marsch (Hg.): Moderne deutsche Naturlyrik, Stuttgart: Reclam 1980 (RUB 9969).
8. Analysieren und vergleichen Sie motivähnliche Gedichte aus verschiedenen Epochen, z. B.
   - Liebeslyrik
     (Liebeslyrik. Ein Arbeitsbuch. Für die Schule hg. v. Margret und Karlheinz Fingerhut. Frankfurt/Main: Verlag Moritz Diesterweg 1983.)
   - zum Thema „Arbeit". Dazu finden Sie in Lektion 7 D Gedichte mit Aufgaben und Arbeitsvorschlägen.
   - zum Thema „Die moderne Großstadt".
     (Wolfgang Rothe, Hg.: Deutsche Großstadtlyrik vom Naturalismus bis zur Gegenwart. Stuttgart: Reclam 1973. RUB 9448–52/52 a/b).
9. Analysieren und vergleichen Sie politische Lyrik des 19. und 20. Jahrhunderts.
   Untersuchungsgesichtspunkte:
   - Thema
   - Gedichtform
   - Ausdruckshaltung
   - Sprachlich-stilistische Mittel
   - Entstehungs- und Wirkungsgeschichte.

   Geeignete Texte und Arbeitsvorschläge dazu finden Sie in: *Arbeitstexte für den Unterricht. Politische Lyrik. Deutsche Zeitgedichte des 19. und 20. Jahrhunderts. Für die Sekundarstufe hg. v. Wolfgang Gast. Stuttgart: Reclam 1973 (RUB 9502).*

E Information
Grundbegriffe zur Analyse lyrischer Texte

I. Besonderheiten der Gattung „Lyrik“

Lyrik ist eine Dichtungsart, die Wirklichkeit mit rhythmischen, klanglichen und bildhaften Mitteln der Sprache aus der Perspektive (Sicht) eines Sprechers gestaltet.
Die Rolle und Stellung des Sprechers im Gedicht, des sogenannten **lyrischen Ichs,** ist ähnlich bedeutsam wie die des Erzählers in der Epik (vgl. dazu Kapitel 4), weil dieses lyrische Ich den Vorgang des Verstehens wesentlich beeinflußt. **Das Erzählen** kann sogar eine wichtige Darbietungsart des Gedichts sein, vor allem in Erzählgedichten.
Die **liedhafte Weise** des lyrischen Sprechens ist durch die einfache und innige Vergegenwärtigung von Dingen, Vorgängen (z. B. der Natur) und Erfahrungen (wie Liebe, Abschied) gekennzeichnet, die in ihrer natürlichen Gegebenheit allgemeingültig sind. Dabei kann die subjektive Empfindung des lyrischen Ichs das Dargestellte so weit bestimmen, daß Ich und Wirklichkeit verschmelzen (wie in der Stimmungslyrik).
Bei der **lehrhaften Weise** des lyrischen Sprechens dagegen werden Gegenstände und Sachverhalte aus der Distanz oder der Perspektive persönlicher Betroffenheit dargeboten (z. B. in der Gedankenlyrik und in der politischen Lyrik). Ihr liegt eine zeigende, deutende Haltung des Sprechers zugrunde.

II. Mittel rhythmischer Gestaltung

Unsere Normalsprache nennt man **Prosa.** Über Betonung, Sprechtempo und Pausen entscheidet der Sprecher je nach Temperament und Aussageabsicht. Was der Sprecher so gestaltet, bezeichnet man als den **Rhythmus** der Sprache.
Der Gegensatz zur Prosa ist die **Verssprache.** Der **Vers** ist die Gedichtzeile, der oft eine mehr mechanische Ordnung, das **Metrum** (Versmaß), zugrundeliegt, das heißt ein ziemlich gleichmäßiger Wechsel betonter (= Hebungen) und unbetonter (= Senkungen) Silben. Das Metrum eines Verses ist schematisierbar.
Die wichtigsten Metren der deutschen Sprache sind:
- der **Jambus** (Plural: Jamben)
  Im düstern Auge keine Träne (Heine)
  x x́ | x x́ | x x́ | x x́ | x   x́ = betonte Silbe, x = unbetonte Silbe
- der **Trochäus** (Plural: Trochäen)
  Lieber Leser, merk' dir das
  x́ x | x́ x | x́ x | x́

- der **Daktylus** (Plural: Daktylen)
  Alles Erworbne bedroht die Maschine (Rilke)
  x́ x x | x́ x x | x́ x x | x́ x

Nach der Anzahl der **Versfüße** (den kleinsten festen Einheiten des Metrums) läßt sich ein Vers als zwei-, drei- oder mehrhebiger Jambus, Trochäus oder Daktylus bestimmen. Für den Leser von Gedichten ist es nicht so entscheidend, das jeweilige Metrum benennen zu können, wohl aber zu hören, ob ein regelmäßiger Wechsel von Hebung und Senkung - man nennt ihn **Alternation,** die entsprechenden Verse **alternierend** - vorliegt, und vor allem: wo der Autor davon abweicht; wo er das Gleichmaß durchbricht, will er meistens die Aussage besonders hervorheben.
Auch beim sinngebenden Sprechen von Versen ergibt sich je nach dem Textverständnis ein **Rhythmus,** der selten mit dem Metrum übereinstimmt, so daß manche Silben eine stärkere Betonung tragen als die anderen, metrische Hebungen ihren Nachdruck verlieren oder metrische Senkungen sogar hervorgehoben werden können. Metrum und Rhythmus stehen also stets in einem **Spannungsverhältnis:** Die Grundeinheit des Metrums ist der Versfuß, die Grundeinheit des Rhythmus dagegen ist der Sinnabschnitt, das **Kolon** (Plural: Kola). Ein wichtiges rhythmisches Mittel ist das **Enjambement** (Zeilensprung, Versbrechung), d. h., Satz- und Versende fallen nicht zusammen wie beim **Zeilenstil,** sondern die Satz- bzw. Sinneinheit greift ohne deutliche Pause von einer Verszeile auf die andere über.
In moderner Lyrik wird häufig von den in der Sprache enthaltenen Möglichkeiten des Zeigens, Vorausdeutens, Zurückweisens Gebrauch gemacht, z. B. durch Veränderungen in der Wortstellung (Inversion) und Pausen in der Sprechbewegung. Diese gebärdenhafte Ausdrucksform der Sprache, die dem Gestus des Sprechenden angeglichen ist, bezeichnet man als **gestischen Rhythmus.**

III. Klangliche Gestaltungsmittel

Das auffälligste klangliche Mittel in herkömmlicher Lyrik ist der **Reim,** der Gleichklang zweier oder mehrerer Wörter vom letzten betonten Vokal am Ende zweier oder mehrerer Zeilen an **(Endreim)** oder innerhalb einer Zeile **(Binnenreim).** Verse bzw. Reime, die mit betonter Silbe enden, heißen „stumpf" oder „männlich" (xx́), solche, die mit unbetonter Silbe enden, „klingend" oder „weiblich" (x́x). Der Fachausdruck für den Versausgang ist **Kadenz.**

- **klingende Kadenz:** Dinge - Klinge
- **stumpfe Kadenz:** Spiel - Stiel

Wie die Reimwörter innerhalb einer **Strophe,** der Anordnung einer bestimmten Anzahl von Verszeilen zu einer Einheit, wechseln, ist unterschiedlich. Man unterscheidet folgende gebräuchliche Reimfolgen:

Paarreim:	a a b b
Kreuzreim:	a b a b
umschließender Reim:	a b b a
Schweifreim:	a a b c c b

Der Reiz des Reimes liegt in der regelmäßigen Wiederkehr gleichartiger Klänge, die dazu beitragen, daß das Gedicht als durchgeformtes Gebilde vernehmbar wird. Weniger auffällig, aber doch für den Klang wichtig sind die **Alliteration**, der Gleichklang des Anlauts der betonten Silben zweier oder mehrerer Wörter, die **Assonanz**, der Gleichklang nur der Vokale in mindestens zwei Wörtern vom letzten betonten Vokal an, und die **Anapher**, die Wiederholung desselben Wortes oder derselben Wortgruppe am Anfang mehrerer aufeinanderfolgender Verse. In moderner Lyrik übernehmen diese Klangmittel nicht selten die Aufgabe des Endreims in traditioneller Lyrik.

Alliteration:	Bei Wind und Wetter / alternde Astern
Assonanz:	Ich hab es getragen sieben Jahr
Anapher:	lies keine oden, mein sohn, lies die fahrpläne

IV. Sprachliche Bilder

Bildlichkeit ist ein wesentliches Kennzeichen dichterischer Sprache, spielt aber in der Lyrik eine besonders bedeutende Rolle. Die Wirkung sprachlicher Bilder geht von der Unmittelbarkeit der durch sie erzeugten Anschauung aus. Es gibt verschiedene Formen bildlicher Gestaltung; folgende sind besonders wichtig:

- **der Vergleich**: Durch „wie“, „wie – so“ u. a. wird eine Beziehung zwischen zwei Bereichen hergestellt, zwischen denen eine Gemeinsamkeit besteht: „... die Erde, **einer Insel gleich** trieb sie im Wind“ (Kaschnitz)
- **die Metapher**: Ein Wort oder eine Wortgruppe wird nicht im eigentlichen Sinn gebraucht, sondern als bildhafter Ausdruck in einen anderen Zusammenhang übertragen: „**ein letztes Gehöft** von Gefühl“ (Rilke)
- **die Personifikation**: Vermenschlichung von abstrakten Begriffen, Gegenständen, Tieren oder Pflanzen:
  „Gelassen stieg **die Nacht** ans Land“ (Mörike)
- **das Symbol**: Ein wahrnehmbares Zeichen oder Sinnbild, das stellvertretend für etwas nicht Wahrnehmbares, einen allgemeinen Sinnzusammenhang, steht: „Ring“ für etwas Ewiges, Untrennbares; „Das zerbrochene Ringlein“ (Eichendorff) für Treuebruch.

V. Rhetorische Figuren

Einige der genannten klanglichen Mittel (z. B. die Anapher) sowie die Formen sprachlicher Bilder bezeichnet man auch als rhetorische Figuren; das sind Sprachmittel, die von der Antike an sowohl die Kunst des zweckgebundenen Redens und Schreibens als auch die Dichtung stark beeinflußt haben. Folgende rhetorische Figuren finden sich häufig in Gedichten:

- **die Antithese**: Die Betonung der Gegensätzlichkeit zweier Tatbestände, die in Wortwahl oder Satzbau besonders aufeinander bezogen werden:
  „Der Wahn ist kurz, die Reu' ist lang" (Schiller)
- **die Ellipse**: Ein grammatisch unvollständiger Satz, dessen Aussage aber aus sich selbst verständlich ist und der zum Mitdenken anregen soll:
  „Was [machen wir] nun?"
  „Ein Ruderschlag:
  Ein Eratmen" (Benn)
- **der Parallelismus**: Syntaktisch gleich gebaute Sätze oder Zeilen: dieselben Wortarten als Satzglieder in derselben Reihenfolge:
  „Nacht ist es: nun reden lauter alle springenden Brunnen. [...]
  Nacht ist es: nun erst erwachen alle Lieder der Liebenden." (Nietzsche)

VI. Gedichtformen

Ballade und Erzählgedicht

Die Ballade trat als eigenständige Kunstform erst im 18. Jahrhundert hervor. In der Epoche des Sturm und Drang erhielt sie einen gewaltigen Auftrieb und ist seitdem eine beliebte Dichtungsform – in der Gegenwart vor allem in der Form des lehrhaften (und politischen) Erzählgedichts.
Nach Goethes noch heute gültiger Definition stellt das balladenhafte Gedicht **eine Verbindung der drei Gattungsmöglichkeiten** dar:
Vom rein Lyrischen hat sie in erster Linie das Rhythmische und den Klang; vom Drama das Szenische, den Dialog; vom Epischen das novellistisch Erzählerische. Diese Möglichkeiten können in balladenhaften Gedichten unterschiedlich gewichtet sein.

Elegie

Ursprünglich ist die Elegie rein **formal** bestimmt als Gedicht in Distichen. Unter einem **Distichon** versteht man die Verbindung eines Hexameters (eines zumeist aus sechs Daktylen bestehenden Verses) mit einem Pentameter (einem ebenfalls zumeist aus sechs Daktylen bestehenden Vers, der jedoch eine Diärese, einen Verseinschnitt, nach der dritten Hebung aufweist) zu einer Strophe.
Erst später erfolgte die Festlegung auf **Inhalte der Trauer, Schwermut, Sehnsucht.** Die Bezeichnung Elegie (Adjektiv: elegisch) wird seitdem auch für wehmütigklagende Gefühlslyrik verwendet – ohne Bindung an das Distichon. Klopstock und Hölty benutzten z. B. aus der griechischen Antike stammende Odenstrophen.

Hymne

In fast allen Hochkulturen ist die Hymne anzutreffen, ursprünglich ein Weihe- oder Festgesang zu Ehren eines Gottes. Die Hymne der Neuzeit löst sich aus dem liturgischen Bereich und wird zu einem feierlichen Lob- und Preisgesang ohne Bindung an religiöse Inhalte. Bevorzugt werden seitdem freie Rhythmen, d. h. metrisch ungebundene, reimlose Verse von beliebiger Zeilenlänge (s. Zeilenkomposition); dabei wird oft von der Möglichkeit des Enjambements Gebrauch gemacht.

Lied

Das Lied als sangbare, strophisch gegliederte und gereimte Kurzform gilt als unmittelbarster Ausdruck des Lyrischen. Er erscheint als repräsentativer Typus von „Gefühlslyrik" im traditionellen Sinn. Man unterscheidet nach der Entstehung Volkslied und Kunstlied, wobei das Volkslied inhaltlich und formal im allgemeinen schlichter ist. Die sogenannte Volksliedstrophe ist eine vierzeilige drei- oder vierhebige Strophe mit abwechselnd weiblichem und männlichem Reim.

Sonett

Das Sonett ist eine der bedeutendsten Gedichtformen in allen europäischen Literaturen. Es entstand im 16. Jahrhundert in Italien. In der deutschen Literatur kommt es schon sehr häufig im Barock vor. Als Metrum benutzte man den **Alexandriner,** einen sechshebigen Jambus mit einer festen Zäsur (einem Sinneinschnitt) nach der dritten Hebung:
„Der schnelle Tag ist hin / die Nacht schwingt ihre Fahn" (Gryphius)
In seiner Grundform besteht das Sonett aus vier Strophen, und zwar aus zwei vierzeiligen Strophen **(Quartette)** und zwei dreizeiligen Strophen **(Terzette).** Für die Quartette ist die Reimfolge a b b a verbindlich, während die Terzette freier gestaltet werden können.
Seine strenge, klare Gliederung (oft mit einer starken Zäsur zwischen Quartetten und Terzetten) macht das Sonett vor allem für Gedankendichtung geeignet (Satz und Gegensatz, Problem und Lösung).

Die Zeilenkomposition

In der modernen Lyrik verzichtet man oft auf die traditionellen Elemente des Metrums und des Endreims. Statt dessen werden **reimlose Zeilen,** an deren Ende jeweils eine Sinnpause steht, **ohne metrische Regelmäßigkeit** zu Sinneinheiten zusammengefügt. Solche zu einem Gedichtganzen komponierte Zeilen kann man als „Zeilenkomposition" bezeichnen. Die rhythmische Gestaltung der Zeilenkomposition ist im allgemeinen vom **gestischen Rhythmus** bestimmt.

Motivähnliche Texte aus unterschiedlichen Epochen Zur historischen Dimension von Literatur

Die Literatur, wie sie sich auf der Frankfurter Buchmesse präsentiert, nimmt von Jahr zu Jahr zu; nicht nur, daß die Titel zahlenmäßig zunehmen, sondern die Literatur wächst an neuen Ideen, Moden, Trends, mit technisch-wissenschaftlichen Erfindungen, dem Aufstieg sozialer Gruppen zu Ansehen und kulturellem Anspruch oder mit dem Aufkommen neuer Probleme und Fragehorizonte ganz allgemein. Andererseits veralten auch Teile der Literatur, sobald die Ideen, von denen sie getragen wurden, aus der Mode sind, die technischen Erfindungen überholt oder tonangebende soziale Gruppen mit ihren Sprach- und Ausdrucksgewohnheiten an Einfluß verloren haben.

Der Wunsch, die ständig im Wandel begriffene Nationalliteratur zu überblicken sowie mit der Entwicklung in anderen Ländern vergleichen zu können, hat zu dem Versuch einer Periodisierung der literarischen Überlieferung seit den ersten schriftlichen Zeugnissen in deutscher Sprache (etwa um 750 n. Chr.) geführt. Diese Versuche sind allerdings nicht unumstritten, weder was die Namengebung, die konkrete Abgrenzung in Jahreszahlen, noch was die inhaltliche Bestimmung der einzelnen Epochen oder die Zuordnung von Dichtern und ihren Werken zu den Epochen betrifft.

Für den ersten Überblick sollte man sich jedoch festlegen, da dies die Orientierung erleichtert (vgl. E I). Auch wenn es im einzelnen schwierig, wenn nicht gar unmöglich sein dürfte, eine literarische Epoche exakt von der anderen zu unterscheiden, so ist es doch möglich, Veränderungen über einen längeren Zeitraum hin festzustellen. Wir lernen begreifen, daß unsere gegenwärtige Situation mit ihren ureigenen Problemen ihre Wurzeln in der Geschichte hat, daß „Literatur“ ein historisch-dialogischer Prozeß ist. Aus diesem Grunde eignet sich der Vergleich zweier Bearbeitungen eines Stoffes (Teil A) besonders, die Gemeinsamkeiten einer langen literarischen Tradition, aber auch die Unterschiede in Darstellung und Deutung von Welt, Gesellschaft und Individuum erfahrbar zu machen. Ebenso kann die intensive Beschäftigung mit dem literarischen Motiv einer Epoche (Teil B) und den Problemen der Literaturgeschichtsschreibung (Teil C) zu einem vertieften Verständnis der historischen Dimension von Literatur führen.

A Der tragische Konflikt und seine Auflösung an Beispielen des antiken und des modernen Theaters

I Zugang zum antiken Drama
Die Orestie

Aischylos, um 525 bis 455 v. Chr.;
Museo Nazionale, Neapel

1

Karl Kerényi

* Genealogie der Atriden

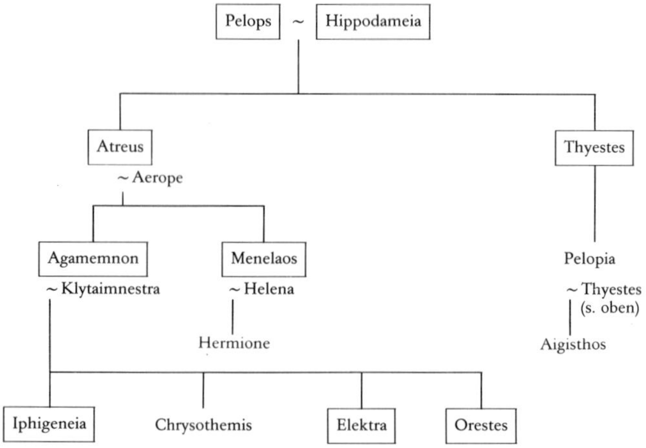

Der antike Mythos im 20. Jahrhundert Aufführung der „Orestie" durch die Schaubühne am Lehniner Platz, Berlin, aufgezeichnet vom ZDF *(1983)*

2

Tod des Aegisthos

In drei Theaterabenden erzählt Peter Stein die „Orestie" des Aischylos: Ohne Kürzung bringt er den Text, der fast 2500 Jahre alt ist – nein, er erweitert ihn noch, da er strittige Übersetzungen, gegensätzliche Deutungen nebeneinandersetzt, zuweilen auch den griechischen Urtext einbezieht. Die Prosafassung, die von der Schaubühnen-Mannschaft erarbeitet wurde, ist die Sprache von heute und doch monumental in den Wiederholungen, den Bildern, den weit ausschwingenden Satzperioden. Auch die Inszenierung mischt heutige Theatererfahrungen und historisches Material, archaische Rituale, die [...] mit wissenschaftlicher Exaktheit erarbeitet sind. Die Teile der Trilogie erhalten Untertitel wie aus dem Actionfilm:

Agamemnon oder Der Schlächter wird geschlachtet!
Choëphoren oder Der Befreier wird wahnsinnig!
Eumeniden oder Die Vampire segnen die Stadt!

Die Mythen von gestern als die Trivialmythen von heute.

Die Berliner Schaubühne, dieser moderne Theaterbau, ist diesmal wirklich einem antiken Theater nachgebildet: Ansteigende Stufen, worauf die Zuschauer kauern wie einst das griechische Volk im Kolossaltheater von Epidauros, lassen in der Mitte eine enge Fläche frei – das Aktionsfeld des Chors. Vorn führen einige Stufen empor zu einer Rampe – das ist die Szene für die Spieler. Dahinter hochragend eine Wand mit einem Tor in der Mitte. Diese Raumaufteilung folgt streng dem antiken Vorbild. Die historische Vorgabe füllt Bühnenbildner Karl-Ernst Herrmann mit den Erfahrungen

archaische Rituale: Aus alter Zeit stammende religiöse Zeremonien
Trilogie: Ein aus drei Teilen bestehendes Kunstwerk; im griech. Altertum drei hintereinander aufgeführte, eine innere Einheit bildende Tragödien
Kolossaltheater von Epidauros: Am besten erhaltenes griech. Theater, erbaut vom jüngeren Polyklet

von heute: Der Chor in der Orchestra sitzt an wackligen Tischen mit Schreibtischlämpchen und Papieren – alte Männer in schlotternden Mänteln und Einheitshüten der dreißiger Jahre halten wohl so im Hinterzimmer einer Kneipe ihr fruchtloses politisches Palaver. Die Wand, vor der die Spieler stehen, ist schwarzer Stahl. Die Tür in den Palast ist tonnenschwer, so daß sie sich nur halb öffnen läßt. Die Menschen müssen sich hindurchzwängen, um einzutreten. So ein Tor – da denken wir an Tresortüren, an Hochöfen, auch an Gaskammern.

Agamemnon oder Der Schlächter wird geschlachtet!

Im Mittelpunkt des ersten Abends „Agamemnon" steht der Chor: Er bringt Bewegung, Spannung in den Ablauf, der wenig äußere Handlung bietet: Der Wächter hoch oben verkündet das Feuersignal, das den Fall von Troja anzeigt. Der Herold meldet die Ankunft des Königs Agamemnon, des Siegers von Troja. Klytaimestra, die Königin, empfängt ihren Mann nach zehnjähriger Abwesenheit mit so viel Demut und Schmeichelei, daß ihm unheimlich wird. Dennoch betritt der das Haus und wird von seiner Frau, die dort mit ihrem Liebhaber Aigisthos lebt, ermordet. Kassandra, die aus Troja als Kriegsbeute verschleppte Sklavin, verkündet den Mord und muß deshalb auch sterben. Schlußbild: Über den hingestreckten Leichen in einem Blutstrom watend, etablieren sich die neuen Machthaber: König Aigisthos und Klytaimestra.

Der Chor, diese Gruppe alter Männer, die stolpern, zanken, greinen, schimpfen, die auch mal eingreifen wollen in die Politik und gegen den Diktator Aigisthos die Dolche erheben, sie werden mit einigen Drohungen rasch gefügig gemacht. Sie werden weiter untätig bleiben, weiter brabbeln und über die bösen Zeiten schimpfen – dieser Chor, dieses Volk von Zeitgenossen, die sich verschreckt ducken, wenn die Machthaber Bluttat auf Bluttat häufen – das sind wir! Immer wieder tasten sich die Greise zwischen die Zuschauer auf die Stufen, sprechen ihre Kommentare, ihre Phrasen der Ratlosigkeit hinter dir, neben mir – der Eindruck entsteht: Spricht da nicht spontan einer aus dem Publikum, sind es noch die Schauspieler des Chors, die in diesem Stück ja auch hilflose, vom Entsetzen gepackte Zuschauer sind im Anblick der Verbrechen?

Der Chor – das ist ein Kollektiv, aber das sind auch ein Dutzend einzelne, die sich widersprechen, die durcheinanderschwatzen: Einer ist wütend, steigert sich zum Protest, ein anderer wiegelt ab, ein dritter verrennt sich in Utopien, wieder andere mutmaßen, zweifeln – bis sie alle wieder einig sind: abzuwarten, da man noch nichts Genaues weiß, auch wenn das Todesröcheln schon aus dem Palast dringt. Der Chor ist die diffuse Masse von heute, aber er ist auch griechische Vorzeit: Peter Stein mischt in das Alltagspalaver griechischen Urtext, dann wieder archaisch langgezogene Schmerzlaute, gregorianischen Gesang, Schluchzen, Flüstern und immer wieder ein Summen wie von Zikaden, von Insekten. Ein unerklärlicher Ton, der Angst macht – man denkt an Sartres „Fliegen", an Science-fiction-Filme: ein Verhängnis, das seinen Lauf nimmt. [...]

Orchestra: Kreisförmiger Platz im altgriech. Theater, in dem sich der Chor bewegte
Fall von Troja: Zerstörung der antiken kleinasiatischen Stadt Troja durch die Griechen, geführt von König Agamemnon
Herold: Ausrufer, Bote

Choëphoren oder Der Befreier wird wahnsinnig!

Im Mittelpunkt steht diesmal Tina Engel als Elektra: düstere Intensität in der Klage um den Vater und dann großartig einfach die Erkennungsszene mit Orestes. [...] Wenn er als Richter und Rächer im Palast verschwunden ist, gibt es noch zwei Verzögerungen: Die Amme hat ihre Jammerszene und wird vom Chor überredet, Aigisthos unbewaffnet dem Rächer in die Arme zu treiben. Dann der Bericht des schreienden Dieners über den Mord an Aigisthos. Dank Edith Clevers Klytaimestra bringt die Auseinandersetzung mit dem Sohn, der mit gezücktem Schwert auf ihre entblößte Brust zielt, noch eine Steigerung.

Das Schlußbild zitiert den ersten Teil: wieder zwei Leichen auf dem herausgefahrenen Brett, rinnendes Blut. Diesmal liegen Aigisthos und Klytaimestra hingemetzelt da, und Orestes watet im Blut, rechtfertigt die Tat, taumelt in wilden Zuckungen immer wieder aus dem Vaterhaus, von den Erscheinungen der Eumeniden, der Rachegöttinnen zurückgetrieben. Der Altmännerchor stolpert an seinen Stöcken vorbei, murmelt ratlos sein Entsetzen, sein Mitgefühl. Orestes scheint erblindet. Er stößt gegen die Wände, tastet sich quer durch die Arena hinaus.

Eumeniden oder Die Vampire segnen die Stadt!

Der dritte Teil „Eumeniden" gehört Jutta Lampe als Athene. Wie sie schelmisch, überlegen und überlegt, mit Witz und Grazie antritt als die neue menschliche Ordnung gegen die alte der racheschnaubenden Eumeniden, da erinnert sie an die reizend altklugen Shakespeare-Mädchen. Vor dem Tribunal der Menschen streiten sich die Götter: Apollon trieb Orestes in den Muttermord, weil der Mord an einem König dem Legitimitätsprinzip nach nicht ungesühnt bleiben darf. Und die Eumeniden schinden den Orestes, weil er in seiner Mutter die Blutsverwandte erschlug. Den Göttern geht es um Prinzipien und Interessen.

Wie spannend ist der Verlauf des Prozesses gegliedert: Die Richter werfen ihre Lose in die Krüge, die Stimmen werden ausgezählt, schließlich Stimmengleichheit, Ratlosigkeit. Und dann nach langer Pause die Entscheidung Athenes, hinzuzutreten und mit ihrem weißen Stein Orestes zu entsühnen. Orestes geht durch die Zuschauerreihen, läßt sich händeschüttelnd beglückwünschen. Zuletzt die Ablösung der alten Ordnung: Mit Versprechungen lockt Athene die Eumeniden in die Stadt. Sie vermag den Rachegöttinnen Segenswünsche und Preisungen für Athen abzuschmeicheln. Hier trifft uns besonders die von Aischylos unermüdlich wiederholte Warnung an seine Zeitgenossen vor dem Bürgerkrieg. Dann werden die Eumeniden in Purpur eingekleidet, mit Bändern umwickelt, eingeschnürt, mundtot und unschädlich ge-

Sartres „Fliegen": s. Teil II

Choëphoren: Die „Orestie" des Aischylos ist die einzige vollständig erhaltene griechische Tetralogie (Dramenzyklus aus drei Hauptteilen). Sie besteht aus folgenden Stücken: I. Agamemnon, II. Das Grabopfer (auch: Die Grabesspenderinnen, „Choephoroi"), III. Die Eumeniden. Die Stücke wurden anläßlich eines Wettbewerbs 458 v. Chr. aufgeführt, wobei Aischylos den ersten Preis errang.

Eumeniden oder Erinnyen: Erinnyen – Rachegöttinnen; sie repräsentieren die „alten" Götter (die vorolympischen Götter) und vertreten das Prinzip der Blutrache, indem sie jeden Mörder (mit Gewissensplagen) verfolgen, bis auch er der Rache erlegen ist. Bei Aischylos werden sie am Ende der „Orestie" durch Athene versöhnt und heißen seitdem Eumeniden, die Wohlmeinenden.

macht. Die Preislieder auf Athen, die Selbstfeier des griechischen Tragikers bricht Stein durch Ironie: Der Schluß verläuft sich ganz allmählich – die Richter richten und werden dabei immer mechanischer, die Götter thronen, alles hat – so scheint es – seine Ordnung! S. K.

3

AISCHYLOS

Die Orestie
Die Grabesspenderinnen (Schlußszene)

Orest nach dem Mord. Aufführung der Schaubühne am Lehniner Platz, Berlin.

Aus der königlichen Pforte tritt Orestes mit bluttriefenden Händen; Pylades, Gefolge; auf einer Bahre werden die Leichen von Aigisthos und Klytaimestra herausgetragen

ORESTES: Da seht ihr dieses Landes Doppeltyrannei,
Die Vatermörder, die Zerstörer meines Stamms!
In stolzer Hoheit saßen sonst sie auf dem Thron,
Und jetzt vereint sie Liebe noch, wie dort ihr Los
Es zeigt, und treu bleibt altem Schwure noch ihr Bund.
Vereint den Vater umzubringen schwuren sie,
Vereint zu sterben; nun geschah's nach ihrem Schwur.
Ihr aber alle, dieser Leiden Zeugen, seht
Dies Truggewirk an, meines armen Vaters Garn,
Die Fessel seiner Hände, seiner Füße Zwang!
Spannt ihr es weit aus, zeigt im Kreise ringsumher
Des Helden Fangnetz, daß es sehn der Vater mag –
Nicht meiner, sondern Helios, der alles dies,
Der meiner Mutter gottverfluchte Taten schaut',
Auf daß er einst mir im Gericht kann Zeuge sein,
Wie ganz gerecht ich diesem Morde nachgejagt
Der Mutter; denn Aigisthos' Tod ist tadelfrei;
Er fand, des heilgen Rechts Verletzer, sein Gericht,
Doch wenn ein Weib so argen Haß sann ihrem Mann,
Von dem sie Kinder doch im eignen Schoße trug,
Einst teure Last, jetzt offenkundig ärgsten Feind –
Was meinst du? Giftaal, Viper wurde sie erzeugt,
Daß, wen sie anrührt, ungebissen der verfault
Ob ihrer Frechheit, ihres Sinns Ruchlosigkeit.
Deutet auf das Netz
Wie nenn ich das gar, daß der Name treffend sei?
Fangzeug des Wildes, fußumschlingend Leichentuch,
Des Beckens Mordgezelte, nenn's ein Jägernetz,
Heimtückisch Stellgarn, fußverfangend Fluchgewirk!
Ein Straßenräuber finde sich desgleichen aus,
Der seinen Gastfreund tückisch fängt, in Raub und Mord
Sein Leben hinbringt; viele dann mit solcher List
Zu morden, das sei seines Lebens rechte Lust!
Mir aber werde solche Hausgenossin nie,
Ehr wollt mich, Götter, sterben lassen kinderlos!
CHOR: Weh, weh! Weh, weh der entsetzlichen Tat!
Wie gräßlichen Todes du umkamst!
Weh, weh! Weh, weh!
Weh blüht auch dem, der zurückbleibt!

Fangnetz: Der Mord an Agamemnon wird bei Aischylos so dargestellt, daß dem König beim Bade ein Netz übergeworfen wurde, so daß er wie ein gefangenes Tier ohne Gegenwehr erschlagen werden konnte.
Helios: Sonnengott (griech.)

ORESTES: Hat er's vollendet oder nicht? Dort das Gewand
Gibt mir ein Zeugnis, daß es trank Aigisthos' Blut;
Des Mordes Färbung aber eint sich mit der Zeit,
Hinwegzutilgen all des Purpurs Farbenpracht!
Nun preis ich mich, nun jammr ich laut auf, hierzustehn
Und anzureden meines Vaters Mordgespinst;
Es quält mich meine Tat, mein Leid, all mein Geschlecht,
Mit dieses Sieges reicher Schuld verflucht zu sein!
CHOR: Kein Sterblicher ist's, der das Leben in Ruh
Hinbringt und jeglicher Schuld frei!
O Sohn, Trübsal
Kommt bald dem, anderen später!
ORESTES: Ein andrer sieht's einst, wo das Ziel – ich weiß es nicht;
Gleichwie mit Rossen aus der fliegenden Wagen Bahn
Ras ich hinaus; fort reißt mich zügellos der Geist,
Unwiderstehlich. Meines Herzens Entsetzen will
Sein Lied beginnen, seinen Tanz zum Schall der Wut! –
Solang Bewußtsein mir noch bleibt, hört, Freunde, mich!
Die eigne Mutter schlug ich tot mit Fug und Recht,
Die Gottverhaßte, mir um Vatermord verflucht;
Und meiner Kühnheit Liebestrank, ihn mischte mir
Der Pythoseher Loxias durch seinen Spruch:
Daß, wenn ich's täte, sonder Schuld ich sollte sein,
Wenn ich es ließe – meine Strafe nenn ich nicht;
Mit keinem Pfeil reicht keiner ab ein solches Leid!
Und jetzt, ihr seht mich, wie ich will, fromm angetan
Mit diesem Ölzweig, diesem Kranze, bittend ziehn
Zum Heiligtum der Mitten, Loxias' Gefild,
Zum Licht der Flamme, die die ewge wird genannt,
Verwandter Blutschuld zu entfliehn; denn Loxias
Gebot mir, keinem andren Herde mich zu nahn.
Ich aber sag euch, die Argiver allzumal
Bezeugen einst mir, welches Leid mir ward erfüllt;
Doch ich, der Heimat flüchtig, irr in fremdem Land;
Leb ich und sterb ich, diesen Ruhm laß ich zurück.
CHORFÜHRERIN: Du tatst es schön so; drum zu bösem Worte nicht
Schließ deinen Mund auf noch ein schlimmes Zeichen sprich;
Du gabst der Freiheit unsre ganze Stadt zurück,
Da beide Drachen mächtig du zu Boden schlugst!
ORESTES: Ach!

Pythoseher: Das Orakel in Delphi, die wichtigste Kultstätte des Gottes Apollon, war Sitz der Pythia, die den Griechen Ratschläge für künftige Unternehmungen (auch im politischen Bereich) erteilte.
Loxias: Name eines Sehers im Heiligtum zu Delphi
Argiver: Bewohner von Argos, einer Stadt auf dem Peleponnes (manchmal auch als Bezeichnung für die Griechen allgemein gebraucht)

Getreue Frauen, seht sie dort, Gorgonen gleich,
Die faltig Schwarzverhüllten, Haardurchflochtenen
Mit dichten Schlangen; bleiben nicht mehr kann ich hier!
CHOR: Was für ein Wahnbild, du des Vaters liebstes Kind,
Scheucht dich empor? Bleib, fürchte nichts, Siegreicher du!
ORESTES: Nicht ist's ein Wahnbild, was mich dräuend dort entsetzt,
Nein, meiner Mutter wutempörte Hunde sind's!
CHOR: 's ist frisches Blut dir, Kind, an deinen Händen noch,
Daraus Verwirrung deinen Geist dir überfällt.
ORESTES: O Fürst Apollon! Wuchernd mehrt sich ihre Schar!
Aus ihren Augen triefen sie grausenhaftes Blut!
CHOR: Es gibt Entsühnung! Wenn du Loxias berührst,
So wird er huldreich dieser Qualen dich befrein!
ORESTES: Ihr freilich seht sie nicht; ich aber sehe sie!
Mich jagt's von hinnen! Bleiben nicht mehr kann ich hier! –
Stürzt hinaus
CHOR: All Glück geleit dich; gnädig möge schaun auf dich
Ein Gott und dich bewahren vor Gefahr und Tod!

So ward dem Geschlecht denn der Könige nun
Dreimaliger Sturm,
In das Haus hintobend, geendet!
Zum ersten begann kindfressendes Greul
Die entsetzliche Schuld;
Zum zweiten des Herrn unköniglich Los;
Denn im Becken erwürgt kam um der Achair
Kriegsherrlicher Fürst;
Zum dritten erschien – nenn Heiland ich,
Nenn Mörder ich ihn?
Wo endet es je? Wo findet noch Ruh
Die besänftigte Macht des Verderbens?

(458 v. Chr.)

Gorgonen: Ungeheuer der griechischen Mythologie mit Schlangenhaaren und Flügeln
Achair: Bewohner von Achaia, der nördlichsten Landschaft des Peleponnes
Heiland: hier Heilbringer; in der Antike Bezeichnung für Götter und göttliche Helden, besonders für gottgesandte Retter aus Kriegsgefahr

4

AISCHYLOS

Die Orestie
Die Eumeniden (Kernszene des abschließenden Gerichts)

CHOR: Versuche, wie du jenen zu befrein erreichst!
Der seiner Mutter blutverwandtes Blut vergoß,
Des sollt in Argos fürder sein das Vaterhaus?
Zu welchen Volksaltären wird er opfernd nahn,
Bei welchem Weihguß seinem Stamm willkommen sein?
APOLLON: Drauf sag ich also, mein gerechtes Wort vernimm:
Nicht ist die Mutter ihres Kindes Zeugerin,
Sie hegt und trägt den eingesäten Samen nur;
Es zeugt der Vater, aber sie bewahrt das Pfand,
Dem Freund die Freundin, wenn ein Gott es nicht verletzt.
Mit sichrem Zeugnis will ich das bestätigen:
Denn Vater kann man ohne Mutter sein - Beweis
Ist dort die eigne Tochter des Olympiers Zeus,
Die nimmer eines Mutterschoßes Dunkel barg,
Und dennoch kein Gott zeugte je ein edler Kind.
Ich aber, Pallas, werde, wie ich's kann und weiß,
Groß machen dein Volk, deine Stadt zu aller Zeit.
So sandt ich diesen her in deines Tempels Schutz,
Auf daß er treu dir würde jetzt und immerdar,
Daß du dir, Göttin, ihn gewännst zum Bundesfreund
Und alle nach ihm, und es bleibe ewiglich,
Daß treu dem Bund sei'n alle Nachgeborenen!
ATHENE: Und so gebiet ich, werft nach eurem Sinn den Stein
Gerechten Urteils; denn des Wortes ist genug!
CHOR: Wir selber haben abgeschossen jeden Pfeil;
Zu hören harr ich, wie der Kampf gerichtet wird!
ATHENE: Wie soll ich's fügen, daß ich euch sei tadellos?
CHOR: Ihr hörtet, was ihr mußtet; jetzt in tiefer Brust
Erwägt das Urteil, Freunde, eures Schwurs gedenk!
ATHENE: Hört mein Gesetz nun, Männer, Volk von Attika,
Der ersten Klage Richter um vergossen Blut!
Es soll des Aigeus Bürgern dieses Tribunal

jenen: gemeint ist Orest; der Chor spricht hier Apollon als Fürsprecher des Orest an
Tochter des Olympiers Zeus: Der griechischen Mythologie nach ist Athene dem Haupt des Zeus entsprungen, d. h. sie hat keine Mutter.
Pallas: Hier spricht Apollon Pallas Athene an.
Stein gerechten Urteils: Die Parteien gaben ihre Stimmen für das richterliche Urteil in Form von Steinchen ab, die sie in eine von zwei aufgestellten Urnen warfen; die eine Urne bedeutete Schuldspruch, die andere Freispruch.
Pfeil: Hier übertragen für Argument
Aigeus: Argos, Sitz des Königs Agamemnon

Für alle Zukunft fürder bleiben und bestehn.
Denn dieser Areshügel, der Amazonen Ort
Und Lager, als sie gegen Theseus neidempört
Zu Felde zogen, unsrer neugebauten Stadt,
Der hochgetürmten, gegentürmten ihre Burg
Und sie dem Ares weihten, dessen Namen nun
Der Berg Areiospagos trägt - hier soll des Volks
Ehrwürdigkeit und eingeborne, fromme Scheu
Dem Frevel wehren, beides nächtens und am Tag,
Wenn nicht die Bürger selbst verletzen mein Gesetz.
Wer klares Wasser trübet mit unwürdigem
Zuguß und Schmutz, der schöpft sich fürder keinen Trunk.
Nicht unregiert und nicht gewaltbeherrscht zu sein,
Das sei dem Volk, fürsorgend rat ich's, hoch und wert!
Und nicht entfernt euch alles Mächtge aus der Stadt;
Denn welcher Mensch bleibt, wenn er nichts mehr scheut, gerecht?
Und scheut gerecht ihr dieses Rats Ehrwürdigkeit,
Des Landes Bollwerk, eures Staates Kraft und Heil,
So nennt ihr euer, was der Menschen keiner hat,
Der Skythe weder noch des Pelops nahes Land.
Goldunbestechlich hab ich dieses Tribunal,
Unschuldvertretend, zornesschnell, den Schlafenden
Zur immerwachen Hut des Landes eingesetzt.
Nach dieser Weisung, die für alle Zeit hinaus
Gegeben meinem Volke sei, erhebet euch,
Nehmt euer Steinchen und entscheidet diesen Streit,
Des Schwurs in Ehrfurcht denkend. Alles wißt ihr nun!
CHOR: Doch nehmt den Rat an, nimmer unsre grause Schar
Aus eurem Lande fortzuweisen schmachverdammt!
APOLLON: Und ich gebiet euch, ehrt und fürchtet wohl des Zeus
Und mein Orakel und beraubt es nicht der Frucht!
CHOR: Ins Amt des Blutes mischst du unberufen dich!
Nicht lauter mehr weissagen kannst du, wenn du weilst!
APOLLON: Mein Vater hat wohl auch gefehlt in seinem Rat,
Als er Ixion ersten Mordes reinigte?
CHOR: Du sagst es! Und wird unser Recht uns nicht zuteil,
Heimsuchen furchtbar werden dann wir dieses Land!
APOLLON: Doch unter allen jung und alten Göttern giltst
Du ewig ehrlos; mein gehören wird der Sieg!

Skythe: Die Skythen waren ein iranisches Reitervolk; allg. für Fremde
Pelops: Griechische Sagengestalt, Sohn des Tantalos; Pelops Land = der Peleponnes
Ixion: Griechische Sagengestalt, König der Lapithen
Pheres: Sohn der Tyro und des Kretheus; auch er ist mit seinem Vater und seinen Brüdern in eine Erbschaftsstreitigkeit verwickelt, bei der es u. a. darum geht, die Seele des Phrixos und das Goldene Vlies aus der Unterwelt zu holen.

CHOR: Desselbengleichen tatest du in Pheres' Haus:
Du zwangst die Moira, daß sie die Toten wiedergab!
APOLLON: So wär es nicht recht, wohlzutun dem, der mich ehrt,
Vor allem aber, wenn des Beistands er bedarf?
CHOR: Darnieder stürzest du die Mächte grauer Zeit,
Uralten Göttern stiehlst du, stiehlst uns unser Mahl!
APOLLON: Du, bald des Siegs verlustig in des Streites Spruch,
Speist Geifer, deinen Feinden nicht entsetzlich mehr!
CHOR: Wenn du, der Jüngling, mich, die Greise, niederrennst,
So will ich doch zu hören warten ihren Spruch,
Selbst unentschlossen, Zorn zu hegen dieser Stadt.
ATHENE *als letzte zur Urne tretend:*
Mein ist es, abzugeben einen letzten Spruch,
Und für Orestes leg ich diesen Stein hinein.
Denn keine Mutter wurde mir, die mich gebar,
Nein, vollen Herzens lob ich alles Männliche,
Bis auf die Ehe; denn des Vaters bin ich ganz.
Darum des Weibes Los begünstgen werd ich nie,
Die umgebracht hat ihren Mann, des Hauses Hort.
Es sieg Orestes auch bei stimmengleichem Spruch! –
So schüttet denn die Steinchen aus den Urnen hin,
Wieviel von euch, ihr Richter, dieses Amt versehn!
ORESTES: Phoibos Apollon, wie entschieden wird es sein?
CHOR: O Mutter, schwarze Nacht, und siehst du, was geschieht?
ORESTES: Nun Tod von Henkershänden oder Freud und Licht!
CHOR: Für uns Versinken oder Ehren alle Zeit!
APOLLON: Sorgfältig, Freunde, zählet beider Steine Zahl
Und alles Unrecht scheuet bei der Sonderung;
Wenn eine Stimme fehlet, bringt es großen Gram,
Und wieder *ein* Stein hebt ein tiefgestürztes Haus!
ATHENE: Du bist, Orestes, frei erkannt im Blutgericht,
Denn gleich in beiden Urnen ist der Steine Zahl!
ORESTES: O Pallas, o du meines Hauses Retterin!
Und mich, der Heimat ganz Verwaisten, Göttin du,
Heimführest du mich! Die Hellenen sagen nun:
Argiver ist er wieder, wieder wohnet er
Im Haus des Vaters, Pallas gab's und Loxias
Ihm wieder und der dritte allvollendende
Erretter, der, vielehrend meines Vaters Los,
Wohl sieht der Mutter Vertreter dort, doch mich bewahrt!
Ich aber, deinem Lande, deinem teuren Volk,
Für aller Zukunft unerkennbar ferne Zeit

Moira: Schicksalsgöttin (Plural Moiren); bei Homer das den Menschen und Göttern verhängte Schicksal; vorolympische Gottheiten
(Zu den Namen s. die ausführlichen Erläuterungen bei *Karl Kerényi: Die Mythologie der Griechen, Bd. II. München: dtv 1966).*

Schwör euch ich Treue! So zur Heimat will ich ziehn,
Und nimmermehr soll diesem Land aus jenem Land
Ein König mit geschärftem Speer kriegsrüstig nahn,
Nein, ich in meinem Grabe dann, ich selber will
Die Übertreter dieses meines heilgen Schwurs
Mit unentfliehbar schwerem Elend züchtigen,
Will ihre Heerfahrt, zeichentraurig ihren Weg
Verkümmern, bis sie selbst gereuet, was sie tun!
Doch wenn sie recht tun, wenn sie diese teure Stadt
Der Pallas hoch stets ehren mit getreuem Speer,
So werden gnädig ihnen wir und günstig sein!
Heil dir, Athene! Heil dir, Volk in dieser Stadt,
Unüberwindlich sei im Kampfe jedem Feind
Und allerrettend euer Speer und siegesstark!
Orestes und Apollon ab

KÄTE HAMBURGER

5

Orest
* Der kulturhistorische Hintergrund des tragischen Konflikts und seiner Auflösung in der abschließenden Gerichtsszene bei Aischylos

Die Sage will, wie bekannt, daß Orest nicht in seiner verzweifelten Situation belassen, sondern daß er entsühnt wird. Das heißt also: die Schuldsituation, das zwangsmäßige Schuldiggewordensein soll nicht anerkannt werden. Wie mit diesem Entsühnungs- und Erlösungsproblem im Laufe der Geschichte der Orestgestaltungen verfahren wird, das zeigt deutlicher als irgendein anderes Motiv die Wandlung des Epochengeistes.

Äschylus gibt seine Lösung im dritten Stück der Orestie, den „Eumeniden". Und sie ist von einer Art, die für unsere Auffassung dramatischer wie menschlicher Konflikte zunächst überraschend ist, von der wir uns denn auch nicht recht befriedigt fühlen. Es wird deutlich, daß es Äschylus nicht mehr auf das Problem des Orest selbst ankam, sondern auf ein allgemeines, menschheitsgeschichtliches: das Problem des Staates und die sittlich-rechtliche Ordnung der Gesellschaft, die nun ihrerseits auch das Selbstbestimmungsrecht des Menschen, seine Freiheit und Unabhängigkeit von der Herrschaft der Götter bedeutete. Diesen Gedanken gestaltet Äschylus in einer großartigen Auseinandersetzung der Gottheiten untereinander: Apolls, Athenes und der Erinnyen. Die Szenerie hat sich aus dem menschlichen in den göttlichen Bereich verschoben. Die Erinnyen umlagern Orest im Heiligtum Apolls zu Delphi, in dessen Schutz er sich geflüchtet hat. Denn Apoll war verpflichtet, ihn zu schützen, weil er ihm die Tat auferlegt hatte. Die Erinnyen umlagern ihn, aber sie schlafen, greulich schnarchend, d. h. sie lassen den Verfolgten ruhen, sie haben im Hause Apolls keine Macht. Und nun soll es um ihre Macht überhaupt getan sein. Nicht nur so, daß Apoll sie aus seinem Heiligtum hinausweisen kann – und dies tut er –, sondern dies ist das Charakteristische dieses eigentümlichen Stückes, daß auch sie nicht durch einfachen Machtspruch vertrieben, sondern versöhnt, gewandelt werden sollen. Das bedeutet, daß der Zeitgeist sich wandeln, eine archaisch-barbarische Epoche von einer neuen humaneren abgelöst werden soll. Denn die Erinnyen waren zwar Gottheiten, aber keine olympischen, sondern Töchter der Nacht, unterweltliche, niedere, chthonische Gottheiten, die ein altes und rohes Recht wie das der Blutrache vertreten: Weltengesetz nennen sie es, geltend von Ewigkeit. Aber auch Apoll, ein olympischer Gott, hatte Blutrache befohlen. Wie verhält sich dies?

Es ist nicht genug zu bewundern, wie die in den Gottheiten personifizierten sittlichen Verhältnisse der menschlichen Gesellschaft sorgfältig dargelegt, in Frage gestellt und zu lösen unternommen werden. Da streiten sich Apoll und die Erinnyen darüber, ob Muttermord oder Gattenmord das größere Verbrechen sei. Die Gattenmörderin haben die Erinnyen nicht verfolgt, wohl aber den Muttermörder, während Apoll wiederum den Muttermord auferlegt hat. Was liegt hier zugrunde? Warum treten die Erinnyen als Rachegeister der Mutter auf, nicht aber des Gatten, warum rächt Apoll dagegen diesen? Chthonische Vorstellungen liegen zugrunde. Das Chthonische ist das Erdgebundene, dem Fleische, dem Blute Verhaftete, das noch nicht von den höheren Kräften des Geistes, der Vernunft geläutert ist, sondern diesem entgegensteht. Das Mutterprinzip ist das Blutprinzip – nur Muttermord, sagen die Erinnyen, ist Blutsverwandtenmord. Apoll dagegen, der den Gattenmord bestraft, aber den Muttermörder schützt, obwohl dieser notwendigerweise der Vollzieher der Strafe sein mußte, weist auf höhere menschliche Bindungen hin als die der bloßen Blutsverwandtschaft, Bindungen, die der Mensch aus freiem Willen und Herzen eingeht; auf die Ehe und die Göttin der Ehe, Hera, die diese höhere sittliche Gemeinschaft von Mann und Frau vertritt:

> So ganz mißehrt wird und gering geschätzt von dir
> Der großen Hera und des Zeus eidheilger Bund,
> Mißehrt auch Kypris ist mit solchem Wort,
> Von der das Liebste zu den Menschen kommt.
> Das Bett, das Mann und Frau vereint, bewacht
> Das Recht noch mehr als nur ein Schwur.

Aber selbst mit dieser Verteidigung der Ehe ist es noch nicht getan. Apoll, zwar ein olympischer Gott, ist in dieser Sicht noch kein ganz gereinigter Gott, hat er ja noch Blutrache für den Gattenmord befohlen. Herr des delphischen Orakels, repräsentiert er noch ein Moment der Unfreiheit des Menschen, ein determinierendes Moment. Er muß sich Athene ergeben, die mit größerer Einsicht und Entschlossenheit als irgendeine andere Gottheit die neue humane Ära heraufführt. Von Delphi wird der Schauplatz nach ihrer Stadt Athen verlegt, wo der Rechtsstreit um Orest ausgetragen werden soll. Hier nun ist das Entscheidende, daß Athene nicht selbst das Urteil spricht, sondern die menschliche Gesellschaft sich selbst zu einem Rechtsstaat konstituiert und unabhängig von Götterspruch befindet über das, was in ihr geschieht. Athene setzt einen Rat geschworener Richter aus den Bürgern der Stadt ein, eine Stiftung, die für alle Zeiten Gültigkeit haben soll. Diesem Richterstuhl aber haben sich auch die Götter zu unterwerfen; bei der Abstimmung, die nun erfolgt, werfen

auch sie ihre Stimmen in die Schale – und da Stimmengleichheit für und wider Orest erreicht ist, wird er der Schuld ledig erklärt. Die Erinnyen aber überzeugt Athene von dem Segen einer solchen Rechtsordnung, so daß diese aus Erinnyen, Rachegöttinnen, zu Eumeniden, wohltuenden Gottheiten werden.
Diese Lösung des Äschylus haben wir hinzunehmen aus dem Geiste dieses ersten Tragikers und Ruhmeskünders der Stadt Athen, dem es um die Heraufführung einer sich von archaischen Anschauungen mehr und mehr lösenden Ordnung zu tun war. Aber was das Orestproblem betrifft, so fühlt man sich nicht befriedigt. Denn es bleibt ungelöst zurück. Mag durch Abstimmung entschieden sein, daß er nicht schuldig ist: dies ist nur – um hier mit Kant zu reden – eine legale, nicht aber moralische Entscheidung. Orest hat nicht selbst darüber entschieden, ob seine Tat getan werden mußte oder nicht. Er hat nicht als freier, sich selbst bestimmender Mensch handeln können, und er hat auch nicht als ein freier Mensch sich freiwilliger Sühne unterzogen, sondern wird über seinen Kopf hinweg freigesprochen, aus Gründen, die wiederum nicht durch ihn selbst gegeben werden, sondern durch überpersönliche Satzungen, zu denen er selbst nichts beiträgt. Das heißt: Orest bleibt als Problem zurück, als Muster des im eigentlichen Sinne unfrei, determiniert handelnden Menschen – bis Sartre sein Problem neu aufgegriffen und es zu einer Lösung gebracht hat, die keimhaft dennoch bereits bei Äschylus [...] angelegt ist.

Aufgaben zu A I

1. Die Genealogie (1) stellt die wichtigsten Personen der „Orestie" in ihren verwandtschaftlichen Beziehungen dar; sie dient vor allem der Orientierung.
2. Der Auszug aus dem Programmheft der Schaubühne (2) beschreibt die wichtigsten Stationen der dramatischen Handlung; er gibt darüber hinaus Aufschlüsse über die Möglichkeiten, einen antiken Stoff auf dem heutigen Theater zu spielen.
   - Notieren Sie die Haupthandlung (die Fabel) der „Orestie".
   - Was halten Sie an dem Stoff der Tragödie für bedeutsam?
   - Welche Verbindungen zur Gegenwart stellt Peter Stein in seiner Inszenierung der „Orestie" her? Wie finden Sie das?
3. Analysieren Sie den Szenenausschnitt aus der „Orestie" des Aischylos (3). (Grundsätzliches zur Dramenanalyse finden Sie in Kapitel 5.) Beachten Sie vor allem folgende Punkte:
   - Erläutern und beurteilen Sie die Unterscheidung, die Orest bei der Erwägung seiner Tat an Aigistos und an seiner Mutter Klytaimnestra trifft.
   - Wie beurteilt Orest sich selber als den Vollstrecker der Blutrache?
   - Beschreiben Sie die Wirkung, die der Mord in Orests Bewußtsein hat.
   - Welche unterschiedlichen Funktionen übernimmt der antike Chor in dem Szenenausschnitt? Vergleichen Sie vor allem die Chorpartien in der ersten und der zweiten Hälfte und am Ende des Szenenausschnitts, das gleichzeitig das Ende des zweiten Teils des Dramenzyklus darstellt.
   - Vergleichen Sie Ihre Ergebnisse noch einmal mit Peter Steins Inszenierung, wie sie in (2) beschrieben wird.

4. Beschreiben Sie den dramatischen Konflikt, der in der Figur des Orest nach dessen Tat deutlich wird.
   „Wesensmerkmal der dramatischen Handlung ist der **dramatische Konflikt**, der aus der Kollision gegensätzlicher Kräfte und Willensrichtungen entsteht: Häufigster Typus ist der Kampf des Helden oder der ihm zugehörigen Gruppe mit einer Gegenmacht (z. B. mit Intriganten oder mit dem Schicksal). Nicht selten spielt sich der Konflikt in der Seele des Helden ab, etwa als Widerstreit zweier tatsächlich oder nur scheinbar unvereinbarer sittlicher Anforderungen oder konträrer Lebenseinstellungen.“ *(Schüler-Duden, Band 4: Die Literatur, 1980, S. 109).*
5. Deuten Sie den Szenenausschnitt (4) aus dem dritten abschließenden Teil der „Orestie", indem Sie die Hinweise bei Käte Hamburger (5) als Hintergrundinformation benutzen.
   - Denken Sie an die formale Gestaltung einer schriftlichen Deutung (s. Kap. 2, E)
   - Schreiben Sie nicht aus der Sekundärliteratur (z. B. Text 5) ab, sondern verarbeiten Sie die dort gegebenen Hinweise gedanklich, und formulieren Sie das, was Sie für Ihren Gedankengang benötigen, mit eigenen Worten.
   - Belegen Sie alle Aussagen am Primärtext, dem Szenenausschnitt, durch Zeilenangaben bzw. durch Zitat.

II Die Wandlung des antiken Mythos in der Moderne

6

JEAN-PAUL SARTRE

Die Fliegen (2. Akt, Schlußszene)

Elektra – Orest

Orest kommt zurück, ein blutiges Schwert in der Hand. Sie stürzt ihm entgegen.

ELEKTRA: Orest! *Sie wirft sich ihm in die Arme.*

OREST: Wovor hast du Angst?

ELEKTRA: Ich habe keine Angst, ich bin trunken. Trunken vor Freude. Was hat sie gesagt? Hat sie lange um Gnade gefleht?

OREST: Elektra, was ich tat, werde ich nie bereuen, aber ich halte es nicht für richtig, davon zu sprechen: es gibt Erinnerungen, die man mit niemandem teilt. Wisse nur, daß sie tot ist.

ELEKTRA: Verfluchte sie uns? Sage mir nur das: verfluchte sie uns?

OREST: Ja, sie verfluchte uns.

ELEKTRA: Nimm mich in deine Arme, Geliebter, und halte mich mit deiner ganzen Kraft. Wie dunkel die Nacht ist und welche Mühe hat das Licht dieser Fackeln, sie zu durchdringen. Liebst du mich?

OREST: Es ist nicht Nacht, der Morgen dämmert. Wir sind frei, Elektra. Mir ist, als wärst du durch mich geboren und ich mit dir zugleich; ich liebe dich, und du gehörst mir. Das Blut bindet uns zweifach, denn wir sind eines Blutes, und wir haben Blut vergossen.

ELEKTRA: Wirf dein Schwert weg. Gib mir diese Hand. *Sie nimmt seine Hand und küßt sie.* Deine Finger sind kurz und viereckig. Sie sind dazu gemacht, zu nehmen und zu behalten. Liebe Hand! Sie ist weißer als meine. Wie hat sie sich schwer gemacht, um die Mörder unseres Vaters zu töten! Warte! *Sie holt eine Fackel und nähert sich Orest.* Ich muß dein Gesicht beleuchten, denn die Nacht wird dunkler, und ich sehe dich nicht mehr gut. Ich muß dich sehen; wenn ich dich nicht mehr sehe, habe ich Angst vor mir; meine Augen dürfen nicht von dir lassen. Ich liebe dich; ich muß denken, daß du mich liebst. Wie sonderbar du aussiehst!

OREST: Ich bin frei, Elektra! Die Freiheit hat mich getroffen wie der Blitz.

ELEKTRA: Frei? Ich, ich fühle mich nicht frei. Kannst du machen, daß das alles nicht gewesen ist? Etwas ist geschehen, und wir sind nicht mehr frei, es ungeschehen zu machen. Kannst du es verhindern, daß wir die Mörder unserer Mutter sind?

OREST: Glaubst du, ich wollte es verhindern? Ich habe m e i n e Tat getan, Elektra, und diese Tat war gut. Ich werde sie auf meinen Schultern tragen, wie ein Fährmann die Reisenden durchs Wasser trägt, ich werde sie ans andere Ufer bringen und darüber Rechenschaft geben. Und je schwerer sie zu tragen ist, um so mehr werde ich mich freuen, denn meine Freiheit, das ist diese Tat. Gestern noch ging ich aufs Geratewohl über die Erde, und Tausende von Wegen flohen unter meinem Schritt, denn sie gehörten andern. Ich bin sie alle gegangen, den Weg der Treidler, der den Fluß entlangführt, und den Saumpfad, und die gepflegte Straße der Wagenlenker, aber kein einziger gehörte mir. Heute gibt es nur einen, und Gott weiß, wohin er führt; aber es ist m e i n Weg. Was hast du?

ELEKTRA: Ich kann dich nicht mehr sehen. Diese Lampen leuchten nicht. Ich höre deine Stimme, aber sie tut mir weh, sie schneidet mich wie ein Messer. Wird es immer so stockdunkel bleiben, von nun an, auch am Tag? Orest! Da sind sie!

OREST: Wer?

ELEKTRA: Da sind sie! Woher kommen sie? Sie hängen wie schwarze Trauben von der Decke und schwarz kleben sie an den Mauern; sie schieben sich zwischen die Lichter und meine Augen, und ihre Schatten verbergen mir dein Gesicht.

OREST: Die Fliegen ...

ELEKTRA: Höre! ... ihr Flügelrauschen, wie das Sausen in einer Schmiede. Sie sind rund um uns, Orest. Sie lauern auf uns; gleich werden sie sich auf uns stürzen, und ich werde tausend klebrige Füße auf meinem Körper spüren. Wohin fliehen, Orest? Sie schwellen an, sie schwellen an, jetzt sind sie groß wie Bienen, sie werden uns überallhin in dichten Schwärmen folgen. Grausig! Ich sehe ihre Augen, ihre Millionen Augen, die uns anglotzen.

OREST: Was gehen uns die Fliegen an?

ELEKTRA: Es sind die Erinnyen, Orest, die Göttinnen der Reue.

2. SOLDAT *hinter der Tür:* Öffnet, öffnet! Wenn sie nicht öffnen, muß man die Tür einschlagen. *Dumpfe Schläge an der Tür.*

OREST: Klytämnestras Geschrei hat die Wachen herbeigerufen. Komm! Führe mich zum Heiligtum des Apoll; dort werden wir die Nacht verbringen, vor Menschen und Fliegen geschützt. Morgen werde ich zu meinem Volke sprechen.

Vorhang *(1943 Uraufführung)*

Treidler: Menschen, die Schiffe auf Flüssen oder Kanälen vom Ufer aus schleppen

7

JEAN-PAUL SARTRE

Die Fliegen (3. Akt, Schlußszene)

Dieselben – die Menge

RUFE AUS DER MENGE: Tötet ihn! Tötet ihn! Steinigt ihn! Zerreißt ihn! Tötet ihn!

OREST *ohne auf sie zu hören:* Die Sonne!

MENGE: Frevler! Mörder! Schlächter! Man wird dich vierteilen! Man wird dir geschmolzenes Blei in die Wunden gießen!

EINE FRAU: Ich werde dir die Augen herausreißen.

EIN MANN: Ich werde deine Leber essen.

OREST *hat sich erhoben:* Da seid ihr also, meine sehr getreuen Untertanen? Ich bin Orest, euer König, der Sohn des Agamemnon, und heute ist der Tag meiner Krönung.

Die Menge murrt – aus der Fassung gebracht.

Ihr schreit nicht mehr! *Die Menge schweigt.* Ich weiß, ich jage euch Angst ein. Vor fünfzehn Jahren, auf den Tag genau, hat ein anderer Mörder vor euch gestanden; er trug rote Handschuhe bis zu den Ellbogen, Handschuhe aus Blut, und ihr hattet keine Angst vor ihm, denn ihr habt in seinen Augen gesehen, daß er einer der Euern war und daß er nicht den Mut hatte, zu seinen Taten zu stehen. Ein Verbrechen, das sein Urheber nicht ertragen kann, das ist schon beinah ein Unglücksfall. Ihr habt den Verbrecher als euern König aufgenommen, und das alte Verbrechen hat zwischen den Mauern der Stadt herumgespukt und leise gewinselt, wie ein Hund, der seinen Herrn verloren hat. Ihr schaut mich an, Leute von Argos, ihr habt verstanden, daß mein Verbrechen mir gehört; ich nehme es für mich in Anspruch vor dem Angesicht der Sonne, es ist der Grund meines Lebens und mein Stolz; ihr könnt mich weder züchtigen noch strafen, und darum jage ich euch Angst ein. Und dennoch, o meine Leute, liebe ich euch, und um euretwillen habe ich getötet. Für euch. Ich war gekommen, um mein Königreich zurückzuverlangen, und ihr habt mich zurückgestoßen, weil ich keiner der Eurigen war. Jetzt bin ich einer von euch, o meine Untertanen, wir sind durch das Blut gebunden, und ich verdiene, euer König zu sein. Eure Schuld und eure Reue, eure nächtlichen Ängste, das Verbrechen des Ägist, all das ist mir, ich nehme es auf mich. Fürchtet eure Toten nicht mehr, es sind m e i n e Toten. Und schaut: Eure treuen Fliegen haben euch verlassen und sind bei mir. Aber fürchtet euch nicht, Leute von Argos: ich werde mich nicht, noch blutig, auf den Thron meines Opfers setzen; ein Gott hat ihn mir angeboten, und ich habe nein gesagt. Ich will ein König ohne Land und ohne Untertanen sein. Lebt wohl, meine Leute, versucht zu leben: alles ist neu hier, alles ist von vorn zu beginnen. Auch für mich beginnt das Leben. Ein sonderbares Leben. Hört noch dieses: Eines Sommers wurde Sykros von Ratten heimgesucht. Es war eine grauenhafte Pest, sie zernagten alles; die Bewohner der Stadt glaubten, sie müßten ihretwegen sterben. Aber eines Tages kam ein Flötenspieler. Er stellte sich im Herzen der Stadt auf – so.

Dieselben: Orest, die Erinnyen und der Pädagoge (Begleiter des Orest, im Griechischen Pylades)

Er stellt sich auf.

Er begann auf der Flöte zu spielen, und alle Ratten kamen herbei und drängten sich um ihn. Dann machte er sich auf den Weg mit langen Schritten –

Er steigt vom Sockel herunter.

und schrie den Leuten von Sykros zu: „Macht Platz!"

Die Menge tritt zur Seite.

Und alle Ratten hoben zögernd die Köpfe – so wie es die Fliegen tun. Schaut, schaut die Fliegen! Und dann, plötzlich stürzten sie sich hinter ihm her. Und der Flötenspieler verschwand auf immer mit seinen Ratten. So.

Er geht hinaus. Die Erinnyen stürzen sich heulend hinter ihm her.

Vorhang

JEAN-PAUL SARTRE

8

Ist der Existentialismus ein Humanismus?
* Kernthesen der existentialistischen Grundhaltung Sartres

Die existentialistische Auffassung des Menschen

Wenn der Mensch, so wie ihn der Existentialist begreift, nicht definierbar ist, so darum, weil er anfangs überhaupt nichts ist. Er wird erst in der weiteren Folge sein, und er wird so sein, wie er sich geschaffen haben wird. Also gibt es keine menschliche Natur, da es keinen Gott gibt, um sie zu entwerfen. Der Mensch ist lediglich so, wie er sich konzipiert – ja nicht allein so, sondern wie er sich will und wie er sich *nach* der Existenz konzipiert, wie er sich will nach diesem Sichschwingen auf die Existenz hin; der Mensch ist nichts anderes als wozu er sich macht.

Der Mensch ist, wozu er sich macht

Das ist der erste Grundsatz des Existentialismus. Das ist es auch, was man die Subjektivität nennt und was man uns unter eben diesem Namen zum Vorwurf macht. Aber was wollen wir denn damit anderes sagen, als daß der Mensch eine größere Würde hat als der Stein oder der Tisch? Denn wir wollen sagen, daß der Mensch zuerst existiert, das heißt, daß er zuerst ist, was sich in eine Zukunft hinwirft und was sich bewußt ist, sich in der Zukunft zu planen.

Der Entwurf

Der Mensch ist zuerst ein Entwurf, der sich subjektiv lebt, anstatt nur ein Schaum zu sein oder eine Fäulnis oder ein Blumenkohl; nichts existiert diesem Entwurf vorweg, nichts ist im Himmel, und der Mensch wird zuerst das sein, was er zu sein geplant hat, nicht was er sein wollen wird. Denn was wir gewöhnlich unter Wollen verstehen, ist eine bewußte Entscheidung, die für die meisten unter uns dem nachfolgt, wozu er sich selbst gemacht hat. Ich kann mich einer Partei anschließen wollen, ein Buch schreiben, mich verheiraten, alles das ist nur Kundmachung einer ursprünglicheren, spontaneren Wahl als was man Willen nennt.

Der Mensch ist voll und ganz verantwortlich

Aber wenn wirklich die Existenz der Essenz vorausgeht, so ist der Mensch verantwortlich für das, was er ist. Somit ist der erste Schritt des Existentialismus, jeden Menschen in Besitz dessen, was er ist, zu bringen und auf ihm die gänzliche Verantwortung für seine Existenz ruhen zu lassen. Und wenn wir sagen, daß der Mensch für sich selber verantwortlich ist, so wollen wir nicht sagen, daß der Mensch gerade eben nur für seine Individualität verantwortlich ist, sondern daß er verantwortlich ist für alle Menschen. Es gibt zweierlei Sinn in dem Wort Subjektivismus, und unsere Gegner arbeiten auf unehrliche Weise mit dieser Tatsache. Subjektivismus bedeutet einerseits Wahl des individuellen Subjektes durch sich selber, und anderseits Unmöglichkeit für den Menschen, die menschliche Subjektivität zu überschreiten. Dieser zweite Sinn ist der tiefere Sinn des Existentialismus. Indem wir sagen, daß der Mensch sich wählt, verstehen wir darunter, daß jeder unter uns sich wählt; aber damit wollen wir ebenfalls sagen, daß, indem er sich wählt, er alle Menschen wählt. Tatsächlich gibt es nicht *eine* unserer Handlungen, die, indem sie den Menschen schafft, der wir sein wollen, nicht gleichzeitig ein Bild des Menschen schafft, so wie wir meinen, daß er sein soll. Wählen, dies oder jenes zu sein, heißt gleichzeitig, den Wert dessen, was wir wählen, bejahen, denn wir können nie das Schlechte wählen. Was wir wählen ist immer das Gute, und nichts kann für uns gut sein, wenn es nicht gut für alle ist.

Der Mensch wählt sich, indem er alle Menschen wählt

Wenn anderseits die Existenz der Essenz vorangeht und wir zur gleichen Zeit existieren wollen, wie wir unser Bild gestalten, so ist dieses Bild für alle und für unsere ganze Epoche gültig. Somit ist unsere Verantwortlichkeit viel größer, als wir es etwa voraussetzen könnten, denn sie bindet die ganze Menschheit. Bin ich Arbeiter und wähle, eher einer christlichen Gewerkschaft beizutreten als Kommunist zu sein – will ich mit diesem Beitritt anzeigen, daß Bescheidung im Grunde die Lösung ist, die dem Menschen zukommt, daß das Reich des Menschen nicht auf Erden ist – so binde ich dadurch nicht nur meinen Fall: ich will für *alle* Selbstbescheidung üben, folglich hat mein Schritt die ganze Menschheit gebunden.

Der individuelle Akt bindet die ganze Menschheit

Und will ich eine individuellere Tatsache – mich verheiraten und Kinder haben, selbst wenn diese Heirat einzig und allein von meiner Lage oder von meiner Leidenschaft oder von meinem Begehren abhängt, so binde ich dadurch nicht nur mich selber, sondern verpflichte die ganze Menschheit auf den Weg der Monogamie. So bin ich für mich selbst und für alle verantwortlich, und ich schaffe ein bestimmtes Bild des Menschen, den ich wähle; indem ich mich wähle, wähle ich den Menschen.
Dies ermöglicht uns, zu begreifen, was etwa großsprecherische Wörter wie Angst, Verlassenheit, Verzweiflung in sich bergen. Wie Sie sehen werden, ist das außerordentlich einfach. Vor allem, was versteht man unter Angst? Der Existentialist erklärt mit Vorliebe, daß der Mensch Angst ist.

Essenz: Wesen, Wesenheit, Sosein; in der Philosophie unterschieden von der Existenz, dem Dasein. Das Verhältnis von Existenz (Dasein) und Essenz (Sosein) wird in der klassischen Philosophie so bestimmt, daß das wesenhafte Sein das wahrgenommene Dasein bedingt.
Monogamie: Einehe

Angst
Das bedeutet folgendes: Der Mensch, der sich bindet und der sich Rechenschaft gibt, daß er nicht nur der ist, den er wählt, sondern außerdem ein Gesetzgeber, der gleichzeitig mit sich die ganze Menschheit wählt, kann dem Gefühl seiner vollen und tiefen Verantwortlichkeit schwerlich entrinnen. Gewiß, viele Leute sind nicht bange; aber wir behaupten, daß sie sich ihre Angst verkleiden, daß sie ihr entfliehen; sicherlich glauben viele Leute, wenn sie handeln, nur sich selber zu binden; und wenn man ihnen sagt: Aber wenn alle Welt so handeln würde? – zucken sie die Achseln und antworten: Alle Welt handelt eben nicht so. Aber in Wahrheit muß man sich immer fragen, was würde geschehen, wenn wirklich alle Welt ebenso handeln würde? Und man entrinnt diesem beunruhigenden Gedanken nur mit einer Art von Böswilligkeit. [...]

Der Mensch ist Freiheit
Wenn wiederum Gott nicht existiert, so finden wir uns keinen Werten, keinen Geboten gegenüber, die unser Betragen rechtfertigen. So haben wir weder hinter uns noch vor uns, im Lichtreich der Werte, Rechtfertigungen oder Entschuldigungen. Wir sind allein, ohne Entschuldigungen. Das ist es, was ich durch die Worte ausdrücken will: Der Mensch ist verurteilt, frei zu sein. Verurteilt, weil er sich nicht selbst erschaffen hat, anderweit aber dennoch frei, da er, einmal in die Welt geworfen, für alles verantwortlich ist, was er tut. Der Existentialist glaubt nicht an die Macht der Leidenschaft. Er wird nie denken, daß eine schöne Leidenschaft ein verwüstender Wildbach ist, der den Menschen unvermeidlich zu gewissen Taten führt und der deshalb eine Entschuldigung ist. Er denkt, der Mensch sei für seine Leidenschaft verantwortlich. Der Existentialist wird auch nie denken, daß der Mensch auf Erden Hilfe finden könne in einem gegebenen Zeichen, das ihm seine Richtung weise.

Der Mensch erfindet den Menschen
Denn er denkt, daß der Mensch das Zeichen entziffern wird, wie es ihm gefällt. Er denkt also, daß der Mensch ohne irgendeine Stütze und ohne irgendeine Hilfe in jedem Augenblick verurteilt ist, den Menschen zu erfinden. Ponge hat in einem sehr schönen Aufsatz gesagt: „Der Mensch ist die Zukunft des Menschen." Das ist vollkommen richtig. Bloß wenn man darunter versteht, daß diese Zukunft im Himmel verzeichnet ist, daß Gott sie sieht – dann ist es falsch, denn das wäre nicht einmal mehr eine Zukunft. Versteht man es so, daß, was für ein Mensch auch in Erscheinung tritt, es eine Zukunft zu gestalten gibt, eine jungfräuliche Zukunft, die auf ihn wartet, dann ist das Wort richtig. Aber dann ist man eben verlassen.

(1946)

Ponge, Francis: Französischer Schriftsteller, geb. 1899

Aufgaben zu A II

1. Charakterisieren Sie Orest und Elektra nach der Blutrache in Sartres Stück „Die Fliegen" (6).

2. Vergleichen Sie den Szenenausschnitt aus Sartres „Die Fliegen" (6) mit dem entsprechenden Ausschnitt aus der „Orestie" des Aischylos (3). Stellen Sie Übereinstimmungen und Abweichungen dar. (Die sprachlich-stilistischen Eigenarten können nur bedingt berücksichtigt werden, da es sich in beiden Fällen um Übersetzungen handelt.)
3. Analysieren und deuten Sie die Schlußszene aus Sartres „Die Fliegen" (7).
   - Gehen Sie besonders auf die Figur des Orest bei Sartre und bei Aischylos ein.
   - Machen Sie sich die „Kernthesen der existentialistischen Grundhaltung Sartres" (8) klar. Beziehen Sie diese Gedanken in Ihre Deutung mit ein.
4. Stellen Sie zusammenfassend den Wandel in der dramatischen Bearbeitung des Orest-Stoffes dar, soweit sich dieser Wandel aus den Szenenausschnitten und den Sekundärtexten begründen läßt.

B Die Loreley – ein Motiv der Romantik

I Ballade, lyrisches Gedicht und Sage Ausformungen des romantischen Motivs

9

CLEMENS BRENTANO

Lore Lay

Zu Bacharach am Rheine
Wohnt eine Zauberin,
Sie war so schön und feine
Und riß viel Herzen hin.

Und machte viel zu schanden
Der Männer ringsumher,
Aus ihren Liebesbanden
War keine Rettung mehr!

Der Bischof ließ sie laden
Vor geistliche Gewalt,
Und mußte sie begnaden,
So schön war ihr' Gestalt!

Er sprach zu ihr gerühret:
„Du arme Lore Lay!
Wer hat dich denn verführet
Zu böser Zauberei?" –

„Herr Bischof, laßt mich sterben,
Ich bin des Lebens müd',
Weil jeder muß verderben,
Der meine Augen sieht!

„Die Augen sind zwei Flammen,
Mein Arm ein Zauberstab –
O legt mich in die Flammen,
O brechet mir den Stab!" –

„Ich kann dich nicht verdammen,
Bis du mir erst bekennt,
Warum in diesen Flammen
Mein eigen Herz schon brennt! –

„Den Stab kann ich nicht brechen,
Du schöne Lore Lay,
Ich müßte dann zerbrechen
Mein eigen Herz entzwei!"

„Herr Bischof, mit mir Armen
Treibt nicht so bösen Spott
Und bittet um Erbarmen
Für mich den lieben Gott!

„Ich darf nicht länger leben,
Ich liebe keinen mehr,
Den Tod sollt Ihr mir geben,
Drum kam ich zu Euch her!

„Mein Schatz hat mich betrogen,
Hat sich von mir gewandt,
Ist fort von hier gezogen,
Fort in ein fremdes Land!

„Die Augen sanft und wilde,
Die Wangen rot und weiß,
Die Worte still und milde,
Die sind mein Zauberkreis!

„Ich selbst muß drin verderben,
Das Herz thut mir so weh,
Vor Schmerzen möcht' ich sterben,
Wenn ich mein Bildnis seh'.

„Drum laßt mein Recht mich finden,
Mich sterben wie ein Christ,
Denn alles muß verschwinden,
Weil er nicht bei mir ist!"

Drei Ritter läßt er holen:
„Bringt sie ins Kloster hin!
Geh, Lore! Gott befohlen
Sei dein berückter Sinn!

„Du sollst ein Nönnchen werden,
Ein Nönnchen schwarz und weiß,
Bereite dich auf Erden
Zu deines Todes Reis'!"

Zum Kloster sie nun ritten
Die Ritter alle drei,
Und traurig in der Mitten
Die schöne Lore Lay.

„O Ritter, laßt mich gehen
Auf diesen Felsen groß,
Ich will noch einmal sehen
Nach meines Lieben Schloß!

„Ich will noch einmal sehen
Wohl in den tiefen Rhein
Und dann ins Kloster gehen
Und Gottes Jungfrau sein!"

Der Felsen ist so jähe,
So steil ist seine Wand,
Doch klimmt sie in die Höhe,
Bis daß sie oben stand.

Es binden die drei Reiter
Die Rosse unten an
Und klettern immer weiter
Zum Felsen auch hinan.

Die Jungfrau sprach: „Da gehet
Ein Schifflein auf dem Rhein,
Der in dem Schifflein stehet,
Der soll mein Liebster sein!

„Mein Herz wird mir so munter,
Er muß mein Liebster sein!" –
Da lehnt sie sich hinunter
Und stürzet in den Rhein.

Die Ritter mußten sterben,
Sie konnten nicht hinab,
Sie mußten all' verderben
Ohn' Priester und ohn' Grab.

Wer hat dies Lied gesungen?
Ein Schiffer auf dem Rhein,
Und immer hat's geklungen
Von dem drei Ritterstein:
Lore Lay!
Lore Lay!
Lore Lay!
Als wären es meiner Drei.

(1801)

„Lore Lay": Zum ersten Male im zweiten Teile des Romans „Godwi" ohne Überschrift gedruckt. Die Sage selbst ist eine freie Erfindung Brentanos, die dann ins Volk übergegangen ist. Lore Lay, Lurlei soviel wie Elbenfels, Zwergfels.
Drei Ritterstein: Bei Bacharach steht dieser Felsen, Lore Lay genannt. Man sagt, daß er ein dreifaches Echo wirft.

10

Joseph von Eichendorff

Waldgespräch

Es ist schon spät, es wird schon kalt,
Was reit'st du einsam durch den Wald?
Der Wald ist lang, du bist allein,
Du schöne Braut! ich führ dich heim!

„Groß ist der Männer Trug und List,
Vor Schmerz mein Herz gebrochen ist,
Wohl irrt das Waldhorn her und hin,
O flieh! du weißt nicht, wer ich bin."

So reich geschmückt ist Roß und Weib,
So wunderschön der junge Leib,
Jetzt kenn ich dich – Gott steh mir bei!
Du bist die Hexe Lorelei.

„Du kennst mich wohl – von hohem Stein
Schaut still mein Schloß tief in den Rhein.
Es ist schon spät, es wird schon kalt,
Kommst nimmermehr aus diesem Wald!"

(1815)

11

Die Lorelay

Eine romantische Kunstsage

In alten Zeiten ließ sich manchmal auf dem Lurley um die Abenddämmerung und beim Mondschein eine Jungfrau sehen, die mit so anmutiger Stimme sang, daß alle, die es hörten, davon bezaubert wurden. Viele, die vorüberschifften, gingen am Felsenriff oder im Strudel zugrunde, weil sie nicht mehr auf den Lauf des Fahrzeugs achteten, sondern von den himmlischen Tönen der wunderbaren Jungfrau gleichsam vom Leben abgelöst wurden, wie das zarte Leben der Blume sich im süßen Duft verhaucht. Ein Sohn des Pfalzgrafen, der damals in der Gegend sein Hoflager hatte, hörte die wundervolle Mär, und sein Herz entbrannte in Liebe zu der Jungfrau. Unter dem Vorwand, auf die Jagd zu gehen, nahm er den Weg nach Wesel, setzte sich dort auf einen Nachen und ließ sich stromabwärts fahren. Die Sonne war eben untergegangen und die ersten Sterne traten am Himmel hervor, als sich das Fahrzeug dem Lurley näherte. „Seht ihr sie dort, die verwünschte Zauberin, denn das ist sie gewiß", riefen die Schiffer. Der Jüngling hatte sie aber bereits erblickt, wie sie am Abhang des Felsenbergs nicht weit vom Strom saß und einen Kranz für ihre goldnen Locken band. Jetzt vernahm er auch den Klang ihrer Stimme und war bald seiner Sinne nicht mehr mächtig. Er nötigte die Schiffer, am Fels anzufahren, und, noch einige Schritte davon, wollt' er ans Land springen und die Jungfrau festhalten, aber er nahm den Sprung zu kurz und versank in dem Strom, dessen schäumende Wogen schauerlich über ihm zusammenschlugen.

Die Nachricht von diesem traurigen Begebnis kam schnell zu den Ohren des Pfalzgrafen. Schmerz und Wut zerrissen die Seele des armen Vaters, der auf der Stelle den strengsten Befehl erteilte, ihm die Unholdin tot oder lebendig zu liefern. Einer seiner Hauptleute übernahm es, den Willen des Pfalzgrafen zu vollziehen, doch bat er sich's aus, die Hexe ohne weiteres in den Rhein stürzen zu dürfen, damit sie sich nicht vielleicht durch lose Künste wieder aus Kerker und Banden befreie. Der Pfalzgraf war dies zufrieden, und der Hauptmann zog gegen Abend aus und umstellte mit seinen Reisigen den Berg, in einem Halbkreis vom Rheine aus. Er selbst nahm drei der Beherztesten aus seiner Schar und stieg den Lurley hinan. Die Jungfrau saß oben auf der Spitze und hielt eine Schnur von Bernstein in der Hand. Sie sah die Männer von fern kommen und rief ihnen zu, was sie hier suchten? „Dich, Zauberin", antwortete der Hauptmann. „Du sollst einen Sprung in den Rhein dahinunter machen." „Ei", sagte die Jungfrau lachend, „der Rhein mag mich holen." Bei diesen Worten warf sie die Bernsteinschnur in den Strom hinab und sang mit schauerlichem Ton:

„Vater, geschwind, geschwind,
Die weißen Rosse schick deinem Kind,
Es will reiten mit Wogen und Wind!"

Urplötzlich rauschte ein Sturm daher; der Rhein erbrauste, daß weitum Ufer und Höhen vom weißen Gischt bedeckt wurden; zwei Wellen, welche fast die Gestalt von zwei weißen Rossen hatten, flogen, mit Blitzesschnelle, aus der Tiefe auf die Kuppe des Felsens und trugen die Jungfrau hinab in den Strom, wo sie verschwand.
Jetzt erst erkannten der Hauptmann und seine Knechte, daß die Jungfrau eine Undine sei, und menschliche Gewalt ihr nichts anhaben könne. – Sie kehrten mit der Nachricht zum Pfalzgrafen zurück und fanden dort mit Erstaunen den totgeglaubten Sohn, den eine Welle ans Ufer getragen hatte.
Die Lurleyjungfrau ließ sich von der Zeit an nicht wieder hören, ob sie gleich noch ferner den Berg bewohnte und die Vorüberschiffenden durch das laute Nachäffen ihrer Reden neckte.

(1819)

Otto Heinrich Graf von Loeben

12

Der Lurleyfels

Da, wo der Mondschein blitzet
ums höchste Felsgestein,
das Zauberfräulein sitzet
und schauet auf den Rhein.

Es schauet herüber, hinüber,
es schauet hinab, hinauf,
die Schifflein ziehen vorüber,
lieb Knabe, sieh nicht hinauf!

Sie singt dir hold zum Ohre,
sie blickt dich töricht an,
sie ist die schöne Lore,
sie hat dir's angetan.

Sie schaut wohl nach dem Rheine,
als schaute sie nach dir,
glaub nicht, daß sie dich meine,
sieh nicht, horch nicht nach ihr!

So blickt sie wohl nach allen
mit ihrer Äuglein Glanz,
läßt hehr die Locken wallen
unter dem Perlenkranz.

Doch wogt in ihrem Blicke
nur blauer Wellen Spiel,
drum scheu die Wassertücke,
Denn Flut bleibt falsch und kühl.

(1821)

Grundlage für eine wirkliche Handlung; der Stoff scheint nur für Lyrik, Ballade und erzählerische Kleinformen geeignet. Dadurch, daß der zum Brentano-Kreis in Frankfurt gehörige Niklas Vogt den Stoff 1811 in einer Zeitschriftveröffentlichung und 1817 in *Rheinische Geschichten und Sagen* (Bd. 3) unter die Rheinsagen zählte, wurde er für eine alte Rheinsage gehalten und drang als solche in die dritte Auflage (1818) von Aloys Schreibers *Handbuch für Reisende am Rhein* und weitere ähnliche Veröffentlichungen ein.

Unter direkter Einwirkung des *Godwi* und der sonstigen Gestaltungen Brentanos entwickelten Eichendorff und sein Freund O. H. v. Loeben, die beide in Heidelberg mit Brentano bekannt geworden waren, den Stoff weiter. In Eichendorffs *Ahnung und Gegenwart* (R. 1815) singt Leontin „über ein am Rhein bekanntes Märchen" ein Lied, das später den Titel *Waldgespräch* erhielt. Die Verstrickung des Ritters durch die Dämonie der Hexe Lorelei erscheint hier als Ablenkung vom rechten Wege, die Szene ist vom Wasser in die Eichendorff näher liegende Ausweglosigkeit des Waldes verlegt. Loebens Erzählung *Loreley, eine Sage vom Rhein* (1821) versucht, die verschiedenen Brentanoschen Gestalten zu einer zu verschmelzen, ihre Züge schwanken daher zwischen denen einer unschuldig Liebenden, eines gefühllosen Naturwesens und einer tückischen Verführerin; Loreleys Opfer ist der Sohn des Pfalzgrafen vom Rhein, von dem sie sich verraten glaubt und den sie im Tode nach sich zieht. Wichtiger als diese Erzählung wurde das sie einleitende Gedicht, das die bei Brentano gegebene Szene der sich kämmenden dämonischen Wasserfrau auf dem Felsen ausgestaltet und mit einem moralisierenden Schluß versieht. Heinrich Heines Gedicht (entst. 1823, ersch. 1824) griff Loebens Vision auf, schmolz den unruhig kunstvollen Rhythmus in einen volksliedhaft schlichten um und erreichte durch die Projizierung des Erzählten in die Vergangenheit und durch den ironisch distanzierenden Schluß die Entleerung des Stoffes von allem Selbsterlebten und menschlich Rührenden; sein Gedicht vermittelt ein betörendes elbisches Wesen ohne persönliches Schicksal und beeindruckt durch die melancholische Stimmung des „Es war einmal ...".

Spätere Bearbeiter suchten dann Brentanos Balladengestalt und Heines Fee auf dem Felsen zu vereinigen. Beide Motive divergieren aber im Grunde und sind, nachdem sie ihre klassische Prägung gefunden haben, unveränderbar. Epos, Novelle, Roman, Drama und Oper, die sich alle des Stoffes bemächtigten, konnten nur Vor- oder Nachspiele zu dem Bild der lyrisch stereotypen Gestalt auf dem Felsen oder zur Geschichte des Mädchens von Bacharach erfinden. Das Motiv des treulosen Liebhabers – seit Loeben ist es der Sohn des Pfalzgrafen – wurde ausgebaut, ein treuer dazuerfunden u. a. m. Die für solche Versuche beispielhaften Versionen Geibels (*Die Loreley,* Dr. 1860) und J. Wolffs (*Lurlei, eine Romanze* 1886) zeigen, wie mit der Auswalzung, kausalen Unterbauung und historischen Festlegung des Stoffes dessen märchenhafter Zauber verflog. Folgerichtiger erscheint die Rückbildung des nicht mehr entwickelbaren Stoffes zum lyrischen Motiv, wie sie bereits in Eichendorffs *Still bei Nacht fährt manches Schiff* (1841) und in Mörikes *Zauberleuchtturm* (um 1830) vorliegt.

E. Beutler, „Der König in Thule" und die Dichtungen von der Lorelay, (in: Beutler, Essays um Goethe Bd. 2) 1947; R. Ehrenzeller-Favre, Loreley, Entstehung und Wandlung einer Sage, Diss. Zürich 1948.

Aufgaben zu B I

1. Lesen Sie sich in die „Lore Lay"-Ballade von Brentano (9) ein, und tragen Sie diese dann sinnerschließend vor. Achten Sie auf das Zusammenspiel von epischen, dramatischen und lyrischen Elementen (vgl. Kapitel 6, E VI).
2. Sprechen Sie darüber, ob Ihnen die Ballade (gedanklich oder gefühlsmäßig) fremd ist oder ob sie Ihnen etwas vermittelt. Formulieren Sie ein Werturteil.
3. Analysieren Sie den Text (9) vor allem in Hinblick auf die Gestaltung des hier vermittelten Frauenbildes.
4. Beschreiben Sie das Gedicht „Waldgespräch" von Eichendorff (10):
   - Welche Motive der Loreley-Sage hat Eichendorff beibehalten, und was hat er gegenüber Brentano (9) verändert?
   - Wie könnte sich die Reduktion der Motive auf das Verständnis und die Beurteilung der Loreley-Figur durch den Leser auswirken?
5. Vergleichen Sie die romantische Kunstsage (11) mit Brentanos Ballade (9):
   - Einige der Motive aus der Ballade haben sich in der Sage verändert. Nennen Sie die wesentlichen Veränderungen, und versuchen Sie zu begründen, weswegen sie vorgenommen wurden. (Vergleichen Sie vor allem den Höhepunkt im Schlußteil der beiden Texte.)
   - Welche stilistischen Unterschiede stellen Sie fest?
6. Analysieren und vergleichen Sie die themenverwandten Gedichte (12–15) in ähnlicher Weise. Achten Sie besonders auf die Wandlungen in der Gestaltung des Frauenbildes.
7. Machen Sie sich die Entfaltung des romantischen Loreley-Motivs anhand des Artikels von Elisabeth Frenzel (16) klar.
   - Stellen Sie die wichtigsten Bearbeitungen des Stoffes übersichtlich dar, und zeigen Sie die Beziehungen der Bearbeitungen untereinander auf.
   - Welche unterschiedliche Ausgestaltung erfährt der Loreley-Stoff im Laufe der Zeit?
   - Wie passen die verschiedenartigen Ausprägungen der Loreley-Figur zueinander? Gibt es eine gelungene Verschmelzung, oder sehen Sie Brüche in der literarischen Gestaltung? (Beziehen Sie sich auf die Texte 9–15.)
   - Wie beurteilt Elisabeth Frenzel die Gestaltungsmöglichkeiten des Loreley-Stoffes?

II Moderne Varianten
Loreley in zweierlei Gestalt

17

Erich Kästner

Der Handstand auf der Loreley
(Nach einer wahren Begebenheit)

Die Loreley, bekannt als Fee und Felsen,
ist jener Fleck am Rhein, nicht weit von Bingen,
wo früher Schiffer mit verdrehten Hälsen,
von blonden Haaren schwärmend, untergingen.

Wir wandeln uns. Die Schiffer inbegriffen.
Der Rhein ist reguliert und eingedämmt.
Die Zeit vergeht. Man stirbt nicht mehr beim Schiffen,
nur weil ein blondes Weib sich dauernd kämmt.

Nichtsdestotrotz geschieht auch heutzutage
noch manches, was der Steinzeit ähnlich sieht.
So alt ist keine deutsche Heldensage,
daß sie nicht doch noch Helden nach sich zieht.

Erst neulich machte auf der Loreley
hoch überm Rhein ein Turner einen Handstand!
Von allen Dampfern tönte Angstgeschrei,
als er kopfüber oben auf der Wand stand.

Er stand, als ob er auf dem Barren stünde.
Mit hohlem Kreuz. Und lustbetonten Zügen.
Man frage nicht: Was hatte er für Gründe?
Er war ein Held. Das dürfte wohl genügen.

Er stand verkehrt, im Abendsonnenscheine.
Da trübte Wehmut seinen Turnerblick.
Er dachte an die Loreley von Heine.
Und stürzte ab. Und brach sich das Genick.

Er starb als Held. Man muß ihn nicht beweinen.
Sein Handstand war vom Schicksal überstrahlt.
Ein Augenblick mit zwei gehobnen Beinen
ist nicht zu teuer mit dem Tod bezahlt!

P.S. Eins wäre allerdings noch nachzutragen:
Der Turner hinterließ uns Frau und Kind.
Hinwiederum, man soll sie nicht beklagen.
Weil im Bezirk der Helden und der Sagen
die Überlebenden nicht wichtig sind. *(1932)*

HILKE ROSENBOOM

Ein starkes Stück in Rhein-Kultur

18

Drei Meter hoch und tonnenschwer ist die Loreley-Figur, die seit dem letzten Wochenende bei Sankt Goarshausen auf einem Felsen thront.

Oben auf dem Felsen sitzt niemand. Und das seit Jahrhunderten. Trotzdem gucken immer alle hin, Amerikaner, Japaner, deutsche und holländische Touristen, wenn sie die kleine klassische Rheinpartie machen und, Burg links, Burg rechts, Geschichte an sich vorüberziehen lassen. Aber am Loreleyfelsen, der vorne Felsen und hinten Parkplatz ist, sehen sie rein gar nichts.

Sie hören nur aus dem Bordlautsprecher Heinrich Heines „Ich weiß nicht, was soll es bedeuten“ und die Geschichte von der sagenhaften Dame, die sich kämmte und kämmte und die Schiffer ins Verderben lockte. Keiner hat sie je gesehen, und das sei eigentlich kein Zustand, beschlossen jetzt die Stadtväter von Sankt Goarshausen. [...]

Nun haben sich Sankt Goarshausen, eine „russisch-schwedische Künstlerin“ und eine Souvenirartikel-Firma da was einfallen lassen.

Am Enthüllungstag regnet es. Allein die Statue hockt hoch und trocken unter einer Plastikplane auf einer kleinen Landzunge im Rhein. Der Platz ist landwärts von der Polizei gesperrt. Nur mit dem Schiff kann man hin. Kostenpunkt: fünf Mark. [...]

Pünktlich um zwölf haben sich die Schiffe durch Wind und Regen bis zur Landzunge vorgearbeitet. Am Ufer frieren schon zwei Chöre und eine Kapelle. Loreley ist

schon vor Tagen einbetoniert worden. Jetzt sitzt sie mit angewinkelten Beinen auf ihrem Sockel und sieht genauso aus, wie sich ein Sprecher der Stadt Sankt Goarshausen „eine deutsche Frau und Sagengestalt vorstellt": hübsch, nackt, lange Haare, drei Meter hoch, tonnenschwer. [...]
Der Stadtbürgermeister hält eine Rede, die Sänger singen das Rheinlied, der Wind zerzaust die Ehrengäste und fegt die Plane von der Statue, die Künstlerin steht heftig lächelnd vor dem Werk, und die amtierende Loreley fährt immer und immer wieder mit dem güldenen Kamm durch ihr Haar. Es ist eng auf der Landzunge, die Honoratioren drängeln. [...]
Alles andere hat er [der Geschäftsführer der „Loreley Marketing GmbH."] jedoch im Griff [...], der den gekämmten Koloß über seine Souvenir-Firma finanziert und angeblich schon über hunderttausend Mark in das Projekt gesteckt haben soll.
Sein Geschäft ist prima organisiert. Schon am Tag der Enthüllung kann, wer will, an den Kiosken von Sankt Goarshausen eine kleine Keramik-Loreley kaufen. Das Mädel gibt es weiß oder bronzigbraun und in verschiedenen Größen. In Gartenzwerg-Höhe kostet so ein Stück Folk-Lore ganze 142,50 DM. Die ersten sind bereits verkauft.

(stern, August 1983)

Aufgaben zu B II

1. Erich Kästner (geb. 1899) greift das romantische Motiv der Loreley auf.
   - Wodurch unterscheidet sich sein Gedicht (17) von allen anderen Darstellungen des Stoffes (9–15)?
   - Vergleichen Sie auch die Versgestaltung der Gedichte von Brentano (9), Heine (13) und Kästner (17). (Ziehen Sie Kapitel 6 E hinzu.)
   - Welche Haltung nimmt der lyrische Sprecher dem Gegenstand des Gedichts gegenüber ein? Zeigen Sie das an geeigneten Textstellen auf.
   - Welches andere Motiv überdeckt den Loreley-Stoff? Was ist demnach die Aussageabsicht Kästners?
2. Welche Beurteilung des romantischen Motivs legt Kästners Gedicht (17) dem Leser nahe?
3. Im August 1983 wurde am Rhein an historischer Stätte eine Loreley-Statue aufgestellt. Erörtern Sie im Anschluß an den Bericht von Hilke Rosenboom (18) das Thema „Vermarktung eines romantischen Motivs".
   - Achten Sie auf die Form einer Erörterung bzw. Stellungnahme (s. Kapitel 3 E).
   - Gehen Sie von den dargestellten Fakten (18) aus.
   - Beziehen Sie Ihre Kenntnis der Texte (9–17) mit ein.
   - Gehen Sie auch auf Ihre eigenen Erfahrungen mit Souvenir-Geschäften ein.
   - Kennen Sie ähnliche Versuche, ein literarisches Motiv oder einen literarischen Stoff zu vermarkten?
4. Fassen Sie die Ausformungen des Loreley-Motivs (9 bis 17) vergleichend zusammen.

C Theoretische Texte

René Wellek, Austin Warren

19

* Das Epochenproblem in der Literaturgeschichtsschreibung

Die Literatur darf nicht als eine lediglich passive Widerspiegelung oder Kopie der politischen, gesellschaftlichen oder auch intellektuellen Entwicklung der Menschheit verstanden werden. Die literarischen Perioden sollten daher auf Grund rein literarischer Kriterien festgesetzt werden.

Sollten unsere Ergebnisse mit denen der politischen, Sozial-, Kunst- und Philosophiehistoriker übereinstimmen, so wäre nichts dagegen einzuwenden. Unser Ausgangspunkt muß jedoch die Entwicklung der Literatur als Literatur sein. Die Periode ist dann nur eine Unterabteilung der universalen Entwicklung. Ihre Geschichte kann nur mit Bezugnahme auf ein veränderliches Werteschema geschrieben und dieses Werteschema muß aus der Geschichte selber abstrahiert werden. Eine Periode ist also ein Zeitabschnitt, der durch ein System von literarischen Normen, Maßstäben und Konventionen beherrscht wird und dessen Beginn, Ausbreitung, Veränderung, Integration und Verschwinden verfolgt werden kann.

Dies bedeutet natürlich nicht, daß wir dieses Normensystem als für uns selber bindend anzusehen haben. Wir müssen es aus der Geschichte selber gewinnen, müssen es dort in der Realität entdecken. „Romantik" zum Beispiel ist keine einheitliche Qualität, die sich wie eine ansteckende Krankheit oder eine Seuche ausbreitet, noch ist sie natürlich nur ein rein verbales Etikett. Sie ist vielmehr eine historische Kategorie oder, wenn man den Kantischen Begriff vorzieht, eine „regulative Idee" (oder besser: ein ganzes Ideensystem), mit deren Hilfe wir den historischen Prozeß interpretieren. Aber dieses Ideenschema haben wir im Prozeß selber gefunden. Diese Auffassung des Begriffs der „Periode" unterscheidet sich von einer häufig vorkommenden, die den Begriff zu einem psychologischen Typus ausdehnt, der von seinem historischen Zusammenhang ablösbar ist. Ohne unbedingt den Gebrauch allgemein anerkannter historischer Begriffe als Bezeichnungen für solche psychologischen oder künstlerischen Typen zu verurteilen, müssen wir doch darauf achten, daß eine solche literarische Typologie sich stark von dem hier zur Diskussion stehenden Gegenstand unterscheidet, daß sie nicht der Literaturgeschichte im engen Sinne zugehört.

Eine Periode ist also kein Typus oder eine Kategorie, sondern ein Zeitabschnitt, der durch ein Normensystem definiert wird, das im historischen Prozeß eingebettet liegt und sich nicht daraus entfernen läßt. Aus den vielen vergeblichen Definitionsversuchen des Begriffs der „Romantik" geht hervor, daß eine Periode kein Begriff ist, der sich einer Kategorie in der Logik vergleichen ließe. Wenn es so wäre, könnten ihr alle Einzelwerke subsumiert werden. Dies ist jedoch offenbar unmöglich. Ein einzelnes Kunstwerk ist kein Einzelfall in einer Kategorie, sondern ein Glied, aus dem sich, zusammen mit all den anderen Werken, der Begriff der Periode überhaupt erst ergibt. Das einzelne Kunstwerk selber modifiziert so den Begriff des Ganzen. Die Unterscheidung verschiedener „Romantiken" mit einer Vielzahl von Definitionen scheint – so wertvoll diese auch sein mögen als Hinweise auf die Kompliziertheit des

Schemas, auf das sie sich beziehen – ein theoretischer Irrtum. Man muß erkennen, daß eine Periode kein idealer Typus, kein abstraktes Gefüge oder eine Reihe von Kategorien ist, sondern ein Zeitabschnitt, der von einem ganzen Normensystem beherrscht wird, das in seiner Ganzheit von keinem einzelnen Kunstwerk je realisiert wird. Die Geschichte einer Periode besteht darin, daß wir dem Wandel von einem Normensystem zum anderen nachgehen. Obschon also eine Periode ein Zeitabschnitt ist, dem wir eine gewisse Einheitlichkeit zuschreiben, ist es doch ganz offensichtlich, daß diese Einheit nur relativ sein kann. Sie bedeutet lediglich, daß während dieser Periode ein bestimmtes Normenschema am weitgehendsten verwirklicht wurde. Besäße irgendeine Periode eine absolute Einheit, so lägen die Perioden wie Steinblöcke ohne Kontinuität der Entwicklung nebeneinander. Daher ist das Nachwirken eines vorhergehenden Normensystems und die Vorwegnahme eines folgenden ganz unvermeidlich.

Das Problem der Geschichtsschreibung einer Periode ist zunächst eines der Beschreibung: wir müssen den Niedergang der einen Konvention und das Aufkommen einer neuen herausarbeiten. Warum aber diese Wandlung einer Konvention in einem besonderen Augenblick eintrat, das ist ein historisches Problem, das sich mit allgemeinen Begriffen nicht lösen läßt. Eine der vorgeschlagenen Lösungen nimmt an, daß innerhalb der literarischen Entwicklung ein Erschöpfungszustand eingetreten ist, der nach dem Aufkommen neuer Bindungen verlangt. Die russischen Formalisten stellen diesen Prozeß als einen Vorgang der „Automatisierung" dar, d. h. zu ihrer Zeit wirkungsvolle dichterische Techniken werden nun so alltäglich und abgenutzt, daß neue Leser immer mehr gegen sie abgehärtet werden und nach etwas anderem, nach etwas, wie man annimmt, zu dem vorigen Gegensätzlichem verlangen. Das Entwicklungsschema ist eine Pendelbewegung, eine Folge von Revolten, die immer wieder zu neuen „Aktualisierungen" des Stils, der Themen und aller anderen dichterischen Mittel führen. Diese Theorie erklärt jedoch nicht, warum die Entwicklung jene besondere von ihr eingeschlagene Richtung genommen hat. Ein bloßes Pendelschema reicht offenbar doch nicht aus, um die ganze Kompliziertheit des Vorgangs zu beschreiben. Eine Erklärung dieser Richtungsänderungen möchte von außen kommende Störungen und Druck von seiten des sozialen Milieus dafür verantwortlich machen. Danach würde jede Veränderung einer literarischen Konvention durch das Aufkommen einer neuen Klasse oder zumindest einer Gruppe von Menschen, die sich ihre eigene Kunst schaffen, verursacht. Im vorrevolutionären Rußland mit seinen klar umgrenzten Klassenunterschieden und politischen Sympathien läßt sich allerdings häufig eine enge Wechselbeziehung zwischen gesellschaftlichen und literarischen Wandlungen nachweisen. Im Westen sind solche Beziehungen jedoch sehr viel unklarer und reißen völlig ab, sobald man über die offensichtlichsten gesellschaftlichen Unterschiede und historischen Katastrophen hinausgeht.

Eine andere Antwort sieht die Erklärung im Aufkommen einer neuen Generation. Diese Theorie hat seit Cournots *Considérations sur la marche des idées* (1872) viele Anhänger gefunden und wurde vor allem in Deutschland durch Julius Petersen und Eduard Wechssler ausgearbeitet. Man kann jedoch dagegen einwenden, daß der Begriff der Generation, als biologische Wesenheit verstanden, keinerlei Lösung bietet. Wenn wir drei Generationen in einem Jahrhundert voraussetzen, z. B. 1800–1833,

1834–1869, 1870–1900, so müssen wir mit dem gleichen Recht Serien wie 1801–1834, 1835–1870, 1871–1901 usw. usw. anerkennen. Biologisch gesehen sind diese Reihen vollkommen gleichwertig. Die Tatsache, daß eine um 1800 geborene Gruppe literarische Veränderungen vielleicht tiefgehender beeinflußt hat als eine um 1815 geborene Gruppe, muß aus anderen als rein biologischen Ursachen erklärt werden. Es stimmt zweifellos, daß in einigen geschichtlichen Augenblicken literarische Veränderungen durch eine Gruppe annähernd gleichaltriger junger Menschen („Jugendreihe") bewirkt werden. Naheliegende Beispiele dafür sind der Sturm und Drang und die Romantik. Eine gewisse „generationsmäßige" Einheit mag sich wohl aus solchen gesellschaftlichen und historischen Tatsachen ergeben, daß nur Menschen einer bestimmten Altersgruppe ein bedeutendes Ereignis wie die Französische Revolution oder die beiden Weltkriege in einem für Eindrücke besonders empfänglichen Alter erlebt haben können. Hier haben wir aber einfach den Fall eines mächtigen gesellschaftlichen Einflusses. In anderen Fällen läßt es sich kaum bezweifeln, daß literarische Veränderungen tiefgehend durch reife Werke alter Männer beeinflußt wurden. Im Ganzen gesehen ist der bloße Wechsel von Generationen oder gesellschaftlichen Klassen keine hinreichende Erklärung der literarischen Veränderungen. Sie sind ein komplizierter, sich von Gelegenheit zu Gelegenheit verändernder Prozeß. Zum Teil erklären sie sich aus inneren Ursachen, aus Erschöpfung und dem Verlangen nach Veränderung, zum Teil aber auch aus äußeren Ursachen, aus gesellschaftlichen, geistigen und anderen kulturellen Wandlungen.

Die Hauptperioden der neuen Literaturgeschichte sind immer und immer wieder erörtert worden. Die Begriffe „Renaissance", „Klassik", „Romantik", „Symbolismus" und, etwas später, „Barock" wurden definiert, neudefiniert und angegriffen. Es ist unwahrscheinlich, daß irgendeine Art von Übereinstimmung erreicht werden kann, solange die theoretischen Fragen, die wir zu klären versuchten, noch verworren bleiben, solange die an der Diskussion Beteiligten auf Definitionen nach Klassenbegriffen bestehen, „Perioden"-Begriffe mit „Typen"-Begriffen und die semantische Geschichte der Begriffe mit den eigentlichen Stilwandlungen verwechseln. Man kann durchaus verstehen, warum A. O. Lovejoy und andere sich für die Abschaffung solcher Begriffe wie „Romantik" einsetzten. Bei der Erörterung einer Periode kommen aber zumindest alle möglichen Fragen der Literaturgeschichte zur Sprache: die Geschichte des Begriffs und die kritischen Programme wie auch die eigentlichen stilistischen Veränderungen; die Beziehungen der Periode zu allen anderen menschlichen Tätigkeiten; die Beziehungen zu den gleichen Perioden in anderen Ländern. Der Name der Romantik kommt allerdings erst spät nach England, aber die Theorien Wordsworths und Coleridges enthalten ein neues Programm, das in bezug auf deren eigenes dichterisches Schaffen sowie auf das Schaffen anderer zeitgenössischer Dichter betrachtet werden muß. Ein neuer Stil bildet sich heraus, dessen erste Vorboten sich sogar bis ins frühe 18. Jahrhundert verfolgen lassen. Wir können die englische Romantik mit den verschiedenen Romantiken in Deutschland und Frankreich vergleichen und die Parallelen oder angeblichen Parallelen zu der romantischen Bewegung in den bildenden Künsten untersuchen. Zu jeder Zeit und an jedem Ort werden sich verschiedene Probleme ergeben; es erscheint unmöglich, allgemeine Regeln aufzustellen.

Aufgaben zu C

1. Wie läßt sich nach Wellek/Warren (19) begründen, daß eine Periode kein „Typus" und auch keine „Kategorie" ist?
2. Was spricht gegen die „Pendel"-Theorie in der Literaturgeschichtsschreibung?
3. Nennen Sie Gründe gegen die Annahme, daß literarische Perioden ausschließlich mit dem Aufstieg und Niedergang sozialer Schichten oder mit dem Generationswechsel zusammenhängen.
4. Wie läßt sich der Begriff der „literarischen Epoche" nach Wellek/Warren am ehesten beschreiben, und welche Probleme stellen sich dann einer Literaturgeschichtsschreibung?
5. Kennzeichnen und erläutern Sie zusammenfassend unterschiedliche Ansätze zur Periodisierung in der Literaturgeschichtsschreibung, wie sie Wellek/Warren darstellen.

D Erweitertes Textangebot

Ansichten von der Welt

20

Christian Hofmann von Hofmannswaldau (1617–1679)

Die Welt

Was ist die Welt und ihr berühmtes Glänzen?
Was ist die Welt und ihre ganze Pracht?
Ein schnöder Schein in kurz-gefaßten Grenzen,
ein schneller Blitz bei schwarz-gewölkter Nacht;
ein buntes Feld, da Kummer-Disteln grünen;
ein schön Spital, so voller Krankheit steckt,
ein Sklavenhaus, da alle Menschen dienen,
ein faules Grab, so Alabaster deckt.
Das ist der Grund, darauf wir Menschen bauen,
und was das Fleisch für einen Abgott hält.
Komm, Seele, komm, und lerne weiter schauen,
als sich erstreckt der Zirkel dieser Welt.
Streich ab von dir derselben kurzes Prangen,
halt ihre Lust für eine schwere Last;
so wirst du leicht in diesen Port gelangen,
da Ewigkeit und Schönheit sich umfaßt.

(1679)

HUGO VON HOFMANNSTHAL (1874–1929)

21

Was ist die Welt

Was ist die Welt? Ein ewiges Gedicht,
daraus der Geist der Gottheit strahlt und glüht,
daraus der Wein der Weisheit schäumt und sprüht,
daraus der Laut der Liebe zu uns spricht.
Und jedes Menschen wechselndes Gemüt,
ein Strahl ists, der aus dieser Sonne bricht,
ein Vers, der sich an tausend andre flicht,
der unbemerkt verhallt, verlischt, verblüht.
Und doch auch eine Welt für sich allein,
voll süß-geheimer, nie vernommner Töne,
begabt mit eigner, unentweihter Schöne,
und keines Andern Nachhall, Widerschein.
Und wenn du gar zu lesen drin verstündest,
ein Buch, das du im Leben nicht ergründest. *(1890)*

Märchen und Antimärchen

BRÜDER GRIMM

22

Die Sterntaler

Es war einmal ein kleines Mädchen, dem war Vater und Mutter gestorben, und es war so arm, daß es kein Kämmerchen mehr hatte, darin zu wohnen, und kein Bettchen mehr, darin zu schlafen, und endlich gar nichts mehr als die Kleider auf dem Leib und ein Stückchen Brot in der Hand, das ihm ein mitleidiges Herz geschenkt hatte. Es war aber gut und fromm. Und weil es so von aller Welt verlassen war, ging es im Vertrauen auf den lieben Gott hinaus ins Feld. Da begegnete ihm ein armer Mann, der sprach ‚ach, gib mir etwas zu essen, ich bin so hungerig.‘ Es reichte ihm das ganze Stückchen Brot und sagte ‚Gott segne dirs,‘ und ging weiter. Da kam ein Kind, das jammerte und sprach ‚es friert mich so an meinem Kopfe, schenk mir etwas, womit ich ihn bedecken kann.‘ Da tat es seine Mütze ab und gab sie ihm. Und als es noch eine Weile gegangen war, kam wieder ein Kind und hatte kein Leibchen und fror: da gab es ihm seins; und noch weiter, da bat eins um ein Röcklein, das gab es auch von sich hin. Endlich gelangte es in einen Wald, und es war schon dunkel geworden, da kam noch eins und bat um ein Hemdlein, und das fromme Mädchen dachte ‚es ist dunkle Nacht, da sieht dich niemand, du kannst wohl dein Hemd weggeben,‘ und zog das Hemd ab und gab es auch noch hin. Und wie es so stand und gar nichts mehr hatte, fielen auf einmal die Sterne vom Himmel, und waren lauter harte blanke Taler: und ob es gleich sein Hemdlein weggegeben, so hatte es ein neues an, und das war vom allerfeinsten Linnen. Da sammelte es sich die Taler hinein und war reich für sein Lebtag. *(1812 ff.)*

23

GEORG BÜCHNER (1813–1837)

* Das Märchen der Großmutter

Kommt, ihr kleinen Krabben! [...] Es war einmal ein arm Kind und hat kein Vater und keine Mutter, war alles tot, und war niemand mehr auf der Welt. Alles tot, und es ist hingangen und hat gesucht Tag und Nacht. Und weil auf der Erde niemand mehr war, wollt's in Himmel gehn, und der Mond guckt es so freundlich an; und wie es endlich zum Mond kam, war's ein Stück faul Holz. Und da ist es zur Sonn gangen, und wie es zur Sonn kam, war's ein verwelkt Sonneblum. Und wie's zu den Sternen kam, waren's kleine goldne Mükken, die waren angesteckt, wie der Neuntöter sie auf die Schlehen steckt. Und wie's wieder auf die Erde wollt, war die Erde ein umgestürzter Hafen. Und es war ganz allein. Und da hat sich's hingesetzt und geweint, und da sitzt es noch und is ganz allein.

(1836, aus dem Nachlaß)

Hafen: süddeutsch für Topf.

24

FRANZ MON

stern wie taler

gerannt und die schlappen verlorn und das brot blieb im halse stecken und ausgespuckt und weitergelaufen den hut in der hand durchs ganze land kein hemd mehr am leib und nichts zu beißen in der kälte vom himmel hoch kein ei kein ofen kein nichts gelaufen als wären vater und mutter hinter mir her nicht mal so viel zeit die mütze auf den kopf und das hemd zuzumachen unterm rock der flog davon und das hemd flattert auf dem feld in der draufsicht nicht zu erkennen ob männchen ob weibchen wie niedlich wie hungrig wie arm gabs ihm seins so an meinem kopfe es friert mich in der verkürzung kaum zu erkennen vor lauter bäumen lauter knöpfen kieseln brotkrümeln am weg nur die zehen die abwechselnd mal links mal rechts erscheinenden zehen die spucke bleibt weg du kaust noch hast aber keinen bissen mehr zwischen den zähnen und gabs ihm das hemd ist weg den rock hältst du fest er ist dir näher am leib als das hemd in der höh weder wald noch bäume da siehts keiner und bückt sich wie vater und mutter in der verkürzung zwischen den zehen zwischen den zähnen bloß hungrig bloß bucklig mein mützchen da kam noch eins leibhaftig gerannt den kopf nach hinten gedreht und bat gib mir dein hemdchen und trat zwischen die füße den rücken in der hand den bloßen rücken die Hand leer und bloß fünf finger in der einen und das hemd in der andern noch näher gerückt noch weiter weg wie schnee wie fleckig wie weiß wie ein taler die nase ganz dicht auf der spur des frommen kindes dem mutter und butter vom brot aufs gesicht und taghell und schnell im handumdrehn bis auf die haare bis auf die haut geduckt und zugedeckt wies rennt wies fällt aus allen wolken auf den kopf auf den mund mit donnerstimme mein liebes kind in der diebsnacht schwer von begriff geschnappt und dingfest locker wie schnee wie ein taler wie peinlich wenns einer sähe

(1974)

Spiegelbilder: Das doppelte Ich

BRÜDER GRIMM

Doppelte Gestalt

25

Ein Landfahrer kam zu einem Edelmann, der mit langwieriger Ohnmacht und Schwachheit behaftet war, und sagte zu ihm: „Ihr seid verzaubert, soll ich Euch das Weib vor Augen bringen, das Euch das Übel angetan?" Als der Edelmann einwilligte, sprach jener: „Welches Weib morgen in Euer Haus kommt, sich auf den Herd zum Feuer stellt und den Kesselhaken mit der Hand angreift und hält, die ist es, welche Euch das Leid angetan." Am andern Tag kam die Frau eines seiner Untertanen, der neben ihm wohnte, ein ehrliches und frommes Weib, und stellte sich dahin genau auf die Weise, wie der Landfahrer vorhergesagt hatte. Der Edelmann verwunderte sich gar sehr, daß eine so ehrbare, gottesfürchtige Frau, der er nicht übelwollte, so böse Dinge treiben sollte, und fing an zu zweifeln, ob es auch recht zugehe. Er gab darum seinem Diener heimlichen Befehl, hinzulaufen und zu sehen, ob diese Nachbarin zu Hause sei oder nicht. Als dieser hinkommt, sitzt die Frau über ihrer Arbeit und hechelt Flachs. Er heißt sie zum Herrn kommen, sie spricht: „Es wird sich ja nicht schicken, daß ich so staubig und ungeputzt vor den Junker trete." Der Diener aber sagt, es habe nichts zu bedeuten, sie solle nur eilig mit ihm gehen. Sobald sie nun in des Herrn Türe trat, verschwand die andere als ein Gespenst aus dem Saal, und der Herr dankte Gott, daß er ihm in den Sinn gegeben, den Diener hinzuschikken, sonst hätte er auf des Teufels Trug vertraut und die unschuldige Frau verbrennen lassen.

(1816ff.)

26

ADELBERT VON CHAMISSO (1781–1838)

Die Erscheinung

Die zwölfte Stunde war beim Klang der Becher
Und wüstem Treiben schon herangewacht,
Als ich hinaus mich stahl, ein müder Zecher.
Und um mich lag die kalte, finstre Nacht;
Ich hörte durch die Stille widerhallen
Den eignen Tritt und fernen Ruf der Wacht.
Wie aus den klangreich fest-erhellten Hallen
In Einsamkeit sich meine Schritte wandten,
Ward ich von seltsam trübem Mut befallen.
Und meinem Hause nah, dem wohlbekannten,
Gewahrt ich, und ich stand versteinert fast,
Daß hinter meinen Fenstern Lichter brannten.
Ich prüfte zweifelnd eine lange Rast,
Und fragte: macht es nur in mir der Wein?
Wie käm zu dieser Stunde mir ein Gast?
Ich trat hinzu, und konnte bei dem Schein
Im wohlverschloßnen Schloß den Schlüssel drehen,
Und öffnete die Tür, und trat hinein.
Und, wie die Blicke nach dem Lichte spähen,
Da ward mir ein Gesicht gar schreckenreich, –
Ich sah mich selbst an meinem Pulte stehen.
Ich rief: „Wer bist du, Spuk?“ – er rief sogleich:
„Wer stört mich auf in später Geisterstunde?“
Und sah mich an, und ward, wie ich, auch bleich.
Und unermeßlich wollte die Sekunde
Sich dehnen, da wir starrend wechselseitig
Uns ansahn, sprachberaubt mit offnem Munde.
Und aus beklommner Brust zuerst befreit ich
Das schnelle Wort: „Du grause Truggestalt,
Entweiche, mache mir den Platz nicht streitig!“
Und er, als einer, über den Gewalt
Die Furcht nur hat, erzwingend sich ein leises
Und scheues Lächeln, sprach erwidernd: „Halt!
Ich bin’s, du willst es sein; – um dieses Kreises,
Des wahnsinn-drohnden, Quadratur zu finden,
Bist du der rechte, wie du sagst, beweis es;
Ins Wesenlose will ich dann verschwinden.
Du Spuk, wie du mich nennst, gehst du das ein,
Und willst auch du zu Gleichem dich verbinden?“
Drauf ich entrüstet: „Ja, so soll es sein!
Es soll mein echtes Ich sich offenbaren,
Zu Nichts zerfließen dessen leerer Schein!“

Und er: „So laß uns, wer du seist, erfahren!“
Und ich: „Ein solcher bin ich, der getrachtet
Nur einzig nach dem Schönen, Guten, Wahren;
Der Opfer nie dem Götzendienst geschlachtet,
Und nie gefrönt dem weltlich eitlen Brauch,
Verkannt, verhöhnt, der Schmerzen nie geachtet;
Der irrend zwar und träumend oft den Rauch
Für Flamme hielt, doch mutig beim Erwachen
Das Rechte nur verfocht: – bist du das auch?“
Und er mit wildem, kreischend lautem Lachen:
„Der du dich rühmst zu sein, der bin ich nicht.
Gar anders ist's bestellt um meine Sachen.
Ich bin ein feiger, lügenhafter Wicht,
Ein Heuchler mir und andern, tief im Herzen
Nur Eigennutz, und Trug im Angesicht.
Verkannter Edler du mit deinen Schmerzen,
Wer kennt sich nun? wer gab das rechte Zeichen?
Wer soll, ich oder du, sein Selbst verscherzen?
Tritt her, so du es wagst, ich will dir weichen!“
Drauf mit Entsetzen ich zu jenem Graus:
„Du bist es, bleib, und laß hinweg mich schleichen!“ –
Und schlich, zu weinen, in die Nacht hinaus.

(1831)

Annette von Droste-Hülshoff (1797–1848)

27

Das Spiegelbild

Schaust du mich an aus dem Kristall
Mit deiner Augen Nebelball,
Kometen gleich, die im Verbleichen;
Mit Zügen, worin wunderlich
Zwei Seelen wie Spione sich
Umschleichen, ja, dann flüstre ich:
Phantom, du bist nicht meinesgleichen!

Bist nur entschlüpft der Träume Hut,
Zu eisen mir das warme Blut,
Die dunkle Locke mir zu blassen;
Und dennoch, dämmerndes Gesicht,
Drin seltsam spielt ein Doppellicht,
Trätest du vor, ich weiß es nicht,
Würd ich dich lieben oder hassen?

Zu deiner Stirne Herrscherthron,
Wo die Gedanken leisten Fron
Wie Knechte, würd ich schüchtern blicken;
Doch von des Auges kaltem Glast,
Voll toten Lichts, gebrochen fast,
Gespenstig, würd, ein scheuer Gast,
Weit, weit ich meinen Schemel rücken.

Und was den Mund umspielt so lind,
So weich und hülflos wie ein Kind,
Das möcht in treue Hut ich bergen;
Und wieder, wenn er höhnend spielt,
Wie von gespanntem Bogen zielt,
Wenn leis es durch die Züge wühlt,
Dann möcht ich fliehen wie vor Schergen.

Es ist gewiß, du bist nicht Ich,
Ein fremdes Dasein, dem ich mich
Wie Moses nahe, unbeschuhet,
Voll Kräfte, die mir nicht bewußt,
Voll fremden Leides, fremder Lust;
Gnade mir Gott, wenn in der Brust
Mir schlummernd deine Seele ruhet!

Und dennoch fühl ich, wie verwandt,
Zu deinen Schauern mich gebannt,
Und Liebe muß der Furcht sich einen.
Ja, trätest aus Kristalles Rund,
Phantom, du lebend auf den Grund,
Nur leise zittern würd ich, und
Mich dünkt – ich würde um dich weinen!

(1841/42)

Motivähnliche Gedichte aus unterschiedlichen Epochen

28

ANDREAS GRYPHIUS (1616–1664)

Abend

Der schnelle Tag ist hin / die Nacht schwingt jhre fahn /
Vnd führt die Sternen auff. Der Menschen müde scharen
Verlassen feld vnd werck / Wo Thier vnd Vögel waren
Trawrt jtzt die Einsamkeit. Wie ist die zeit verthan!

Der port naht mehr vnd mehr sich / zu der glieder Kahn.
Gleich wie diß licht verfiel / so wird in wenig Jahren
Jch / du / vnd was man hat / vnd was man siht / hinfahren.
Diß Leben kömmt mir vor alß eine renne bahn.

Laß höchster Gott mich doch nicht auff dem Laufplatz gleiten /
Laß mich nicht ach / nicht pracht / nicht lust / nicht angst verleiten.
Dein ewig heller glantz sey vor vnd neben mir /
Laß / wenn der müde Leib entschläfft / die Seele wachen
Vnd wenn der letzte Tag wird mit mir abend machen /
So reiß mich auß dem thal der Finsternuß zu dir. *(1643)*

29

GOTTFRIED AUGUST BÜRGER (1747–1794)

Der Bauer
An seinen Durchlauchtigen Tyrannen

Wer bist du, Fürst, daß ohne Scheu
Zerrollen mich dein Wagenrad,
Zerschlagen darf dein Roß?

Wer bist du, Fürst, daß in mein Fleisch
Dein Freund, dein Jagdhund, ungebleut
Darf Klau' und Rachen haun?

Wer bist du, daß durch Saat und Forst
Das Hurra deiner Jagd mich treibt,
Entatmet, wie das Wild? –

Die Saat, so deine Jagd zertritt,
Was Roß und Hund und du verschlingst,
Das Brot, du Fürst, ist mein.

Du Fürst hast nicht, bei Egg' und Pflug,
Hast nicht den Erntetag durchschwitzt.
Mein, mein ist Fleiß und Brot! –

Ha! du wärst Obrigkeit von Gott?
Gott spendet Segen aus; du raubst!
Du nicht von Gott, Tyrann! *(1773)*

Adelbert von Chamisso (1781–1838)

30

Die alte Waschfrau

Du siehst geschäftig bei dem Linnen
die Alte dort im weißen Haar,
die rüstigste der Wäscherinnen
im sechsundsiebenzigsten Jahr.
So hat sie stets mit saurem Schweiß
ihr Brot in Ehr' und Zucht gegessen
und ausgefüllt mit treuem Fleiß
den Kreis, den Gott ihr zugemessen.

Sie hat in ihren jungen Tagen
geliebt, gehofft und sich vermählt;
sie hat des Weibes Los getragen,
die Sorgen haben nicht gefehlt;
sie hat den kranken Mann gepflegt,
sie hat drei Kinder ihm geboren,
sie hat ihn in das Grab gelegt
und Glaub' und Hoffnung nicht verloren.

Da galt's, die Kinder zu ernähren;
sie griff es an mit heiterm Mut,
sie zog sie auf in Zucht und Ehren,
der Fleiß, die Ordnung sind ihr Gut.
Zu suchen ihren Unterhalt,
entließ sie segnend ihre Lieben;
so stand sie nun allein und alt,
ihr war ihr heit'rer Mut geblieben.

Sie hat gespart und hat gesonnen
und Flachs gekauft und nachts gewacht,
den Flachs zu feinem Garn gesponnen,
das Garn dem Weber hingebracht;
der hat's gewebt zu Leinewand;
die Schere brauchte sie, die Nadel,
und nähte sich mit eigner Hand
ihr Sterbehemde sonder Tadel.

Ihr Hemd, ihr Sterbehemd, sie schätzt es,
verwahrt's im Schrein am Ehrenplatz;
ihr Kleinod, ihr ersparter Schatz.
Sie legt es an, des Herren Wort
am Sonntag früh sich einzuprägen;
dann legt sie's wohlgefällig fort,
bis sie darin zur Ruh' sie legen.

Und ich, an meinem Abend, wollte,
ich hätte, diesem Weibe gleich,
erfüllt, was ich erfüllen sollte
in meinen Grenzen und Bereich;
ich wollt', ich hätte so gewußt
am Kelch des Lebens mich zu laben,
und könnt' am Ende gleiche Lust
an meinem Sterbehemde haben.

(1833)

31

ADELBERT VON CHAMISSO

Zweites Lied von der alten Waschfrau

Es hat euch anzuhören wohl behagt,
Was ich von meiner Waschfrau euch gesagt;
Ihr habt's für eine Fabel wohl gehalten?
Fürwahr, mir selbst erscheint sie fabelhaft;
Der Tod hat längst sie alle hingerafft,
Die jung zugleich gewesen mit der Alten.

Dies werdende Geschlecht, es kennt sie nicht,
Und geht an ihr vorüber ohne Pflicht
Und ohne Lust sich ihrer zu erbarmen.
Sie steht allein. Der Arbeit zu gewohnt,
Hat sie, so lang es ging, sich nicht geschont;
Jetzt aber, wehe der vergeßnen Armen!

Jetzt drückt darnieder sie der Jahre Last,
Noch emsig tätig, doch entkräftet fast,
Gesteht sie's ein: „So kann's nicht lange währen.
Mag's werden, wie's der liebe Gott bestimmt;
Wenn er nicht gnädig bald mich zu sich nimmt, –
Nicht schafft's die Hand mehr, – muß Er mich ernähren.“

So lang sie rüstig noch beim Waschtrog stand,
War für den Dürft'gen offen ihre Hand;
Da mochte sie nicht rechnen und nicht sparen.
Sie dachte bloß: „ich weiß, wie Hunger tut.“ –
Vor eure Füße leg ich meinen Hut,
Sie selber ist im Betteln unerfahren.

Ihr Fraun und Herrn, Gott lohn es euch zumal,
Er geb euch dieses Weibes Jahre Zahl
Und spät dereinst ein gleiches Sterbekissen!
Denn wohl vor allem, was man Güter heißt,
Sind's diese beiden, die man billig preist:
Ein hohes Alter und ein rein Gewissen. *(1838)*

32

CONRAD FERDINAND MEYER (1825–1898)

Einem Tagelöhner

Lange Jahre sah ich dich
führen deinen Spaten,
und ein jeder Schaufelstich
ist dir wohlgeraten.

Nie hat dir des Lebens Flucht
bang gemacht, ich glaube –
sorgtest für die fremde Frucht,
für die fremde Traube.

Nie gelodert hat die Glut
dir in eignem Herde,
doch du fußtest fest und gut
auf der Mutter Erde.

Nun hast du das Land erreicht,
das du fleißig grubest;
laste dir die Scholle leicht,
die du täglich hubest!

(1882)

33

Karl Henckell (1864–1929)

Das Lied des Steinklopfers

Ich bin kein Minister,
Ich bin kein König,
Ich bin kein Priester,
Ich bin kein Held;
Mir ist kein Orden,
Mir ist kein Titel
Verliehen worden
Und auch kein Geld.

Dich will ich kriegen,
Du harter Plocken,
Die Splitter fliegen,
Der Sand stäubt auf –
„Du armer Flegel“,
Mein Vater brummte,
„Nimm meinen Schlägel“ –
Und starb darauf.

Heut hab ich Armer
Noch nichts gegessen,
Der Allerbarmer
Hat nichts gesandt;
Von goldnem Weine
Hab ich geträumet
Und klopfe Steine
Fürs Vaterland.

(1898)

34

Rainer Maria Rilke (1875–1926)

X. Sonett

Aus: Die Sonette an Orpheus. Zweiter Teil

Alles Erworbne bedroht die Maschine, solange
sie sich erdreistet, im Geist, statt im Gehorchen, zu sein.
Daß nicht der herrlichen Hand schöneres Zögern mehr prange,
zu dem entschlossenern Bau schneidet sie steifer den Stein.

Nirgends bleibt sie zurück, daß wir ihr *ein* Mal entrönnen
und sie in stiller Fabrik ölend sich selber gehört.
Sie ist das Leben, – sie meint es am besten zu können,
die mit dem gleichen Entschluß ordnet und schafft und zerstört.

Aber noch ist uns das Dasein verzaubert; an hundert
Stellen ist es noch Ursprung. Ein Spielen von reinen
Kräften, die keiner berührt, der nicht kniet und bewundert.

Worte gehen noch zart am Unsäglichen aus …
Und die Musik, immer neu, aus den bebendsten Steinen,
baut im unbrauchbaren Raum ihr vergöttlichtes Haus.

(1922)

35

JOSEF WINCKLER (1881–1966)

Aus: Eiserne Sonette

Der Rohmischer gießt glühend sprühende Speise, gießt
Sie schlängelnd, wälzend – da dreht die gierig große
Bessemer-Birne – bis das feurig bloße
Lebendige Erz ihr in den Bauchschlund fließt:
Die Birne sättigt sich – – jetzt, warnend stößt
Die Glocke, alles springt beiseit – – ein Sausen
Hebt an, ein Fauchen, Typhon-Brausen – –
Der Wind setzt ein, die Birne bläst …
  Sie richtet sich, und wie aus Mörsern schießt
  Weißes Feuer, schneeweiße Garben.
  Sie neigt sich wieder, märchenzaubrisch fließt
  Sternfunkelregen bunt in Purpurfarben:
  Sie speit den garen Stahl zum Formguß aus,
  Von Eisendämpfen kocht das ganze Haus.

Es summt der Dynamo, an Uhr und Skalen
Gehn geisterleis die Zeiger, rasend drehn
Die Räder; allgewaltig, zauberschön
Des Stahlkolosses Kolben schwirrn und mahlen.
Selbsttätig wacht es, nährt sich, rechnet Zahlen,
Kühlt die Gelenke, bleibt wie denkend stehn
Und rast aufs neu; lautlos die Meister gehn
Und sehn nur nach den Zeichen und Signalen.
  Maschinen, summende Arbeitsbienen,
  Ihr Wunderwesen, ihr Gnome und Hünen,
  Formen heißt Fronen;
  Weltgebundene, weltumgestaltende,
  Geistererfundene, geisterhaft schaltende
  Murmelnde Mütter neuer Äonen. *(1914)*

Bessemer-Birne: Behälter zur Massenerzeugung von Flußstahl
Typhon: gr. Sagengestalt, schlangenleibiger Riese

Arbeitsvorschläge zum Textangebot

1. Analysieren Sie das Gedicht von Hofmannswaldau (20).
   - Achten Sie auf formale Besonderheiten im Aufbau, in der Versgestaltung, und beziehen Sie diese auf die inhaltliche Aussage (vgl. Kapitel 6 E).
   - Bestimmen Sie die Haltung des lyrischen Sprechers einerseits dem Gegenstand des Gedichts und andererseits dem Leser gegenüber.
   - Formulieren Sie die Weltsicht, die aus dem barocken Gedicht erkennbar wird.

2. Analysieren Sie in ähnlicher Weise das themengleiche Gedicht von Hugo von Hofmannsthal (21), und vergleichen Sie beide Ansichten von der Welt.
3. Welche Weltsicht spiegelt das Grimmsche Märchen (22) wider? Beziehen Sie die Illustration, S. 324, in Ihre Überlegungen ein. Bestimmen Sie
   - das Verhältnis zwischen Mensch und Gott
   - die geforderten Tugenden
   - die metaphorische Bedeutung der „Belohnung"
   - die „Moral", die den Hörern/Lesern des Märchens vermittelt werden soll.
4. Bestimmen Sie die Sicht von der Welt in Büchners Anti-Märchen (23), indem Sie es mit dem Volksmärchen (22) vergleichen.
5. Analysieren Sie die Sterntaler-Märchenmotive und die Andeutungen auf andere Märchen, die Redensarten und Sprichwörter sowie die leitmotivisch verwendeten Wörter in der Prosamontage von Franz Mon (24).
6. Vergleichen Sie die drei Gestaltungen eines Themas in unterschiedlichen Epochen (25, 26, 27).
   - Welche entscheidende Änderung gegenüber der Volkssage (25) nimmt Chamisso (26) vor?
   - Woran ist der Erzähler der Volkssage interessiert? Woran der lyrische Sprecher in Chamissos Versgestaltung?
   - Analysieren Sie „Das Spiegelbild" von Droste-Hülshoff (27); achten Sie genau auf die Wortwahl in bezug auf das angeredete „Du"; vergleichen Sie das Gedicht mit dem vorhergehenden von Chamisso (26).
   - Beschreiben Sie zusammenfassend die Wandlung, die die Gestaltung des Stoffes im Laufe der Zeit durchmacht.
7. Bearbeiten Sie die Gedichte (28–35) unter selbstgewählten Gesichtspunkten (gruppenteilig), z. B.:
   Themabezug: Das Verhältnis von Mensch – Arbeit – Umwelt
   Sprechhaltung: Die Haltung des lyrischen Sprechers dem Thema „Arbeit/Arbeitswelt" gegenüber
   Sprachfunktion: Die vorherrschenden Sprachfunktionen (Darstellung, Ausdruck, Appell)
   Leserbezug: Die Beziehung, die der lyrische Sprecher zum Leser aufbaut
   Wirkungsbezug: Die Aussageabsicht und intendierte Wirkung auf den Rezipienten
   Epochenbezug: Integration der Ergebnisse unter der Fragestellung, welche Wandlungen in der Gestaltung des Themas „Arbeit/Arbeitswelt" in den Gedichten feststellbar sind.

Weiterführende Arbeitsvorschläge

1. Referieren Sie über die Wandlungen des Orest-Mythos im Laufe der historischen Entwicklung. *Textgrundlage: Elisabeth Frenzel: Stoffe der Weltliteratur. Stuttgart: Kröner 1963, S. 481–486.*

2. Erweitern Sie Ihre Arbeit am Orest-Stoff (Analyse und Vergleich sich entsprechender Kernszenen oder Möglichkeit für literarische Referate).
   Fortführung der Thematik im antiken Drama:
   Sophokles: Elektra (um 415 v. Chr.)
   Euripides: Elektra (um 413 v. Chr.)
   Umwandlung des Stoffes in der Moderne:
   Eugene O'Neill: Trauer muß Elektra tragen (1931)
   Jean Giraudoux: Elektra (1937)
   Zur Orientierung: Edgar Neis: Interpretation motivgleicher Werke der Weltliteratur. Hollfeld: C. Bange Verlag 1967, 1. Teil „Die Atriden (Elektra/Orest)", S. 74–101.
3. Stellen Sie die Besonderheiten einer modernen Fassung des antiken Stoffes in Prosaform dar (literarisches Referat): *Christa Wolf: Kassandra. Darmstadt/Neuwied: Luchterhand 1983.*
   Arbeiten Sie Schwerpunkte heraus, z. B.:
   - Erläutern Sie Möglichkeiten und Grenzen des personalen Erzählverhaltens.
   - Ordnen Sie den erzählten Stoff (die Fabel) in die Orestie-Handlung ein.
   - Stellen Sie die Normen der offiziellen Gesellschaft (Königshof) und der Gegenwelt (Frauen am Ufer des Skamander) dar. Bestimmen Sie von hier aus die Aktualität des Themas.
   - Versuchen Sie annäherungsweise die Gestaltungsmöglichkeiten im Drama und in der Erzählung (Epik) gegeneinander abzugrenzen.
4. Vergleichen Sie die Bearbeitung eines Stoffes/Themas in Werken aus unterschiedlichen literarischen Epochen (vgl. auch Kapitel 1, B II und III) z. B.:
   Friedrich Schiller: Die Jungfrau von Orleans (1801)
   George Bernhard Shaw: Die heilige Johanna (1923)
   Jean Anouilh: Jeanne oder Die Lerche (1953)
   Bert Brecht: Die heilige Johanna der Schlachthöfe (1930)
   Bert Brecht: Die Geschichte der Simone Machard (1943)
   Bert Brecht: Der Prozeß der Jeanne d'Arc zu Rouen 1431 (1952)

   Friedrich Schiller: Wilhelm Tell (1804)
   Max Frisch: Wilhelm Tell für die Schule (1971)

   Friedrich Schiller: Der Verbrecher aus verlorener Ehre (1786)
   Heinrich Böll: Die verlorene Ehre der Katharina Blum (1974)

   Heinrich von Kleist: Michael Kohlhaas (1810)
   Elisabeth Plessen: Kohlhaas (1979)

   Georg Büchner: Lenz (1835)
   Peter Schneider: Lenz. Eine Erzählung (1973)

   Hartmann von Aue: Gregorius (1190/97)
   Thomas Mann: Der Erwählte (1951)
5. Vergleichen Sie verschiedene Vertonungen des Loreley-Stoffes, z. B. die Vertonung von Eichendorffs „Waldgespräch" (10) durch Robert Schumann und von Heines „Ich weiß nicht, was soll es bedeuten" (13) durch Friedrich Silcher.

E Information

I. Literarische Epochen der deutschen Literatur im Überblick

(Vgl. zur ausführlichen Beschreibung der Epochen *Herbert A. und Elisabeth Frenzel: Daten deutscher Dichtung. Chronologischer Abriß der deutschen Literaturgeschichte von den Anfängen bis zur Gegenwart. Köln: Kiepenheuer & Witsch ³1953 [auch dtv 3101 und 3102].*)

750–1170	Frühes Mittelalter (althochdt. Schrifttum)
1170–1300	Hohes oder „klassisches“ Mittelalter (mhd. Schrifttum)
1300–1500	Spätes Mittelalter (Übergang zum Neuhochdeutschen)
1470–1600	Renaissance
1600–1720	Barock
1720–1785	Aufklärung
1740–1780	Empfindsamkeit
1767–1785	Sturm und Drang
1786–1832	Deutsche Klassik
1798–1835	Romantik
1820–1850	Biedermeier
1830–1850	Junges Deutschland und Vormärz
1850–1890	Bürgerlicher Realismus
1880–1900	Naturalismus
1890–1920	Gegenströmungen zum Naturalismus
1910–1925	Expressionismus
1925–1950	„Verlorene und verbürgte Wirklichkeit“
Seit 1945	Dichtung der Moderne

Literarische Strömungen:

1933–1945	„Blut- und Bodenliteratur“
Seit 1934	Sozialistischer Realismus (seit 1959 auch offiziell in der DDR)
Seit 1961	Gruppe 61
Seit 1970	Werkkreis Literatur der Arbeitswelt

II. Literaturgeschichte

Die Geschichtlichkeit begrifflicher Bestimmungen trifft auch auf den Terminus „Literaturgeschichte“ zu, woraus folgt, daß eine Definition immer nur bedingt gültig, zeitabhängig sein kann. Schon die Frage nach dem, was zur „Literatur“ zählen soll, ergibt – je nach der literaturwissenschaftlichen Position und der damit auch verbundenen Wertungstheorie – unterschiedliche Antworten; auch die zweite Komponente

„-geschichte" erweist sich als nicht unproblematisch. Allzu oft ist die Darstellung der Literatur**geschichte** zur Herausarbeitung ideologischer Positionen und politisch-weltanschaulicher Ideen mißbraucht worden: Geschichtsschreibung als Wertungsprozeß. Hier ließe sich die Herausstellung des „mystischen Wesens der Deutschen" in der Literaturgeschichtsschreibung der Romantik nennen oder der Aufbau eines „Arbeiter- und Bauernstaates" in der DDR-Literaturgeschichtsschreibung. Es kann als gesichert angesehen werden, daß weder geschichtliche, religiös-philosophische noch geographische Gemeinsamkeiten allein für die Konstituierung einer Literaturgeschichte angenommen werden können. Dies zeigt auch noch einmal die Problematik (und höchstens orientierende Funktion) der überkommenen Epocheneinteilung.

Lediglich die relative Spracheinheit kann einen Bezugsrahmen für die „Deutsche Literaturgeschichte" abgeben. Sie könnte ihrerseits Grundlage für eine vergleichende Literaturgeschichte (Komparatistik) sein, deren Gegenstand die „Weltliteratur" (dieser Begriff wurde bereits von Goethe geprägt) bilden würde. Hier zeichnen sich allerdings noch keine konkreten Forschungsergebnisse ab, und die Gefahr, daß eine vergleichende Literaturgeschichte ebenfalls zur Legitimation weltanschaulicher Positionen benutzt werden könnte, liegt nahe, z. B. bei der Gegenüberstellung von „rückschrittlicher" bürgerlicher und „fortschrittlicher" proletarischer Literatur.

Ein wesentliches Moment jeglicher Literaturgeschichte muß die Geschichtlichkeit ihres Gegenstandes bleiben: Diese Geschichtlichkeit legt nicht nur ein rückwärtsgewandtes Interesse offen (Literatur in ihrer jeweiligen Gegenwartsbezogenheit), sondern ist gleichzeitig zukunftsgerichtet. Hieraus ergeben sich vielfältige Aufgaben der Literaturgeschichte: Sie hat die **Entstehungsgeschichte** ihres Gegenstandes zu erforschen, sodann die **Rezeptionsgeschichte**, bei älteren Texten oft über Jahrhunderte hin; außerdem muß sie die Bewußtseinsbildung, die wirklichkeitsschaffende und geschichtsproduzierende **Konkretisation** beim Leser erfassen und beschreiben. Damit wird Literaturgeschichte gleichzeitig Rezeptions- und Wirkungsgeschichte. Ihre Aufgaben müßten schließlich durch interdisziplinäre Forschung mit Fächern wie Geschichte, Philosophie, Religion, Soziologie, Kulturwissenschaft gelöst werden. So verstanden, definiert sich die Literaturgeschichtsschreibung dann als Methode, die die aufeinander bezogenen Bedingungen beschreibt, unter denen sich literarischer und gesellschaftlicher Wandel in seinen vielfältigen Wechselbeziehungen vollzieht.

Unterhaltungs- und Trivialliteratur Methoden der Interpretation und literarischen Wertung

Im allgemeinen wird ein Text von einem Autor nicht für einen beliebigen Leserkreis geschrieben; der Autor schreibt bereits auf ein bestimmtes Leserpublikum hin. Hierzu muß er (oder der Verlag, bei dem er publiziert) den „intendierten Leser“ (Käufer) kennen, er wird die Neigungen, Abneigungen, Werthaltungen, Gewohnheiten des intendierten Lesers bei der Abfassung (= Kodierung) seines Textes berücksichtigen. Der tatsächliche Leser muß demnach nicht der intendierte Leser sein; aus dieser Unterscheidung können sich Schwierigkeiten beim Verstehen und bei der Bewertung eines Textes (zumal einer „literarischen Nachricht“) ergeben, vor allem dann, wenn die Lesegewohnheiten (die literarischen Wertschätzungen) stark differieren. Allzu leicht ist ein Leser, der gewöhnlich „hohe“ Literatur liest, dazu geneigt, sogenannte „Trivialliteratur“, die immerhin von einem breiten Leserpublikum (Absatzmarkt) gekauft und gelesen wird, als minderwertig abzuwerten. Umgekehrt wird der Lesewiderstand, den ästhetisch gestaltete Texte einem Leser bieten, der Groschenhefte bevorzugt, rasch zu dem Urteil „unverständlicher Quatsch“ führen. Hier nun liegt die Aufgabe der literarischen Wertung, die es sich (in neuerer Zeit) zur Aufgabe gestellt hat, den Vorgang des literarischen Wertens genauer zu beschreiben (vgl. C).
Um hier differenziert urteilen zu können, ist es notwendig, sich mit der (gehobenen) Unterhaltungsliteratur, ihren Ansprüchen und Realisierungsformen, auseinanderzusetzen (A) sowie die stark schematisierten Verfahren trivialer Groschenheft-Literatur zu analysieren (B I). Die Kenntnis unterschiedlicher Interpretationsverfahren (B II) kann dazu beitragen, die eigene literarische Wertung präziser zu fassen, aber auch die Urteile anderer besser zu verstehen und einordnen zu können.

A Ein Bestseller von heute

I Bestseller Nummer eins
Johannes Mario Simmel, Bitte laßt die Blumen leben

1

Bestseller Nr. 1

Sonderprospekte über den neuen Simmel

Außerdem auch »Droemer-Knaur-Aktuell« für Ihre Kunden.
Wenn Sie einen Simmel-Container bestellen, wird es entsprechend mehr.

Damit Sie von Anfang Januar an mitziehen können, um den neuen Simmel zum größten Erfolg des Jahres zu machen.

Streifenplakat

Verkaufs-Kassette
Verkaufs-Container

Kapitel 1

2

„Du mußt sofort nach Wien kommen“, sagte Daniel.
„Was ist geschehen?“ fragte ich.
„Nicht am Telefon“, sagte er. „Ich muß dich unter allen Umständen sprechen. So schnell wie möglich. Ich habe mich schon erkundigt. Es geht noch eine Maschine von Paris nach Wien heute abend. EURO-AIR. Um Viertel vor elf. Jetzt ist es halb acht. Du hast Zeit genug. Sobald du in Wien gelandet bist, komm in meine Kanzlei. Ich arbeite die Nacht durch.“
„Und wenn die Maschine ausgebucht ist?“ fragte ich. „Wenn ich keinen Platz mehr kriege?“
„Dann nimm ein kleines Charterflugzeug! So eines gibt es immer. Ich sage dir, es ist unbedingt nötig, daß ich dich so schnell wie möglich spreche, unbedingt, verstehst du, Charles?“
„Ja, ich verstehe“, sagte ich und öffnete schon die Knöpfe meines Smokinghemdes. Durch die hohen, offenen Fenster des Arbeitszimmers drang süß und schwer der Duft blühender Sträucher aus dem Jardin du Ranelagh, dem Park gegenüber. Wir wohnten in einem kleinen Palais an der Allee Pilatre de Rozier im 16. Arrondissement. Mein Arbeitszimmer lag im ersten Stock. Die Sonne stand tief im Westen und tauchte alles in gleißendes, goldenes Licht. Der Tag war sehr heiß gewesen. Aus dem Park kam frische Luft.
Daniel, das war der Wiener Rechtsanwalt Dr. Daniel Mann. Nach so vielen Jahren der Zusammenarbeit vertraute ich ihm blind – wie er mir. Etwas sehr Schwerwiegendes war geschehen, wenn er so sprach. Es mußte einen gemeinsamen Klienten betreffen. Wir hatten einige sehr wichtige.

„Ich würde ja zum Flughafen fahren und dich abholen", sagte er. „Aber ich kann hier nicht weg. Zuviel Arbeit. Und dann muß ich auf zwei Anrufe warten."
„Schon gut", sagte ich. „Ich komme. Mit Linie oder Charter. Ich rufe dich aus Orly noch an."
„Danke", sagte er. „Nimm ein Taxi zu mir in die Stadt." Er hatte seine Kanzlei in einem alten Haus am Graben im I. Bezirk. Ich war zweimal dort gewesen. „Das Tor wird verschlossen sein. Läute dreimal lang - kurz - lang."
„Ja, Daniel", sagte ich.
„Kommt dir sehr ungelegen, was?"
„Na ja, wir waren eingeladen. Beim englischen Botschafter."
„Das tut mir leid, Charles, aber du mußt nach Wien."
„Alles klar", sagte ich. „Du hörst bald von mir. Ciao, Daniel."
Ich legte den Hörer auf. Schräg fielen die Strahlen der sinkenden Sonne in den Raum. Fern brandete lärmend der Verkehr. In unserer Straße war es still. Dann rief ich den EURO-AIR-Schalter in Orly an. Sie hatten noch Platz in der Maschine, die um 22 Uhr 45 flog.
„Aber es ist ein Platz in der zweiten Klasse. Die erste ist ausgebucht, Maître", sagte eine Mädchenstimme. Notare und Anwälte werden in Frankreich Maître genannt.
„Das macht nichts, Mademoiselle."
„Und seien Sie bitte eine Stunde vor Abflug hier, Maître."
„Ich bin pünktlich", sagte ich und hängte wieder ein. Dann nahm ich mein weißes Smokingjackett, das über einem Stuhl hing, und ging in das Ankleidezimmer. Es lag am anderen Ende der Etage bei den Schlaf- und Badezimmern. Spiegel verdeckten alle Wände des fensterlosen achteckigen Raums. Hinter den Spiegeln befanden sich große Schränke und die Türen zu zwei Badezimmern sowie zum Flur. Neben dem Badezimmer meiner Frau gab es noch einen Schminkraum. Die Tür stand offen. Yvonne saß vor dem mit Lichtröhren gesäumten Spiegel. Ihr Schminktisch quoll über vor Tuben, Tiegeln, Dosen, Fläschchen und Kämmen wie die vielen Wandregale aus Glas.
Yvonne trug einen dünnen Kittel. Sie bereitete sich seit Stunden auf die Einladung vor. Zuerst war zusammen mit einer Maniküre ein Friseur dagewesen. Die beiden kamen immer ins Haus. Yvonne haßte es, zum Friseur zu gehen. Auch ein Masseur kam jeden zweiten Tag.
Meine Frau klebte gerade lange künstliche Wimpern ans rechte Augenlid, was ihre ganze Aufmerksamkeit erforderte. Sie sah und hörte mich kommen, aber sie konnte nicht sprechen. Ich sagte: „Tut mir leid, ich muß sofort nach Wien. Daniel hat angerufen. Es ist äußerst dringend."
Fünf Sekunden Stille.
Dann hatte sie sich gefaßt. Ihre Stimme klang schrill: „Das ist doch nicht dein Ernst!"
„Doch", sagte ich. „Tut mir leid. Ich muß nach Wien. Sofort."
Am rechten Lid klebten jetzt die langen künstlichen Wimpern, das linke wirkte dagegen nackt. Es sah komisch aus.
„Und unsere Einladung?"
Ich zog das Smokinghemd aus und öffnete die Hose.

„Ich werde anrufen und dem Botschafter alles erklären. Du mußt allein hingehen, Yvonne."

„Ich gehe nicht allein hin, und das weißt du!"

„Du kennst doch alle Leute, die dort sein werden."

„Aber du wirst nicht dort sein!"

„Herrgott, ich muß nach Wien. Yvonne, bitte! Es ist sehr wichtig, sonst hätte Daniel nicht angerufen."

„Ich gehe nicht allein. Wie sieht das aus? Alle Weiber kommen mit ihren Männern, und ich komme allein. Du glaubst doch selbst nicht, daß ich allein hingehe."

Nein, das glaubte ich selbst nicht. Trotz aller zur Schau getragenen Souveränität war Yvonne in Gesellschaft immer unsicher geblieben. Sie liebte Parties, Galas und offizielle Einladungen zu Cocktails oder Abendessen über alles, große Gesellschaften, das war ihr Leben - aber nur an meiner Seite. Nur wenn ich bei ihr war. Nicht unbedingt in ihrer unmittelbaren Nähe. Bloß anwesend. Dann brillierte sie. Dann war sie in ihrem Element. Aber *ich* mußte dabei sein. Sie hatte Angst, wenn ich sie nicht begleitete, das wußte ich. Wie seltsam war das doch für eine Frau, der die Society (und sie konnte nicht versnobt genug sein), der die Öffentlichkeit, der Kameras und Blitzlichter, Klatschspalten und Berühmtheiten alles bedeuteten. So sehr sie mich mit den Jahren auch verabscheute - dafür, für ihr *wirkliches* Leben, brauchte sie mich noch immer und mehr denn je.

Ich stand nun in Unterhose und Socken da, wählte neue Wäsche und einen leichten, blauen Anzug. Ich wußte, was jetzt kommen würde. Bei aller Abneigung tat sie mir leid.

„Du Lump", sagte meine Frau Yvonne.

Ich machte, daß ich in meinen blauen Anzug kam.

„Du mußt gar nicht nach Wien. Du willst nur zu irgendeiner Hure. Zu einer von deinen Huren. Hast du dir schon lange überlegt. Weil ich mich so auf heute abend gefreut habe. Mußtest du mir natürlich kaputtmachen, die Freude. Machst mir jede Freude kaputt, Lump, mieser!"

Ich antwortete nicht.

Gerade noch rechtzeitig sah ich, wie sie einen schweren Cremetiegel vom Schminktisch hob und nach mir schleuderte. Ich bückte mich blitzschnell. Das Cremegeschoß traf den großen Wandspiegel hinter mir und zertrümmerte ihn in Kopfhöhe. Hätte ich mich nicht gebückt, der Tiegel wäre gegen meine Schläfe geprallt. Yvonne warf oft Gegenstände nach mir, wenn sie sehr wütend war. Ich mußte achtgeben. Ich gab acht, obwohl ich nach all diesen Jahren dem Ende sehr nahe war. Hätte sie mich getroffen, wäre das Elend vielleicht vorbei gewesen.

„Sag etwas!" schrie sie. Die künstlichen Wimpern auf dem rechten Lid waren verrutscht, zum Teil hingen sie frei in der Luft. Yvonne weinte. Tusche, Lidschatten und Schminke flossen in das dicke Make-up auf den Wangen, die Farben mischten sich, Yvonne sah aus wie ein Clown. Ich war zehn Jahre älter als sie, aber sie wirkte nach einem gelungenen Lifting um vieles jünger. Und sie war eine Schönheit - allerdings nicht im Augenblick. Sie hatte immer noch den schlanken Körper, der mich einst so erregt hatte, die langen Beine, die festen Brüste, die weiße Haut. Ihr Haar war bläulichschwarz und glänzte wie ihre bläulichschwarzen Augen, große schräggeschnittene Augen. Ebenmäßig war das Gesicht mit den hohen Backenknochen. Gar

mancher Mann drehte sich nach ihr um auf der Straße, gar mancher Mann betrachtete sie gierig, o ja. Nur ich nicht mehr, nein, nicht mehr ich.
„Den halben Tag bereite ich mich vor auf diesen Abend – und dann kommst du und sagst, du mußt nach Wien! Absichtlich, absichtlich tust du das!" Jetzt weinte sie heftig. Die Farben auf ihrem Gesicht vermischten sich immer mehr. Sie sah tragisch und lächerlich aus.
Ich öffnete eine andere Spiegeltür, nahm einen Koffer heraus und suchte ein paar Sachen zusammen, die ich nach Wien mitnehmen wollte.
„Hast die Sprache verloren?" schrie Yvonne. „Kannst nicht mehr reden mit mir, wie?" Ihr Kittel rutschte von den Schultern. Nackt, nur mit einem kleinen lachsfarbenen Höschen und hochhackigen Pantoffeln bekleidet, stand sie im Ankleideraum. Keuchend ging ihr Atem. Die Brüste hoben und senkten sich hastig.
„Antworte mir!"
„Was soll ich antworten?"
„Daß du es absichtlich getan hast! Wieder einmal! Um mich zu quälen. Um mich zum Weinen zu bringen."
Ich antwortete nicht. Ich legte Hemden in den Koffer, Socken, Unterwäsche, einen Anzug. Wie gut kannte ich das alles, wie lange schon. Sollte sie doch weinen, schreien, mich verfluchen. Sollte sie doch.
Außer sich ging sie zu ihrem Schminktisch.
„Du ... du ...! Wie ich dich hasse! Wie ich dich hasse! Nun hast du es wieder einmal erreicht! Aber Gott ist gerecht! Gott ist gerecht! Er läßt so etwas nicht zu! Nicht immer weiter!" Sie knickte auf einem Pantoffel um, schleuderte ihn vom Fuß und schrie: „Das alles wird sich an dir rächen! Rächen, ja! Verreck doch schon, du Hund! Verreck! Verreck! Und bald! Es wird mich freuen, wenn du bald verreckst!" Sie schleuderte auch den zweiten Pantoffel fort und rannte aus dem Schminkraum durch das Bad ins Schlafzimmer. Die Tür fiel hinter ihr zu.
Ich bin meiner Frau Yvonne nie wieder begegnet. *(1983)*

Charles Duhamel fliegt nach Wien. Als das Flugzeug landet, explodiert eine Bombe an Bord. Da sich Duhamel nicht angeschnallt hat, wird er unverletzt aus dem Flugzeug geschleudert. Er läßt sich von einem Gangster-Freund (Eisenbeiß) ein neues Äußeres, neue Papiere und eine neue Lebensgeschichte verpassen. Als er auf eine Vermittlerin wartet (Frau Tiller), spricht ihn zufällig Andrea Rosner an, die sich verfahren hat. Beide verlieben sich von einem Augenblick in den anderen unsäglich ineinander. Duhamel (alias Peter Kent) und sie wollen fürs Leben zusammenbleiben. Als Andrea nach Hamburg zurückfliegen muß, wo sie einen Buchladen leitet, bleibt Duhamel in Wien zurück. Das folgende Kapitel gibt ein Telefongespräch der beiden wieder.

3

Kapitel 23
„Geliebtes Hörnchen!"
„Über alles geliebter Kater! Danke für die Rosen. Das ist das erste Mal, daß ich Blumen über Fleurop kriege."
„Nein!"
„Doch! Ich meine: mitgebrachte habe ich schon oft bekommen. Aber über Fleurop noch nie. Du bist ja verrückt. Einundzwanzig rote Rosen – was das kostet! Du darfst nicht so mit dem Geld herumschmeißen!"

„Nein, liebe Tante. Ich will es auch ganz gewiß nicht wieder tun. War der Flug gut?"
„Er war sehr interessant. Neben mir hat ein polnischer Journalist gesessen. Wir haben uns natürlich über die ‚Solidarität' unterhalten, und ich habe ihm gesagt, daß wir alle die Polen und ihren Arbeiterführer Lech Walesa und den großen Mut bewundern, mit dem sie gegen den Willen der Partei eine freie Gewerkschaft gegründet haben."
„Ja", sagte ich, „So großen Mut. Und ich habe so große Sehnsucht nach dir, Hörnchen."
„Ich denke nur an dich, Kater, nur an dich! Und der Journalist hat sich gefreut, aber ich habe ihm auch gesagt, daß wir Angst haben, in Polen könnte dasselbe passieren wie in Budapest und Prag, weil die Russen einfach eingreifen müssen, wenn die ‚Solidarität' immer neue Freiheiten erkämpft, denn das würde auf die anderen Ostblockstaaten übergreifen, und dann gäbe es keinen Ostblock mehr."
„Und was hat er geantwortet?"
„Daß die Russen es sich einfach nicht leisten können, einzugreifen, weil sie doch keinen Atomkrieg auslösen wollen und Reagan ihnen dauernd damit droht. Ich liebe dich, Kater, ich liebe dich, das ist das Wichtigste, daß wir einander lieben. Aber wie sollen wir uns lieben, wenn wirklich Bomben fallen? Gott, lieber Gott, laß uns Zeit für unsere Liebe, bitte! Reagan ist gefährlicher als Nixon und Carter zusammen, hat dieser Journalist gesagt. Und bei einem Atomkrieg geht doch einfach die Welt kaputt. Nicht unbedingt, habe ich gesagt, Reagan hält es für möglich, einen Atomkrieg zu führen, bei dem nur Deutschland und Polen und vielleicht ganz Europa kaputtgehen, aber nicht die ganze Welt. Ach, Kater, ist das schlimm. Nur von Liebe habe ich reden wollen, nur von Liebe, und jetzt rede ich dauernd von Atombomben und Krieg. Weil es mich so bewegt. Du verstehst das, nicht wahr?"
„Natürlich", sagte ich.
„Ach, du bist großartig, Kater, einfach großartig! Ich danke dir. Ich kann schon nicht mehr erwarten, daß du bei mir bist. Und dann hat dieser Journalist wiederholt, was der russische Außenminister Gromyko eben erklärt hat: Ein Einsatz sowjetischer Streitkräfte in Polen kommt nur, Anführungsstriche unten, unter den allerungünstigsten Umständen in Frage, Anführungsstriche oben."
Jetzt hatte *ich* vergessen, daß das ein Gespräch zwischen Liebenden war. Ich rief: „Das hat Gromyko nie gesagt!"
„Eben!" sagte Andrea. „Eben, Kater! Siehst du, dieser Journalist wollte mich reinlegen - nein, nicht reinlegen, er wollte mir etwas klarmachen. Nicht der sowjetische Außenminister Gromyko hat diesen Satz gesagt, sondern der amerikanische Außenminister Haig hat das im Hinblick auf Lateinamerika gesagt. Dort gibt es doch die schlimmsten Militärdiktaturen, aber amerikanische Truppen greifen nicht ein, um sie zu stürzen. Und ‚allerungünstigste Umstände' wird es nicht geben, hat der Journalist gesagt. Glaubst du das auch?"
„Ich glaube, wenn ich das schnell einfügen darf, daß noch nie ein Hörnchen von einem Kater so geliebt worden ist wie ein gewisses Hörnchen von einem gewissen Kater. Und das mit den ‚Umständen' glaube ich auch", sagte ich, und da log ich.
„Es war ein sehr junger Journalist und ein sehr patriotischer, weißt du. Zum Beispiel war er davon überzeugt, daß Polen niemals auf Polen schießen werden. Ich bin gar

nicht so sehr davon überzeugt, aber das habe ich natürlich nicht gesagt. Ach, Liebling, Liebling, es ist so süß, was du da vorhin gesagt hast! Du mußt mir wirklich verzeihen, du weißt doch, ich bin ein bißchen verrückt."

„Die Welt, in der wir leben, ist verrückt. Und alle ihre großen Führer. Was für ein Dialog, Hörnchen. Was für ein Dialog!"

„Ach, Liebster, wir müssen aber leben in dieser Welt! Wir dürfen doch nicht einfach Augen und Ohren verschließen."

„Nein, das dürfen wir nicht. Glaubst du, daß sich Verliebte einmal einfach nur so lieben durften, ohne Angst vor Krieg und Tod?"

„Ich weiß es nicht. Es ist eine schlechte Zeit für Liebende."

„Ach", sagte ich, „was heißt denn das: schlechte Zeit? Die Zeit, das sind doch wir alle! Die Menschen sind es, die die Zeit machen. Und wir machen eine schlechte."

„Was sollen die Menschen gegen die Mächtigen tun?"

„Schon gut, Hörnchen", sagte ich, „schon gut. Ich meine es nicht so. Ich fühle mich nur so erbittert."

„Wenn du erst bei mir bist, wird alles gut sein", sagte sie.

„Alles", sagte ich. „Dann werden wir nur über Liebe reden."

„Kater, mein Kater. Ach, mir ist noch etwas eingefallen!"

„Was?"

„Du hast doch erzählt, daß du auf dem Schafberg bei einem Freund gewesen bist und daß der dir dann ein Taxi gerufen hat."

„Stimmt", sagte ich. „Aber du bist früher gekommen, und wir haben sofort festgestellt, daß wir uns lieben, und da bin ich dann mit dir gefahren."

„Und der arme Chauffeur?"

„Den hat mein alter Bekannter bezahlt, mach dir keine Sorgen, Hörnchen."

„Ich habe mir schon große Sorgen gemacht, weißt du. Ich bin sehr froh, daß dein alter Bekannter den Chauffeur bezahlt hat. Ich wäre mir sonst ganz schauderhaft vorgekommen. Jetzt machen wir aber Schluß, das wird viel zu teuer, dieses Gespräch. Bis morgen abend, Kater!"

Eine Pause entstand.

Ich sagte: „Was ist denn, Hörnchen?"

„Ich warte darauf, daß du den Hörer auflegst. Du mußt ihn zuerst auflegen und die Verbindung unterbrechen. Ich kann das nicht."

„Hörnchen, du bist meschugge."

„Ich hab' dich gewarnt!"

„Aber süß meschugge", sagte ich und legte den Hörer auf.

(1983)

Aufgaben zu A I

1. Die Werbetexte (1) sind dem Verlags-Prospekt „Aktuell. Informationen für den Buchhändler" (Ausgabe 7/82) entnommen.
   - Welche Werbemittel werden angeboten? Überprüfen Sie die Werbetätigkeit für den Bestseller-Autor Simmel (oder einen anderen Autor) in den Auslagen einer Buchhandlung.

- Was wird den Buchhändlern in Aussicht gestellt?
- Mit welchen Argumenten wirbt der Prospekt? Beziehen Sie auch den Werbetext (5) aus Kapitel 1 mit ein.

2. Untersuchen Sie zwei Kapitel aus Simmels Roman (2 und 3):
   - Was leistet Kapitel 1 als Exposition: Was erfährt der Leser über die Figuren, über Ort und Zeit der Handlung, über Handlungsmotive?
   - Mit welchen sprachlich-stilistischen Mitteln verdeutlicht der Erzähler (Ich-Form) das Verhältnis zu seiner Frau Yvonne?
   - Wie wird in dem Romananfang Spannung aufgebaut? Worauf ist der Leser schließlich gespannt?
   - Erläutern Sie im Vergleich zu Kapitel 1 (Duhamel – Yvonne) die Darstellung der zwischenmenschlichen Beziehungen in Kapitel 23 (Duhamel – Andrea). Vergleichen Sie besonders die Darstellung der beiden Frauen.
   - Analysieren Sie Kapitel 23 unter dem besonderen Aspekt der Behandlung von Zeitgeschichte im Dialog.

II Kritische Stimmen
Rezension und Interview

M. Schmiedt-Schomaker

4

Berühmter Anwalt sucht eine bessere Welt

Johannes Mario Simmel macht es seinen Kritikern schwerer, als viele meinen. Seine Romane entsprechen nicht den klischeehaften Vorstellungen, die gestrenge Kunstrichter zum Stichwort Unterhaltungsliteratur entwickeln: Sie haben kein Happy-End, sie zeichnen kein stilles Glück jenseits der harten Wirklichkeit, sie bieten keine strahlenden, zu jedweder Leistung fähigen Helden. Statt dessen: politisch brisante Themen, die Katastrophe am Ende, der Held, der seinen mächtigen Gegnern unterliegen muß: Verbreitete Ängste werden ausgesprochen, aber auch marktgerecht verwertet.
Simmels dauerhafter Erfolg beruht auf der wohldosierten Mischung von Bekanntem und Unbekanntem, Nahem und Fernem. Dem Leser bekannt sind wesentliche Bestandteile dieser Romanwelten, durch die die Bestseller zu einem in sich geschlossenen, fortsetzbaren Werk aneinandergekettet werden, in dem einmal Gelesenes in anderem Zusammenhang wieder neu entdeckt werden kann: Das reicht von den gewalttätigen, geheimnisvollen Organisationen als Bedrohung im Hintergrund über des Helden Lieblingsgetränk, den Chivas, bis hin zu den hervorstehenden Backenknochen, den schräg geschnittenen Augen und den festen Brüsten seiner Geliebten. Bekannt ist auch die Umwelt der Romanfiguren, bekannt sind die großen und kleinen Ereignisse und Sorgen im Privaten und in der Politik, von denen ähnlich wie im Roman allabendlich an den Stammtischen geredet wird.
Dagegen kennt der Leser nicht den Glanz, der die Helden umgibt, ihre Besitztümer

oder die gesellschaftliche Welt, in der sie sich souverän bewegen und mit Politikern und Größen des kulturellen Lebens verkehren; das gleiche gilt für das Gegenteil dieses Glanzes, die Ausmaße ihres Unglücks. Simmels Romane wurzeln also im Alltag des Leser, aber im Leben der Helden steigert sich das Alltägliche ins Extreme. [...]

Der neue Roman stimmt in vielem mit seinen Vorgängern überein, fällt aber in einigen Punkten ab: Er ist weniger aggressiv, die Bedrohung des Helden wird weniger in Handlung umgesetzt, dafür wird ausgiebiger von Angst geredet, aber eben nur geredet. Simmel verzichtet weitgehend auf die von ihm sonst so vehement reklamierte „Verpackung", vor allem auf das Kriminalgeschehen, mit dessen Hilfe er seine ernsten Anliegen an die Leser bringen wollte.

Sein Held erhebt häufiger den Zeigefinger, um die Weltlage wortreich zu kommentieren. Immer noch lebt er aber mit der Angst, die auch der Leser empfinden mag in einer Zeit wirtschaftlicher und weltpolitischer Unsicherheit. Das Gefühl, den Großen in Politik und Gesellschaft ausgeliefert zu sein, mag heute häufiger an den Grundfesten der persönlichen Existenz rütteln – da meint Simmel wohl, keine „Verpackung" mehr nötig zu haben. Der gute Wille des selbsternannten Chronisten unserer Zeit ist unübersehbar, aber Klage und Anklage erscheinen eher aufgesetzt und larmoyant.

5

Rüdiger Krohn

Kunstgriff ins volle Menschenleben
Die sonderbare Aufwertung der Trivialliteratur: Zu Simmels neuem Roman „Bitte, laßt die Blumen leben"

[...] Sein Streben nach Höherem dokumentiert sich denn wohl auch in seinem jüngsten Werk mit dem gefühlsschweren Titel „Bitte, laßt die Blumen leben" mit geradezu penetranter Deutlichkeit. Was sich da im ersten Kapitel wie ein pikanter Gesellschaftsroman anläßt, verweigert sich in den folgenden über 500 Seiten radikal diesem populären Handlungsschema – freilich nur, um ein anderes, nicht minder konventionelles Schreibmuster zu bedienen: Es handelt sich bei diesem Buch, so möchte es jedenfalls wohl gerne der Autor, um einen „Problemroman".

Duhamel nämlich, ein Mann in den besten Jahren und erzählende Hauptfigur des Romans, erweist sich als Aussteiger. Er will sich nicht länger den öden Ritualen der feinen Gesellschaft, der entmenschlichenden Tretmühle des Geschäfts und dem Diktat eines fremdgesteuerten Anspruchs aussetzen, und so schlüpft er, als sich die Gelegenheit dazu bietet, in eine neue Identität. Aus Duhamel wird Peter Kent, und dieser Peter Kent ist nun tatsächlich ein Mann des täglichen Lebens, der die sensible Hand am unruhigen Puls seiner Zeit hält und freud- und leidvoll all das erfährt, was wir alle gemeinhin als „Realität" zu bezeichnen uns angewöhnt haben.

Damit greift Simmel nicht nur den Wunschtraum eines jeden Menschen auf, einmal jemand ganz anderes zu sein und mit der alten Persönlichkeit auch alle alten Sorgen loszuwerden. Der Autor tut überdies einen Kunstgriff ins volle Menschenleben. Er läßt nichts aus, was seinem Roman den Anschein einer problembewußten Heutigkeit verleihen könnte: Arbeitslosigkeit und Fremdenhaß, Rechtsradikalismus und Spekulanten-Unwesen, die Probleme von Kindern und von Alten, Öko-Pax-Bewegung und polnische „Solidarność", Gewaltkriminalität und Politik - die Reihe ließe sich lange fortsetzen. Es ist gerade diese Beliebigkeit, die unterschiedslose Anhäufung von Fragen und Fragwürdigkeiten, die dem Leser zwar den Eindruck einer kritischen Wirklichkeitsschilderung vermittelt, die doch aber bei näherem Hinsehen ohne tatsächliches Engagement ist.

Wo so viele Probleme mit so emphatisch erhobenem Zeigefinger und so sentimentalem Tremolo aufgezählt werden, da verkümmert jedes einzelne Problem zum zwar bedauerlichen, aber doch auch austauschbaren Problemchen. In dem Streben nach kritischer Seriosität hat Simmel das Auge für die angemessene Ökonomie der Komposition verloren. Sein starrer Blick auf die Herren Kollegen Böll, Grass und Lenz (um nur einige der Literaten zu nennen, denen er es gerne gleichtun möchte) hat ihn übersehen lassen, daß er wiederum nichts anderes tut, als was die Trivialliteratur von jeher getan hat: Er befriedigt die Sensationsgelüste seiner Leser, spielt auf der Klaviatur ihrer Ängste und Sehnsüchte und öffnet ein buntes, wohlfeiles Kaufhaus, in dem es die großen Themen und Sorgen unserer Zeit dann eben auch eine Nummer kleiner, privater und billiger zu kaufen gibt - Probleme in bekömmlichen Portionen und gefälliger Mixtur. [...]

Gelegentlich gerät dem versierten Romancier bei all seinem beflissenen Problem-Eifer und der hektischen Suche nach immer neuen Zipfeln des Zeitgeistes das schriftstellerische Handwerk ein wenig aus der Kontrolle. Das Buch ist voll von Mängeln in der logischen Verknüpfung des Geschehens und in der Detail-Komposition. Es gibt Wiederholungen und Widersprüche, und gar zu oft sucht der Autor seine stilistische Zuflucht in banalen Stereotypen sowie in den bewährten Versatzstücken der populären Groschenliteratur. Da wird denn immer wieder deutlich, daß der Bestseller-Produzent bei seinen beträchtlichen Anstrengungen, seine literarische Reputation zu heben, letztlich doch überfordert ist. Seine Liebe zur seriösen Literatur ist offenbar größer als seine Begabung, sie selbst hervorzubringen.

An dem Verkaufserfolg dieses neuen Simmel-Romans gibt es keinen Zweifel. Der Autor ist glänzend eingeführt, und die erheblichen Werbemittel des Verlages werden das ihre dazu tun, daß das Buch einen neuen Kassenrekord aufstellt. Selbst die aufgesetzten Ambitionen des Verfassers und die mehr oder minder kritischen Bemühungen seiner Rezensenten werden daran kaum etwas ändern können. Zugleich aber läßt dieser Roman, in dem Simmels Anspruch auf höhere Weihen so krampfhaft spürbar ist, den Autor als das erscheinen, was er tatsächlich ist: ein Virtuose des Marktes, ein Vertreter soliden Mittelmaßes.

GERT UEDING

Die Angst, aus der die Träume sind

6

[...] Seit seiner Wiedergeburt als Peter Kent leidet Duhamel an der Angst, seine wirkliche Identität preisgeben, die Maske des zärtlichen Liebhabers, fürsorglichen Familienvaters, menschlichen Hausnachbarn, hilfsbereiten Freundes fallenlassen zu müssen – und dahinter kommt ein ganz anderes Gesicht zum Vorschein, das Gesicht des Sexjägers und skrupellosen Karriereanwalts, des Feiglings und gehörnten Ehemannes, des Lügners und Mörders. Duhamel, das ist auch das Abbild des janusgesichtigen Menschen, den wir alle in uns kennen, vor dessen Abseite die meisten gerne davonlaufen würden, die sie aber, weil das ja nicht geht, in möglichst unzugängliche Schichten ihres Seelenlebens verdrängen. In Simmels Romanen wird gerade diese Abseite aufgeschlagen. Angezogen und abgestoßen zugleich verfolgen wir ein Schauspiel, das wir uns im wirklichen Leben versagen müssen.

Die literarisch sehr kunstlos zusammengeflickte Geschichte vom Doppelleben eines Mannes entpuppt sich als psychologisch raffiniertes Arrangement literarischer Elemente, das einem weitverbreiteten Bedürfnis entspricht. Friedrich Nietzsche hat es das Kunstbedürfnis „zweiten Ranges" genannt und den „feineren Unzufriedenen" zugeschrieben, „die an sich zu keiner rechten Freude kommen", was sie zur Kunst führt, ist „Selbstverdruß", ist „Unbehagen, Langeweile, das halbschlechte Gewissen".

Deshalb vermag die literarästhetische Kritik zwar die handwerklichen Unzulänglichkeiten des Schriftstellers Simmel aufzuzeigen, läßt aber die eigentliche Kunstfertigkeit seiner Romane unbeachtet. Sie besteht in einer ausgeklügelten Dramaturgie der Gefühle. Nicht Wahrheit oder Wahrscheinlichkeit, allein die emotionale Folgerichtigkeit hält die unterschiedlichen Teile des sechshundertseitigen Schmökers zusammen.

Die die Affekte auf- und abwiegelnden Szenen wechseln einander ab, auf eine wilde Herzattacke folgt die erste Begegnung mit Andrea (Liebe auf den ersten Blick), auf die abenteuerliche Kriegsgeschichte Hernins eine rührende Liebesszene auf der Heide (nur „äsende Rehe und eilig hoppelnde Hasen" sahen zu) und auf die Schilderung der Schweizer Ferienidylle die Kunde von Andreas schrecklichem Geschick.

Das Prinzip der Entgegensetzung und Steigerung gilt auch für die Gesamtkonstruktion des Romans, dem verwickelten und abenteuerlichen Aufbau von Duhamels neuem Leben schließt sich dessen Sicherung und Ausstattung an und geht zuletzt in seine stückweise und gründliche Zerstörung über. Die Vergegenwärtigung des Wunsch- und Traumlebens geschieht allein zum Zwecke seiner Aufhebung und Widerlegung, alle Glück und Erfüllung signalisierenden Partien erhalten so eine untergründige Bedrohlichkeit und gleichen einer bloß trügerisch ruhigen Oberfläche, unter der es, der Leser weiß längst darum, unheilsschwanger weiterbrodelt.

Man muß es schon baren Zynismus nennen, wenn Simmel seine Hauptfigur Duhamel voll Erstaunen und Abscheu sagen läßt: „Also auch das gab es: *das Geschäft mit der Angst!*" Dazu gehört eine andere Maxime, die er einer namenlosen Passantin in den Mund legt: „Daß die Welt beschissen ist, daß weiß ich mittlerweile. Ich will es nicht immer und immer wieder aufs Brot geschmiert kriegen jeden neuen Tag. Ich will auch mal lachen. Es gibt doch auch Schönes." Dabei beruht Simmels Kunstgriff, das Angsterregende als das eigentlich Schöne zu verkaufen, nicht auf seiner vorgeblich realistischen Weltsicht („Meine Bücher sind zu mindestens 80% wahr."), sondern auf dem psychologischen Grund aller Wirkungsästhetik, auf dem Vergnügen an schmerzhaften Rührungen.

ULI SCHULTE-DÖINGHAUS und THOMAS FRÖHLING

Simmel im Gespräch: Hoffnung auf die Jugend

7

Johannes Mario Simmel gehört zu den meistgelesenen Autoren Deutschlands. Auch sein neuestes Buch „Bitte laßt die Blumen leben“ hat sich bereits – wie alle Werke zuvor – auf der Bestseller-Liste plaziert. Trotz seiner Erfolge versteht sich der Schriftsteller als „Anwalt des kleinen Mannes“. Die ZaS-Redakteure Uli Schulte-Döinghaus und Thomas Fröhling sprachen mit dem Bestseller-Autoren.

Zeitung am Sonntag: Sie arbeiten seit 35 Jahren als Journalist und Schriftsteller. Wie beurteilen Sie die Zeit, in der wir leben?

Simmel: Ich gestehe offen: Ich bin ratlos. Und mit diesem Gefühl habe ich auch mein neues Buch geschrieben. „Bitte laßt die Blumen leben“ heißt ja nichts anderes als „Bitte laßt die Menschen leben“.

ZaS: Was kann uns denn Hoffnung schenken?

Simmel: Ich glaube immer noch, daß die Menschen nicht aus Gemeinheit, sondern aus Dummheit böse sind. Die Jugend ist der Grund, warum ich Hoffnung hab’.

ZaS: Und die steht links. Sie selbst haben sich ja auch immer als Sozialisten oder Sozialdemokraten bezeichnet.

Simmel: Wir in Österreich unterscheiden da nicht. Jedenfalls hat mein Großvater – ich mit meinem Hamburger Elternpaar bin ja nur aus Zufall in Wien gelandet – zusammen mit August Bebel die ersten Gewerkschaften gegründet. Sozi bin ich durch Erziehung geworden; später, als ich angefangen habe, selbst zu denken, durch die Überzeugung, daß von allen schlechten Regierungsformen die Demokratie immer noch die beste ist …

ZaS: Sie arbeiten zwei bis drei Jahre an einem Roman. Trotzdem sind die Themen Ihrer Bücher stets tagesaktuell. Ist das die Spürnase des alten Reporters Simmel!?

Simmel: Der liebe Gott muß mir das mitgegeben haben. Als ich beispielsweise mit „Bitte laßt die Blumen leben“ angefangen habe, hat mir mein Verleger gesagt: „Herr Simmel, Sie schreiben da über Ausländerprobleme, Mauernaufschriften wie „Türkensau raus“, Neo-Nazis, die morden – geht das nicht ein bißchen zu weit?“ Ich hab’ ihm geantwortet: „Warten Sie noch eineinhalb Jahre.“ Jetzt hat mir der Mann einen langen Brief geschrieben. Er nimmt alles zurück. Ich weiß nicht, woher das kommt, aber es funktioniert jedesmal.

ZaS: Wie „verkaufen“ Sie Ihren Lesern Problem-Themen wie Jugendarbeitslosigkeit, Raketen-Ängste, Ausländer-Haß und Neo-Nazis?

Simmel: Nun, ich erzähle parallel dazu spannende Kriminal- und romantische Liebes-Geschichten. Das ist eine mathematische Sache: Je schwerwiegender das Problem ist, desto dicker muß die Kolportage sein.

TaS: Auch dieses Buch – „Laßt die Blumen leben“ – enthält ja eine spannende Story, eine rührende Liebesgeschichte.

Simmel: Natürlich. Man muß es, wie Brecht gesagt hat, mit List anfangen. Wenn das mehr tun würden und viele Kollegen von mir nicht so besorgt wären um Stil und Ästhetik, dann könnten wir viel mehr erreichen.

Aufgaben zu A II

1. Bearbeiten Sie die Buchbesprechungen (4 bis 7) im Hinblick auf Ihre Ergebnisse aus Aufgabe 2 (A I):
   - Wie stellen sich die Kritiker (4 und 5) zur Frage der „Trivialität"?
   - Wie begründen die Kritiker Simmels dauerhaften Erfolg? Sehen Sie auch andere Gründe?
   - Stellen Sie die Kritik an der Machart des Romans (Themenauswahl, Komposition, Stil) zusammenfassend dar. Vergleichen Sie die Kritikpunkte mit Ihren eigenen Eindrücken aus der Analyse der Romankapitel 1 und 23 (A I, Aufgabe 2).
   - Erläutern Sie, worin die „eigentliche Kunstfertigkeit" in Simmels Roman besteht (Text 6) und wie diese dazu beiträgt, den Verkaufserfolg zu garantieren.
2. Vergleichen Sie das Interview (7) mit den Buchbesprechungen:
   - Welche Zielvorstellung als Autor entwickelt Simmel?
   - Welche möglichen Kritikpunkte greift das Interview auf, und wie argumentiert Simmel gegen mögliche Kritik?

B Science-fiction – modellhaft interpretiert

I „Mann ohne Herz"

8

REN DHARK

Der Stellvertreter

Man hatte Ren Dharks Stellvertreter, Henner Trawisheim, auch schon den *Mann ohne Herz* genannt, weil er sich nur sehr selten anmerken ließ, was er dachte oder empfand.

Und wieder wurde er so genannt, als er den Minister für Waffentechnik mit seinen Ressortleitern zu einer Besprechung befahl, während sich vielleicht auf dem Raumhafen das Schicksal des Commanders entschied.

Acht Mann mit allen erforderlichen Unterlagen saßen bei ihm.

Es ging um die To-Funkwaffen!

„Wieviel Tofirit-Kristalle sind vorrätig?"

„Ist die Kapazität der Werke ausgelastet, die nach unserer Lizenz To-Funksender bauen?"

„Welche Werke könnten noch sofort mit dem Bau eingesetzt werden?"

„Wie sehen die Lieferfristen aus?"

„Ist der Tofirit-Abbau auf dem Planeten Jump und auf Hope, Kontinent 4, zu steigern?“

Er gab ihnen kaum Zeit nachzudenken, wenn er eine Frage gestellt hatte. Er zeigte sich nicht ungeduldig, wenn er auf eine Antwort warten mußte, er machte sich keine Notizen. Was er einmal gehört hatte, vergaß er nie wieder.

Dann hagelte es Anordnungen, obwohl sie eigentlich aus dem Waffenministerium hätten kommen müssen.

„Steigerung der To-Funkwaffen größter Kapazität um 8500 Prozent! Vorrang vor jedem privaten Bedarf. Rechnung zahlbar innerhalb drei Tagen mit drei Prozent Skonto. Lizenzgebühren entfallen. Wie groß ist der Verlust, den wir dadurch erleiden?“

Letzte Frage an den Experten der Finanzabteilung.

Der Mann hatte Trawisheim nicht verstanden, er wußte nicht, auf welchen Verlust der andere anspielte.

„Wenn der private Sektor brach liegt, die Werke also keine Hyperfunkgeräte mit vorgeschalteten To-Kristallen mehr anfertigen, dann bleiben doch die Lizenzgebühren aus.“

Jetzt war er verstanden worden.

„Pro Woche, oder pro Monat?“

„Natürlich pro Tag.“

Als er die Antwort hörte, dankte er. „Sie veranlassen sofort alles!“ sagte er dem Minister für Waffentechnik. „In zwei Stunden muß der Ausstoß an To-Funkwaffen des Modells 43b um 8500 Prozent gesteigert worden sein. Sorgen Sie dafür, daß Ihnen die TF ein Dutzend Sternschnuppen zur Verfügung stellt. Damit haben Sie in knapp einer Stunde sämtliche Werke mit To-Kristallen beliefert.“

Henner Trawisheim gab sich selten mit Kleinigkeiten ab. Auch nicht in diesem Fall.

„Trawisheim, wie stellen Sie sich das vor?“ protestierte der Minister für Waffentechnik. „Wissen Sie, wie schwer ein Kubikzentimeter Tofirit ist?“

„Natürlich, 481,072 Kilogramm. Und die To-Kristalle für die Modelle 43b müssen minimal 123 Kubikzentimeter haben, und für rund 320000 To-Funkkanonen sollen Sie das Material bei den zuständigen Werken anliefern lassen. Wenn Ihnen die Ladekapazität der Sternschnuppen zu klein erscheint, lassen Sie sich Raumer vom größeren Typ geben, aber in zwei Stunden muß die Produktion auf höchsten Touren laufen, oder haben Sie Lust, sich von einem Nor-ex verschlingen zu lassen? Ich nicht.“ [...]

Aufgaben zu B I

1. Würden Sie den Science-fiction-Roman, aus dem „Der Stellvertreter" (8) ein Auszug ist, lesen wollen oder nicht? Geben Sie eine Begründung für Ihr Urteil.
2. Deuten (interpretieren) Sie den Textauszug.
   - Stellen Sie dazu gemeinsam eine Liste mit Analysegesichtspunkten zusammen, die Sie für unerläßlich erachten.
   - Legen Sie zuvor gemeinsam (im Gespräch) den Schwerpunkt fest, unter dem Ihre Deutung erfolgen soll.

II Modelle des Verstehens Vier Interpretationsansätze*

9

1. Beispiel

Der Textauszug „Der Stellvertreter" stammt aus einem Science-fiction-Heft der Ren-Dhark-Serie. Henner Trawisheim, der den Commander immer dann vertritt, wenn dieser nicht zur Stelle sein kann, wird mit einer Reihe von Ausdrücken gekennzeichnet, die dem Leser unmittelbar ein klares Bild vermitteln: Trawisheim ist ein „Mann ohne Herz", er zeigt keine Gefühlsregungen nach außen; seine Fragen stellt er präzise und in rascher Folge; er vergißt nichts, er hat ein Gedächtnis wie ein Computer; er kann Anordnungen erteilen, auch wenn andere eigentlich entscheiden sollten; mit Kleinigkeiten gibt er sich „nur selten" ab. Seine Mitarbeiter haben Mühe, ihm zu folgen; sie müssen nachfragen, brauchen etwas Zeit, um nachdenken zu können. Dennoch wird Trawisheim nicht ungeduldig; er zeigt sich souverän, steht über den Problemen und ist den ihm unterstellten Mitarbeitern in jeder Hinsicht überlegen.

Sprachlich-stilistisch weist der Textauszug die wesentlichen Merkmale der Science-fiction auf: Eine einfache Syntax, knappe Rede und Gegenrede ermöglichen ein flüssiges Lesen. Neben bekannten Ausdrücken, die in die Welt des Krieges gehören (Minister für Waffentechnik, -waffen), stehen typische Vokabeln aus der Industrie und dem Geschäftsleben (Lizenz, Lieferfrist, Rechnung zahlbar ..., drei Prozent Skonto usw.) und natürlich solche Wendungen, die eindeutig die Welt des Science-fiction-Romans markieren (To-Funkwaffen, Tofirit-Kristalle, Planeten Jump ..., Hyperfunkgeräte, Raumer, Nor-ex usw.). Die Wörter aus dieser letzten Gruppe erschließen sich

* Neben den dargebotenen gängigen Interpretationsansätzen finden Sie weitere in: *Methoden der Literaturanalyse im 20. Jahrhundert. Ein Arbeitsbuch, für die Schule zusammengestellt von Jürgen-Wolfgang Goette. Frankfurt/Main: Verlag Moritz Diesterweg 1979.*

dem Leser meist aus dem Kontext, in dem sie Bedeutung erlangen; auch kann bei Zusammensetzungen das jeweilige Grundwort auf das Gemeinte hinweisen (To-Funk**waffen**), während die Bestimmungswörter erschlossen werden müssen (To-=Tofirit=Kristallart?=spezielle Waffe im interplanetarischen Krieg?). Zahlreiche Angaben sind überwältigend hoch (8500 Prozent) oder außerordentlich präzise (481,072 Kilogramm), was das Erstaunen des Lesers, sein Gefangensein in dieser Welt der Science-fiction erhöhen soll. Alles in allem ist der Textausschnitt typisch für den trivialen Science-fiction-Roman.

2. Beispiel

Die Science-fiction-Serie Ren Dhark erscheint im Kelter-Verlag, der mit zehn verschiedenen Heftroman-Serien, das sind ca. 28 Millionen verkaufter Exemplare jährlich, auf dem Markt ist. (Forbeck/Wiesand, 1972) Diese riesige Absatzmenge erlaubt es, einen relativ günstigen Verkaufspreis festzulegen (DM 1,60–2,20). Da die Käuferschaft im ganzen konstant bleibt, kann auf eine großangelegte Werbung verzichtet werden; niedrige Herstellungskosten und ein eingespieltes Vertriebsnetz (Kioske, Tabakläden, Kaufhäuser; keine Buchläden) sorgen ebenfalls für günstige Absatzbedingungen.

Die Science-fiction-Serien sind – wie alle anderen trivialen Heftroman-Reihen – so angelegt, daß sie im Rahmen der geltenden Vorschriften (Schutz der Jugend, keine Verherrlichung von Gewalt) bleiben, daß sie den Leser nicht schockieren oder irritieren, sondern vielmehr in seinen Lesegewohnheiten bestätigen. Dies läßt sich auch an dem vorliegenden Textauszug „Der Stellvertreter“ erkennen. Test-Leserkreis, Fan-Clubs, aber auch Meinungsforschungsinstitute sorgen für hinreichende Information über das, was vom Lesepublikum erwartet und gewünscht wird. Besondere Schreibrichtlinien für die Autoren, die zu einem Großteil nebenberuflich arbeiten, und die Anweisungen des Lektors garantieren eine einheitliche Ausrichtung der Produkte, die nicht selten in Teamarbeit hergestellt werden.

Die Science-fiction-Romane befriedigen unter anderem „Bedürfnisse im Bereich der Zukunftsorientierung“ (G. Waldmann). Männliche Heftleser nennen als Lektüre ausschließlich Abenteuerromane; darunter 33% Science-fiction (P. Domagalski); sie dürften vor allem an einer zukunftsweisenden Technologie, an großangelegten Kampfszenen mit viel technischem Aufwand sowie an kosmischen Vorgängen und interstellaren Begegnungen mit außerirdischen Intelligenzen interessiert sein. Umfrageergebnisse bestätigen diesen Trend.

3. Beispiel

Neben den Ergebnissen einer exakten Textanalyse lassen sich eine Reihe von Faktoren anführen, die für die Herstellung, den Vertrieb und den Konsum von trivialen Science-fiction-Romanen maßgebend sind. Der triviale Heftroman erfüllt neben seiner Unterhaltungsfunktion (Freizeitlektüre) weitgehend ideologische Aufgaben, wie dies Pehlke/Lingfeld nachgewiesen haben: Science-fiction preist „den ewigen Status quo. Ihre Phantastik, die auf bloße Verblüffung abzielt, schwankt zwischen Sachbuch und Märchen, ihre Motive entstammen der gängigen Unterhaltungsliteratur, ihre Ideologie der Reaktion, und Ideologie zu verbreiten ist ihre Bestimmung".[1)]

Zu ähnlichen Ergebnissen kann eine Analyse des Textauszugs „Der Stellvertreter" aus der Ren-Dhark-Serie kommen. Es geht um den Stellvertreter des Commanders, der alle Züge eines Supermans aus dem Big-Business trägt. Das von außen drohende Unheil (ein Nor-ex?) wird mit den traditionellen Mitteln der Warenproduktion und der Produktionssteigerung bekämpft. Wichtige Regulative sind hier wie in der multinationalen Großindustrie „Lizenzen", Prozente und Kapazitäten. Dem Leser eröffnet sich somit die (verdeckte) Einsicht, daß jedwedes Unheil durch Wirtschaftswachstum und alles Übel mit den klassischen Mitteln der kapitalistischen Wirtschaftsmechanik überwunden werden können – und sei es mit einer Kapazitätserweiterung der Waffenproduktion, für die – natürlich – der private Sektor seine Opfer zu bringen habe.

Der Erfolg – und Ren Dhark bzw. sein Stellvertreter werden immer erfolgreich sein! – dürfte auch die Denkweisen beim Leser stabilisieren, die mit den angewendeten Methoden des Helden im Einklang stehen.

4. Beispiel

Zu fragen ist hier: Wem dient eine solch pseudo-wissenschaftliche Literatur, die das kapitalistische Denk- und Wertesystem stabilisiert? Zu fragen ist ferner: Bezieht diese Art von Literatur Stellung für die arbeitende Klasse? Und zu fragen ist schließlich: Zeigt sie typische Probleme und Zukunftsorientierungen in der Entwicklung des fortschrittlichen Sozialismus auf? Zu all diesen Fragen kann der Leser nur eine ernüchternde Einsicht gewinnen: Diese Art der trivialen Science-fiction-Literatur verherrlicht die historisch überholten und abgewirtschafteten Ideale einer klassisch-kapitalistischen Markt- und Werteordnung; sie dient somit dem Großkapital und seinen repressiven Machtansprüchen.

In dem Textausschnitt „Der Stellvertreter" sind Arbeiter, die allein die Steigerung der Produktion ermöglichen könnten, gar nicht vorgesehen. Und schließlich und endlich darf die Vergrößerung der Produktivkräfte nicht zu Lasten einer hemmungslosen Ausbeutung der natürlichen Ressourcen führen.

Diese Art von verkappter bourgeoiser Propaganda, die die reaktionären, imperialistischen Wunschträume nur unzureichend zu verschleiern sucht, kann auf gar keinen Fall zukunftsweisend sein für die wissenschaftlich gesicherten und fortschrittlichen Positionen unserer sozialistischen Gesellschaftsform.

[1] Michael Pehlke, Norbert Lingfeld: Roboter und Gartenlaube. Ideologie und Unterhaltung in der Science-Fiction-Literatur. München: Hanser 1970.

Aufgaben zu B II

1. Vergleichen Sie die vier exemplarischen Interpretationsansätze (9) zu „Der Stellvertreter" (8):
   - Geben Sie an, was jeweils im Zentrum der Interpretation steht. Woran ist die Interpretation primär interessiert?
   - Listen Sie die Analysepunkte auf, die in der jeweiligen Interpretation abgehandelt werden. Vergleichen Sie sie mit Ihren Ergebnissen aus Aufgabe 2 (BI)
   - Welchen Aufschluß geben die Interpretationsbeispiele (1 bis 4) einem Leser, wenn er sie zum eigenen Verständnis des Textausschnitts „Der Stellvertreter" heranziehen wollte?
   - Bestimmen Sie den Adressatenbezug der Interpretationsbeispiele (1 bis 4): An welchen Leser wenden sie sich? Welches Informationsinteresse setzen sie voraus?
2. Ordnen Sie die folgenden Zitate den vier Interpretationsbeispielen zu, und zeigen Sie, wie die theoretischen Positionen in das jeweilige Interpretationsbeispiel eingegangen sind.

a) **Marxistische Literaturbetrachtung (sozialistischer Realismus)**
Betrachtung des literarischen Werkes als eingespannt in die vielschichtige Ganzheit des gesellschaftlichen Prozesses; Frage nach der Widerspiegelung der Gesellschaft im Werk und nach der Funktion von Literatur im Klassenkampf; dialektische Auffassung von zeitlicher Gebundenheit und überhistorischer Bedeutsamkeit.
„Genosse Stalin hat unsere Schriftsteller die Ingenieure der menschlichen Seele genannt. Was heißt das? Welche Verpflichtungen legt Ihnen dieser Name auf? - Das heißt erstens, das Leben kennen, um es in den künstlerischen Werken wahrheitsgetreu darstellen zu können, nicht scholastisch, nicht tot, nicht einfach als ‚objektive' Wirklichkeit, sondern als die Wirklichkeit in ihrer revolutionären Entwicklung. - Dabei muß die wahrheitsgetreue und historisch konkrete künstlerische Darstellung mit der Aufgabe verbunden werden, die werktätigen Menschen im Geiste des Sozialismus ideologisch umzuformen und zu erziehen." (A. A. Shdanow, 1934)

b) **Empirisch-positivistische Literaturbetrachtung**
Erforschung der Interaktion der an der Literatur beteiligten Personen und Institutionen wie Autor, Rezipient, Kritiker, Buchhändler usw.
Frage nach den verschiedenen Faktoren der Produktion, Verteilung und Rezeption von Literatur; möglichst wertfreies Urteilen.
„Nicht ästhetische Kriterien, sondern soziale Kriterien müssen es sein, die die Literatursoziologie zur Grundlage der Bestimmung dessen macht, was sie unter Literatur verstehen kann."
(Norbert Fügen, 1966)

c) **Werkimmanente Interpretation**
Betrachtung des dichterischen Textes als Produkt einer künstlerischen Konstruktion und Intuition; Frage nach literarischen Strukturen und Bauformen; Beschränkung auf den Text; ahistorisch, rein wissenschaftlich, apolitisch; Text als Zeichen seiner selbst und „Welt für sich".
„Wenn dem Dichter sein Werk geglückt ist, trägt es keine Spuren seiner Entstehungsgeschichte mehr an sich."
(Emil Staiger, 1951)

„Im Fall der Werkinterpretation handelt es sich darum, alle an der Gestaltung zur einheitlichen Gestalt beteiligten Formelemente in ihrer Wirksamkeit und in ihrem Zusammenwirken zu begreifen."
(Wolfgang Kayser, 1952)

d) **Position der „Kritischen Theorie"**
Richtung der literatursoziologischen Schule (wie b); darüber hinaus: Erfassung der im Werk sich manifestierenden soziologischen, ökonomischen, kulturellen Faktoren.
„Zu dem Bestimmbaren gehört auch der den Kunstwerken immanente soziale Gehalt. [...] Dieser soziale Gehalt ist, ob auch unbewußt, ein Ferment der Wirkung."
(Theodor W. Adorno, 1967)

3. Zeigen Sie anhand der Skizzen zu Beginn der Kapitel 1 bis 3, auf welchen Teil des literarischen Prozesses sich die theoretischen Positionen a bis d (Aufgabe 2) primär beziehen.
4. In neuerer Zeit gibt es die Forderung nach einer „Vereinigung all dieser verschiedenen Ansätze" (Jost Hermand).
   - Überprüfen Sie die Möglichkeiten dieses Vorschlags.
   - Zeigen Sie seine Grenzen auf.

III Denken verboten!

10

HERBERT W. FRANKE

Das Gebäude

Die blaue Sonne war unter den Horizont gesunken, die rote Sonne stieg reich empor. Ein ungeheuer violetter Bogen wölbte sich dazwischen wie ein Dach.
Fontain marschierte unten in der Kolonne. Von allen Seiten kamen sie, flexible graue Rechtecke, die sich gegen einen Punkt nach Westen bewegten: zur Brücke, die die Stadt mit der Insel verband. Polizeiroboter regelten den Verkehr.
Fontain war ein Maurer. Das heißt, er durfte die Steine übereinanderschichten, die ihm die Träger aus den Feldern herbeischleppten. Mit einer Kelle schlug er den Plastikmörtel auf die offen liegenden Flächen, dann setzte er den nächsten Stein darauf.
Sie sprachen nicht während der Arbeit. Inspektionsroboter strichen unablässig hinter den Reihen der Schaffenden vorbei. Erst in ihrer Freizeit, in den wenigen Stunden der blauen Nacht, die ihnen vor dem Schlafen blieben, unterhielten sie sich darüber – über das Gebäude, das sie errichteten, wie sie darin leben würden, wenn es erst fertig wäre, wie angenehm sie es dann hätten. Jetzt reichte der Wohnraum gerade, jeder besaß eine Einheitswohnfläche – ihre Arbeit verhieß ihnen Platz im Überfluß.
Das Gebäude erstreckte sich weit nach allen Richtungen; noch keiner hatte die ganze Insel gesehen, und obwohl jeder täglich einen anderen Arbeitsplatz zugewiesen bekam, ahnte keiner, wie auch nur der Grundriß des Gebäudes aussah. Dazu waren ja die Roboter da.

Generationen hatten an dem Gebäude gearbeitet, und nun würde es bald fertig sein. In zehn Jahren? In zwanzig Jahren? Fontain hatte einmal einen Inspektionsroboter gefragt. Das hatte ihm drei Nächte Kältearrest eingebracht.
Er stand auf dem Gerüst und schichtete Stein auf Stein. Er hatte einen weiten Ausblick, doch sah er nur graue Mauern, bald höher, bald niedriger. Überall auf den Gerüsten waren Arbeiter am Werk. Und unten eilten die Träger mit ihren großen Körben hin und her.
Seit er sich erinnern konnte, war er täglich hier gewesen. Nie hatte er viel darüber nachgedacht. Aber jetzt, als er sich insgeheim umdrehte und über die endlosen Mauern blickte, kam ihm das Gebäude plötzlich wie etwas Übles vor, und einen Moment schoß ihm ein frevlerischer Gedanke durch den Kopf: Diese Fundamente einreißen, diese Mauern der Erde gleichmachen – und ein sorgloses Leben in der alten Stadt führen! Das ging aber rasch vorüber. Schuldbewußt wandte sich Fontain seinen Steinen zu und arbeitete mit doppeltem Eifer weiter.

Das violette Leuchten über der Stadt zeigte den Morgen an – die letzten roten Strahlen verblaßten, das Blau des Tages breitete sich aus.
Die Einwohner befanden sich auf ihrem Marsch nach Osten – zur Brücke, zur Insel, zur Stätte ihrer Arbeit. Was jenseits der Insel lag, wußten sie nicht. Dafür interessierte sich niemand. Sie hatten auch keine Zeit dafür. Wenn sie abends von der Arbeit heimkamen, waren sie todmüde. Sie nahmen die Speisen aus den Robotküchen zu sich und fielen in ihre Betten.
Hassan war Arbeiter. Das heißt, er meißelte Steine von den Mauern herunter. Das war ein mühsames Geschäft, denn sie waren mit einer glasharten Substanz verklebt. Es war immer noch besser als das der Träger, die das schwere Material tagaus tagein hinaus auf die Schuttplätze transportieren mußten.
Hassan hatte das angenehme Gefühl, eine wichtige Arbeit zu leisten. Er hätte die Robotpolizei nicht nötig gehabt, die alle Arbeiter ständig kontrollierte. Wo sie ihn auch eingesetzt hatten, er hatte seine Arbeit getan, er hatte sein Soll erfüllt. Er hockte auf seinem Gerüst und schlug mit dem Hammer auf den Meißel los, daß es hell aufklang. In seinem Kopf war ein dumpfes Träumen, ein Hoffen auf schöne Zeiten, in denen der Platz freigelegt sein würde, und sie die hydroponischen Gärten anlegen würden. Jetzt reichte die Nahrung genau für die genormten Rationen – später würden sie essen und trinken, ohne Einschränkung, aus dem Überfluß heraus.
Mit einem Aufbäumen seines ganzen Körpers hatte Hassan wieder einen Stein weggebrochen. Der baumelte nun im Auffangnetz. Schon packte ihn ein Träger in seinen Korb.
Hassan strich sich den Schweiß aus der Stirn und sah über seine Mauer hinweg auf die ausgezackten Ränder der anderen, an denen seine Kameraden tätig waren. Wie hoch war das Gebäude einst gewesen? Ein Impuls zuckte durch sein Hirn, eine absurde Idee, eine Vision, aber erschreckend deutlich:
Diese Mauern weiterbauen, immer höher, zu einem riesenhaften, mächtigen, alles beherrschenden Bauwerk vereinigen, von dessen Zinnen man die ganze Insel überblicken könnte! Doch schon wurde ihm das Unsinnige dieses Einfalls klar, und Hassan setzte wieder den Meißel an, noch ein wenig verwirrt, aber ohne Zögern – mit der Sicherheit dessen, für den andere denken.
(1964)

Aufgabe zu B III

Deuten (interpretieren) Sie „Das Gebäude" (10).
Wählen Sie dazu schwerpunktmäßig eine der in B II vorgestellten Methoden aus.
Schließen Sie Ihre Deutung mit einer Wertung des Textes ab.

C Theoretische Texte

11

JULIUS PETERSEN

* Normative Wertungstheorie

Der objektivierenden Rechenschaft über das persönliche Erleben eines Kunstwerkes und dem Übergang zu seiner Deutung und Wertung können drei Maßstäbe dienen, von denen der erste mehr die innere Beziehung des Werkes zum Dichter, der zweite mehr den nach außen gehenden Eindruck des Werkes auf den Betrachtenden, der dritte die Beziehung des Werkes zur Welt erfassen will. Der eine trifft die seelische und menschlich-individuelle Bedeutung des Werkes mit der Frage nach der *Echtheit,* der zweite die ausstrahlende Kraft des Werkes mit der Frage nach der *Größe,* der dritte die Weltbeziehung und gültige Bedeutung des Werkes mit der Frage nach seiner *Sinnbildhaftigkeit.* Jeder dieser Maßstäbe ist in vierfacher Richtung anzuwenden als Einschätzung nach dem *ästhetischen,* dem *ethischen,* dem *religiösen,* dem *volkhaften* Wert.
Auf die Fläche gebracht stellt die Kreuzung dieser Wertkategorien sich in folgendem Schema dar:

	ästhetisch	ethisch	religiös	volkhaft
Echtheit				
Größe				
Sinnbildhaftigkeit				

a) *Echtheit:* Im *ästhetischen* Eindruck offenbart sich die Echtheit als widerspruchsloser Einklang und organisches Gleichgewicht aller Elemente, die sich bei der Analyse ergeben haben, also der Harmonie zwischen innerer und äußerer Form, zwischen Erlebnis und Gestaltung, zwischen Stil und weltanschaulicher Haltung, zwischen Technik und Problemen, zwischen sprachlicher Darbietung und Idee. – Die *ethische* Echtheit tritt in dem gewissenhaften Ernst hervor, mit dem Probleme und Ideen aus der Tiefe eigensten Erlebnisses geschöpft und als folgerichtige Grundanschauungen, Erziehungsgedanken und charaktervolle Lebensmaximen durchgebildet sind. – Die *religiöse* Echtheit offenbart sich als Innerlichkeit wahrhaften Bekennertums, das aus Zwang der Überzeugung und Kraft der Entscheidung hervorgeht. – Die *volkhafte* Echtheit wurzelt in arteigenem Verwachsensein mit dem Empfinden der Gemeinschaft und in dem rassebewußten Verantwortungsgefühl einer Gegenwart, die mit Geschichte und Zukunft des eigenen Volkes und der Menschheit sich verknüpft fühlt.

b) *Größe:* Im *ästhetischen* Eindruck stellt sich die Größe zunächst als ein organisches Verhältnis zwischen den äußeren Proportionen des Umfangs und der menschlichen, schicksalhaften oder sogar kosmischen und metaphysischen Bedeutung des Gegenstandes dar, wie etwa in Dantes *Göttlicher Komödie* oder in Goethes *Faust.* Dazu kommt Kraft und Reichtum der Darstellung in allen Formen des Sprachausdrucks, im Format der Menschengestaltung und der göttlichen Erscheinungen, in der Naturbetrachtung und in aller Motivierung des Geschehens. – Die *ethische Größe* kommt in der Tragweite der behandelten sittlichen Probleme und ihrer Lösung zum Ausdruck, wie in der Gestaltung der Charaktere und ihrer Motive, im idealistischen Wollen, im Pflichtgedanken, in Opferbereitschaft und in der Selbstbehauptung des Menschen gegenüber einem unerbittlich waltenden Schicksal. – Die Größe des *religiösen* Gehaltes beruht auf leidenschaftlicher Glaubenskraft und sehnsüchtiger Hingabe, auf unendlichem Weltgefühl und metaphysischer Blickrichtung. – Die Größe des *Volkhaften* liegt in der Bezogenheit des Einzelschicksals auf das Ganze, in weiter geschichtlicher Schau, im lebendigen Verantwortungsgefühl gegenüber der Gemeinschaft und in bewußter politischer Haltung. [...]

c) *Sinnbildhaftigkeit:* Dieser Begriff umfaßt alles das, was ein Werk über sich selbst und seine Vereinzelung emporhebt und ihm einen bedeutunggebenden Wert verleiht durch tiefere Beziehungen auf Menschheit und Weltgeschehen, auf Volk und Zeit, auf Geschlechter und Lebensalter. Auf *ästhetischem* Gebiet liegt der sinnbildhafte Wert im symbolischen Lebensgehalt, in der Naturbeseelung und in der Leuchtkraft, mit der ewige Ideen durch die Gestalt hindurchschimmern; im *Ethischen* erscheint sinnbildhaft der Wirklichkeitssinn, der das Schicksal als Weltgesetz unter dem Gesichtspunkt notwendigen Geschehens walten läßt und für jeden Konflikt allgemein gültige Lösungen von typischer Bedeutung findet. Im *Religiösen* tritt die Sinnbildhaftigkeit als Ausdruck unmittelbaren inneren Gotteserlebnisses beim Einzelnen wie als Glaubensform, die eine Gemeinschaft umfaßt, in Erscheinung; im *Volkhaften* als schicksalmäßige Gebundenheit an die Gemeinschaft und als Spiegelung des Ganzen in Sprache, Charakteren, Lebensbräuchen, Gesinnung und Denkweise.

(1939)

12

WOLFGANG KAYSER

* Interpretation und literarische Wertung

Wir stellen zwei Thesen voran, deren Erläuterung und Begründung an dieser Stelle nicht möglich ist:
1. *Dichtung ist die einheitliche Gestaltung einer eigenen Welt mittels der Sprache;*
2. *die Interpretation bemüht sich um eine adäquate Erfassung der jeweiligen Dichtung.*

Eigene Welt, Gestalt, Stil, das sind also die bestimmenden Begriffe, unter denen die Interpretation arbeitet, und ihr Ziel ist, das Sein der dichterischen Welt sowie die Gestalt und den Stil des dichterischen Werkes zu bestimmen. Sie wertet bei ihrer Arbeit. Denn indem sie etwas Brüchiges, Nichtzusammenstimmendes in der Wirksamkeit der dichterischen Mittel aufweist, entdeckt sie eine künstlerische Schwäche. Das gleiche geschieht, wo sie zeigen kann, daß ein Werk hinter seiner eigenen Intentionalität zurückbleibt. Es gehört zu solcher Wertung ein Gefühl für das, was ein Werk sein will. Ob dieses zunächst intuitive Gefühl richtig ist, läßt sich bis zu einem gewissen Grade an dem Gattungscharakter des Werkes überprüfen, der sich durch eine Strukturanalyse erhellt.

Ein kurzes Beispiel soll das Gesagte erläutern. Ein kleines Gedicht nur, sechs Zeilen sind es. Mit dem kürzesten Titel, der sich denken läßt: *Ach!*

Du fragst, was sagen soll dies Ach!,
Das ich bei deiner Ankunft sprach?
Es sprach: Ach! seht die holden Wangen,
Seht die beliebte Fillis an;
Da kommt auf rosenvoller Bahn
Mein Tod, mein süßer Tod, gegangen.

Es wurde absichtlich nicht gesagt, von wem das Gedicht geschrieben ist und wann es entstand, es wurde absichtlich nicht vorbereitet und eingestimmt. Und das Erwartete wird eingetreten sein: das Gedicht hat nicht gewirkt. Warum? Weil wir nach dem Anfang, sobald wir erst die Situation erfaßt hatten, mit unseren Erwartungen in eine falsche Richtung gegangen sind. Ein Liebesgedicht, bei der Ankunft der Geliebten gesprochen: unter dem Druck einer seit über 150 Jahren bestehenden Tradition, die genauso alt ist wie die Goethesche Gestaltung eines solchen Willkommens, haben wir ein Lied erwartet, die Verwandlung der Welt in die seelische Gestimmtheit beim Anblick der Geliebten. Unser Gedicht ist älter (es stammt von dem Barockdichter v. Abschatz), und es will etwas anderes. Es will, wie die beiden ersten Zeilen besagen, eine Antwort auf die Frage geben, was das „ach!" als emotionale Sprachgeste besagte. Es dichtet nicht auf der Empfindung des „ach" weiter, sondern übersetzt seine Meinung in Sprache. Es will nicht Gestimmtheit beschwören, sondern Sinn aussagen, etwas richtig benennen.

Wie geschieht es? Nach der gestellten Aufgabe in Zeile 1 und 2 folgen zwei Zeilen, die noch einmal die leibhaftige Situation vergegenwärtigen, in der das „ach" gesprochen wurde, und die damit von der Emotion des Ich zu dem die Emotion hervorrufenden Du hinlenken. Und nun folgt in den beiden letzten Zeilen die Fassung des

Sinngehaltes in Worte, nein in ein Bild, ein Sinnbild: „da kommt auf rosenvoller Bahn mein Tod“ - und nun wird das noch einmal gesteigert: „mein süßer Tod gegangen“. Der Sinn spricht sich nicht in abstrakten Begriffen, sondern in konkreten Bildern aus. Und er ist von unauslotbarer Tiefe. Denn der „Tod auf rosenvoller Bahn“, und dann noch der „süße Tod“, das faßt jeweils in der gleichen Sprachgebärde ganz weit Entferntes, ganz Gegensätzliches zusammen. Es ist die Sprachgebärde des Paradoxen, des Oxymoron, wie die Stilistik sagt, in der das Ziel sich erfüllt. Wir kennen es aus mystischer Sprache; von daher kommt es wohl sogar, als die allein mögliche Form, in der der Mensch von dem Unsichtbaren, Unfaßbaren, dem Unaussprechlichen sprechen kann. Wir erkennen nun vielleicht, wie tief und wie huldigend zugleich, wie einheitlich das Gedicht sich erfüllt und wie alles - Klang, Rhythmus, Satzbau, Aufbau - zusammenwirkt, um dieses Kunstgebild der echten Art hervorzubringen. Noch etwas muß gesagt werden, was in ihm liegt, und zwar in ihm als einem solchen Spruch. Die Nennung gelingt, es gelingt damit eine Distanzierung von der eigenen Empfindung, aber auch von der Übermacht des Du, das ja in ein Sinnbild verwandelt wurde. Dieses Gedicht will nicht Ausdruck des „Notdrangs“ einer Empfindung sein, um mit Herder zu sprechen, sondern das Vermögen des Menschen strahlend bekunden, im Kunstwerk Freiheit zu gewinnen, im Abstand sich über die Realität zu erheben und ihr Eigentliches richtig mit der Sprache zu bannen und zu fassen.

Wollte jemand sagen: ich lasse mir das Gedicht nicht aufreden, es ist gewiß nett in seiner Art und besagt vielleicht auch etwas über den humanistischen Geist des 17. Jahrhunderts, aber es ist mir gerade deshalb zu spielerisch gegenüber dem Stoff bzw. Anlaß; ich will mehr Realität, mehr Seele: dasselbe Motiv, in einem romantischen Lied behandelt, ist mir auf jeden Fall wichtiger und wertvoller - so würden wir eine solche persönliche Meinung ruhig hinnehmen. Aber es scheint uns wichtig, etwas Grundsätzliches in der Äußerung unseres Gesprächspartners festzuhalten: daß er nämlich das Gedicht soeben unter drei verschiedenen Aspekten betrachtet und unter drei Aspekten gewertet hat: einmal als Kunstwerk auf Grund einer Interpretation, die zeigte, was das Gedicht ist, sein will und wie es sich erfüllt. Zweitens als historisches Dokument, indem seine Bezogenheit auf die eigene Zeit wiederhergestellt und es selber nach seinem historischen Gehalt und Stellenwert beurteilt wurde. Unter einem dritten Aspekt wurde es sodann nach seiner möglichen Bedeutung für uns und andere befragt, geprüft und bewertet.

Künstlerische, geschichtliche und, wie ich es nennen möchte, *funktionale Wertung* sind die drei Wertungen, die wir an einem Kunstwerk vornehmen. In der Praxis verbinden sie sich meist. Aber die Unklarheiten, die wir alle empfinden, wenn wir nach den Möglichkeiten, dem Recht und der Geltung des Wertens fragen, lichten sich vielleicht etwas, wenn wir diese drei Arten des Betrachtens und Wertens einmal scharf trennen.

Für alle drei Betrachtungsweisen brauchen wir die strenge, genaue Interpretation. Denn ich muß erst wissen, was ein Werk ist, was in ihm steckt, bevor ich seine Funktion für mich und andere, aber auch bevor ich seine historische Bedeutsamkeit bestimmen kann. Interpretation ist nicht das Alpha und Omega unserer Wissenschaft, sondern das Zentrum, von dem aus die Arbeit in verschiedener Richtung weitergehen kann: in die Gebiete der Poetik, der Sprachphilosophie, der Geschichte, und für den Lehrer und Kritiker wird die funktionale Betrachtung und Wertung besonders wichtig werden. Für die Interpretation selbst werden alle historischen Kenntnisse zum Hilfsmittel; für den Philosophen, den Literaturhistoriker und Pädagogen wird die Interpretation zum Hilfsmittel.

(1958)

13 Moderne Positionen
Probleme der literarischen Wertung aus neuerer Sicht[1)]

Erst in jüngster Zeit hat die Literaturwissenschaft den Leser als einen entscheidenden Faktor im literarischen Prozeß erkannt; denn erst der Leser mit seinen Lesegewohnheiten und -erwartungen, mit seiner Vorbildung und seinen Vorurteilen macht aus dem literarischen Text einen „verstandenen" Text. Der Leser erschafft den literarischen Text sozusagen neu - wie ein Musiker ein Musikstück erklingen läßt, indem er es entsprechend der Partitur aufführt; der Leser versucht, den literarischen Text entsprechend seinen Fähigkeiten und Gewohnheiten zu verstehen, für sich verfügbar zu machen, um über ihn nachzudenken, zu diskutieren oder sich einfach von ihm unterhalten zu lassen.

Diese Neuschöpfung eines literarischen Textes im Bemühen, ihn zu verstehen, nennt man mit einem Fachwort auch „Konkretisation". Die Konkretisation ist eine Möglichkeit, den literarischen Text zu verstehen, was gleichzeitig besagt, daß der literarische Text auch andere Verstehensmöglichkeiten oder Deutungen zuläßt, sofern ein Leser sie - entsprechend seiner besonderen Verstehensdisposition - dem Text entnimmt. Man sagt auch: Der literarische Text bietet dem Leser Sinnmöglichkeiten an, von denen dieser entsprechend seinen Voraussetzungen und Bedürfnissen eine Möglichkeit für sich verwirklicht, indem er den Text deutet und zu verstehen sucht.

Diese Erkenntnisse sind entscheidend geworden für die Beurteilung der literarischen Wertung. Sobald jemand sich mit einem literarischen Werk abgibt, wertet er - gleichgültig, ob er das Werk mit Genuß liest, sich gezwungenermaßen hindurchquält, es nach den ersten Seiten weglegt, es hochlobt oder abqualifiziert. In jedem Fall stellt sein Verhalten dem Werk gegenüber ein Werturteil dar.

Daß dieser Vorgang des Wertens seine Ursachen in der besonderen Disposition des jeweiligen Lesers hat, leuchtet sogleich ein, wenn man sich den Verstehensvorgang noch einmal vor Augen hält. Ob ein Leser ein literarisches Werk hoch- oder minderwertet, hängt u. a. davon ab, welche Lesegewohnheiten und -erwartungen, welche Verstehensmöglichkeiten und Vorurteile er besitzt. Allgemein gesprochen, heißt dies: Die Art und Weise, wie ein Leser mit Literatur umgeht, wird durch gesellschaftliche (auch historische, soziale und politische) Bedingungen beeinflußt. Hierzu gehören solche Gegebenheiten wie: Umgang mit Literatur im Elternhaus, Wertschätzung von Literatur im Bekannten- und Freundeskreis, Begegnung und Art der

[1] Wesentliche Gedanken lehnen sich an die Arbeit von Günter Waldmann an. *(Waldmann, Günter: Theorie und Didaktik der Trivialliteratur. München: Verlag Wilhelm Fink 1973, vor allem S. 122–124.)*

Beschäftigung mit Literatur in Schule und Freizeit, Vorbilder, eigene intellektuelle Neugier, persönliche Neigungen und vieles mehr. Zwar kann mit sozialen und gesellschaftlichen Bedingungen nicht alles erklärt werden, aber sie sind von großer Wichtigkeit, wenn es darum geht, ob jemand nur Comics und Groschenhefte als Lektüre bevorzugt, ob er auch hohe Literatur liest und versteht oder ob er nie freiwillig zur Trivialliteratur greifen würde.

Wer liest, will zunächst irgendwelche Bedürfnisse befriedigen; er will sich bilden, um mitreden zu können, oder lernen, um in der Schule oder im Beruf weiterzukommen, oder sich unterhalten. Durch die besondere Beschaffenheit des literarischen Textes (Sprache, Personen- und Problemdarstellung, stilistische Besonderheiten) können diese Bedürfnisse mehr oder weniger gut befriedigt werden. Und wenn die besondere Beschaffenheit eines literarischen Textes auf die entsprechende Disposition eines Lesers trifft, ist die Voraussetzung günstig dafür, daß der Leser diesen Text gerne liest und ihn hochwertet. Wenn aber ein Leser sich mit leichter Unterhaltungslektüre entspannen will, dann wird er einen schwerverständlichen Roman mit komplizierter Problemstellung jedoch ablehnen und minderwerten. Der gleiche Leser kann sich aber auch mit eben diesem Text auseinandersetzen wollen, wenn er in einer ganz anderen Lage ist (z. B. einen Kurs für Deutsche Literatur an der Volkshochschule belegt hat, um seine Allgemeinbildung zu verbessern). Hier liegt der Fall vor, daß unterschiedliche Leserrollen von den Bedürfnissen oder ganz bestimmten literarischen Interessen gesteuert werden, sofern der betreffende Leser über diese unterschiedlichen Leserrollen auch tatsächlich verfügt bzw. gewillt und in der Lage ist, sich diese anzueignen. Allerdings wird er nur schwer das Bedürfnis entwickeln, einen Kurs in Deutscher Literatur zu belegen, wenn er nicht durch entsprechende Bedingungen seiner sozialen Umwelt dazu motiviert worden ist. Die Motivation zu schaffen, über zusätzliche Leserrollen verfügen zu wollen, stellt einen wesentlichen Auftrag des Literaturunterrichts (und der Bildungsarbeit ganz allgemein) dar. Dies aber bedeutet, daß die Hoch- bzw. Minderwertung einer Literaturrichtung (oder eines bestimmten Leseverhaltens) nicht zurückzuführen ist auf abstrakte Werte (vgl. Text 11) oder allein auf die besonderen Qualitäten einer Textstruktur (vgl. Text 12), sondern dies bedeutet, daß der Prozeß der literarischen Wertung wechselweise abhängt von der Beschaffenheit des Textes **und** der gesellschaftlich bedingten Disposition und Interessenrichtung des jeweiligen Lesers. Damit ist auch eine differenzierte Beschreibung derjenigen Literaturrichtung möglich geworden, die im gängigen Sprachgebrauch „Trivialliteratur" genannt wird[2]: Mit „Trivialliteratur" werden diejenigen literarischen Texte bezeichnet, die wegen der geringen kulturellen Schätzung ihrer Machart (Beschaffenheit der Texte hinsichtlich der Sprache, der Personen- und Problemdarstellung sowie der sprachlich-stilistischen Gestaltung) und ihrer Wirkung (Einfluß der Texte auf die Festigung nur einer Leserrolle und auf die Befriedigung eines einseitigen Interesses) durch diejenigen mindergewertet werden, die von sich glauben, die kulturell höherwertigen Bedürfnisse zu haben, und die solche Texte bevorzugen, die von ihrer Machart und Wirkung her hochgewertet werden, und die die Mittel besitzen (Zeitung, Fernsehen, Schule, Presse), solche literarischen Wertungen durchzusetzen, d. h. zu publizieren und ins öffentliche Bewußtsein zu tragen.

[2] Ausdrücke wie „Massenhaft verbreitete Literatur", „Schemaliteratur" oder „Mindergewertete Literatur" haben sich bisher nicht allgemein durchsetzen können.

Aufgaben zu C

1. Beschreiben Sie das argumentative Verfahren, wie Petersen (11) die drei literarischen Wertungskriterien „Echtheit", „Größe" und „Sinnbildhaftigkeit" einführt. Berücksichtigen Sie dabei Fragen wie:
   - Werden die drei Wertkriterien aus einem größeren Zusammenhang abgeleitet?
   - Werden sie (einsichtig) begründet?
   - Wird dem Leser klar, warum diese Kriterien und keine anderen angeführt werden?
2. Diskutieren Sie die Auswirkungen, die ein solches Wertungsverfahren – wie es Text (11) vorschlägt – im Hinblick auf unterschiedliche literarische Stilformen haben muß.
3. Klären Sie anhand eines Nachschlagewerkes den Begriff „volkhaft" (völkisch), und versuchen Sie, den historischen Stellenwert des literaturkritischen Ansatzes von Petersen abzuschätzen. (S. auch den Literaturhinweis in der Anmerkung zu B II.)
4. Vergleichen Sie den theoretischen Ansatz der literarischen Wertung von Wolfgang Kayser (12) mit dem von Julius Petersen (11). Stellen Sie Abweichungen, aber auch Gemeinsamkeiten heraus.
5. Erklären Sie anhand von Text (12) die Termini „Interpretation" und „Literarische Wertung". Beschreiben Sie den Zusammenhang zwischen diesen beiden Begriffen.
6. W. Kayser unterscheidet „drei Wertungen". Beziehen Sie die drei Arten der literarischen Wertung auf die Interpretationsbeispiele (B, Text 9) bzw. auf die literaturtheoretischen Positionen (B II, Aufgabe 2). Ordnen Sie sie sinnvoll zu, und zeigen Sie mögliche Überschneidungen auf.
7. Machen Sie sich den Neuansatz in Text (13) klar:
   - Überprüfen Sie die Analogie zwischen Leser und Musiker, und legen Sie dar, was die Analogie im einzelnen beinhaltet. Klären Sie auch, inwieweit Ihnen die Analogie einleuchtet, bzw. welche Analogiepunkte Ihnen problematisch erscheinen.
   - Klären Sie den Ausdruck „Verstehensdisposition" aus dem Kontext. Tragen Sie möglichst viele Faktoren zusammen, von denen die Verhaltensdisposition abhängen kann.
   - Erläutern Sie, welche Bedeutung die genaue Bestimmung des Rezeptionsvorgangs für die Beurteilung der literarischen Wertung erhalten hat.
   - Welche Faktoren spielen eine wesentliche Rolle bei der Hoch- oder Minderwertung eines literarischen Textes durch einen Leser?
8. Analysieren Sie die Definition von „Trivialliteratur" am Ende von Text (13):
   - Welches ist der zentrale Faktor in der Bestimmung des Begriffs „Trivialliteratur"?
   - Wie wirkt sich die Wahl dieses besonderen Faktors auf die Formulierung der Definition aus?
   - Welche Vorzüge und welche Probleme ergeben sich aus dieser Definition (z. B. hinsichtlich ihres Geltungsbereichs, hinsichtlich ihrer Anwendbarkeit auf konkrete Texte)?

9. Kritisieren Sie die Grundannahme zur literarischen Wertung in der Konzeption von Petersen (11) oder Kayser (12). Beziehen Sie sich auf den Hintergrund des an Text (13) Erarbeiteten.
10. Überprüfen Sie die von Ihnen vorgenommene Wertung (B III) im Hinblick auf die Ausführungen in Text (13).
11. Werten Sie aufgrund der in B und C gewonnenen Einsichten Texte Ihrer Wahl, und begründen Sie Ihre persönliche Hoch- bzw. Minderwertung.
    Als *Textgrundlage* können dienen:
    Kapitel 2, Text (10): Bernd Bergen „Angestellt"
    Text (12): Peter Bichsel „San Salvador"
    Kapitel 3, Text (26): Hans Magnus Enzensberger „Ins Lesebuch für die Oberstufe"
    Kapitel 4, Text (4): Wolfdietrich Schnurre „Der Absprung"
    Text (8): Günther Weisenborn „Zwei Männer"
    Text (27): Christa Reinig „Fische"
    Text (33): Rainer Brambach „Känsterle"
    Kapitel 6, Text (36): Stephan Lego „Komm auf das Schiff meiner Träume"

D Erweitertes Textangebot

Klappentext

14

„Wenn jeder Mensch auf der Welt nur einen einzigen anderen Menschen glücklich machen würde, wäre die ganze Welt glücklich." So heißt es einmal in der ergreifenden Liebesgeschichte zwischen dem fast fünfzigjährigen „Aussteiger" Charles Duhamel und der jungen Buchhändlerin Andrea Rosner, den unvergeßlichen Hauptfiguren in Johannes Mario Simmels neuem Roman „Bitte, laßt die Blumen leben!"

Bitte laßt die Blumen leben

haben Kinder in ungelenker Schrift auf ein Pappschild in jenem Hamburger Buchladen gemalt, den die fröhliche und engagierte Andrea zu einem Paradies für Kinder gemacht hat.

Johannes Mario Simmel

berühmt für die Eindringlichkeit, mit der er uns immer wieder die Sorgen und Nöte der Zeit vor Augen führt, meint mit den „Blumen" im Titel seines Buches – und das wird jedem Leser schnell klar – die Menschen: alle Menschen unserer krisengeschüttelten, angsterfüllten Welt.
Beschwörend ermahnt er uns: „Bitte laßt die Menschen leben!"
Dem französischen Staranwalt Duhamel, der das glanzvolle, aber leere Leben an der Seite seiner schönen und bösen Frau Yvonne und den fragwürdigen Erfolg seiner durch eiskalte Skrupellosigkeit gewonnenen Sensationsprozesse nicht

mehr ertragen kann, gelingt es, nach einer furchtbaren Katastrophe unterzutauchen und mit gefälschten Papieren ein neues Leben zu beginnen. Ein wunderbares Leben mit Andrea, ein Neuanfang, der die Erfüllung aller Sehnsüchte verheißt. Doch schon bald holen die Schatten der Vergangenheit Duhamel ein. Verzweifelt kämpft er um sein Glück. Von Freunden getäuscht, niederträchtig erpreßt und hineingerissen in den Mahlstrom politischen Terrors, erscheint ihm schließlich als einziger Ausweg – Mord. Genial geplanter, perfekter Mord.

Bitte laßt die Blumen leben

ist aber viel mehr als die packende Geschichte eines Mannes, der zweimal leben wollte, eines faszinierenden Kriminalfalls und einer das Herz jeden Lesers anrührenden Liebe. Dies wäre kein Roman von Johannes Mario Simmel, wenn sich seine Gestalten nicht mit jenen quälenden und hochexplosiven Fragen auseinanderzusetzen hätten, die uns allen auf den Nägeln brennen.

Johannes Mario Simmel

hat mit der unbestechlichen Objektivität des Chronisten und der überwältigenden Gestaltungskraft des großen Romanciers aktuelle Zeitgeschichte und das bewegende Los zweier Liebender untrennbar miteinander verbunden. Der düstere Horizont einer Gegenwart, in der wir alle uns wiedererkennen, kann jedoch nicht darüber hinwegtäuschen, daß der Grundton des Buches tröstlich und zuversichtlich, auf eine bessere Zukunft vertrauend ist. Es hat seine tiefe Bedeutung, wenn es gerade die Kinder sind, denen diese Zukunft gehört, die uns zurufen:

Bitte laßt die Blumen leben

Von *Johannes Mario Simmel* sind bei Droemer Knaur lieferbar:
Es muß nicht immer Kaviar sein
Bis zur bitteren Neige
Liebe ist nur ein Wort
Ich gestehe alles
Lieb Vaterland, magst ruhig sein
Gott schützt die Liebenden
Alle Menschen werden Brüder
Und Jimmy ging zum Regenbogen
Der Stoff, aus dem die Träume sind
Die Antwort kennt nur der Wind
Niemand ist eine Insel
Hurra, wir leben noch
Zweiundzwanzig Zentimeter Zärtlichkeit
Wir heißen euch hoffen
Die Erde bleibt noch lange jung
und die Kinderbücher:
Ein Autobus, groß wie die Welt
Meine Mutter darf es nie erfahren
Weinen streng verboten

15

Clark Darlton

Unheil aus fremder Dimension „Perry Rhodan" Nr. 716

Dr. Yato Ting Suin, der Ortungsingenieur der von Rhodan und seinen Leuten zurückeroberten Brescia, kehrte nach einem Gespräch mit dem Kybernetiker Dr. Kelim Akumanda nachdenklich geworden in seine Kabine zurück.

Die BRESCIA war nun schon seit vielen Stunden unterwegs und folgte vorsichtig dem Konvoi der keloskischen Raumschiffe, der mit unbekanntem Ziel von Last Stop gestartet war.
Ganz so unbekannt war das Ziel eigentlich nicht, denn die Terraner wußten, daß die Kelosker das „Shetanmargt“ holen wollten, um es in die SOL zu verladen. Nur hatte niemand eine blasse Ahnung, was dieses Shetanmargt eigentlich darstellte.
Es mußte etwas Besonderes sein, etwas Großartiges und ungemein Wertvolles, denn die Kelosker setzten alles daran, es vor dem drohenden Untergang durch eine neue Aktivität der „Großen Schwarzen Null“ zu retten. Der drei Lichtjahre durchmessende Dimensionstrichter stand in geringer Entfernung von Borghal im Raum und bestand aus dem absoluten Nichts, das Sterne wie Planeten verschluckte und somit zur ernsten Bedrohung geworden war.
Das alles war den Terranern, die mit ihrem Riesenschiff SOL in der Kleingalaxis Balayndagar gestrandet waren, nur vage bekannt. In der Hauptsache waren sie auf Vermutungen angewiesen, denn die Kelosker gaben kaum Auskunft.
Ting Suin war sich ziemlich sicher, daß der Konvoi der Kelosker das System Borghal anflog, was sich wiederum nicht mit der Vermutung deckte, daß er das Shetanmargt holen sollte. Nun hatte aber Akumanda mit handfesten Argumenten zu beweisen versucht, daß es sich bei diesem geheimnisvollen Gegenstand nur um eine Art Robotgehirn handeln konnte, dem sechsdimensionale Berechnungen nicht fremd waren. Es sollte irgendwo frei im Weltraum schweben oder treiben, keinesfalls aber auf einem Planeten stationiert sein. Akumanda war überzeugt, daß ein solches Gehirn gewaltige Ausmaße besitzen mußte, um alle notwendigen Speichersektionen und positronischen Anlagen in sich aufnehmen zu können. Und er hatte hinzugefügt, daß die unmittelbare Nähe einer fünfdimensional strahlenden Sonne die Empfindlichkeit eines Robotgehirns dieser Art stark beeinträchtige.
Also konnte es sich nicht in der Nähe Borghals befinden.
Und doch flog der Konvoi Borghal an!
Ting Suin hielt es nach einer Weile nicht mehr in der Kabine aus. Es war ihm klar, daß Rhodan mit äußerster Vorsicht manövrieren mußte, um nicht von den Keloskern entdeckt zu werden, aber das hatte nur wenig mit dem Verdacht zu tun, den Akumanda äußerte, nachdem er seine „Beweisführung“ abgeschlossen hatte.
Er verließ die Kabine und begab sich zur Kommandozentrale.
Noch bevor er sie erreichen konnte, materialisierte plötzlich Gucky vor ihm und hielt ihn an.
„Ting Suin, bist du wirklich sicher, daß Rhodan deinen Rat in dieser Angelegenheit braucht? Welchen Unterschied macht es schon, ob wir nach Borghal fliegen oder nicht? Die Hauptsache ist doch wohl, daß wir herausfinden, was dieses Shetanmargt eigentlich ist.“
Ting Suin lehnte sich gegen die Korridorwand.
„Du hast wohl nichts anderes zu tun, als in den Gedanken anderer Leute herumzuspionieren?“
„Meine eigenen kenne ich ja“, gab der Mausbiber zurück.
„Auch ein Argument“, gab der Chinese zu. „Aber kein überzeugendes. Wenn du schon meine Gedanken kennst, dann doch auch die von Dr. Akumanda. Die Kelosker haben uns bemerkt und wollen uns ablenken. Das ist die einzige logische Folgerung.“

„Davon sind wir aber nicht überzeugt. Wir glauben vielmehr, daß sich das Shetanmargt ganz in der Nähe des Systems Borghal befindet, also dreihundertsiebzig Lichtjahre von Last Stop entfernt."

„Und warum wird das angenommen?"

„Weil auch der gefürchtete Dimensionstrichter, die Große Schwarze Null, nicht weit von Borghal entfernt ist. Würde man sonst mit aller Gewalt versuchen, das Shetanmargt in Sicherheit zu bringen?"

Ting Suin sah Gucky voller Zweifel an, dann nickte er langsam.

„An der Theorie ist etwas dran, das ich als logisch bezeichnen möchte. Du meinst also, ich sollte Rhodan nicht unterrichten?"

„Nein, Ting, das wäre überflüssig. Er weiß es selbst. Und es kommt alles unseren eigenen Absichten nur entgegen. Vergiß nicht, daß die Erstbesatzung der BRESCIA gefangen wurde und sich noch auf Takrebotan befindet. Wir wollen Galbraith Deighton und seine Leute befreien."

„Und das Shetanmargt?"

„Das ist es ja! Wenn es sich in der Nähe des Systems befindet, schlagen wir zwei Fliegen mit einer Klappe."

„Was ist eine Fliege?" wollte Ting Suin wissen.

Gucky grinste.

„Ach ja, die kennst du ja nicht mehr. Diese Viecher gibt es auf Terra, dem Heimatplaneten der Terraner, aber du wurdest ja auf der SOL geboren, nachdem wir Terra verließen. Kurz: es handelt sich um ein uraltes Sprichwort und bedeutet, daß man zwei Sachen in *einem* Arbeitsgang erledigen kann."

„Vielleicht hast du recht", gab der Ortungsingenieur zu. „Ich bin in meiner Kabine, wenn ich gebraucht werde."

Gucky sah ihm nach, dann teleportierte er zurück in die Kommandozentrale, aus der er gekommen war. Seiner Zielsicherheit war es zu verdanken, daß er genau in seinem freien Sessel neben Rhodan rematerialisierte.

„Ich habe ihn beruhigt, Perry. Immerhin passen unsere Wissenschaftler auf, ist das nicht ein schönes Gefühl?"

Perry Rhodan sah auf den Bildschirm, auf dem die Schiffe der Kelosker als winzige Lichtpunkte zu erkennen waren. Wo immer sich auch das Shetanmargt befand, die Kelosker würden auf jeden Fall versuchen, noch weitere Instrumente und Rechenanlagen in Sicherheit zu bringen.

„Ja, ein schönes Gefühl", gab er zu. „Aber auch du wirst aufpassen müssen, Gucky. Sobald wir uns Takrebotan nähern, versuche Deighton aufzuspüren. Ich bin davon überzeugt, daß er und seine Leute noch leben. Die Kelosker sind alles andere als gewalttätig, sie töten nur in Notwehr. Wir müssen Deighton befreien."

„Ist das Shetanmargt nicht wichtiger?" fragte ein noch junger Mann, der soeben die Kommandozentrale betreten und die letzte Bemerkung gehört hatte. „Ich bin davon überzeugt, daß es später für uns noch eine große Rolle spielen wird."

[Perry Rhodan, Gucky und der Kybernetiker Joscan Hellmut sind unerkannt in das „Shetanmargt", eine riesige interstellare Station der Kelosker, eingedrungen.]

Sie hatten mehr als nur Glück.

Als sie rematerialisierten, befanden sie sich in einem großen Raum, der mit unbekannten Instrumenten und Maschinenanlagen vollgestopft war. An den Wänden

standen komputerähnliche Gebilde, darüber Bildschirme mit Farbsymbolen, die sich dauernd veränderten.
Gucky zog seine beiden Begleiter hinter einen Metallblock.
„Es sind Kelosker hier, ich spüre es deutlich. Es gibt Ärger, wenn sie uns entdekken."
„Daran kann kaum ein Zweifel bestehen", gab Rhodan ebenso leise zurück. „Sehen wir uns um."
Als sie sicher waren, daß sie allein in dem Raum waren, wagten sie sich aus ihrem Versteck hervor. Hellmut inspizierte mit neugierigen Blicken die Anlagen, um ihren Sinn und Zweck zu begreifen. Immer wieder murmelte er unverständliche Worte vor sich hin, und der Mausbiber flüsterte Rhodan zu:
„Er hält es für das größte und siebendimensional mathematisch komplizierteste Gerät der Kelosker, die für ihn die begabtesten Intelligenzen des Universums sind. Sie wollen das Shetanmargt vor den anderen Konzilvölkern, besonders aber den Laren, in Sicherheit bringen – *weiß* Hellmut. Er *weiß es,* er vermutet es nicht nur! Außerdem befürchtet man, daß der Dimensionstrichter wieder aktiv wird und vielleicht das Shetanmargt verschlucken könnte, samt der grünen Sonne Borghal."
„Woher hat Hellmut sein Wissen?"
„Das kann ich nicht herausfinden – leider. Manchmal sind seine Gedankenströme unterbrochen, so als würden sie blockiert, ob nun absichtlich oder nicht, ist mir unklar. Jedenfalls müssen wir gut auf ihn aufpassen."
Rhodan nickte. Er war froh über die Tatsache, den Mausbiber bei sich zu haben. Seine telepathischen Fähigkeiten waren von größtem Nutzen.
Am anderen Ende des Raumes stießen sie wieder auf Hellmut.
„Nun, was haben Sie herausgefunden?" fragte ihn Rhodan.
Hellmut zögerte, dann meinte er:
„Eine Rechenanlage, wie wir schon vermuteten. Eine sehr wertvolle Rechenanlage, einmalig in ihrer Konstruktion. Sie darf niemals in die Hände des Konzils fallen."
„Und wie sollen wir das verhindern?"
„Indem wir den Keloskern helfen und ihnen die SOL zur Verfügung stellen."
Rhodan starrte ihn verwundert an.
„Sie sind noch immer dieser Meinung? Ist Ihnen das Shetanmargt wichtiger als unsere eigene Aufgabe, die Milchstraße zu finden?"
„Wenn wir den Keloskern helfen, werden sie uns später dafür dankbar sein. Ich bin überzeugt, daß sie rechnerisch in der Lage sind, uns die genauen Positionen der Milchstraße zu geben, wenn wir das von ihnen verlangen."
„Das wird uns wenig nützen, wenn wir keine SOL mehr haben."
Hellmut schwieg verbissen. In seinen Gedanken las Gucky die Entschlossenheit des Kybernetikers, sich niemals von seiner Überzeugung abbringen zu lassen. Das Shetanmargt war für ihn zum wichtigsten Gegenstand des Universums geworden.
„Jemand kommt", sagte Gucky plötzlich. „Keine Gedankenimpulse, es muß ein Kelosker sein …"
Rhodan zog den zögernden Hellmut mit sich in ein Versteck, wo sie sich niederkauerten. Gucky flitzte in eine andere Ecke und huschte unter eine schräg stehende Schalttafel.

Sie hörten Schritte näherkommen, schwerfällige und bedächtige Schritte, die zweifellos von einem Kelosker stammten. Dann öffnete sich eine der an der Längsseite angebrachten Türen, und der Erwartete betrat den Raum.

[Zwar kann der eindringende Kelosker überwunden werden, doch dann geraten Rhodan und Gucky in Gefangenschaft; Joscan Hellmut steht auf der Seite der Gegner. Seine Begründung:]

„Aber wenn Sie sich nun weigern, uns zu helfen, so betrachte ich das als glatte Meuterei. Ich hoffe, Sie begreifen die Tragweite dieser Tatsache."

„Durchaus, aber das ändert nichts an meinem Entschluß, den Keloskern zu helfen, wenigstens soweit es die Sicherheit des Shetanmargt betrifft. Ihnen wird nichts geschehen, da bin ich sicher. Die Kelosker sind ein friedfertiges Volk. Die siebendimensionale Wissenschaft, verkörpert und gespeichert in dieser Anlage, geht ihnen über alles. Stellen Sie sich doch nur einmal vor, zu Ihnen käme jemand, der Ihnen das gesamte gespeicherte Wissen der Menschheit nehmen wollte. Was würden Sie tun?"

„Das ist kein Vergleich, Hellmut! Ich fordere Sie zum letzten Mal auf, uns zu befreien und mit den Keloskern zu verhandeln."

„Natürlich werde ich mit ihnen verhandeln", versicherte der Kybernetiker. „Aber nicht in Ihrem Sinn!"

Rhodan resignierte.

16

Günter Kunert

Andromeda zur Unzeit

Abflug, Abflug.

Allnächtliches Aufsteigen und Abfliegen zu den Blinkpünktchen, zu den Siedlungsplaneten in der Kassiopeia. Null Uhr genau, im Anschluß an Meldung und Wetterlage, Luftfeuchtigkeit und planetare Ereignisse, wenn der bunte Torso einer Ansagerin lieblich-grelle Lippen öffnet, „Es ist Nulluhr" auszusprechen, verhalten das Datum zu flüstern, lächelndes Gute Nacht und Hinweis auf die folgende Übertragung heutigen Abfluges.

Abflug: wenige nur noch schauen vor ihren Geräten dem Start zu. Seit Jahren kennt man es zur Genüge. Immer das gleiche Bild: Hunderte von Personen (ausgewählt für die Reise zu Gestirnen, physikalisch der Erde ähnlich gemacht, wo kein Nahrungsmangel herrscht und keine unmäßige Verwaltung dieses Mangels) entströmen flachen Kontrollgebäuden, ordnen sich zu langen Zügen, zum Gänsemarsch auf gigantische Raketen zu, um sie zurückwinkend zu besteigen, in die Kamera grüßend, lachend, Koffer in der einen, hochgeschwenkte Mütze in der anderen Hand, verschwinden sie alle, alle in den flugfähigen Türmen.

Eine weitere Kamera, entfernter aufgestellt, wie man von seinem Sessel daheim erkennt, um sie vor der Druckwelle des Startens zu schützen, sendet die Totale des nun menschenleeren Startplatzes in die mitternächtigen Zimmer derjenigen, die aus unerfindlichen Gründen ihren Energieverbrauch mißachten und das Bett scheuen.

Blumiges grübchenkrauses Gelächel: Heute ist Freitag der fünfundzwanzigste Februar Nulluhr – Wir übertragen nun den Abflug Nummer Achttausendfünfhundertsechsundsechzig und wünschen allen Planetariern eine Gute Nacht.

Weißes Feuer schießt aus den stumpfen Enden der erigierten Fahrzeuge: eines nach dem anderen hebt sich schwerfällig vom Gerüst, als zögerten Material und Maschinerie, ob sie wirklich die weite Reise antreten sollten. Plötzlich scheinen die dröhnenden Körper entschlossen: der Aufstieg beschleunigt sich, wird schnell, schneller, vom mitschwenkenden Kameraauge verfolgt: fliegen endlich vor dem Prospekt des Himmels, vor der unbegreiflichen Kulisse des Welttheaters stetig aufwärts: immerselber Vorgang, dem zuzuschauen die meisten müde geworden sind, seit er sich ein halbes Dezennium lang Nacht für Nacht wiederholt. Das langweilt. Manchmal werden in den Nachrichtensendungen Berichte über den Alltag auf Uranos oder Neptun gezeigt, technisch minderwertig und einfarbig meist, so daß kaum Einzelheiten auszumachen sind. Leute ernten Früchte von Bäumen, fahren in Wagen, sitzen vor Wohnkugeln und wirken, obwohl undeutlich und im Detail nicht identifizierbar, gut genährt und sorglos, im Gegensatz zur terrestrischen Bevölkerung, die nur Anspruch aufs Existenzminimum hat. Es reicht eben nicht für alle, dank der Sorglosigkeit von Urvätern und Vorfahren, und so muß eben ausgewandert werden, abgeflogen jede Nacht Punkt Null Uhr. Wer die Grüne Karte mit der Post erhält, darf sich auf dem Startplatz „einfinden“, glücklich, bald in die Fleischtöpfe der Galaxis langen zu können.

Während man selber schon im Bett liegt, entkleidet mit bewußt zeitlupenhaften Bewegungen, um die Kalorienverbrennung zu verringern, flackern hinter den geschlossenen Lidern noch die Düsenflammen, bodenwärts gerichtete Fackeln prometheischen Unternehmens. Wenn man da mitfliegen dürfte!

Keine Gespräche mehr über Speisen. Kein verstohlenes Blättern in vergilbten Kochbüchern. Kein hoffnungsloses gieriges Starren auf einen der letzten Vögel, Elster oder Krähe, unter Naturschutz gestellt, ohne dadurch vorm Aussterben (wahrer: Aufgefressenwerden) bewahrt worden zu sein.

Aber Freiwillige nehmen sie nicht!

Man muß die Grüne Karte vorzeigen, sonst bleibt einem der Weltraum verschlossen, von dem wir ohnehin wenig genug wissen. Ja, immer weniger, je weiter die Flugbahnen hinausreichen. Als sei der Preis für die Ausdehnung ein Schrumpfen allgemeiner Fähigkeit, das Eroberte nicht nur naturwissenschaftlich zu begreifen: Wissen wird weiter, aber flacher. Da liegt man im Bett und weiß, daß man viel zu viel weiß. Und daß es gar nichts nutzt. Daß es weder sättigt noch stärkt, noch befriedigt, noch tröstet: das dreißigste Jahrhundert verharrt in seinem Apogäum und läßt sich vom Bett aus betrachten und schweigt: ein Monolith pausenloser meßbarer Vergänglichkeit.

Abflug, Abflug.

Schlaflos um Nulluhr vorm Angesicht des ultrakurzwelligen Weibes, vor deren aufschwellenden aufplatzenden Lippen: Heute ist Dienstag der zehnte April Nulluhr – Wir übertragen nun den Abflug Nummer …

Horden, sich ordnend, gelenkt von weichen Lautsprecherstimmen.

Einstieg.

Apogäum: Punkt der größten Entfernung (des Mondes von der Erde)
Monolith: Denkmal aus einem einzigen Steinblock

Schon beginnt der Countdown, da fallen die Farben auseinander, da spreizt sich ein Spektrum, ein Regenbogen hinter Glas, aus dem die unsichtbare sanfte Stimme sagt: Bildstörung - Bleiben Sie am Gerät...

Gleich darauf verschmelzen die Farben erneut. Flammen zischen schon aus den Raumschiffen, die sich lösen, erst sacht, dann rasch, um vor der nördlichen Ekliptik emporzustreben: Sterne, erster Größe ihr Licht, verschwimmen eilig und verschwinden zwischen Andromeda Fischen Pegasus Schwan. Funkelnde Flecke signalisieren Sternbilder, einstmals mühselig in der Schule auswendig gelernt, denn aus den sinnlos hingewürfelten Glutkörnern wuchs den Kindern keine Vorstellung von ägyptischen Königstöchtern Flügelpferden Luft- und Wasserbewohnern zu.

Jetzt jedoch stehen ihre Sternbilder auf der Mattscheibe: zwinkern, blinkern, das Programm ist zu Ende, das Bett wartet, langsam sich bewegen beim Entkleiden, und erst unter der Decke überkommt den Zuschauer auf einmal ein großes Verwundern, ein Kältegefühl sondergleichen: Heute, am zehnten April Nulluhr, sind Andromeda Fische Pegasus Schwan überhaupt nicht am Himmel.

Mit geübt ruhigen Handgriffen aus der Decke wickeln und ans Fenster: Tatsache - draußen hängt überm Haus ein anderer Himmel, als der vorhin gesendete.

Nachdenken und Frösteln.

Herzklopfen am nächsten Abend vor dem Empfänger, erhöhter Puls, da es heißt: „Es ist Nulluhr ..." und: „Abflug ..."

Schon humpeln über den Bildschirm alte Männer, gepäckschleppend, auf Stöcke gestützt, Greisinnen, weißlockig, mit gichtigen Fingern zur Kamera hinfuchtelnd, ihre Augen funkelnd von Lebensgier und Hoffnung. Unter ihnen auch jüngere Leute, erregtes Gelächter, gefletschte Gebisse, Hunger nach dem Garten Eden außerhalb irdischer Nöte, wo ein besseres Dasein die Abreisenden erwartet. So schieben sich ihre Reihen auf die Raketen zu, dirigiert von freundlichen Anweisungen aus den Schalltrichtern auf den Kontrollbauten.

Endlich schließt sich die letzte Stahltür hinter dem letzten Fahrgast. Augenblicks versinkt das Bild. Gleich wird ein neues aufleuchten: das des Startplatzes, gesehen von der verborgenen Kamera her. Gleich wird es erscheinen und der Nachthimmel dazu, heute marineblau und ausgesternt, und erscheint, ängstlich gemustert, weist die betonierte Fläche auf und an ihrer Grenze bis zum Horizont herabgezogen den schwarzen Raum mit den Tierkreiszeichen, Nebeln und Fixsternen, die der Jahres- und Tageszeit entsprechen.

Aufatmen.

Von der gestern empfundenen Unruhe jedoch bleibt ein Rest: Es bleibt die Frage, wieso gestern ein anderer Himmel den Startplatz deckte: es bleibt ein Dorn zurück, auch wenn die nächsten Nächte die jeweils exakte Ekliptik bieten und alles in Ordnung ist, in Ordnung scheint; nicht zu verdrängen ein Gefühl, wie man es verspüren mag, öffnet in einem einladenden Haus die Hand eine Tür, hinter der sich statt des erwarteten gastlichen Zimmers ein lichtloser Abgrund auftut, eine unbekannte Finsternis. Selbst wenn die Tür nie wieder aufgefunden wird, schleppt man eine ungestillte Unruhe mit sich, bis man selbstironisch Freunden und Bekannten davon erzählt: Stellt euch vor, neulich, beim Abflug zeigte sich mitten im April der Novem-

Ekliptik: Erdbahn

berhimmel! Ich schwöre euch, Andromeda war da! Als hätte jemand im Sender einen falschen Film eingelegt ...
Ist der geheime gestaltlose Zweifel einmal ausgesprochen, erleichtert sich die Psyche um sein Gewicht. Das Unbehagen schwindet, da es publik geworden ist. Und als man drei Tage nach diesem erleichternden Gespräch im Freundeskreis morgens im Korridor unter dem Briefschlitz die besagte Grüne Karte vorfindet, die einen zum Abflug beordert, da ist man schon ganz sicher, die Anwesenheit Andromedas zur Unzeit nur geträumt zu haben.

(1968)

HELMUT MELZER

Trivialliteratur nach 1945

17

Nach der Jahrhundertwende kam als neue Vertriebsform der Trivialliteratur der „Groschenroman" in Heftform hinzu, der heute - neben dem Leihbücherei- und Taschenbuchroman - die wichtigste eigenständige Produktionsform der Trivialliteratur ist. Als auflagenstärkster Heftromanverlag hat sich in der Nachkriegszeit zunächst der Basteiverlag Gustav Lübbes entwickelt, neben den als die wichtigsten Konkurrenten die Verlage Kelter, Marken, Moewig und Pabel traten. Der Basteiverlag bringt derzeit 13 Romanheftserien heraus, die - nach den Angaben des Verlags - jede Woche 6 Millionen Leser erreichen. Dazu kommen 10 Comic-Zeitschriften und 15 Taschenbuch-Unterhaltungsserien mit einer Jahresauflage von 5 Millionen.
Heute zeigt sich eine weitgehende Tendenz der Konzentration und Monopolisierung im Bereich der Unterhaltungspresse. Diese Entwicklung findet jedoch in der Öffentlichkeit gegenüber den Konzentrationsbewegungen im Bereich der politischen Publizistik nur geringe Beachtung. „Hier ist es der Konzern Heinrich Bauers, des größten Zeitschriftenverlags Europas, dessen Produktion von Heftromanen über Fernsehzeitschriften, Jugendillustrierte (Bravo), Sexpublikationen bis zur Regenbogenpresse der Soraya-Blätter reicht. Seit der Konzern 1971 gleichzeitig drei Verlage der Romanheft-Branche (Pabel, Moewig, Semrau) aufkaufte, ist seine Monopolstellung auch auf diesem Gebiet unantastbar. Die inzwischen zusammengelegten Romanserienverlage des Bauerkonzerns produzieren mehr als 50 verschiedene Serien, darunter Kriegsserien (Der Landser), Western, Frauenromane, Humor-, Rätsel- und Sexhefte, Comics und eine zunehmende Anzahl von Taschenbuchreihen, die den Erfolg bestimmter Romanheftserien übernehmen (Kommissar X, Perry Rhodan). Die Höhe der Auflagen wird zwar geheimgehalten, doch wird allgemein geschätzt, daß die Bauer-Heftpublikationen einen Marktanteil von über 40 Prozent aufweisen."
Wenn man von den Heftromanen als einem Fließbandprodukt spricht, so bezieht sich diese Charakterisierung nicht nur auf die technische Seite der Produktion. Viele Heftromanserien werden von Autorenteams nach vorher festgelegten Schablonen angefertigt, so daß von einer individuellen Gestaltung keine Rede sein kann. Zum anderen wirken die Heftromanverlage durch Empfehlungen zur inhaltlichen und

formalen Gestaltung auf ihre Vertragsautoren ein, um den durch Marktforschung ermittelten Wunsch der Leserschaft in gleichbleibender Weise befriedigen zu können. Aus diesen Empfehlungen, die für einen wirtschaftlich abhängigen Autor natürlich den Charakter zwingender Vorschriften annehmen, erklärt sich wohl zu einem nicht geringen Teil der Schematismus der Gestaltung. Die sechs Elementarsätze des Kompositionsschemas, die ein Verlag seinen Autoren mitteilte, lauteten z. B.:

„1. Bereits auf der ersten Textseite beginnt eine massiv packende Handlung; notfalls in Form gestochener Dialoge (gilt auch für Heimat- und Liebesromane! Niemals mit sanften Milieuschilderungen beginnen!).

2. Die später erst – nach Abwicklung der ersten ‚zwingenden' Einführungshandlung – einsetzende Milieuschilderung löst die im Leser durch ein dramatisches Präludium entstandene Gefühlsstauung notwendigerweise wieder auf und leitet über zum zweiten Handlungsschwerpunkt.

3. Dieser ständige, sich fortsetzende Wechsel zwischen dramatischen Höhepunkten und emotionalen Auflösungen zieht durch den gesamten Roman. ... Um sich von den ‚actions', den dramatischen Handlungshöhepunkten wieder psychisch ausruhen zu können und auf den nächsten gespannt zu werden, ist es notwendig, die emotionale Ruhepause einzulegen, in der der Leser ‚seelisch verschnaufen' kann.

4. Während die erste dramatische Einführungsszene (Handlung oder Dialog) nur eine Teilhandlung oder Erläuterung der Gesamtstory sein sollte, einzig zu dem Zweck geschaffen, den Leser erst einmal an den Roman heranzuzwingen, muß dann, nach der ersten ‚Ruhepause' ein nächster Handlungsschwerpunkt als Konfliktsituation eingebaut werden. ... Die positiven Personen müssen dem Leser (und jede unserer Romanserien hat ihren eigenen und eigenartigen Leser, den der Autor kennen und berücksichtigen muß) in hohem Maße sympathisch sein. Die positiven Personen dürfen keine negativen Wesensmerkmale haben, wenngleich es auch Menschen ‚wie du und ich' mit menschlichen kleinen Fehlern sind. Negativ wäre es beispielsweise schon, wenn der Hauptheld eines Frauenromanes schlechtsitzende Anzüge trägt. Nochmals: Die positiven Akteure eines Geschehnisses bedürfen der negativen Kontrastfigur.

5. Das Handlungspanorama soll zweckmäßigerweise nicht konzentriert in einem Kapitel abgehandelt werden, sondern kontinuierlich die Gesamthandlung durchziehen.

6. Die Auflösung der Konfliktlagen erfordert – weil von ihr der nachhaltige Eindruck eines Romans abhängt – die sorgfältigste Exposition. Falsch ist es, im voraus Andeutungen aufs Ende hin zu geben: ‚... doch das Glück kann nicht lange dauern, denn Gustav ahnt nicht, ...' Gehen Sie nach Wilhelm Busch vor:
Erstens kommt es anders, und zweitens als man denkt!"

Neben den Heft- und Taschenbuchromanen kann man als Sparte mit industriellem Zuschnitt die Leihbüchereiromane ansehen, die eigens für den gewerblichen Verleih produziert werden. Die gängigen Sparten dieser Vertriebsform sind der Frauen-, der Berg-, der Kriminal-, der Arzt-, der Kriegs-, der Sitten-, der Wildwest- und der Zukunftsroman. Auch die Autoren des Leihbüchereiromans werden in ihrer seriellen Produktionsweise weitgehend von den Verlagen gesteuert.

Wenn wir uns in dem geschichtlichen Abriß im wesentlichen auf die erzählenden

Formen der Trivialliteratur, also den Trivialroman in seinen verschiedenen Formen, beschränkt haben, so bedeutet dies nicht, daß literarische Trivialität auf diesen Bereich einzugrenzen wäre. Gleiche Gestaltungsmerkmale finden sich im Bereich lyrischer Formen, wie im Schlagertext, und in Filmdrehbüchern und Theatertexten. Ein erheblicher Teil dieses Angebots wird heute durch das Medium des Fernsehens in der Form trivialer Serien verbreitet.

WALTER NUTZ

Der Trivialroman – seine Formen und sein Hersteller

18

■ 24 Jahre, Redakteurin, Verfasserin von Frauenromanen. Anzahl der bis jetzt geschriebenen Romane: 16. Schreibt Romane im Nebenberuf. 1 Pseudonym.
Die 24jährige Redakteurin schreibt seit zweieinhalb Jahren. „Mich brachte ein Kollege, der bei einem Verlag Wildwestromane schreibt, ins Geschäft. Sicherlich schreibe ich nur nebenberuflich, weil ich mir dadurch etwas nebenbei verdienen kann. [...] Meine Manuskripte umfassen 360000 bis 380000 Schreibmaschinenanschläge, das sind etwa 180 Schreibmaschinenseiten, zweizeilig geschrieben.“ [...]
Frage: „Gehört das Pseudonym, unter dem Sie schreiben, Ihnen?“
Antwort: „Nein. Das Pseudonym gehört dem Verlag, aber ich habe vertraglich zugesichert bekommen, daß ich, solange ich für diesen Verlag schreibe, allein dieses Pseudonym beschreibe. Hat der Verlag die Absicht, das Manuskript eines anderen Verfassers unter diesem Pseudonym unterzubringen, so muß der Verlag vorher mein Einverständnis einholen.“
Frage: „Sind Sie vertraglich gebunden, innerhalb eines bestimmten Zeitraumes eine bestimmte Anzahl von Manuskripten abzuliefern?“
Antwort: „Ja. Ich liefere laut Vertrag augenblicklich jedes Vierteljahr ein Manuskript ab.“
Frage: „Bestimmt Ihr Verlag Inhalt, Titel und vielleicht auch Titelbild des von Ihnen zu schreibenden Romans?“
Antwort: „Über den Inhalt will der Verlag von mir vorher nur wissen, wie die Handlung verläuft, d. h. ich schicke ihm, schon ehe ich mit der Ausführung des Manuskriptes beginne, den Klappentext und mache etwa fünf bis sechs Titelvorschläge und auch Vorschläge für ein Titelbild. Meist wählt sich der Verlag einen der Titel aus. Er läßt auch nach meinen Angaben ein Titelbild zeichnen. Manchmal schlägt auch der Verlag mir einen Titel vor.“
Frage: „Wieviel Zeit benötigen Sie für die Fertigstellung eines Manuskriptes?“
Antwort: „Wenn ich in Form bin, etwa sechs Tage. Manchmal dauert es auch einen ganzen Monat. Präzis kann ich diese Frage nicht beantworten.“

■ 35 Jahre, Schriftstellerin, akademisches Studium, Verfasserin von Frauenromanen. Anzahl der bis jetzt geschriebenen Romane: etwa 170. Schreibt hauptberuflich. 3 Pseudonyme.
Frage: „Seit wann schreiben Sie?“
Antwort: „Seit 1950. 1950 im September habe ich mein erstes Buch veröffentlicht:

‚Talisman der Treue'. Zwei Monate später das zweite: ‚Herz in Gefahr', und dann kamen ‚Marietta', ‚Irrtum im Spätherbst', ‚Insel der tausend Wünsche' ..."
Frage: „Wieviele Bücher haben Sie geschrieben seit dem September 1950?"
Antwort: „Um Himmels willen, das weiß ich nicht. Ich führe schon lange keine Kartei mehr über meine Titel. Ich weiß es wirklich nicht. Ich könnte es nur schätzen."
Frage: „Dann schätzen Sie bitte."
Antwort: „Also, es werden 140 bis 150 Romane gewesen sein, ja soviel bestimmt."
Einhundertfünfzig Romane in acht Jahren. [...] Das sind Jahr für Jahr etwa 18 Bücher, das ist monatlich mehr als ein Exemplar. Das ist ungeheuerlich. Jedes Buch, erzählt sie, hat 280 Seiten. Sie schreibt ihre Romane anderthalbzeilig in die Maschine, je DIN-A4-Blatt 43 Zeilen. Das sind für jedes Buch etwa 150 Schreibmaschinenseiten. Das sind in acht Jahren 22 500 Seiten, das sind in dieser Zeit 967 500 Zeilen. [...]
Wie sie denn schreibe, frage ich, ob sie eine Sekretärin habe oder ein Diktiergerät, das würde doch die Sache vereinfachen. Keine Sekretärin und kein Diktiergerät. [...]
Sie sei, erzählt sie, mit modernen, flottgeschriebenen Frauenromanen gestartet, aber schon 1952, am Anfang dieses Jahres, erhielt sie den ersten Auftrag, einen Adelsroman zu schreiben. [...]
Frage: „Hatten Sie Schwierigkeiten mit den Namen?"
Antwort: „Ja, bei den Adelsromanen, ja. Aber eine Freundin von mir besitzt einen reinrassigen Dackel mit Stammbaum. Sie glauben gar nicht, wie fündig so ein Hundestammbaum für die Adelsliteratur ist."
Die Adelsperiode dauerte bis 1954, dann schrieb sie die ‚Mutter-und-Kind-Reihe' (‚Mein Leben für dich, mein Kind'). Danach kam, wie sie sich ausdrückte, die ‚Klosterzeit', ich wisse schon, ‚Geläutert als Nonne im Kloster' und so weiter. Heute wünschen ihre Auftraggeber den ‚gemischten Roman', so von jedem etwas ...
Frage: „Aber geht Ihnen bei 150 Romanen in diesem Genre nicht langsam die Puste aus?"
Antwort: „Nein."
Und dann erhob sie sich, ging an ein Aktenregal, blätterte in einem Hefter und kam mit einem Blatt zurück: [...] Ich las: 1. 8. 1958 ‚Die Liebe kam um 14 Uhr' (Titel). ‚Armes junges Mädchen wird von einem reichen jungen Mann auf der Straße angefahren. Millionärssohn, sympathisch, aber leicht verlottert. Mädchen durch den Unfall gelähmt. Schock für den jungen Mann, liebt das Mädchen, pflegt sie, wird anständig, Mädchen häufig in Lebensgefahr, viel Tränen und Schmus usw.' Es waren die Titel- und Inhaltsangaben ihres Verlages. [...] Sie brauchte nicht mehr die Titel zu überlegen, nicht einmal den roten Faden. Beides wird ihr gratis ins Haus geliefert von dem Lektorat ihres Verlages.

Arbeitsvorschläge zum Textangebot

1. Ermitteln Sie die Intention des Klappentextes (14). Vergleichen Sie einzelne Aussagen (Thesen/Behauptungen) des Klappentextes mit den Buchbesprechungen aus A II.
2. Analysieren Sie den Ausschnitt aus einem Perry-Rhodan-Heftroman (15). Gehen Sie dabei über die werkimmanente Interpretation hinaus, und ermitteln Sie die Funktion des Dargestellten. Hierzu können Ihnen u. a. folgende Leitfragen dienen:
   - Welcher Konflikt wird angedeutet? Welche Interessen beim Leser spricht der Text an?
   - Als was entpuppt sich das geheimnisvolle „Shetanmargt"? Womit wird es für den Leser vergleichbar?
   - Welche Rolle spielt der Kybernetiker Hellmut? In welchem Konflikt befindet er sich? Welche Entwicklungen stellen Sie fest? Wozu bekennt sich der Kybernetiker? Wie argumentiert er?

   Fassen Sie Ihre Ergebnisse schriftlich zusammen:
   - formbezogen: im Hinblick auf die Erfüllung einer bestimmten Leseerwartung;
   - ideologiebezogen: im Hinblick auf die (z. T. unterschwellige) Erzeugung bzw. Festigung von Einstellungen beim intendierten Lesepublikum.
3. Schreiben Sie eine Deutung (Interpretation) des Textes (15).
4. Vergleichen Sie die beiden Science-fiction-Texte (15 und 16) auf formbezogene Mittel (Kodierung) und ideologische Aussagen (literarische Nachricht).
   Werten Sie die Texte, und begründen Sie Ihre Urteile durch geeignete Textbelege.
5. Machen Sie sich anhand des Textes von Melzer (17) die Konzentration in der Heftroman-Produktion klar (Textauszüge). Stellen Sie weitere Gründe für und gegen eine solche Konzentrationsbewegung auf, und formulieren Sie Ihre Meinung zu dem Problem.
6. Formulieren Sie die „sechs Elementarsätze" in knappe Handlungsanweisungen um:
   - Welcher Lesertyp wird vorausgesetzt?
   - Welche literarisch-stilistischen Mittel zielen auf diese Art von Leser?
   - Überprüfen Sie die Elementarsätze an dem Textmaterial in B (oder an einem selbstgewählten Heftroman).
7. Fassen Sie zusammen, was Melzer (17) über die Produktion von trivialen Heft- und Leihbüchereiromanen sagt. Wie wirken sich diese Produktionsbedingungen auf das Produkt (den Roman) und seine Rezipienten (die Leser) aus?
8. Stellen Sie aus den Texten zu (18) Informationen zum Produktionsprozeß von Trivialliteratur zusammen. Beziehen Sie auch Ihre Ergebnisse aus den Texten (13) und (17) mit ein, und diskutieren Sie mögliche Auswirkungen der Produktionsbedingungen auf den literarischen Prozeß.

Weiterführende Arbeitsvorschläge

1. Machen Sie an Ihrer Schule (in Ihrem Bekannten- und Freundeskreis) eine Umfrage zu den bekanntesten Unterhaltungsschriftstellern. Entwerfen Sie dazu einen (einfachen) Fragebogen, in dem u. a. folgendes enthalten sein sollte:
   - An welchen Autor denken Sie zuerst, wenn es um Unterhaltungsliteratur geht?
   - An welches Buch von diesem Autor denken Sie zuerst?
   - Welches seiner Bücher haben Sie selber gelesen?
   - Warum haben Sie dieses Buch gelesen? Wer oder was hat Sie dazu motiviert?
   - Was hat Ihnen besonders daran gefallen?
2. Beschreiben Sie die Werbemittel, die der Buchhandel für den gerade gehandelten „Bestseller" in der Unterhaltungsbranche aufwendet (Schaufensterauslagen, Plakate u. ä.). Beziehen Sie den entsprechenden Klappentext mit ein.
3. Informieren Sie sich bei einem Romanheft-Händler (z. B. Zeitschriftenhändler) über das Angebot an Science-fiction-Heftromanen.
   - Vergleichen Sie Titel und Autorennamen, Aufmachung (z. B. Eigenwerbung in den Heften) und Ausstattung (Bilder, „Lexikon"), und zeigen Sie jeweils deren Funktion auf.
   - Lesen Sie (arbeitsteilig) einige Perry-Rhodan-Hefte unter den Themenstellungen:
     - Held und Gegenspieler als Rollenträger im trivialen Science-fiction-Roman
     - Die Lösung von Problemen durch den Einsatz von (technischer) Gewalt
     - Menschliche Konflikte in der Science-fiction
4. Schreiben Sie einen Science-fiction-Text. Wählen Sie zunächst die Schreibart, legen Sie das Thema und die Aussageabsicht fest, entwickeln Sie für den Helden und den Gegenhelden Rollenbiographien, schreiben Sie einen Handlungskern auf, und fertigen Sie danach einen Rohentwurf an. Zum Beispiel:
   (Trivialer) Science-fiction-Text
   - Titel: Kampf der Giganten
   - Aussageabsicht: Beim Kampf schwerer Waffen/Kampfroboter gibt es nur Verlierer.
   - Beide Seiten gehören zu den „Bösen", da sonst das Schema (das Gute siegt immer) durchbrochen würde. (Durchbrechen des Musters kann als Idee für einen nicht-trivialen Science-fiction-Text dienen.)
   - Rollenbiographie: Roboter A ...
     Roboter B ...
5. Lesen Sie den neuesten Bestseller. Bearbeiten Sie ihn (gruppenteilig) entsprechend selbstgewählten Schwerpunktthemen:
   - Werbung (Zeitung, Prospekte, Buchläden, Klappentext)
   - Buchbesprechung, Kritiken
   - Personenzeichnung (Held, Heldin, Gegenspieler, Liebesgeschichte)
   - Erzeugung von Spannung (Kriminalgeschehen)

- Verarbeitung von Zeitgeschichte
- Angebot an (auch verdeckten) Identifikationsmustern/Wunschvorstellungen für den (intendierten) Leser

6. Wiederholen und überprüfen Sie die Merkmale, die für triviale Literatur (Heftromane) kennzeichnend sind, anhand anderer Genres:
   - Berg- und Heimatroman
   - Fürstenroman
   - Kriminalroman
   - Wildwestroman
   - Landserroman

   Untersuchungsschwerpunkte: Rollenstereotype von Mann und Frau (auch: Rollenabgrenzung, positive und negative Figuren); sprachlich-stilistische Versatzstücke; offene oder verdeckte Übermittlung von ideologieverdächtigen Werthaltungen.
7. Gottfried Keller: Romeo und Julia auf dem Dorfe (vgl. Kapitel 4, S. 188)
   - Vergleich der Liebesgeschichte in der Novelle mit dem Schema des trivialen Frauen- und Liebesromans
   - Erörterung von Wertungsfragen an konkreten Textpassagen und an der ermittelten Aussageabsicht
8. Thema: „Deutscher Kitsch"
   Materialgrundlage: Walter Killy: Deutscher Kitsch. Göttingen: Vandenhoeck & Ruprecht 1962.
   Die Untersuchung kann einschließen:
   - Abgrenzung der Begriffe „Kitsch" und „Trivialliteratur" (vgl. auch Kapitel 4.3 bei *Günter Waldmann „Theorie und Didaktik der Trivialliteratur". München: Wilhelm Fink Verlag 1973)*
   - Erweiterung der Untersuchung auf andere Kitsch-Formen: Religiöser Kitsch, Touristik-Kitsch, „Poesie-Album"-Kitsch u. dgl.
9. *Friedrich Schiller: Der Verbrecher aus verlorener Ehre*
   Einführung in rezeptionsästhetische Betrachtungsweisen. Hg. v. Hans Hermann Rautenberg, Almut Hoppe und Wilhelm Dehn. Frankfurt/Main: Hirschgraben Verlag mit vielfältigem Material):
   - Vergleichen Sie die Räubergeschichte Schillers mit dem trivialen Kriminalroman.
   - Erörtern Sie Wertungsfragen (vgl. C). (Mit den Zusatztexten der Hirschgraben-Ausgabe können Sie Fragen nach Schillers Intention und der Rezeptionsgeschichte einbeziehen.)
10. Wenn Sie weitere Interpretationsmethoden kennenlernen bzw. die vorgestellten Methoden vertiefen wollen, können Sie mit dem Sammelband: *Methoden der Literaturanalyse im 20. Jahrhundert. Ein Arbeitsbuch, für die Schule zusammengestellt von Jürgen-Wolfgang Goette. Frankfurt/Main: Verlag Moritz Diesterweg 1979* weiterarbeiten (psychologische Literaturanalyse, volkhafte, rassische Literaturbetrachtung, existentielle Literaturbetrachtung – alle Kapitel enthalten theoretische Texte und Interpretationsbeispiele).

E Information

I. Einige Fachausdrücke zur literarischen Wertung

Autor	Textproduzent, zur textexternen Wirklichkeit gehörig; nicht zu verwechseln mit dem → Erzähler (auch dann nicht, wenn der Erzähler in einem fiktionalen Text in der Ich-Form erzählt)
Hochwertung	Hochschätzung eines literarischen Textes über andere (meist als „trivial" oder minderwertig eingestufte) Texte
Intention	Absicht, Aussageabsicht (nicht zu verwechseln mit der tatsächlichen Wirkung auf einen Leser)
Kodierung	Besondere literarische (ästhetische) Formung eines Textes, die zur Übermittlung der → Intention entscheidend beiträgt
Kommunikation	Gesamtheit der Aktivitäten, die eine Nachricht (auch „literarische Nachricht") von einem Produzenten (Sprecher, Schreiber, Filmemacher) zu einem → Rezipienten übermitteln
Kompetenz	Fähigkeit, etwas zu verstehen (passive K.) bzw. etwas zu bewerkstelligen (aktive K.)
Konkretisation	Herstellung eines Textsinns im Bewußtsein des analysierenden Lesers; Verstehensvorgang
Leser	Man unterscheidet in der Literaturwissenschaft zum einen den „intendierten" (=beabsichtigten) Leser, den der Autor mit seinem Text ansprechen wollte, zum anderen den analysierenden (realgeschichtlich tatsächlichen) Leser. Der fiktive Leser ist eine textinterne Figur.
Lesemotivation	Der Wunsch eines Lesers, einen bestimmten Text lesen zu wollen; entweder aus freien Stücken (innere M.) oder durch äußere Bedingungen/Zwänge hervorgerufen (äußere M.)
Leseerwartung	Erwartungshaltung eines Lesers einem bestimmten Text gegenüber, die z. B. aus seiner bisherigen Lebenserfahrung mit anderen ähnlichen Texten (etwa bei Serienprodukten), durch den Titel des Textes, durch besondere Werbung o.ä. hervorgerufen worden ist
Leserrolle	Gesamtheit der Erfahrungen und Erwartungen eines Lesers hinsichtlich der Texte, die er liest und zu lesen bevorzugt; Serienprodukte versuchen, genau nur eine Leserrolle bei den Käufern zu stabilisieren, die den Leser allein auf das Produkt (die Romanheft-Serie) festlegt. Mehrere Leserrollen zu beherrschen heißt, daß der Leser je nach der Situation und seinem literarischen Interesse unterschiedliche Literaturrichtungen bevorzugt (lesen und verstehen kann)
Minderwertung	Geringschätzung eines literarischen Textes gegenüber anderen, meist als „hohe Literatur" eingestuften Texten
Montage	Verknüpfung von Erzählteilen, die von ganz unterschiedlichen Autoren geschrieben sein können, die weitgehend austauschbar sind

	und (wie Versatzstücke) auch in anderen Texten wiederverwendet werden
Rezipient	Sammelbegriff für: Leser, Hörer, Zuschauer
Rezeption	Aufnahme eines literarischen Textes; Vorgang des Verstehens, der zur → Konkretisation durch den Rezipienten führt
Rezeptions-disposition	Gesamtheit der Fähigkeiten, Kenntnisse, Möglichkeiten eines Lesers, einen Text aufzunehmen und zu verstehen
Sinnpotential	Eigenschaft eines fiktionalen Textes, durch die besondere → Kodierung vielfältige Verstehensmöglichkeiten für einen → Rezipienten zu eröffnen; der fiktionale Text ist (in der Regel) nicht nur auf **eine** Verstehensmöglichkeit festzulegen (wie etwa ein Gebrauchstext, z. B. eine Spielanleitung oder Gebrauchsanweisung)
Stereotype	Wiederholbare, ständig wiederkehrende Redewendung oder Darstellungsweise von Personen (Rollenstereotype) oder von Sachverhalten
Text	Man unterscheidet in der modernen Literaturwissenschaft zwei Bedeutungen von „Text“: zum einen das geschriebene (gedruckte, gesprochene) Wort, zum anderen das, was der Rezipient tatsächlich versteht (→ Konkretisation), d. h. einmal das, was der Produzent äußert, zum anderen das, was der → Rezipient davon versteht
textextern	Nicht zur fiktionalen Welt des Textes gehörig; außerhalb des Textes (z. B. Autor, analysierender Leser)
Text-konstituenten	Gesamtheit aller wichtigen Faktoren und Eigenschaften eines Textes, die den Rezeptionsvorgang steuern (z. B. sprachlich-stilistische Besonderheiten, Verwendung von Rollenstereotypen, wertenden Attributen)
textintern	Alles, was zur fiktionalen Welt des Textes gehört; innerhalb des Textes (z. B. Erzähler, intendierter Leser, → Textkonstituenten)
trivial	mindergewertet

II. Stichworte zur „Science-fiction"

1. Die literarische Gattung

„Der Begriff ‚Science-fiction'-Literatur (SF) wurde im Jahr 1929 von dem deutsch-amerikanischen Schriftsteller Hugo Gernsback in den angelsächsischen Sprachgebrauch eingeführt, jedoch leider nicht näher erläutert. So schnell sich der Begriff durchsetzte, so schwierig ist es auch heute noch, ihn schlüssig und vollständig zu definieren." (Friedrich Leiner/Jürgen Gutsch 1973)

Hier einige Definitionsversuche des Begriffs Science-fiction:

- Zur SF ist zu rechnen, was die Verlage unter diesem Namen auf den Markt werfen.
- Im Grunde genommen ist SF ein ernster Versuch, die Zukunft vorauszusagen, und zwar auf der Basis von bekannten Tatsachen, die vornehmlich aus den zeitgenössischen naturwissenschaftlichen Laboratorien stammen.
- Die Grenze zwischen Utopie und Science-fiction ist schwer zu ziehen. Die utopischen Romane richten sich häufig satirisch gegen die bestehenden Staatsformen und ihre sozialen Verhältnisse und zeigen gleichzeitig einen Idealstaat auf. SF hingegen stellt technische Entwicklungen in den Vordergrund. Sie schildert Abenteuer in einer auf naturwissenschaftlich-technischer Grundlage phantasievoll ausgemalten Zukunftswelt.
- Die SF ist an erster Stelle eine Beschreibung der technischen Fortschritte in einer nahen oder fernen Zukunft, wie sie infolge der technischen Entwicklung der Gegenwart erwartet werden können.
- Die Science-fiction ist eine Literatur, die das Feld des Möglichen erkundet, den Einblicken entsprechend, die uns die Wissenschaft gönnt. – Es handelt sich hier um Phantastik in einem wissenschaftlichen Rahmen.

2. Abgrenzung der Science-fiction

Die **Robinsonade**: erhielt ihren Namen nach dem Roman von Daniel Defoe „Robinson Crusoe" (1719) (s. Kapitel 6, B I). In der Weltliteratur hat es schon lange vor Defoe Ansätze zur Robinsonade gegeben; sie ist eine Sonderform des Abenteuerromans. In ihr wird auf abenteuerliche (oder phantastische) Weise ein Mensch isoliert (z. B. auf eine einsame Insel im Meer verschlagen) und zur Entwicklung seiner gesellschaftlichen Kräfte geführt, wobei Eigenarten der Gesellschaft klar beleuchtet bzw. kritisch dargestellt werden können.

Die **Utopie** (griech.: Nirgendheim, Niemandsland, kein Ort) handelt in einem Bereich, der im entdeckten Raum unauffindbar ist. Namengebend für die Utopie war der Titel des staatsphilosophischen Dialogs „Utopia" (1516) von Thomas Morus. In ihr wird ein erdachter, nirgends realisierter Idealzustand von Staat und Gesellschaft geschildert. Utopien versuchen, die Unabänderlichkeit der gegebenen Zustände zu erschüttern und die menschliche Aktivität zur Bewältigung von Problemen in einer veränderlichen Welt aufzurufen.

Gleichzeitig mit der wachsenden Bedeutung von Technik, Wissenschaft und moderner Industriegesellschaft entstand die Anti-Utopie („negative" Utopie). In ihr wird die Zukunft aufgrund von in der Gegenwart vorhandenen gefährlichen Tendenzen als Schreckensbild dargestellt.

3. LEXIKONARTIKEL

Science-fiction ['saiəns 'fikʃən; englisch „Wissenschaftsdichtung, wissenschaftliche Erzählung“]: Bezeichnung für Romane, Erzählungen, Hörspiele, Comic strips und Filme, deren Gegenstand die Darstellung einer zumeist in kosmischen Dimensionen gesehenen, zukünftigen Welt ist, in der den Menschen durch den Fortschritt der wissenschaftlich-technischen Entwicklung ungeahnte, zum Teil aber den physikalischen Grundgesetzen widersprechende Möglichkeiten eröffnet sind: Weltraumfahrten bis an die Grenzen des Kosmos, Reisen in zukünftige oder vergangene Zeiten, Entdeckung und Besiedlung ferner Sterne, eine völlige Umgestaltung der Lebensbedingungen auf der Erde usw.; oft gestaltetes Thema ist die Invasion der Erde durch außerirdische Wesen. Definition und Geltungsbereich des Begriffes sind umstritten. Die Wurzeln der Science-fiction lassen sich bis in die Antike zurückverfolgen. [...]

Die Entwicklung der Science-fiction zur literarischen Massenware, als die sie heute, in der Bundesrepublik Deutschland z. B. durch die Heftserie „Perry Rhodan, der Erbe des Universums“ (seit 1961), verbreitet ist, wurde durch die seit Mitte der 20er Jahre in den USA erscheinenden Science-fiction-Magazine ausgelöst, v. a. durch „Amazing Stories“, das erste, 1926 von H. Gernsback gegründete Magazin. Gernsback wird auch die Prägung der Bezeichnung „Science-fiction“ zugeschrieben. Die in diesen Magazinen versammelten Romane und Erzählungen (u. a. von I. Asimov, A. C. Clarke, L. Sprague de Camp, R. A. Heinlein, Th. Sturgeon) sind als „positive Utopien“ zu werten, da sie vom unerschütterlichen Glauben an eine segenbringende Allmacht zukünftiger Entwicklungen getragen sind. Den „positiven Utopien“ ist ein großer Teil der heutigen Science-fiction zuzurechnen, der es einzig auf die Darstellung des märchenhaften technologischen Fortschritts ankommt, während das in die Zukunft transponierte Bild des Menschen und der Gesellschaft reaktionäre Züge trägt oder sogar von rassistischen oder faschistischen Tendenzen beherrscht ist. [...]

Uneingeschränkt düstere Zukunftsvisionen beherrschen dagegen die sogenannten „negativen Utopien“ z. B. von A. Huxley („Brave new world“, 1932, deutsch 1932, 1953 unter dem Titel „Schöne neue Welt“) oder G. Orwell („1984“, 1949, deutsch „1984“, 1950): Fehlentwicklungen der Gesellschaft wurden konsequent weitergedacht und ergeben ein beängstigend negatives Bild der Zukunft.

Das Interesse eines breiten Publikums an der Science-fiction hat zu zahlreichen Rundfunk-, Film- und Fernsehadaptionen literarischer Vorlagen geführt. Als bemerkenswertestes Hörspielereignis gilt bis heute O. Welles' Rundfunkfassung (1938) von H. G. Wells' Roman „Der Krieg der Welten“, die einen Schock auslöste, der zu einer Massenflucht der Bevölkerung aus den Städten führte, da man an eine tatsächliche Invasion außerirdischer Wesen glaubte. Einer der ersten Spielfilme überhaupt war „Die Reise zum Mond“ (1902) von G. Méliès; bedeutend waren u. a. auch „Metropolis“ (1927) von F. Lang, „2001: Odyssee im Weltraum“ (1968; nach A. C. Clarke) von St. Kubrick und „Solaris“ (1972; nach St. Lem) von A. Tarkowski. Erwähnt seien noch die Science-fiction-Fernsehserien „Ufo“, „Invasion von der Wega“ und „Raumschiff Enterprise“, die seit Mitte der 60er Jahre ausgestrahlt werden.

(Schüler-Duden „Literatur“, Mannheim 1980, S. 372–374)

Textquellenverzeichnis

Kapitel 1 Text und Leser

1 Funk-Uhr (1982) 46. Hamburg: Verlag Axel Springer

2 siehe Bildquellenverzeichnis

3 siehe Bildquellenverzeichnis

4 Breinholst, Willy: Immer mit der Ruhe! München: Scherz Verlag 1983

5 buch aktuell, Werbemagazin. Dortmund: Harenberg Kommunikation Verlags- und Werbe-GmbH & Co. KG, Frühjahr 1983

6 bis 13 ebd.

14 Autorentext von B. Bullerdiek

15 Schnurre, Wolfdietrich: Das Los unserer Stadt. Eine Chronik. Frankfurt/Main, Berlin, Wien: Ullstein Verlag 1980

16 Plenzdorf, Ulrich: Die neuen Leiden des jungen W. Frankfurt/Main: Suhrkamp Verlag 1975

17 und 18 ebd.

19 Goethe, Johann Wolfgang: Die Leiden des jungen Werthers. In: Goethes Werke. Hamburger Ausgabe in 14 Bänden, hg. von Erich Trunz, Band 6. München: Verlag C. H. Beck, 10. neuberarb. Aufl. 1981

20 Helmut Hör in: Reclams Romanführer, Band 1: Deutsche Romane und Novellen von Grimmelshausen bis Thomas Mann, hg. von Johannes Beer. Stuttgart: Reclam ^{5}1974

21 Goethe, Johann Wolfgang: Die Leiden des jungen Werthers. In: Goethes Werke, a.a.O.

22 Lessing, Gotthold Ephraim: *Brief an Johann Joachim Eschenburg. In: Gotthold Ephraim Lessings sämmtliche Werke, Band 12, hg. von Karl Lachmann. Berlin: Voß'sche Buchhandlung 1840

23 Schubart, Christian Friedrich Daniel: Deutsche Chronik, 72. Stück (5. Dezember 1774). Zit. nach: Insel Almanach auf das Jahr 1973. Frankfurt/Main: Insel Verlag 1972

24 Goeze, Johann Melchior: Kurze aber notwendige Erinnerungen über die Leiden des jungen Werthers. In: Goethe im Urteil seiner Kritiker, Teil I 1773–1832, hg. und kommentiert von Karl Robert Mandelkow. München: Verlag C. H. Beck 1975

25 Goethe, Johann Wolfgang: *Motto-Verse. In: Goethes Werke, Band 6, a.a.O.

26 Trunz, Erich: *Anmerkung des Goethe-Herausgebers. In: Goethes Werke, Band 6, a.a.O.

27 Conrady, Karl Otto: Vom Lesen und seinen Schwierigkeiten. In: Bertelsmann Briefe (1978) 93. Gütersloh: Bertelsmann Verlag

28 Grass, Günter: Über die Rolle der Literatur in deutschen Schulen. In: Westfälische Rundschau vom 4. 8. 1980. Essen: Zeitungsverlag Niederrhein

29 Brecht, Bertolt: Über das Lesen von Büchern. In: Gesammelte Werke in 20 Bänden, Band 12. Frankfurt/Main: Suhrkamp Verlag 1967

30 Bausinger, Hermann: Hat das Lesen eine Zukunft? In: Buch und Bibliothek (1982) 34. Bad Honnef: Verlag Bock und Herchen

31 Grolle, Joist: Schöne neue Welt. Führt die Inflation der Medien in eine neue Bildungskrise? In: Die Zeit Nr. 41 vom 7. 10. 1983. (Der Text ist einem Vortrag des Hamburger Schulsenators Joist Grolle entnommen.) Hamburg: Zeitverlag Gerd Bucerius

32 Bosch, Manfred/Konjetzky, Klaus: Gespräche mit lesenden Arbeitern. In: Für wen schreibt der eigentlich? München: Piper 1973

33 Kafka, Franz: *Brief an Oskar Pollak, 27. Januar 1904. In: Franz Kafka, Briefe 1902–1924. Frankfurt/Main: Fischer Taschenbuch Verlag 1975

34 Goethe, Johann Wolfgang: Gedichte sind gemalte Fensterscheiben. In: Goethes Werke, Band 1, a.a.O.

35 Eich, Günter: Japanischer Holzschnitt. In: Botschaften des Regens. Gedichte. Frankfurt/Main: Suhrkamp Verlag 1955

36 Schnurre, Wolfdietrich: Übereinkunft. In: Kassiber und neue Gedichte. Frankfurt/Main, Berlin, Wien: Ullstein Verlag 1982

37 Malkowski, Rainer: Die Bücher. In: Jahrbuch für Lyrik 2, hg. von Karl Otto Conrady und Beate Pinkerneil. Königstein: Athenäum 1980

38 Wellershoff, Dieter: Leseerfahrungen. In: Literatur und Veränderung. Köln: Kiepenheuer & Witsch 1969. Zit. nach: H. Dieter Burkert (Hg.), Texte zur Literaturtheorie. München: Oldenbourg Verlag ^{2}1972

Kapitel 2 Text und Autor

1 ifs-Anzeige: Wir suchen Menschen, die gern schreiben. In: ADAC Motorwelt (1980) 8. München: ADAC Verlag

2 Schulz, Charles M.: Snoopy schreibt ein Buch. Wiesbaden: AAR-Verlag 1972

3 Roos, Peter: Snoopy schreibt ein Buch. Schülertraum - Autorenleben. Über Erfahrungen in der Kulturindustrie. In: Literaturbetrieb in der Bundesrepublik Deutschland. Ein kritisches Handbuch, hg. von Heinz Ludwig Arnold. München: Edition Text + Kritik, 2. völlig veränd. Aufl. 1981

4 Terhorst, Reiner: Vorwort. In: Autorenpatenschaften. Eine Anthologie junger Autoren, hg. von Guido Hildebrandt/Reiner Terhorst. Duisburg: Gilles und Francke Verlag 1978

5 Klaus, Michael: Biographische Notizen, ebd.

6 Rauner, Liselotte: Zu den Gedichten von Michael Klaus, ebd.

7 Klaus, Michael: das lohnt sich, ebd.

8 Klaus, Michael: Marionetten, ebd.

9 Programm des Werkkreises Literatur der Arbeitswelt - beschlossen am 7. März 1970. In: Werkkreis Literatur der Arbeitswelt, hg. von der Werkstatt Tübingen, Jürgen Alberts / Albert Scherer / Klaus Tscheliesnig. München: Piper 1971

10 Bergen, Bernd: Angestellt. In: Werkkreis 70. Ein Baukran stürzt um. Berichte aus der Arbeitswelt, hg. von Karl D. Bredthauer, Heinrich Pachl und Erasmus Schöfer. München: Piper 1970.

11 Bichsel, Peter: Die Geschichte soll auf dem Papier geschehen. In: Akzente (1968) 5. München: Carl Hanser Verlag

12 Bichsel, Peter: San Salvador. In: Eigentlich wollte Frau Blum den Milchmann kennenlernen. Olten und Freiburg: Walter Verlag 1964

13 Bergengruen, Werner: Von der Aufgabe des Dichters. In: Privilegien des Dichters. Zürich: Die Arche Verlag 1957

14 Walser, Martin: Wir sind Freizeitgestalter in spätkapitalistischen Gesellschaften. Aus: Über die Neueste Stimmung im Westen. In: Kursbuch (1970) 20. Berlin: Rotbuch Verlag

15 Shdanow, Andrei A.: Der Schriftsteller als Ingenieur der menschlichen Seele. Aus: A. A. Shdanow, Rede auf dem I. Unionskongreß der Sowjetschriftsteller 1934. In: A. A. Shdanow, Über Kunst und Wissenschaft. Berlin: Dietz Verlag 1951

16 Weißenborn, Theodor: Warum ich nicht arbeitslos werde. In: Erziehung und Wissenschaft (1983) 6, hg. von der Gewerkschaft Erziehung und Wissenschaft im DGB

17 Brecht, Bertolt: Der Schriftsteller. In: Gesammelte Werke in 20 Bänden, Band 18. Frankfurt/Main: Suhrkamp Verlag 1967

18 Majakovskij, Vladimir: Wie macht man Verse? In: Ars Poetica, hg. von Beda Allemann. Darmstadt: Wissenschaftliche Buchgesellschaft 1966

19 Majakovskij, Vladimir: Wolke in Hosen (2. Teil). In: H. Ulig, Wladimir Majakowski. Berlin: Colloquium-Verlag 1962

20 Enzensberger, Hans Magnus: Poesie und Politik. In: Einzelheiten II. Frankfurt/Main: Suhrkamp Verlag 1962

21 Enzensberger, Hans Magnus: das ende der eulen. In: Landessprache. Frankfurt/Main: Suhrkamp Verlag 1960

22 Benn, Gottfried: Können Dichter die Welt ändern? (Rundfunkdialog). In: Gesammelte Werke in 4 Bänden, Band 1, hg. von Dieter Wellershoff. Stuttgart: Klett Cotta ^{4}1977

23 Benn, Gottfried: Nur zwei Dinge. In: Gesammelte Werke in 4 Bänden, Band 3, hg. von Dieter Wellershoff. Stuttgart: Klett Cotta ^{6}1978

Kapitel 3 Text und Wirklichkeit

1 Goethe, Johann Wolfgang: Der Zauberlehrling. In: Goethes Werke. Hamburger Ausgabe in 14 Bänden, hg. von Erich Trunz, Band 1. München: Verlag C. H. Beck, 12. neubearb. Aufl. 1981

2 Bacon, Francis: Ein neues Organum oder wahre Aussagen zur Naturinterpretation. Aphorismen von der Auslegung der Natur und der Herrschaft des Menschen. 1. Buch, Aphorismen 1, 3 und 129. London

1620. (Text in Anlehnung an die Übersetzung von Anton Theobald Brück, 1829)
3 Genesis 1, 26–31. In: Stuttgarter Kepplerbibel. Stuttgart: Kepplerhaus Verlag 1951
4 Goethe, Johann Wolfgang: Faust. Der Tragödie zweiter Teil (II. Akt). In: Goethes Werke, a.a.O., Band 3, 11. neubearb. Aufl. 1981
5 Goethe, Johann Wolfgang: Faust. Der Tragödie zweiter Teil (II. Akt). ebd.
6 Micheler, Astrid: Genetische Manipulationen. In: Biologie in unserer Zeit 8 (1978) Nr. 1. Weinheim: Verlag Chemie
7 Kaudewitz, Fritz: Molekulargenetik und die Zukunft des Menschen. Vortrag 1969 anläßlich des Forum Philippinum. Zit. nach: Klaus Wolf, Genetik. Westermann Colleg Biologie. Braunschweig: Westermann Verlag ^{2}1984
8 Kindlers Literatur Lexikon: *Überblick über den Handlungsverlauf – In der Sache J. Robert Oppenheimer. In: Band 3. Zürich: Kindler 1965
9 Kipphardt, Heinar: In der Sache J. Robert Oppenheimer (Auszug aus der 1. Szene). Frankfurt/Main: Suhrkamp Verlag 1973
10 Kipphardt, Heinar: In der Sache J. Robert Oppenheimer (Auszug aus der 7. Szene), ebd.
11 Kipphardt, Heinar: In der Sache J. Robert Oppenheimer (Auszug aus der 9. Szene), ebd.
12 Brockhaus Enzyklopädie: J. Robert Oppenheimer. In: Brockhaus Enzyklopädie in 20 Bänden, Band 13. Wiesbaden: Brockhaus, 17. völlig neubearb. Aufl. 1971
13 Oppenheimer, J. Robert: *Protest. In: Die Welt vom 10. 11. 1964. Hamburg: Verlag Axel Springer
14 Kipphardt, Heinar: *Entgegnung. In: Die Welt vom 11. 11. 1964. Hamburg: Verlag Axel Springer
15 Oppenheimer, J. Robert: Brief an Heinar Kipphardt. In: Praxis Deutsch (1980) 39. Seelze: Erhard Friedrich Verlag
16 Kipphardt, Heinar: *Gespräch mit Stephan Lohr (Auszug). In: Praxis Deutsch, a.a.O.
17 Jenny, Urs: *Kritische Würdigung. In: Theater heute (1964) 11. Seelze: Erhard Friedrich Verlag
18 Zimmer, Dieter E.: *Der tatsächliche Oppenheimer und Kipphardts Konzept. In: Die Zeit vom 16. 4. 1965. Hamburg: Zeitverlag Gerd Bucerius
19 Mukařovský, Jan: Die poetische Benennung und die ästhetische Funktion der Sprache. In: Kapitel aus der Poetik. Frankfurt/Main: Suhrkamp Verlag 1967
20 Eichler, Wolfgang: *Poetische Kommunikation und Zweckkommunikation. In: Sprachdidaktik Deutsch. München: Wilhelm Fink Verlag 1974
21 Wolf, Christa: Tabula rasa. In: Lesen und Schreiben. Darmstadt und Neuwied: Luchterhand Verlag 1972
22 Zimmer, Dieter E.: Die sogenannte Dokumentar-Literatur. In: Die Zeit Nr. 48 vom 28. 11. 1969. Hamburg: Zeitverlag Gerd Bucerius
23 Huxley, Aldous: Schöne neue Welt. Ein Roman der Zukunft. Frankfurt/Main: Fischer Taschenbuch Verlag 1983
24 Brecht, Bertolt: Leben des Galilei (Auszug aus dem 14. Bild). In: Gesammelte Werke in 20 Bänden, Band 2. Stücke 2. Frankfurt/Main: Suhrkamp Verlag 1967
25 Jens, Walter: Wo bleibt der Codex? Anmerkungen zu der Frage nach der wissenschaftlichen Ethik. In: Die Zeit Nr. 20 vom 11. 5. 1984. Hamburg: Zeitverlag Gerd Bucerius
26 Enzensberger, Hans Magnus: Ins Lesebuch für die Oberstufe. In: Gedichte. Frankfurt/Main. Suhrkamp Verlag 1962

Kapitel 4 Erzählende Literatur (Epik)

1 Aesop: Die großen und die kleinen Fische. In: Nikolaus Plump, Der Rabe und der Fuchs. Freiburg: Herder Verlag 1975
2 Babrios: Die Eiche und das Rohr. In: Antike Fabeln, eingeleitet und übersetzt von L. Mader. Zürich: Artemis Verlag 1951
3 Kafka, Franz: Kleine Fabel. In: Die Erzählungen. Berlin und Frankfurt/Main: S. Fischer Verlag 1969
4 Schnurre, Wolfdietrich: Der Absprung. In: Das Los unserer Stadt. Olten und Freiburg: Walter Verlag 1959 (1970)

5 Markus 4. 1–2; 26–33. In: Stuttgarter Kepplerbibel. Stuttgart: Kepplerhaus Verlag 1951

6 Hebbel, Friedrich: Die Kuh. In: Friedrich Hebbels sämtliche Werke in 12 Bänden, Band 9, neu hg. von Hermann Krumm. Leipzig: Max Hesses Verlag o.J.

7 Böll, Heinrich: So ein Rummel. In: Gesammelte Erzählungen 1. Bornheim: Lamuv-Verlag 1950.

8 Weisenborn, Günther: Zwei Männer. In: Tausend Gramm, hg. von Wolfgang Weyrauch. Hamburg: Rowohlt Verlag 1949

9 Hartmann von Aue: Der arme Heinrich, hg. und übersetzt von H. de Boor. Frankfurt/Main und Hamburg: S. Fischer Verlag 1963

10 Grimmelshausen, Hans Jakob Christoffel von: Der abenteuerliche Simplicissimus. München: Winkler-Verlag o.J. (nach den ersten Drucken von 1669)

11 Fontane, Theodor: Irrungen Wirrungen. Berlin: Ullstein Verlag 1963

12 Hesse, Hermann: Das Glasperlenspiel. Frankfurt/Main: Suhrkamp 1977

13 Mann, Thomas: Der Erwählte. Frankfurt/Main und Hamburg: S. Fischer Verlag 1967

14 Frisch, Max: Stiller. Frankfurt/Main: Suhrkamp Verlag 1954

15 Calvino, Italo: Wenn ein Reisender in einer Winternacht. München: Carl Hanser Verlag 1983

16 Petersen, Jürgen H.: Erzählform, Erzählverhalten. In: D. Gutzen/N. Oellers/J. H. Petersen, Einführung in die neuere deutsche Literaturwissenschaft. Berlin: Erich Schmidt Verlag, [5]1984.

17 Mann, Thomas: Die Kunst des Romans. Vortrag für Princeton-Studenten, 1939. In: Schriften und Reden zur Literatur, Kunst und Philosophie, Band 2, hg. von Hans Bürgin. Frankfurt/Main: S. Fischer Verlag 1960

18 Die Fabel vom emsigen Hühnchen. In: Die Zeit Nr. 23 vom 2. 6. 1978. Hamburg: Zeitverlag Gerd Bucerius

19 Kapfelsperger, Eva / Pollmer, Udo: Das Gleichnis vom gekochten Frosch. In: Iß und stirb. Chemie in unserer Nahrung. Köln: Kiepenheuer & Witsch 1982

20 Aesop: Das kluge Kamel. In: Nikolaus Plump, Der Rabe und der Fuchs, a.a.O.

21 Fischer, Christian August: Der Bauer und sein Esel. In: Der Wolf und das Pferd. Deutsche Tierfabeln des 18. Jahrhunderts, hg. von Karl Emmerich. Darmstadt: Wissenschaftliche Buchgesellschaft 1960

22 Schnurre, Wolfdietrich: Die Macht der Winzigkeit. In: Der Spatz in der Hand. München: Verlag Langen-Müller [2]1973

23 Lessing, Gotthold Ephraim: Der Besitzer des Bogens. In: Lessings sämtliche Werke in 20 Bänden, Band 1, hg. von Hugo Göring. Stuttgart: Cotta/Kröner o.J.

24 Brecht, Bertolt: Der Städtebauer. In: Prosa 1. Frankfurt/Main: Suhrkamp Verlag 1965 © by Stefan S. Brecht

25 Kafka, Franz: Eine kaiserliche Botschaft. In: Die Erzählungen. Frankfurt/Main: S. Fischer Verlag 1970

26 Musil, Robert: Das Fliegenpapier. In: Nachlaß zu Lebzeiten. Hamburg: Rowohlt Verlag 1957

27 Reinig, Christa: Fische. In: Orion trat aus dem Haus. Stierstadt i.T.: Eremitenpresse 1968

28 Tucholsky, Kurt: Die brennende Lampe. In: Gesammelte Werke, Band 3 1929–1932, hg. von Mary Gerold-Tucholsky/Fritz J. Raddatz. Hamburg: Rowohlt Verlag 1960

29 Bichsel, Peter: Das Kartenspiel. In: Eigentlich wollte Frau Blum den Milchmann kennenlernen. Olten und Freiburg: Walter Verlag 1964

30 Lettau, Reinhard: Auftritt. In: Auftritt Manigs. München: Carl Hanser Verlag 1963

31 Wohmann, Gabriele: Evas Besuch. In: Ausgewählte Erzählungen aus zwanzig Jahren. Darmstadt und Neuwied: Luchterhand Verlag 1979

32 Novak, Helga M.: Eis. In: Geselliges Beisammensein. Neuwied und Berlin: Luchterhand Verlag 1968

33 Brambach, Rainer: Känsterle. In: Für sechs Tassen Kaffee. Zürich: Diogenes Verlag 1972

34 Calvino, Italo: Wenn ein Reisender in einer Winternacht, a.a.O.

Kapitel 5 Drama (Dramatik)

1 Brecht, Bertolt: Furcht und Elend des Dritten Reiches. In: Gesammelte Werke in 20 Bänden, Band 3. Frankfurt/Main: Suhrkamp Verlag 1967

2 Schiller, Friedrich: Maria Stuart. In: Werke in 3 Bänden, Band 3. München: Carl Hanser Verlag 1966

3 Ein denkwürdiger Abend im Wiener Burgtheater. In: Das Schönste. Die Monatszeitschrift für alle Freunde der schönen Künste (1956) 12. München: Kindler und Schiermeyer Verlag

4 Gutzen, Dieter u.a.: Das Drama. In: D. Gutzen/N. Oellers/J. H. Petersen, Einführung in die neuere deutsche Literaturwissenschaft. Berlin: Erich Schmidt Verlag, 3. veränd. und erw. Aufl. 1979

5 Brecht, Bertolt: Das epische Theater. In: Gesammelte Werke in 20 Bänden, Band 15, a.a.O.

6 Goethe, Johann Wolfgang und Schiller, Friedrich: Über epische und dramatische Dichtung. In: Friedrich Schiller, Vom Pathetischen und zur Dramentheorie, hg. von Klaus L. Berghahn. Stuttgart: Reclam 1970

7 Esser, Johann/Langhoff, Wolfgang: Lied der Moorsoldaten. In: Wolfgang Langhoff, Die Moorsoldaten. 13 Monate Konzentrationslager. Stuttgart: Verlag Neuer Weg ^{4}1978 © Schweizer Spiegel Verlag, Zürich 1935

8 Schüler probieren Brechts „Furcht und Elend des 3. Reiches". Aus: Gerhard Rupp: Lesen - Spielen - Verändern. Bertolt Brechts Furcht und Elend des Dritten Reiches. Unterrichtsmodell 9.-11. Schuljahr. In: Praxis Deutsch (1978) 31. Seelze: Erhard Friedrich Verlag

9 Brecht, Bertolt: Der Streit der Fischweiber. In: Gesammelte Werke in 20 Bänden, Band 7, a.a.O.

10 siehe Bildquellenverzeichnis

11 siehe Bildquellenverzeichnis

12 Eichelbeck, Reinhard: Der Homoaudiovideograph. In: Vier Kurzhörspiele. Mit einem Nachwort hg. von Werner Klippert. Stuttgart: Reclam 1976

13 Klippert, Werner: *Über die Zukunft des Kurzhörspiels. Nachwort: Kurzhörspiele - existentielle Nachrichten. In: Vier Kurzhörspiele, a.a.O.

Kapitel 6 Lyrische Texte (Lyrik)

1 siehe Bildquellenverzeichnis

2 Unbekannter Verfasser: Ich hort ein sichellin rauschen. In: Alte hoch- und niederdeutsche Volkslieder, hg. von Ludwig Uhland. Stuttgart 1881, Nr. 34 A

3 Opitz, Martin: Sonnet. In: Texte und Zeugnisse, Band 3. Das Zeitalter des Barock, hg. von Albrecht Schöne. München: Verlag C. H. Beck 1963

4 Hölty, Ludwig Heinrich Christoph: Die Mainacht. In: Gedichte, hg. von Karl Hohn. Leipzig: F. A. Brockhaus 1869

5 Goethe, Johann Wolfgang: Der Fischer. In: Goethes Werke. Hamburger Ausgabe in 14 Bänden, hg. von Erich Trunz, Band 1. München: Verlag C. H. Beck, 12. neubearb. Aufl. 1981

6 Novalis (Leopold Freiherr von Hardenberg): Hymne. In: Schriften, Band 1. Stuttgart: W. Kohlhammer Verlag ^{3}1977

7 Fontane, Theodor: John Maynard. In: Sämtliche Werke, 1. Abt., Band 6, hg. von Walter Keitel. München: Carl Hanser Verlag 1964

8 Keitel, Walter: *Sein Name war Fuller. Aus: Erläuterungen zu Fontanes Werken. In: Sämtliche Werke, Band 6, a.a.O.

9 Brecht, Bertolt: Kohlen für Mike. In: Gesammelte Werke in 20 Bänden, Band 9. Frankfurt/Main: Suhrkamp Verlag 1967

10 Anderson, Sherwood: Der arme Weiße. Übersetzt von Karl Lerbs und Helene Henze. Olten und Freiburg: Walter Verlag

11 Reinig, Christa: Robinson. In: Doppelinterpretationen. Das zeitgenössische deutsche Gedicht zwischen Autor und Leser, hg. und eingeleitet von Hilde Domin. Frankfurt/Main: Fischer Taschenbuch Verlag 1976

12 Reinig, Christa: *Robinson? Das bin ich, ebd.

13 Krolow, Karl: Robinson. In: Ausgewählte Gedichte. Nachwort von Hugo Friedrich. Frankfurt/Main: Suhrkamp Verlag 1962

14 Defoe, Daniel: Robinsons Rechnung. In: Robinson Crusoe. Erster Teil. München: Verlag C. H. Beck 1981 © 1973 Aufbau-Verlag. Berlin und Weimar für die Übersetzung

15 Heckmann, Herbert: Robinson. In: Der neue Robinson. Dichter der Zeit. Bamberg 1964. Zit. nach: Rudolf Nikolaus Maier, Robinson. Scheitern und Neubeginn im zeitgenössischen Gedicht. Stuttgart: Klett Verlag 1972

16 Kahlau, Heinz: Gedicht über Hände. In: Neues Deutschland vom 8. November 1964. Berlin (Ost): Verlag Neues Deutschland

17 Kahlau, Heinz: Des Dichters Selbstkritik, ebd.

18 Brokerhoff, Karl-Heinz: Heinz Kahlau oder Ein Lehrstück über den sozialen Realismus in der Lyrik. In: Gedichte von drüben II, hg. von Karl-Heinz Brokerhoff. Bonn/Bad Godesberg: Hohwacht-Verlag 1968

19 Brecht, Bertolt: An die Nachgeborenen. In: Gesammelte Werke in 20 Bänden, Band 9, a. a. O.

20 Enzensberger, Hans Magnus: weiterung. In: blindenschrift. Frankfurt/Main: Suhrkamp Verlag 1964

21 Becker, Jürgen: Natur-Gedicht. In: Das Ende der Landschaftsmalerei. Frankfurt/Main: Suhrkamp Verlag 1974

22 Fritz, Walter Helmut: Bäume. In: Schwierige Überfahrt. Gedichte. Hamburg: Verlag Hoffmann und Campe 1976

23 siehe Bildquellenverzeichnis

24 Laschen, Gregor: Naturgedicht 7. In: Moderne deutsche Naturlyrik, hg. von Edgar Marsch. Stuttgart: Philipp Reclam jun. 1980

25 Borchers, Elisabeth: Reden wir nicht mehr von Landschaft. In: Die Zeit Nr. 34 vom 17. 8. 1984. Hamburg: Zeitverlag Gerd Bucerius

26 Becker, Jürgen: Poetische Zuversicht. In: Die Zeit Nr. 34 vom 17. 8. 1984

27 Wapnewski, Peter: Gedichte sind genaue Form. In: Die Zeit vom 28. 1. 1977. Hamburg: Zeitverlag Gerd Bucerius

28 Mayer-Tasch, Peter Cornelius: Ökolyrik – Trauerarbeit im Versmaß. In: Im Gewitter der Geraden. Deutsche Ökolyrik 1950–1980. München: Verlag C. H. Beck 1981

29 Klopstock, Friedrich Gottlieb: Die Sommernacht. In: Ausgewählte Werke in einem Band, hg. von Karl-August Schleichen. München: Carl Hanser Verlag o.J.

30 Brentano, Clemens: *Abendständchen. In: Werke, Band 1, hg. von Wolfgang Frühwald, Bernhard Gajek und Friedhelm Kemp. München: Carl Hanser Verlag 1968

31 Mörike, Eduard: An die Geliebte. In: Werke, hg. von Hannsludwig Geiger. Berlin und Darmstadt: Tempel-Verlag 1963

32 Nietzsche, Friedrich: Das Nachtlied. Aus: Also sprach Zarathustra. In: Werke, Band 2, hg. von August Messer. Stuttgart: Alfred Kröner Verlag 1938

33 Eichendorff, Joseph von: Die zwei Gesellen. In: Werke, hg. von Wolfdietrich Rasch. München: Carl Hanser Verlag, 4. durch Anmerkungen erw. Aufl. 1971

34 Degenhardt, Franz Josef: Tonio Schiavo. In: Spiel nicht mit den Schmuddelkindern. Hamburg: Verlag Hoffmann und Campe 1971

35 Wegner, Armin Theophil: Ich bin Robinson Crusoe. In: Die Strasse mit den tausend Zielen (Bibliothek des Expressionismus). Dresden: Sibyllen-Verlag 1924 (Nachdruck der Ausgabe: Nendeln/Liechtenstein: Kraus Reprint 1973)

36 Eichendorff, Joseph von: Sehnsucht. In: Werke, a. a. O.

37 Lego, Stephan: Komm auf das Schiff meiner Träume. © 1973 by Famous Music Corp., Ins., New York (Famous Music Ltd., London). Für die Bundesrepublik Deutschland: Chappell & Co GmbH Hamburg. Originaltext und Musik: Billy Meshel/Chris Montez, dtsch. Subt.: Stephan Lego. Zit. nach: top Schlagertextheft (1973) 28. Hamburg: Musikverlag Hans Sikorski

38 Benn, Gottfried: Reisen. In: Gesammelte Werke in 4 Bänden, Band 3, hg. von Dieter Wellershoff. Stuttgart: Klett Cotta ^{6}1978

39 Höss, Dieter: Reisen – frei nach Benn. In: Süddeutsche Zeitung vom 9./10. 3. 1974. München: Süddeutscher Verlag, Zeitungsverlag

40 Brecht, Bertolt: Fahrend in einem bequemen Wagen. In: Gesammelte Werke in 20 Bänden, Band 9, a. a. O.

41 Meyer, Conrad Ferdinand: Abendbild, Ohne Titel, Zwei Segel. In: Gedichte Conrad Ferdinand Meyers. Wege ihrer

Vollendung, hg. und mit einem Nachwort und Kommentar versehen von Heinrich Henel. Tübingen: Max Niemeyer Verlag 1962
42 Goethe, Johann Wolfgang: Natur und Kunst. In: Goethes Werke, Band 1, a.a.O.
43 Schlegel, Friedrich: Abendröte. In: Musen-Almanach für das Jahr 1802. Hg. von A. W. Schlegel und L. Tieck. Tübingen 1802.
44 Goethe, Johann Wolfgang: Dämmrung senkte sich von oben. In: Goethes Werke, Band 1, a.a.O.
45 Mörike, Eduard: Am Walde. In: Werke, a.a.O.
46 Eichendorff, Joseph von: Mondnacht. In: Werke, a.a.O.
47 Droste-Hülshoff, Annette von: Im Grase. In: Sämtliche Werke in 2 Bänden, Band 1. Nach dem Text der Originaldrucke und der Handschriften, hg. von G. Weydt und W. Woesler. München: Winkler Verlag ²1979
48 Storm, Theodor: Abseits. In: Theodor Storms Sämtliche Werke in 8 Bänden, Band 1, hg. von Albert Köster. Leipzig: Insel Verlag 1921
49 Brecht, Bertolt: Schlechte Zeiten für Lyrik. In: Gesammelte Werke in 20 Bänden, Band 9, a.a.O.

Kapitel 7 Motivähnliche Texte aus unterschiedlichen Epochen

1 Kerényi, Karl: *Genealogie der Atriden. In: Die Mythologie der Griechen, Band 2. München: Deutscher Taschenbuchverlag 1966
2 Der antike Mythos im 20. Jahrhundert. Aufführung der „Orestie“ durch die Schaubühne am Lehniner Platz, Berlin, aufgezeichnet vom ZDF (1983)
3 Aischylos: Die Orestie. Die Grabesspenderinnen (Schlußszene). In: Griechische Tragiker, hg. von Wolf Hartmut Friedrich (Aischylos in der Übertragung von J. G. Droysen, Berlin 1832). Stuttgart und Hamburg: Deutscher Bücherbund o.J.
4 Aischylos: Die Orestie. Die Eumeniden (Kernszene des abschließenden Gerichts), ebd.
5 Hamburger, Käte: Orest. In: Von Sophokles zu Sartre. Griechische Dramenfiguren antik und modern. Stuttgart: Verlag W. Kohlhammer ⁵1962
6 Sartre, Jean Paul: Die Fliegen (2. Akt, Schlußszene). Übertragen von Gritta Baerlocher. Hamburg: Rowohlt Verlag 1961
7 Sartre, Jean Paul: Die Fliegen (3. Akt, Schlußszene), ebd.
8 Sartre, Jean Paul: Ist der Existentialismus ein Humanismus? In: Drei Essays. Berlin: Ullstein Verlag 1963
9 Brentano, Clemens: Lore Lay. In: Brentanos Werke, hg. von J. Dohmke. Leipzig und Wien: Bibliographisches Institut o.J.
10 Eichendorff, Joseph von: Waldgespräch. In: Werke, hg. von Wolfdietrich Rasch. München: Carl Hanser Verlag, 2. durchges. und erw. Aufl. 1959
11 Die Loreley. Eine romantische Kunstsage. In: Auswahl der interessantesten Sagen aus den Gegenden des Rheins, hg. von Aloys Schreiber. Heidelberg 1819
12 Loeben, Otto Heinrich Graf von: Der Lurleyfels. In: Formen der Lyrik, hg. von Udo Müller. Freiburg: Herder Verlag 1975
13 Heine, Heinrich: Ich weiß nicht, was soll es bedeuten. In: Heinrich Heine. Hist.-krit. Gesamtausgabe der Werke, hg. von Manfred Windfuhr, Band I/2 „Buch der Lieder“. Hamburg: Hoffmann und Campe 1975
14 Mörike, Eduard: Der Zauberleuchtturm. In: Sämtliche Werke, hg. von Herbert G. Göpfert. München: Carl Hanser Verlag ³1964
15 Eichendorff, Joseph von: Verloren. In: Werke, a.a.O.
16 Frenzel, Elisabeth: Stoffe der Weltliteratur. Stuttgart: Kröner Verlag ²1963
17 Kästner, Erich: Der Handstand auf der Loreley. In: Gesang zwischen den Stühlen. Zürich: Atrium Verlag 1936
18 Rosenboom, Hilke: Ein starkes Stück in Rhein-Kultur. In: stern Nr. 33 vom 11. August 1983. Hamburg: Verlag Gruner & Jahr

19 Wellek, René/Warren, Austin: *Das Epochenproblem in der Literaturgeschichtsschreibung. In: Theorie der Literatur. Berlin: Ullstein Verlag 1963
20 Hofmann von Hofmannswaldau, Christian: Die Welt. In: Die deutsche Literatur. Texte und Zeugnisse, Band 3, hg. von Albrecht Schöne. München: Verlag C. H. Beck 1963
21 Hofmannsthal, Hugo von: Was ist die Welt? In: Nachlese der Gedichte. Berlin: S. Fischer Verlag 1934
22 Brüder Grimm: Die Sterntaler. In: Kinder- und Hausmärchen gesammelt durch die Brüder Grimm. Darmstadt: Wissenschaftliche Buchgesellschaft 1978
23 Büchner, Georg: *Das Märchen der Großmutter. In: Werke und Briefe. München: Deutscher Taschenbuchverlag 1965 ©: Gesamtausgabe der Werke Georg Büchners, hg. von Fritz Bergemann. Frankfurt/Main: Insel Verlag, 9. berichtigte Aufl. 1962
24 Mon, Franz: stern wie taler. In: Bilderbogengeschichten, Märchen, Sagen, Abenteuer. Neu erzählt von Autoren unserer Zeit, hg. von Jochen Jung. München: dtv 1976
25 Brüder Grimm: Doppelte Gestalt. In: Deutsche Sagen, hg. von den Brüdern Grimm. Darmstadt: Wissenschaftliche Buchgesellschaft 1982
26 Chamisso, Adelbert von: Die Erscheinung. In: Sämtliche Werke in 2 Bänden, Band 1. Nach dem Text der Ausgabe letzter Hand und den Handschriften. Textredaktion Jost Perfahl, Bibliographie und Anmerkungen von Volker Hoffmann. München: Winkler-Verlag 1975
27 Droste-Hülshoff, Annette von: Das Spiegelbild. In: Sämtliche Werke in 2 Bänden, Band 1. Nach dem Text der Originaldrucke und der Handschriften hg. von G. Weydt und W. Woesler. München: Winkler-Verlag ²1979
28 Gryphius, Andreas: Abend. In: Das große deutsche Gedichtbuch, hg. von Karl Otto Conrady. Königstein: Athenäum 1978
29 Bürger, Gottfried August: Der Bauer. In: Gedichte. Teil 1. Göttingen: Dieterich Verlag 1789
30 Chamisso, Adelbert von: Die alte Waschfrau. In: Sämtliche Werke in 2 Bänden, Band 1, a. a. O.
31 Chamisso, Adelbert von: Zweites Lied von der alten Waschfrau, ebd.
32 Meyer, Conrad Ferdinand: Einem Tagelöhner. In: Werke in 2 Bänden, Band 1, hg. von Hermann Engelhard. Stuttgart: J. G. Cotta'sche Buchhandlung 1960
33 Henckell, Karl: Das Lied des Steinklopfers. In: Gedichte 1882–1898. Zürich und Leipzig 1898
34 Rilke, Rainer Maria: X. Sonett. In: Gesammelte Gedichte. Wiesbaden: Insel Verlag 1962
35 Winckler, Josef: Aus: Eiserne Sonette. Stuttgart, Berlin, Leipzig: Deutsche Verlagsanstalt 1930

Kapitel 8 Unterhaltungs- und Trivialliteratur

1 siehe Bildquellenverzeichnis
2 „Du mußt sofort ...". In: Johannes Mario Simmel, Bitte laßt die Blumen leben. München: Droemer/Knaur 1983
3 „Geliebtes Hörnchen!", ebd.
4 Schmiedt-Schomaker, M.: Berühmter Anwalt sucht eine bessere Welt. In: Kölner Stadt-Anzeiger Nr. 47 vom 25. 2. 1983. Köln: M. DuMont Schauberg
5 Krohn, Rüdiger: Kunstgriff ins volle Menschenleben. In: Badische Zeitung Nr. 110 vom 14./15. 5. 1983. Freiburg: Badischer Verlag
6 Ueding, Gert: Die Angst, aus der die Träume sind. In: Frankfurter Allgemeine Zeitung Nr. 66 vom 19. 3. 1983. Frankfurt: Frankfurter Allgemeine Zeitung GmbH
7 Schulte-Döinghaus, Uli / Fröhling, Thomas: Simmel im Gespräch: Hoffnung auf die Jugend. In: Zeitung am Sonntag vom 27. 2. 1983, hg. von Peter Glotz. Düsseldorf: Verlag e. r. Medien
8 Dhark, Ren: Der Stellvertreter. In: Kurt Brand, Singu der Rateken. „Ren Dhark" Band 65. Hamburg: Kelter Verlag ²1979
9 Autorentext von D. Homberger
10 Franke, Herbert W.: Das Gebäude. In: Der grüne Komet. München: Goldmann Verlag ²1982 (1964)

11 Petersen, Julius: *Normative Wertungstheorie. In: Die Wissenschaft von der Dichtung. Berlin: Junker & Dünnhaupt 1939

12 Kayser, Wolfgang: *Interpretation und literarische Wertung. In: Die Vortragsreise. Bern: Francke Verlag 1958

13 Autorentext von D. Homberger

14 Klappentext zu: Johannes Mario Simmel, Bitte laßt die Blumen leben, a.a.O.

15 Darlton, Clark: Unheil aus fremder Dimension. „Perry Rhodan" Nr. 716. München: Moewig Verlag ²1979

16 Kunert, Günter: Andromeda zur Unzeit. In: Die Schreie der Fledermäuse, hg. von Dieter E. Zimmer. München: Carl Hanser Verlag 1979

17 Melzer, Helmut: Trivialliteratur nach 1945. In: Trivialliteratur 1. München: Oldenbourg Verlag 1974

18 Nutz, Walter: Der Trivialroman - seine Formen und sein Hersteller. Opladen: Westdeutscher Verlag 1962

Schriftstellerverzeichnis

Hebbel, Friedrich - geb. 1813 in Wesselburen (Dithmarschen), gest. 1863 in Wien
Die Kuh (Kap. 4, 6)
Heckmann, Herbert - geb. 1930 in Frankfurt am Main
Robinson (Kap. 6, 15)
Heine, Heinrich - geb. 1797 in Düsseldorf, gest. 1856 in Paris
Ich weiß nicht, was soll es bedeuten (Kap. 7, 13)
Henckell, Karl - geb. 1864 in Hannover, gest. 1929 in Lindau
Das Lied des Steinklopfers (Kap. 7, 33)
Hesse, Hermann - geb. 1877 in Calw, gest. 1962 in Montagnola bei Lugano
Das Glasperlenspiel (Kap. 4, 12)
Hölty, Ludwig Heinrich Christoph - geb. 1748 in Mariensee bei Hannover, gest. 1776 in Hannover
Die Mainacht (Kap. 6, 4)
Höss, Dieter - geb. 1935 in Immenstadt
Reisen - frei nach Benn (Kap. 6, 39)
Hofmann von Hofmannswaldau, Christian - geb. 1617 in Breslau, gest. 1679 ebd.
Die Welt (Kap. 7, 20)
Hofmannsthal, Hugo von - geb. 1874 in Wien, gest. 1929 in Rodaun bei Wien
Was ist die Welt (Kap. 7, 21)
Huxley, Aldous - geb. 1894 in Godalming, gest. 1963 in Hollywood
Schöne neue Welt (Kap. 3, 23)
Jens, Walter - geb. 1923 in Hamburg
Wo bleibt der Codex? (Kap. 3, 25)
Kästner, Erich - geb. 1899 in Dresden, gest. 1974 in München
Der Handstand auf der Loreley (Kap. 7, 17)
Kafka, Franz - geb. 1883 in Prag, gest. 1924 im Sanatorium Kierling bei Wien
Brief an Oskar Pollak (Kap. 1, 33)
Eine kaiserliche Botschaft (Kap. 4, 25)
Kleine Fabel (Kap. 4, 3)
Kahlau, Heinz - geb. 1931 in Drewitz bei Potsdam
Gedicht über Hände (Kap. 6, 16)
Des Dichters Selbstkritik (Kap. 6, 17)
Kipphardt, Heinar - geb. 1922 in Heidersdorf (Schlesien), gest. 1982 in München
Entgegnung (Kap. 3, 14)
Gespräch mit Stephan Lohr (Kap. 3, 16)
In der Sache J. Robert Oppenheimer (Kap. 3, 9/10/11)
Klaus, Michael - geb. 1952 in Brilon, seit 1981 freier Schriftsteller
Biographische Notizen (Kap. 2, 5)
Das lohnt sich (Kap. 2, 7)
Marionetten (Kap. 2, 8)
Klopstock, Friedrich Gottlieb - geb. 1724 in Quedlinburg, gest. 1803 in Hamburg
Die Sommernacht (Kap. 6, 29)
Krolow, Karl - geb. 1915 in Hannover
Robinson (Kap. 6, 13)
Kunert, Günter - geb. 1929 in Berlin
Andromeda zur Unzeit (Kap. 8, 16)
Laschen, Gregor - geb. 1942 im Wadi Rum bei Akkaba
Naturgedicht (Kap. 6, 24)
Lessing, Gotthold Ephraim - geb. 1729 in Kamenz (Lausitz), gest. 1781 in Braunschweig
Brief an Johann Joachim Eschenburg (Kap. 1, 22)
Der Besitzer des Bogens (Kap. 4, 23)
Lettau, Reinhard - geb. 1929 in Erfurt
Auftritt (Kap. 4, 30)
Loeben, Otto Heinrich Graf von - geb. 1786 in Dresden, gest. 1825 ebd.
Der Lurleyfels (Kap. 7, 12)
Majakovskij, Vladimir - geb. 1893 in Bagdadi (jetzt Majakovskij, Grus. SSR), gest. 1930 in Moskau
Wie macht man Verse? (Kap. 2, 18)
Wolke in Hosen (Kap. 2, 19)
Malkowski, Rainer - geb. 1939 in Berlin
Die Bücher (Kap. 1, 37)
Mann, Thomas - geb. 1875 in Lübeck, gest. 1955 in Kilchberg bei Zürich
Der Erwählte (Kap. 4, 13)
Die Kunst des Romans (Kap. 4, 17)
Markus, der ‚Evangelist', aus Jerusalem stammend. Das Markusevangelium wurde kurz vor oder nach dem jüd. Krieg gegen Rom (66–70 n. Chr.) geschrieben
Markus 4, 1–2; 26–33 (Die Gleichnisse vom geduldigen Landmann und vom Senfkorn) (Kap. 4, 5)
Meyer, Conrad Ferdinand - geb. 1825 in Zürich, gest. 1898 in Kilchberg bei Zürich
Abendbild, Ohne Titel, Zwei Segel (Kap. 6, 40)
Einem Tagelöhner (Kap. 7, 31)
Mörike, Eduard - geb. 1804 in Ludwigsburg, gest. 1875 in Stuttgart
An die Geliebte (Kap. 6, 30)
Am Walde (Kap. 6, 44)
Der Zauberleuchtturm (Kap. 7, 14)
Mon, Franz (Pseudonym für Franz Löffelholz) - geb. 1926 in Frankfurt am Main
stern wie taler (Kap. 7, 24)
Musil, Robert Edler von - geb. 1880 in Klagenfurt, gest. 1942 in Genf
Das Fliegenpapier (Kap. 4, 26)

Nietzsche, Friedrich - geb. 1844 in Röcken bei Lützen, gest. 1900 in Weimar
Das Nachtlied (Kap. 6, 32)
Novak, Helga M. - geb. 1935 in Berlin
Eis (Kap. 4, 32)
Novalis (eigentlich Friedrich Leopold Freiherr von Hardenberg) - geb. 1772 auf Gut Oberwiederstedt bei Mansfeld, gest. 1801 in Weißenfels
Hymne (Kap. 6, 6)
Opitz, Martin - geb. 1597 in Bunzlau, gest. 1639 in Danzig
Sonnet (Kap. 6, 3)
Plenzdorf, Ulrich - geb. 1934 in Berlin
Die neuen Leiden des jungen W. (Kap. 1, 17/18)
Roos, Peter - geb. 1950 in Ludwigshafen
Snoopy schreibt ein Buch. Schülertraum - Autorenleben. Über Erfahrungen in der Kulturindustrie (Kap. 2, 3)
Reinig, Christa - geb. 1926 in Berlin
Fische (Kap. 4, 27)
Robinson (Kap. 6, 11)
Robinson? Das bin ich (Kap. 6, 12)
Rilke, Rainer Maria - geb. 1875 in Prag, gest. 1926 in Val Mont bei Montreux
Die Sonette an Orpheus. X. Sonett (Kap. 7, 34)
Sartre, Jean-Paul - geb. 1905 in Paris, gest. 1980 ebd.
Die Fliegen (Kap. 7, 6/7)
Ist der Existentialismus ein Humanismus? (Kap. 7, 8)
Schiller, Friedrich von - geb. 1759 in Marbach/Neckar, gest. 1805 in Weimar
Maria Stuart (Kap. 5, 2)
Über epische und dramatische Dichtung (Kap. 5, 6)
Schlegel, Friedrich - geb. 1772 in Hannover, gest. 1829 in Dresden
Abendröte (Kap. 6, 43)
Schnurre, Wolfdietrich - geb. 1920 in Frankfurt am Main
Der Absprung (Kap. 4, 4)
Das Los unserer Stadt. Eine Chronik (Kap. 1, 15)
Die Macht der Winzigkeit (Kap. 4, 22)
Übereinkunft (Kap. 1, 36)
Schubart, Christian Friedrich Daniel - geb. 1739 in Obersontheim (Württemberg), gest. 1791 in Stuttgart
Deutsche Chronik (Kap. 1, 23)
Simmel, Johannes Mario - geb. 1924 in Wien
Bitte laßt die Blumen leben (Kap. 8, 2/3)
Storm, Theodor - geb. 1817 in Husum (Schleswig), gest. 1888 in Hademarschen (Holstein)
Abseits (Kap. 6, 48)
Tucholsky, Kurt - geb. 1890 in Berlin, gest. 1935 in Hindås (Schweden)
Die brennende Lampe (Kap. 4, 28)
Walser, Martin (Johannes) - geb. 1927 in Wasserburg (Bodensee)
Wir sind Freizeitgestalter in spätkapitalistischen Gesellschaften (Kap. 2, 14)
Wegner, Armin T. (Theophil) - geb. 1886 in Elberfeld, gest. 1978
Ich bin Robinson Crusoe (Kap. 6, 35)
Weisenborn, Günther - geb. 1902 in Velbert (Rheinland), gest. 1969 in Berlin
Zwei Männer (Kap. 4, 8)
Weißenborn, Theodor - geb. 1933 in Düsseldorf
Warum ich nicht arbeitslos werde (Kap. 2, 16)
Wellershoff, Dieter - geb. 1925 in Neuß
Leseerfahrungen (Kap. 1, 38)
Winckler, Josef - geb. 1881 in Hopsten bei Rheine, gest. 1966 in Frankenforst bei Bensberg
Eiserne Sonette (Kap. 7, 35)
Wohmann, Gabriele - geb. 1932 in Darmstadt
Evas Besuch (Kap. 4, 31)
Wolf, Christa - geb. 1929 in Landsberg/Warthe (Gorzów Wielkopolski)
Tabula rasa (Kap. 3, 21)

Stichwortregister

(Bei einigen Seitenangaben steht zur besseren Orientierung T = Textmaterial.)

Bildquellenverzeichnis

S. 5: (c) Börsenblatt, Frankfurt, J. Tomaschoff, Düsseldorf; S. 11: roebild, Frankfurt; S. 43: United Press International, Bonn; S. 81: Foto Marburg; S. 82: Deutsche Verlags-Anstalt, Stuttgart; S. 87: Sammlungen Menningen, Lüdge-Niese; S. 110: Bavaria-Verlag, Gauting; S. 199, 200, 201: P. Büttner, Witten; S. 227: Bibl. Institut AG, Mannheim; S. 251: aus Die Zeit, Hamburg; S. 260: M. v. Papen, Feldkirchen; S. 292: R. Walz, Berlin; S. 317: Stern/Ebeler, Hamburg; S. 338: Droemer Knaur Verlag, München.

987 654 321